lonely planet

瑞士

本书作者
格雷戈·克拉克(Gregor Clark) 凯利·克里斯蒂亚妮(Kerry Christiani)
克莱格·麦克拉伦(Craig McLachlan) 本尼迪克特·沃克(Benedict Walker)

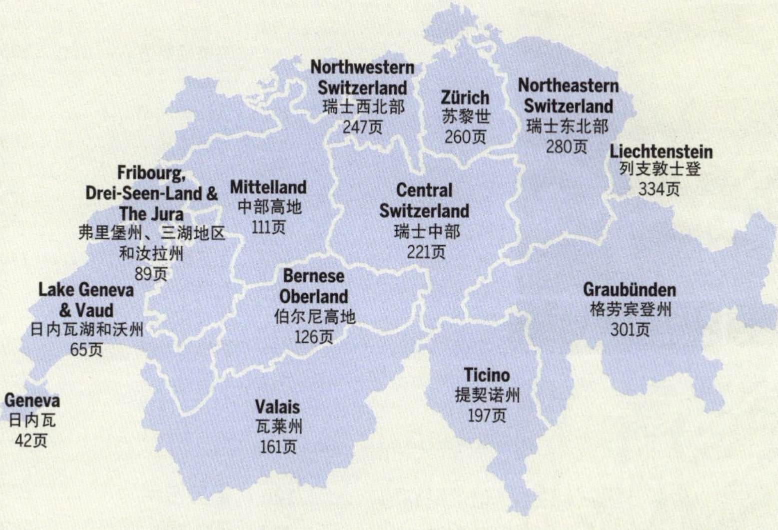

中国地图出版社

计划你的行程

欢迎来瑞士 4
瑞士亮点 6
瑞士Top15 8
行前参考 16
新线报 18
如果你喜欢 19
每月热门 21
旅行线路 23
瑞士户外活动 27
地区速览 37

瑞士巧克力，
见359页

ALEXANDER CHAIKIN/SHUTTERSTOCK ©

食人魔喷泉，
见117页

HERACLES KRITIKOS/SHUTTERSTOCK ©

在路上

日内瓦 42

日内瓦湖和沃州 65
洛桑周边 76
莫尔日 76
尼永 77
拉沃地区 79
蒙特勒 83
沃州阿尔卑斯山 86

弗里堡州、三湖地区和汝拉州 89
弗里堡地区 91
弗里堡 91
格吕耶尔 96
沙尔梅 98
三湖地区 99
比尔 99
利格兹 101
穆尔滕 102
纳沙泰尔 103
伊韦尔东 106
汝拉山脉 107
拉绍德封 107
波朗特吕 109
塔威山谷 109

中部高地 111
伯尔尼 112
埃蒙塔尔 122
索洛图恩 123

伯尔尼高地 126
因特拉肯 128
少女峰地区 134
格林德尔瓦尔德 134
菲斯特 140
小谢德格 141
少女峰 141
劳特布龙嫩 143
翁根 145
施特歇尔贝格 146
米伦 146
吉梅尔瓦尔德 148
湖区 149
图恩 149
施皮茨 152
布里恩茨 154
伯尔尼高地东部 155
迈林根 155
伯尔尼高地西部 156
坎德施泰格 156
格施塔德 158

瓦莱州 161
下瓦莱州 164
马蒂尼 164
马蒂尼周边 166
尚佩里 166
大圣伯纳德山口 167
韦尔比耶 168
锡永 171
谢尔 175
克莱恩-蒙塔纳 176
上瓦莱州 178
洛伊克巴德 178
采尔马特 181
萨斯费 189
布里格 192
阿莱奇冰川 192
富尔卡山口 195

提契诺州 197
贝林佐纳 199
卢加诺 204
卢加诺湖 210
刚德里亚 210
意大利坎波内 210
莫尔格特 211
门德里西奥及周边 211

目录

梅利德……212
马焦雷湖……212
洛迦诺……212
阿斯科纳……217
西部山谷……218
马基尔山谷……219
琴托瓦利……220

瑞士中部……221

卢塞恩……223
卢塞恩湖……230
乌里湖……234
布龙嫩……235
施维茨……237
艾因西德伦……238
英格堡……239
楚格……242
安德马特……245

瑞士西北部……247

巴塞尔……249
巴登……257
阿劳……259

苏黎世……260

苏黎世……262
苏黎世周边……276
拉珀斯维尔-乔纳……276
温特图尔……277

瑞士东北部……280

沙夫豪森……282
莱茵瀑布……286
施泰因……287
博登湖(康斯坦茨湖)……288
科鲁兹林根……289
阿尔邦……290
罗尔沙赫……290
圣加仑……291
阿彭策尔……294
瓦伦湖……298
格拉鲁斯……299
布劳瓦尔德……300

格劳宾登州……301

库尔……304
伦策海德和瓦尔贝拉……308
阿罗萨……309
弗林姆斯、拉克斯和法莱拉……311
沃尔斯……313
迪森蒂斯/穆施特……314
莱茵河谷地区……314
巴德拉格斯及周边……315
克洛斯特斯……316
达沃斯……318
恩嘎丁……321
施库奥尔……322
萨姆瑙恩……323
米施泰尔……323
采尔内茨……324
圣莫里茨……325
席尔瓦普拉纳……329
锡尔斯-玛利亚……330
贝尔尼纳山口……331
蓬特雷西纳……332
波斯基亚沃山谷……333
伯利嘎利亚山谷……333

列支敦士登……334

瓦杜兹……335
马尔邦……338

了解瑞士

今日瑞士……342
历史……344
瑞士人的生活方式……350
瑞士人的餐桌……356
瑞士葡萄酒……361

生存指南

出行指南……364
交通指南……373
语言……380
幕后……386
索引……387
地图图例……390
我们的作者……391

特别呈现

瑞士户外活动……27
阿尔卑斯山村庄……51
瑞士的湖泊……53
瑞士人的餐桌……356
瑞士葡萄酒……361

欢迎来瑞士

巧克力、布谷鸟钟和约德尔调，仍不足以概括今天的瑞士，这片流通着四种语言的土地，将带给你毕生难忘的旅行回忆、摄人心魄的阿尔卑斯山美景和绝妙的城市文化体验。

绝佳的户外体验

瑞士壮美的自然景观正在呼唤着你，快拿上你的登山鞋、踏上滑雪板、装好自行车铃，随心出发。在格劳宾登州、伯尔尼高地和瑞士中部体验滑雪，这些都是极佳的冬季旅行地。当牧场披上绿装，大量徒步及骑行路线出现在山地、山谷、湖边和葡萄园中。你也可选择乘坐热气球、降落伞、独木舟来饱览壮丽的自然景观。你还可以完成那些所谓的“死前必须要做的事”，比如邂逅艾格峰形如凿刀的北峰，或是在少女峰山口靠近冰川裂缝。

城市时尚

若你对乡村美景已感疲惫，那最好的解药就是瑞士的城市风光。你可以在伯尔尼欣赏中世纪古镇和世界顶级现代艺术，德国化的巴塞尔建筑风格大胆，购物天堂日内瓦坐落在欧洲最广阔的湖畔，洛桑常有热闹的派对，楚格吸引着各类大亨，而在苏黎世你可以尽情享受河畔酒吧、西部工业区和不同寻常的街头风景。城堡和精酿啤酒、各类现场表演和引领餐饮新浪潮的餐厅——这一切都在瑞士的城市中等待你的发现。身在市区，只需几分钟你就可抵达附近的山峰，在滨水的酒吧饱览阿尔卑斯山风光，也可在莱茵河、阿勒河与利马特河中畅游。

阿尔卑斯山的传统

阿尔卑斯山的传统深深扎根在这里的农作日历上，高耸的山峰随处可见。村里可以看到被柱子撑起以防老鼠偷食的木质粮仓，因红色天竺葵的点缀而靓丽起来的农庄小木屋。古老的市场、富有民俗风情的集市、飘扬的旗帜、阿尔卑斯长号的合奏——它们标志出了瑞士的四季变换。接下来就是丰盛的美食了：口感绵密的奶酪令人食指大动，巧克力如丝般润滑，秋天除了野味还可以品尝到风干肉制品。

前卫的文化

瑞士人的创意永无止境，对于新生事物一贯持开放态度。全国的文化场所、宏伟建筑和前卫画廊无不体现着时代精神。伯尔尼有建筑师伦佐·皮亚诺的标志性作品——波浪形建筑保罗·克利中心与贝耶勒基金会美术馆，巴塞尔有弗兰克·盖瑞设计的维特拉设计博物馆，卢加诺有源自马里奥·博塔创意的市中心建筑和崭新的意大利瑞士艺术馆，日内瓦则有由20世纪50年代工厂改造而来、发人深省的现当代艺术博物馆，而这些只不过是瑞士丰富文化的沧海一粟。

我为什么喜欢瑞士

本书作者 凯利·克里斯蒂亚妮（Kerry Christiani）

群山在召唤，山峰的吸引力在瑞士体现得尤为明显。我第一次来瑞士大概是在15年前，马上就被这里迷住了：乘坐小巧的红色火车从树冠的高度攀至峰顶，到回荡着牛铃的偏远牧场散步，徒步游览冰川覆盖的山峰，观看崖壁上逡巡的野山羊，在冰凉清澈的湖泊里游泳，穿着雪鞋探索林地雪野。在瑞士，美妙的户外活动与城市文化气息相得益彰。站在苏黎世的桥上，远眺阿尔卑斯山美景，有位瑞士朋友说过，“上帝赐予了我们一切”。他说的一点儿没错。

了解更多作者信息，请参见391页。

上图：采尔马特，马特峰（见181页）下的一位徒步者

瑞士亮点

巴塞尔
世界级的当代艺术和建筑(249页)
汝拉州
森林、农场和慢节奏交织的乡村区域(107页)
伯尔尼
中世纪老城和艺术构成的首都(112页)
少女峰地区
史诗般的瑞士户外天堂(134页)
日内瓦湖(莱芒湖)
游轮、城堡、村落和葡萄园(65页)
蒙特勒
法式浪漫、音乐和绝妙城堡(83页)
锡永
葡萄园主的领地也是美食家的首都(171页)
马特峰
没有其他山峰有如此吸引力(181页)
Mulhouse
Vesoul
FRANCE
法国
Montbéliard
EuroAirport
欧洲机场
Basel
巴塞尔
Aarau
阿劳
Jura
汝拉州
Delémont
德莱蒙
Moutier
穆捷
Olten
奥尔滕
Besançon
Solothurn
索洛图恩
Biel-Bienne
La Chaux-de-Fonds
Lake Biel
(Bieler See)
比尔湖
Neuchâtel
纳沙泰尔
BERN
伯尔尼
Lac de Neuchâtel
纳沙泰尔湖
Yverdon-les-Bains
Fribourg
弗里堡
Brienz
Thun
Lake Thun
(Thunersee)
图恩湖
Spiez
Interlaken
Grindelwald
Gruyères
Wengen
Mürren
Jungfraujoch
少女峰(3471m)
Aletsch Glacier
阿莱奇冰川
Lausanne
洛桑
Château d'Œx
Lake Geneva
(Lac Léman)
日内瓦湖(莱芒湖)
Vevey
Gstaad
Montreux
Geneva International Airport
日内瓦国际机场
Leukerbad
Brig
Aigle
Crans
Montana
Rhône
罗讷河
Visp
Geneva
日内瓦
Sion
锡永
Saas-Fee
Martigny
Verbier
Täsch
Matterhorn
马特峰
(4478m)
Zermatt
Grand St Bernard Pass
大圣伯纳德山口
Chamonix
Dufourspitze
杜富尔峰
(4634m)
Mont Blanc
勃朗峰
(4807m)
Courmayeur
FRANCE
法国

0 50 km
0 25 miles
海拔高度
3000m
2500m
2000m
1500m
1000m
500m
200m
0
苏黎士
欧洲最宜居的城市之一(260页)
莱茵瀑布
莱茵河巡航，遇见欧洲最大的瀑布(286页)
卢塞恩
波光粼粼的风景搭配维多利亚时代的珍品(223页)
瑞士国家公园
恢宏的高海拔国家公园(329页)
冰川快车
世界上最壮观的火车旅程之一(182页)
卢加诺湖
在瑞士意大利语区的心脏，感受瑞士的华丽(210页)
阿莱奇冰川
古老的冰川长达23公里，令人赞叹(192页)
GERMANY
德国
AUSTRIA
奥地利
LIECHTENSTEIN
列支敦士登
ITALY
意大利
Schaffhausen
沙夫豪森
Rheinfall
莱茵瀑布
Waldshut
Rhine River
莱茵河
Konstanz
(Constance)
Lake Bodensee
(Constance)
博登湖
(康斯坦茨湖)
Frauenfeld
弗劳恩费尔德
Winterthur
Baden
Zürich
Airport
苏黎世机场
St Gallen
圣加仑
Zürich
苏黎世
Appenzell
阿彭策尔
Lake Zürich
(Zürichsee)
苏黎世湖
Rapperswil
Zug
楚格
VADUZ
瓦杜兹
Lucerne
卢塞恩
Lake Lucerne
(Vierwaldstättersee)
卢塞恩湖
Schwyz
施维茨
Glarus
格拉鲁斯
Landquart
Altdorf
阿尔特多夫
Chur
库尔
Klosters
Davos
Scuol
Engelberg
Mt Titlis
铁力士山
(3239m)
Oberalp
Pass
欧伯拉普山口
Vorderrhein
前莱茵河
Arosa
Engadine
恩嘎丁
Andermatt
Swiss
National
Park
瑞士国家公园
St Gotthard
Pass
圣哥达山口
San
Bernardino
Pass
St Moritz
Bernina
Pass
贝尔尼纳山口
Valle Maggia
马基尔山谷
Bellinzona
贝林佐纳
Tirano
Sondrio
Locarno
Gravedona
Domodossola
Lago di
Como
科莫湖
Lugano
Lago
Maggiore
马焦雷湖
Verbania
Lago di
Lugano
卢加诺湖
Como

瑞士 Top 15

1

马特峰

1 没有一座山峰有如此与生俱来的魅力，会让你轻松地爱上它——在不同季节夕阳西下或旭日东升之时，从不同的角度来看，这座天然的美人（见181页）被人们不停地仰慕凝视和拍照留念。采尔马特作为欧洲最迷人的高山滑雪度假村，绝佳地迎合了马特峰的各种地貌结构，自19世纪以来，这里就是滑雪、攀岩、徒步和触筹交错的热门去处。

在瑞士国家公园徒步

2 在欧洲没有一个国家能像瑞士那样拥有适合徒步的壮观地形，而这座创建于一个世纪前的高海拔国家公园（见329页）正是你的去处。沿着小径穿越鲜花盛开的草坪，来到晶莹剔透的湛蓝湖泊、形若刀锋的谷地豁口、山峦嶙峋的岩石以及牧人们用早起挤得的牛奶制作奶酪的高山夏季小屋，天空中还有雄鹰翱翔。这是一处自然的荒野，魅力无可阻挡，你能够在大批游客涌去之前，一睹瑞士少见的美景。

EMPERORCOSAR/SHUTTERSTOCK ©

2

RADIUS IMAGES/GETTY IMAGES ©

3

4

阿莱奇冰川

3 作为世界的自然奇观之一，这座位于上瓦莱州的迷人冰川（见192页）的巨大体积，相当于在高海拔的山峰之中凿出一条全长23公里的五车道公路。冰川最深处的冰厚达900米，呈现出冰蓝色。从少女峰欣赏阿莱奇冰川一定会让你心波荡漾，而极限运动爱好者的肾上腺素一定会急剧分泌：与来自利德阿尔卑的登山向导一起徒步翻越冰川裂隙，或是在贝特默阿尔卑的滑雪道上飞驰而过。

日内瓦湖

4 大片翠绿的葡萄藤在拉沃沿着日内瓦湖（见65页）的岸边向山上绵延，与湖水相映成趣。日内瓦是瑞士法语区内最国际化的城市，身处此地能够欣赏和体验欧洲最大的湖泊，金黄色的海鸥船搭载着当地人在水上穿梭，平静的湖面则映出巍峨勃朗峰的倒影。漫步老城的街道，体验活力无限的咖啡文化，泛舟湖上，在作为城市象征的大喷泉下奔跑，这就是居住在此的人们的生活。

冰川快车

5 这条世界上最富有传奇色彩的火车线路连接着瑞士最奢华的两座高山滑雪场。在圣莫里茨或采尔马特踏上视野绝佳的红色列车，品味苍翠的群峰、晶莹的高山湖泊、冰川的沟壑以及其他壮丽的自然景观。1930年第一次驶离车站的火车还是以蒸汽为动力的。冰川快车（见182页）在这段伟大旅程中将穿越91座隧道和291座桥梁。你可以在复古的餐车里解决午餐或自带香槟野餐。

蒙特勒的浪漫

6 这里举办着世界上似乎最有名的爵士音乐节，户外的演唱会在日内瓦湖岸不停上演。在蒙特勒（见83页）有一座城堡营造着法式的浪漫气息。从这座气候宜人、棕榈树也能安家的著名湖畔小镇出发，花团锦簇的步道一路沿着湖岸向南抵达西庸城堡（见85页；见上图）。西庸城堡历史深厚，奢华富丽，是瑞士最古老的建筑之一。这座恢宏的石堡是13世纪由萨瓦人建造而成的，涵盖了城堡的各项功能。

7

8

伯尔尼

7 铺有鹅卵石的中世纪街道、满是精品商店的拱廊、会跳舞的钟楼和16世纪起便在喷泉上优雅嬉戏的民俗雕像——这便是瑞士的首都伯尔尼（见112页），与典型的“首都”形象格格不入。事实上，来这里的人几乎都没意识到它竟是这个国家的首都，毕竟这看上去就是个位于一块默默无闻的中部平整土地（Mittelland；中部高地名字的由来）、埃蒙塔尔奶酪产区的小镇子。但是伯尔尼的魅力恰恰就在于它带给你的意外惊喜。

卢加诺湖

8 瑞士有与众不同的魅力，部分在于其多样化的语言与文化。在瑞士的国土上，没有一处能够像提契诺州的卢加诺湖（见210页）那样，将这个国家的意大利风情展现得如此淋漓尽致。卢加诺湖，这座闪耀的高山湖泊被人行步道所环绕，两边还有林立的棕榈树。此外，湖泊的周围还点缀着色彩柔美的迷人村庄。卢加诺是湖区中最大的城镇，也是瑞士第三大金融中心，忙碌而充满活力，有风雨廊和遍布咖啡馆的露天广场，还有摇曳的船只在湖泊附近的旅游景点来回穿梭。

飞溅的莱茵瀑布

9 就连歌德和拜伦也为施陶河瀑布（见143页）感动而创作诗歌来赞颂其超凡脱俗的美——瀑布的汩汩水流将悬崖边的劳特布龙嫩笼于其中，营造出童话般的气氛。不过，还是位于瑞士东北部由两座中世纪城堡守护的莱茵瀑布（见286页；右上图）更令人叹为观止，雷鸣般的响声气势磅礴。如果要彻底感受它的气场，就在中世纪的劳芬城堡坐上全景电梯直达Känzeli观景平台。

9

少女峰地区

IAKOV KALININ/SHUTTERSTOCK ©

10 在瑞士的登山界，这三座高峰的地位无与伦比：艾格峰、僧侣峰和少女峰，峰顶在豪华的19世纪度假村格林德尔瓦尔德（见134页）的背后直耸云霄。然而，无论你是选择在滑雪道滑降，征服欧洲最长的平底雪橇赛道，在冰川峡谷挑战蹦极，还是坐火车抵达海拔3454米欧洲最高的火车站，你的心一定会怦怦直跳的。詹姆斯·邦德，你眼红了吧！

10

苏黎世的生活方式

11 作为欧洲最宜居的城市之一，苏黎世（见262页）位于瑞士的德语区，是当代都市发展的一页新诗篇。这里很时尚（是的，这里的谷歌员工会从办公室里的消防杆滑下来去吃午饭），城市的粗线条看起来有柏林的影子。而去一次苏黎世意味着要去湖畔的酒吧喝酒，伴着Züri-West乐队跳舞到黎明，在Kreis 5购买二手的时尚配饰，以及加入欧洲最大规模的街头游行（见266页）并翩翩起舞。这座城市狂野古怪的盛大街头派对在8月举办。

巴塞尔的艺术和建筑

12 世界级的当代建筑是巴塞尔（见249页）的吸睛之处——七座建筑荣膺普利兹克奖，因而在莱茵河畔的巴塞尔散步时可以目不转睛地注视着它们。先去对面德国边境参观弗兰克·盖瑞设计的维特拉设计博物馆（见251页），再欣赏由伦佐·皮亚诺设计的贝耶勒基金会美术馆（见251页）中珍藏的瑞士最棒的现代艺术品，感受艺术与建筑的奇妙融合。连接两者的是里赫贝格小径（见253页），沿途有24处可供驻足观赏的艺术装置。图为市政厅外立面的细节（见249页）。

13

ASMITHERS/GETTY IMAGES ©

14

15

PHILIPPE SONDEREGGER/SHUTTERSTOCK ©

锡永和瓦莱州的葡萄酒

13 瑞士的佳酿在境外存量不多，因此在这儿品尝和探索就成了难能可贵的愉快体验。沿着瓦莱州（见161页）的徒步路线步伐轻盈地穿梭于陡峭的葡萄园之中，而许多葡萄种植者会打开家门邀请你品尝和购买。在每年秋季举行的栗子节上，漫步在酒庄中，在这一传统的丰收节日里能够品尝到当地的栗子、奶酪、冷切肉和新酿。锡永（见171页）有城堡和大量品尝美食之地，是一个值得品味、欣赏和享受的地方。图为锡永的葡萄园梯田。

湖畔的卢塞恩

14 来到瑞士中部的魅力之都，一定要在中世纪的桥上漫步。可以在这里凝望灿烂的湖景、体验露天咖啡馆的生活、欣赏色彩斑斓的建筑和品尝维多利亚时代风格的美食。是的，湖畔的卢塞恩（见223页）一定会让你萌生爱意。从更高的视角眺望，能将整个城镇尽收眼底：视野能够一路触及苍翠的山野和草地，以及深藏在皮拉图斯山、瑞吉山或石丹峰的滑雪场，景色一定不会让你失望。图为罗伊斯河上的卡贝尔桥（见223页）。

乡间的汝拉州

15 离开常规路线，来到四叶草形状的汝拉州（见107页），这片偏僻的角落位于法瑞边境，由茂密的黑森林、缓和的丘陵、中世纪的村庄以及慢节奏的生活编织而成。这里的风景毫不张扬狂放；与之相反，在汝拉州的郊野旅行能为你带来一次别致的感官体验：你可以来一次激动人心的骑行，越野滑雪穿梭于空寂的林地，香甜地睡在干草谷仓，品尝丰盛的农家菜以及切成花朵形状的奶酪。

行前参考

更多信息，见“生存指南”（见363页）。

货币

瑞士法郎（缩写Sfr或Sfr）

语言

德语、法语、意大利语、罗曼什语

签证

持中国护照者需申请瑞士签证；持有效申根签证者可免签入境；持欧盟国家、英国、冰岛、爱尔兰、挪威、美国、加拿大、澳大利亚或新西兰护照者免签。

一般可免签逗留90天。

现金

各个机场、主要的火车站和各个城镇都有自动柜员机；维萨卡、万事达卡、美国运通卡和银联卡（62开头）都能广泛使用。

手机

欧洲和中国的手机能够使用；插入瑞士的SIM卡拨打瑞士境内的电话更加便宜。资费可咨询电信服务商。预付费的当地SIM卡到处都能买到。

时间

欧洲中部时间（比格林尼治标准时间早1小时，比北京时间晚7个小时），3月最后一个周日到10月最后一个周日实行夏令时，将时钟拨快1小时。

何时去

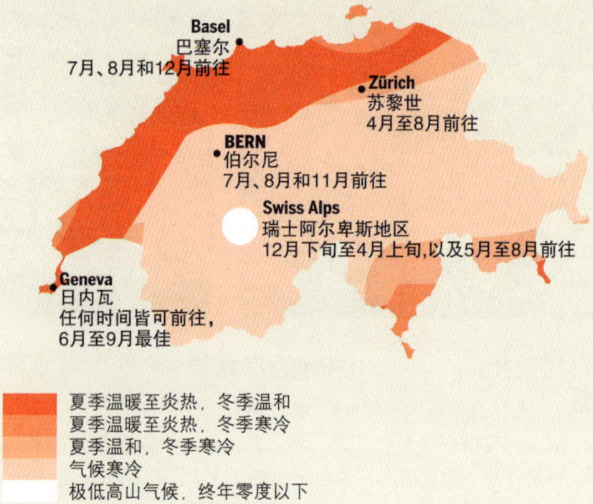

旺季（7月、8月，12月至次年4月）

- 在7月和8月，徒步和自行车爱好者会前往高海拔的山径。
- 圣诞节和新年，山坡雪道上开始真正的雪上运动。
- 12月末至次年4月初是滑雪度假村的旺季。

平季（4月至6月和9月）

- 寻找滑雪度假村和旅行者热门住处的特价时段。
- 春天气候宜人，乡村鲜花盛开，还有当地的农产品。
- 秋天观赏葡萄收获。

淡季（10月至次年3月）

- 从10月中旬至12月初，山间的度假村进行修整。
- 价格会比旺季便宜最多50%。
- 景点和餐馆的营业天数会更少，日照时间也会更短。

网络资源

My Switzerland（www.myswitzerland.com/zh-cn/home）瑞士旅游局中文网站。

ch.ch（www.ch.ch）瑞士政府官方网站。

Swiss Info（www.swissinfo.ch/chi）用中文报道瑞士新闻和当前情况。

Lonely Planet（www.lonelyplanet.com/switzerland）目的地信息、酒店预订和旅行者论坛。

SBB（www.sbb.ch）瑞士联邦铁路（Swiss Federal Railways）官网。

重要号码

拨打瑞士的电话号码每次必须要加拨区号，即使在拨打当地电话的时候也一样。

瑞士国家代码	☎41
国际接入码	☎00
报警	☎117
急救	☎144
瑞士登山救援	☎1414

汇率

人民币	CNY1	CHF0.15
美元	USD1	CHF0.97
欧元	EUR1	CHF1.09
英镑	GBP1	CHF1.23
港币	HKD1	CHF0.12
新台币	TWD1	CHF0.03
澳门币	MOP1	CHF0.12
新加坡元	SGD1	CHF0.69

当前汇率信息见www.xe.com。

每日预算

经济：少于Sfr200

- 多人间床位：Sfr30~60
- 经济酒店的双人间：Sfr100起
- 在外用午餐且晚上自炊：Sfr25起

中档：Sfr200~300

- 二星级或三星级酒店的双人间：Sfr200（周末Sfr150）起
- 餐馆的当日特选（tagesteller, plat du jour, piatto del giorno）或两道菜的固定套餐：Sfr40~70

高档：高于Sfr300

- 四星级或五星级酒店的双人间：Sfr350（周末Sfr250）起
- 高档餐厅三道菜的晚餐：Sfr100起

营业时间

瑞士各州对商家营业时间的规定各异。24小时服务站中的便利店、机场和火车站的商店除外，周日商家歇业。本书列出的是旺季的营业时间，但要记住，夏季较长的营业时间在平季和淡季通常都会变短。

银行 周一至周五 8:30~16:30

餐馆 正午至14:30和18:00~21:30；多数餐馆每周歇业1~2天

酒吧和夜店 22:00至次日4:00

商店 周一至周五 10:00~18:00，周六 至16:00

博物馆 10:00~17:00，许多博物馆周一闭馆，周四开放时间延长

抵达瑞士

苏黎世机场（ZRH；www.zurich-airport.com）从5:00到午夜，每小时最多有9趟瑞士联邦铁路（SBB）火车前往火车站；出租车前往市中心大约需要Sfr60；在冬季的滑雪季节，会有长途车前往达沃斯和其他滑雪度假村。

日内瓦机场（GVA；www.gva.ch）瑞士联邦铁路火车至少每10分钟前往日内瓦的Gare de Cornavin火车站；出租车前往市中心需要Sfr35~50；在冬季，长途车会前往韦尔比耶、萨斯费、克莱恩-蒙塔纳和法国边境的滑雪度假村。

当地交通

瑞士的公共交通体系高度整合，效率位居世界前列。然而，交通费用不菲，计划在城际间往来的旅行者可以考虑购买瑞士旅行通票。时刻表通常适用于Werktags（工作日，一般指周一至周六），标注ausser Samstag（周六除外）的除外。登录www.sbb.ch可查询时刻表与票价信息。

自行车 瑞士特别适合骑自行车。许多城市都有免费自行车租用体系。火车站通常都有自行车和电动自行车出租点。

公共汽车 服务于偏远地区，瑞士的邮政巴士服务与火车抵达时间配合度极高。

小汽车 适用于交通不便的偏远地区。

火车 瑞士的火车服务十分美妙。可以购买的优惠旅行卡和车票种类繁多。

更多**当地交通**信息见375页。

新线报

瑞士环游之路

新近开放的瑞士环游之路(http://grandtour.myswitzerland.com)是长达1643公里的壮丽自驾路线,囊括该国的主要景点——从冰川到文化气息浓厚的城市、中世纪村庄、葡萄园遍地的湖岸等应有尽有。自2017年起,这条路线上也通行电动汽车(E-Grand Tour),在环保方面也无懈可击。

苏黎世美食节

9月的新兴节日,市场、临时美食摊、工坊、早午餐、烛光晚餐等各种活动令苏黎世热闹无比。(见266页)

卢加诺艺术和文化博物馆

卢加诺艺术和文化博物馆(见209页)闪亮登场,使这座城市的艺术也有了可圈可点之处。前卫的意大利瑞士艺术馆(见204页)展示顶级的现当代艺术。

哥达基底隧道

建设过程漫长,不过终于还是开通了:这条平坦的隧道从阿尔卑斯山下穿过,57公里的长度位居全球之首。隧道已于2016年12月全线通车,瑞士北部和南部之间的交通更加快捷,交通时间减少了足足30分钟。(见199页)

Crans-Montana Youth Hostel

于2017年开始营业的瑞士最新青年旅舍,由一栋20世纪30年代的疗养所改造而来。周边景色超凡脱俗。(见178页)

国际足联世界足球博物馆

位于苏黎世,展品全是关于这项令人狂热的运动,自2016年开放起便人气火爆。(见263页)

Il Fermento

精酿啤酒在瑞士各城市方兴未艾,新开张的美妙自酿酒馆Il Fermento正是顺应这一潮流的产物。身处提契诺州,在夏日的晚上畅饮冰爽的IPA(精酿啤酒)令人备感惬意。(见203页)

Funky Chocolate Club

在因特拉肯这些新开张的有趣工坊亲手制作巧克力,之后享用劳动成果。这里有什么理由不深受人们喜爱呢?(见133页)

珍宝馆

瓦杜兹的新博物馆收藏着列支敦士登的珍宝,从首饰到武器、王室礼物到俄罗斯彩蛋等不胜枚举。(见336页)

Null Stern Hotel

经营理念非常精明:这家零星级的酒店就在阿彭策尔阿尔卑斯山地区腹地的原野之中,有管家服务、夜空中的璀璨繁星和秀丽风光。(见297页)

通信博物馆

全面改造之后,伯尔尼的通信博物馆在2017年8月重新开门迎客。(见113页)

里赫贝格小径

位于创意无限的巴塞尔,这条小径沿途有24处艺术景点,其中包括德国雕刻家托比亚斯·里赫贝格的作品展示。(见253页)

了解更多建议和点评,请见
lonelyplanet.com/switzerland。

如果你喜欢

山间景色

瑞士的山景恢宏壮丽，动人心魄。只需一片晴朗的蓝天就能显露出壮观的群山。

艾格峰、少女峰和僧侣峰 瑞士群山中的三重奏，从格林德尔瓦尔德或翁根开始徒步，或是搭乘缆车抵达小谢德格近距离欣赏。（见126页）

马特峰 在采尔马特乘坐戈尔内格拉特火车或是登上马特峰冰川天堂一睹瑞士标志性群山。（见181页）

阿莱奇冰川 上瓦莱州的贝特默尔峰或埃基斯峰是观察这条闪闪发光、长达23公里的冰川的最好地点。（见192页）

雪朗峰 200座山峰的全景图，一路从铁力士山绵延至法国境内的勃朗峰。（见152页）

少女峰 令人振奋的海拔4000米的山峰，远处可见阿莱奇冰川和黑森林。（见141页）

杰内罗索山 在海拔1704米的峰顶欣赏意大利的湖泊、阿尔卑斯山脉及亚平宁山脉。（见211页）

曼丽申 搭乘欧洲最长的缆车游览令人称奇的格林德尔瓦尔德和劳特布龙嫩山谷景色。（见144页）

艺术博物馆

瑞士的魅力绝不仅仅在于开满红色天竺葵的牧屋农场和长凳上等着被灌满的牛奶桶。以下这些很棒的艺术博物馆就是例证。

贝耶勒基金会美术馆，巴塞尔 馆藏瑞士上乘的现代艺术作品。（见251页）

保罗·克利中心，伯尔尼 瑞士版的古根海姆美术馆。（见113页）

加纳达藏品博物馆，马蒂尼 可以欣赏到毕加索、塞尚等大师的作品。（见164页）

罗森加特藏品馆，卢塞恩 可以欣赏到毕加索一些轰动一时的作品。（见226页）

皮埃尔·阿尔诺艺术中心，Lens 一座令人惊叹的建筑及艺术馆，位于湖边，靠近克莱恩-蒙塔纳。（见176页）

现当代艺术博物馆，日内瓦 将艺术品陈列在一间20世纪50年代的工厂中。（见49页）

奥斯卡·赖因哈特的收藏展，温特图尔 在一座乡村别墅展览的现代杰作。（见277页）

朗格马特博物馆，巴登 在一栋住宅楼中藏有一些知名艺术家尚不广为人知的作品。（见258页）

家庭旅行

瑞士的阿尔卑斯山就像一座巨大的游乐场，提供适合各年龄段的娱乐活动。在这里不仅可以与牛同眠，还可以带儿童参观城市里非凡的博物馆。

瑞士交通博物馆，卢塞恩 在交通博物馆驾驶飞机或是"登陆月球"。（见223页）

大圣伯纳德山口 与圣伯纳犬嬉戏玩耍。（见167页）

维特拉设计博物馆，莱茵河畔魏尔 体验由卡尔斯登·霍勒设计的颇为奇特的38米长的螺旋形滑梯。（见251页）

马特峰冰川天堂，采尔马特 在冰川天堂溜冰及在海拔3883米处玩滑雪圈。（见182页）

萨斯费 给野生土拨鼠喂食，在山间骑滑板车。（见189页）

格施塔德 体验环形高山滑车，乘坐哈士奇雪橇，在指导下牵着羊驼或是山羊徒步。（见158页）

瑞士刀谷博物馆，布龙嫩 打造属于你的瑞士军刀纪念品。（见235页）

保罗·克利中心，伯尔尼 欣赏互动式艺术展览及体验手工作坊。（见113页）

圣加仑修道院(见291页)

阿里门塔里乌姆食品博物馆,沃韦 在烹饪教室中学习。(见81页)

城堡和修道院

一些童话风格的城堡和修道院令瑞士的自然景观更加上镜。它们坐落在山丘和湖畔,风景如画。

西庸城堡 从蒙特勒沿着素有"鲜花小径"之称的徒步线路前往这座位于日内瓦湖边的巨石城堡。(见85页)

图恩城堡 在瑞士德语区,没有哪座城堡能比图恩的红色塔楼更像童话。(见149页)

圣加仑修道院 修道院内有一间极为精美的图书馆。(见291页)

贝林佐纳的城堡 位于意大利语区提契诺州的三座城堡,一同列于教科文组织世界遗产名录中。(见199页)

锡永城堡 两座迷人的古堡俯瞰着葡萄园。(见171页)

米施泰尔 联合国教科文组织世界遗产名录中的瑰宝:卡洛琳王朝时期和罗马式修道院中的壁画。(见323页)

巴登 这里有亚瑟王的传说。颇受欢迎的城堡是伦茨堡城堡、维尔德格城堡、哈布斯堡城堡和哈尔维水上城堡。(见257页)

巧克力

巧克力作为瑞士的代名词再合适不过。超过一半的瑞士巧克力都由瑞士人自己消化了。

巧克力列车 在蒙特勒乘坐美好时代的普尔曼列车前往巧克力工厂。(见375页)

Funky Chocolate Club,因特拉肯 手忙脚乱地与这里的有趣团队一起制作巧克力(之后再吃下它)。(见133页)

Schokoland,卢加诺 介绍巧克力的历史及口味。(见205页)

Maison Cailler,布罗克 在这家工厂制作自己心仪的巧克力。(见97页)

Villars Chocolate,弗里堡 由格吕耶尔牛奶和带巧克力碎屑的热巧克力制作而成,且价格实惠。(见96页)

瑞士交通博物馆,卢塞恩 乘坐游乐场小车探索巧克力的世界。(见223页)

Café Sprüngli,苏黎世 1836年开业的咖啡馆和巧克力商店,深受当地人欢迎。(见269页)

Milk Bar,韦尔比耶 位于滑雪胜地的咖啡馆,可以品尝瑞士最可口的热巧克力。(见171页)

每月热门

最佳节庆

卢塞恩音乐节，4月

蒙特勒爵士音乐节，7月

瑞士国庆日，8月1日

街头游行，8月

日内瓦城节，12月

1月

冬日的严寒使得小镇冷冷清清，但是阿尔卑斯山的滑雪季才正要如火如荼地展开。无论是跻身于华丽的上流社会，还是迷失在阿尔卑斯山村庄里……你总能在瑞士找到适合自己的乐趣。

哈德波茨夏特游行

在每年的1月2日，因特拉肯都会出现戴着满脸是瘤和食人巨妖面具的人物（当地人称为“Potschen”）在街上跑来跑去，营造出一种恐怖的气氛。整个活动以人们伴着欢乐的乡村音乐和搞笑的恶作剧，在当地酒吧或酒馆共饮一杯而结束。（见129页）

格利夫怪鸟节

作为瑞士的古老民俗庆典，这个节日以夸张的野人、狮身鹰首兽和狮子在一座城市桥梁上伴着鼓点起舞来寓意赶走巴塞尔的冬天。之后野人会搭乘充气船沿着莱茵河进入城里。（见254页）

世界冰雪节

这个1月下旬举行的节日为期6天，格林德尔瓦尔德因令人赞叹的冰雕而熠熠生辉。来自全球的雕刻家云集，展示冰雕技艺，作品从巨大的动物到抽象创作，应有尽有。（见136页）

2月

山间清新寒冷的空气令滑雪季更为迷人。在2月学校放寒假时，游客们拖家带口蜂拥至滑雪胜地，此时住宿也是最贵的。

狂欢节

再也别认为瑞士人都自命清高。在狂欢节期间，大斋节前的游行、夸张的服饰、音乐以及各类有趣的活动席卷天主教各州。不妨在卢塞恩或是巴塞尔加入这场狂欢。（见253页）

3月

天气不再寒冷得令人嘴唇发青，但滑雪季的尾声仍旧忙碌，若正巧赶上复活节假期更是如此。

恩嘎丁滑雪马拉松（Engadine Ski Marathon）

看着11,000多名参加越野滑雪的选手伴着《烈火战车》旋律做热身运动是令人难忘的，特别是长42公里的越野滑雪马拉松，运动员们将一路滑过恩嘎丁结冰的湖泊、松树林以及绝美的雪景。

4月

春天为壮观的阿尔卑斯山脉景色增添了被绚烂花朵点缀的草地，这时好天气也带来了首批山间的徒步者。

卢塞恩音乐节

这个在卢塞恩举办的世界顶级音乐节接着复活节拉开帷幕，在这里可以欣赏到来自全球的室内管弦乐队、钢琴家和其他音乐家的表演。（见226页）

6月

当温度逐渐升高，瑞士日历上的艺术节也逐渐多起来。山间的旅馆结束冬季的歇业

期，准备迎接第一批远足者。

骄傲节

在这个盛大的LGBT街头节日期间，可以看到喧闹派对、游行、音乐会、演出和各类活动。（见267页）

圣加仑歌剧节

圣加仑举办的歌剧节为期两个星期。演出的序幕从6月末拉开，丰富的歌剧演出一直要持续到7月。（见293页）

7月

湖边及阿尔卑斯山脉的草地成了夏季演出极好的舞台，供约德尔调演唱者、阿尔卑斯长号演奏者及扯旗表演者一展才艺。

蒙特勒爵士音乐节

7月初持续两个星期的爵士、流行及摇滚乐演出绝对是你将蒙特勒这座优雅之都加入行程的绝佳理由。一些演出是免费的，有些则收取门票，许多演出的场地就在户外依着湖泊搭建。（见84页）

尼永帕雷欧音乐节

这个自20世纪70年代开始的，在日内瓦湖边举办的6日露天华丽音乐节被认为是夏季音乐节中的代表。（见78页）

韦尔比耶音乐节

从7月一直到8月初的韦尔比耶古典音乐节持续两周。在音乐节结束后还有许多免费活动。（见169页）

8月

晴热少云、阳光炙烤的阿尔卑斯山在假日期间挤满了徒步者、骑行者以及家庭旅客。在8月1日，泛舟日内瓦湖上，观赏瑞士国庆日的烟花，是一个不错的选择。

瑞士国庆日

焰火照亮湖面、群山、城镇和郊野。莱茵瀑布有令人难忘的灯光秀。（见72页）

瑞士摔跤

这项别具娱乐性的节日在达沃斯举行，能够看见最壮实的男人捧着大小不一的肚子，在飞扬的尘土中争夺冠军。（见320页）

街头游行

自从1992年以来，8月中旬会上演欧洲最大规模的街头狂欢，这就是苏黎世的“街头游行”音乐节。（见266页）

日内瓦节

日内瓦在8月主办夏季最火爆的节日之一，持续10天，临时演出、派对和音乐会等活动花样繁多。（见55页）

9月

金秋时节的葡萄丰收赋予乡村漫游极大的乐趣。奶牛从牧场归来的景象十分壮观。

沙尔梅归牛节

这是一种传统仪式，头戴花环的奶牛成群结队，在身穿传统服装的当地人护送下从夏季牧场返回。（见98页）

10月

此时最后一串新鲜多汁的葡萄已经收获入筐，第一瓶新酒已倒入杯中，而甜美的栗子在挂满露珠的树枝上也已摇摇欲坠。天气已经冷得刺骨，特别是在一些高海拔的地区，初雪使得一些山口被迫关闭。

瓦莱州博览会

在下瓦莱州的马蒂尼举行为期10天的地区博览会，每年在这斗牛季节的最后日子，母牛们会竞相争夺“牛中皇后”的称号。（见165页）

12月

白天很短，而且到处都很冷。但是圣诞集市和节日氛围正渐渐增温，更不要说从12月中旬开始，首拨阿尔卑斯山滑雪客到来了。

日内瓦城节

老城的游行队伍持着火把，如同一条火龙，贯穿整个城镇。孩子们和大人纷纷砸碎巧克力做的小锅，然后狼吞虎咽地吃起来，让日内瓦这个在12月11日举行的节日充满了无尽的欢乐。（见55页）

旅行线路

2周 迷失在格劳宾登州和提契诺州

在地势崎岖的格劳宾登州与阳光明媚、湖畔城镇众多的意大利语区的提契诺州穿梭，这是一条瑞士东南部的环线，可以从任何一个地方开始。

从**库尔**出发，往北绕路到漂亮的**迈恩费尔德**，这里遍布葡萄园。往东前往滑雪胜地**克洛斯特斯**和**达沃斯**，再到恩嘎丁山谷，这里有**瓜尔达**和**施库奥尔**（有诱人的温泉浴场）这样迷人的小镇。之后你可以往东南朝着奥地利边境行进，路过奥地利和意大利的一片区域，再折回瑞士的**米施泰尔**凝神欣赏壁画。继续往西南方向，途经如明信片一般的**楚茨**，之后抵达时髦的**圣莫里茨**。越过尤利尔山口，深入**维亚玛拉**峡谷。

往南的路进入提契诺和**贝林佐纳**。从**洛迦诺**湖畔疾行而过，再穿过迷人的**马基尔山谷**。原路返回贝林佐纳，沿着主路前进，到达拉文蒂纳山谷。再经过**圣哥达山口**抵达**安德马特**。前往**迪森蒂斯/穆施特**的修道院，然后我们极力推荐去**沃尔斯**，浸泡在由著名建筑师设计的温泉浴场里，之后返回出发点**库尔**。

1天或1周

冰川快车

自从1930年以及瑞士阿尔卑斯山冬季旅游诞生以来，进行这段290公里的火车旅程成了每位游客的必做之事。这列火车一年四季皆可乘坐，全程8小时；你也可以将旅程分成几段，在瑞士最迷人的阿尔卑斯山度假胜地度过几个夜晚。

选择任何一个方向，旅程的沿途风景都非常壮观，但在上恩嘎丁山谷的**圣莫里茨**登上樱桃红色的列车（挑选一个位于车厢左侧/南面的座位），它会渐渐带你抵达此行的高潮：标志性的马特峰。从圣莫里茨登车约一小时后，即刚经过**菲利苏尔**，窄轨列车离开隧道后，会驶上由6座拱桥组成的标志性**蓝德瓦瑟高架铁路**（建于1901~1902年），它耸立在蓝德瓦瑟河65米的上空，优美的弧线尤其适合摄影。**库尔**，这座瑞士最古老的城市亦是格劳宾登州的首府，距离圣莫里茨约2.5小时车程。古色古香的小镇、有历史意义的酒店，以及繁忙的咖啡馆/酒吧景象，皆会让你逗留于此的一夜十分愉快。

从库尔开始，列车沿着莱茵河谷蜿蜒前进，穿过壮丽的莱茵峡谷（罗曼什语里叫“Ruinaulta”），莱茵峡谷奇特的岩石地貌又使得其被称为“瑞士大峡谷”。接下来到**迪森蒂斯/穆施特**，海拔一路缓慢升高，这里有一座18世纪的本笃会修道院。向上到**欧伯拉普山口**（海拔2044米）——沿线的最高点，这里从11月到次年4月都被白雪覆盖。下一站是滑雪胜地**安德马特**，这里很适合用来放松因久坐而麻木的腿脚，也是绝佳的过夜之地。接下来过山车一般的旅程在下降后又爬上陡峭的**富尔卡山口**，徘徊在瑞士最高的阿尔卑斯山隧道中（而且，15.4公里的长度是此行91条隧道中最长的）。下一站叫**贝特**，是可以乘坐缆车看到令人惊叹的美景的无车城市，还有滑雪胜地**贝特默阿尔卑**。离开此地或者在临近的**费尔施**花上一天远足或滑雪，目瞪口呆地欣赏阿莱奇冰川的巨大冰舌。

从此处开始冰川快车向西南方向沿着罗讷河谷进入瓦莱州，停留站点包括**布里格**，这里有不拘一格的城堡，其顶部是奇异的洋葱圆顶；还有盛产红酒的**菲斯普**，以及终点**采尔马特**，在这里一瞥马特峰，为旅程画上一个完满的句号。

1个月 瑞士精华游

这条为期1个月的壮丽环形路线非同凡响，可以带你领略瑞士的所有精华，将湖泊、葡萄园、群山和蛋白脆饼一网打尽。

环游从**日内瓦**开始，这里有充满生气的博物馆和标志性的大喷泉，然后沿着东边的路慢悠悠地前往法国境内的湖畔南岸——在**伊瓦尔**停留用午餐——或者走高速公路（A1）掠过日内瓦湖的北岸（可以在**洛桑**、**沃韦**或**蒙特勒**停留吃午餐）。接下来的落脚处是充满艺术气息的**马蒂尼**和城堡之王**锡永**，这里遍布的葡萄园、美酒和难忘的瓦莱州式餐饮都值得为之逗留。沿着罗讷河谷继续东行，前往**洛伊克巴德**，沉浸在高耸的山峰之下的温泉中。从**菲斯普**往南，在无车城市**采尔马特**时髦的街道、斜坡和小径上凝视标志性的马特峰。

第二周，体验一下冰川快车，坐火车前往**上瓦尔德**。在**贝特**下车，乘坐缆车前往画一般的**贝特默阿尔卑**（它的街道都是机动车禁行的），在这里可以远观覆盖在贝特默峰上长达23公里的阿莱奇冰川的壮景。从上瓦尔德往北驶过格里姆瑟尔山口（海拔2165米）抵达**迈林根**（在这里吃点蛋白脆饼！），然后往西进入壮丽的少女峰地区，乘坐火车前往欧洲的最高峰，体验一生一次的旅程。你的大本营可以设在**因特拉肯**或者**格林德尔瓦尔德**。相比阿尔卑斯奇观的核心部分，如果你更加热爱意大利风情，可以继续乘坐冰川快车直到抵达**安德马特**，然后驱车南下前往意大利风格的提契诺，在光彩夺目的小镇**卢加诺**和**洛迦诺**享受湖边生活。

第三周开启往北去**卢塞恩**的旅程，你可以在卢塞恩漂亮的湖泊**韦吉斯**和**布龙嫩**上泛舟。在富饶的充满中世纪风情的**楚格**享用樱桃蛋糕，然后往北去大都会**苏黎世**体会最棒的瑞士都市风情（一共5天）。如果你想要跨过边境，列支敦士登非常迷你的首都**瓦杜兹**离得非常近。下一站是被列入联合国教科文组织世界遗产名录的**圣加伦**，你可以累计花上一周的时间细品瑞士北部。

以汝拉州作为终点，从这里往南很快就能转移到纳沙泰尔湖北岸的**纳沙泰尔**，纳沙泰尔的高速公路连接日内瓦湖畔的洛桑，最终回到日内瓦。

2周 都市穿梭

从日内瓦到苏黎世这段385公里的旅程是为向往都市热情与小镇风情交融的都市人准备的。在这条路线上开车或者乘坐公共交通工具都非常可行。乘飞机从一座城市前往另一座，或者乘坐2.75小时的火车快速回到原点。

抵达**日内瓦**，探索瑞士最国际化的大都市，然后沿着日内瓦湖漫步至**洛桑**，这个湖畔小城有充满活力的酒吧和咖啡馆以及可爱的老城风情。继续前行至被誉为“瑞士里维埃拉”的**拉沃葡萄酒产区**，再往前经过湖边的西庸城堡后抵达**蒙特勒**。往北至下一站**格吕耶尔**，这里盛产城堡、奶酪、奶油和珍珠白色的蛋白脆饼。再往北你将抵达位于法语区和德语区交界处的**弗里堡**，穿过弗里堡便到了瑞士漂亮的首都**伯尔尼**。随后，往南前往环绕在**因特拉肯**周围的湖边小镇（这里有诸多顶级的滑雪、远足和其他户外活动选择），然后前往**卢塞恩**，这是另一位迷人的湖畔美人。经过大亨云集的**楚格**，往北至瑞士最时髦、最热闹的城市**苏黎世**，这里的气氛变得完全不一样。

1周 北方的瑰宝

这条路线贯穿瑞士常被游客忽略的北部，需1周，艺术、建筑和自然奇景是沿途亮点。

除去自然奇观，瑞士还拥有诸多人造美景。没有任何一地比**圣加伦**更加适合欣赏人文景观，这里坐落着一座修道院与教堂的综合体，守卫着世界上最古老的图书馆之一（也因此被列为世界文化遗产）。**阿彭策尔**距离圣加伦50分钟火车车程，在这里微笑拍照留念，然后向西沿着博登湖（又称“康斯坦茨湖”，是夏季户外活动胜地）南岸前进，或者前往**温特图尔**（有艺术博物馆和适合儿童的科学中心）。这两条路线都以**沙夫豪森**作为终点，这是一座充满德国风情的中世纪古朴小镇。别忘了站在欧洲最大的瀑布——**莱茵瀑布**的中央。

接下来，继续西行前往充满艺术气息的**巴塞尔**，然后往西南方向绕点路前往**巴登**或者**阿劳**，两地都风景如画，会让你迷失在鹅卵石铺成的古老街道上。从巴塞尔州向西，驶入瑞士未经开发的汝拉州的深处。再往西去**拉绍德封**——建筑师勒·柯布西耶的出生地寻找他的早期作品。

瓦莱州，在阿莱奇冰川（见192页）的岩层上攀爬

计划你的行程

瑞士户外活动

在这个国家，半天徒步翻过一座2500米的山口只能算是周日的随意溜达，3岁的小孩子在你周围滑雪玩乐。如果你只把瑞士称为“爱好运动的国家”，那就过于低调了，因为瑞士人在各项运动上异常活跃。证据？你只要看一眼他们超棒的“后院”就够了：巨大的山峰、汹涌的河流和了不起的滑雪坡都在邀请他们到户外去冒险。

最佳户外活动

最佳滑雪

圣莫里茨（见325页）非常棒的多变地貌和350公里的巨型滑雪道，还有冰川滑降和自由式滑雪的机会。

最佳徒步

弗尔峰小径（见138页）经典的阿尔卑斯高山徒步游，途中冰雪覆盖的少女峰山峦、图恩湖和布里恩茨湖都很上镜。

最佳登山

采尔马特（见181页）攀岩爱好者努力追求的登山运动就在这里。抓牢4000米以上的山峰，你可以丈量马特峰的高度。

最佳漂流

Swissraft（见217页）沿着湍急的前莱茵河快速漂流，经过莱茵峡谷中构造古怪的石灰岩。

最佳山地自行车

克洛斯特斯和达沃斯（见316页和318页）长达600公里的山地自行车道是自由骑行者的天堂，其中包括一些具有挑战性的下坡和单行道。

户外活动计划

如果计划不周，你在瑞士的户外体验可能举步维艰。要时刻记住，你需要提前很久预订徒步小屋（特别是在夏天的徒步旺季），或者要选择一处中转站，以此为日间徒步的大本营。其他人气探险目的地的活动也会早早订满，所以要在出行前做好安排，才不至于败兴而归。通过网络购买滑雪通票、租用滑雪装备，往往可以避免排长队的麻烦，此外也能节省开支。

何时去

阿尔卑斯山上的天气变幻莫测是出了名的。即使是在8月，你也很可能在一天之内经历晴日、迷雾、暴风雨和降雪，因此出门前记得在www.meteoschweiz.ch查看一下天气预报。

12月至次年4月 直到复活节前，滑雪坡上都挤满了滑雪和单板滑雪爱好者。学校放假期间价格会飞涨。

5月和6月 人群减少，晴朗天气居多。海拔2000米以上的地区仍有小片积雪。许多木屋暂停营业，山区交通限行。

7月和8月 前往瑞士阿尔卑斯山的高海拔徒步者和自行车手络绎不绝，穿行于高山之中。所有登山升降梯和高山木屋都营业（预订）。

9月至10月初 这段时间来要碰运气：可能很愉快，也可能很单调。住宿价格降低，人群也变少了，但是很多酒店和登山升降梯都不开放。

10月中旬至11月 白天变短，天气莫测。海拔1500米以上地区很可能有雨雪和大雾天气。绝大多数度假胜地进入冬眠期。

滑雪和单板滑雪

在这个国度，每10个人和50头牛的小村庄就有滑雪索道。所以，你要面对的问题不是哪里可以滑雪，而是应该怎么滑雪。不论你是菜鸟还是老手，喜欢豪华还是质朴的雪场，想要黑色还是蓝色滑雪道，瑞士永远有可以满足不同口味和水平的选择。

滑雪道分类

标有不同颜色的滑雪道按照难度分类：

蓝色滑雪道 简单、平整的滑道，适合初学者。

红色滑雪道 中级难度的平整滑雪道，往往比蓝色滑道更陡、更窄。

黑色滑雪道 适合有娴熟技巧和能力的滑雪高手。绝大多数都很陡峭，而且不一定平整，可能还有雪坡和垂直落点。

滑雪坡安全事项

➡ 绕行常规的滑雪道之前，务必注意雪崩警告，并听从当地人的建议。

➡ 绝对不要独自前往非滑雪场。携带一根雪崩杆、一个无线电收发机或者一把铁铲，最重要的是要带一名专业向导。

➡ 登录网站www.slf.ch或者致电187，查询当日的雪崩公告。

➡ 由于雪地反射，阿尔卑斯山地区的日晒更为强烈。佩戴滑雪护目镜，涂抹高倍数防晒霜。

➡ 多层衣物帮助你适应不断变化的温度。你的头部、腕关节和膝盖都必须得到保护。

➡ 黑色滑雪道看上去很诱人？先确保你已经充分投保了。一旦受伤，高空山区营救和医疗费用很可能会雪上加霜。

滑雪通票、租赁和培训

对，瑞士消费很高，滑雪也不例外。话虽如此，但是如果你避开学校放假期间，选择高端度假胜地之外的低调村庄，还是能削减费用的。滑雪通票占你预算的一大部分，会花掉你每天Sfr70或6天Sfr350左右。此外，还需考虑每天的租赁费用：滑雪板Sfr40~70，滑雪靴Sfr20。这两样都可以在www.intersportrent.com在线预约。儿童的滑雪设备大致是半价。

主要的度假胜地都有滑雪学校，半天团队课程的价格一般为Sfr50~80。**Schweizer Skischule**（www.swiss-ski-school.ch）提供全国170所滑雪学校的地图，可以点击查看详情。

最佳滑雪道

单板滑雪 萨斯费、拉克斯或达沃斯。

家庭滑雪 阿罗萨、伦策海德、贝特默阿尔卑或克洛斯特斯。

道外滑雪 英格堡、安德马特、韦尔比耶或达沃斯。

冰川滑雪 格施塔德附近的冰川3000、英格堡的铁力士山或萨斯费。

观光滑雪 采尔马特或曼丽申。

吓死人的速降滑道 尚佩里的瑞士之墙，或从雪朗峰延伸至劳特布龙嫩的地狱雪坡。

越野滑雪 达沃斯、阿罗萨或坎德施泰格。

非滑雪者 格施塔德或格林德尔瓦尔德。

GORILLAIMAGES/SHUTTERSTOCK ©

采尔马特，在马特峰（见181页）附近滑雪

对于滑雪爱好者而言，新推出的**Magic Pass**（www.magicpass.ch；成人/儿童 Sfr1299/799）是个性价比高的选择，该通票旨在吸引滑雪者到瑞士鲜为人知的滑雪度假村。通票涵盖25座度假村，整个冬季有效（11月至次年4月）。官网上有时会有促销价。

地区

瑞士有很多非常棒的滑雪胜地，下面列举的这几个滑雪区只是为了让你粗略了解阿尔卑斯山的情况。

格劳宾登州

崎岖不平的格劳宾登州有几个大名鼎鼎的滑雪坡。首先便是超级时髦的圣莫里茨（见325页），有总长达350公里看护良好的滑雪坡、冰川滑降和自由式滑雪机会。双胞胎度假区（漂亮的）克洛斯特斯（见316页）和（受欢迎的）达沃斯（见318页）共享320公里的滑雪道，后者有很棒的公园和U形滑道。单板滑雪者还高度评价了拉克斯（见311页）的单板公园、自由式滑雪和滑雪后的娱

在冰封瀑布上攀冰

乐圈子。迎合家庭游客的阿罗萨（见309页）和位于隔壁山谷的伦策海德（见308页）风景秀丽，初学者、中级玩家和越野滑雪爱好者都会选择这里。想要避开黑压压的人群？那就滑行至不拥挤的滑雪坡，如Pizol（见315页）、施库奥尔（见322页）、萨姆瑙恩（见323页）或蓬特雷西纳（见332页）。

瓦莱州和沃州

在马特峰的斜影之下滑雪，然后冲向采尔马特（见181页）之上海拔4478米的高点，没什么比这个感觉更棒了。这个无车度假村的滑雪道长达360公里，而且风景秀丽，单板滑雪者、中级和非滑雪道滑雪者都对其赞不绝口。边上的克莱恩-蒙塔纳（见176页）差不多和采尔马特同样迷人，阳光灿烂又和缓的滑雪坡特别适合新手，还有马特峰和勃朗峰点缀着天际线。韦尔比耶（见168页）还有几处非滑雪场，对专业滑雪者来说都特别具有挑战性。顶级单板滑雪爱好者都喜欢萨斯费（见189页），因为这里雪地结实、毗邻冰川。尚佩里（见166页）有650公里的滑雪坡，倚靠着巨大的法国Portes du Soleil滑雪场。位于瓦莱州安静一隅的贝特默阿尔卑（见193页）风光秀丽，却还没有挤满游客，在这里你不用排长队，家庭游客也能尽情享受。

伯尔尼高地

冬季仙境的核心是少女峰地区，未丧失自然美的阿尔卑斯景色，其上214公里养护良好的滑雪坡纵横交错，难度从十分简单到令人毛骨悚然都有，还能看到“三座大山”（艾格峰、僧侣峰和少女峰）转瞬即逝的美。格林德尔瓦尔德（见134页）、翁根（见145页）和米伦（见146页）都有各种各样不同的滑雪活动，气氛放松，适合家庭游客。若你想体验更浮华的地方，向西前往格施塔德（见158页），220公里的下山滑雪坡美丽又精彩，附近的冰川3000（见159页）提供滑雪季之前和之后的冰川滑雪机会。

瑞士中部和东北部

拥有结实的滑雪坡和美得惊人的群山背景，英格堡（见239页）竟然还鲜为人知，

采尔马特，在马特峰（见181页）附近徒步

这实在是令人惊讶。占据整个画面的铁力士山（见243页）上覆盖着冰川。这里真正的宝贝是包括盖尔蒂伯格在内的山岳滑雪场地，可以体验从冰川到山谷全程2000米的垂直滑降。美妙而原始的安德马特（见245页）则是另一处边远山区的滑雪地，也是单板滑雪者的最爱。

资源

书籍

➡《欧洲——如何选择滑雪度假村》（*Which Ski Resort–Europe*；Pat Sharples和Vanessa Webb著）调查透彻的旅行指南，涵盖欧洲排名前50的度假胜地。

➡《滑雪和单板滑雪去哪儿》（*Where to Ski and Snowboard*；Chris Gill和Dave Watts著）最新的滑雪坡指南，包括滑雪的全方位信息。

网络资源

Bergfex（www.bergfex.com/schweiz）综合性网站，有滑雪道地图、降雪预报和全瑞士226个滑雪度假村的细节信息。

On the Snow（www.onthesnow.co.uk）关于瑞士各大滑雪度假村的评论，还有降雪报道、网络摄像机和登山升降梯的细节信息。

If You Ski（www.ifyouski.com）度假村指南、滑雪交易和关于滑雪板租赁和滑雪学校的信息。

MadDogSki（www.maddogski.com）令人愉快的滑雪指南，以及专业人士关于从住宿到滑雪后的娱乐活动等全方位的贴士。

World Snowboard Guide（www.worldsnowboardguide.com）单板滑雪者集中营。有关于瑞士大多数度假村的实时信息。

Where to Ski & Snowboard（www.wheretoskiandsnowboard.com）度假村概览和评价，新闻和天气预报。

步行和徒步

只要背上背包上路，你就可以开始体验这个小国家之"大"：被标记的徒步路线纵横交错，长达6万公里，遍布全国。

步行种类

➡ 所提供的步行时间和距离只起指导作用。

➡ 步行时间按照实际走路时间计算，不包括吃

网上预订滑雪

➡ 想抢到最后一分钟的滑雪折扣价和套餐，瞧瞧这几个网站：www.igluski.com、www.j2ski.com、www.snowfinders.co.uk和www.myswitzerland.com。

➡ 在Ski Set（www.skiset.co.uk）或Snowbrainer（www.snowbrainer.com）预订滑雪或租赁滑雪板，可以享受折扣价，而且这样你就可以不排队直接前往滑雪坡。

➡ 如果你不想排长队，可以考虑在网上订购滑雪通票。各种Swiss Pass（www.swisspasses.com）能在滑雪通票标准价格的基础上提供最多30%的折扣。

吸引孩子的地方

➜ 在赫米斯霍芬（见287页）骑着农场的奶牛沿着莱茵河旅行。

➜ 乘坐菲斯特高空滑索First Flyer（见140页）在格林德尔瓦尔德上空快速移动。

➜ 在格施塔德附近的冰川3000（见159页）乘坐由哈士奇犬拉着的雪橇。

➜ 坐着平底雪橇，顺着弗尔峰（见140页）的15公里长的滑雪道在雪地里飞驰。

➜ 在全国各地驾驶着越野山地车、特大号滑板车或（适于在泥土路上行驶的）轻型摩托车，从山上疾驰而下。（见140页）

➜ 在莱茵瀑布的探险乐园（见286页），从一棵树的顶端荡到另一棵树顶。

➜ 在萨斯费的Feeblitz（见190页）雪车道上急速飞驰。

点心、拍照、休息和旁道远足的停留时间。

➜ 距离必须和海拔同时考虑——相比于横向距离，纵向海拔的显著增加对你的步行时间造成更大的影响。

安全又负责任的徒步游

为了保护瑞士的生态和自然美景，徒步时请考虑以下几点。

➜ 支付所有规定的费用，获取关于环境状况的可靠信息（例如，你可以从公园管理处获取信息）。

➜ 只在徒步区域内行走，遵循步道，不要超过自身经验范围。逐步增加徒步长度和海拔。

➜ 为了避免遇到风化危险，也考虑到你自己的安全，请勿偏离有标记的路线。

➜ 有可能的话，不要独自在山中行走。安全徒步的最少人数为2人。

➜ 随身带走所有垃圾。

步行分类

当地人总是会高兴地告诉你，瑞士的徒步路径总长62,500公里，差不多足够环绕地球1.5圈。然后，因为（印象中）瑞士人典型的严谨周密，这些小径的路标设置和道路养护做得非常好。即使如此，我们还是推荐你在阿尔卑斯山徒步时要带好像样的地图和指南针。徒步路径和滑雪道一样，根据难度等级标有不同颜色：

黄色 简单。不要求以前有相关经验。

白色-红色-白色 山区步道。你必须脚步稳健，因为该路线偶尔会有一些风险。

白色-蓝色-白色 高海拔的阿尔卑斯路线。只适合身体健康人士；可能会要求有登山、冰川旅行经历。

粉色 平整的冬季徒步步道。

地区

阿尔卑斯山区的徒步者一向都把注意力集中在伯尔尼高地、瓦莱州和格劳宾登州的路线上，这里的步道更具挑战性，景色也更壮观。低地地区也同样很有氛围，如爬满葡萄藤的拉沃葡萄酒产区和阿彭策尔周围充满田园风光的乳品乡村，而且这里差不多一年到头都很容易到达。

夏天，有些旅游局会组织导览徒步游——持有当地游客卡的人可以免费参加——包括卢加诺在内。其他度假村例如达沃斯-克洛斯特斯和阿罗萨提供免费的山区交通服务，如果夏天时你在这里过夜，会有先发优势。

最佳徒步

阿尔卑斯高山一日徒步游 从弗尔峰小径出发，欣赏图恩湖和布里恩茨湖，还有艾格峰、僧侣峰和少女峰迷人的景色。

史诗般的山中徒步 马特峰冰川步道位于原始的冰川和海拔4000米的山峰之中，你会惊叹于所见的马特峰多么巨大壮观。或者，你也可以从小谢德格的艾格峰步道出发，给艾格峰和少女峰的其他巨山来个特写。

冰川徒步 被阿莱奇冰川深深迷倒，留心观察黑鼻子的绵羊。

家庭徒步 伦策海德充满动感的Globi小径、曼丽申土拨鼠遍地的Felixweg步道和大圣伯纳德山口的同名步道都会让孩子们很开心。

在瑞士阿尔卑斯山玩滑翔伞

葡萄园步行 种满葡萄藤的罗讷河谷位于从谢尔到萨尔格什的葡萄藤小径上，非常适合家庭一起散步。9月份正值葡萄收获季节，在这个金秋时节徒步是最惬意的。

另辟蹊径的徒步 马困湖区的徒步游充满挑战，在这里你可以欣赏到瑞士国家公园的原始生态美景。

夏日漫步 漫步于田园小村庄之中，沿着西玛德拉特鲁萨上古老的骡马步道散步，还能看见马焦雷湖的全景。

推折叠式婴儿车徒步 采尔马特和韦尔比耶的步道适合折叠式童车，在这里带着幼儿步行简直易如反掌。

住宿

徒步者在瑞士阿尔卑斯山上最大的乐趣就是住在高山木屋里。**瑞士阿尔卑斯登山俱乐部**（Swiss Alpine Club，简称SAC；www.sac-cas.ch；每人 非会员 Sfr20~40，会员 Sfr28封顶）经营152家木屋，必须提早预约。年会员费介于Sfr80~175之间，会员有权享受SAC木屋、攀岩墙、团队游、地图和向导等方面的折扣。

如果你在低地徒步，想要回归自然，可以考虑找一家农场寄宿过夜。**Agrotourismus Schweiz**（☎031 359 50 30；www.agrotourismus.ch）和**Swiss Holiday Farms**（☎031 329 66 99；www.bauernhof-ferien.ch）可供你了解农场寄宿场所的信息。

资源

书籍

Rother（www.rother.de）和**Cicerone**（www.cicerone.co.uk）出版瑞士的地区步行指南。

➡《在瑞士和奥地利阿尔卑斯轻松步行》（*Walking Easy in the Swiss & Austrian Alps*；Chet Lipton著）介绍最受欢迎的几个地区的时长2~6小时的平缓徒步游。

➡《阿尔卑斯山100条木屋步行路线》（*100 Hut Walks in the Alps*；Kev Reynolds著）列举了阿尔卑斯山的木屋之间100条步道，适用于不同水平的群体。

➡《阿尔卑斯山徒步游》（*Trekking in the Alps*；Kev Reynolds著）包括20条阿尔卑斯山徒步路

CANADASTOCK/SHUTTERSTOCK ©
冰川峡谷（见134页）

线，还有地图和路线图。

网络资源

通过以下网站，你可以规划路线，下载地图和全球定位系统的资源：

Switzerland Tourism（www.myswitzerland.com）有关瑞士步行的优质信息，从主题日徒步到导览徒步游和适合家庭的步行路线应有尽有。还有个包含32条步行路线的手机应用程序可供下载。

Wanderland（www.wanderland.ch）最权威的瑞士徒步网站，可以按照地区和主题搜索步行路线和住宿，此外还有关于活动、地图和徒步套餐的信息。

地图

米其林的729号国家地图《瑞士》比例尺为1∶400,000，是概览全国的很棒的地图。若你想要交互式步行地图，登录map.wanderland.ch，若想查询可缩放式的全国地图，可访问www.myswitzerland.com/map。

如果你想在网上购买高质量的步行地图，可以试试以下网站：

Kümmerly + Frey（www.swisstravelcenter.com）将整个瑞士绘制成地图。大多数地图的比例尺为1∶60,000，其精确度对于重要的导航也绰绰有余。

Swiss Alpine Club（www.sac-cas.ch）非常详细、可靠的徒步地图，比例尺为1∶25,000。

自行车和山地自行车运动

路线

在热衷自行车运动的人眼中，瑞士是一座高效运营的天堂，9000公里的自行车道和4500公里的山地自行车路线遍布于其国土之上。

如果你渴望在山隘上——例如富尔卡山口、欧伯拉普山口和圣哥达山口——测试自己的耐力，安德马特是很棒的基地。两条出众的国家路线从这里开始：一条是骑320公里到日内瓦，途经罗讷冰川和充满田园风光的戈姆斯（Goms）；另一条是沿着莱茵河直到巴塞尔，全程长达430公里，令人心跳不已。向往艰难斜坡和诱人美景的严肃自行车手则成群结队地前往伦策海德、克洛斯特斯和达沃斯。

山地和速降自行车手飕飕地骑到对面阿尔卑斯上的度假胜地，如阿罗萨。若你想要磨炼障碍穿越技巧，达沃斯和韦尔比耶的自行车公园值得一试。

自行车租赁

所有主要城镇都有可靠的自行车租赁点。作为当下环保倡议活动**Schweiz Rollt**（Suisse Roule；www.schweizrollt.ch）的一部分，4月至10月，包括伯尔尼、苏黎世、日内瓦、马蒂尼、锡永和纳沙泰尔在内的很多城市都提供免费出租的自行车。

SBB Rent a Bike（☎041 925 11 70；www.rentabike.ch；半天/全天 Sfr27/35起）在各大主要火车站都有分店，城市自行车、山地自行车、电动自行车和双人自行车的每日租金分别为Sfr35/43/54/80。另外付Sfr8，你就可以在一个车站提车，在另一个车站还车。可以上网预约自行车。在瑞士联邦铁路（SBB）火车上携带自行车的单日通票价格是Sfr20。

如果你逗留时间较长，那么值得注册**PubliBike**（www.publibike.ch/en），该公共自行车分享计划在瑞士全国有将近100个“取车还车”站点，只收取低廉年费。也可以考虑购买QuickBike（24小时）。登录网站订购或查询促销和站点位置信息。

资源

Veloland（www.veloland.ch）提供瑞士骑行信息——包括国家路线、活动和适宜家庭的团队游。

Mountainbikeland（www.mountainbikeland.ch）国家、地区和当地路线的详细信息。

GPS Tour（www.gps-tour.info）可以下载瑞士境内成百上千个含全球定位系统的自行车和山地自行车团队游资源。

探险运动和水上运动

攀岩

自从爱德华·温珀（Edward Whymper）在1865年首次成功登上马特峰，瑞士一直以来都是登山运动员心中的圣地，尽管这一重大成就因登山绳断裂的悲剧蒙上了阴影。顶尖的阿尔卑斯式登山者可以到达欧洲最使人筋疲力尽的几个攀爬地点：罗萨峰（海拔4634米）、马特峰（海拔4478米）、勃朗峰（海拔4807米）和艾格峰（海拔3970米）。

若你急于挑战，采尔马特的Alpin Center安排周边海拔超过4000米以上山峰的几条一流攀登路线。原始的坎德施泰格风景秀丽，其冰冻瀑布吸引熟练的攀冰者。蓬特雷西纳的冰蚀巨山如贝尔尼纳山也引来不少攀爬者。

库尔和因特拉肯的攀岩墙是热身的理想之地。

以下是有用的网络资源：

SAC（www.sac-cas.ch）浏览关于遍及全国的攀岩墙、团队游和课程的信息。

Schweizer Bergführerverband（www.4000plus.ch）Swiss Mountain Guide Association的官网。

Rock Climbing（www.rockclimbing.com）提供瑞士上百个攀岩场地的详细信息，其中很多都有难度分级和照片以便参考。

Verband Bergsportschulen Schweiz（www.bergsportschulen.ch）瑞士高山运动学校中的领军者。

> **以6为单位的国际求救信号**
>
> 阿尔卑斯山的标准遇险求救信号是6声口哨、6次呼喊和6缕烟——也就是说，把你能做到的任何标记、能发出的任何声音在一分钟的时间内每隔10秒重复6次。

铁索攀岩（飞拉达）

既想体验登山的愉悦，又要有固定于垂直岩石表面的安全性，试试极限铁索攀岩（在德语中被称为Klettersteig）。这些令人晕头转向的路线设有固定保护绳，在瑞士非常流行。我们最爱的地点有以景取胜的安德马特和米伦，以挑战为主的洛伊克巴德和坎德施泰格。

Via Ferrata（www.viaferrata.org）提供地图和根据难度分级的不同路线。

滑翔伞和悬挂式滑翔

在瑞士，只要有美妙清风和高山的地方，就会有滑翔伞和悬挂式滑翔运动。

在被列为联合国教科文组织遗产地的阿莱奇冰川地带，费尔施阿尔卑是寻找上升热气流的最佳地点，菲斯特则最适合观赏少女峰令人精神振奋的壮观景色；如果你更偏爱湖景，可以像鸟儿一样滑翔经过闪闪发光的卢塞恩湖和卢加诺湖。

蹦极

地区旅游局可以提供关于蹦极的信息。最棒的蹦极点有格林德尔瓦尔德的冰川峡谷（见134页）和因特拉肯附近的施托克峰，高达134米。如果你能把自己想象成电影《007》里的邦德，那就去韦尔扎斯卡大坝（见217页），这个220米高、排名世界第二的蹦极点是电影《黄金眼》的片头取景地。

跳伞和定点跳伞

因特拉肯是极限运动的热门地，也有让你心脏骤停的跳伞。顺着艾格峰的垂直岩面做自由落体状的同时，可以尽情欣赏慢镜头似的壮丽景色。

定点跳伞运动更令人心惊胆战：从定点一跃而下，在摔到地面的那个瞬间之前打开降落伞，确实很危险。尽管在劳特布龙嫩（见143页）看跳伞会觉得很兴奋，但是这种运动最好还是留给高手们去挑战吧。

漂流和急流漂流

夏天，汹涌的Saane河、莱茵河、因河和罗讷河构成一幅激动人心的背景，你可以在其中玩漂流和急流漂流。难忘的戏水路线包括漂过因特拉肯附近的石灰岩瑞士大峡谷和河流，到达湍急的前莱茵河。

Swissraft（见217页）在全国都设基地。半日漂流团队游/急流漂流的价格预计为Sfr115，该费用中包括交通和设备。

划皮划艇和独木舟

慵懒的夏日午后最适合用来游于清澈的湖泊与河流之中，感受瑞士自然风光中的慢生活。浏览**Kanuland**（kanuland.myswitzerland.com），查询关于路线和方便划船的住宿地的信息。半日独木舟团队游需花费Sfr85~120。

风帆和滑水

绝妙的风从席尔瓦普拉纳的高山上吹下来。这里有两处钴蓝色的湖泊，风速适宜，你可以选择风筝冲浪和风帆冲浪的课程。

在进行风帆和尾流滑水运动的同时，你还能观赏图恩湖周围高耸的崎岖山脉构成的迷人景观。美丽小巧的湖畔埃斯塔瓦耶也吸引着滑水和尾流滑水爱好者。

登录www.windsurf.ch，了解瑞士境内的风帆俱乐部和学校；www.wannakitesurf.com上则提供热门的风筝冲浪地点的交互式地图。

地区速览

没有其他国家能像瑞士这样激发旅行者的探索之心——不大的面积却囊括了4种语言和丰富的文化，这样的瑞士等待对其好奇的人们去发现。瑞士整个西部地区为法语区，从日内瓦和日内瓦湖到位于较偏远北部的汝拉州以及靠近东部的瓦莱州。继续往东，中部高地及瑞士首都伯尔尼为瑞士的德语区，德语区覆盖阿尔卑斯山另一侧瑞士主要的几处户外活动胜地，包括伯尔尼高地、格劳宾登州和恩嘎丁山谷。提契诺州作为瑞士的意大利语区则拥有意大利般的迷人气息及热情。

日内瓦

博物馆
购物
船舶与湖泊

这座擅长制作奢侈手表及美味巧克力的现代化大都市坐落在欧洲最大湖泊的西端，连勃朗峰都为其吟唱小夜曲。生活在这里的150个民族的居民挤来挤去，全是为了能够在酒吧占到一个座位。

见42页

日内瓦湖和沃州

葡萄酒
城堡
漂亮的村庄

尽管日内瓦湖的南岸属于法国，其在瑞士境内的北岸仍然美轮美奂。整个北岸点缀着翠绿的葡萄园、童话般的城堡、鲜花小径和古典的旧时村庄。这儿的景色与里维埃拉地区比起来也毫不逊色。

见65页

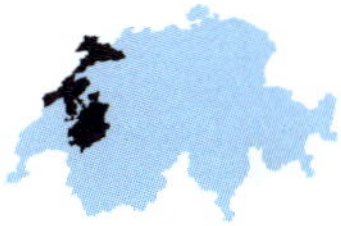

弗里堡州、三湖地区和汝拉州

奶酪
葡萄酒
乡村生活

食客以及新鲜空气爱好者一定会为这片一直延伸到三湖地区的土地神魂颠倒，这里湖岸宁静、绿意盎然。出产的食物绝对品质一流，比如格吕耶尔奶酪、浓厚的奶油以及迷人的豆绿色苦艾酒。

见89页

中部高地

艺术与建筑
老城
珍品

瑞士首都伯尔尼的世界顶级艺术博物馆和熊公园里挤满了参观者，但是其童话般的老城及有趣的非主流文化带给人更多惊喜，不妨在古色古香的索洛图恩好好住上一晚。

见111页

伯尔尼高地

探险运动
绝美景色
徒步

没有其他地方会像这里这么极致，你可以体验定点跳伞、攀冰或是冰川蹦极，绝对都让你热血沸腾。这里有豪华的度假胜地、迷人的冰川及适合入镜的山峰，伯尔尼高地完全符合大片对外景的需求。

见126页

瓦莱州

葡萄酒
高山运动
当地传统

朴实的瓦莱州如同外形奇特的瑞士三角巧克力般令人陶醉，它迷人而传统，令人不忍打破它的和谐。采尔马特、韦尔比耶、冰川快车和瑞士质量最上乘的葡萄酒——这里堪称瑞士精华中的精华。

见161页

提契诺州

湖与山
美食
山顶村庄

意大利式的气候、意大利风情……这个流通着意大利语的州带给人们瑞士的另一面。风景如画的村庄嵌在原始的山谷中，棕榈树在岸边排列开来装点着深蓝色的湖泊，人们可以在栗子树下享受户外用餐。祝你有个好胃口！

见197页

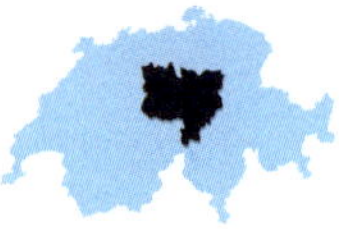

瑞士中部

景色
绝佳户外体验
文化

这里拥有民族英雄威廉·退尔的传奇故事，人生中不可错过的日落景致，传奇色彩浓厚的群山（在滑雪后目睹如此美景就更妙了）和钴蓝色的水域。

见221页

瑞士西北部

艺术
城堡
夜生活

巴塞尔作为瑞士西北部极具代表性的大城市拥有极具冲击力的艺术、前卫派的建筑，以及一条向东穿梭于童话般城堡和中世纪村庄间的河流。

见247页

苏黎世

夜生活
外出就餐
文化

苏黎世西区时髦的狂欢永远不会停歇，苏黎世银行家在这里展现另一面。这里集高雅艺术与国际餐饮于一体，在你小酌一杯酒精度数较高的鸡尾酒后，尽可以一步跨入酒吧的舞池。

见260页

瑞士东北部

回归自然
文化
美食

探索这片瑞士的原始地区，这里流通德语，散落着乳品厂以及半木结构建筑的村庄。开门就可见令人陶醉的城堡、神秘的图书馆、雷鸣般的瀑布，以及可以骑的奶牛。

见280页

格劳宾登州

冬季运动
远足
火车旅行

达沃斯和圣莫里茨作为滑雪胜地，是冬季热门的旅行目的地。在石英岩水疗中心躲避狗仔队的围追堵截，在瑞士国家公园远足，在山间欣赏瑞士标志性的冰川快车驶过。

见301页

列支敦士登

小巧
自然景观
城堡

幸好这个君主国拒绝了邻国将其合并的请求，才使这个豌豆般大小的国家始终保持自己的独立。这里有不错的徒步线路、一座皇家城堡，以及越发兴旺的假牙及护照章产业。

见334页

MARINADA/SHUTTERSTOCK ©

卢加诺（见204页），提契诺州

在路上

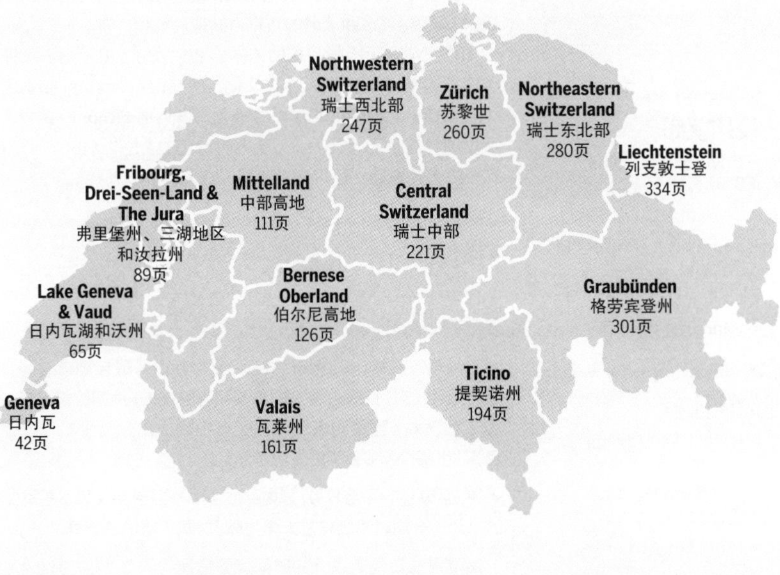

Northwestern Switzerland
瑞士西北部
247页
Zürich
苏黎世
260页
Northeastern Switzerland
瑞士东北部
280页
Liechtenstein
列支敦士登
334页
Fribourg, Drei-Seen-Land & The Jura
弗里堡州、三湖地区和汝拉州
89页
Mittelland
中部高地
111页
Central Switzerland
瑞士中部
221页
Lake Geneva & Vaud
日内瓦湖和沃州
65页
Bernese Oberland
伯尔尼高地
126页
Graubünden
格劳宾登州
301页
Ticino
提契诺州
194页
Geneva
日内瓦
42页
Valais
瓦莱州
161页

日内瓦

人口 198,072 / 海拔375米

包括➡

景点……44
活动……55
节日和活动……55
住宿……55
就餐……57
饮品和夜生活……60
娱乐……62
购物……62

最佳就餐

- Buvette des Bains（见57页）
- Le Petit Lac（见60页）
- Le Relais d' Entrecôte（见59页）
- La Finestra（见58页）
- Manora（见58页）

最佳住宿

- Hôtel Beau-Rivage（见57页）
- Mandarin Oriental（见56页）
- Hôtel Les Armures（见57页）
- La Cour des Augustins（见56页）
- Starling Residence（见55页）

为何去

这个光鲜亮丽的国际化大都市常被人当成瑞士的首都，其实不然。在这座瑞士第二大城市的金色街道上，日内瓦人几乎在用各种语言谈天说地。

世界贸易组织、世界卫生组织、红十字国际委员会、联合国和世界银行的第二大分支机构（200多个国际组织，包括非营利性国际组织）的总部尽皆在此，此外还有豪华酒店、精品店、珠宝店、餐馆和著名的巧克力制造商汇聚一堂。

许多毕业于国际院校的艺术家和活动家、浪子和侨民都居住在这里。日内瓦的反主流文化集中在Les Grottes、帕基区（Quartier des Pâquis）和后工业化的罗讷河（Rhône）两岸，那里的社区酒吧千姿百态，活力四射。这才是“真正的”日内瓦……或者说你已经尽可能地靠近它了。

何时去

- 日内瓦是一个繁忙的商业城市，在周末入住时，酒店的房费要比平时便宜许多。
- 出人意料的是，6月至8月的几个夏季月份是最佳到访时间，那时温度上升，而举办会议的高峰期已经过去：房间价格下降，城市在派对、野餐和各种节日庆典中焕发出勃勃生机……并且，几乎每个人都会跳进湖里游泳戏水。
- 3月至5月和9月至11月，日内瓦成了举办全球会议和贸易展览的沃土——届时酒店总是人满为患，房费价格迅速飙升。
- 如果你能在周末以外的时间找到合理的入住价格，那么4月和5月会是令人愉快的到访时段。
- 冬季，12月的节日和附近的滑雪场无比诱人，但房间价格却出奇地高。

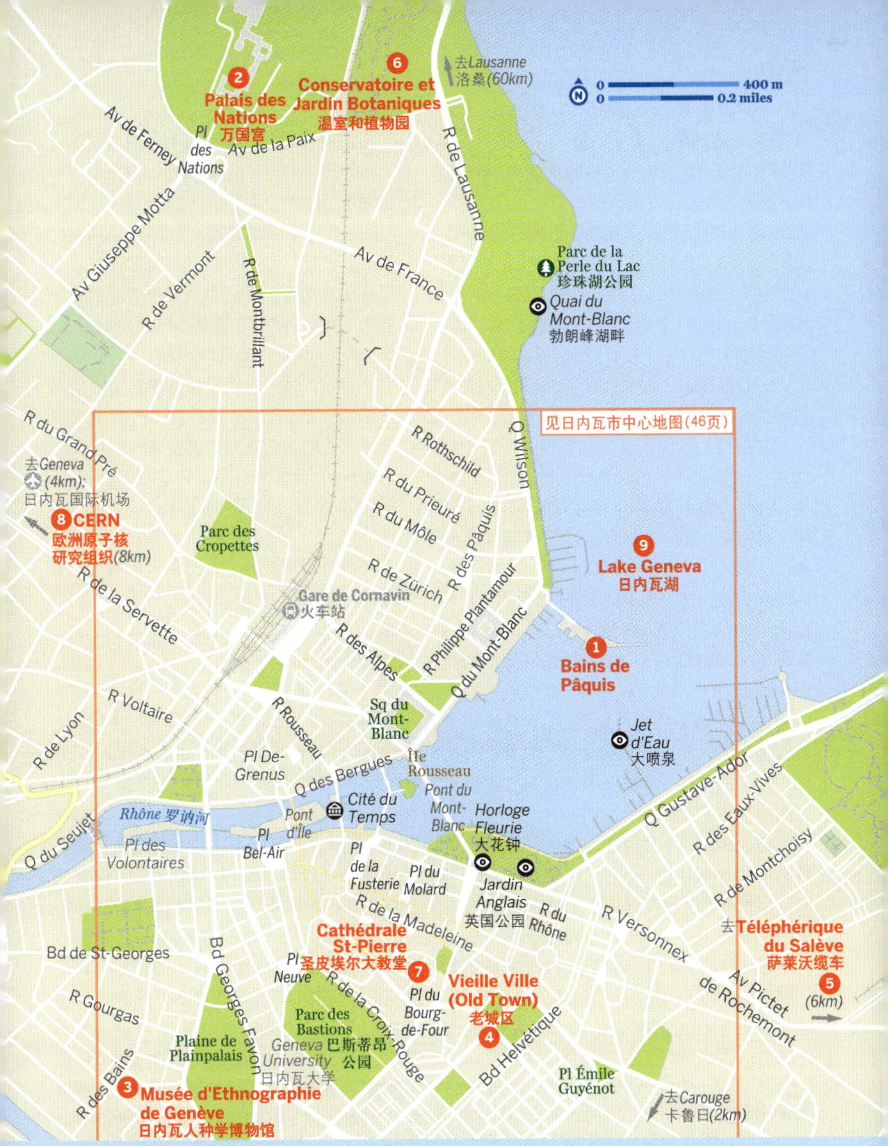

日内瓦亮点

❶ **Bains des Pâquis**（见55页）在湖中游泳，或者对着奶酪火锅垂涎欲滴。

❷ **万国宫**（见54页）在万国宫上一堂国际事务的速成课。

❸ **日内瓦人种学博物馆**（见49页）拓展你的全球视野。

❹ **老城区**（见44页）在咖啡馆的露台上消磨时光。

❺ **萨莱沃缆车**（见63页）乘坐老式缆车，欣赏法国埃特姆比耶尔（Étrembières）的美景。

❻ **温室和植物园**（见54页）在植物园的玫瑰花坛之间漫步。

❼ **圣皮埃尔大教堂**（见44页）攀登哥特式教堂的塔楼。

❽ **欧洲原子核研究组织**（见49页）参加由科学家引导的团队游，努力钻研宇宙大爆炸的奥秘。

❾ **日内瓦湖**（见45页）乘坐"海鸥号"在日内瓦湖上飘荡。

历史

日内瓦被罗马人占领之后，在公元5世纪成为罗马帝国的一个主教辖区，作为一座富裕的古老城市，日内瓦一直以来都让众人眼红。它所具有的中世纪气质吸引了来自四面八方的人，16世纪满怀宗教改革热情的约翰·加尔文（John Calvin）将这座城市变成了“新教的罗马”。1602年，萨伏依公爵查理·艾曼纽埃拉（Charles Emmanuel）对日内瓦发起攻击，但被城中的人们击退，侵略者兵败的这一天——12月11日——自此以后就成为日内瓦人每年庆祝的胜利日。

1798年，法国军队占领了日内瓦并把它变成了法国莱芒区（Léman）的首府。1814年，法国人被赶走后，日内瓦加入了瑞士联邦。制表业、银行业和商业随之繁荣发展起来。1863年，本地商人亨利·杜南（Henry Dunant）创立了红十字国际委员会；由于日内瓦所处的地理位置具有战略意义，同时它还是人道主义法的诞生地，其他国际组织的总部也纷纷落址于此。就这样，这座城市逐步朝着国际大熔炉的方向发展。争取世界和平的国际联盟在第一次世界大战后选择将日内瓦作为它的基地，而联合国则在第二次世界大战后来到了这里。

截至2017年，日内瓦位列世界生活成本最高的10个城市之一，它的财富主要依赖于来自全世界的工作者和国际市场。这座城市里的外来移民（来自184个国家，不在瑞士出生的人）的人口比例高达42%，如果算上“归化的”移民，这个比例将飙升至61%，这使得日内瓦成为西欧文化最多元化的城市之一。

景点

流经日内瓦的罗讷河造就了城内最大的一处景点（即日内瓦湖）和数个独特的街区，以河为界，河的两边各分布着一些主要的景点。河的左岸（rive gauche）是主流购物商业区Rive区和伊奥斯-维韦斯区，河水流经这两个地方就到了地势稍高的普兰帕莱区和**老城区**。河的右岸（rive droite）则是汇聚了众多嘈杂的酒吧和俱乐部的帕基区、火车站区和大部分国际组织所在的国际区。

> **优惠卡**
>
> **日内瓦通票**（Geneva Pass；24/48/72小时 Sfr26/37/45）可以为你节省大笔开销，它涵盖了公共交通费和博物馆门票，还可以让你在参加城市团队游、租快艇、看戏剧或乘船游日内瓦湖时享受折扣。你可在**游客信息办公室**（见63页）、参与该项目的酒店或网站上购买该通票（www.geneve.com/en/see-do/geneva-pass）。
>
> 登记入住时可以领取免费的**公共交通卡**（Public Transport Card），凭此卡可在入住期间无限次乘坐公共汽车和有轨电车。如果旅馆店主忘记了，别担心，尽管问。

许多博物馆在每个月的第一个周日免费开放。

老城区（Old Town）

★圣皮埃尔大教堂 天主教堂

（Cathédrale St-Pierre；www.cathedrale-geneve.ch；Cour de St-Pierre；塔楼 成人/儿童 Sfr5/2；⏲6月至9月 周一至周六 9:30~18:30，周日 正午至18:30，10月至次年5月 周一至周六 10:00~17:30，周日 正午至17:30）日内瓦这座教堂的主要风格是哥特式的，但其建筑的外立面则呈现出18世纪新古典主义风格。1536~1564年，新教徒约翰·加尔文曾在这里传教，北侧廊现在还保留着他当年的座位。教堂里有一个96级的螺旋式楼梯，沿着它往上走即可到达**北塔楼**，站在上面可以一瞥教堂的建筑结构；从这儿再往上走60级台阶即到达**南塔楼**，可以近距离观赏大钟并尽览城市风景。6月至9月，每天免费的钟琴（17:00）和管风琴（18:00）音乐会是意外之喜。

位于地下室的**圣皮埃尔大教堂考古遗址**（Site Archéologique de la Cathédrale St-Pierre；☎022 310 29 29；www.site-archeologique.ch；Cour de St-Pierre；成人/儿童 Sfr8/4；⏲10:00~17:00）以铺设于4世纪的地板马赛克和一座可怕的墓穴为特色。

联票包括圣皮埃尔大教堂、圣皮埃尔大

教堂考古遗址和国际宗教改革博物馆，价格为每名成人/儿童Sfr18/10。

★ 国际宗教改革博物馆 博物馆

（Musée International de la Réforme，Museum of the Reformation；☎022 310 24 31；www.mir.ch；Rue du Cloître 4；成人/儿童 Sfr13/6；⏲周二至周日 10:00~17:00）这座聚焦宗教改革的现代博物馆位于一栋建于18世纪的住宅里，采用尖端技术的展览和视听设备让观众感觉身临真境。展览中过去的历史仿佛重新变得鲜活起来——从最早的印刷版圣经到16世纪日内瓦成为“新教的罗马”，又从约翰·加尔文到21世纪的新教。

包含博物馆、圣皮埃尔大教堂和圣皮埃尔大教堂考古遗址的联票价格为Sfr18/10（成人/儿童）。

★ 大喷泉 喷泉

（Jet d' Eau；Quai Gustave-Ador）坐飞机来日内瓦的人会在飞机着陆时首先看到位于湖边的这座引人入胜的喷泉。140米高的喷泉喷出的水柱之高，令人叹为观止——水的喷射速度达200公里/小时，水压强度有1360马力——在阳光明媚的日子里，直冲云霄的水柱仿佛一根与彩虹亲吻的羽毛。每次喷出地面的水量足有7吨重，四散飞溅的水珠洒在下方码头的观看者身上。当遇上有关人道主义的重大场合，喷泉周围的彩灯就会打开，每年有两到三次喷泉会呈现出粉色、蓝色或其他颜色。

大喷泉是日内瓦的第三座笔状喷泉，建于1951年。第一座喷泉在1886~1890年的每个周日会开启15分钟，用来帮城市减轻水库压力；第二座喷泉Jetée des Eaux-Vives从1891年至今在每个周日和公共假日开启，水柱有90米高。

英国公园 花园

（Jardin Anglais，The English Garden；Quai du Général-Guisan）在你找到自己游览老城区的方式之前，可以随大流，在这座日内瓦水畔花园的亮点大花钟（Horloge Fleurie）前面自拍一番。公园建于1854年，其所在的位置原本是一个旧木材贸易港口。

大花钟 地标

（Horloge Fleurie；Flower Clock；Quai du Général-Guisan）在英国公园内你可以看到日内瓦最上相的大钟，用6500朵鲜花精心制作而成。大钟从1955年开始计时，号称拥有全世界最长的秒针（2.5米）。

日内瓦艺术历史博物馆 画廊

（Musée d' Art et d' Histoire，Museum of Art and History；☎022 418 26 00；www.mah-geneve.ch；Rue Charles-Galland 2；⏲周二至周日 11:00~18:00）**免费** 这座典雅的博物馆修建于1903~1910年，收藏着康拉德·维茨（Konrad Witz）的《神奇的垂钓》（*La pêche miraculeuse*；1440~1444年，描绘了耶稣在日内瓦湖上行走的情景）等名画。这里还举办一些很棒的临时展览（成人/儿童 Sfr15/免费）。有趣的变化是，世界著名建筑师让·努维尔（Jean Nouvel）将主持投入资金高达1亿2700万瑞士法郎的博物馆修缮计划，但这项

LAKE还是LAC?

日内瓦湖（Lake Geneva）在当地被人们称作“**Lac Léman**”（莱芒湖）。实际上，在日内瓦人面前称呼它的其他任何名字都会（至少）让他们皱起眉头，还会让他们把你的身份定义为“又一个游客”。这有点像是旧金山人从不会称呼自己的家乡是“San Fran”一样——你不知道吧？尊重本地人使用的特定称呼将为你在这座形象决定一切的城市增加印象分！

跨越瑞士和法国两国国境的这片湖泊面积为580平方公里，最深处的深度为310米。已知其清凉澄澈的湖水里并没有水怪盘踞，每年夏季，这片湖泊会吸引数以千计的人下水。在天气晴朗的时候，从日内瓦湖畔可以眺望阿尔卑斯山和西欧的最高峰勃朗峰（Mont Blanc；4808米）——常见的误解是这座庞然大物位于瑞士境内，但虽然山脉绵延至瑞士，其最高峰还是在法国。现在你知道了吧？

Central Geneva 日内瓦市中心

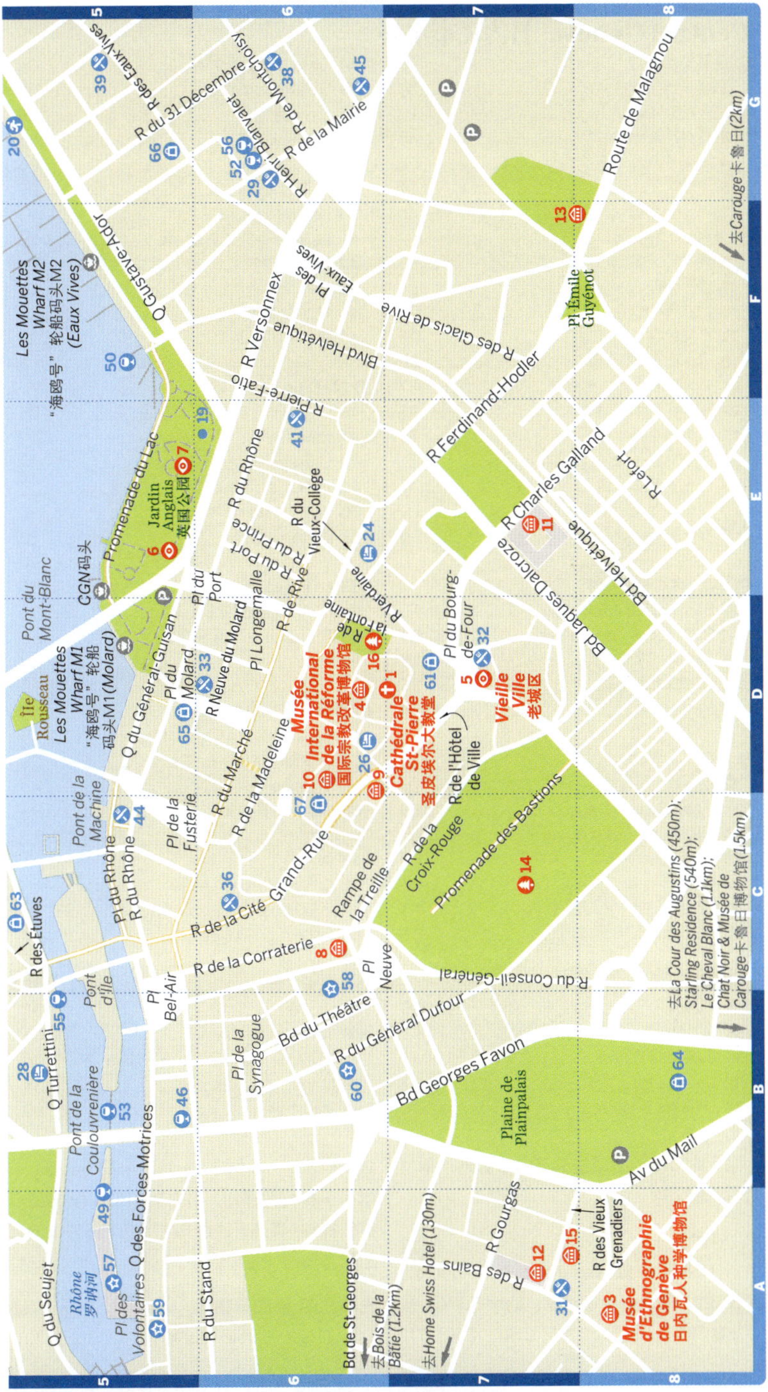
Les Mouettes Wharf M2
"海鸥号"轮船码头M2 (Eaux Vives)
Les Mouettes Wharf M1
"海鸥号"轮船码头M1(Molard)
CGN码头
Pont du Mont-Blanc
Île Rousseau
Pont de la Machine
Pont de la Coulouvrenière
Pont d'Île
Rhône 罗讷河
Jardin Anglais 英国公园
Promenade du Lac
Q Gustave-Ador
Q du Général-Guisan
Q Turrettini
Q du Seujet
Q des Forces Motrices
Pl des Volontaires
R des Eaux-Vives
R du 31 Décembre
R de Montchoisy
R Henri Blanvalet
R de la Mairie
Pl des Eaux-Vives
R Versonnex
R Pierre-Fatio
Blvd Helvétique
R des Glacis de Rive
R Ferdinand-Hodler
Route de Malagnou
Pl Émile Guyénot
R Charles Galland
R Lefort
Bd Helvétique
Bd Jaques Dalcroze
R du Rhône
R du Vieux-Collège
R du Prince
R du Port
Pl du Port
R de Rive
R Verdaine
R de la Fontaine
Pl Longemalle
R Neuve du Molard
Pl du Molard
R du Marché
R de la Madeleine
Pl de la Fusterie
Pl du Rhône
R du Rhône
R des Étuves
Pl Bel-Air
R de la Cité
Grand-Rue
R de la Corraterie
Rampe de la Treille
R de la Croix-Rouge
Promenade des Bastions
R de l'Hôtel de Ville
Pl du Bourg-de-Four
Pl Neuve
R du Conseil-Général
Bd du Théâtre
R du Général Dufour
Pl de la Synagogue
Bd Georges Favon
Plaine de Plainpalais
Av du Mail
R Gourgas
R des Bains
R des Vieux Grenadiers
R du Stand
Bd de St-Georges
Musée International de la Réforme 国际宗教改革博物馆
Cathédrale St-Pierre 圣皮埃尔大教堂
Vieille Ville 老城区
Musée d'Ethnographie de Genève 日内瓦人种学博物馆
去Carouge卡鲁日(2km)
去La Cour des Augustins (450m); Starling Residence (540m); Le Cheval Blanc (1.1km); Chat Noir & Musée de Carouge卡鲁日博物馆 (1.5km)
去Home Swiss Hotel (130m)
去Bois de la Bâtie (1.2km)
A
B
C
D
E
F
G
5
6
7
8

Central Geneva 日内瓦市中心

重要景点

1 圣皮埃尔大教堂 D7
2 大喷泉 F4
3 日内瓦人种学博物馆 A8
4 国际宗教改革博物馆 D6
5 老城区 D7

景点

6 大花钟 E5
7 英国公园 E5
8 拉特博物馆 C6
9 卢梭故居 D6
10 巴尔比耶-穆勒博物馆 D6
11 日内瓦艺术历史博物馆 E7
12 现当代艺术博物馆 A7
13 自然历史博物馆 F8
14 巴斯蒂昂公园 C7
15 百达翡丽博物馆 A7
圣皮埃尔大教堂考古遗址 （见1）
16 Terrasse Agrippa d'Abigné D6

活动、课程和团队游

17 Bains des Pâquis F3
18 CGN Ferries & Cruises D4
19 Le Petit Train E6
20 Les Corsaires G5
21 Swissboat E4

住宿

22 City Hostel D1
23 Hôtel Beau-Rivage E3
24 Hôtel Bel' Esperance E6
25 Hotel Edelweiss E2
26 Hôtel Les Armures D6
27 Hôtel N' vY D1
28 Mandarin Oriental B5

就餐

29 ALMA G6
30 Buvette des Bains F3
31 Café des Bains A7
32 Café du Bourg-de-Four D7
33 Café du Centre D6
34 Chez Ma Cousine C4
35 Gelatomania D2
36 La Finestra C6
37 La Réplique B4
38 L' Adresse G6
39 Le Décanteur G5
40 Le Grill E3
41 Le Relais d' Entrecôte E6
42 Les 5 Portes D2
43 Manora C4
44 Mövenpick C5
45 Vert Attitude G6

饮品和夜生活

46 Boulevard du Vin B5
47 Café Art' s D3
48 Cottage Café D4
49 La Barje des Lavandières A5
50 La Buvette du Bateau F5
51 La Terrasse E2
52 L' Atelier Cocktail Club G6
53 Le Bateau Lavoir B5
54 Le Rouge et Le Blanc C4
55 Terrasse Le Paradis B5
56 Yvette de Marseille G6

娱乐

57 Bâtiment des Forces Motrices A5
58 Grand Théâtre de Genève C6
59 L' Usine A5
60 Victoria Hall B6

购物

61 Caran d' Ache - Maison de Haute Écriture D7
62 Collection Privée C4
63 Favarger C5
64 跳蚤市场 B8
65 Globus D5
66 Le Verre en Cave G5
67 Librairie-Galerie Bernard Letu C6
68 Manor C4
69 洞穴市场 B3

计划因在2016年中期遭到日内瓦居民投票反对而被搁置。

卢梭故居 博物馆

（Maison de Rousseau et de la Literature; ☎022 310 10 28; www.m-r-l.ch; Grand-Rue 40; 成人/儿童 Sfr5/3; ⏲周二至周日 11:00~17:30）1712年，让-雅克·卢梭（Jean-Jacques Rousseau）出生于这栋房子里。馆内播放着一段长25分钟的视频，讲述了这位日内瓦史上最伟大的思想家坎坷的一生。

巴尔比耶-穆勒博物馆 画廊

（Musée Barbier-Mueller; ☎022 312 02 70;

www.barbier-mueller.ch; Rue Jean Calvin 10; 成人/儿童 Sfr8/5; ⏲11:00~17:00）这处高雅的私营画廊空间于1977年开放，展出有各种古代社会的物件，如哥伦布到达美洲大陆以前的南美洲艺术珍宝、太平洋岛屿上的雕像，以及非洲的武器。顺便说一句，具有开创性的新教徒约翰·加尔文的故居就在对面。

普兰帕莱区（Plainpalais）

在位于罗讷河和阿尔沃河（Arve river）之间的普兰帕莱区坐落有日内瓦大学（University of Geneva）和一些博物馆，不过除此以外，这个区就是一处看起来相当不起眼的地方了。

★日内瓦人种学博物馆 博物馆

（Musée d' Ethnographie de Genève, Geneva Museum of Ethnography; ☎022 418 45 50; www.ville-ge.ch/meg; Bd de Carl-Vogt 65-67; ⏲周二至周日 11:00~18:00）免费 这家出色的博物馆可以让人互动，长期展览着"人类多样性档案"（The Archives of Human Diversity），详细讲解了全世界各种文化的相似和不同之处。博物馆展示了80,000多件藏品中的约1000件手工制品，2017年，荣获"欧洲年度博物馆"的称号。参观临时展览需要门票（成人/儿童 Sfr 9/6）。

百达翡丽博物馆 博物馆

（Patek Philippe Museum; ☎022 807 09 10; www.patekmuseum.com; Rue des Vieux-Grenadiers 7; 成人/儿童 Sfr10/免费; ⏲周二至周五 14:00~18:00, 周六 10:00~18:00）百达翡丽是瑞士最高端的奢侈钟表品牌之一，在这里你可以看到这一钟表制造商从16世纪到现在制作的许多精美钟表和珐琅制品。

现当代艺术博物馆 画廊

（Musée d' Art Moderne et Contemporain, Museum of Modern and Contemporary Art, 简称MAMCO; ☎022 320 61 22; www.mamco.ch; Rue des Vieux-Grenadiers 10; 成人/儿童 Sfr8/免费; ⏲周二至周五 正午至18:00, 周六和周日 11:00~18:00; 🚉Musée d' Art Moderne）博物馆位于一座建于20世纪50年代的工厂里，经常举办一些前卫、国际化和跨媒介的展览。每个月的第一个周日的一整天和第一个周三的18:00~21:00，博物馆免费开放。

巴斯蒂昂公园（Parc des Bastions） 公园

这座绿意盎然的城市公园里全是雕像，随便走走，你就能看到红十字会的创办人之一亨利·杜福尔（Henri Dufour; 他在1865年绘制出第一张瑞士地图）的雕像，以及高达4.5米的贝兹（Bèze）、加尔文（Calvin）、法惹勒（Farel）、诺克斯（Knox）的雕像（刻画的是他们穿着睡衣准备睡觉时的样子），那块巨大的国际象棋棋盘更是显眼。在广场另一边的拉特博物馆里还举办了一些临时艺术展览。

拉特博物馆 美术馆

（Le Rath; ☎022 418 33 40; http://institutions.ville-geneve.ch/fr/mah/lieux-dexposition/musee-rath; Pl Neuve; 成人/儿童 Sfr10~20/免费; ⏲临时展览期间 11:00~18:00）从绿意盎然的城市公园巴斯蒂昂公园出来，穿过车流汹涌的广场，就到达了这座历史悠久的建筑——针对特定用途专门建造而成的瑞士最古老的博物馆，其历史可以追溯至1826年。标志性的罗马式外观值得一看；只能在举办巡回展览期间进入展馆；如需了解详细信息，可以在博物馆网站主页上点击"Expositions & Événements"。

右岸（Right Bank）

你有三种方式过河：坐淡黄色的"海鸥号"轮船过去；坐车经Pont du Mont-Blanc（经常堵车）过去；或者步行经Pont de la Machine过去。这是城市中相对来说较新的区域，在这里你可以游览Gare CFF de Cornavin（见63页）、帕基区和万国宫。

★欧洲原子核研究组织 研究中心

（CERN; ☎022 767 84 84; www.cern.ch; Meyrin; ⏲英语导览游 周一至周六 11:00和13:00）免费 欧洲原子核研究组织位于日内瓦以西8公里处，成立于1954年，是一座研究粒子物理的实验室。实验室利用大强子对撞机（长27公里的圆形管道，是世界上最大的机器）使质子加速，由此产生的碰撞将创（下接内容54页）

1

2

LUCYSTUDIO/SHUTTERSTOCK ©

1. 伯尔尼高地的吉梅尔瓦尔德附近，马儿在悠闲地吃草（见148页） 2. 科里波（见217页）
3. 小村庄韦尔登贝格（见295页）

阿尔卑斯山村庄

阿尔卑斯山的少女（海蒂）也许是虚构的，但小说里描绘的阿尔卑斯山地区的乡村生活场景却真实存在。瑞士能满足你对故事书中场景的所有幻想：在伯尔尼高地的山顶小村庄住下，清晨被牛铃声唤醒；或在雪花飘落时，去瓦莱州挂着冰锥的小木屋里围炉烤火。听起来充满了田园雅趣？你的感觉是对的。

菲克斯山谷（Val Fex）

冰雪覆盖的群山将菲克斯山谷环绕，大片的落叶松森林和草地点缀其中，身处此地，仿佛时空静止。菲克斯-普拉塔（Fex-Platta）和菲克斯-克莱斯塔（Fex-Cresta）这两座小村庄还保留着阿尔卑斯山旅游开发以前的样子，可以步行或者乘坐马车过来，沿途风光唯美浪漫。

村庄建筑

在阿彭策尔地区的偏远地方，漂亮的田园风格小村庄数不胜数，但都比不上阿尔卑斯山中的韦尔登贝格（见295页）——这里的中世纪城堡俏皮可爱，小木屋四周的天竺葵争奇斗艳。

米伦和吉梅尔瓦尔德

米伦（见146页）有美丽的风景、一流的滑雪道和绝佳的徒步路线。选择一个小木屋住下，欣赏艾格峰、僧侣峰和少女峰的无敌美景吧。如果你嫌米伦的游客太多，可以去附近未经雕琢的袖珍村庄吉梅尔瓦尔德（见148页）一游。

科里波

科里波（见217页）的人口数量只有13人，这个瑞士最小的村庄更像是一个家庭。村子坐落在韦尔扎斯卡山谷中的一个植被茂密的小山坡之上，村内的花岗岩房屋和村后壮丽的群山背景使这里成为摄影师们的梦想之地。

阿莱奇冰川

如果你想要看看瑞士的招牌式美景，那就来利德阿尔卑和贝特默阿尔卑（见193页）。这两个小镇地处阿莱奇冰川被冰封的旷野边缘，禁止车辆通行，布局紧凑的小木屋分布其上，如梦似幻的马特峰仿佛近在眼前。

1

FEDOR SELIVANOV/SHUTTERSTOCK ©

1. 瓦伦湖（见298页） 2. 图恩湖（见149页）边的施皮茨（见152页） 3. 日内瓦湖边的西庸城堡（见85页） 4. 布里恩茨湖旁的木雕像（见149页）

3

瑞士的湖泊

或是冰天雪地，或是温暖和煦，或是棕榈树环绕，或是群山怀抱，或隐藏在阿尔卑斯山间，或舒展于内陆城市之中，蓝色的、绿色的、海蓝色的……这片小小的土地上有各种各样的湖泊。你可以来博登湖周边骑行，在苏黎世湖旁晒太阳，或去清澈的冰斗湖边观赏阿尔卑斯山的倒影。

马焦雷湖

马焦雷湖（见212页）坐落在瑞士与意大利的交界处，湖的两边完全是两个不同的世界：一边是宏伟壮观的阿尔卑斯山，另一边是棕榈树摇曳、意面飘香的温暖南方。两座湖边城镇——洛迦诺（见212页）和阿斯科纳（见217页）能让你尽情享受马焦雷湖的独特氛围。

图恩湖和布里恩茨湖

夏季，伯尔尼高地的山脚下青绿色双子湖泊（见149页）游人如织，还吸引了很多水上运动爱好者前来。山顶有城堡的图恩（见149页）、布满葡萄园的施皮茨（见152页）和以木雕闻名的布里恩茨（见154页）都是这里的亮点。

日内瓦湖

黄昏时分，落日的柔和光辉给勃朗峰涂上一层金色，此时也是泛舟日内瓦湖（见45页）的最美时刻。日内瓦湖是欧洲最大的阿尔卑斯山湖泊，大都市日内瓦分布在其四周。湖边，不仅矗立着如童话般美丽的西庸城堡（见85页），在山坡上还有拉沃（见79页）的葡萄园。

乌里湖

乌里湖（见234页）的早晨雾气缭绕，傍晚则轮廓清晰、景色旖旎。这里因伟大的瑞士英雄威廉·退尔的故事而闻名。从布龙嫩（见235页）观赏乌里湖，是最受画家特纳青睐的视角。

瓦伦湖

丘福斯滕的群山如铁幕一般高耸于瓦伦湖（见298页）后。夏季，韦森对于前往瓦伦湖玩风帆冲浪、水上滑板或仅是湖边闲逛的人来说是一个绝佳的基地。这里还有瑞士最高的瀑布——瑟伦巴赫瀑布（见298页），其壮观的景象令人叹为观止。

(上接内容49页)造出新的物质。随时可以来看看这里举办的长期展览，了解对撞机的原理，不过历时2小时的英语导览游需要提前15天在线预订，记得带上有照片的身份证件。

团队游经常提前几个月就订满了——网上预订入口为：http://visit.cern/tours/guided-tours-individuals。在Gare CFF de Cornavin乘坐18路有轨电车(见63页；Sfr3，20分钟)就可以到达这里。

★温室和植物园　花园

(Conservatoire et Jardin Botaniques, Conservatory & Botanical Gardens; ☎022 418 51 00; www.ville-ge.ch/cjb/index_en.php; Chemin de l' Impératrice 1; ⏰11月至次年4月 8:00~17:00, 4月至11月 至19:30) 免费 在2017年建园200周年的时候，这家日内瓦排名第一的植物园——以植物温室而闻名——号称拥有来自世界各地的12,000多种植物，并将它们精心安排在一系列美丽的主题花园中。这里的亮点包括壮观的玫瑰展，以及人见人爱的保护古代原生物种的**动物园**，里面既有濒临灭绝的动物，也有日常可见的鸡、羊，及更具异域风情的孔雀、火烈鸟和鹿。

勃朗峰湖畔(Quai du Mont-Blanc)　水滨

这条风景如画的散步道位于湖的北侧，道路两旁有鲜花、雕像和艺术展品，在天气晴朗的日子里，从这里还可以看见勃朗峰。沿着这条路走，会经过自1872年起便已存在的Bains des Pâquis(见55页)，接着经过**珍珠湖公园**(Parc de la Perle du Lac)，当年罗马人在这里修建了装饰华丽的温泉浴池。继续往北走即可到达**阿尼安纳公园**(Parc de l' Ariana)，许多孔雀在公园的草坪上踱步；这里也是联合国和漂亮的温室和植物园的所在地。

万国宫　历史建筑

(Palais des Nations, Palace of Nations; ☎022 917 48 96; www.unog.ch; Av de la Paix 14; 成人/儿童 Sfr12/7; ⏰4月至8月 周一至周六 10:00至正午和14:00~16:00, 9月至次年3月 周一至周五 10:00至正午和14:00~16:00; 导览游10:30, 正午, 14:30和16:00)万国宫建于1929~1936年，原本是为国际联盟所建。1966年后，联合国变成了这里的新主人。游客需在导游的带领下游览(携带有照片的身份证件；15人以上的团体需要预约)，内容包括1小时的万国宫建筑游，以及进入周边一座46公顷的公园，观赏百年老树和悠闲的孔雀。这里还有一座涂着防热钛层的灰色纪念碑，纪念碑为苏联所捐赠，用来纪念人类太空事业的成功。

孩子们的日内瓦

父母们会发现，日内瓦拥有现代的基础设施、高效的交通体系和无处不在的便利设施(比如给婴儿换尿布的设施)，因此这座城市非常适合带着孩子出行。

日内瓦会举办许许多多适合家庭的活动。可以想见，日内瓦湖为家庭娱乐提供了一个绝佳场所：可以在这儿喂鸭子和天鹅；在**Les Corsaires**(☎022 735 43 00; www.lescorsaires.ch; Quai Gustave-Ador 33; ⏰4月至10月 10:30~20:30)租一艘快艇或帆船；从湖边建于20世纪30年代的水上乐园**Genève Plage**(☎022 736 24 82; www.geneve-plage.ch; Quai de Cologny 5, Port Noir; 成人/儿童 Sfr7/3.50; ⏰5月中旬至9月中旬 10:00~20:00)的滑水道冲入湖中；或者去建于1872年的Bains des Pâquis里尽情嬉水。

此外还可乘坐电动火车，或者去湖边的**Baby Plage**(Quai Gustave-Ador; 👪)里玩，公园模仿电影《泰山》中的情景，把橡胶轮胎挂在树上当作秋千。湖边的珍珠湖公园和Bois de la Bâtie里的游乐场配套设施齐全，适合学步期的儿童，树林里还有孔雀、山羊和小鹿。**自然历史博物馆**(Muséed' Histoire Naturelle; www.ville-ge.ch/mhng; Rte de Malagnou 1; ⏰周二至周日 10:00~17:00; 👪) 免费 里有孩子们喜欢的熊、老虎和长颈鹿的立体标本以及瑞士的动物群介绍，周三下午还有实践活动。

对于爱好科技的大孩子来说，欧洲原子核研究组织(见49页)肯定合他们的胃口。

国际红十字会及新月博物馆 博物馆

（Musée International de la Croix- Rouge et du Croissant-Rouge; International Red Cross & Red Crescent Museum; ☎022 748 95 11; www.redcrossmuseum.ch; Av de la Paix 17; 成人/儿童 Sfr15/7; ⌚4月至10月 周二至周日 10:00~18:00, 11月至次年3月 10:00~17:00）博物馆采用多媒体技术展示了人类曾犯下的暴行。日内瓦商人亨利·杜南于1863年创办了红十字会，其崇高的理念与那些被电影、照片、雕塑和音频记录下来的长篇累牍的战争和罪行形成了鲜明对比。这里的临时展览很不错，但需要另外买门票才可参观。

在Gare CFF de Cornavin（见63页）坐8路公共汽车在Appia站下。

活动

★ Bains des Pâquis 游泳

（☎022 732 29 74; www.bains-des-paquis.ch; Quai du Mont-Blanc 30; 游泳池 成人/儿童 Sfr2/1, 桑拿浴和土耳其浴 Sfr20; ⌚周一至周六 9:00~21:30, 周日 20:00起）位于帕基区的这座时髦游泳池有水畔酒吧和餐馆，具有名副其实的老派范儿——其历史可以追溯至1872年。5月至9月，这里到处都是游泳的人，在日内瓦湖里泡一泡，令人神清气爽。其他月份的热门活动是场内的桑拿浴和土耳其浴——周三至周一面向公众开放，周二仅限女性。

团队游

勃朗峰湖畔的售票处（见63页）可安排多种交通方式的团队游，包括船、公共汽车和电动火车。

★ CGN Ferries & Cruises 划船

（Compagnie Générale de Navigation; ☎0900 929 929; www.cgn.ch; Quai du Mont-Blanc; 👪）这是日内瓦湖最大的渡船经营商，可提供固定时间发船的渡船服务和各种主题的湖泊巡游，其中有一些美好年代留下的轮船，非常漂亮。详细信息可上网查询。

Swissboat 划船

（☎022 732 47 47; www.swissboat.com; Quai du Mont-Blanc 4; 45分钟巡游 成人/儿童 Sfr13/8起; ⌚4月至10月）这家机构经营日内瓦湖和罗讷河的各种主题巡游。详细信息请查询其网站主页。

Le Petit Train 生态游

（☎022 735 43 00; www.petit-train-geneve.ch; Jardin Anglais; 成人/儿童 Sfr8/5; ⌚4月和5月 10:15~18:30, 6月和9月 至20:00, 7月和8月 至21:30, 2月、3月、10月和11月 营业时间缩短）大人小孩都喜欢乘坐这班太阳能小火车，在左岸沿线的英国公园和伊奥斯-维韦斯公园（Parc des Eaux-Vives）之间巡游，行程历时30分钟。2月至11月，“火车”每间隔90分钟发一班车。

节日和活动

日内瓦城节（L' Escalade） 狂欢节

日内瓦人打碎装着杏仁蛋白糖的巧克力坩埚（marmites igen chocolat），然后吃碎成块的蛋白糖，以此庆祝这个日内瓦最大的节日（12月的第二个周末）。节日期间，老城区的游行队伍会打着手电筒前行，教堂广场会生起篝火，以纪念1602年日内瓦人民打败萨伏依军队。

日内瓦节 文化节

（Fêtes de Genève, Geneva Festival; www.fetesdegeneve.ch）日内瓦节在8月举办，持续10天，是日内瓦时间最长的节日，其特色是有许多临时餐厅涌现，还会举办200多场音乐会、各种活动和派对，高潮是湖边壮观的烟火表演。

住宿

★ Starling Residence 公寓 €

（☎022 304 03 00; www.shresidence.ch; Rte des Acacias 4; 房/公寓 Sfr109/220起; ❄📶）若想找些不同风格的住宿场所，日内瓦酒店管理学院经营的低价公寓可提供物超所值的住宿。服务水准出类拔萃（如果服务不好，学生们就会受到牵连），房间宽敞（很多都带有小厨房），单间和设备齐全的现代公寓一尘不染。在车站乘坐15路有轨电车可以到达这里——用时不到15分钟。

Home Swiss Hotel 酒店 €

（☎022 322 95 50; www.homeswisshotel.

ch/en; Av de Ste-Clotilde 7; 双/套/公寓 Sfr107/159/277起; P ❄ 📶)这家2017年新建的时髦商务休闲酒店距离日内瓦市中心步行大约15分钟，在这座价格昂贵的城市里算是物超所值了，房间明亮（有的带小卫生间和阳台），采用国民色彩的瑞士装修风格。

City Hostel
青年旅舍 €

（☎022 901 15 00; www.cityhostel.ch; Rue de Ferrier 2; 铺 Sfr33~36, 标单 Sfr65~73, 标双 Sfr79~95; ⏰前台 7:30至正午和13:00至午夜; P @ 📶）这里位于火车站附近，里面干净整洁，被布置得井井有条，给人感觉更像是一家酒店而不是青年旅舍。附近的咖啡馆可供应早餐（Sfr6），停车每晚收费Sfr12~15。

★ La Cour des Augustins
酒店 €€

（☎022 322 21 00; www.lacourdesaugustins.com/en/; Rue Jean-Violette 15; 标单/双/套 Sfr156/168/380起; P ❄ 📶）这家时尚的设计酒店位于老城区边缘，有各种明亮、有趣的客房、套间和长住公寓，很受日内瓦常客们的欢迎。这是有原因的：镶木地板、奇特的家具陈设、豪华的床品，以及醒目的色块和各种设计主题的白墙，让一切都显得新鲜有趣。

Hôtel Bel' Esperance
酒店 €€

（☎022 818 37 37; www.hotel-bel-esperance.ch; Rue de la Vallée 1; 标单/双/标三/四 Sfr150/170/210/250起; ⏰前台 7:00~22:00; @ 📶）这家中档酒店对于价格高昂的日内瓦来说，全年的性价比都很高。房间安静整洁，有供客人存放野餐食品（比如香肠）的冰箱，一楼的房间里配有一间公共厨房。可乘坐电梯到达位于5楼的摆满鲜花的屋顶天台，这里提供烧烤架。

Hôtel N' vY
酒店 €€

（☎022 544 66 66; www.hotelnvygeneva.com; Rue de Richemont 18; 房 周末/工作日 Sfr175/260起; ❄ @ 📶）位于火车站东北方向的这家新潮的四星级酒店洋溢着当代的气息，从楼下紫光照明的酒吧到国际通用插座、蓝牙连接和色光照明等室内设施，不一而足。除了标准间以外，另外5种房型都配备了大屏幕电视、咖啡机和镶木地板。在楼上的商务间可以欣赏到日内瓦湖和阿尔卑斯山的风景。

Hotel Edelweiss
酒店 €€

（☎022 544 51 51; www.hoteledelweissgeneva.com; Pl de la Navigation 2; 双 Sfr150~330; ❄ @ 📶）这家酒店所在的位置不那么显眼，装修风格有点类似于海蒂的小屋，是一座典型的瑞士阿尔卑斯山地区建筑，让你如同置身于瑞士阿尔卑斯山中。房间里有壁炉，松木床头板上画着野花图案，楼梯的扶手边躺着一条懒洋洋的圣伯纳犬。这里的餐厅位于一栋小木屋里，他家的传统奶酪火锅是重头戏。

★ Mandarin Oriental
酒店 €€€

（☎022 909 00 00; www.mandarinoriental.com/geneva; Quai Turrettini 1; 双/套 Sfr655/1350起; P ♿ ❄ 📶 🏊）占据了一处优越的水畔位

感受波希米亚

卡鲁日（Carouge）散发着浓浓的波希米亚气息，带有花园的漂亮楼房的历史可追溯到18世纪，**卡鲁日博物馆**（Musée de Carouge; www.carouge.ch/musee; Pl de la Sardaigne 2; ⏰周二至周日 14:00~18:00）免费 里摆放着19世纪制造的瓷器。这里没有什么真正意义上的景点，或者说它本身就是景点的一部分。

在18世纪，萨丁国王、萨伏依公爵维托里奥·阿梅迪奥三世（Vittorio Amedeo Ⅲ）曾改造过卡鲁日，让它与日内瓦竞争商业中心的地位，如今它是距离Gare CFF de Cornavin（见63页）以南3.5公里的一个街区。1816年《都灵协定》（*Treaty of Turin*）签订后，卡鲁日变成了日内瓦的一部分，现在这里到处是酒吧、精品店和艺术工作室。

在日内瓦市中心坐12路和18路电车可前往卡鲁日区的中央广场**Place du Marché**，广场上种着许多树，周三和周六上午有集市，非常热闹。在4月的马节（Fête du Cheval）期间，你会在路上看到慢慢踱步的马。12月，在Place de l' Octroi上还有排着长队的马车等着接送圣诞购物的人们。

不要错过

绝佳的野餐地点

对于不愿意花太多钱去餐馆吃东西的人来说，坐拥美丽山景的日内瓦是个再合适不过的野餐地了。你可以在市中心的面包店和熟食店或者在Globus（见62页）百货商店的外卖美食摊位购买食品，然后前往以下这些经典的野餐场所用餐。

- 艺术历史博物馆（见45页）对面有一个公园，公园里有亨利·摩尔（Henry Moore）的雕塑作品*Reclining Figure: Arch Leg*（修建于1973年），体态丰满。不妨坐在雕塑下方野餐。
- 大教堂后面的**Terrasse Agrippa d' Abigné**（Rue de l' Evêché 7）有一个绿树成荫的公园，里面有长凳、沙坑和跷跷板，还可以看到城市屋顶和大教堂的风景。
- 勃朗峰湖畔有长凳（见54页），在天气晴朗的日子里可以看到勃朗峰。
- 巴斯蒂昂公园（见49页）的Promenade de la Treille散步道两边种着许多栗子树，树下有一张世界上最长的长凳（126米）。

置，醒目的Mandarin Oriental Geneva不会辜负这个国际著名品牌的声誉，也不会落后于其姊妹酒店异乎寻常的高标准。高档房陈设传统，比河景房稍大一些，宽敞的Mandarin房间全部采用紫色调，还有套间，嗯，不过，你能住得起吗？

★ Hôtel Beau-Rivage 历史酒店 €€€

（☎022 716 66 66；www.beau-rivage.ch；Quai du Mont-Blanc 13；双 周末/工作日 Sfr550/670起；P ❄ @ 📶）已历经受人尊敬的马耶尔（Mayer）家族五代人之手，其诸多优点难以娓娓道来！Beau-Rivage位于罗讷河和日内瓦湖的交汇处，犹如一颗19世纪的明珠，有引人遐思的环境，湖对岸就是瑞士阿尔卑斯山，景色非同一般。在这里的"宏伟的欧式"豪华房间住上一晚，一定会令人难忘终身。

★ Hôtel Les Armures 历史酒店 €€€

（☎022 310 91 72；www.hotel-les-armures.ch；Rue du Puits St-Pierre 1；标单/双 Sfr450/695起；P ❄ @ 📶）酒店建于17世纪，装修精致，氛围私密，与老城区夜间的宁静气息形成鲜明的对比。28间房间和4间小套房经过豪华、现代的翻新，有蓬松的床铺、Nespresso咖啡机、彩绘天花板、石墙和裸露的木梁。服务水准定不会令你失望，毕竟是一家经常接待国际名人的酒店。

就餐

日内瓦的餐桌上汇聚了全世界各种风味的菜肴。如果你想吃当地的传统菜肴，那么可以品尝奶酪火锅（cheese fondue）和煎鲈鱼排（filets de perche）——日内瓦湖区的家常特色菜。

帕基区和右岸（Pâquis & Right Bank）

航行广场（Place de la Navigation）和火车站周边的街道有许多美味而实惠的餐馆。喜欢吃亚洲菜但预算有限的旅行者可以去Rue de Fribourg、Rue de Neuchâtel、Rue de Berne或Rue des Alpes北端的快餐店看看。老城区的著名餐馆**Chez Ma Cousine**（Rue Lissignol 5；主菜 Sfr14~19；⏰周一至周五 11:00~15:00和17:45~23:30，周六 11:00~23:30；👪）在帕基区也开设了分店，在那里经常能看到饥肠辘辘的学生在狼吞虎咽美味的（半只）炸鸡。

★ Buvette des Bains 自助餐馆 €

（☎022 738 16 16；www.bains-des-paquis.ch；Quai du Mont-Blanc 30, Bains des Pâquis；主菜 Sfr14~23；⏰7:00~22:30；P 🖉）这家沙滩酒吧位于集湖滨泳池和桑拿浴为一体的Bains des Pâquis。在这里与当地人一起吃早餐、沙拉、当日特色菜（plat du jour）或起泡葡萄酒奶酪火锅（fondue au crémant）。餐馆为自助服务，夏天时可以在室外用餐。

夏季，每位成人/儿童需要支付Sfr2/1才能进入餐馆所在的泳池区域。

我们全都强烈要求……

冰激凌！在天气暖和的时候，什么都比不上在湖边走一走，从许多日内瓦主食中挑选一份香甜的美味。

Gelatomania（Rue des Pâquis 25；⏲5月至9月 周日至周四 11:30~23:00，周五和周六 11:30至午夜，10月至次年4月 正午至19:00；✍）门前常常排起长队是有原因的，这里可提供各种奇特口味的冰激凌，比如有机胡萝卜味，还有比如橙子柠檬味、黄瓜薄荷味、酸橙罗勒味等混合口味，以及焦糖、开心果和所有老式口味。

Mövenpick（☎022 311 14 00；Rue du Rhône 19；1/2/3球 Sfr5/9/12；⏲4月至10月 每天 正午至23:00，11月至次年3月 周三至周日 至20:00；👪）在河边的高档地段，奶味十足的瑞士冰激凌上面淋着鲜奶油、热巧克力酱和其他美味的配料。

★Manora 自助餐馆 €

（☎022 909 44 80；www.manor.ch/fr/u/manora；Centre Commercial Manor，Rue de Cornavin 6；小盘菜 Sfr4~14；❄👪）Gare CFF de Cornavin（见63页）旁边的购物中心Manor（见58页）里的自助餐馆是城里价格合理的午餐地点之一，而且每个人都知道这里——你不会孤零零地用餐。不仅食物新鲜，还会持续不断地供应。这里的自助餐可以选择的美食确实多种多样，从沙拉到三明治、海鲜、汤、肉、意大利面和点心，应有尽有。

La Réplique 各国风味 €

（☎022 731 11 21；www.saintgervais.ch/pages/caferestau；Rue du Temple 6；主菜 Sfr18~22；⏲周一 8:30~17:00，周二至周四 至23:30，周五 至次日1:00，周六 17:00至次日1:00）藏身于圣热尔韦剧院（Théâtre St-Gervais）底层的这家热情的小餐馆全天供应价格合理、美味可口的当日特菜。选择完主菜之后，用各色新鲜配菜填满盘子的过程令人赏心悦目。偏好口味清淡的人可以选择当日特色汤（soupe du jour；Sfr8）。

Les 5 Portes 法式小馆 €€

（☎022 731 84 38；www.les5portes.com；Rue de Zürich 8；午餐套餐 Sfr18，晚餐主菜 Sfr28~44；⏲周一至周五 正午至23:00，周六 18:00至23:00，周日 11:00~17:00和18:00~22:00）这个名为"五扇门"的餐馆——的确有5扇门——可以满足你对就餐环境和用餐时间的任何需要，室内装修得非常时尚，周日的早午餐时段人特别多。

Le Grill 各国风味 €€€

（☎022 908 92 20；www.kempinski.com/en/geneva/grand-hotel-geneva/dining/le-grill；Quai du Mont-Blanc 19；2/3道菜 午餐套餐 Sfr38/45，晚餐主菜 Sfr39~89；⏲酒吧露台 6月至9月 正午至14:00和19:30~23:00）如果想要在城内最好的位置欣赏日内瓦湖和远处积雪覆盖的勃朗峰，就来Grand Hôtel Kempinksi酒店二楼的这家时尚休闲露台餐厅用餐吧，餐厅的阳台正对着湖面。晚餐的价格更贵，但你只需记得中午来这里的FloorTwo酒吧点一份名为"Express"的午餐套餐，保证你吃得心满意足（酒足饭饱）地离开。

老城区

Café du Bourg-de-Four 咖啡馆 €€

（☎022 311 90 76；www.cafedubourgdefour.ch；Pl du Bourg-de-Four 13；主菜Sfr22~34；⏲周一至周五 7:00至午夜，周六 正午至午夜，周日 正午至18:00；✍）位于老城区边缘的这家传统咖啡馆/酒吧的氛围很是亲民，每天的当日特色菜物超所值。夏天，餐桌会延伸到街边的露台上，商务人士和游客在那儿悠闲地享用油腻的法式和瑞士美食，比如牛排鞑靼和好吃得难以言喻的土豆饼（rösti）。

★La Finestra 意大利菜 €€€

（☎022 312 23 22；www.restaurant-lafinestra.ch/fr；Rue de la Cité 11；主菜 Sfr29~52，套餐 Sfr85；⏲周一至周五 正午至14:30和19:00~22:30，周六 19:00~22:30）从2006年开始，这家位于老城中心的漂亮小餐馆就一直提供地道的

高档意大利菜肴，环境闲适而优雅。这座建筑历史悠久，天花板低矮，小餐桌挤在地下一层，氛围私密，只是会让人产生些许幽闭恐惧之感，但食物的色香味和服务足以弥补这一点。

Rive区和伊奥斯-维韦斯区(Rive & Eaux-Vives)

★ Le Relais d' Entrecôte 牛排 €€

(☎022 310 60 04; www.relaisentrecote.fr; Rue Pierre Fatio 6; 牛排、沙拉和薯条 Sfr42, 甜点 Sfr9~14; ⏲正午至14:30和19:00~23:00) 如果要用三个词概括这里，那么它们会是三成熟(saignant)、五成熟(à point)和全熟(bien cuit)。这家牛排馆的口碑一直都很好，他们只供应一道菜，甚至都用不上菜单。你只需坐下，告诉服务员你要几成熟的牛排，然后就安心等待配好了绿色蔬菜沙拉和酥脆细薯条的两块牛排吧。

ALMA 秘鲁菜 €€

(☎022 736 31 48; www.alma-geneve.com; Rue Henri-Blanvalet 6; 主菜 Sfr26~39; ⏲周二至周三 正午至15:00和17:30至午夜，周四至周五 至次日2:00，周六 17:30至次日2:00; ❄🖉) 健康的秘鲁菜在日内瓦风靡一时，鉴于其多元文化的悠久历史，ALMA是享用这种被誉为全世界"最重要"菜系的一处不错地点。人们可以在悠闲、时尚的环境中用餐，品尝摆盘精美的秘鲁腌汁鱼(tiradito apaltado; 类似辣味生鱼片)和香烤章鱼(pulpo anticuchero)。

Café du Centre 海鲜 €€

(☎022 311 85 86; www.cafeducentre.ch; Place du Molard 5; 主菜 Sfr29~44; ⏲周一至周五 6:30至午夜，周六和周日 9:00至午夜) 从1933

不要错过

在水畔用餐

日内瓦的夏季生活相当精彩，经常会有非常适宜出行的理想天气，阿尔卑斯山的壮丽景色吸引人们时不时就跑到湖边的露天酒吧来打发时间，比如La Terrasse(☎078 691 13 78; www.laterrasse.ch; Quai Wilson 31a; ⏲4月至9月 8:00至午夜)，本身就风景绝佳，身临其中更能欣赏另一番美景。在距离勃朗峰湖(Quai du Mont-Blanc)更远一点的地方，能发现这个季节才冒出来的一些特殊棚屋，可以在户外吃喝，享受美好的生活。

➜ 如果想要在右岸区随意吃喝的话，可以前往罗讷河河畔的Terrasse Le Paradis(☎076 715 83 70; www.terrasse-paradis.ch; Quai Turrettini; ⏲6月至9月 9:00~21:00)，你可以斜卧在躺椅上，远离世俗生活，在阳光下吃些三明治，喝几口他家自制的柠檬汽水或薄荷茶。

➜ Le Bateau Lavoir(☎022 321 38 78; www.bateaulavoir.ch; Passerelle des Lavandières; ⏲5月至9月 周一至周四 11:00至午夜，周五 11:00至次日2:00，周六 17:00至次日2:00) 这艘引人注目的船停泊在老市场和Pont de la Coulouvrenière桥之间，船舱顶上是个露台。船舱大小的餐厅供应奶酪火锅和其他简单的当地菜肴，客人大多衣着时尚。在这里可以360度观赏湖景。船的设计及其名字让人想起17世纪停在这里的洗衣(女性内衣)船。

➜ 接下来是停在罗讷河边、Bâtiment des Forces Motrice附近的La Barje des Lavandières(☎022 344 83 56; www.labarje.ch; Promenade des Lavandières; ⏲5月至9月 周一至周五 11:00至午夜，周六 正午至午夜，周日 正午至23:00)，虽然叫这个名字(La Barje是平底货船的意思)，但它其实是一辆复古风格的大篷车。这里销售食品和酒水(夏季源源不断)，并举办各种音乐演出，表演的部分收益将用于为弱势青年人开设培训项目。

➜ 对于本地人来说，争论的焦点是哪家的鲈鱼排(filets)最好。但我们认为，乘坐渡船前往Le Petit Lac(见60页)，感受那里的氛围是不容错过的。哦，还有，那里的鱼非常棒。

年开业至今，一直以新鲜的海鲜而备受人们喜爱，Café du Centre拥有迷人的老派酒馆风情，衣着整洁的服务员在铺着格子桌布的餐桌之间奔忙，端着一盘盘鱼、龙虾、扇贝和牡蛎。菜单上还有不少肉食，特别是价格适中的当日特色菜（plats du jour；Sfr19）。

L' Adresse 各国风味 €€

（☎022 736 32 32；www.ladress.ch；Rue du 31 Décembre 32；主菜 Sfr24~49；⊙周二至周六 11:00至午夜）这里其实是城市的一个顶楼寓所，屋顶上有一个漂亮的天台。餐馆的设计从老一辈艺术家的工作室里汲取灵感，装饰成一个时尚、精致的现代风格法式小馆。它的午餐（超值，1道/2道菜 Sfr19/26）、早午餐和周六的“茶晚餐”（slunch；即小份的冷食和热食，甜咸搭配，配一杯饮料；17:00左右供应）很受当地人欢迎。

Vert Attitude 素食 €€

（☎022 735 58 58；www.misuji.ch/vert-attitude；Rue du Nant 2；自助餐 每100克 Sfr4.80，主菜 Sfr12~24；⊙周一至周五 11:30~14:30和18:00~22:00；🖉👪）从2014年营业至今，由于提供包括沙拉和各种热菜在内并按重量计费的健康自助餐，伊奥斯-维韦斯区的这家热门餐馆是本地素食者常去光顾的地方。这里还有一份可以点菜和餐前小吃的小菜单，供应各种诱人的甜点，以及鲜榨果汁和有机酒水！

Le Décanteur 意大利菜 €€

（☎022 700 67 38；www.ledecanteur.ch；Rue des Eaux-Vives 63；熟食 Sfr3~7，主菜 Sfr20~25；⊙周一至周三 11:00~15:00和18:00~23:00，周四和周五 11:00~15:00和18:00至午夜，周六 18:00至午夜）吃了这里的现做意大利面、马苏里拉奶酪拌大份沙拉、薄如纸片的生牛肉和其他正宗意大利食物后，你一定不想再去第二家意大利餐馆了。黑板上是用醒目的字体写就的菜单；你可以选择在工业风格的室内就餐，也可以去外面的露台上享用美食。下班以后，这里就变成了一流的葡萄酒酒吧。

普兰帕莱区 (Plainpalais)

Café des Bains 创意欧洲菜 €€€

（☎022 320 21 22；www.cafedesbains.com；Rue des Bains 26；主菜 Sfr28~62；⊙周一至周五 正午至14:00，周一至周六 19:00~22:00）这家创意菜餐馆位于收藏着大量艺术精品的当代艺术博物馆对面（菜肴的准备和呈现同样是美食艺术的写照），店内没有花哨的名牌，漂亮摆设和装饰风格是它的亮点所在。夏季在露台的树荫或阳伞下用餐是值得尝试的体验。

市中心以外

★Le Petit Lac 海鲜 €€€

（☎022 751 11 44；www.lepetitlac.ch；Quai de Corsier 14，Corsier；3道菜套餐 Sfr 52，主菜 Sfr27~43；⊙正午至14:00和19:00~22:00；🅿）下午乘坐CGN（见55页）的船只从英国公园或日内瓦帕基区出发，前往Corsier，在这家超凡的湖畔海鲜餐馆早早地吃顿晚餐，店内提供平均水准的本地特色鲈鱼排（filets de perche）。餐馆位于法国边境附近，有交通工具的人可以在用餐之余前往**伊瓦尔**（Yvoire），或者乘坐萨莱沃缆车（见63页）前往。

饮品和夜生活

★Cottage Café 咖啡馆

（☎022 731 60 16；www.cottagecafe.ch；Rue Adhémar-Fabri 7；⊙周一至周五 7:00至午夜，周六 9:00起；👪）这家迷人的小咖啡馆位于水畔的**阿尔卑斯广场**（Square des Alpes）上，在全天任何时候都是一边聊天一边喝咖啡、吃蛋糕或来一杯葡萄酒的理想场所，18:00开始供应西班牙餐前小吃，并且每天都有口味清淡的早餐。天气晴朗的时候，从花园里可以眺望勃朗峰那令人神魂颠倒的迷人景色。坐在餐厅和休息室里，你会感到仿佛置身于奶奶家满是书籍的客厅里。

★Yvette de Marseille 酒吧

（☎022 735 15 55；www.yvettedemarseille.ch；Rue Henri Blanvalet 13；⊙周一和周二 15:30至午夜，周三和周四 至次日1:00，周五和周六 至次日2:00）这家吵闹的酒吧让人禁不住想问：“酒吧名是什么意思？”实际上这里曾是一位名叫Yvette的机修工的工作室，因此整间屋子给人一种棱角分明的都市感。注意找到车库门——也就是位于汽车修理厂那层楼的活动门——和13号建筑（即Marseille所在的罗讷河口省的区号）。

★ La Buvette du Bateau 酒吧

（☎022 508 56 89；www.bateaugeneve.ch；Quai Gustave-Ador 1；⏰5月中旬至9月中旬 周二至周四 正午至午夜，周五 正午至次日2:00，周六17:00至次日2:00，周日 11:00~22:00）在营造梦幻的气氛方面，没有几家酒吧可以与这里媲美。这艘美好年代留下的明轮船从1896年开始就在日内瓦湖上活动，一直到1974年才退下舞台，现在的它静静地停靠在大喷泉附近的码头边，它是这个城市夏天最为繁忙的休闲酒吧之一。花箱装饰着甲板，厨房在船舱里，供应餐前小吃、意式烤面包片和其他下酒菜。

★ Village du Soir 夜店

（☎022 301 12 69；www.villagedusoir.com；Rte des Jeunes 24, Carouge；⏰周五至周日 20:00至次日5:00）快来到店里准备享受这个"夜乡村"吧，由日内瓦体育场（Geneva Stadium）的一处产业用地改造而成，从2017年算起，租期只有5年。在被废弃以前，这里的各种活动不断，包括DJ之夜以及当地和来访乐队的演奏会，还有展览、临时餐厅、美食车、娱乐活动和常见的喧闹场面……好吧，至少这里的氛围是轻松欢快的。

★ Chat Noir 酒吧

（☎022 307 10 40；www.chatnoir.ch；Rue Vauthier 13；⏰周二至周四 18:00至次日4:00，周五和周六至次日5:00）卡鲁日生意最好的酒吧之一，这里通常是人满为患。当地人下班后常来这里点一杯开胃酒，配上餐前小吃，然后随着现场音乐和DJ打碟一直跳舞到天明。

L' Atelier Cocktail Club 鸡尾酒吧

（☎022 735 22 47；www.ateliercocktailclub.ch；Rue Henri Blanvalet 11；⏰周二至周六 17:00至次日2:00）这家位于伊奥斯-维韦斯区的鸡尾酒吧是当地人下班后最爱来的地方之一，它的莫吉托是日内瓦最好喝的。酒吧的室内装修融合了经典的法式小馆和复古风格的特点，一边喝着鸡尾酒一边陷入皮沙发里，听着钢琴演奏好不惬意。

Bar du Nord 酒吧

（☎022 342 38 20；www.bardunord.ch；Rue Ancienne 66；⏰周一至周五 17:00至次日2:00，周六 9:00至次日2:00）这里是卡鲁日最早开始营业的一个酒吧（20世纪70年代左右开业），里面有包豪斯（Bauhaus）设计风格的家具、日内瓦最好的威士忌和一个小小的后院庭院。最好玩的是周四和周五晚上，那时候有DJ，音乐很棒。

Café Art' s 酒吧

（☎022 738 07 97；www.cafe-arts.ch；Rue des Pâquis 17；⏰周一至周五 11:00至次日2:00，周六和周日 8:00至次日2:00）这家店位于帕基区，白天它是咖啡馆，晚上则变成酒吧，很受当地人欢迎。室内装饰充满了艺术感，露台弥漫着巴黎风情。食物选择合理，设想一下与饭菜同等分量的沙拉、设计师三明治和实惠的当日特色菜（午餐时段）。

Le Cheval Blanc 酒吧、夜店

（☎022 343 61 61；www.lechevalblanc.ch；Pl de l' Octroi 15；⏰周一至周五 17:00至深夜，周六 11:00起，周日 10:30起）这里是卡鲁日生意最好的酒吧和夜店。楼上是打着粉红灯光的酒吧，在这里喝完鸡尾酒、吃完餐前小吃（有的小吃是日内瓦最好的）后，下个楼就到了回响着音乐的夜店。

Boulevard du Vin 葡萄酒吧

（☎022 310 91 90；www.boulevard-du-vin.ch；Bd Georges Favon 3；⏰周一至周六 17:00至午夜；📶）这家酒吧同时也是一间葡萄酒商店，每周有一次品尝会。此外还供应食品拼盘，让你享受多重美味。

La Barje des Sciences 酒吧

（☎022 344 83 56；www.labarje.ch；Parc Moynier；⏰5月中旬至9月 周一至周六 11:00至次日1:00，周日 至21:00）穆瓦尼耶公园（Parc Moynier）湖边附近，仅在夏季营业的La Barje des Lavandières（见59页）的姊妹酒吧，如梦似幻，就在珍珠湖公园上边，日落前你可以尝尝西班牙餐前小吃，喝些饮品，然后跟着DJ的乐曲和户外露台的现场音乐伴奏跳一晚上的舞；部分收益会用来创建一些项目，为有需求的年轻人提供帮助。

Le Rouge et Le Blanc 葡萄酒吧

（☎022 731 15 50；www.lerougeblanc.ch；Quai des Bergues 27；⏰周一至周六 17:00至午夜）酒吧位于日内瓦湖上，当地人喜欢在下班后来这里喝一杯。店里的瑞士和其他国家出产的葡萄酒极为醇香可口，食物的口碑也很好。

☆ 娱乐

★ L' Usine 表演艺术

（www.usine.ch；Pl des Volontaires 4）日内瓦另类文化的中心，这家非营利性场所位于罗讷河畔的前黄金加工厂旁边，举办18项艺术活动。每到晚上都有望欣赏到TU（www.theatredelusine.ch）的前卫戏剧、Le Zoo（www.lezoo.ch）的现场音乐或Kalvingrad（www.kalvingrad.com）的视觉影像艺术新秀的演出。

CinéTransat 电影院

（www.cinetransat.ch；Parc de La Perle du Lac, Rue de Lausanne；⏰休闲椅租赁 19:00起，傍晚开始放映电影）**免费** 珍珠湖公园露天放映免费的夏季系列电影。若想更加舒适地观影，可以早点前去，租一把躺椅（休闲椅 Sfr5）。

Victoria Hall 现场音乐

（☎022 418 35 00；www.ville-ge.ch/culture/victoria_hall；Rue du Général Dufour 14）瑞士罗曼德交响乐团（Orchestre de la Suisse Romande）和日内瓦室内交响乐团（Orchestre de Chambre de Genève）举办演出的音乐厅。

Grand Théâtre de Genève 歌剧

（☎022 322 50 50；www.geneveopera.ch；Bd du Théâtre 11）本书调研时，日内瓦非常漂亮的Grand Théâtre歌剧院正在进行大规模改造，演奏会在临时场地"Opéra des Nations"（Ave de France 40）举办。2019年1月后歌剧院完成改造。

Bâtiment des Forces Motrices 表演艺术

（☎022 322 12 20；www.bfm.ch；Pl des Volontaires 2）曾经的抽水站（1886年）变成了古典音乐、舞蹈和其他表演艺术的演出场所。

🛍 购物

Rue du Rhône和Rue de Rive之间是设计师购物区。Globus（www.globus.ch/fr/store/116/globus-geneve；Rue du Rhône 48；⏰周一至周三 9:00~19:00，周四 9:00~21:00，周五 9:00~19:30，周六 至18:00；饮食区 周一至周五 7:30~22:00，周六 8:30~22:00）和Manor（☎022 909 46 99；www.manor.ch；Rue de Cornavin 6；⏰周一至周三 9:00~19:00，周四 至21:00，周五 至19:30，周六 8:30~18:00）都有出色的美食广场，日内瓦主要的百货公司也在这里。卡鲁日和老城区（见44页）的Grand-Rue附近有许多画廊和古董店。你还可以去每周开市两次的跳蚤市场（Plaine de Plainpalais；⏰周三和周六）或周四晚上的洞穴市场（Marché des Grottes；www.ville-geneve.ch/plan-ville/marches/marche-grottes；Place des Grottes 1；⏰周四 16:00~20:30）碰碰运气，找找葡萄酒和奶酪。

Caran d' Ache-Maison de Haute Écriture 工艺品

（☎022 310 90 00；www.carandache.com；Pl du Bourg-de-Four 8；⏰周一至周六 10:00~18:00）这是一家出售各种彩色铅笔、粉蜡笔、颜料和彩色蜡笔的精品店，商品由创办于1915年的瑞士色彩画具制作商Caran d' Ache供货。

Favarger 巧克力

（☎022 738 18 26；www.favarger.com；Quai des Bergues 19；⏰周一至周五 10:00~18:00，周六 9:00~17:00）这是瑞士有名的巧克力店，店内装修时尚而精致，面对着日内瓦湖，它的不远处是这个品牌在1826年开办的第一个工厂。巧克力的包装融合了复古与现代的设计元素，让人爱不释手。一款叫作Avelines的丝滑巧克力是这里的特色商品，里面加入了牛奶、杏仁和榛子，入口即化，口感妙不可言。

Librairie-Galerie Bernard Letu 书籍

（☎022 310 47 57；www.letubooks.com；Rue Calvin 2；⏰周三至周五 11:30~18:30，周六 11:00~17:00）这是老城著名的书店，有大画幅的艺术书籍及其他珍品，藏书极为出色。

Le Verre en Cave 葡萄酒

（☎022 736 51 00；www.verreencave.ch；Rue des Eaux-Vives 27；⏰周一至周三和周五

10:00~19:00，周四 至20:00，周六 至18:00）这里是葡萄酒爱好者的理想宝地，有数十种来自瑞士及其他10多个国家的葡萄酒，还有“先尝后买”的32种葡萄酒可以免费品尝。

Collection Privée 家庭用品

（☎076 323 71 94；Pl De-Grenus 8；⊙周二至周五 14:00~18:00，周六 至17:00）有装饰艺术风格的灯、家具和其他19~20世纪的艺术品和奇珍异宝。

实用信息

日内瓦游客信息办公室（Geneva Tourist Information Office；☎022 909 70 00；www.geneve.com；Rue du Mont-Blanc 18；⊙周一 10:00~18:00，周二至周六 9:00~18:00，周日 10:00~16:00）资料丰富，可以提供帮助，就在**Gare CFF de Cornavin**（www.sbb.ch；Pl de Cornavin）火车站山下。办公室印制各种本地地图和指南，包括多种语言的各种主题步行地图，内有精挑细选的线路，可满足不同语言的读者的品位和感受。

售票处（☎022 781 04 04；www.sttp.ch；Quai du Mont Blanc）是船、公共汽车和电动列车团队游的一站式购票地点。

到达和离开

飞机

日内瓦国际机场[Geneva（Cointrin）Airport，Aéroport International de Genève，简称GVA；www.gva.ch]位于距离市中心西北方向4公里处，很多国内外航空公司的航线都经停此处。

值得一游

法国万岁！

日内瓦紧邻法国，非常适合前往一日游，还有机会节省用餐费用（花的是欧元）！

伊瓦尔（Yvoire；人口 840人）是一座位于日内瓦湖南岸的法国村庄，位于日内瓦东北方向27公里处。村庄边上有围墙，弥漫着中世纪的风情，有一种令人惊艳的美。不管是外交官还是拾荒者，都爱在周末下午来这里透透气。村里有渔港、童话般的城堡（不对外开放）、鹅卵石铺就的街道、争奇斗艳的鲜花和一个经过整修的中世纪菜园：**五官花园**（Jardin des Cinq Sens）。主街Grand-Rue两侧有纪念品商店、旅游精品店和几家餐馆——包括我们推荐的**Le Bateau Ivre**（☎33 450 72 81 84；www.restaurant-lebateauivre.com；Grande Rue，Yvoire；菜单 €19~34；⊙正午至15:00和19:00~22:00）。在日内瓦的英国公园或帕基区乘坐CGN（见55页）的船过来（成人 往返 Sfr50，1小时45分钟），这一段路也是一日游的亮点。

位于日内瓦东北方向16公里处、瑞法边境上的**赫尔芒斯**（Hermance）是一座古雅的瑞士小镇。狭窄的街道两边有中世纪风格的房屋、价值不菲的画廊和著名的**Auberge d' Hermance**（☎022 751 13 68；www.hotel-hermance.ch；Rue du Midi 12，Hermance；不配葡萄酒的套餐 Sfr70~88，配葡萄酒 Sfr89~128，主菜 Sfr45~92；⊙周四至周六 正午至14:00，周三至周六 19:00~22:00，周日 正午至16:00；Ⓟ）——这家餐馆的口碑极高，其中有一道菜是烤全鸡，烤鸡裹着一层由盐和香草混合的外壳。从日内瓦湖左岸Rive区的Rue de Pierre Fatio坐TPG的E路公共汽车（Sfr3，30分钟，至少每小时1班）可以前往赫尔芒斯；在某些季节也可以坐CGN（见55页）的轮船（成人 往返 Sfr32，1小时）过来。

交通状况良好的时候，用不了20分钟的时间，你就可以前行9公里，从日内瓦到达**萨莱沃缆车**（Téléphérique du Salève；☎+33 04 50 39 86 86；www.telepherique-du-saleve.com；Rte du Téléphérique，Étrembières；往返 成人/学生/儿童 €11.80/8.60/6.50；⊙周日至周三 9:30~19:00，周四至周六 至23:00；👪）的起点。用不了5分钟，你就可以登上**萨莱沃山**（Mont Salève；1100米），俯瞰日内瓦、日内瓦湖、汝拉山脉（Jura Mountains），还有绵延至东南方向的阿尔卑斯山及其标志性的勃朗峰（天气良好的时候），视野清晰，激动人心的美景会让你感到不虚此行。

船

CGN（见55页）每天有多达4班轮船从英国公园和帕基区出发，开往日内瓦湖区的其他城市村庄，包括尼永（成人 往返 Sfr39，1小时15分钟）和洛桑（Sfr66，3.5小时）。

长途汽车

Gare Routière de Genève（☎022 732 02 30；www.coach-station.com；Pl Dorcière）经营跨境开往邻国法国的长途汽车。

火车

Gare CFF de Cornavin（见63页）火车站有从这里出发去往瑞士大部分城镇的火车，大概每小时1班。大厅里有寄存行李的锁柜，小号/中号/大号/超大号锁柜每6小时收费Sfr4/6/8/10。

日内瓦机场（Sfr3，6分钟）

洛桑（Sfr22.40，35~50分钟）

伯尔尼（Sfr50，1小时45分钟）

苏黎世（Sfr87，2小时45分钟）

当地交通

抵离机场

抵离日内瓦机场最快捷的方式是坐火车（Sfr3，6分钟，每小时有好几班）；其次还可选择在Rive站乘坐10路公共汽车（Sfr3，30分钟，每小时4~9班）。如果是到达机场，在取了行李后，记得去咨询台旁的取票机取免费的公共交通票。

乘坐打表出租车去市里的费用为Sfr35~50，用时约15分钟。

自行车

5月至10月，**Genèveroule**（☎022 740 13 43；www.geneveroule.ch；Pl de Montbrillant 17；前4小时免费，超出每小时收费Sfr2；⏲5月至10月 8:00~21:00，11月至次年4月 至18:00）可以免费提供自行车长达4小时，就位于火车站外边，只要出示带照片的身份证件，交Sfr20的现金押金，即可租一辆自行车。在其他月份里，Genèveroule出租自行车的费用为每天Sfr12起。被称为"Terrassière的"第二家办公室位于伊奥斯-维韦斯区（左岸）的Ruelle des Templiers 4。

船

每天7:30~18:00，每隔10分钟就会有一艘黄色的**交通船"海鸥号"**（Les Mouettes；☎022 732 29 44；www.mouettesgenevoises.ch；Quai du Mont-Blanc 8；单程/60分钟 船票 Sfr2/3；⏲9月至次年5月 周一至周五 7:30~19:30，周六 10:00~14:00，周日 15:00~18:00，5月至9月 至21:00）出发。

可以在码头的售票机购买单程票，或者使用有效的TPG公交票。

汽车和摩托车

老城区许多地方都禁止车辆进入，因此很难在路边找到停车位，可以去公共停车场——**勃朗峰停车场**（Parking du Mont Blanc；☎022 310 01 30；www.parkgest.ch；Quai du Général-Guisan；每25分钟1班，Sfr1；⏲24小时）。离开前，去橙色的TPG售票机刷一下你的停车票，之后可以凭这张票免费乘坐行程历时90分钟的城市公共汽车、电车和船（最多可两人乘坐）。

公共交通

你可以在车站的自动售票机买到**TPG**（www.tpg.ch；Rue de Montbrillant；⏲周一至周五 7:00~19:00，周六 9:00~18:00）经营的公共汽车票、无轨电车票和电车票。TPG的总售票处在日内瓦火车站里面。1小时内多次乘车的车票价格为Sfr3，30分钟内有效的3站短程车票价格为Sfr2。不限次数乘坐的日票价格为Sfr10，9:00以后购买的话，价格为Sfr8。

出租车

乘坐出租车有3种方式：在火车站直接打车、网上预订（www.taxi-phone.ch）、打电话叫车（☎022 331 41 33）。

日内瓦湖和沃州

包括➡

洛桑......67
莫尔日......76
尼永......77
拉沃地区......79
蒙特勒......83
沃州阿尔卑斯山......86

最佳就餐

- Denis Martin（见83页）
- Hôtel-Restaurant de la Plage（见78页）
- Eat Me（见73页）
- Holy Cow（见73页）
- La Crémerie（见83页）

最佳住宿

- Grand Hotel du Lac（见82页）
- Fairmont Le Montreux Palace（见85页）
- Hôtel Beau-Rivage Palace（见73页）
- Hotel Lavaux（见81页）
- Hôtel le Rivage（见80页）

为何去

居住在这片西欧最大的湖泊岸边的说法语的人们称它为莱芒湖，而全世界其他地方的人们则将其称为日内瓦湖，其名称来源于环绕其南岸的同名城市。

这片湖泊的一半及东岸的大部分地区属于法国，其余部分则是瑞士沃州的骄傲，从这儿眺望湖对岸的风景，可以看到阿尔卑斯山，引人入胜。夏季，徒步进入阿尔卑斯山探索，清新的空气和不可思议的景色绝对会让你不虚此行。在冬季，这个地区成为全世界喜爱滑雪的精英人士的昂贵游乐场。

沿着湖岸边的铁路乘坐火车开启你的旅程，从日内瓦出发前往蒙特勒，经过拉沃地区的梯田葡萄园，到达国际奥林匹克委员会的所在地洛桑（那里有许多喧闹的学生）和沃韦（因雀巢闻名）。途中会飞快地掠过童话般的城堡、豪华的湖畔庄园和闪亮的“沙滩”，这的确是一段不容错过的旅程。

何时去

- 春季和初秋时节，天气温暖，花圃中的美丽花朵都被修剪得恰到好处，是游览此地的最佳时间。
- 5月也是一个出行的好时节，彼时蒙特勒到西庸城堡的湖边小径盛开着鲜花，此外还可参与莫尔日的郁金香节一饱眼福。
- 7月，两个世界著名的盛会——蒙特勒国际爵士音乐节和尼永的帕雷欧音乐节——在此举办，这个时节来日内瓦湖划船的人也是最多的。
- 如果想游泳，那么7月和8月的日内瓦湖最让人尽兴；想滑雪的话，应该在1月或2月去沃州阿尔卑斯山。

日内瓦湖和沃州亮点

❶ **西庸城堡**（见85页）漫步在鲜花之路上，从这座气势宏伟的城堡走到蒙特勒。

❷ **奥林匹克博物馆**（见67页）为在**洛桑**举办的全球性体育活动而欢呼庆祝。

❸ **罗什德内**（见84页）乘坐齿轮火车前往海拔2042米的高处，邂逅土拨鼠，并沉浸于美景之中。

❹ **拉沃地区**（见79页）从位于屈伊上方的梯田葡萄园眺望，迷醉于令人惊叹的景致。

❺ **蒙特勒爵士音乐节**（见84页）在全世界最棒的湖畔爵士音乐节彰显你卓尔不凡的品位。

❻ **尼永帕雷欧音乐节**（见78页）在**尼永**另类的摇滚、电子舞曲和艺术节上回归本真。

❼ **天梭山峰之旅**（见87页）上行至**莱迪亚布勒雷**双子峰之间的吊桥，一览山间景观的全貌，体验忘乎所以的感动。

❽ **卓别林世界**（见81页）前往**沃韦**，缅怀这位伟大的表演艺术家。

❾ **临湖别墅**（见82页）还是在**沃韦**，你可以了解现代建筑艺术的发展进程并凝神沉思。

历史

早在公元前58年，恺撒的大军就已入驻如今的瑞士西南部地区。在接下来的几个世纪里，凯尔特人和罗马人相安无事地一起过着富足的生活。

到了公元4世纪，罗马人已基本上退出了瑞士，日耳曼部落没费什么力气就得到了这片土地。公元5世纪，皈依了基督教的勃艮第人来到这里并学会了通俗拉丁语，也就是法语的前身。1032年，法兰克人将沃州变为了神圣罗马帝国的一部分。

12世纪和13世纪时，萨伏依（Savoy）的公爵逐渐控制了沃州，并在湖边建起了宏伟的城堡。1536年，伯尔尼州向萨伏依宣战，并夺取了沃州，湖边的城堡也跟着易主。

1789年，法国大革命爆发，法国的邻国受到了极大的影响，沃州在1797年12月之前一直受到法国督政府的保护。1803年，拿破仑颁布了《调停法案》（*Act of Mediation*），建立起瑞士联邦，而沃州随之成为组成联邦的六州之一，首府定在洛桑。

19世纪后半叶，沃州的工业和经济取得了发展，但这种繁荣却因为受到之后的两次世界大战的影响而放慢了脚步。

洛桑（Lausanne）

人口146,372 / 海拔495米

环绕在洛桑四周的葡萄园沿着三座山坡向下绵延至湖岸，作为瑞士的第四大城市，洛桑总爱与日内瓦一比高低。

然而，交通阻塞问题严重的日内瓦似乎侧重于历史及其拥有全世界国际组织总部最多的名望，但洛桑则更关注未来。这座城市以积极向上的氛围著称，或许是因为它的位置令人羡慕（湖泊这边的风景尤胜日内瓦），而且学术氛围浓郁——虽然学生们喜欢疯玩狂欢——洛桑联邦理工大学（EPFL Research Institute）被认为是欧洲的麻省理工。国际奥林匹克委员会的总部设置在此，独一无二的博物馆正在经历着振奋人心的改造，全新的水族馆与哥特式老城区相映成趣。

精致的湖畔街区乌希和弗隆（Flon）有重塑形象的仓库，映射出洛桑充满时尚气息的城市文化；这一切全都吸引着你前去一游。

历史

罗马人进入这个地区后，首站便驻扎在湖边的维迪（Vidy）。维迪是意大利通往高卢路上的一个重要站点，也就是后来的洛桑。在公元4世纪时，阿勒曼尼人（Alemanni）入侵了洛桑，洛桑的居民逃往丘陵起伏的内陆地区，并把那里变成了中世纪时期的洛桑市中心。

1529年，约翰·加尔文的一名追随者——纪尧姆·法惹勒（Guillaume Farel）——来到这里，宣扬宗教改革。然而，直到7年后洛桑被伯尔尼占领的时候，天主教徒才注意到这个地方。

从18世纪开始，洛桑吸引了许多作家和自由思想者来到这里，如伏尔泰、狄更斯、拜伦和T.S.艾略特[TS Eliot；他的作品《荒原》（*The Waste Land*）创作于此]。

景点

位于**乌希**（Ouchy）水域旁的日内瓦湖（又名莱芒湖）为洛桑的众多体育活动提供了场所，如划船、风帆冲浪和游泳，具体可去游客咨询处咨询。在适宜的季节里，有人会在乌希城堡（Château d'Ouchy）前摆小摊，出租脚踏船和皮划艇；湖边平整的散步道吸引着许多人来这里骑自行车和溜冰。乌希以西是日内瓦湖区少有的沙滩之一——**维迪沙滩**（Vidy Beach），沙滩旁有茂密的树林和草地。

★洛桑州立美术馆 博物馆

（Musée Cantonal des Beaux Arts，简称MCB-A；见70页地图；☎021 316 34 45；www.mcba.ch；Pl de la Riponne 6；成人/儿童 Sfr10/免费，每月的首个周六免费；⏰周二至周四 11:00~18:00，周五至周日 至17:00）**吕密纳馆**（Palais de Rumine；见70页地图；☎021 316 33 10；http://musees.vd.ch/palais-de-rumine/accueil/；⏰周二至周四 11:00~18:00，周五至周日 至17:00）**免费** 是1923年《洛桑条约》（*Treaty of Lausanne*）签订的地方，现在这里是洛桑美术馆的所在地。不过它将于2019年搬迁至Plateforme10（见72页）。馆内收藏有瑞士和外国艺术家的作品，包括古埃及艺术作品和立体派艺术作品。其中的精华展品是风景油画家路易·杜克罗（Louis Ducros；1748~1810年）的画作。在临时展览举办期间，固定展厅通常关闭。

★奥林匹克博物馆 博物馆

（Olympic Museum；见68页地图；☎021 621

Lausanne 洛桑

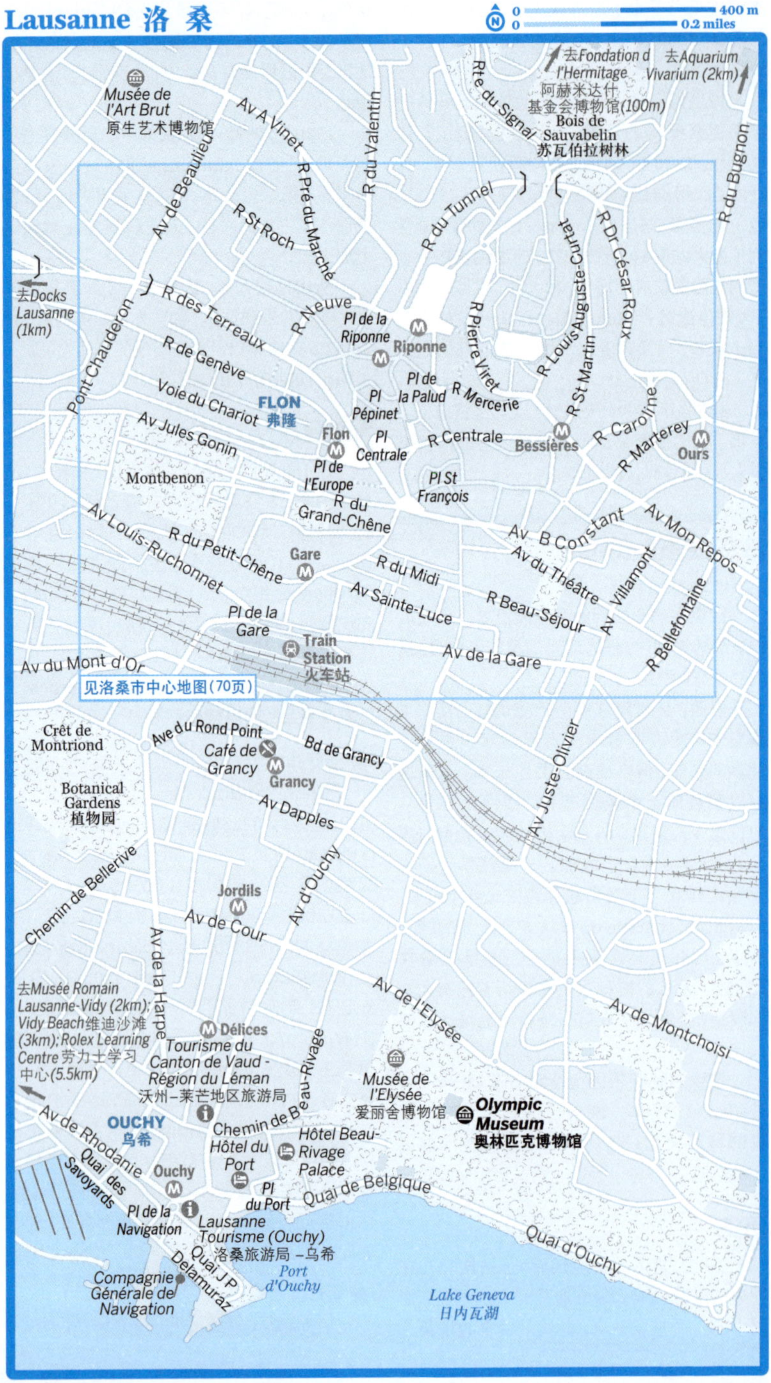

N
0
0
400 m
0.2 miles
去Fondation de l'Hermitage 阿赫米达什基金会博物馆(100m)
去Aquarium Vivarium (2km)
Bois de Sauvabelin 苏瓦伯拉树林
Musée de l'Art Brut 原生艺术博物馆
Av A Vinet
R du Valentin
Rte du Signal
R du Bugnon
Av de Beaulieu
R Pré du Marché
R St Roch
R du Tunnel
R Louis Auguste-Curtat
R Dr César Roux
去Docks Lausanne (1km)
R des Terreaux
R Neuve
Pl de la Riponne
Riponne
Pont Chauderon
R de Genève
R Pierre Viret
R St Martin
Voie du Chariot
FLON 弗隆
Pl la Palud
Pl de Pépinet
R Mercerie
R Caroline
Av Jules Gonin
Flon
Pl Centrale
R Centrale
Bessières
R Marterey
Ours
Montbenon
Pl de l'Europe
Pl St François
R du Grand-Chêne
Av Louis-Ruchonnet
R du Petit-Chêne
Av B Constant
Av Mon Repos
Gare
R du Midi
Av du Théâtre
Av Villamont
Av Sainte-Luce
R Beau-Séjour
Pl de la Gare
Train Station 火车站
R Bellefontaine
Av du Mont d'Or
Av de la Gare
见洛桑市中心地图(70页)
Crêt de Montriond
Ave du Rond Point
Bd de Grancy
Café de Grancy
Grancy
Av Juste-Olivier
Botanical Gardens 植物园
Av Dapples
Chemin de Bellerive
Jordils
Av d'Ouchy
Av de Cour
Av de la Harpe
Av de l'Elysée
Av de Montchoisi
去Musée Romain Lausanne-Vidy (2km); Vidy Beach维迪沙滩 (3km); Rolex Learning Centre劳力士学习中心(5.5km)
Délices
Tourisme du Canton de Vaud - Région du Léman 沃州–莱芒地区旅游局
Musée de l'Elysée 爱丽舍博物馆
Olympic Museum 奥林匹克博物馆
Chemin de Beau-Rivage
Av de Rhodanie
OUCHY 乌希
Hôtel du Port
Hôtel Beau-Rivage Palace
Quai des Savoyards
Ouchy
Pl du Port
Quai de Belgique
Pl de la Navigation
Lausanne Tourisme (Ouchy) 洛桑旅游局–乌希
Quai d'Ouchy
Quai J P Delamuraz
Port d'Ouchy
Compagnie Générale de Navigation
Lake Geneva 日内瓦湖

65 11; www.olympic.org/museum; Quai d' Ouchy 1; 成人/儿童 Sfr18/10; ⏲5月至10月中旬 每天9:00~18:00, 10月中旬至次年4月 周二至周日10:00~18:00; P 🚻)洛桑的奥林匹克博物馆无疑是这个城市最气派的博物馆，也是体育爱好者（和孩子们）必到的地方。通过视频、交互式展示、纪念品和临时主题展等先进的展览设施回顾了奥林匹克的前生今世。其他景点包括分层景观花园、因地制宜的雕塑作品和一家从露台就可以欣赏到最佳湖景的出色咖啡馆。

★圣母大教堂 天主教堂

（Cathédrale de Notre Dame; 见70页地图; ☎021 316 71 60; www.cath-vd.ch/cvd_parish/notre-dame; Pl de la Cathédrale; ⏲4月至9月 9:00~19:00, 10月至次年3月 至17:30）老城区的中心地带矗立着一座瑞士最精美的教堂——洛桑的哥特式风格圣母大教堂。教堂建于12~13世纪，尽管欠缺法国哥特式建筑的轻快感，但依然可以说是一栋非常出色的建筑。1275年，在哈布斯堡的鲁道夫（Rudolph; 神圣罗马帝国皇帝）以及众多欧洲红衣主教和主教的见证下，该教堂获得了教皇格列高利十世（Gregory X）的祝圣。

帕吕广场 广场

（Place de la Palud; 见70页地图）这片景色如画的中世纪市场广场（建于9世纪）位于老城区（Vieille Ville）的中心，曾经只是一片沼泽地。广场上的市政厅（Hôtel de Ville）建于17世纪，市政府就设于其中，500多年来一直未变。对面是正义女神喷泉（Fontaine de la Justice, Justice Fountain），喷泉的柱子色彩亮丽，顶端身着蓝衣、手拿天平的正义女神雕像注视着广场。

沿Rue Mercière左侧走，即可到达Escaliers du Marché（见70页地图），这是一条瓦片铺顶的木结构楼梯，楼梯向上通往Rue Pierre Viret和位于更远处的圣母大教堂。

当代设计与应用艺术博物馆 博物馆

（Musée de Design et d' Arts Appliqués Contemporains, Museum of Contemporary Design and Applied Arts, 简称MUDAC; 见70页地图; ☎021 315 25 30; www.mudac.ch; Pl de la Cathédrale 6; 成人/儿童 Sfr10/免费，每月的首个周六免费; ⏲周二至周日 11:00~18:00）每年会举办6场高品质的特别展览，这座博物馆位于圣母大教堂南侧的对面。2019年，博物馆将搬迁至大家期待已久的Plateforme10（见72页）“超级博物馆”。

现在时间晚上10点钟，一切安好

有些习惯并不会轻易随着时间的流逝而消失。每晚22:00至次日凌晨2:00，每个整点洛桑的守夜人（guet）都会在圣母大教堂的塔楼上敲钟报时。第一次报时是10点整，钟停后他会喊四遍：“我是守夜人，现在时间晚上10点钟，现在时间晚上10点钟！”在以前，守夜的意义远大于现在，守夜人同时还肩负防范火灾和其他危险的责任。每当教堂举行宗教仪式时，守夜人有权要求当地人注意言行举止，并保持街道安静。

洛桑历史博物馆 博物馆

（Musée Historique de Lausanne; 见70页地图; ☎021 315 41 01; www.lausanne.ch/mhl; Pl de la Cathédrale 4; 成人/儿童 Sfr8/免费，每月的首个周六免费; ⏲周二至周四 11:00~18:00, 周五至周日 至17:00）这个博物馆位于圣母大教堂的对面，是一座漂亮的庄园住宅，在15世纪以前，这里一直是洛桑主教住的居所（后来还曾用来当过监狱、法庭和医院）。1918年后，这里变成了展示洛桑文化遗产的博物馆，展品包括油画、素描画、邮票、乐器、银器等。馆内放映的一部关于1638年的洛桑的影片，非常值得一看。

原生艺术博物馆 博物馆

（Musée de l' Art Brut; 见68页地图; ☎021 315 25 70; www.artbrut.ch; Av des Bergières 11-13; 成人/儿童 Sfr10/免费; ⏲周二至周日 11:00~18:00）“边沿”（Brut）意味着粗制、粗糙，这也就是你将在这座不一般的博物馆里看到的东西——由未经专业训练的艺术家（包括许多生活在社会边缘的人和精神病患者）创作的作品。20世纪70年代，法国艺术家让·杜布菲（Jean Dubuffet）将这些作品收集到一起，

Central Lausanne 洛桑市中心

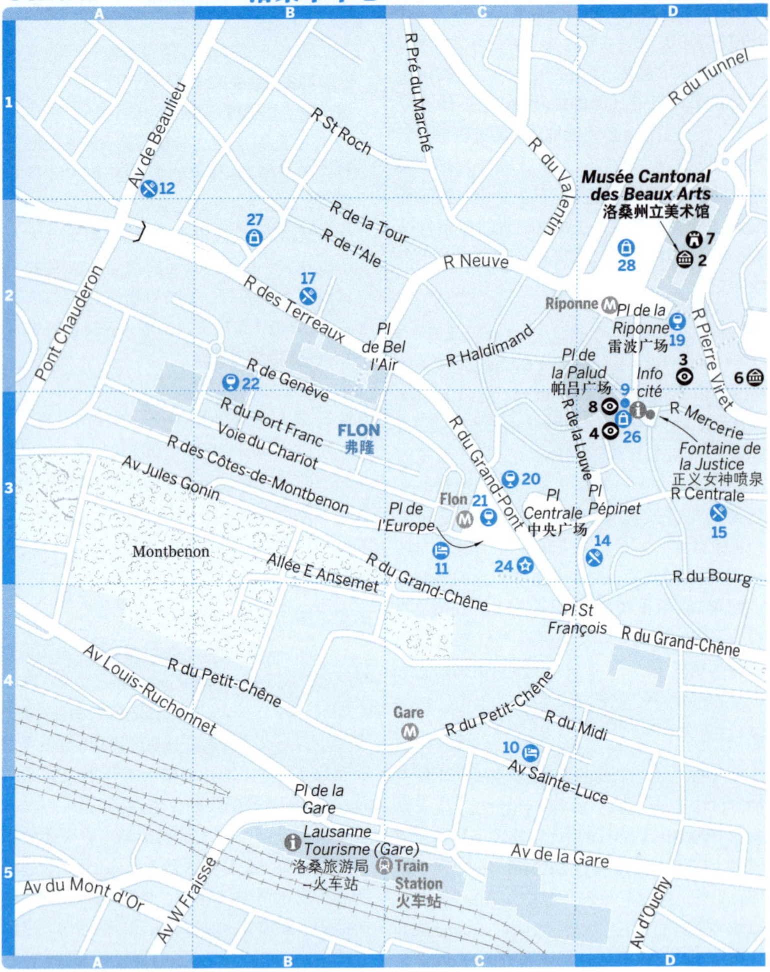

摆放在一栋建于18世纪后期的乡村宅邸里。展品的种类丰富多彩，有些作品展现出惊人的技艺水平，往往还能启发人们用另一种角度看待世界。乘坐2路、3路或21路公共汽车到Beaulieu-Jomini站下车即可到达。

阿赫米达什基金会博物馆　博物馆

（Fondation de l' Hermitage；☎021 320 50 01；www.fondation-hermitage.ch；Rte du Signal 2；成人/儿童 Sfr19/8；⊙周二、周三和周五至周日10:00~18:00，周四 至21:00）洛桑的北部边缘地带有一处绿意盎然、宁静祥和的地方，这里是苏瓦伯拉树林（Bois de Sauvabelin），阿赫米达什基金会博物馆就在这片树林当中。它的前身是一栋建于19世纪的住宅，现在则是各种高品质的临时艺术展的举办地。树林里有一片小湖和一座当代建造的木塔，塔高35米，有螺旋式的楼梯通到塔顶，顶上风光无限。

如果还想继续游览，可以去馆内的咖啡馆兼法式小馆**L' Esquisse**报名参加包含周日早午餐的导览游（Sfr62）；如果是周五或周六，导览游18:45开始，还包含之后的晚餐（Sfr89）。不管参加哪天的导览游，都需要提

前打电话预订。

劳力士学习中心

知名建筑

（Rolex Learning Centre；☎021 693 11 11；www.rolexlearningcenter.epfl.ch；École polytechnique fédérale de Lausanne，Rte Cantonale；🅿）这座造型奇特的建筑（形似一片埃蒙塔尔奶酪）是被誉为欧洲麻省理工的**洛桑联邦理工大学**（École polytechnique fédérale de Lausanne，简称EPFL）的主校园所在地。由日本建筑师妹岛和世（Kazuyo Sejima）和西泽立卫（Ryue Nishizawa）设计，对于学习建筑的学生和超现代设计的爱好者来说，可谓不容错过的地方（你可以进去参观，四处走走）。

爱丽舍博物馆

博物馆

（Musée de l' Elysée；见68页地图；☎021 316 99 11；www.elysee.ch；Av de l' Elysée 18；成人/儿童 Sfr8/免费，每月的首个周六免费；⏲周二至

Central Lausanne
洛桑市中心

◎ 重要景点

1 圣母大教堂 E2
2 洛桑州立美术馆 D2

◎ 景点

3 Escaliers du Marché D2
4 市政厅 D3
5 当代设计与应用艺术博物馆 E3
6 洛桑历史博物馆 D2
7 吕密纳馆 D2
8 帕吕广场 D3

活动、课程和团队游

9 Guides d' Accueil MdA D3

住宿

10 Hôtel Elite C4
11 Lhotel C3

就餐

12 Au Canard Pekinois A1
13 Café St-Pierre E4
14 Eat Me D3
15 Eligo D3
16 Holy Cow E3
17 Holy Cow B2

饮品和夜生活

18 Caffè Bellini E1
19 Great Escape D2
20 Le D! Club C3
21 Les Arches C3
22 MAD B2
23 Terrasse des Grandes Roches E3

娱乐

24 Le Romandie C3
25 Opéra de Lausanne E5

购物

26 Marché à la Place de la Palud D3
27 Marché de Chauderon B2
28 Marché du Centre-ville D2

周日 11:00~18:00）在爱丽舍博物馆所在的奥林匹克公园（Parc Olympique）可以看到日内瓦湖和阿尔卑斯山的风景，这里的草坪被修剪得整整齐齐，环境优美。这家出色的摄影博物馆举办了许多固定展览和巡回展览，2019年将搬迁至Plateforme10（见72页）。

活动

Guides d' Accueil MdA 步行

（见70页地图；☎021 320 12 61；www.lausanne-a-pied.ch；Pl de la Palud；成人/儿童 Sfr10/免费；⊙5月至9月）从帕吕广场（Place de la Palud）的市政厅前出发，步行游览老城区。每个主题游团最多5人参加。英语团队游每天都有，不需要预约。如需了解具体信息，可以查看其网站主页。

节日和活动

Festival de la Cité 文化节

（www.festivalcite.ch）这个文化节在7月的第一周举行，为期一周。届时洛桑的街道和广场上到处都是装饰艺术品，还有许多露天的舞蹈、戏剧和马戏团表演。

瑞士国庆日（Swiss National Day） 烟花表演

8月1日的傍晚，来湖边租一条脚踏船，坐在船上等着烟花在22:00的湖面上绽放。

住宿

从青年旅舍到高档酒店，洛桑什么都有。在登记入住的时候，一定要领取一张**洛桑交通卡**（Lausanne Transport Card），持此卡可无限次乘坐公共交通工具。

SYHA Lausanne Jeunotel 青年旅舍 €

（☎021 626 02 22；www.youthhostel.ch/lausanne；Chemin du Bois-de-Vaux 36；4床铺/标单/大床 Sfr43/105/130起；P 📶）这家隶属于国际青年旅舍联盟，靠近国际奥委会办事处，房间装修漂亮，前台24小时提供服务，地理位置十分优越，坐落在距离日内瓦湖仅几步之遥的绿地之间，因此可被归类为"高档"标准的青年旅舍。房费含自助早餐，每天都提供午餐和晚餐（Sfr17.50）。

Lhotel 精品酒店 €

（见70页地图；☎021 331 39 39；www.lhotel.ch；Pl de l' Europe 6；房间 Sfr130起；❄📶）这家小型酒店所在的位置能让住客充分体验弗隆区的夜生活。房间布置简单，以白色为主色调，房里有iPad可供使用；早餐收费Sfr14。屋顶有一个漂亮的露台。住在这里的另一个好处是，以Sfr55的价格就可以享受到附近**Lausanne Palace & Spa**的五星级水疗。

Starling Hotel 酒店 €€

（☎021 694 85 85；www.shlausanne.com；Rte Cantonale 31, St Sulpice；大床/套 Sfr150/260起；P❄📶）这家明亮的新酒店位于引人瞩目的劳力士学习中心（见71页）对面的城镇边缘地带，有设计时尚清爽的房间、崭新的寝具、充足的自然光照、可以打开的窗户，并为你的高科技产品提供大量电源插座和端口。在很多房间甚至可以俯瞰湖面的景色。

PLATEFORME10

在2016年年底，瑞士艺术界迄今为止最激动人心的博物馆项目开工建设，预计将于2019年分阶段开放。

从日内瓦乘火车到达洛桑的时候，如果你能把掉在地上的下巴捡起来（因为痴迷于阿尔卑斯山的景色），那就再转过头看看左侧车外，你就能看到所谓的Plateforme10。

这一建设项目位于洛桑铁路机车库的旧址，不容错过，如果完工，同一个地点将包括三座博物馆：洛桑州立美术馆（见67页）、爱丽舍博物馆（见71页）和当代设计与应用艺术博物馆（见69页），还有费利克斯·瓦洛东基金会（Félix Vallotton Foundation）和汤姆·保利基金会（Toms Pauli Foundation）。艺术界正在翘首以待。

尽管尚未完工，但可以上网查看Plateforme10的施工进度：www.plateforme10.ch/en。

Hôtel du Port 酒店 €€

（见68页地图；☎021 612 04 44；www.hotel-du-port.ch；Pl du Port 5；标单/大床 Sfr160/190起；P 📶）酒店位于湖的后方，优越的地理位置使这里成为一个可选择的很棒的住宿场所。双人间可以看到日内瓦湖（额外支付Sfr20）且空间宽敞（23平方米）。3楼有几间非常不错的普通套房。

★ Hôtel Beau-Rivage Palace 历史酒店 €€€

（见68页地图；☎021 613 33 33；www.brp.ch；Pl du Port 17~19；房间 Sfr520起；P ❄ 📶 🏊）这家临湖酒店无疑占据着洛桑的最佳地理位置，其内部环境也极尽奢华。酒店所在房屋建于19世纪早期，一直受到精心维护，地面打扫得一尘不染。从酒店可以看到日内瓦湖和阿尔卑斯山的壮阔景致，酒店里有一个大水疗池、多家酒吧和高级餐厅［包括一间由安苏菲·碧克（Anne-Sophie Pic）担任主厨的著名餐厅，安苏菲·碧克是法国唯一一位摘得米其林三星的女厨师］。

Hôtel Elite 精品酒店 €€€

（见70页地图；☎021 320 23 61；www.elite-lausanne.ch；Av Sainte Luce 1；标单/大床 Sfr210/290起；P ❄ 📶）酒店是一栋杏色的排屋，其先后由一家三代人经营。漂亮小巧的花园中有几张日光浴躺椅和桌子，酒店内部的前台上摆放着鲜花，播放着轻柔的背景音乐。4楼的房间可以看到日内瓦湖，其中最好的房间还带有阳台。

✕ 就餐

洛桑的餐馆气氛轻松而随意，但用餐费用可不随意。不过在这样紧凑的城市中，学生数量众多也意味着如果预算有限，比较廉价的选择还是很容易找到的。

★ Eat Me 小吃 €

（见70页地图；☎021 311 76 59；www.eat-me.ch；Rue Pépinet 3；小盘 Sfr10~20；⏲周二至周六 正午至14:00和17:00至午夜；📶 ✍）Eat Me的口号“小盘子里的大千世界”（The world on small plates）可以让你对这家备受欢迎、十足美味又有趣的餐吧有所了解：它主要提供各国的风味小吃，从宝宝汉堡到辛辣的唐辛子豆腐（Togarashi Tofu）和虾串（shrimp lollipops），应有尽有。这里的美食全都价格合理，非常有意思。带上你的朋友一起去吧！

★ Holy Cow 汉堡 €

（见70页地图；☎021 312 24 04；www.holycow.ch；Rue Cheneau-de-Bourg 17；汉堡配薯条和饮料 Sfr14~26；⏲11:00~23:00；👪）这家起源于洛桑的餐馆在日内瓦、苏黎世和法国都开设了分店。餐馆采用当地食材制作汉堡（牛肉、鸡肉或素食），加上新式浇汁，并给它们取了让人充满食欲的名字。拿一瓶手工啤酒在店内的公共木桌旁坐下，然后好好享用盛放在稻草篮子里的汉堡包和香酥薯条吧。**Rue des Terreaux**另有一家分店（见70页地图；Rue des Terreaux 10）。

Au Canard Pekinois 中国菜 €

（见70页地图；☎021 329 03 23；www.au-canard-pekinois.ch；Pl Chauderon 16；主菜Sfr16~48；⏲正午至14:30和19:00~22:30）这家餐馆的名称来源于同名的特色菜肴“北京烤鸭”，主打正宗的港式粤菜：如果你喜欢这种菜系，最好赶快来这儿。餐馆供应的其他热门菜肴有麻婆豆腐，还有各种脱颖而出的点心，环境时尚而庄重。

Eligo 新派欧洲菜 €€

（见70页地图；☎021320 00 03；www.eligo-restaurant.ch；Rue du Flon 8；主菜 Sfr25~68，4/6道菜 晚餐 Sfr90/150；⏲周二至周六 正午至14:00和19:00~22:00）名字来源于拉丁语，意思是“选择”，这家奢华的餐馆内部使用漂亮的水泥和实木装饰，主厨纪尧姆·兰科斯（Guillaume Raineix）主要采用本地市场上的新鲜食材，结合自己超凡的厨艺，烹制出一份虽然简单但极其讨喜的菜单。兰科斯声名远扬，他的厨艺是在巴黎竞争最激烈的餐饮场所磨炼出来的，包括在Hotel George V的Four Seasons掌勺的经历。建议预约。

Café de Grancy 新派欧洲菜 €€

（见68页地图；☎021 616 86 66；www.cafedegrancy.ch；Av du Rond Point 1；主菜 Sfr19~44；⏲周一至周五 8:00至午夜，周六和周日 10:00至午夜；📶）这个地方就位于火车站的南边，前面

桥吧（BRIDGE BARS）

有桥的地方就有酒吧——至少在艺术气息浓郁的洛桑是这样。在夏季，随便走到这座城市的哪座桥下，你都会看到酒吧。

Les Arches（见70页地图；www.lesarches.ch；Pl de l' Europe；⏲周一至周三 11:00至午夜，周四至次日1:00，周五和周六至次日2:00，周日 13:00至午夜）这家桥吧位于Place de l' Europe广场上宏伟的大桥（Grand Pont；建于1839~1940年）下方，占据着4个拱顶的面积。下班后在这里边观赏温暖的夕阳边小酌一杯，或是晚上睡觉前来喝上一杯，那样的感觉再惬意不过了。

Terrasse des Grandes Roches（见70页地图；☎021 312 34 18；http://lesgrandesroches.ch；Escaliers des Grandes-Roches；⏲4月至9月 14:00至午夜）在夜色深沉的时候，洛桑的时髦人士就会来到夏尔·贝西埃桥（Bessières Bridge；建于1908~1910年）一个拱顶之下的这家酒吧。优美的露台上分布着许多桌球台、桌面足球台、棕榈树和躺椅。从Rue Centrale的台阶往上走或从当代应用艺术博物馆对面的Rue Pierre Veret下台阶都能到达。

的酒吧有特别的气氛，仿佛可以渗透人的心灵，后面是吃饭的地方，供应各式创意菜肴。配沙拉或汤的当日意大利面（pâte du jour）是最受欢迎的午餐选择，好吃又实惠。周三晚上供应的奶酪火锅、每月首个周二的主题晚餐和周末的早午餐是这里的招牌。

Café St-Pierre 新派欧洲菜 €€

（见70页地图；☎021 326 36 36；www.cafesaintpierre.ch；Pl B Constant 1；主菜 Sfr18~36；⏲周二和周三 7:30至午夜，周四至次日1:00，周五至次日2:00，周六 11:00至次日2:00，周日 11:00~18:00；📶）每天还没到中午的时候，每张桌子周围就都坐满了人，态度友好的服务员忙前忙后，电话响个不停——不言而喻，这是一家人气超高的餐馆。当代风格的室内装修让人感觉轻松惬意，菜肴风味为新派欧洲菜，午餐时段提供意大利面、大份沙拉和鱼，19:00后供应创意十足的餐前小吃，周末供应早午餐。建议预订。

🍷 饮品和夜生活

洛桑以享受美好生活和深谙派对之道而闻名（在瑞士人看来是如此），派对场所丰富多样，比如前卫的学生聚集地、时髦的城市咖啡馆和优雅的水畔酒吧。经过整修后重新亮相的**弗隆区**曾是仓库区，后来被改造成了酒吧、夜店和咖啡馆，按照这座城市的规模来说，可以说是人流如织，周四和周末尤其热闹。在黄昏时分前来，你会发现城里的许多时髦咖啡馆/酒吧和酒馆都变身成了气氛活泼的西班牙小吃吧。

★ Great Escape 小酒馆

（见70页地图；☎021 312 31 94；www.the-great.ch；Rue de la Madeleine 18；⏲周一至周五 11:30至深夜，周六 10:00起，周日 正午起）Great Escape的大名无人不知。这是一家深受学生喜爱的酒馆，供应酒馆小吃（美味汉堡），露台的视野很好，可以看到雷波广场（Place de la Riponne）。在广场沿Escaliers de l' Université台阶往上走，然后右转，即可到达这里。

Caffè Bellini 酒吧

（见70页地图；☎021 351 24 40；www.caffebellini.ch；Rue de la Barre 5；⏲周一至周四 10:00至次日1:00，周五和周六 11:00至次日2:00）洛桑最棒的露台酒吧位于老城区，屋内装有彩色小灯，室内装饰为复古风格，来来往往的人群中有打扮时尚入流的各色人等，这实在是一个夏季喝酒的好去处。开胃菜拼盘和比萨的味道不错，服务人员爽朗活泼，但偶尔会忘记上菜。记得打电话预订座位。

MAD 夜店

（Moulin á Danse de Lausanne；见70页地图；☎021 340 69 69；www.madclub.ch；Rue de Genève 23；⏲周四至周日 23:00至次日4:00）MAD（洛桑的舞蹈磨坊之意）在弗隆区，有

5层娱乐场所、4层舞厅和一家名为Bedroom的餐厅。自1985年开业以来，它的生意越做越大，音乐类型多种多样（雷鬼乐、混搭乐、硬核摇滚乐），来玩的人穿戴时髦。3楼的Jetlag Club只接待26岁以上的客人，周日晚上是同性恋之夜。

Le D! Club 夜店

（见70页地图；☎021 351 51 40；www.dclub.ch；Pl Centrale；⏰周三至周六 23:00至次日5:00）有DJ驻场。沿Rue du Grand-Pont通往中央广场（Place Centrale）的台阶往下走，在到达中央广场之前右转即到。

☆ 娱乐

艺术的守护神洛桑有活跃的戏剧、古典音乐（包括歌剧）和表演艺术（包括舞蹈）氛围；当地报纸*24 Heures*上有节目表，网址为www.24heures.ch。

Le Romandie 现场音乐

（见70页地图；☎021 311 17 19；www.leromandie.ch；Pl de l' Europe 1a；⏰周二和周四至周六 22:00至次日4:00）这里是洛桑最好的摇滚俱乐部，位于宏伟的大桥（Grand Pont）石拱下方一栋后工业时代的建筑内。这里一般会举办摇滚、车库摇滚和朋克的现场音乐表演。

Docks Lausanne 演出场所

（☎021 623 44 44；www.lesdocks.ch；Av de Sévelin 34；⏰周二至周日 19:00至次日2:00）演出的音乐类型为嘻哈、重金属和雷鬼音乐。

Opéra de Lausanne 歌剧

（见70页地图；☎021 315 40 20；www.opera-lausanne.ch；Av du Théâtre 12；⏰售票处 周一至周五 正午至18:00）剧院最近经过了整修，演出歌剧和古典音乐。

购物

★ Marché du Centre-ville 市场

（Lausanne Market；见70页地图；Place de la Riponne；⏰周三和周六 8:00~14:00）雷波广场周围的老城区步行街，位于吕密纳馆（见67页）最显眼的位置，每到周三和周六就会因为本地优质土特产商贩的到来而热闹非凡，市场上出售的商品有水果、蔬菜、奶酪和肉等。这里是购买野餐食品的好地方，或者可以尝尝本地小吃，比如猪油酥饼（taillé aux greubons）。11月上旬至圣诞前夜，这里还会举办洛桑热闹非凡的**圣诞集市**。

这里还有一个跳蚤市场**Marché de Chauderon**（Place Chauderon Flea Market；见70页地图；Place Chauderon；⏰周二和周四 9:00~19:00）免费 和手工艺品市场**Marché à la Place de la Palud**（Place de la Palud Crafts Market；见70页地图；Place de la Palud；⏰每月的第一个周五 10:30~19:00）。

ℹ 实用信息

洛桑有许多地点可获取旅游信息：

洛桑旅游局-火车站（Lausanne Tourisme – Gare；见70页地图；☎021 613 73 73；www.lausanne-tourisme.ch；Pl de la Gare 9；⏰9:00~19:00）位于火车站。

洛桑旅游局-乌希（Lausanne Tourisme – Ouchy；见68页地图；☎021 613 73 21；www.lausanne-tourisme.ch；Av de Rhodanie 2；⏰4月至9月 9:00~19:00，10月至次年3月 至18:00）位于水滨。

Info cité（见70页地图；☎021 315 25 55；www.lausanne.ch/infocite；Pl de la Palud 2；⏰8:00至正午和13:00~17:00）老城区的政府办公室，可提供

ℹ 省钱小窍门

日内瓦湖-阿尔卑斯山地区通票

（Lake Geneva-Alps Regional Pass；成人/儿童 Sfr130/65）的有效期为7天，凭该通票前3天可在日内瓦湖区免费乘公共汽车和火车，在剩下的4天里可享受交通半价优惠。此外，乘坐CGN船还可减免一半的票价，乘坐某些缆车可减免25%的票价，包括冰川3000（见87页）。

另外还有有效期为5天的通票（成人/儿童Sfr105/50）。凭一张瑞士火车通票购买日内瓦湖-阿尔卑斯山地区通票可享受20%的折扣。订票网址www.swissrailways.com/en/products/regionalalpspass。

一些旅游线路资讯。

沃州-莱芒地区旅游局(Tourisme du Canton de Vaud– Région du Léman; 见68页地图; ☎021 613 26 26; www.lake-geneva-region.ch; Av d' Ouchy 60; ⌚周一至周五 8:00至正午和13:00~17:30)侧重于日内瓦湖的信息。

到达和离开

从日内瓦沿A1高速公路往西南方向行进66公里或者从蒙特勒沿A9往西北方向行进30公里，就能到达洛桑。

船

CGN(见68页地图; www.cgn.ch; Quai Jean-Pascal Delamuraz; 休闲游轮 Sfr25起)的客船(不载车的船)从乌契出发开往日内瓦湖周边的各地(包括法国境内)。买一张单日通票(成人/儿童 Sfr64/32)就可随时、不限次数坐船。提供家庭通票。

目的地包括蒙特勒(Sfr27, 1.5小时，每日最多6班)、沃韦(Sfr21, 1小时，每日最多7班)、尼永(Sfr35, 2小时15分钟，每日最多4班)和日内瓦(Sfr45, 3.5小时，每日最多5班)。

火车

你可以乘坐火车来往于日内瓦(Sfr22.40, 35~50分钟，每小时最多6班)、日内瓦机场(Sfr27, 45~50分钟，每小时最多4班)和伯尔尼(Sfr33, 65~70分钟，每小时1~2班)之间。

当地交通

记得领取免费的**洛桑交通卡**(Lausanne Transport Card)，可以在住宿期间无限次乘坐公共交通工具。

汽车和摩托车

在洛桑市中心停车是个麻烦事。在蓝色区域内可免费停车1小时(需带停车计时圆盘，租来的车内都有)。大部分白色区域计时停车，停车费不一，每小时最多Sfr3左右，限停2小时。

公共交通

洛桑是世界上拥有完善地铁系统的最小的城市，共有28个地铁站，在当地四处转转非常便捷。

洛桑大部分地方都通公共汽车和无轨电车; 地铁2号线(单程短途 Sfr2.10, 单日通票 Sfr9)经过日内瓦湖(乌契)、火车站(Gare)和弗隆区。

洛桑周边

莫尔日(Morges)

人口15,250

美丽的葡萄酒产地莫尔日村感觉有些像是不断扩张的洛桑，位于洛桑以东约12公里处。在小小的港口附近坐落着矮墩墩的城堡，但真正的亮点是于4月中旬至5月中旬举办的著名的郁金香节，地点在湖边的独立公园(Parc de l' Indépendence)，届时公园将变成色彩的海洋。

湖那边白雪皑皑的勃朗峰同样美得让人惊叹，尤其是在郁金香盛开的时节。

景点

莫尔日城堡 城堡

(Château de Morges; ☎021 316 09 90; www.chateau-morges.ch; Pl du Port; 成人/儿童 Sfr10/3; ⌚7月和8月 10:00~17:00, 3月至6月和9月至11月 周二至周五 10:00至正午和13:30~17:00, 周六和周日 13:30~19:00)莫尔日城堡是一座建于13世纪的低矮的建筑，有4座塔楼，占据着莫尔日的港口。1286年由萨伏依公爵路易(Savoy duke Louis)修建，现在是4座军事博物馆的所在地。**历史雕像博物馆**(Musée de la Figurine Historique)里陈列着一万个玩具士兵。

食宿

TCS Camping Morges 露营地 €

(☎021 801 12 70; Promenade du Petit-Bois 15; 露营地 Sfr12起; Ⓟ❄)作为日内瓦湖附近最便宜的住宿场所之一，这个几乎就在湖边的露营地让你无法抗拒。

★La Maison d' Igor 精品酒店 €€

(☎021 803 06 06; www.maison-igor.ch; Rue St-Dominguе 2; 标单/大床 Sfr170/190起; Ⓟ📶)酒店由伊戈尔·斯特拉文斯基(Igor Stravinsky)的优雅故居改建而成，是莫尔日最漂亮的精品酒店，有8间各具特色、时尚舒适的房间(有些房间还能看到日内瓦湖和阿尔卑斯山)，酒店兼具复古风格和当代风格的特质。酒店里有一家环境迷人的**餐厅**，供应地中海风味的菜肴(主菜 Sfr28~42)；还有修剪整齐的草地和菜园。整个酒店从里至外无一不散发着迷人的气息。

Balzac　咖啡馆 €

(☎021 811 02 32; www.balzac.ch; Rue de Louis de Savoie 37; 当日特选 Sfr24, 主菜 Sfr26~39; ⊙周二至周五 8:00~18:30, 周六 9:00~17:30, 周日 11:00~17:30)喜欢亚洲异国风味热可可、茶或饭菜的人一定不要错过了这家老式咖啡馆，就在距离湖边散步道一个街口处的莫尔日旧中心。

Buvette du Mont Tendre　瑞士菜 €€

(☎078 739 59 47; www.buvette-mont-tendre.ch; Rte du Mont-Tendre, Montricher; 主菜 Sfr16~28; ⊙5月至9月; P)汝拉山脉的最高峰唐德尔山(Mont Tendre; 1679米)位于莫尔日西北约44公里处，山顶的这栋山间小屋的位置令人赞叹，克洛德·克罗塔兹(Claude Crottaz)及其团队在此为游客供应传统的瑞士菜肴。你需要开车才能到达这里。

到达和当地交通

莫尔日位于洛桑以西15公里处，经由A1高速公路可到达。

来往于日内瓦(Sfr18.80, 30分钟)和洛桑(Sfr7.40, 12分钟)之间的地区火车班次频繁，经停莫尔日车站。

莫尔日是拥有PubliBike(见376页)系统的城镇之一。你可以在市政厅(位于Place de l' Hôtel-de-Ville 1)选择支付**QuickBike**(24小时)费用后骑行游览。

尼永(Nyon)

人口 18,269

这座城镇起源于罗马时代，但是其名字却来源于凯尔特(Nyon中的on来源于dunon，其意思是经强化的外墙)。尼永是一座漂亮的小镇，是日内瓦湖的第二个孩子，位于日内瓦和洛桑中间。这里有各种出色的博物馆、丰富多彩的节日活动，尤其引人瞩目的是城堡上白晃晃的塔楼，美得就像是童话故事中的一样。

四周是葡萄园和缓缓向下延伸至日内瓦湖边缘的山坡，与另一边规模更大的兄弟城市相比，尼永是一个更为安静的美丽基地。

景点和活动

尼永城堡　城堡

(Château de Nyon; ☎022 316 42 73; www.chateaudenyon.ch; Pl du Château; 成人/儿童 Sfr8/免费; ⊙11月至次年3月 周二至周日 14:00~17:00, 3月至11月 10:00起; P 🚸)尼永城堡始建于12世纪，改建于16世纪，现在是尼永的历史博物馆，还收藏了精美珍稀的瓷器。城堡下面的古代地窖是**尼永拱顶室**(Le Caveau de Nyon; ☎022 361 95 25; www.caveaudenyon.ch; Pl du Château 5; ⊙周五和周六 14:00~21:00, 周日 11:00~20:00)的所在地，你可以在这里品尝尼永当地出产的各种葡萄酒。在城堡露台上可将日内瓦湖的美丽景色一览无余。

科佩城堡　城堡

(Château de Coppet; ☎022 776 10 28; www.chateaudecoppet.ch; Rue de la Gare 2, Coppet; 成人/儿童 Sfr8/6; ⊙4月至10月 14:00~18:00; P)这是路易十六时期的银行家和财政部长雅克·内克尔(Jacques Necker)的故居，后来留给了内克尔的女儿，她被拿破仑逐出了巴黎。它依然是科佩小镇的至高荣耀。游客可以游览路易十六时期奢华风格的房间，斯达尔夫人(Staël)在这里接待过爱德华·吉本(Edward Gibbon)和拜伦等人。

日内瓦湖博物馆　博物馆

(Musée du Léman, Lake Geneva Museum; ☎022 361 92 20; www.museeduleman.ch; Quai Louis Bonnard 8; 成人/儿童 Sfr 8/免费; ⊙4月至10月 周二至周日 10:00~17:00, 11月至次年3月 周二至周日 14:00~17:00; P)从1954年至今，这座湖畔边的航海主题博物馆记录了关于莱芒湖(这是大多数本地人的叫法，即日内瓦湖)的所有历史事件。

普朗然城堡　博物馆

(Château de Prangins; ☎058 469 38 90; www.chateaudeprangins.ch; Av du Général Guiguer

3, Prangins; 成人/儿童 Sfr10/免费; ⏲周二至周日 10:00~17:00; 🅿)这座建于18世纪的宅邸是瑞士国家博物馆(Musée National Suisse)分馆之一的所在地，位于尼永以北约2公里处。博物馆的展览内容涉及1730~1920年的瑞士历史。还可以在城堡所属的完美的、带有菜园的法式花园(potager)里和具有历史意义的小径上散散步。

尼永罗马博物馆 博物馆

(Musée Romain de Nyon, Roman Museum; ☎022 361 75 91; www.mrn.ch; Rue Maupertuis 9; 成人/儿童 Sfr8/6; ⏲4月至10月 周二至周日 10:00~17:00, 11月至次年3月 周二至周日 14:00~17:00; 🅿)博物馆在一处公元1世纪的古罗马长方形会堂的地基上建成，多媒体展览是了解尼永成为罗马帝国骑士殖民地(Colonia Iulia Equestris)初期这段历史的绝佳窗口。

节日和活动

★尼永帕雷欧音乐节 音乐节

(Paléo Festival; www.paleo.ch; Rte de Saint-Cergue; ⏲7月)尼永的帕雷欧音乐节如今已经走过了40个年头，的确是欧洲夏季节日中的重头戏。帕雷欧音乐节为期6天，作为瑞士规模最大的户外国际音乐盛宴，你可以在这里听到摇滚、流行、爵士和民谣等各种类型的音乐演出。

真实电影节 电影节

(Visions du Réel; www.visionsdureel.ch/en; ⏲4月)这个重要的国际纪录片电影节举办期间会放映来自世界各地的前卫电影人的作品。放映地点在城镇各处的多个固定和临时场地。

食宿

★Nyon Hostel 青年旅舍 €

(☎022 888 12 60; www.nyonhostel.ch; Chemin des Plantaz 47; 6床房 铺 Sfr33, 标单/大床 Sfr88/116起; 📶)2017年新开业的这家青年旅舍位于尼永上方的郊区，前门有公共汽车站，来往车站交通便捷。房费含简单的早餐，员工友好、乐于助人，还有大厨房和户外露台，每个房间都有通风的阳台，与附近昂贵的地区相比，这里既物有所值又舒适。

La Barcarolle 酒店 €€

(☎022 365 78 78; www.labarcarolle.ch; Rte de Promenthoux, Prangins; 双 Sfr220起; 🅿❄@📶🏊)这家美丽的湖畔酒店距离尼永约3公里，房间宽敞、舒适、时髦，特别之处在于它坐拥的恢宏美景——你可以从很多房间的阳台、酒吧、餐厅和散步的草坪看到日内瓦湖、阿尔卑斯山和勃朗峰的景色。

★La Plage de Nyon 瑞士菜 €

(☎022 362 61 01; www.laplagedenyon.ch; Rte de Genève 12; 小盘菜 Sfr5~18, 主菜 Sfr18~38; 👪)在温暖的月份里，这家"海滩"厨房氛围轻松闲适，令人耳目一新，你一定会爱上这里。时令食材和新鲜的湖鱼被烹制成健康的大盘和小盘菜肴，以湖鲜为主，味道很棒，还有其他更多丰盛的菜品可选择，比如奶酪火锅。

★Hôtel-Restaurant de la Plage 瑞士菜 €€

(☎022 364 10 35; www.hoteldelaplage.info; Chemin de la Falaise, Gland; 主菜 Sfr34~86; ⏲2月至12月中旬 周二至周日 正午至14:00和19:00~21:30; 🅿👪)格朗(Gland)的这家低调的湖畔酒店位于尼永东北方向7公里处，由于提供日内瓦湖随处可见的鲈鱼排(filets de perche)而挤满了人。鱼排被放入盛有黄油和秘制香草酱汁的平底锅中煎熟，配薯条和蔬菜沙拉，如果客人没有另外说明，默认每人两份(分量超足)。

Gelateria Venezia 冰激凌 €

(☎022 362 09 89; Rue de Rive 44; 意式冰激凌 Sfr3.50起; ⏲11:00~19:00)这家冰激凌店的口碑非常好，它的意式冰激凌吸引了来自各地的人们(甚至还有来自湖对面的法国人)。美味的背后，是源于威尼斯的丹尼尔·多纳(Daniele Dona of Venetian)的制作工艺。从湖边CNG船码头出发，往背离湖的方向走一个街区的距离，留意有人排队的那家店就是了。

实用信息

尼永地区旅游局(Nyon Région Tourisme; ☎022 365 66 00; www.lacote-tourisme.ch; Ave Viollier 8; ⏲9:00至正午和14:00~17:00)的办公室就在

车站的坡下，有打折的尼永博物馆通票（Nyon Museums Pass）。

到达和离开

沿A1高速公路行驶，即可到达位于日内瓦以北26公里处的尼永。如果沿着A1继续前行42公里，你就能到达洛桑。

从日内瓦（Sfr9，15分钟）和洛桑（Sfr18.60，30分钟）出发的固定班次快车会在尼永停靠。

拉沃地区（The Lavaux）

在洛桑以东、日内瓦湖旁陡峭的山坡上，有一排排青葱繁茂的葡萄园，这里就是拉沃葡萄酒产区，一处美不胜收、令人沉醉不已的联合国教科文组织世界遗产地。沃州有五分之一的葡萄酒就产自这些陡峭的、挑战地心引力的斜坡。

徒步登上斜坡，欣赏拉沃地区独特的梯田葡萄园，这里的景色令人惊叹，葡萄园沿山坡绵延至湖边，正对着令人激动不已的中央阿尔卑斯山（Central Alps）的轮廓。

来这里游览葡萄园，或周末去本地酒窖（caveaux）品尝葡萄酒，是来这里探索这一连串14座村子的重要原因，村庄一个挨着一个地分布在土壤肥沃的湖边，绵延40公里。

吕特里（Lutry）

人口9097

吕特里位于洛桑以东4公里处，是一座迷人的中世纪村庄，由法国修道士修建于11世纪。每年9月的最后一个周末，这里都会有游行和品尝会，庆祝一年一度的葡萄酒丰收。

湖边和主街适合散步，主街两边有一些小画廊和商店，还有很少的几家咖啡馆和酒窖。

景点和活动

吕特里镇中心的**圣马丁和圣克莱门特教堂**（Église de St Martin et St Clément；Rte de Taillepied）建于13世纪初期，往北不远处有一座落成于中世纪的小**城堡**（☎021 796 21 70；Rue du Château）。城堡不对外开放，但不用客气，可以在建筑四周转转，看看里面。

★ **Domaine du Daley** 葡萄酒

（☎021 791 15 94；www.daley.ch；Chemin des Moines；3种葡萄酒品尝 Sfr20起；⏲需预约，最少4人 9:00~20:00）早在1392年，这里便开始种植葡萄树，是这个地区历史最为悠久的葡萄酒生产基地，也是个让人印象深刻的品尝葡萄酒（degustation）的好地方。

★ **吕特里沙滩** 沙滩

（Plage de Curtinaux，Lutry Beach；Buvette

不要错过

葡萄园风景

攀登至这些位置优越的地点，以全景视角鸟瞰拉沃独特的景观——从山坡一直延伸到湖边的大片葡萄园。

朝圣山（Mont Pélerin）从沃韦坐**黄金列车**（GoldenPass；☎021 989 81 90；www.goldenpass.ch/en/）缆车（Sfr14，11分钟，每20分钟1班）穿过葡萄园到沙尔多纳村（Chardonne），继续前行即可到达这座拉沃最高山（海拔1080米）的山脚下。还没尽兴？那么就从缆车站出发，一直往上爬到靠近朝圣山山顶的卫星通信塔，然后乘坐塔边的玻璃电梯**Ascenseur Plein Ciel**（www.mob.ch；Mont Pélerin；成人/儿童 Sfr5/3；⏲4月至10月 8:00~18:00），位置越高，风景越美。

La Tour de Gourze（www.gourze.ch；Rte de la Tour-de-Gourze）这座由石头建造而成的旧建筑修于12世纪，最初作为防御塔使用。它所在的位置海拔924米，可将拉沃的葡萄园、日内瓦湖、沃州和汝拉州的风光尽收眼底。从谢布尔（Chexbres）步行或沿弯曲的窄路开车上去即可到达。

de la Plage)在夏天，吕特里镇东头布满鹅卵石和长满青草的沙滩，附近有许多摆满桌子的小吃店(buvette)、立式桨板租赁点和平底船。本地人和从洛桑来的游客很喜欢这里。

拉沃快车 火车

(Lavaux Express; ☎0848 848 791; www.lavauxexpress.ch; Quai Gustave Doret 1, Lutry; 成人/儿童 Sfr15/12; ⊙4月至10月 周二至周日)乘坐这趟快车可以简单又有趣地让自己迷失在绿色的葡萄园和蓝色的湖景之中，这列由牵引机牵引的游览火车会穿过拉沃的葡萄园和村庄，有两条路线可选：从吕特里的CGN船码头出发，去往葡萄酒酿造村庄Aran和格朗沃(Grandvaux；往返1小时)；从屈伊的码头出发，去往Riex、Epesses和Dézaley(行程1小时15分钟)。

Caveau des Vignerons 葡萄酒

(☎078 661 26 25; Grand Rue 23; ⊙周二至周五 17:00~21:00, 周六 11:00~14:00和17:00~21:00)不管是当地人还是游客都很喜欢这个低调的传统酒窖(有低矮的天花板和桶桌)。葡萄酒和冷肉奶酪拼盘的价格都不贵。这个地区的葡萄酒主要为Calamin和Dézaley，大部分的白葡萄酒(约四分之三)都采用莎斯拉(Chasselas)葡萄酿造而成。

格朗沃步行小径(Grandvaux Walking Trail) 步行

一条漂亮的5.5公里步行小径带你穿过葡萄园、Le Châtelard和Aran，向东一直通往生产葡萄酒的大村庄格朗沃和Riex。登上吕特里的高处——La Conversion(3.8公里的路程)，可以欣赏到葡萄园和日内瓦湖的壮丽风光，然后继续沿着高高的步道走到格朗沃(4公里的路程)。

食宿

★Hôtel le Rivage 酒店 €€

(☎021 796 72 72; www.rivagelutry.ch; Rue du Rivage 1; 标单/双 Sfr135/150起; P 📶)这家美妙的湖畔酒店就在吕特里码头(Lutry Port)前面，最近刚刚经过翻新，三种类型的房间都已达到时尚和舒适的高标准。最贵的房间是豪华房，其特色是超大的顶楼房间，有可以俯瞰湖面景色的阳台。

Café de la Poste 瑞士菜 €€

(☎021 791 18 72; Grand Rue 48; 主菜 Sfr22~49; ⊙10:30~23:00)这家小咖啡馆里有绝佳的湖畔露台，可以欣赏到湖对岸和阿尔卑斯山的美景，提供传统瑞士菜肴，包括日内瓦湖特色鲈鱼排(filets de perche)。

到达和离开

吕特里位于洛桑东南方向5公里处的9号公路沿线(Rte 9)。

到达这里最便捷的方式是乘坐从洛桑(Sfr3.70, 5分钟)出发的班次频繁的本地火车，或者在圣弗朗索瓦广场(Place St François; Sfr3.70, 14分钟)乘坐9路公共汽车。

如果体力充沛，你甚至可以步行过去，但是要记住，有下坡就一定要上坡。

屈伊(Cully)

人口1766

位于吕特里以东5公里处的屈伊是一座景色优美的村庄，你可以来这里的湖边散步，或在傍晚时分进入这里数不清的葡萄园中，与葡萄酒酿造者(vigneron)聊天。

许多游客会选择沿着一条步行小径(小径上有指示牌)往上爬到Riex和Epesses(注意，路途艰辛)，去那里的酒窖里品尝葡萄酒，然后再走另一条路返回屈伊。

景点和活动

★Lavaux Vinorama 葡萄酒

(☎021 946 31 31; www.lavaux-vinorama.ch; Rte du Lac 2, Rivaz; ⊙周一至周六 10:30~20:30, 周日 至19:00, 11月至次年6月的周一和周二关门)免费 位于屈伊以东5公里处的利瓦斯(Rivaz)，坐落在湖边的一个葡萄园脚下的地堡里，是一个非常现代化的葡萄酒品尝和探索中心。该中心的正立面有一扇长15米的闪闪发光的凸窗，窗户上装饰有6000个金属像素块(灵感来源于葡萄叶的叶脉)。中心里播放着一部关于葡萄酒酿造者家庭一年生活的电影。你还可以在配备有先进设施的品酒区(Espace Dégustation)品尝各种口味的葡萄酒。

节日和活动

拉沃古典音乐节

音乐节

(Lavaux Classic; www.lavauxclassic.ch; ⌚6月下旬/7月上旬)十多年以来，在屈伊及拉沃地区周边举办的这个音乐节用一系列户外音乐会为葡萄庄园献上音乐的赠礼。

食宿

★ Hotel Lavaux

酒店 €€

(☎021 799 93 93; www.hotellavaux.ch; Rte Cantonal; 标单/双 带湖景 Sfr174/220起; Ⓟ📶) Hotel Lavaux是这个地区最好的酒店，可以看到日内瓦湖或著名的拉沃葡萄园的景致。当代风格的房间简约却不失时尚感。夏天的露台十分适合日落小酌。

坐火车过来的话，在屈伊下车，往东走约1.5公里即到。也可以在那里换乘火车（班次较少），在Epesses下车。

Auberge du Raisin

酒店 €€

(☎021 799 21 31; www.aubergeduraisin.ch; Pl de l' Hôtel de Ville 1; 房间 Sfr160起; Ⓟ📶) 这家古老的大酒店（兼餐厅）从15世纪开始就接待疲乏的旅行者。这里的餐厅是拉沃最好的餐厅之一，供应各种烤肉和鱼类创意菜（主菜 Sfr35~52）。在夏季，你可去露台眺望日内瓦湖和远处法国境内的壮观风光。需要预订。

到达和离开

沿9号公路(Rte 9)前行，屈伊位于洛桑东南9公里和蒙特勒西北17公里处。

在洛桑(Sfr5.60，10分钟)和蒙特勒(Sfr9.20，20分钟)之间往返行驶的本地火车在屈伊停靠。

沃韦(Vevey)

人口17,676

沃韦有一些非常独特的地方，难以言喻，只有熟悉内情的人才能领会。也许正是这一点为这个地方赋予了魅力；一种特别低调的风尚，像是沉浸于20世纪70年代的格调氛围中，有些时尚，有些前卫。它不像浮华烦琐、昂贵精致的蒙特勒那样过于夸张，它只是洛桑思想活跃的反叛者大学毕业后选择去种葡萄而不是当科学家的地方。沃韦是这样一个地方：有点儿不同，当然是从好的方面来说的不同。

对于沃韦，有一件事是确凿的：它的位置或许是日内瓦湖四周最棒的，可以看到湖岸对面阿尔卑斯山的深处。沃韦的老城区虽小却让人感觉惬意，有湖畔中央广场和人行步道，还有几座杰出的博物馆、隐秘的沙滩、一家酒店，还有我们提过的雀巢，对吗？

景点

★ 卓别林世界

博物馆

(Chaplin' s World; www.chaplinsworld.com; Rte de Fenil 2, Corsier-sur-Vevey; 成人/儿童 Sfr23/17; ⌚10:00~18:00)这座于2016年开放的迷人博物馆是为了纪念出生于伦敦的电影巨擘查理·卓别林的生平和作品。博物馆分为新古典风格的德班庄园(Manoir de Ban)——卓别林生前最后25年居住的沃韦河畔科西耶(Corsier-sur-Vevey)庄园，和专门建造的互动式摄影棚，其中包括多媒体演示在内的展览、卓别林电影的片段、电影布景、家庭照片及其他引人遐思的纪念品，甚至包括卓别林的标志性帽子和手杖。游览这座庄园的绚丽花园让这段旅程更加完满。

卓别林世界位于A9高速公路沿线的沃韦以北约3公里处。开馆时间为5:30~19:00，212路公共汽车每隔半小时从沃韦车站向**Fenil-sur-Corsier**方向发车，不到15分钟就可以到达Corsier-sur-Vevey，Chaplin站(Sfr3.70)。

至少要留出2小时左右的时间深入了解这个地方；最好游览一整天，逛逛这里的餐馆和礼品商店。

★ 阿里门塔里乌姆食品博物馆

博物馆

(Alimentarium; ☎021 924 41 11; www.alimentarium.ch; Quai Perdonnet; 成人/儿童 Sfr12/免费; ⌚周二至周五 10:00~17:00，周六和周日 至18:00)1814年，雀巢公司在沃韦设立总部并沿用至今，这栋博物馆便是其中之一。博物馆以营养和食品为主题，涉及的内容时间跨度较大，展现了食品的过去与现在。可别以为这样的地方会很无聊——展览兼具知识性和娱乐性，门前矗立在水中的巨大银叉一下子就吸引了人们的注意力（湖边的岩石边上装了许多木椅，是个野餐的好地方）。

这里好玩的活动有老少皆宜的**烹饪培训班**、适合家庭参加的导览游以及园艺培训班。博物馆内有一家餐厅，饭菜健康可口。

★临湖别墅 古迹

（Villa Le Lac; www.villalelac.ch; Route de Lavaux 21; 成人/儿童 Sfr12/6; ⌚6月至9月 周五至周日 10:00~17:00）临湖别墅由世界著名的瑞士建筑师勒·柯布西耶（Le Corbusier）设计修建于1923~1924年，是建筑爱好者必游的地方，于2016年被评为世界遗产。别墅颜色为白色，小巧精致，屋顶上有遮阳板，窗户为带状窗，是这位著名现代建筑师更为出名的混凝土主题建筑作品的前奏。勒·柯布西耶的妈妈在1924~1960年间曾居住在这栋别墅里，之后他的弟弟又在这里住到了1973年。每到夏季别墅里都会举办展览。

耶尼施美术馆 博物馆

（Musée Jenisch; ☎021 925 35 20; www.museejenisch.ch; Av de la Gare 2; 成人/儿童 Sfr12/免费; ⌚周二、周三和周五至周日 10:00~18:00，周四 至20:00）耶尼施美术馆的展品有19世纪和20世纪的瑞士艺术作品以及大量国外艺术家的画作。不要错过维也纳印象派画家奥斯卡·柯克西卡（Oskar Kokoschka）的作品展。这里还有丢勒（Dürer）、伦勃朗（Rembrandt）、卡纳莱托（Canaletto）、柯罗（Corot）等一系列艺术家的画作和雕塑作品。

瑞士游戏博物馆 博物馆

（Musée Suisse du Jeu, Swiss Museum of Games; ☎021 977 23 00; www.museedujeu.com; Rue du Château 11, Château de La Tour-de-Peilz; 成人/儿童 Sfr9/3; ⌚周二至周日 11:00~17:30; 👪）小孩子会喜欢这里：按教育类、策略类、模拟类、技巧类、运气类等主题分类的游戏这里应有尽有。有些游戏大人们也可参与，如湖边空地上的户外活动。博物馆位于湖岸边的一座城堡里。

瑞士照相设备博物馆 博物馆

（Musée Suisse de l' Appareil Photographique; ☎021 925 34 80; www.cameramuseum.ch; Grande Place 99; 成人/儿童 Sfr8/免费; ⌚周二至周日 11:00~17:30）这是一家以摄影器材而非作品为主题的博物馆，介绍了摄影发明者、技术和装备，摄影器材发烧友们千万别错过。

布洛奈-尚碧铁路博物馆 博物馆

（Chemin de Fer – Musée Blonay-Chamby, Blonay-Chamby Railway Museum; ☎021 943 21 21; www.blonay-chamby.ch; Pl de la Gare 3; 成人/儿童 Sfr20/15; ⌚5月至10月 周六和周日 9:00~17:00; P 👪）这座适合全家娱乐的蒸汽铁路博物馆位于沃韦以东6公里处，举办了一些出色的固定展览，内容包括机车和轨道车辆，定期提供乘坐火车的机会。

住宿

Vevey Hotel & Guesthouse 青年旅舍 €

（☎021 922 35 32; www.veveyhotel.com; Grande Place 5; 铺 Sfr32起; ⌚前台 7:00~10:30和15:00~20:00）旅舍位于一栋建于19世纪的房子里，各类设备齐全，是该地区非常出色的一处新的经济型住宿地。多人间分男女混住、男生间和女生间，另有单人间、双人间和套房。公共区域明亮，可免费借用自行车。

Astra Hotel 酒店 €€

（☎021 925 04 04; www.astra-hotel.ch; Pl de la Gare; 标单/双 Sfr109/138起）现代的Astra就位于沃韦车站正对面，其便利性为其赢得了高分。这家店有不寻常的特色之处，比如阳光灿烂的屋顶露台和热水浴池，不过需要额外多支付一些费用。按照欧洲标准来看，房间很大，装修标准很高，舒适、实用、干净，风格现代。

★Grand Hotel du Lac 酒店 €€€

（☎021 925 06 06; www.hoteldulac-vevey.ch; Rue d' Italie 1; 双/套 Sfr297/513起; P ❄ 📶 🏊）这家1868年开业的Grand Hotel du Lac是瑞士最好的酒店之一，经过皮埃尔·伊万·罗切（Pierre-Yves Rochon）令人赞叹的整修，焕然一新，各个方面都令人印象深

值得一游

穆瓦蒂奶酪火锅(FONDUE MOITIÉ-MOITIÉ)

品尝传奇性的穆瓦蒂奶酪火锅(由格吕耶尔奶酪和弗里堡奶酪制成),为专门前往位于沃韦东北方向13公里处的城镇沙泰勒圣但尼(Châtel-St-Denis)提供了充分的理由。

著名的Café Tivoli(☎021 948 70 39;www.cafetivoli.ch;Pl d'Armes 18, Châtel-St-Denis;奶酪火锅 每人 Sfr25;⏰周一至周五 11:30~14:00和18:00~21:30,周六 11:30~21:30,周日 11:30~21:00)非常传统,由家庭经营,在这里可以按人头付费,分享丰盛的奶酪火锅,或者前往街道对面古雅的自助餐厅式的La Crémerie(☎021 948 71 87;www.lacremerie.ch;Pl d'Armes 21, Châtel-Saint-Denis;主菜 Sfr18~32;⏰周一至周六 7:00~23:00,周日 至20:00;P ✎ 👪),那里的员工非常优秀。而毗邻的乳制品厂(laiterie)确实出售你能想到的所有乳制品。

刻。豪华的超大房间吸引你入住,一定会让你喜欢;湖畔的优越位置使你可以欣赏日内瓦湖直至阿尔卑斯山中心的景色。还有必要继续说下去吗?

Hôtel des Trois Couronnes 历史酒店 €€€

(☎021 923 32 00;www.hoteldestroiscouronnes.ch;Rue d'Italie 49;双/套 Sfr310/460起;P ❄ @ 📶 ≋)酒店坐落于一栋造型优美、奶白和灰褐相间色的大厦内,靠湖的一边点缀着一排白色花箱,是日内瓦湖区最好的酒店之一。它共有三层,如同开放式的装饰艺术博物馆,最近的装修与19世纪中期保留下来的原始风格装饰完美地结合在了一起,豪华的水疗更是为这里锦上添花。

餐饮

★ Denis Martin 瑞士菜 €€€

(☎021 921 12 10;www.denismartin.ch;Rue du Château 2;品尝套餐 Sfr320起;⏰周二至周六 19:00起,7月和8月歇业3周,12月和次年1月歇业2周)散发着迷人魅力的丹尼斯·马丁(Denis Martin)是瑞士最擅长做现代菜和分子料理的大厨之一,他制作的可供品尝的套餐包括20道不同种类的美食,每道只有一口大小,会令吃货们颤抖。餐馆位于一栋建于17世纪的传统宅邸里,与日内瓦湖相距一个街区。需要预订。

★ Le Non-Stop 小酒馆

(☎021 922 35 68;Rue du Simplon 33;⏰11:00~23:00)这家酒吧/汉堡店看起来更像是一家英国酒馆,店内嬉笑打闹的客人们确实也加深了这种感觉,但它实际上就是一个可以一边喝啤酒一边吃些正宗美式汉堡的热门地点。

Le Littéraire 咖啡馆

(☎021 922 42 00;Quai Perdonnet 33;⏰9:00~21:00;📶)位于当地图书馆内,有面朝湖水的落地窗、夏天乘凉的露台——这里是沃韦最受欢迎的时尚咖啡馆。店外的黑板上写有超值的当日特色菜。

实用信息

蒙特勒-沃韦旅游局(Montreux-Vevey Tourisme;☎084 886 84 84;www.montreux-vevey.com;Grande Place 29;⏰5月至9月 周一至周五 9:00~18:00,周六 至15:00,周日 至13:00,10月至次年4月 周一至周五 9:00至正午和13:00~17:30,周六 9:00~13:00)位于广场的老市场内。

到达和离开

充满了田园风情的沃韦坐落在蒙特勒和洛桑之间的日内瓦湖一隅,经由9号公路,往东行驶7公里是蒙特勒,往西18公里就是洛桑。你还可以走A9高速公路至洛桑:虽然距离增加至26公里,但如果你车技好的话,没准儿还能节省几分钟。

沃韦与洛桑(Sfr11.20,15分钟)和蒙特勒(Sfr3.70,10分钟)之间通有定期列车,班次频繁。

蒙特勒(Montreux)

人口 26,433

19世纪,神奇的蒙特勒吸引了大批作家、艺术家和音乐家(如拜伦、雪莱等)前来,自那以后它就成了惬意的湖滨度假胜地,众多富人名流纷至沓来。

蒙特勒的主要亮点包括宁静的湖畔步行道（其沿线点缀着19世纪建造的酒店）、温和的气候、位于山顶的老城区、全世界最棒的爵士音乐节、周五的湖边早市以及建于13世纪的宏伟城堡。

1971年英国硬摇滚“深紫乐队”（Deep Purple）在蒙特勒的赌场里录制专辑纪念弗兰克·扎帕（Frank Zappa），和发明之母乐队（Mothers of Invention）演出现场（地点也在这个赌场）发生的火灾——这是摇滚迷们津津乐道的故事。日内瓦湖上升起的烟雾给深紫乐队带来了灵感，从而使他们创作了经典歌曲《水上之烟》（*Smoke on the Water*）。

景点

★皇后乐队录音室 博物馆

（Queen:The Studio Experience; www.mercuryphoenixtrust.com/studioexperience; Rue du Théâtre 9, Casino Barrière de Montreux; ⏲10:30~22:00）免费 皇后乐队曾在这间录音室录制过7张专辑（1979~1993年他们还拥有此地），录音室保护得当，置身于此，你将感受到乐队作品和这个小镇之间的紧密联系。室内保存的乐队成员的用品（手写的曲谱等）使这里成为歌迷们心中的圣殿。最棒的是，来这里参观是免费的！

互动能让游客更好地融入其中：你可以在这里体验一把混音，也可以在门外的墙上签名。曾使用过这个录音室的名人还有大卫·鲍伊、伊基·波普和滚石乐队。

弗雷迪·默丘里雕像 纪念碑

（Freddie Mercury Statue; Pl du Marché）弗雷迪·默丘里高达3米的雕像位于蒙特勒水边的旧室内市场前，一年四季雕像下边总是鲜花不断。雕像由捷克雕塑家伊雷娜·塞德莱茨卡（Irena Sedlecká）创作，深情地献给默丘里，寓意为“生命的情人、音乐的歌者”（lover of life, singer of songs）。

从1979年开始，到1991年他突然去世，这位主唱和他的乐队在蒙特勒赌场的山间录音室（Mountain Studios）录制了一张又一张热门专辑。他在镇上有一间公寓，在附近的克拉伦斯（Clarens）还有一座临湖小木屋。

蒙特勒博物馆 博物馆

（Musée de Montreux; ☎021 963 13 53; www.museemontreux.ch; Rue de la Gare 40; 成人/儿童 Sfr6/免费; ⏲复活节至10月 10:00至正午和14:00~17:00）这家当地历史博物馆位于一栋葡萄酒酿造者建造的旧房子里，有罗马帝国时代的文物、老家具、顶针、路标等展品。

节日和活动

蒙特勒爵士音乐节 音乐节

（Montreux Jazz Festival; www.montreuxjazz.com）这是蒙特勒最有名的节日，创办于1967年，举办时间在7月，为期两周。在节日期

值得一游

罗什德内（ROCHERS DE NAYE）

在蒙特勒火车站坐上有趣的**齿轮火车**（成人/儿童 往返 Sfr70/35，55 分钟，每小时1班），上山抵达罗什德内，这是一座海拔2042米的天然平台，因为有土拨鼠的存在，特别适合带着孩子前来游览。罗什德内有蒙古式**圆顶帐篷**（www.goldenpass.ch; Rochers de Naye; 8人帐篷 Sfr300，成人/儿童 含早餐、晚餐和往返火车票的包价套餐 Sfr80/50），12月份还有神奇的**圣诞老人的石屋**（Maison du Père Noël Santa Claus House; www.montreuxnoel.com; Village du Père Noël, Rochers de Naye; 成人/儿童Sfr39/19; ⏲11月底至12月24日 11:00~22:00; 👪）。

一路上的风景几乎与山顶一样壮观，从山顶看去，日内瓦湖和群山的景色美得令人难以置信，漂亮的花园**Rambertia**（⏲6月至10月中旬）正在恭候大驾。

可以在蒙特勒火车站购买火车票，登录网站（www.goldenpass.ch）或者在黄金列车中心（见86页）预约各种行程。

不要错过

日内瓦湖区的城堡之星

蒙特勒的湖边有一条平坦的散步道，道路两边点缀着许多热带花坛，五颜六色的花朵争奇斗艳。这条像是存在于童话故事中的道路叫作鲜花之路（Chemin Fleuri），它蜿蜒4公里伸向宏伟的西庸城堡（Château de Chillon；☎021 966 89 10；www.chillon.ch；Av de Chillon 21；成人/儿童 Sfr12.50/6；⏲4月至9月 9:00~19:00，3月和10月 9:30~18:00，11月至次年2月 10:00~17:00，关门前1小时禁止入内）。这是一座用石头砌成的椭圆形城堡，建于13世纪，位于日内瓦湖畔最显著的位置，内含许多庭院、塔楼和大厅，大厅里陈列着一些盾形纹章、老式家具和艺术品。城堡的内侧布置了许多防御工事，但朝湖的一面则没有那么大费周章。

西庸城堡主要由萨伏依王室所建，沃州被伯尔尼征服后，伯尔尼的统治者接管了城堡。记得去看看圣乔治礼拜堂（Chapelle St Georges）里的中世纪壁画和阴森恐怖的哥特式地牢（dungeons）。1816年，拜伦的一首《西庸的囚徒》（*The Prisoner of Chillon*）让许多人知道了西庸城堡。诗中的人物博尼瓦神父（François Bonivard）因持煽动性理念而被关进地牢，直到1536年才被伯尔尼的军队释放。拜伦在地牢的一根柱子上刻下自己的名字，据说博尼瓦神父当年就是被铐在这里的。之后，油画家威廉·特纳（William Turner）和古斯塔夫·库尔贝（Gustave Courbet）用自己的画笔定格了逆光中的城堡。卢梭、大仲马和玛莉·雪莱（Mary Shelley）也纷纷在自己的作品中提到了西庸城堡。

可以从蒙特勒步行去西庸城堡，沿湖岸轻松步行约3公里，也可以坐201公共汽车前往（10分钟）。还有一种完美的交通方式——乘坐CGN（见55页）的船，从洛桑（1小时45分钟）、沃韦（50分钟）和蒙特勒（15分钟）均可搭乘。

间，每天都会举办免费的音乐会（大型演出的票价Sfr60~450），而且音乐类型也不仅限于爵士乐，鼓击乐团（The Strokes）、猫女魔力（Cat Power）、范·莫里森（Van Morrison）、BB King、保罗·西蒙（Paul Simon）、Sharon Jones & The Dap-Kings乐队都曾在此演出。

食宿

★ Tralala Hôtel
精品酒店 €€

（☎021 963 49 73；www.tralalahotel.ch；Rue du Temple 2；标单/双/套 Sfr130/190/250起；❄@📶）这家老城区的精品酒店让蒙特勒的特殊音乐遗产充分地发挥了作用。35间时尚的房间分为小号房、大号房和特大号房，每一间都以一位艺术家为装饰主题——从大卫·鲍伊到艾瑞莎·富兰克林。

Hôtel Masson
历史酒店 €€

（☎021 966 00 44；www.hotelmasson.ch；Rue Bonivard 5, Veytaux；标单/双 Sfr130/240起；⏲12月中旬至次年3月上旬 关闭；P📶）这处曾是酒商宅邸的房子在1829年被改建成了酒店。这栋坐落在华丽庭院里的房子，其古雅特质被完整地保留了下来，现在被列为瑞士最漂亮的酒店之一。酒店位于蒙特勒东南方向的山后，最好坐出租车过去。

Hôtel La Rouvenaz
酒店 €€

（☎021 963 27 36；www.rouvenaz.ch；Rue du Marché 1；标单/双/套 Sfr190/270/430起；@📶）这是一家由家庭经营的酒店，刚刚装修过，楼下有意大利餐厅，餐厅隔壁是葡萄酒酒吧。没有哪家酒店比这家离湖边更近了，去其他地方也很方便。18间房间简朴却令人备感惬意，其中的5间还能欣赏到湖景。在淡季，房价会大幅下调。

★ Fairmont Le Montreux Palace
历史酒店 €€€

（☎021 962 12 12；www.fairmont.com/Montreux；Av Claude Nobs 2；双/套 Sfr359/750起）这座建筑建于1906年，花了18个月建成，创下纪录。这座令人赞叹的美好时代建筑范例保留了传统、高雅的氛围；如今由豪华酒店品牌费尔蒙（Fairmont）管理。入门级的费尔蒙房间相对于其价格而言，显得艳俗而狭小；值得多花些钱入住经过翻新的豪华房，或者挥霍一回，住一住带阳台的豪华湖景房间（Sfr479起）。

Restaurant le 45 欧洲菜 €€€

（☎021 966 33 33；www.suisse-majestic.ch；Grand Hôtel Suisse-Majestic，Av des Alpes 45；主菜 Sfr22~56；⏰正午至14:00和19:00~22:00；Ⓟ📶）虽然标准的欧式和国际酒店菜单呈现出来的效果有些随意，但一览无余的景色和开阔的露台使得在Grand Hôtel Suisse-Majestic的这家餐馆就餐值得考虑。

ℹ 实用信息

蒙特勒-沃韦旅游局（Montreux-Vevey Tourisme；☎021 962 084 886 84 84；www.montreuxriviera.com；Pl de l' Eurovision；⏰5月至9月 周一至周五 9:00~18:00，周六和周日 至17:00，10月至次年4月办公时间缩短）的工作人员可以帮忙预订酒店，在节日期间会尽量帮你寻找床位。

拜访**黄金列车中心**（GoldenPass Centre；☎021 989 81 90；www.goldenpass.ch；Montreux train station；⏰8:00~18:00），了解关于从蒙特勒和沃韦出发的**黄金列车**（见79页）的信息。

ℹ 到达和离开

蒙特勒位于洛桑东南方向30公里处的A9高速公路沿线，从蒙特勒继续前行66公里可以经过A1到达日内瓦。

从蒙特勒出发有定期开往日内瓦（Sfr31，1.25小时）和洛桑（Sfr13，20~35分钟）的直达火车，如果继续前往苏黎世（Sfr81，2.5小时），你可以在此换乘。

蒙特勒也是风景美丽的黄金列车（见79页）路线上（往伯尔尼高地的方向）的一站。

沃州阿尔卑斯山（The Vaud Alps）

这片“高地”隆起于沃州东北角、埃格勒和格吕耶尔的正中间。在冬季，这里其实几乎可以视作格施塔德滑雪地的延伸地带，只不过这里的人说法语。

沃州东南部位于景色优美迷人的阿尔卑斯山一角，滑雪美女在这个地区特别常见。但近年来，在绿意盎然的夏季，新景点和经过改善的铁路同样吸引着游客，在瑞士阿尔卑斯山相对不为人知的地区四处徒步和骑自行车观光，同样令人心醉神迷。

中世纪的葡萄酒酿造村庄埃格勒是门户城镇，值得让你花费几小时到一天时间到此游览，但该地区真正的诱惑力在于大山本身。如果你想从蒙特勒出发，来一趟美景一日游，或者在埃格勒自驾，哪怕不滑雪也不徒步，也

值得一游

埃格勒（AIGLE）

位于日内瓦湖区东南端的埃格勒是沃州东南部沙布莱葡萄酒产区的中心城市，喜欢葡萄酒的人千万不要错过这里。

如果想要了解有2000年历史的葡萄酒酿造工艺，就来**葡萄和葡萄酒博物馆**（Musée de la Vigne et du Vin，Wine and Vine Museum；www.museeduvin.ch；Pl du Château 1；成人/儿童 Sfr11/5；⏰7月和8月 10:00~18:00，4月至6月、9月和10月 周一闭馆，1月至3月、11月和12月 周二至周日 10:00~16:00）逛逛，博物馆位于埃格勒的美丽城堡里，现代感十足，有许多交互式设计。“实验室”里的6个可以亲自参与的电子实验尤其有趣，如酿酒等。

然后穿过城堡的庭院，来到建于13世纪的**Maison de la Dîme**（Pl du Château 1），看看在楼上举办的临时展览（凭博物馆门票进入）。

埃格勒的**旅游局**（☎024 466 30 00；www.aigle-tourisme.ch；Rue Colomb 5；⏰4月至10月 周一至周五 8:30至正午和13:30~18:00，周六 8:30至正午）位于新城，从城堡走过去700米。日内瓦（Sfr34，1小时15分钟）、洛桑（Sfr18.60，30分钟）和蒙特勒（Sfr7.40，10分钟）有开往埃格勒的火车，班次频繁。

不要错过

在沃州阿尔卑斯山滑雪

该地区的明星是莱迪亚布勒雷，那里的Isenau（www.myisenau.ch；1日升降机通票 成人/儿童 Sfr54/36，包括Villars-Gyron；）和冰川 3000滑雪区域是绝对的头牌。前往前者稍微容易一些，而后者则坐落于3.5公里长的冰川上，那里有最高的山峰，以及各种住宿场所和便利设施。

合并后的Villars-Gryon（www.villars-diablerets.ch/Z4031；1日升降机通票 成人/儿童 Sfr54/36，包括Isenau）的滑雪区域位于维拉尔-奥隆（Villars-sur-Ollon）村庄中心，你可以从这里前往莱迪亚布勒雷的3处滑雪区域。将超过100平方公里的巨大滑雪场与5处高山区域连通起来，至少有34部升降机。令人屏息赞叹的美景让各种困难都值得克服。

最后是Leysin（www.leysin.ch；1日升降机通票 成人/儿童 Sfr35/25），名字虽然不起眼，但规模和自然环境正好相反，海拔高度为1350米，起初是一个结核病疗养中心，但已经被改建成为规模庞大的滑雪度假村，可以满足各种滑雪水平人士的需要，号称拥有一条60公里的巨型雪道。

会不虚此行。

莱迪亚布勒雷（Les Diablerets）

海拔 1150米

山村和滑雪度假村莱迪亚布勒雷位于同名高山（海拔3209米）投下的阴影之中。在村里的三大滑雪区域中，Isenau和冰川3000最热门，而且后者号称拥有该地区最高的山峰。

冰川3000得名的原因在于，它位于3.5公里长的特桑弗勒龙冰川（Glacier de Tsanfleuron）的顶端，自从不可思议的天梭山峰之旅（Peak Walk by Tissot）吊桥2014年开通以来，人气猛涨。村庄能在草木生长的季节成为旅行目的地，主要仰仗于它：如果你有意向，可以去玩溪降、急流漂流、滑翔伞、越野单车，或者只是在将近250公里长的步行和徒步小径上释放自己的全部精力。

无论你打算（还是不打算）滑雪、骑自行车或徒步，莱迪亚布勒雷的高山风景都是世界级的，如果只想爬得高点儿，呼吸真正的山间空气，从蒙特勒过来很容易。

景点和活动

★天梭山峰之旅

桥梁

（Peak Walk by Tissot；Les Diablerets；9:00~16:30，10月中旬 关闭2周）免费 在天气晴朗的时候，从这座世界第一的双峰步行桥望去，能获得天赐的美景；想想具有传奇色彩的勃朗峰和马特峰，再加上艾格峰、僧侣峰和少女峰。在观景峰（View Point Peak；海拔2965米）和塞克斯鲁日山（Scex Rouge；海拔2971米）之间步行107米，这段旅途的高潮是来到宽敞的观景台及标明山名和高度的取景窗赏景。如果喜爱高山生活，那么这趟旅程不容错过，不过不适合容易眩晕和恐高的人！

在莱迪亚布勒雷的皮永山口（Col du Pillon）可以乘坐缆车上行至冰川3000（Glacier 3000；www.glacier3000.ch；Les Diablerets；1日升降车通票 成人/儿童 Sfr63/42）。

Col de Bretaye Hikes

徒步

在草木生长的季节，热门徒步线路从Col de Bretaye山口出发，你会经过漂亮的Lac de Chavonnes，穿过草木繁茂的山间乡村，最后到达莱迪亚布勒雷，用时约4小时，从山口可以眺望壮观的景色。

在维拉尔—奥隆可乘坐当地火车前往Col de Bretaye（Sfr17.80，20分钟）。

就餐

★Botta 3000

瑞士菜 €€

（024 492 09 31；www.glacier3000.ch；Les Diablarets；主菜 Sfr22~52；10:00~16:30）这家餐厅位于海拔很高的地方，非常醒目，具体在特桑弗勒龙冰川顶端，是瑞士建筑大师马里奥·博塔（Mario Botta）的当代作品。餐厅屋顶是就餐区，楼下是一个自助露台和野餐区。

这里有一条通往Reusch（海拔1350米）的滑雪道，上下落差达2000米，长达14公里。

实用信息

莱迪亚布勒雷旅游局（Office du Tourisme Les Diablerets；☎024 492 00 10；www.villars-diablerets.ch；Chemin du Collège 2；⌚9:00~18:00）是了解该地区许多滑雪度假村令人迷惑的通票和交通选择的最佳地点。

到达和当地交通

埃格勒（Aigle）是前往莱迪亚布勒雷的门户城镇。从埃格勒出发，沿11号公路（Rte 11）驾车20公里，就可以轻松到达这座村庄。

或者，也可以搭乘在莱迪亚布勒雷和埃格勒之间往返运行的本地火车（Sfr11.40，50分钟）。

每个滑雪地区都可以乘坐单独的缆车前往，村庄有到达缆车的公共汽车。

代堡（Château d' Œx）

人口3168

代堡是一处迷人的山村度假地，这里有许多中级难度的滑雪道，非常受当地家庭欢迎。在草木繁茂的季节，这座美丽的城镇置身于美丽动人的环境之中，最有名的是热气球和似乎永无尽头的徒步和山地自行车小径。

最棒的是，代堡位置优越，交通便利，从蒙特勒出发，来一次美景一日游或过夜逗留，都很方便。

每年1月份的下半月，代堡会举办为期一周的**国际热气球节**（Semaine Internationale de Ballons à Air Chaud；www.ballonchateaudoex.ch），届时天空中会升起100多个热气球，从标准的气球到奇形怪状的造型（仿佛是苏格兰的吹风笛艺人），应有尽有。

另外，代堡非常吸引人的地方还有**Le Chalet**（☎026 924 66 77；www.lechalet-fromagerie.ch；Rte de la Gare 2；主菜 Sfr 18~38；⌚周一至周四、周六和周日 9:00~18:00，周五至午夜，制作奶酪 周三至周日 10:00至正午），看看手艺人制作奶酪并品尝甜滋滋的自制蛋白脆饼。在春季和秋季，这家奶酪厂的小木屋旁摆着一排花箱，冬季时则被皑皑白雪所围绕。

实用信息

代堡的**旅游局**（☎026 924 25 25；www.chateau-doex.ch；Pl du Village 6；⌚周一至周五9:00~12:00和14:00~17:00，周六和周日9:00~12:30和13:00~17:00）位于村庄中心。

到达和离开

从蒙特勒出发，沿景色优美的蜿蜒道路驾车进入阿尔卑斯山，行驶50公里即可到达代堡，单程用时将近1小时。如果你容易晕车，那么这段路途不太理想。若是晕车的话，不如在蒙特勒（Sfr20.40，1小时）搭乘地区火车，那样会轻松得多。

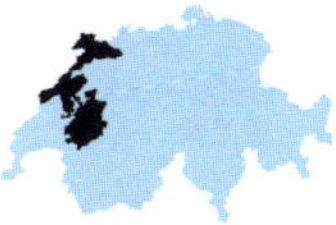

弗里堡州、三湖地区和汝拉州

包括➡

弗里堡……91
格吕耶尔……96
沙尔梅……98
三湖地区……99
比尔……99
利格兹……101
穆尔滕……102
纳沙泰尔……103
伊韦尔东……106
汝拉山脉……107
波朗特吕……109

最佳就餐

- Georges Wenger（见109页）
- Le Mondial（见94页）
- Chez Boudji（见97页）

最佳住宿

- Hotel Cailler（见98页）
- Auberge aux 4 Vents（见94页）
- Hotel Alpha（见94页）
- Auberge du Mouton（见109页）

为何去

一提起瑞士，很容易就让人想到激动人心、游客众多的阿尔卑斯山，而这个位于西部的温和角落（包括弗里堡州、汝拉山脉和三湖地区的三处湖泊）却与之大不一样，是一处适合隐居度假的地方。

与弗里堡州同名的首府引人遐想，这里的中世纪河畔街景和丰富的历史名胜景点，从奶酪制造者所在的格吕耶尔田野沿山谷延伸。你将在起伏的群山、茂密的森林和美丽的汝拉村庄中发现令人身心愉悦的塔威山谷和不可思议的马蹄谷，而三湖地区则是名副其实的水上仙境。

在该地区，你有机会享用世界闻名的奶酪，邂逅绿仙子般的苦艾酒，品尝让人无法抗拒的蛋白脆饼蘸重奶油。接着探索弗里堡的文化场所，消耗掉刚刚积累起来的热量，前往汝拉树木青翠的乡村漫步，或者加快脚步，精力充沛地徒步、骑山地自行车、驾驶帆船和越野滑雪。

何时去

- 夏天是探索弗里堡翠绿的田野、汝拉的山间溪流和不时出现的向日葵花海的最佳时间。弗里堡的节日、庆典和户外餐饮也是不容错过的。
- 旅游平季和气候比较凉爽的春秋季节非常适合徒步，花蕾含苞待放和落叶飒飒的自然美景会让你心旷神怡。你会觉得整座大山仿佛就属于你一个人。
- 冬季，汝拉的几家滑雪度假村的坡道平缓，也没有阿尔卑斯山那么拥挤，而且便宜得多：非常适合初学者。该地区以越野滑雪的中心著称。

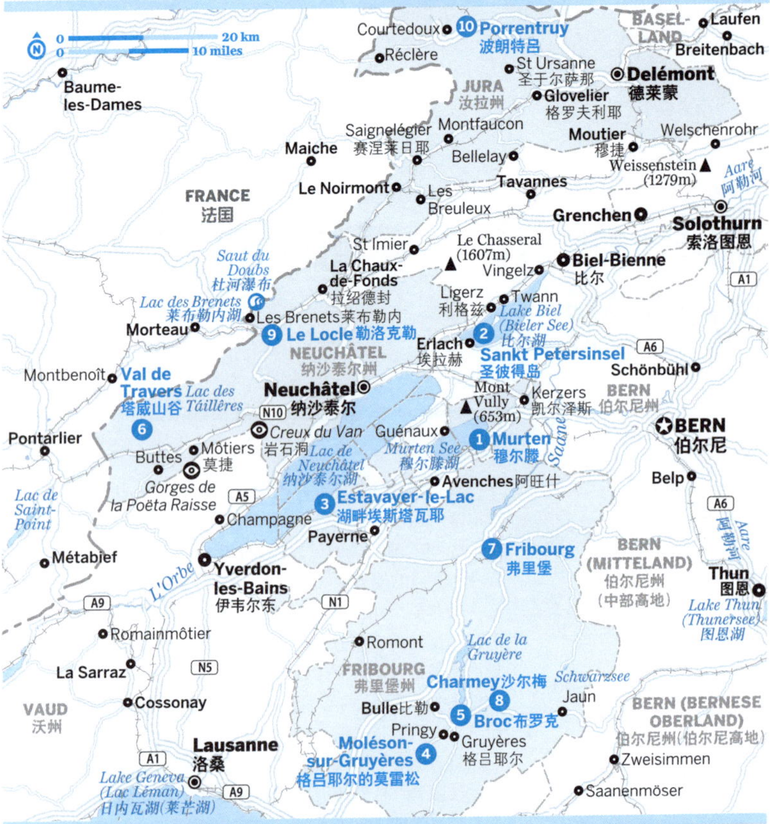

弗里堡州、三湖地区和汝拉州亮点

❶ **穆尔滕光明节**（见102页）以中世纪的**穆尔滕**为背景，室内外都灯火辉煌，美妙得不可思议。

❷ **圣彼得岛**（见99页）从比尔出发，在比尔湖上荡漾，前往圣彼得岛野餐和游泳。

❸ **湖畔埃斯塔瓦耶**（见108页）漫步在穆尔滕湖旁边这座美丽的中世纪村庄，你会感觉时光的钟表仿佛被拨回了几个世纪之前。

❹ **莫雷松阿尔卑斯奶酪厂**（见96页）这里会满足你对奶酪的所有幻想，然后，你就会吃饱，接着，昏昏欲睡。

❺ **Maison Cailler**（见97页）来到**布罗克**的这家瑞士巧克力工厂，你会发觉自己仿佛满脑子都是香甜的巧克力。

❻ **苦艾酒博物馆**（见110页）置身于令人惬意的**塔威山谷**，带着苦艾酒的酒晕，信步走在中世纪的小路上。

❼ **弗里堡圣尼古拉大教堂**（见91页）登上368级台阶，来到大教堂塔楼顶端，俯瞰落成于中世纪的弗里堡的迷人景色。

❽ **Les Bains de la Gruyère**（见98页）在**沙尔梅**，背靠阿尔卑斯山麓，泡泡温泉。

❾ **钟表制造博物馆**（见107页）**勒洛克勒**为瑞士铸造的精密度和独创性所做出的贡献尽在这里，你可以了解到钟表是如何制造出来的。

❿ **德迪厄酒店博物馆**（见109页）前往**波朗特吕**这座漂亮的巴洛克式建筑风格的博物馆，踏上一段回到过去的旅程。

弗里堡地区（PAYS DE FRIBOURG）

阿尔卑斯山麓附近就是风景如画的弗里堡地区（人口307,461），该地区的中央是美丽的中世纪城市弗里堡，环绕在四周的莱茵河（Rhine）湾水流舒缓。这里有历史悠久的建筑和景点、保存完好的老城区，以及各种顶级餐馆和优质酒店，让人流连忘返。

美食家来此可不全是为了游览那几座宜人的村庄，而是被附近的格吕耶尔奶酪所吸引，并且品尝世界闻名的格吕耶尔原产地（Appellation d' Origine Contrôllée，简称AOC）奶酪，以及目睹这种奶酪几个世纪以来传承至今的制作过程。

旅行时一定要在迷人的沙尔梅泡泡温泉，参加户外活动，弗里堡地区确实开设了各种吸引人的旅行项目。只是要确保自己复习好法语和德语——该地区的独特之处是居民说两种语言：西边说法语，东边说德语。

弗里堡（Fribourg）

人口 34,897 / 海拔 629米

在瑞士再也找不到一个地方像弗里堡这样，人们的社会语言如此丰富而零散。这座漂亮的中世纪城市建于萨林河（Sarine River）冲刷出来的险峻峡谷之上，河流将这座城市一分为二。河流西岸有老城区、大学和火车站，居民说法语，而东岸的居民则说德语！这里自然成为多语言共存的地方。

弗里堡体现出一种视觉上的吸引力，出色的博物馆和景色迷人的观景台非常集中。你可以在观景台上欣赏令人陶醉的历史建筑，它们似乎要从峡谷中爬出来，生动地展现在你面前。

将适量的天主教信仰和数量众多的学生勾兑在一起，就调好了一杯文化鸡尾酒，于是这座迷人的城市就有了前卫的夜生活和活跃的创意。

景点

★弗里堡圣尼古拉大教堂 天主教堂

（Cathédrale St Nicolas de Fribourg, St Nicolas Cathedral; ☎026 347 10 40; www.cathedrale-fribourg.ch; Rue des Chanoines 3; 塔楼成人/儿童 Sfr3.50/1; ⏲周一至周五 9:30~18:00，周六 9:00~16:00，周日 14:00~17:00，塔楼 4月至10月 周一至周五 10:00至正午和14:00~17:00，周六 10:00~16:00，周日 14:00~17:00）在进入这座沉静的13世纪的哥特教堂前，在大门前面对着15世纪雕刻而成的雕塑——《最后的审判》（*Last Judgment*）沉思片刻。在入口的右手边，Chapelle du Saint Sépulcre内侧，你将会看到一组描绘了基督葬礼（1433年）的雕像组，非同寻常，栩栩如生。除非你有眩晕症或者身体状况不佳，否则一定要登上368级台阶，爬上74米高的塔楼，俯瞰这座建于中世纪的城镇的非凡美景。

★让·丁格利–尼基·德·圣法罗空间 博物馆

（Espace Jean Tinguely – Niki de Saint Phalle; ☎026 305 51 40; www.mahf.ch; Rue de Morat 2; 成人/儿童 Sfr6/免费; ⏲周三至周日 11:00~20:00）来这里观赏西方富足和集权重商主义祭坛（*Retable de l'Abondance Occidentale et du Mercantilisme Totalitaire*; 1989~1990年），它隐喻了西方的财富。这座博物馆是为纪念弗里堡现代艺术奇才让·丁格利（Jean Tinguely; 1925~1991年）而建的，位于一座建于1900年的电车站，这个绝妙的地方展示了他设计的机器，还有法裔美国艺术家尼基·德·圣法罗（Niki de Saint Phalle; 1930~2002年）大胆前卫的作品，她

弗里堡椴树传奇

根据传说，1476年，一名信使从穆尔滕到弗里堡为大家传递了瑞士打败大胆查理（Charles the Bold）的胜利消息……这名信使一到弗里堡就因极度疲劳而去世。大家无不为这场悲剧感伤，于是从信使帽子上取下了椴树枝，将它种了下去并精心栽培——就是你们今天看到的这棵**椴树**（Tilleul de Morat, Morat Linden Tree; Place de l' Hôtel de Ville 1），最初的那一小段树枝经过500多年，如今已长成一棵参天大树。

Fribourg 弗里堡

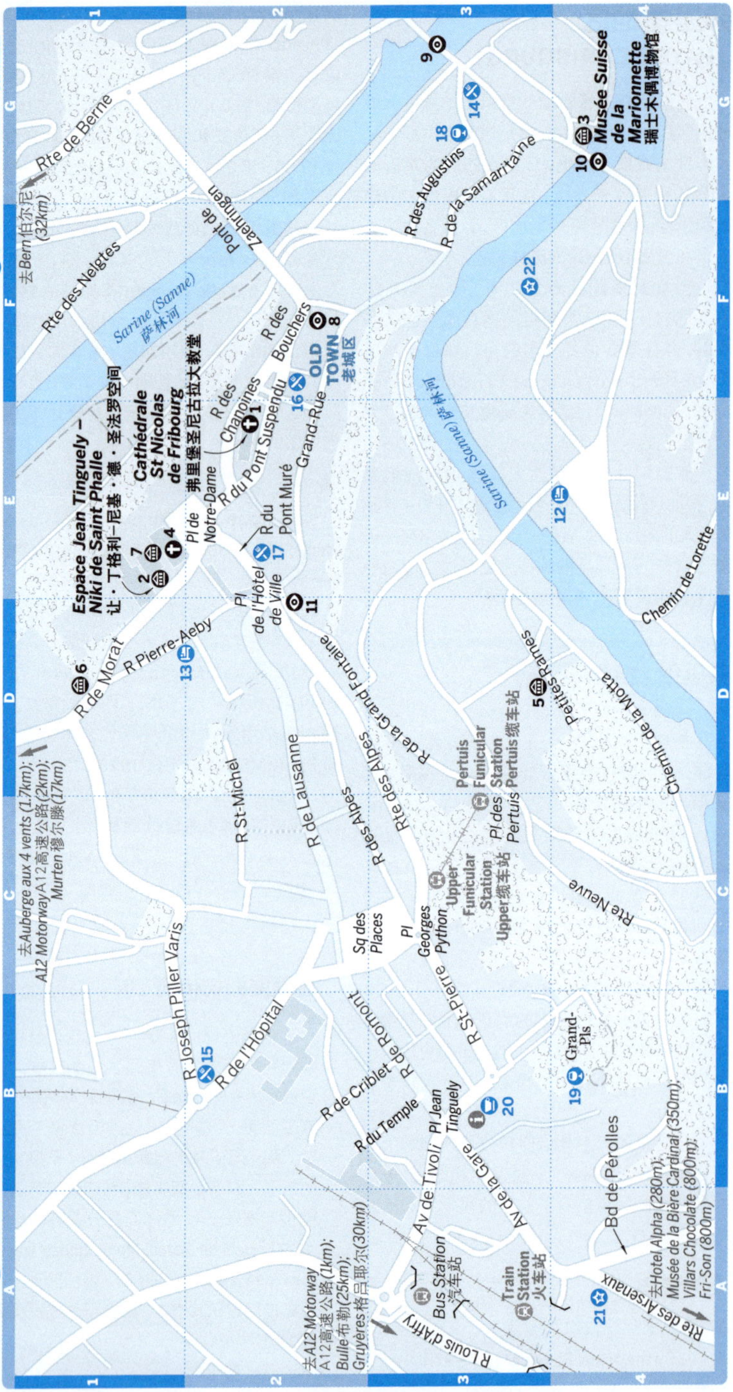

Fribourg 弗里堡

重要景点

1 弗里堡圣尼古拉大教堂......E2
2 让·丁格利-尼基·德·圣法罗空间......E1
3 瑞士木偶博物馆......G4

景点

4 弗里堡圣母大教堂......E1
5 弗里堡艺术馆......D3
6 艺术和历史博物馆......D1
7 古滕贝格博物馆......E1
8 老城区......F2
9 Pont de Berne......G3
10 Pont du Milieu......G4
11 椴树......D2

住宿

12 Au Sauvage......E4
13 Hine Adon......D2

就餐

14 Auberge de la Cigogne......G3
15 Le Mondial......B2
16 Restaurant du Cygne......F2
17 Restaurant du Gothard......E2

饮品和夜生活

18 Banshee' s Lodge......G3
19 Fribourg Plage......B4
20 La Cavatine......B3

娱乐

21 Café Culturel de l' Ancienne Gare......A4
22 Le Port......F3

从20世纪50年代起与丁格利合作，直到丁格利去世。

★瑞士木偶博物馆 博物馆

（Musée Suisse de la Marionnette, Swiss Puppetry Museum; ☎026 322 85 13; www.marionnette.ch; Derrière-les-Jardins 2; 成人/儿童 Sfr5/3; ⊙周三至周日 10:00~17:00）在科技主宰一切的年代，能够在这座出色的小型博物馆见到一些生动、完好、古老、独特的手工制品实在令人耳目一新，而且它们还能为大人、小孩等各年龄段的人带来欢乐。除了博物馆收藏的具有历史特色的手工木偶以外，这里定期还会举办牵线木偶演出和木偶作坊活动。从桥上往前眺望，风景十分优美。

老城区（Old Town） 街区

12世纪的老城风格简约，主要街道是Grand-Rue，与之平行的Rue des Chanoines和Rue des Bouchers上有市场、教堂和民用建筑。居民后来向山下迁移到河边：站在那里的大桥上——如石砌的**Pont du Milieu**（1720年）或廊桥式的**Pont du Berne**（1250年）——可以欣赏美景。

艺术和历史博物馆 博物馆

（Musée d' Art et d' Histoire, Museum of Art & History; ☎026 305 51 40; www.mahf.ch; Rue de Morat 12; 成人/儿童 Sfr8/5; ⊙周二、周三和周五至周日 11:00~18:00，周四 至20:00）免费 弗里堡的艺术和历史博物馆位于文艺复兴风格的酒店Hôtel Ratzé内，馆内收藏着哥特晚期的优秀雕塑和绘画。在地下房间里，宗教雕塑和让·丁格利（Jean Tinguely）的雕刻作品排列在一起。不要错过博物馆旁边有围墙、长凳和点缀有妮基·桑法勒（Niki de St Phalle）雕塑作品的花园——这里是野餐的好去处。

弗里堡圣母大教堂 教堂

（Basilique de Notre-Dame de Fribourg; ☎026 323 20 31; www.basilique-fribourg.ch; Rue de Morat 1; ⊙周三和周五 8:30~18:00，周二和周四 9:30~19:30）这座教堂的亮点是建于18世纪的Crèche Napolitaine，其特色在于上面有75座小雕塑，再现了诞生、报喜和其他一些日常生活场景。穿过厚重的灰色帷幕，向投币口投进Sfr1/2硬币，就可以观看圣诞马槽剧4/8分钟。

古滕贝格博物馆 博物馆

（Musée Gutenberg, Gutenberg Museum; ☎026 347 38 28; www.gutenbergmuseum.ch; Place de Notre-Dame 16; 成人/儿童/家庭 Sfr10/6/22; ⊙周三、周五和周六 11:00~18:00，周四 11:00~20:00，周日 10:00~17:00）在这家印刷和传媒博物馆踏上一段印刷之旅。博物馆位于一座建于16世纪的粮仓里，借由多媒体展示

不要错过

LE PORT

没有什么地方比**Le Port**(☎026 321 22 26; www.leport.ch; Planche-Inférieure 5; ⏲5月至10月 周二至周日 10:00~23:00)更能反映出弗里堡的创新精神了。活力四射的Le Port位于萨林河河岸上的一个旧汽油仓库里。夏天，弗里堡人在两堂太极课之间歇息的时候，会到河岸上绿树成荫的平台上小憩，瞧瞧那些突然出现的工作坊，享用本地腌肉和自家种植蔬菜制成的时令午餐拼盘(Sfr20)。

记得晚上再来一次——在最后一堂探戈课下课后，有现场乐队、电影、狂欢的夜舞和迪斯科乱入。

将这些历史展品带到21世纪。博物馆为了让人们从完全不同的角度体验印刷和传媒，会在黑暗中供应晚餐(4道主菜 Sfr60)，需要预订。

弗里堡艺术馆 艺术馆

(Fri Art; ☎026 323 23 51; www.fri-art.ch; Petites Rames 22; 成人/儿童 Sfr8/5; ⏲周三和周五 正午至18:00，周四 至22:00，周六和周日 14:00~17:00)要想看当代艺术，寻找灵感，就来这个古老的红砖神学院，这里会举办一些优秀的临时展览。周四深夜的开场仪式可以从18:00起免费入场，有吧台供应饮品。

住宿

★Hotel Alpha 精品酒店 €

(☎026 322 72 72; www.alpha-hotel.ch; Rue du Simplon 13; 标单/双 Sfr90/114起; 🅿📶)这家简约的精品酒店有不少出色之处。紧凑而具有现代感的房间虽然没有空调，但设计时尚，尽责的员工充分利用建筑的基本结构，将这里打造成为一个安静、舒适的天堂——枕头很大，色调柔和，价格合理，令人喜爱。

★Auberge aux 4 Vents 精品酒店 €€

(☎026 347 36 00; www.aux4vents.ch; Res Balzli Grandfrey 124; 标单 Sfr130~170，双 Sfr180~260，标单/双/标三/四 公用浴室 Sfr65/130/170/200; 🅿🏊)"时髦"一词尚不足以形容这家位于城北2公里处的拥有8间房的乡村酒店，里面是不规则的装饰。它的4人间是瑞士最奢侈的多人间，梦幻般的蓝色房间里有一个浴缸，打开窗户便可以在星空下泡澡。

Hine Adon 公寓 €€

(☎026 322 37 77; www.hineadon.ch; Rue Pierre-Aeby 11; 公寓 Sfr120~280; @)如果你想要更大的空间，这些漂亮的老城公寓(一到两间半卧室，有全套厨房设施)是个不错的选择。其装饰风格融合了新旧设计元素，提供早餐(Sfr7.5)，服务一流。

Au Sauvage 历史酒店 €€

(☎026 347 30 60; www.hotel-sauvage.ch; Planche Supérieure 12; 标单/双 Sfr170/240起; 📶)这个老城酒店早在中世纪就存在了，在一套建于16世纪的两幢连排房子里，餐厅上面是16间迷人的房间。它距离河边只有几步路，挂着一个中世纪时期的标志，图案是原始穴居人和他的棍棒。

就餐

★Le Mondial 咖啡馆 €

(☎026 321 27 72; www.cafelemondial.ch; Rue de l' Hôpital 39; 主菜 Sfr18~29; ⏲周一至周四 8:00~23:00，周五 至午夜，周六 9:00至午夜)这家通风良好的咖啡馆餐厅集现代和复古风格于一体，午餐时和下班后挤满了蜂拥而至的学生和西装革履的商业人士，他们都是冲着招牌菜来的，那就是热乎乎的tartines和吃了还想吃的ballons(一种类似汉堡的菜肴)。自制蛋糕也是不容错过的美食。

Restaurant du Gothard 法式小馆 €€

(☎026 322 32 85; Rue du Pont Muré 16; 主菜 Sfr22~38; ⏲周一、周二、周四和周五 9:00~23:00，周六和周日 8:00~23:30)这家丁格利的古老酒馆中摆放着19世纪的家具、妮基·桑法勒的绘画作品和怀旧的小摆设。从黑板上写"今日特选"中选择一番，奶酪火锅和马肉排一直是热门菜。

Restaurant du Cygne 欧洲菜 €€€

(☎026 322 32 04; www.restaurantducygne.

ch; Rue des Bouchers 2; 套餐 Sfr65, 主菜 Sfr30~40; ⏲周三至周日 9:00~23:00, 周二 至14:00)循着气味找到这家总是繁忙的当地餐馆，这里有些像是高档酒吧或美食酒吧，始终提供优质的食物，环境时尚而闲适，价格合理。菜单很简单：牛排和不同方式烹饪的海鲜(可能搭配白烩蘑菇，或淋上巴黎黄油咖啡)及各种开胃小菜。

Auberge de la Cigogne 新派欧洲菜 €€€

(☎026 322 68 34; www.aubergedelacigogne.ch; Rue d'Or 24; 2/3道菜午餐套餐 Sfr21/25, 晚餐套餐 Sfr38~90; ⏲周二至周六 10:00~14:30和18:45至午夜)这家备受尊崇的餐厅位于湖畔的一座古老的建筑中，房子的历史可追溯到18世纪70年代，有一些不错的套餐，亮点是品种丰富的甜点，如法国焦糖蛋奶冻加覆盆子，配薰衣草香料。午餐同样超值。

饮品和夜生活

集中了DJ俱乐部和乐队演奏场地的Rte de la Fonderie在位于火车站以西的工业区里的大学旁边。

La Cavatine 咖啡馆

(☎026 341 00 44; www.lacavatine.ch; Place Jean Tinguely 1; ⏲周一至周五 11:00~19:00, 周六 9:00~17:00)这家可爱的咖啡馆最引人瞩目的地方是它位于弗里堡最新的建筑里，这座建筑被称为Equilibre实在是太恰如其分了，因为它反映了建筑生动、看起来不平衡的形状。无论是选择在人行道平台上的软垫沙发或是在咖啡馆里面找个座位方欣赏公园美景，你眼前的景色都是一流的。

Fribourg Plage 啤酒花园

(www.fribourgplage.ch; Parc des Grand-Places; ⏲6月中旬至8月 每天 11:00~23:30)在阳光明媚的时候，躺在粉色或亚麻绿的帆布躺椅里晒太阳，再也没有比这个城市沙滩更合适的地方了，更完美的是这里还有金色的沙滩和在城市公园的草坪上的沙滩排球课。它的广告语是"远离压力的保护地"。

Banshee's Lodge 爱尔兰酒吧

(☎026 322 53 94; Rue d'Or 5; ⏲周三至周日 16:00至次日1:00)位于老城区中心的这家舒适的爱尔兰酒吧是个结识旅行者并与他们畅快地聊天的好地方。

☆ 娱乐

★ Café Culturel de l'Ancienne Gare 艺术中心

(CCAG; ☎026 322 57 72; www.cafeanciennegare.ch; Esplanade de l'Ancienne-Gare 3; ⏲周一至周四 9:00~23:30, 周五 至次日3:00, 周六 13:00至次日3:00, 周日 11:00至午夜)这家时尚轻松的咖啡馆位于19世纪落成的老火车站的大厅里，还是一个艺术活动中心，不时会举办电影、表演和时尚活动。这家咖啡馆兼多功能文化中心还供应不错的餐食和小吃。沿着Rte des Arsenaux向下走，咖啡馆就在右手边的铁轨旁边。

Fri-Son 现场音乐

(☎026 424 36 25; www.fri-son.ch; Rte de la Fonderie 13; 门票不定; ⏲周三至周日 21:00至次日5:00)这家俱乐部位于一个满是涂鸦的仓库里，DJ播放着各种音乐，是瑞士西部现场音乐会最大的舞台之一。主题夜晚——低音贝斯、浩室、瑞士摇滚的演出经常是免费的。网上出售音乐会门票。

不要错过

弗里堡缆索铁路

弗里堡缆索铁路(Funiculaire de Fribourg; Sfr3; ⏲7月和8月 周一至周六 7:00~20:00, 周日 9:30~20:00, 9月至次年6月 9:30~19:00)由卡迪纳尔啤酒厂(Cardinal Brewery)建于1899年并进行管理，直到1965年被弗里堡市接管。它的独特之处是利用废水作为动力。

缆索车厢搭载着乘客每隔6分钟一班从老城区Pertuis缆车站出发，沿着弗里堡陡峭的山坡行驶，直到抵达Upper缆车站，大约500米的路程仅需2分钟。

即使不坐缆索，从火车站走到Upper缆车站也很方便，可以俯瞰河流和老城区的美景。

购物

★ Villars Chocolate 巧克力

(☎026 426 65 49; www.villars.com; Rte de la Fonderie 2; ⏲周一至周六 8:30~17:30)这家巧克力公司毗邻红褐色砖砌成的厂房，从1901年开始营业，大批量制作阿尔卑斯山盛产的格吕耶尔牛奶巧克力和孩子们喜欢的巧克力外壳的棉花糖(têtes au choco)。虽然不能进去，但你可以在这里的咖啡馆兼销售店以出厂价购买巧克力，还可以品尝撒着巧克力碎和添加了鲜奶油的热巧克力。

实用信息

弗里堡旅游局(Fribourg Tourisme; ☎026 350 11 11; www.fribourgtourisme.ch/en; Place Jean Tinguely 1, Equilibre; ⏲全年 周一至周五 9:00~18:00, 5月至9月 周六 9:00~15:00, 10月至次年4月 周六 9:00~12:30)旅游局位于弗里堡最为醒目的当代建筑的底层(无须担心它会掉到你脑袋上)，提供大量有关弗里堡和该地区的信息。旅游局还在大教堂(见91页)设有一个信息咨询台，周末也办公。

到达和离开

A12高速公路连接日内瓦和伯尔尼(经过洛桑)，从这座城市的郊区掠过。

TPF(☎026 913 05 11; www.tpf.ch/en)长途汽车从汽车站后面出发，可经由火车站来到TPF的车站，目的地有阿旺什(Sfr10, 25分钟)和布勒(Sfr16.80, 45分钟)，从那儿可以换乘其他汽车前往沙尔梅(Sfr7.60, 25分钟)和格吕耶尔(Sfr5.20, 10分钟)。

弗里堡有在日内瓦(Sfr42起，1.25小时)、纳沙泰尔(Sfr22, 55分钟)和伯尔尼(Sfr14.20起，20分钟)之间行驶的固定班次的火车，并且继续向前行驶开往苏黎世(Sfr59起，1.5小时)。

当地交通

弗里堡是采用PubliBike(见376页)系统的城镇之一。在弗里堡旅游局办公室可以购买QuickBike通票(24小时)。

格吕耶尔(Gruyères)

人口1789 / 海拔830米

它得名于具有象征意义的鹤(gru)，这是中世纪格吕耶尔的伯爵们一直津津乐道的。在格吕耶尔村庄里，山丘上始建于15~17世纪的房子摇摇欲坠。山顶上坐落着一座风景如画的城堡，鹅卵石街道的四周是阿尔卑斯的牧场，那里几个世纪以来都是出产半硬坚果奶酪的法定产地(去掉城镇名中的“s”，即指奶酪)。

大多数游客来这里都是为了奶酪，但该地区青翠繁茂、连绵起伏的风景非常适合在此惬意地步行，附近的村子布罗克和比勒中也有一些值得一游的景点。

景点和活动

★ 格吕耶尔城堡 城堡

(Château de Gruyères; ☎026 921 21 02; www.chateau-gruyeres.ch; Rue du Château 8; 成人/学生/儿童 Sfr12/8/免费; ⏲4月至10月 9:00~18:00, 11月至次年3月 10:00~17:00)这座令人着迷的带塔楼的城堡中曾住过19位格吕耶尔伯爵，他们曾在11~16世纪统治着Sarine Valley。城堡曾遭遇大火，并于1493年重建。在城堡里面你可以看到历代留下的家具、挂毯和现代“奇幻艺术”，还可以欣赏一段关于格吕耶尔历史的20分钟的多媒体影片。不要错过城堡周围曲折的小路。套票包含城堡和区域内的其他景点。

★ 莫雷松阿尔卑斯奶酪厂 农场

(Fromagerie d'Alpage de Moléson; ☎026 921 10 44; www.fromagerie-alpage.ch; Place de l'Aigle 12, Moléson-sur-Gruyères; 成人/儿童 Sfr5/2; ⏲5月至9月 9:00~19:00)这间建于17世纪的山间奶酪厂位于格吕耶尔西南5公里处的格吕耶尔的莫雷松(Moléson-sur-Gruyères)，夏天人们还在使用古老的方法制造奶酪——每天10:00可以观看制作过程。阿尔卑斯山的小工厂还出售奶酪，餐厅供应奶酪火锅、soupe du chalet(浓浓的蔬菜土豆汤，表面浇上格吕耶尔重奶油和奶酪)和其他山上的特色菜肴。

格吕耶尔庄园 农场

(La Maison du Gruyère; ☎026 921 84 00; www.lamaisondugruyere.ch; Place de la Gare 3; Pringy-Gruyères; 成人/儿童 Sfr7/6; ⏲6月至9月 9:00~18:30, 10月至次年5月 至18:00)在位于格吕耶尔火车站(城镇以南1.5公里)正对面

布罗克和比勒（BROC & BULLE）

Maison Cailler（☎026 921 59 60；www.cailler.ch；Rue Jules Bellet 7；成人/学生/儿童 Sfr12/9/免费；⏲4月至10月 10:00~18:00，11月至次年3月 至17:00）位于格吕耶尔以北2公里处的布罗克，是瑞士最古老的巧克力制造商之一，从1825年就开始营业了。你可以参加工厂游，还有机会在工厂店品尝和购买巧克力。不要错过酷炫的巧克力手工工场，有些是专门为儿童设计的。

如果你不想为巧克力耗费太多心神，可以走进**Chez Boudji**（☎026 921 90 50；www.boudji.ch；Gite d' Avau 1；主菜 Sfr16~38；⏲5月至11月 11:30~14:30和17:30~21:30），享用带有奶酪的饭菜并欣赏美景。

比勒是这一地区的主要交通枢纽，位于布罗克西北方向约4公里处，值得短暂停留，游览建于13世纪的**城堡**（现在是行政办公室）以及**格吕耶尔博物馆和比勒图书馆**（Musée gruérien et Bibliothèque de Bulle, Gruyères Museum & Bulle Library；☎026 916 10 10；www.musee-gruerien.ch；Rue de la Condémine 25；成人/学生/儿童 Sfr12/9/免费；⏲6月至9月 周二至周六 10:00~17:00，10月至次年5月 周二至周五 10:00至正午和13:30~17:00，周六 10:00~17:00），可以了解城市的历史。这个地方还是免费徒步导览游的集合点，可以进去问问。

的Pringy，你可以了解到格吕耶尔奶酪的制作秘密。这里每天9:00~11:00，以及12:30~14:30，会做3~4次奶酪。包括这家奶酪厂和格吕耶尔城堡的联票价格为Sfr16（不含儿童套票）。

汉斯·鲁道夫·吉格尔博物馆 博物馆

（Musée HR Giger；☎026 921 22 00；www.hrgigermuseum.com；Château St Germain；成人/学生/儿童 Sfr12.50/8/4；⏲4月至10月 每天 10:00~18:00，11月至次年3月 周三至周五 13:00~17:00，周六和周日 10:00~18:00）这家博物馆充满了生物工业艺术的气息，主要展览电影《异形》的幕后设计师吉格尔（Giger；生于1940年）的作品，吉格尔出生在库尔（Chur），居住在苏黎世。博物馆的酒吧**Bar HR Giger**（☎026 921 08 00；www.hrgiger.com/barmuseum.htm；Rue du Château St Germain 3；⏲10:00~20:30）在博物馆对面，也是同样的超现实主义风格。这两个地方都不适合儿童前往。参观博物馆和格吕耶尔城堡（见96页）的套票价格是Sfr19。

★奶酪小径 徒步

（Sentier des Fromageries, Cheese Dairy Path）这条徒步道上保留着一些山间传统的青瓦屋顶度假屋，那里还在生产奶酪。这条7.3公里长的路会带你穿过许多高地牧场，三三两两的奶牛在牧场游荡吃草。在格吕耶尔庄园（见96页）索要手册，上面有规划好的步行线路。可以走4小时环线，或者2小时单程徒步线路，之后从铁路中间点的莫雷松（Moléson）乘坐263路公共汽车返回。

食宿

格吕耶尔的餐馆一般都隶属于本地酒店，并且/或者集中在中央广场附近，基本上全都质朴、闲适。在每家店的菜单上，奶酪火锅都自然而然是招牌菜：moitié-moitié是格吕耶尔奶酪混搭当地奶制品。没有什么能比涂满了厚厚的格吕耶尔鲜奶油、闪着珍珠般光泽的蛋白糖脆饼更适合当饭后甜点的了。

★Hotel de Gruyères 旅馆 €

（☎026 921 80 30；www.gruyereshotels.ch；Rlle des Chevaliers 1；标单/双 Sfr120~160；P 📶）这家传统风格的酒店有37间房间，采用许多木制及质朴的设计元素，还能眺望四周的优美山景，有阳台的房间尤其适合观景。即便你的房间看不到风景，公共露台也是能坐下来观景的好地方。

La Ferme du Bourgoz 民宿 €

（☎026 921 26 23；www.lafermedubourgoz.ch；Chemin du Bourgo 14；标单/双 Sfr80/100；

P）在做奶酪的Murith家过夜，你会做一个美味的奶酪甜梦。房间布置得简单舒适，供应无敌的农场新鲜早餐，还出售家庭制作的大块的格吕耶尔奶酪。

实用信息

格吕耶尔旅游局（La Gruyère Tourisme；☎084 842 44 24；www.la-gruyere.ch；Rue du Bourg 1；⌚7月和8月 9:30~17:30，其余月份营业时间缩短）如果有"优质奶酪学士学位"，那么这里的工作人员一定能获此殊荣——他们会帮你解决关于该地区及与其同名的出口世界的奶酪的所有问题。

到达和离开

每小时都有长途汽车或火车从弗里堡(Sfr16.80，55分钟，途经布勒)或蒙特勒[Sfr19.80，1.25小时，途经蒙博翁(Montbovon)]开往格吕耶尔。从格吕耶尔火车站往山上步行10分钟即可到达格吕耶尔镇。

沙尔梅(Charmey)

人口1772／海拔876米

迷人的巴洛克式村庄沙尔梅经常云雾笼罩，位于弗里堡地区的阿尔卑斯山麓，是适合家庭出行的当地滑雪中心，有长达30公里的下坡道；夏天这里是徒步者和山地自行车手的天堂。

Les Bains de la Gruyère（☎026 927 67 67；www.les-bains-de-charmey.ch；Gros-Plan 30；3/5小时 Sfr26/37；⌚周一至周四 9:00~21:00，周五和周六 至22:00，周日 至20:00）是该城镇的热浴温泉，有一流的新设备，这里还有很多轻松休闲项目，从简单的游泳到按摩和美容，应有尽有。

节日和活动

★沙尔梅归牛节 游行

（La Désalpe de Charmey；www.desalpe.ch）每逢9月的第4个周日，数以千计的观众聚集在一起庆祝传统的"动物大迁徙"（Rindyà），头戴花环的牲畜成群结队地从高山牧场返回，回到温暖的平原过冬。人们可以在叮叮当当的铃声中参加音乐庆祝活动，购买和品尝各种地道、优质的奶酪。

住宿

★Hotel Cailler 酒店 €€

（www.hotel-cailler.ch/en；双/套 Sfr250/390起）迷人的瑞士风情酒店Hotel Cailler外观复古，内部现代，还有一条秘密的地下通道（好吧，其实不是秘密……）连接对面的Les Bains de la Gruyère。性感的城堡风格房间和套房以裸露的木头和巧克力皮革色调为特色，有的房间带有阳台和/或水疗浴缸。带上特别的人一起来，否则你会觉得分外孤单。

另辟蹊径

僧侣头：贝勒莱修道院（ABBEY OF BELLELAY）

贝勒莱村庄及其同名**修道院**位于比尔和波朗特吕的中间，800多年以来，居住在附近的村民一直在制作坚果口味的半硬奶酪（类似于格吕耶尔奶酪）。而最早制造这种奶酪的是贝勒莱修道院的僧侣。

根据传说，在17世纪的最后十年，法国大革命期间占领该地区（和修道院）的士兵把这种奶酪起名为"僧侣头"（Tête de Moine）。食用时，要转圈刮掉表皮，从上面一层层地刨下奶酪，就像削苹果皮一样。正如故事中所说，士兵们把这种做法比作给僧侣剃头（我们希望不是头皮），于是这个绰号便沿用下来。

现在有一种名为"girolle"的精巧装置（瑞士厨房不可缺少的工具）能让削奶酪变得更加方便。

虽然这座令人印象深刻的修道院如今大半是作为一家精神病医院，但你还是可以参观庭院。想要了解小小贝勒莱的历史，品尝奶酪，可以往山上走，前往**僧侣头之家**（Maison de la Tête de Moine；☎032 484 03 16；www.maisondelatetedemoine.ch/en/maison；Bellelay；成人/儿童Sfr6/免费；⌚周三至周日 11:00~18:00）的展览馆和博物馆。

实用信息

沙尔梅旅游局（Charmey Tourisme；☎026 927 55 80；www.charmey.ch；⏲周一至周五 8:00至正午和13:30～18:00，周六 至16:30，周日 9:00至正午）可提供关于本地步行和徒步的地图和建议。

到达和离开

沙尔梅位于格吕耶尔东北方向13公里处，也是弗里堡以南43公里处。这里的公共交通有限，你最好自己驾车出行。

三湖地区（DREI-SEEN-LAND）

三颗纯净的宝石——比尔湖（Bielersee）、穆尔滕湖（Murtensee）和纳沙泰尔湖（Lac de Neuchâtel）组成了三湖地区，湖泊之间通过人工运河相连，这片森林茂密的地区是夏季的游乐场和避暑胜地。在天气晴朗的时候，从湖泊西岸眺望阿尔卑斯山，景色简直太壮观了。

虽然它的正式名称Drei-Seen-Land来源于德语，但美丽的三湖地区（法语Pays de Trois Lacs，英语Three Lakes Region）的主要语言是法语——就是为了把你弄糊涂！

纳沙泰尔是该地区人口最密集的城市，占据着纳沙泰尔湖西北岸令人羡慕的位置，毗邻山势平缓并向西边和北边逐渐升高的汝拉山脉（Jura Mountains）。漂亮的比尔是比尔湖皇冠上的宝石，正如穆尔滕之于穆尔滕湖。城镇的四周还有中世纪、巴洛克式和文艺复兴式的迷人村庄。

比尔（Biel-Bienne）

人口 50,013 / 海拔429米

兼容两种语言的比尔是瑞士双语化程度最高的城镇，位于瑞士法德分界处的"薯饼鸿沟"（Röstigraben；rösti是瑞士德语区的传统菜黄金薯饼，graben则解作壕沟，组合起来便成为象征瑞士德语及法语区之间的薯饼鸿沟）上。本地人很容易就能在谈话中变换语言，实际上想要弄明白人们说的是哪一种语言是很不容易的。

对于许多瑞士人来说，比尔只是一个换乘火车的地方，但对于游客来说，它是一座美丽、紧凑的湖畔小镇，可以欣赏远处阿尔卑斯山的美景，远离大批游客，节奏缓慢惬意。或许你可以在比尔湖游泳，到附近的葡萄园小酌，探索这里保存完好的老城区环形广场（Ring），了解背后精彩的历史故事，这些都令比尔值得一游。

如果你打算探索三湖地区和汝拉州，可以将比尔作为理想的中央大本营。

景点

老城区（Old Town） 街区

比尔漂亮的老城区环绕着环形广场，后者的名字让人回想起往昔岁月：当地权贵环坐在此，审判被带到他们面前的坏人。从环形广场出发可前往Burggasse，那里有带台阶和山墙的市政厅、剧院和几栋安装了百叶窗的房屋。老城区的特色还有各式各样的镀金喷泉，包括正义女神喷泉（Fountain of Justice；1744年）。

★圣彼得岛 岛屿

（Sankt Petersinsel，St Peter's Island）政治理论家让-雅克·卢梭（Jean-Jacques Rousseau）说他平生最快乐的日子就是在比尔湖中央的这座美丽小岛上度过的。实际上，这座岛屿与大陆之间有一条天然长岬。你可以从埃拉赫（Erlach）出发，沿着长岬步行或者乘船登岛。

新比尔博物馆 博物馆

（Neues Museum Biel，简称NMB；☎032 328 70 30；www.nmbiel.ch；Schüsspromenade 24-28；成人/儿童 Sfr10/免费；⏲周二至周日 11:00～17:00）免费 新博物馆的艺术、历史和考古展览涉及比尔及其他一些地方，丰富多彩，引人入胜。亮点包括比尔的钟表制造历史以及博物馆捐助者多拉·诺伊豪斯（Dora Neuhaus）建于19世纪后来又经过改造的公寓。

帕克艺术中心 博物馆

（Centre PasquArt；☎032 322 55 86；www.pasquart.ch；Seevorstadt 71-73；成人/儿童 Sfr11/免费；⏲周三至周五 14:00～18:00，周六和周日 11:00～18:00）非常现代的翼楼与醒目的1886年医院建筑彼此相连接，这个地方举办有趣的当代艺术展览，主要侧重于摄影和电影。

Biel-Bienne 比尔

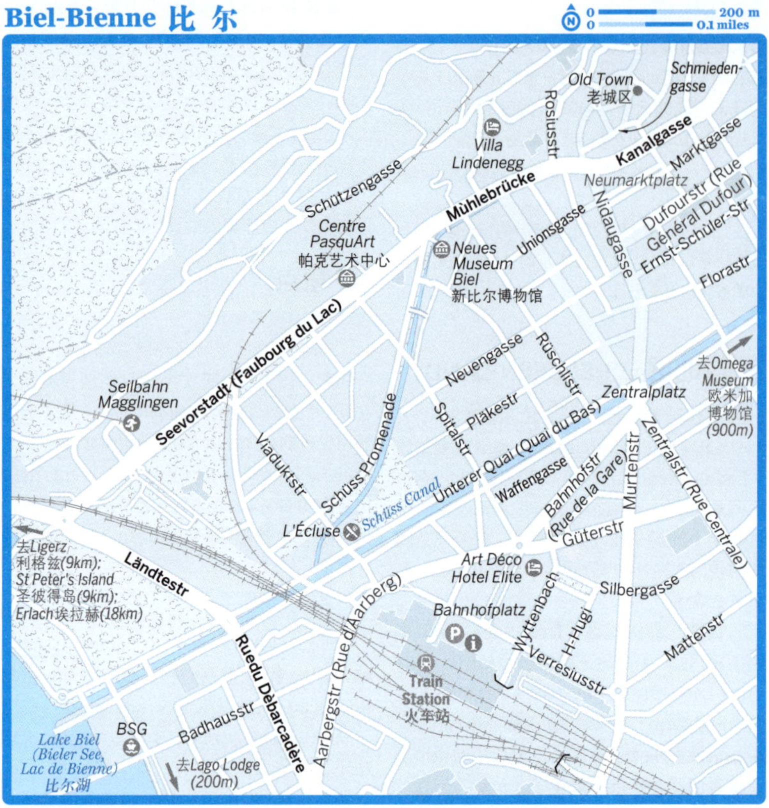

欧米加博物馆 博物馆

（Omega Museum；☎032 343 91 31；www.omegamuseum.com；Stämpflistrasse 96；⏰周二至周五 10:00~18:00，周六 11:00~17:00）免费 适合钟表爱好者。如有需要，这座美观的博物馆还可组织英语团队游。

活动

★ Seilbahn Magglingen 索道缆车

（Magglingen Funicular；www.vb-tpb.ch；Seevorstadt；成人/儿童 Sfr7/3.70）沿着城镇外边的缆索上行至马格林根山（Magglingen），山上徒步小路纵横，一路不乏上镜之景。旅游局可提供介绍短途步行线路的小册子。

食宿

★ Villa Lindenegg 客栈 €€

（☎032 322 94 66；www.lindenegg.ch；Lindenegg 5；标单/双 Sfr100/160起；P 📶）从城镇中心步行几分钟，就能到达这栋建于19世纪的华丽的乡村花园别墅，服务贴心，价格可以承受。8间房间融合了现代化和历史感，有的带阳台，还有一家氛围友好的小馆，可以吃饭或者傍晚小酌。

★ Art Déco Hotel Elite 精品酒店 €€

（☎032 328 77 77；www.elite-biel.com；Bahnhofstrasse 14；标单/双 Sfr180/220起；❄ 📶）这家漂亮的装饰艺术风格的酒店位于城镇中心，从建成之日起就是比尔的标志。在2016年，酒店经过细致的改造，焕然一新，如今提供配备齐全的大房间，既保留了建筑的传统风格，又增添了些许现代气息。

★ L' Écluse 各国风味 €€

（☎032 322 18 40；www.restaurant-lecluse.ch；Schüsspromenade 14d；主菜 Sfr27~60；⏰周二

至周六 10:00~23:30）这个有许多铁柱的地方曾经是钟表厂，坐落在两条运河之间的美丽绿地上，里面有比尔最迷人的餐馆之一。肉、海鲜和意大利面搭配新鲜的蔬菜和美味的炸薯条（pommes frites）。在夏季的夜晚，可以前往户外露台，伴着婆娑的树影和摇曳的球形灯的灯光，聆听外面的人们用各国语言笑语闲谈。

实用信息

比尔旅游局办公室（The office of Tourismus Biel Seeland；☎032 329 84 84；www.biel-seeland.ch；Bahnhofplatz 12；⏰周一至周三和周五 8:00~18:00，周四 至19:00，周六 9:00~16:00）就在火车站外边。

到达和离开

从这里有开往伯尔尼（Sfr15.60，25~35分钟）、索诺图恩（Sfr11.40，15~30分钟）和纳沙泰尔（Sfr12.60，15~30分钟）的火车。

BSG（☎032 329 88 11；www.bielersee.ch；Badhausstrasse 1a，Biel-Bienne）运营在湖泊内及湖泊之间往返的渡船，还有各种主题游，包括沿阿勒河乘船至索诺图恩（单程/往返 Sfr61/122，2.75小时）。

比尔湖与相邻的纳沙泰尔湖和穆尔滕湖之间有运河连接，纳沙泰尔的**Navigation Lacs de Neuchâtel et Morat**（☎032 729 96 00；www.navig.ch）运营从比尔开往其他两湖的渡船。

利格兹（Ligerz）

人口 522

青翠欲滴的葡萄藤沿着陡峭的山坡向下蔓生，直到比尔湖的北岸，风景壮观。如果你想要欣赏这种葡萄栽培园的辉煌盛景，没有什么地方能比来这座古雅的湖畔村庄更加合适了，尤其是在葡萄已经成熟尚未收获的时候。在天气晴朗的时候，从葡萄园到对面的比尔湖，再到冰雪覆盖的伯尼兹阿尔卑斯山（Bernese Alps）的风景似乎近在眼前，令人激动万分。

景点和活动

★利格兹葡萄酒博物馆 博物馆

（Ligerz Wine Museum，Rebbaumuseum am Bielersee 'Hof'；☎032 315 21 32；www.rebbaumuseum.ch；Bielstrasse 66，La Neuveville；成人/儿童 Sfr6/免费；⏰5月至10月 周六和周日 13:30~17:00；🅿）这座建于16世纪的贵族宅邸令人感到十分惬意，里面有一座小型博物馆。参加导览游可以让你了解比尔湖地区的葡萄酒。10人以上才能开团，所以一定要打电话预约。会一些法语或德语虽然有用但并非必需。品酒环节应该被视作博物馆的团队游项目，而不是以销售葡萄酒为目的的。

Vinothek Viniterra Bielersee 葡萄酒

（☎032 315 77 47；www.vinothek-viniterra-bielersee.ch；Im Moos 4，Twann-Tüscherz；⏰周二至周五 17:00~21:00，周六 14:00~20:00，周日 14:00~19:00）这家热门的葡萄酒商店位于利格兹以北2公里处的特万-蒂舍茨（Twann-Tüscherz），可以品尝和购买比尔湖地区酿造的300多种葡萄酒。

Vinifuni索道缆车 铁路

（☎032 315 12 24；www.vinifuni.ch；成人单程 Sfr6）乘坐Vinifuni索道缆车穿过葡萄藤，历时6分钟，从说德语的利格兹开往山顶说法语的普雷勒（Prêles），你可以在美景中散步，欣赏葡萄园及比尔湖至阿尔卑斯山的优美景致。可在车站询问是否有本地的步行地图。

食宿

★Hotel Kreuz 酒店 €€

（☎032 315 11 15；www.kreuz-ligerz.ch；Hauptstrasse 17；标单/双 Sfr130/195起；🅿📶）这栋古老的湖岸贵族宅邸有彩色的百叶窗、文艺复兴的氛围及湖畔花园，不妨在这里过夜，还可以在湖里游泳。花园小馆提供后山自产自酿的葡萄酒。

Restaurant Aux Trois Amis 瑞士菜 €€

（☎032 315 11 44；www.aux3amis.ch；Untergasse 17；主菜 Sfr28~54；⏰周一、周二和周四至周六 11:00~23:00，周日 至20:00）这是一家典型的村庄小馆，历经百年风雨的外墙爬满了藤蔓。这个地方的价值在夏天体现得淋漓尽致，露台上的客人们用餐、饮酒，眺望近在眼前的葡萄园和下方圣彼得岛周边荡起的蓝色涟漪，还能听到此起彼伏的心满意足的啧啧声。

到达和离开

本地固定班次的火车往来于利格兹和纳沙泰

尔(Sfr17.60, 20分钟)及比尔(Sfr7, 15分钟)之间。

穆尔滕(Murten)

人口6024 / 海拔450米

说德语的穆尔滕位于穆尔滕湖(Murtensee, Lac de Morat)东岸,这里独一无二、非常惬意。它的名字起源于凯尔特语的“moriduno”,意思是“湖边堡垒”,而这座湖畔小村庄的老城区的确是这样一个名副其实的依山傍水的地方。

1476年5月,勃艮第公爵大胆查理(the Burgundy duke Charles the Bold)从卢塞恩出发前来征服穆尔滕,结果他的8000名将士在穆尔滕之战中被屠杀或淹死在穆尔滕湖中。游泳的时候可得想想!如今,穆尔滕是本地热门的夏季度假胜地及艺术中心,也是有趣独特的光明节的举办城市。

运河将穆尔滕湖与纳沙泰尔湖(以西)和比尔湖(以北)连接起来,形成了三湖地区,可以在穆尔滕乘船、划独木舟或皮划艇游玩,往北最远可以到达比尔。

景点

老城区(Old Town) 街区

穆尔滕是一座由三条街道构成的小城,街道上尽是带拱廊的房屋。在Rathausgasse沿线有一连串酒店/餐厅,以及13世纪落成的城堡(不对外开放),商店和小吃店则位于与之平行的Hauptgasse上,一直延伸到东边建于中世纪的Berntor城门;与之平行的Deutsche Kirchgasse和位于西边的经过扩建的Schulgasse围绕着这座城市的防御城墙(Ringmauer; Rampart Walls)。

热带园 博物馆

(Papiliorama; ☎031 756 04 60; www.papiliorama.ch; Moosmatte 1, Kerzers; 成人/儿童 Sfr18/9; ⊙4月至10月 9:00~18:00, 11月至次年5月 10:00~17:00)热带园位于穆尔滕东北方向11公里处,热带蝴蝶、蜂鸟和其他异国风情的鸟儿在这里翩翩起舞。当地特有的蝴蝶在瑞士蝴蝶园(Swiss Butterfly Garden)飞舞,狼蛛在Arthropodarium慢慢移动,拉美的夜行生物潜伏在Nocturama里,而丛林步道(Jungle Trek)则完全仿建了伯利兹自然保护区,里面有红树林、热带干燥林,还有高达7米的全景桥,勇敢无畏的冒险者们可以上去看一看。热带园距离凯尔泽斯(Kerzers)火车站80公里远,从这里可乘火车到穆尔滕(Sfr4.60, 9分钟)。

节日和活动

★穆尔滕光明节 灯光表演

(Murten Licht Festival, Murten Festival of Lights; www.murtenlichtfestival.ch; ⊙1月)这一穆尔滕独一无二的冬季节日为期10天,以各种各样的投影和装置艺术为特色,在瑞士艺术文化界奠定了自己的位置,第一年(2016年)就大获成功,吸引了多达80,000人前来。浏览网站,可以了解这座美丽的中世纪村庄中充满了奇思妙想、铺天盖地的灯饰届时会如何令人难以忘怀。

食宿

Hotel Murtenhof & Krone 酒店 €€

(☎026 672 90 30; www.murtenhof.ch; Rathausgasse 1-5; 标单/双 Sfr124/168起; 📶)Murtenhof位于一座建于16世纪的农庄里,房间的空间十分宽敞。在阳台餐厅(主菜 Sfr26~42,营业时间 11:00~22:00)可以欣赏梦幻般的湖景,品尝传统菜肴,当地鲈鱼排和莱芒湖白鲑鱼是这里的招牌菜。

★La Pinte du Vieux Manoir 精品酒店 €€€

(☎026 678 61 61; www.vieuxmanoir.ch; Rue de Lausanne 18, Meyrier; 标单/双 Sfr290/440起; P📶🏊)这座全身散发着奢侈气息的诺曼底木屋是20世纪初在湖边即兴建造而成的,极尽奢华。为了确保爱人答应你的求婚,可以选择码头尽头单独的两人桌,一边欣赏落日一边就餐。Old Lake Manor在穆尔滕以南1公里处。

Chesery 地中海菜 €

(☎026 670 65 77; www.chesery-murten.ch; Rathausgasse 28; 主菜 Sfr18~26; ⊙11:00~22:00)这家舒适的店有吃有喝,有用料十足的意式烤面包和其他午餐小点心,在这里还可以看到华丽的二手古董家居用品摆放在连接Rathausgasse和Hauptgasse的走廊上,极有情调。

值得一游

阿旺什(AVENCHES, AVENTICUM)

罗马时代的要塞Aventicum曾是凯尔特赫尔维蒂(Helvetii)部落古老的首府所在地。公元3世纪末,该部落长达将近6公里的防御堡垒并没有阻挡住日耳曼Alemanni部落的进攻,公元5世纪,这个定居地点灰飞烟灭。

在穆尔滕西南8公里的阿旺什城镇,**Aventicum**的废墟大多已经出土,如今已经成为阿旺什不可分割的文化身份和街景。令人惊诧的**罗马圆形竞技场**(Roman Amphitheatre)毗邻这座村庄的中世纪老城区的北端,仿佛小号的罗马角斗场,不容错过。这么多个世纪过去了,它依然能够每年举办各种演出,接待成千上万的观众,其中最著名的活动是**阿旺什歌剧节**(Avenches Opera Festival; www.avenchesopera.ch; ⏲8月至9月),想想就让人惊奇。

在简单而迷人的**阿旺什罗马博物馆**(Römermuseum Avenches, Roman Museum; www.aventicum.org; Av Jomini, Avenches; 成人/儿童Sfr4/免费; ⏲5月至10月 周二至周日 10:00~17:00, 11月至次年4月 周三至周日)可以了解这个地方引人入胜的历史,然后,如果你想继续探索,可以在服务一流的青年旅舍**SYHA Avenches**(☎026 675 27 17; www.youthhostel.ch/avenches; Rue de Lavoir 5; 铺Sfr33~37)租一辆自行车,你甚至还可以在那儿住一晚。或者沙滩旁边的**camping**(☎026 675 17 50; www.avenches.ch/camping; Camping Port-Plage; 每人 Sfr8.30; ⏲4月至9月)更合你的心意?

每小时有1班往来穆尔滕(Sfr5.20, 20分钟)的火车经停阿旺什车站。

★ **Restaurant des Bains** 新派欧洲菜 €€€

(☎026 670 23 38; www.desbains-murten.ch; Ryf 35; 主菜 Sfr32~60; ⏲周一至周四 11:00~23:30, 周五和周六 至午夜, 周日 至22:00)这家时尚、闲适的湖畔餐馆可提供瑞士风味的现代土食菜肴,餐馆附近有向下绵延至穆尔滕湖的绿色草地,你可以在户外享用新鲜捕获的海鲜,还有来自附近农场的时令蔬菜。在冬季,冬日花园的格吕耶尔奶酪火锅让人心满意足。夕阳西下时的光景神奇迷人,全年如此。

实用信息

穆尔滕旅游局(Murten Tourismus; ☎026 670 51 12; www.regionmurtensee.ch; Französische Kirchgasse 6; ⏲周一至周五 9:00至正午和13:00~18:00, 周六和周日 10:00至正午和13:00~17:00)

到达和离开

位于老城区城墙以南300米处的火车站每小时都有列车往返弗里堡(Sfr12.40, 30分钟)、伯尔尼(Sfr14.20, 35分钟)和纳沙泰尔(Sfr14.20, 25分钟)。

Navigation Lacs de Neuchâtel et Morat(见101页)季节性运营往返纳沙泰尔的船。

纳沙泰尔(Neuchâtel)

人口 32,819

依偎在汝拉山脉山脚下的纳沙泰尔是与其同名的湖泊皇冠上的一颗明珠,这座迷人的中世纪滨水城市有丰富多彩的历史和令人惬意愉悦的老城区。

纳沙泰尔是探索弗里堡和汝拉地区(包括美丽的塔威山谷)的重要基地。砂岩老城简约而典雅,有20多座画廊、博物馆和迷人的历史建筑,步行探索很容易,不过要注意:纳沙泰尔的山丘地形会让你的小腿比较累。

纳沙泰尔形形色色的学生为这座城镇带来了年轻而自在的氛围。

景点和活动

★ **艺术和历史博物馆** 博物馆

(Musée d'Art et d'Histoire; www.mahn.ch; Esplanade Léopold Robert 1; 成人/儿童 Sfr8/免费, 周三免费; ⏲周二至周日 11:00~18:00)这个博物馆因三个发条机器人而出名,这三个机器人是钟表匠Jaquet Droz在1764~1774年制作而成的。"作家"在墨水瓶里蘸一下墨水然

Neuchâtel 纳沙泰尔

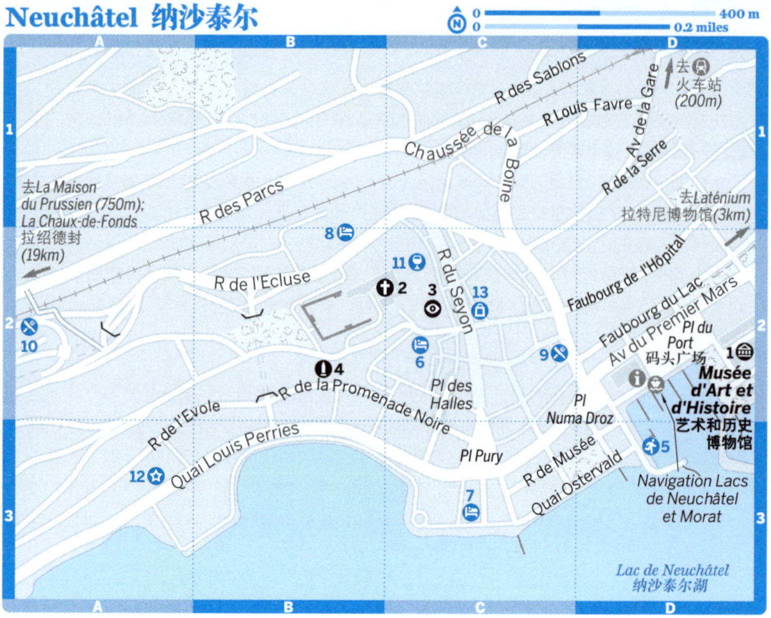

Neuchâtel 纳沙泰尔

重要景点
- 1 艺术和历史博物馆 ... D2

景点
- 2 学院教会 ... B2
- 3 老城区 ... C2
- 4 监狱高塔 ... B2

活动、课程和团队游
- 5 Marine Service Loisirs ... D3

住宿
- 6 Auberg' Inn ... C2
- 7 Hôtel Beau Rivage ... C3
- 8 Hôtel de l' Ecluse ... B2

就餐
- 9 Bistrot du Concert ... C2
- 10 Famiglia Leccese ... A2

饮品和夜生活
- 11 Chauffage Compris ... C2

娱乐
- 12 La Case à Chocs ... A3

购物
- 13 Chocolaterie Walder ... C2

后可以最多写出40个字母；“音乐家”可以用真正的风琴奏出5首曲调；“绘图员”是最简单的，总共可以画出6幅画。在每个月第一个周日，14:00、15:00和16:00的时候，这些会表演的机器小人会被启动。

★ 拉特尼博物馆 博物馆

（Laténium；☎032 889 69 17；www.latenium.ch；Espace Paul Vouga, Hauterive；博物馆门票成人/儿童 Sfr9/4，每月的第一个周日 免费 10:00至正午；⏲周二至周日 10:00~17:00；P 🚻）这座令人印象深刻的现代博物馆及其毗邻的考古公园都位于纳沙泰尔东北方向3公里处的奥特里夫（Hauterive）水畔，是瑞士同类博物馆中规模最大的。这里如同时光倒流，展出了从史前到文艺复兴时期的展品。固定展览着眼于欧洲的原始人到现代时期人类的进化，包括8个展厅或区域，摆满了手工制品、人类骨架、模型和可以互动的教育性展台。

老城区（Old Town） 街区

老城区街道上有建于18世纪的宅院和装饰性的喷泉。沿着Rue du Château走上去，穿过中世纪的城市大门可到达**监狱高塔**（Tour des Prisons; Rue Jehanne de Hochberg 5; Sfr2; ⌚4月至9月 8:00~18:00）。爬到塔顶，即可俯瞰下方的湖景和作为背景的阿尔卑斯山。塔里面有以哥特风为主的**学院教会**（Église Collégiale），其风格混合了罗马元素（最明显的是三个拱点）。

肖蒙山（Mt Chaumont） 山

在肖蒙山（海拔1160米）可以观赏到阿尔卑斯山的三湖美景，从纳沙泰尔先搭乘7路公交，然后再坐12分钟的**缆索铁路**（www.transn.ch; 成人/儿童 Sfr4.20/2.20）上山。

Marine Service Loisirs 水上运动

（☎032 724 61 82; www.msloisirs.ch; Port de la Ville; ⌚4月至10月）夏天的码头充满了欢声笑语，你可以租摩托艇、脚踏船和双人或四人脚踏车，一边信步游览，一边欣赏湖景。

住宿

Auberg' Inn 客栈 €€

（☎032 721 44 20; www.auberginn.ch; Rue Fleury 1; 标单/双 Sfr120/180起; 📶）这间旅舍风格的时尚客栈在骑士喷泉（chivalrous fountain）旁边，位于一个文艺复兴末期的连栋房里，楼上有5间设计感十足的房间（无电梯）。前台在咖啡馆Café du Cerf后面。

Hôtel de l' Ecluse 酒店 €€

（☎032 729 93 10; www.hoteldelecluse.ch; Rue de l' Ecluse 24; 标单/双 Sfr150/200起; ⌚前台 11:00~19:00; 📶）这家酒店在Rue de l' Ecluse边，入口处带蓝色木头百叶窗。房间是现代风格，带小厨房，可以到后面镶了石头的庭院中呼吸新鲜空气。周末房价优惠，如果不想吃早餐可以少付Sfr15。

★Hôtel Beau Rivage 精品酒店 €€€

（☎032 723 15 15; www.beau-rivage-hotel.ch; Esplanade du Mont Blanc 1; 标单/双 Sfr340/410起; P ❄ @ ≋）这家豪华的五星级酒店可俯瞰湖景和装饰有雕塑的花园，还有五星级水准的水疗池、走廊酒吧，餐厅团队可为游客供应美味菜肴。

餐饮

★Famiglia Leccese 意大利菜 €

（☎032 724 41 10; www.famiglia-leccese-ne.ch; Rue de l' Ecluse 49; 主菜 Sfr16~28; ⌚周二至周六 19:00~23:00，周日 正午至14:00）在意大利境外再难遇到如此正宗的意大利餐厅（准确地说是意大利南部风味），环境朴实，服务友好，菜品出色。餐厅位置比较偏僻，注意找找Claude Cordey Motos背后的彩灯。

★Bistrot du Concert 小酒馆 €€

（☎032 724 62 16; www.bistrotduconcert.ch; Rue de l' Hôtel de Ville 4; 主菜 Sfr20~29; ⌚周一至周日 8:00至午夜，周五和周六至次日1:00）这家红酒吧可能是镇上最热门的酒吧，充满工业风格魅力，有复古锌装饰，走廊露台上挤满了人，黑板上用粉笔写着美味的菜单。

★La Maison du Prussien 美食店 €€€

（☎032 730 54 54; www.hotel-prussien.ch; Rue des Tunnels 11; 小馆晚餐套餐 Sfr58，餐馆 Sfr125~175; ⌚周一至周五 11:30~14:00; 周一至周六 18:30至午夜）这家酒店兼餐厅被树林环绕，还能听到附近小河湍急的流水声。不管是在其时尚休闲的小馆还是正式餐厅用餐，都是一件乐事。这两家的主厨让-伊夫·德勒韦（Jean-Yves Drevet）会严格根据季节调整自己呈现的美食。

Chauffage Compris 葡萄酒吧

（☎032 721 43 96; www.chauffagecompris.ch; Rue des Moulins 37; ⌚周一至周四 11:00至次日1:00，周五和周六至次日2:00）这家复古酒吧虽然有"提供暖气"之意，但却是个令人感到清凉的休闲好去处，从铺着瓷砖的入口进入，早上可以来喝咖啡，晚上来杯开胃酒，夜猫子再来喝一杯或吃点小吃。

娱乐

La Case à Chocs 俱乐部

（☎032 544 35 84; www.case-a-chocs.ch; Quai Philippe Godet 20; ⌚周五至周日 22:00至次

日4:00）这家俱乐部是由一座啤酒厂改造成的。随着现场演奏的开始，DJ打碟，人们在这里尽情放松身心。

购物

★Chocolaterie Walder 巧克力

（☎032 725 20 49；www.walder-confiserie.ch；Grand-Rue 1；⊙周二至周五 7:30~18:30，周六 7:00~17:00）自从1919年开业以来，这家了不起的第三代巧克力制造商创造了十几种不同的巧克力，包括les éclats（每100克Sfr9.80）——加了焦糖南瓜子或烤榛子的牛奶或黑巧克力块，偶尔还可能有加香菜、香茅和莳萝、藏红花、肉桂或苦艾的巧克力。

实用信息

纳沙泰尔旅游局（Neuchâtel Tourism；☎032 889 68 90；www.neuchateltourism.ch；Place du Port 2；⊙周一至周五 9:00至正午和13:30~17:30，周六 9:00至正午）位于滨水的码头广场（Place du Port）。来到这里一定要领取一本免费的步行游手册《纳沙泰尔步行》（*Neuchâtel on foot*），值得一读。

到达和当地交通

自行车

Neuchâtel Roule（www.neuchatelroule.ch；Esplanade Léopold Robert；⊙4月至9月 7:30~21:30）在港口边设有小亭子，每年4月至9月营业。气候温暖的时候，可以在这里租一辆自行车（前4个小时免费）。

船

每年4月末至10月中旬，**Navigation Lacs de Neuchâtel et Morat**（见101页）有固定班次的渡船往来于湖畔埃斯塔瓦耶（Estavayer-le-Lac；Sfr20，1.75小时）、伊韦尔东（Sfr20，2.5小时）、穆尔滕（Sfr25，1.75小时）和比尔（Sfr30，2.5小时）之间。

上船买票；这里列出的单程船票翻番即是往返船票的价格。

火车

纳沙泰尔火车站在Av de la Gare上，从老城向东北方向走10分钟即可到达，或者搭乘6路巴士走2分钟（到Place Pury）。

这座城市有连接日内瓦（Sfr42，1.25小时）、伯尔尼（Sfr20.40，30分钟）和比尔（Sfr13.20，15分钟）的火车，班次频繁。

伊韦尔东（Yverdon-les-Bains）

人口29，400 / 海拔437米

罗马人是第一批发现伊韦尔东的温泉具有传说中的治疗功效的人，从那以后，这里一直有浴室存在。伊韦尔东有美丽的老城和城堡，其历史可以追溯至大约13世纪。从这里出发，沿着纳沙泰尔湖岸和城镇湖滩有一段长度将近2公里的步行线路，令人愉悦。

虽然伊韦尔东还有一些豪华的度假村，但中心区域的温泉浴室已经过时。即便如此，周围地区还有许多其他观光景点可以让你的旅途充实起来。

景点和活动

伊韦尔东湖滩（Plage d' Yverdon-les-Bains） 湖滩

天气温暖的月份，伊韦尔东的湖滩是晒太阳和游泳的理想地点。

Centre Thermal 水疗

（☎024 423 02 32；www.cty.ch；Av des Bains 22；3小时 门票 成人/儿童 Sfr19/11.50；⊙周一至周六 8:00~22:00，周日 至20:00）这些浴室的水来自地下500米处一口有14,000年历史的矿泉，在室内外暖烘烘的水池（水温在28℃~34℃）中放松一番不需要任何理由。涌出地面的水流带来了岩层中有益于健康的各种元素，尤其有助于缓解风湿和呼吸系统的疾病。

实用信息

伊韦尔东的**旅游信息办公室**（☎024 423 61 01；www.yverdonlesbainsregion.ch；Av de la Gare 2；⊙周一至周五 9:00~18:00，周六和周日 9:30~15:30）位于火车站旁边。

到达和离开

有固定班次的火车往返于洛桑（Sfr18.60，30分钟）、纳沙泰尔（Sfr15.40，20分钟）和湖畔埃斯塔瓦耶（Sfr11.20，15分钟）之间。

汝拉山脉（THE JURA MOUNTAINS）

欢迎来到瑞士不太荒凉的西部，这里有许多的牛和不那么多的牛仔，很有可能他们连一支枪都没挎过。这里和平得不可思议。山势低矮的外围地区不太为外国游客所知，在瑞士国内却以游览胜地著称，但并非所有人都想要住在那里。因此汝拉州经常受到不公地忽视——但那只会让这里更具有吸引力。

在寂静的中世纪村庄之间散步时很少能够见到旅游大巴，漫步在起伏的青翠田野之间，徒步穿过原始森林，登上岩顶，俯瞰背靠着阿尔卑斯山的三座湖泊，听起来就像是你对瑞士的幻想成为现实——就这样，汝拉都是你的。

这里的亮点包括波朗特吕和圣于尔萨那的村庄、能让你暗中探察绿色苦艾酒精灵的塔威山谷，以及不容错过的马蹄谷。

拉绍德封（La Chaux-de-Fonds）

人口 37,582 / 海拔1018米

作为汝拉最大的城市和瑞士最高的城市，拉绍德封是一座美丽的城镇，有陡峭的坡街，还有一个较小的邻居勒洛克勒（Le Locle），这里是精工制表的中心，因此2009年被评为世界遗产。许多瑞士最好的钟表制造商都在这里。

拉绍德封还是现代著名建筑家勒·柯布西耶（Le Corbusier；1887~1965年）的出生地，他是德国及世界包豪斯运动的核心人物。现在这里还有许多他的早期（在包豪斯风格以前的时期）建筑作品。这座城市还有许多迷人的新艺术建筑（但并非由勒·柯布西耶设计）。

景点和活动

★钟表制造博物馆 博物馆

（Musée de l' Horlogerie du Locle, Watch-making Museum；☎032 933 89 80；www.mhl-monts.ch；Rte des Monts 65, Le Locle；成人/儿童 Sfr10/5；⏲5月至10月 周二至周日 10:00~17:00, 11月至次年4月 周二至周日 14:00~17:00；P）在拉绍德封以西8公里处的勒洛克勒，18世纪落成的这栋古老雄伟的建筑里面有各式各样的钟表，让这座博物馆不停地滴答作响。庄园住宅Château des Monts是18世纪为一位钟表制造者建造的，在距离城中心3公里处的山上。

★阿尔卑斯美景山口 山

（Vue-des-Alpes；P）位于拉绍德封以南约8公里处，紧邻N20公路（Rte N20）。阿尔卑斯美景山口（海拔1283米）是一个好去处，因为这里有长达7.3公里和11公里的两条山地自行车环线，以及700米的可以滑仰卧雪橇的线路Toboggan Géant（☎079 349 51 78；www.toboggans.ch；Fontaines；成人/儿童 Sfr4/3，三个下坡 Sfr11/8；⏲周一至周五 13:00~18:00，周六和周日 10:00~18:00；👪）。冬天，当地人乘雪橇、穿雪鞋从平缓的雪道滑下（有三个牵引升降机），或者沿53公里长的雪道来进行越野滑雪。全年都可以眺望三湖地区上方令人惊叹的阿尔卑斯山。

★杜河瀑布 瀑布

（Saut du Doubs；Le Saut-du-Doubs 227, Les Brenets；👪）杜河（River Doubs）是位于瑞士和法国边境地带的一段河流，水流在拉绍德封西南15公里处的宁静村庄莱布勒内（Les Brenets）变宽。从村庄沿莱布勒内湖（Lac des Brenets）步行至杜河瀑布（车辆无法通行）需要1小时多一点。河流倾泻27米，汇成壮观、汹涌的瀑布，落入天然水潭。如果步行太有挑战性，乘坐Navigation sur le Lac des Brenets（☎032 932 04 14；www.nlb.ch；Les Brenets；单程 成人/儿童 Sfr15/8）运营的船也可以到达那里。

白屋 知名建筑

（La Maison Blanche, The White House；☎032 910 90 30；www.maisonblanche.ch；Chemin de Pouillerel 12；成人/儿童 Sfr10/7；⏲周五至周日 10:00~17:00；P）这幢新古典主义风格的房子有白色的外观和闪亮的屋顶，被誉为是勒·柯布西耶首件独立设计的作品，实现了与当地新艺术风格的分裂。它很难让熟悉这位建筑师后期作品的人联想到是出自于他之手，这件

值得一游

从伊韦尔东出发一日游

大胆查理和葛丽泰·嘉宝

壮观的格朗松堡（Château de Grandson; www.chateau-grandson.ch; Place du Château; 成人/儿童Sfr12/5; ⏲4月至10月 8:00~18:00, 11月至次年3月 至17:00）位于距离伊韦尔东5公里处的湖畔。厚重的石墙背后隐藏着几座小型博物馆。历史博物馆让人追忆起1476年初与瑞士同盟军作战的大胆查理的命运，在城堡的果园中找找捆绑被俘的勃艮第士兵的苹果树。城堡汽车博物馆的获奖展品是葛丽泰·嘉宝的白色劳斯莱斯。

山间音乐

在位于伊韦尔东西北方向20公里处的汝拉山脉高处，有从19世纪中叶就开始制作音乐盒的圣克鲁瓦（Sainte-Croix）。镇上的国际机械艺术中心（Centre International de la Mécanique d' Art, CIMA; www.musees.ch; Rue de l' Industrie 2, Sainte-Croix; 成人/儿童Sfr18/12; ⏲1.25小时 导览游 5月至10月 周二至周日 14:00和15:30, 外加7月至9月 10:30, 11月至次年4月 周二至周五 15:00, 周六和周日 14:00和15:30）记录了制作音乐盒的历史。音乐盒里面旋转的针滚筒可以拧紧和放松金属棒，让它们旋转并发出悦耳的音乐声。

罗马众神和罗马式周日

周日，驱车前往西南，参观奥尔布（Orbe; 雀巢1938年诞生的地方）及其罗马马赛克博物馆（Mosaïques Romaines d' Orbe-Boscéaz; Boscéaz; 成人/儿童Sfr6/5; ⏲6月至9月 周六和周日 10:00~18:00），建于3世纪的高卢罗马别墅的旧址上有一排展馆，里面铺设着壮观的马赛克。继续往西南方向行进8公里，小村庄罗曼莫捷（Romainmôtier）完全由克吕尼（Cluny）骑士团的罗曼莫捷修道院（Abbatiale de Romainmôtier; www.concerts-romainmotier.ch; ⏲7:00~20:00）掌管。这座引人瞩目的砂岩教堂的历史可以追溯至6世纪。

瑞士戎马生涯

德普雷吉鲁堡39-45（Fort de Pre-Giroud 39-45; www.pre-giroud.ch; 成人/儿童 Sfr15/7; ⏲7月和8月 周三至周日 11:15~17:30, 5月中旬至6月和9月至10月中旬 周六和周日 11:45~17:00）高耸于伊韦尔东西南方向31公里处的山间，外观像是老式的瑞士小屋。在"二战"期间，瑞士军队可以通过后面的地堡调动集结。导览游和博物馆可以让人了解瑞士军队的战时生活，虽然瑞士在那场战争中（相对而言）基本没受什么影响。室内寒冷，记得穿上厚实的鞋子和保暖衣物。

青蛙标本和中世纪要塞

湖畔埃斯塔瓦耶（Estavayer-le-Lac）位于伊韦尔东东北方向20公里处的纳沙泰尔湖岸边，拥有迷人的中世纪风格城镇中心，其特色是有瑞士唯一能够完全进入的要塞城墙。漫步于防御城墙里面杂乱的商店和住宅之间，逛逛奇特的青蛙博物馆（Musée des Grenouilles; www.museedesgrenouilles.ch; Rue du Musée 13, Estavayer-le-Lac），不同寻常的青蛙标本摆放在展现19世纪生活的场景中。如果是在阳光灿烂的日子里，还可以前往城镇的滨水区游泳。

现代建筑珍品孤零零地坐落在拉邵德封周边一座枝叶茂盛的小山山顶上，2004年被翻新（一些原始陈设被保留下来）。

★ **弗朗什山蒸汽火车** 铁路

（Train à Vapeur Franches Montagnes, Franches Montagnes Steam Trains; ☎032 952 42 90; www.les-cj.ch; 成人/儿童 Sfr38/22起）6月至9月，本地铁路公司Chemins de fer du Jura组织多达12班主题蒸汽列车游，可从拉绍德封前往赛涅莱日耶（Saignelégier）和格罗夫利耶（Glovelier）。

就餐

★Georges Wenger 美食店 €€€

（☎032 957 66 33；www.georges-wenger.ch；Rue de la Gare 2，Le Noirmont；品尝菜单 每人 Sfr94~250，主菜 Sfr69~74；P ❄ 📶 ✎）从拉绍德封出发，行进19公里，在Le Noirmont小车站对面享用主厨乔治·文格尔（Georges Wenger）的米其林两星盛宴，的确是不虚此行。1981年至今，这里的团队一直将值得信赖的本地时令农产品巧妙地烹制成色香味俱全的菜肴，展示出该地区丰富的美食传承。

实用信息

在**汝拉旅游局**（Jura Tourisme；☎032 889 68 95；www.chaux-de-fonds.ch；Place Le Corbusier，Espacité 1；⏲7月和8月 周一至周五 9:00~18:30，周六 10:00~16:00，其他月份 办公时间缩短）可领取介绍勒·柯布西耶的小册子，还可以自行设计一条环游参观他在城镇各处的设计作品的步行游览线路。

到达和离开

纳沙泰尔至拉绍德封（Sfr10.40，30分钟）的火车半小时1班。

波朗特吕（Porrentruy）

人口6637／海拔425米

美丽的波朗特吕几乎是位于汝拉山脉最北端的城镇。再往北走12公里就只有更小的邦库尔（Boncourt），从那儿出发，再走不远就可以穿越边境（3公里），进入法国城镇德勒（Delle）。

主街Grand Rue的两边矗立着优雅、古老的建筑，后面是城镇庞大而引人注目的13世纪的**波朗特吕城堡**（Château de Porrentruy，Chemin du Château；P）及其44米高的德里福斯圆塔（Tour de Réfous）。城堡如今作为办公场所，所以禁止入内，但你可以在内部庭院四周随意走走，近距离看看。

德迪厄酒店博物馆（Musée de l' Hôtel Dieu；☎032 466 72 72；www.museehoteldieu.ch；Grand Rue 5；成人/儿童 Sfr6/4；⏲复活节至11月中旬 周二至周日 14:00~17:00）以前是波朗特吕的医院，现在无论是图书、钟表还是医药物品，你都可以在这里看到。它是一座壮丽的巴洛克式建筑，并且有鹅卵石铺就的庭院，也是**旅游局**（☎032 466 59 59；www.porrentruy.ch；Grand Rue 5；⏲周一至周六 9:00至正午，周一至周五 14:00~17:30）的所在地。

Auberge du Mouton（☎032 535 83 57；www.dumouton.ch；Rue du Cygne 1；标单/双/套Sfr110/130/150起）的历史可以追溯至1715年，是在波朗特吕老城区中心过夜的合适住宿点。

到达和离开

有固定班次的区域列车从波朗特吕开往圣于尔萨那（Sfr5.20，10分钟）和德莱蒙（Delémont；Sfr11.40，30分钟），并继续前往比尔（Sfr28，1小时）。

从波朗特吕出发，驾车30分钟即可穿越边境，进入法国，你可以在贝尔福-蒙贝利亚尔（Belfort-Montbéliard）搭乘法国高速列车（TGV），迅速前往巴黎（€61起，2.5小时）。

塔威山谷（Val de Travers）

在塔威山谷的树林里漫步片刻（无论你是否去过该地区的酿酒厂畅饮绿色的烈酒），很容易就能明白这个地方为何被称为"仙境"（Pays des Fées）。阳光下的溪流泛着金光，河水在浅黄绿色的树荫下潺潺流淌，你甚至能够见到它们翩翩起舞，如临仙境……如今，步行和徒步小径点缀在山谷间，由于景色优美而且地势比较平坦，这里还是骑行的热门区域。

如果时间允许的话，建议参观该地区的主要村庄——有如传奇般的弗勒里耶（Fleurier；两座村庄中比较大的）或者神奇的莫捷（Môtiers），后者有美丽的城堡、酿酒厂，以及几家画廊和菜单上有苦艾酒的咖啡馆/酒吧[连蛋奶酥（soufflé）里面都有苦艾酒]。

景点

★马蹄谷 自然特色

（Creux du Van；www.creuxduvan.com；Couvet）从莫捷以东约14公里处向前走不远就到达了马蹄谷——"van"源自凯尔特语，意思是岩石。它是冰川腐蚀的产物，这堵壮观的半

值得一游

圣于尔萨那（ST URSANNE）

河畔的圣于尔萨那是汝拉最富有魅力的村庄之一，其历史可追溯到中世纪时期。这里有一座建于12世纪的雄伟哥特式参事会教堂（Église Collégiale），早在7世纪，教堂原址就是祭拜中心。教堂的南翼有一座壮观的罗马式大门和一个非常有趣的地下室。

古老的房子、16世纪落成的塔楼大门、石桥，中央小广场Place Roger Schaffter位于流经教堂的Doubs河边，有几个用餐地点。Hôtel de la Demi Lune（☎032 461 35 31；www.demi-lune.ch；Rue Basse 2；主菜Sfr22~45）有10间房间和临河露台，这里薄脆可口的火焰苹果挞（apple tartes flambées）是必吃美食。

汝拉旅游局（Jura Tourisme；☎032 420 47 73；Place Roger Schaffter；⌚周一至周五10:00至正午和14:00~17:00，周六和周日 10:00~16:00）提供皮划艇、独木舟和徒步游的相关信息。圣于尔萨那火车站位于城镇上方的山坡上，有班次频繁的直达列车开往波朗特吕（Sfr5.20，10分钟）。

月墙隔断了连绵不绝的郊野：试着想象一条1公里长、440米深的深沟吧。当你从上面的田野靠近的时候，巨大的峡谷似乎不知从哪儿冒了出来，如梦似幻。

★苦艾酒博物馆 博物馆

（Maison de l' Absinthe；☎032 860 10 00；www.maison-absinthe.ch；Grande Rue 10，Môtiers；成人/儿童 Sfr10/8；⌚周二至周六10:00~18:00，周日 至17:00）你可以在这座时髦的博物馆中了解苦艾酒（然后在后面的酒吧里品尝这种烈酒）。这里介绍了苦艾酒（有些人的说法是“令人迷幻的酒”）的历史，其中包括它对18世纪具有革命性的一些艺术家和作家的影响，及其在全球被禁的情况。

住宿

★Ecohotel L' Aubier 农场住宿 €€

（☎032 732 22 11；www.aubier.ch；Les Murailles 5，Rochefort；标单/双 Sfr140/180起；P 📶）这个令人心旷神怡的绿色住宿场所隐藏在Montezillion的一个生物动力农场内，位于纳沙泰尔西南方向8公里处。你可以在强光照射下的现代房间里观察吃草的牛群，用它们的奶和胡萝卜汁混在一起可以制作胡萝卜奶酪。

实用信息

旅游信息办公室（Tourist Information Office；☎032 886 43 00；www.val-de-travers.ch；Place de la Gare 1，Noiraigue；⌚8:00~18:00）塔威山谷的旅游信息办公室位于村庄努雷格（Noiraigue）。

到达和离开

本地列车从纳沙泰尔向前行驶进入塔威山谷。你可能感兴趣的站点有莫捷（Sfr8.20，40分钟）和弗勒里耶（Sfr8.40，45分钟）。

自驾或骑行探索这片奇妙山谷及位于更远处的汝拉山脉的诸多景观是个不错的主意。

中部高地

包括➡

伯尔尼 112
埃蒙塔尔 122
索洛图恩 123

最佳就餐

- Terrasse & Casa（见119页）
- Kornhauskeller（见120页）
- Cantinetta Bindella（见125页）
- Landgasthof Sommerhaus（见123页）

最佳住宿

- Bellevue Palace（见119页）
- Hotel Schweizerhof（见119页）
- Hotel Möschberg（见123页）
- Holiday Inn Bern West（见118页）
- SYHA Hostel Solothurn（见124页）

为何去

伯尔尼位于中部地区的中心，很少有人能够意识到这座闲适的城市其实是瑞士的首都。大多数人都会误以为这个头衔属于日内瓦或苏黎世。那可不对。

1848年，政客们曾为彼时混乱不堪的瑞士联邦定都这一问题绞尽脑汁，而位于中部地区小小的伯尔尼似乎是个理所应当的选择：日内瓦太法国化了，苏黎世的德国味儿又太重，伯尔尼则刚刚好。它还有如童话般的建于15世纪的伯尔尼老城（已经被列入世界遗产名录）：由石头堆砌而成的排屋建筑、带有顶棚的购物廊街、钟楼、铺满鹅卵石的街道，以及悠闲从容的氛围。

如果将伯尔尼的历史文化景观和财富暂且放在一旁，你还会发现周围的乡村景色也跟首都一样美丽迷人：埃蒙塔尔的村庄和农场出产奶酪——只要你试吃一下，就会发现只有瑞士才有这么美味的奶酪；索诺图恩是瑞士最吸引人的巴洛克式城镇。不妨按照计划在这里逗留几日吧。

何时去

- 夏季天气温暖甚至炎热，蔚蓝的天空下绵延数公里葱翠碧绿的草地上散落着星星点点的牛群，是这里的常景。
- 秋天，在埃蒙塔尔红色农舍的背景映衬下，树叶美得特别耀眼。
- 冬季，你将有机会体验伯尔尼两大出色的圣诞市场，还可以品尝烫热的葡萄酒和Treberwurst——吃完这种当地香肠你会感受到一种如同喝了酒的后劲儿。

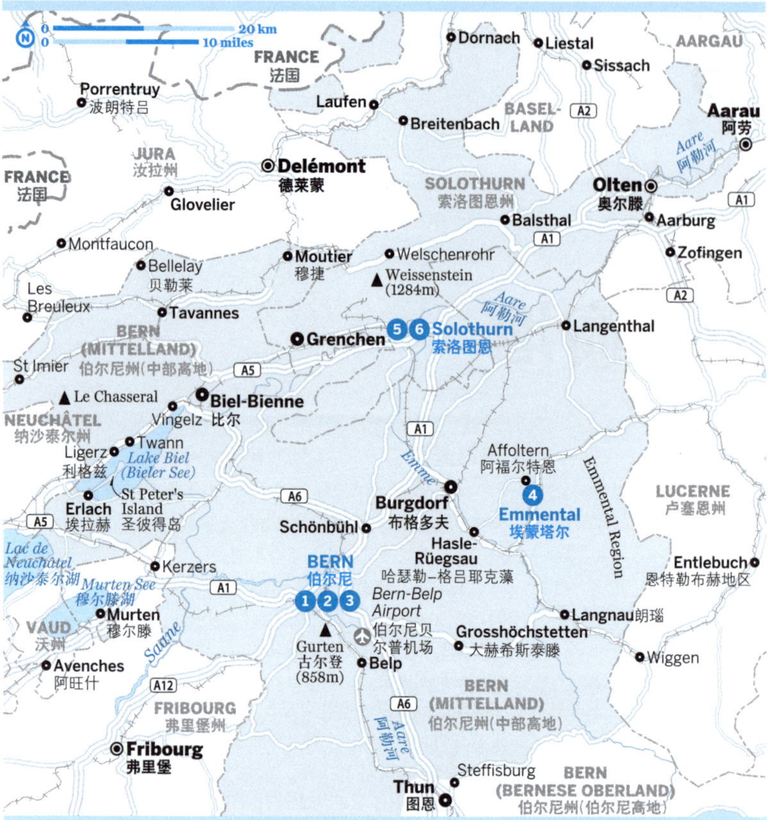

中部高地亮点

❶ **伯尔尼老城**（见113页）沿着鹅卵石街道悠闲地漫步于**伯尔尼**保存完好的美丽老城区。

❷ **通信博物馆**（见113页）在**伯尔尼**追忆不久以前智能手机尚未主宰世界的时代。

❸ **伯尔尼历史博物馆**（见113页）置身于这座具有教育意义的博物馆中，了解爱因斯坦的天纵奇才。

❹ **埃蒙塔尔展示型乳品厂**（见122页）吃掉跟自己体重一样重的奶酪，然后在**埃蒙塔尔**参观奶酪的制作过程（按照顺序）。

❺ **圣乌尔斯大教堂**（见124页）无论你信仰何种宗教，都可以在**索诺图恩**令人赞叹不已的大教堂用片刻时间来思考灵性。

❻ **美术馆**（见124页）前往**索诺图恩**布置得体的美术馆，锻炼自己的艺术鉴赏能力。

伯尔尼（Bern）

人口141,762 / 海拔540米

如果你漫步在风景如画并且被列入了联合国教科文组织世界遗产目录的伯尔尼老城，感受这里悠闲放松的乡村氛围，肯定很难相信伯尔尼（在法语中是Berne）竟然是瑞士的首都，然而事实就是如此。

伯尔尼的市中心旗帜飘扬，地上铺满鹅卵石。这座于1405年那场毁灭性的大火之后重建的城市采用特别的灰绿色砂岩，给人以视觉上的美感。廊街长达6公里，有众多酒窖商店和酒吧，各种奇形怪状的民俗雕像嬉戏于16世纪的喷泉之上。你也可以在四周的群山之上看到同样迷人的景色，俯瞰排列在阿勒河（Aare River）沿岸的半岛状地带上的连绵起伏的红色屋顶。

简而言之，每次来到伯尔尼都会给你带来许多诱惑和惊喜。这里的博物馆特别棒，酒吧活力四射，当地人也十分乐意在著名的轻快方言、教科书式的法语、高地德语和英语这几种语言之间不断切换——所有这一切都在证明伯尔尼除了是官方机构的聚集地外，还有很多好玩的地方。

景点

★伯尔尼老城　街区

（Berner Altstadt, Bern Old Town）伯尔尼旗帜飘扬的中世纪中心有长度为6公里的廊道，还有顺着街道向下延伸的地下商店和酒吧。1405年遭受了一场毁灭性的火灾以后，原有的木制城市经过重建成为如今的砂岩结构城市。伯尔尼的钟楼是备受瞩目的亮点；人们聚集在这儿观看玩偶在整点时旋转4分钟，然后开始报时。5月至10月，进入钟楼参加的团队游的旅客可以见到钟表的机械装置；可联系旅游局，了解详细信息。

同样吸引人的还有11座装饰性的温泉（修建于1545年），描绘了历史和传说人物。大多数温泉都位于Marktgasse与Kramgasse和Gerechtigkeitsgasse相连的一带，但最著名的温泉——食人魔喷泉（见117页；一个巨人正在吃小孩儿）——位于粮仓广场（Kornhausplatz）。15世纪的哥特式大教堂（见115页）内部的一段有344级台阶的步行路通向高耸的尖顶，这是瑞士最高的尖顶。这里的风景值得你爬上去看看，俯瞰阿勒河和中世纪城镇层层叠叠的屋顶，景色令人心醉。

★钟楼　塔

（Zytglogge, Marktgasse）这座华美的钟楼是伯尔尼老城最著名的城市标志，也曾是伯尔尼西城门（1191~1256年）的前身。成群结队的人赶来这里观看塔中的小人在每一整点前的4分钟开始旋转着报时，随后开始敲钟。在5月到10月，团队游游客也可以进入钟楼内部参观机械装置。可联系旅游局以询问更多细节。据说当年爱因斯坦在伯尔尼专利办公室工作时，这座钟楼曾助他一臂之力，加快了相对论的发现过程。

★通信博物馆　博物馆

（Museum für Kommunikation, Museum of Communication; ☎031 357 55 55; www.mfk.ch; Helvetiastrasse 16; 成人/儿童 Sfr15/5; ⏲周二至周日 10:00~17:00）伯尔尼的通信博物馆刚刚经过大规模的翻新和扩建，并于2017年8月重新开放。展览空间的面积将近2000平方米，这里有前卫的互动体验站，可以探究人类通讯的发展过程及原因，重点是科技在我们的彼此交流中所起到的作用。在这里你将有望见到引人入胜并且可以亲自体验的高科技互动展览，另外还有博物馆收藏的经典复古手机和电脑，非常奇妙。

★保罗·克利中心　博物馆

（Zentrum Paul Klee; ☎031 359 01 01; www.zpk.org; Monument im Fruchtland 3; 成人/儿童 Sfr20/7; ⏲周二至周日 10:00~17:00）作为古根海姆博物馆（Guggenheim）在伯尔尼的分馆，意大利建筑师伦佐·皮亚诺（Renzo Piano）大胆地把这里设计成150米长的波浪形现代派建筑杰作。展览馆内轮换展示保罗·克利在其惊人又有趣的绘画生涯中创作的作品。交互式电脑显示屏和语音导览会帮助你理解这位瑞士籍画家的作品。隔壁趣味横生的**Creaviva儿童博物馆**（Kindermuseum Creaviva; ☎031 359 01 61; www.creaviva-zpk.org; Monument im Fruchtland 3; ⏲周二至周日 10:00~17:00; 👪）**免费**让孩子们有机会尝试策划并亲手布置艺术作品展，或是参观在周末开放的**五法郎工作室**（Five Franc Studio; www.creaviva-zpk.org/5-franc-studio; Zentrum Paul Klee; Sfr5; ⏲周六和周日 10:00~16:30; 👪），用工作室里的材料制作原创的艺术品。从Bubenbergplatz开出的12路公共汽车可直达该博物馆。

★伯尔尼历史博物馆　博物馆

（Historisches Museum Bern, Bern Historical Museum; ☎031 350 77 11; www.bhm.ch; Helvetiaplatz 5; 成人/儿童 Sfr13/4，含爱因斯坦小屋

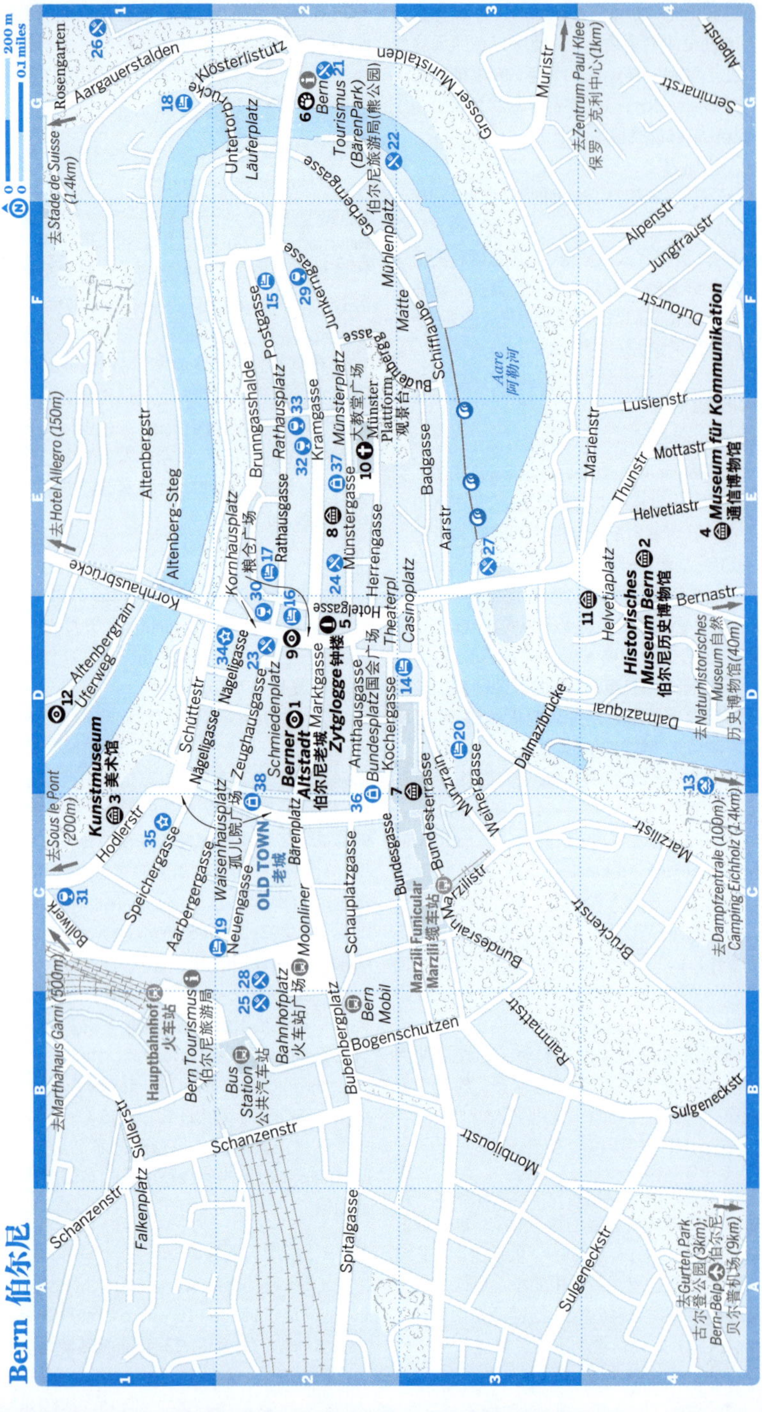

Bern 伯尔尼
OLD TOWN 老城
Berner Altstadt 伯尔尼老城
Zytglogge 钟楼
Kunstmuseum 美术馆
Historisches Museum Bern 伯尔尼历史博物馆
Museum für Kommunikation 通信博物馆
Münster 大教堂
Münsterplatz 大教堂广场
Münster Plattform 观景台
Bundesplatz 国会广场
Kornhausplatz 粮仓广场
Waisenhausplatz 孤儿院广场
Bahnhofplatz 火车站广场
Hauptbahnhof 火车站
Bern Tourismus 伯尔尼旅游局
Bern Tourismus (BärenPark) 伯尔尼旅游局(熊公园)
Bus Station 公共汽车站
Marzili Funicular Marzili缆车站
Bern Mobil
Moonliner
Aare 阿勒河
去Stade de Suisse (1.4km)
去Hotel Allegro (150m)
去Sous le Pont (200m)
去Marthahaus Garni (500m)
去Zentrum Paul Klee 保罗·克利中心(1km)
去Naturhistorisches Museum 自然历史博物馆(40m)
去Dampfzentrale (100m); Camping Eichholz (1.4km)
去Gurten Park 古尔登公园(3km); Bern-Belp 伯尔尼贝尔普机场(9km)
Aargauerstalden
Rosengarten
Klösterlistutz
Untertorbrücke
Läuferplatz
Gerberngasse
Grosser Muristalden
Muristr
Alpenstr
Seminarstr
Jungfraustr
Dufourstr
Lusienstr
Mottastr
Marienstr
Thunstr
Helvetiastr
Helvetiaplatz
Bernastr
Dalmaziquai
Dalmazibrücke
Marzilistr
Brückenstr
Bundesrain
Raimattstr
Sulgeneckstr
Monbijoustr
Altenbergstr
Altenberg-Steg
Altenbergrain
Uferweg
Kornhausbrücke
Schüttestr
Nägeligasse
Hodlerstr
Speichergasse
Aarbergergasse
Neuengasse
Zeughausgasse
Schmiedenplatz
Bärenplatz
Marktgasse
Amthausgasse
Kochergasse
Bundesgasse
Bundesterrasse
Münzrain
Weihergasse
Schauplatzgasse
Bubenbergplatz
Bogenschutzen
Spitalgasse
Schanzenstr
Falkenplatz
Sidlerstr
Bollwerk
Brunngasshalde
Postgasse
Rathausplatz
Rathausgasse
Kramgasse
Junkerngasse
Münstergasse
Herrengasse
Theaterpl
Casinoplatz
Hotelgasse
Badgasse
Aarstr
Schifflaube
Matte
Mühlenplatz
Budenberg
Postgasse
0 200 m
0 0.1 miles

Bern 伯尔尼

重要景点

1 伯尔尼老城 D2
2 伯尔尼历史博物馆 E4
3 美术馆 C1
4 通信博物馆 E4
5 钟楼 D2

景点

6 熊公园 G2
7 国会大楼 D3
8 爱因斯坦小屋 E2
9 食人魔喷泉 D2
10 大教堂 E2
11 瑞士阿尔卑斯山博物馆 D4
12 大学植物园 D1

活动、课程和团队游

Hammam & Spa （见20）
13 Marzili Pools D4

住宿

14 Bellevue Palace D3
15 Hotel Belle Epoque F2
16 Hotel Glocke Backpackers Bern D2
17 Hotel Goldener Schlüssel E2
18 Hotel Landhaus G1
19 Hotel Schweizerhof C2
20 SYHA Hostel D3

就餐

21 Altes Tramdepot G2
22 Cinématte Restaurant G2
Fugu Nydegg （见15）
23 Kornhauskeller D2
24 Metzgerstübli E2
25 Namamen B2
26 Restaurant Rosengarten G1
27 Terrasse & Casa E3
28 Tibits C2

饮品和夜生活

29 Alpin F2
30 Café des Pyrénées D2
31 Kapitel Bollwerk C1
32 Marta E2
33 Volver E2

娱乐

Bern Ticket （见34）
Cinématte （见22）
34 Konzerttheater Bern D2
35 Turnhalle C1

购物

36 伯尔尼圣诞集市 C2
37 Holz Art E2
38 Markt Bern C2

Sfr18/8；⏲周二至周日 10:00~17:00）这栋如同城堡一般的大楼是Helvetiaplatz周边的几家博物馆中最棒的一个，里面的壁毯、折合式双连画和其他珍品生动地描述了伯尔尼从石器时代到20世纪的历史。对于很多人来说，这里的亮点在二楼，专门展示关于爱因斯坦的一流永久性展览。

★美术馆 博物馆

（Kunstmuseum, Museum of Fine Arts；☎031 328 09 44；www.kunstmuseumbern.ch；Hodlerstrasse 8-12；成人/儿童 Sfr7/免费；⏲周二 10:00~21:00，周三至周日 至17:00）伯尔尼的美术博物馆里收藏着瑞士最古老的永久性藏品，从文艺复兴早期弗拉·安杰利科（Fra Angelico）创作的精美画作《圣母与圣子》（*Madonna and Child*）到19~20世纪霍德勒、莫奈和毕加索等艺术家的作品都有。

爱因斯坦小屋 博物馆

（Einstein-Haus Bern；☎031 312 00 91；www.einstein-bern.ch；Kramgasse 49；成人/学生 Sfr6/4.50；⏲2月中旬至3月 周一至周六 10:00~17:00，4月至12月中旬 每天 10:00~17:00）这座小小的博物馆坐落于爱因斯坦和其家人曾住过的简陋公寓里，当时他在伯尔尼专利办公室工作。博物馆内有一段时长20分钟的传记纪录片，讲述爱因斯坦的生平。展品追溯了爱因斯坦发现质能守恒方程$E=mc^2$的过程，以及他人生中一些悲惨酸楚的插曲。

大教堂 天主教堂

（Münster；www.bernermuenster.ch；Münsterplatz 1；塔 成人/儿童 Sfr5/2；⏲4月至10月中旬 周一至周六 10:00~17:00，周日 11:30~17:00；10月中旬至次年3月 周一至周五 正午至16:00，周六 10:00~17:00，周日 11:30~16:00）伯尔尼这座建于15世纪的哥特式大教堂是瑞士最高

熊公园（BÄRENPARK）

关于伯尔尼名字的由来，有一个较为流行的说法：据说熊是柴林根公爵（duke of Zähringen）Berthold V——也就是这座城市的创建者——在这里首次狩猎时捕获的动物，于是该城便以“熊”（德语为Bär）命名。使人不安的是城中一直保留着3.5米深的拥挤的熊坑，直到2009年才被改建成如今这个宽敞的开放式亲水公园，面积达到如今的6000平方米，园中树木葱葱，露台点点，三头熊自由自在地嬉戏其中。

熊公园（Bear Park；☎031 357 15 25；www.baerenpark-bern.ch；Grosser Muristalden 6；⏲9:30~17:00）**免费**位于Nydeggbrücke的东端。运气好的话，你能看到三头大熊——菲恩（Finn）、比约克（Björk）和乌西娜（Ursina）——在树林中嬉戏、游泳、进食、排泄。它们的一切活动都听从自然指示（差不多是这样）。冬天的时候，这里显然就安静多了，因为熊都在冬眠。倾斜式电梯可以让人毫无阻碍地进入阿勒河畔的步行道，到达陡峭围墙的顶端。

几个世纪以来，伯尔尼和熊结下了不解之缘：从1224年开始，这座城市的纹章就是以一头黑熊为主图；1513年以来，瑞士首都附近的熊公园就开始饲养欧亚混血的棕熊。500多年以来，熊公园一直是这座城市的主要景观。1857年投入使用的这座熊公园虽然已是硕果仅存，但园内条件并非直到20世纪末才遭到瑞士动物保护组织（Swiss Animal Protection）等机构的诟病。对3.5米深的狭小围场的谴责迫使伯尔尼面对一个无法逃避的矛盾：在熊的历史重要性和对它们的人道待遇之间寻求平衡。为了改善熊的生存条件，熊公园增加了新的水池、山洞和阴凉区域，可是，随着2009年佩德罗（Pedro；生活在围场中的最后一头熊）的安乐死，这似乎成为历史悠久的熊公园命运的隐喻——它们的时代结束了。

随着瑞士通过保护圈养动物的新立法，6000平方米的巨型熊公园开始动工。新围场耗资2450万瑞士法郎，到处都是游泳池，为菲恩、比约克和乌西娜提供了尽可能接近它们正常栖息地的环境（只是多了一些拿着相机拍照的游客）。在公园门口还能见到过去那座熊公园的场地。

禁止游客喂熊；按照季节提供的食物都被藏在公园的树林、灌木和洞穴中，需要它们自己寻找。虽然这里没有中世纪瑞士中部野熊栖息的山毛榉林那样理想的环境，但协助规划熊公园的伯尔尼国立动物园（Tierpark Dählhölzli）最终还是为伯尔尼的这些最著名的居民保留了些许风彩。

的尖顶教堂（高100米），从门口盘旋而上的344级台阶会带你到高塔顶端俯瞰令人目眩的城市景色。下来时你可以在两个钟楼**Upper Bells**（建于1356年）——每天11:00、正午和15:00三个时间会报时——和3个重达10吨的**Lower Bells**（瑞士最大的钟）稍作停留。不要错过教堂大门，上面雕刻的文字描述了《**最后的审判**》中的场景：伯尔尼的市长升入天堂，而他的苏黎世对手则被贬入地狱。随后你可以漫步穿过毗邻的大教堂**观景台**（Münsterplattform），这片位于悬崖顶部的公园小巧玲珑，还有一座向阳的露台咖啡馆。

自然历史博物馆 博物馆

（Naturhistorisches Museum；☎031 350 71 11；www.nmbe.ch；Bernastrasse 15；成人/儿童 Sfr8/免费；⏲周一 14:00~17:00，周二至周五 9:00~17:00，周六和周日 10:00~17:00）伯尔尼自然历史博物馆靠近Helvetiaplatz，其中一大特色是已经被虫蛀得一塌糊涂的“巴里”（Barry）剥制标本，这只著名的19世纪圣伯纳搜救犬是公众最喜爱的展品之一，追溯了瑞士阿尔卑斯山脉间的圣伯纳犬的历史，其中还详细叙述了关于巴里的一些传奇故事（也就是说不一定都是事实）。

瑞士阿尔卑斯山博物馆 博物馆

（Schweizerisches Alpines Museum；☎031 350 04 40；www.alpinesmuseum.ch；Helvetiaplatz 4；成人/儿童 Sfr14/6；⏲周二至周日 10:00~

17:00）瑞士阿尔卑斯山的博物馆举办了一些特别的展览，其中关于地形图的永久收藏品和阿尔卑斯山的登山展都处于保密状态。

食人魔喷泉 喷泉

（Kindlifresserbrunnen, Ogre Fountain; Kornhausplatz）伯尔尼有11处建于16世纪的装饰性喷泉，向人们娓娓讲述着历史和民间故事。其中最有名的便是食人魔喷泉，描述的是一只巨兽吃小孩子的可怕故事！其他几座喷泉位于Marktgasse两边，沿此路转入Kramgasse和Gerechtigkeitsgasse即可到达。

国会大楼 历史建筑

（Bundeshaus; ☎031 322 85 22; www.parliament.ch; Bundesplatz; ⏲团队游 周一至周五 11:30和15:00，周六 11:30、14:00和15:00）免费 佛罗伦萨风格的联邦国会大楼（建于1902年）是瑞士联邦议会大厦的所在地，内有瑞士开国者的雕像。彩绘玻璃穹顶上装饰着各州的徽章，还挂着一个由214个灯泡组成的枝形吊灯。议会休会期间有全程为45分钟的团队游（英文解说；每隔一周的周六14:00；提前预约）。议会会议期间，携带正式的身份证明可在公众旁听席观看。邻近的国会广场（Bundesplatz）上有一个喷泉，26座华丽的喷泉分别代表26个联邦州。这里是最适合孩子们的夏日游乐场。

古尔登公园 公园

（Gurten Park; ☎031 961 23 23; www.gurtenpark.ch; Gurten; 古尔登缆索铁路 单程/来回 成人 Sfr6/10.50，儿童 Sfr3/5.50; ⏲古尔登缆索铁路 周一至周六 7:00~23:30，周日 至20:00）这座小山峰位于城南3公里处，是极佳的户外清静之地。这里有几家餐厅、一条微型铁路、一些自行车道和冬季雪橇道，还有一个夏季马戏团和探险游乐场等设施。当你沿着有清晰标记的小径徒步下山（大约需要1小时）的时候，可以欣赏沿途的美景。前往古尔登山请乘坐Wabern方向的9路有轨电车，在Gurtenbahn站下车，然后乘坐古尔登缆索铁路（Gurten funicular）登顶。

大学植物园 花园

（University Botanical Garden; ☎031 631 49 45; www.botanischergarten.ch; Altenbergrain 21; ⏲3月至9月 8:00~17:30，10月至次年2月 至17:00）免费 在Lorrainebrücke北端的尽头有一段台阶通往大学植物园。这片植物园位于河边，里面有大量绿植标本可供观赏，还有几间温室。

活动

Marzili Pools 游泳

（www.aaremarzili.ch; ⏲6月至8月 8:30~20:00，5月和9月 至19:00）免费 这个户外游泳池长达25米，位于阿勒河边上。如果你想在夏日被晒黑，和当地人一起在广阔的草坪、桌上足球台和日光浴躺椅上放松身心，这是便是最佳场所。

Hammam & Spa 土耳其浴

（www.hammam-bern.ch; Weihergasse 3; 门票 Sfr45，疗法另外收费; ⏲周一、周二、周四和周五 9:00~21:30，周三 13:00~21:30，周六和周日 10:00~20:00）伯尔尼的土耳其蒸汽浴室位于一栋引人注目的八边形建筑内。这个有如一千零一夜故事中的环境是帮你减压的好地方。周二只对女士开放。

节日和活动

★伯尔尼圣诞集市 圣诞集市

（Berner Weihnachtsmarkt, Christmas Markets; Waisenhausplatz & Münsterplatz）12月，伯尔尼的圣诞集市在孤儿院广场（Waisenhausplatz）和大教堂广场（Münsterplatz）举行，出售漂亮的手工商品，还有机会心满意足地喝上一两杯烫热的葡萄酒（glühwein），是一件真正的乐事。

伯尔尼街头音乐节 音乐

（Buskers Bern; www.buskersbern.ch; ⏲8月上旬）在为期3天的街头音乐节期间，来自全球的艺术家们涌入伯尔尼老城。

古尔登摇滚音乐节 音乐

（Gurten Rock Festival; www.gurtenfestival.ch; Gurtenkulm; ⏲7月中旬）这个不间断的非主流系列表演是伯尔尼最隆重的夏季活动。尽早买票。

伯尔尼爵士音乐节 音乐

（Jazz Festival Bern; www.jazzfestivalbern.

ch; ⌚3月中旬至5月)这里会举办当地和国际爵士、蓝调和灵魂乐表演。

住宿

Holiday Inn Bern West
酒店 €

(☎031 985 24 00; www.holidayinn.com; Riedbachstrasse 96; 双 Sfr149起; P ❄ 📶)这家超过一般水准的Holiday Inn毗邻购物中心和水上公园，如果你带孩子旅行，这里是个可供选择的理想的住宿。它位于城外约7公里处，但伯尔尼布伦嫩西区(Bern Brünnen Westside)火车站就在对面。抵达酒店时，你可以领取一张入住期间使用的免费乘车卡。

Marthahaus Garni
酒店 €

(☎031 332 41 35; www.marthahaus.ch; Wyttenbachstrasse 22a; 标单/双 Sfr125/160起，不带浴室 Sfr78/125起; 🚭 @ 📶)这栋五层楼的建筑位于一个树木茂盛的住宅区，给人的感觉就是个热情友好的寄宿公寓。简单干净的房间里有大面积留白，装饰着少量几件现代艺术品。旅客可以使用厨房里的厨具。

Camping Eichholz
露营地 €

(☎031 961 26 02; www.campingeichholz.ch; Strandweg 49, Wabern; 露营地 每个成人/儿童/帐篷 Sfr12/7.50/10; 📶)长满青草的大片露营地紧挨着伯尔尼最受欢迎的泳池，因此在温暖的天气里会是很有吸引力的地方。乘坐9路有轨电车到Wabern，然后朝着河流的方向步行10分钟即可到达。

SYHA Hostel
青年旅舍 €

(☎031 326 11 11; www.youthhostel.ch/bern; Weihergasse 4; 铺 Sfr38~42，标单/双 Sfr67/111; ⌚前台 7:00至正午和14:00至午夜; 🚭 @ 📶)这家青年旅舍位于河边，地理位置优越，布置有序，房间一尘不染，露台绿荫蔽日。此外还提供超棒的早餐、物有所值的午餐和晚餐。从火车站走过来很方便，步行10分钟就到；从议会大楼可步行下山或者乘坐索道铁路。

Hotel Glocke Backpackers Bern
青年旅舍 €

(☎031 311 37 71; www.bernbackpackers.com; Rathausgasse 75; 铺/双 Sfr37/144起，标单/双 不带浴室 Sfr76/120; ⌚前台 8:00~11:00和15:00~22:00; 🚭 @ 📶)现代化的卧室里最多可以放6张床，浴室干净整洁，还有不错的厨房、洗衣房设施和适合社交的休息室，位于老城的最佳地段。因此，这里成了很多背包客的首选，不过，来自街道的噪声有可能会让睡眠浅的房客感到很心烦。

Max Aviation Apartments
公寓 €

(☎031 901 32 28; www.maxav.immobilien; Alleeweg 15; 公寓 Sfr109起; P 📶)在房费昂贵的伯尔尼，选择受欢迎的独立公寓性价比很高，而且住宿空间更大。公寓装修标准良好，装饰风格雅致，家庭便利设备齐全。停车每晚额外收费Sfr16。

Hotel Landhaus
酒店 €

(☎031 348 03 05; www.landhausbern.ch; Altenbergstrasse 4; 铺/标单/双 Sfr38/115/160起; P 🚭 @ 📶)这家经营有方的波希米亚式酒店面向河流和老城教堂的尖塔，提供各种时髦的六床位宿舍、家庭房和双人房。底楼热闹的咖啡馆和露台总是能吸引一大批兴高采烈的顾客前来。入住宿舍的房客需另外为早餐(独立房间的费用中已包含早餐)支付Sfr10。

Hotel Belle Epoque
酒店 €€

(☎031 311 43 36; www.belle-epoque.ch; Gerechtigkeitsgasse 18; 标单/双 Sfr180/250起; 🚭 @ 📶)这个充满浪漫气息的老城酒店坐落在伯尔尼主要的拱廊购物大道边上，地理位置十分便利。酒店中的家具是奢华的新艺术派风格。为了最大限度地体现欧洲美好年代的设计理念，电视机都被收在汽船行李箱式样的橱柜里。

Hotel Goldener Schlüssel
酒店 €€

(☎031 311 02 16; www.goldener-schluessel.ch; Rathausgasse 72; 标单/双 Sfr148/190起; 📶)这家酒店有500年的悠久历史，就在老城中心，经过翻新的房间舒适度极佳。

Hotel Allegro
商务酒店 €€

(☎031 339 55 00; www.kursaal-bern.ch; Kornhausstrasse 3; 标单/双 Sfr189/278起; ❄ @ 📶)这栋酷炫的现代化窄弧形建筑位于老城中的阿勒河对面。在起居室里可以看到绝妙的风景，还有几个极佳的餐饮点可供选择。位于7楼的顶层豪华套房是对画家保罗·克利的颂歌。

★ Bellevue Palace 豪华酒店 €€€

(☎031 320 45 45; www.bellevue-palace.ch; Kochergasse 3-5; 标单/双 Sfr329/440起; P 📶) Bellevue Palace曾经一度是伯尔尼唯一的一家五星级酒店，因此旅客名单上有很多大亨名流，例如纳尔逊·曼德拉（Nelson Mandela）。这家酒店看上去金碧辉煌，但又带有恰如其分的低调。古典时期的古玩和周到的服务会让你觉得自己是王室成员。这家酒店的装饰建筑风格复古，但并非破败，而是有一种“老旧时尚”(shabby-chic)的雅致风格。

★ Hotel Schweizerhof 精品酒店 €€€

(☎031 326 80 80; www.schweizerhof-bern.ch; Bahnhofplatz 11; 标单/双 Sfr289/329起; P ❄ @ 📶) 这家时髦的五星级酒店给你带来奢华的居住体验，设施便利，服务一流，是一处非常适合商旅人士和观光游客的住宿场所，而且距离火车站非常近。

就餐

★ Namamen 拉面 €

(☎031 311 83 03; www.namamen.ch; Schanzenstrasse 4; 拉面 Sfr16起; ⊙11:00~22:30) 这里的特色美食是经过欧式改良的正宗的日本拉面，环境时髦。菜肴便宜又美味，又何须他求呢?

Tibits 素食 €

(☎031 312 91 11; www.tibits.ch; Gurtengasse 3; 每100克 Sfr3.50起; ⊙周一至周三 6:30~23:30, 周四至周六 至午夜, 周日 8:00~23:00) 这家素食自助餐厅位于火车站里面，在一天之中的任何时刻你都可以在这吃一顿省时又健康的饭菜。自己选菜、称重、付钱。外卖点餐的价钱会比在店内用餐稍微便宜一点。

★ Terrasse & Casa 瑞士菜 €€

(☎031 350 50 01; www.schwellenmaetteli.ch; Dalma-ziquai 11; 主菜 Sfr20~64; ⊙Terrasse 周一至周六 9:00至次日12:30, 周日 10:00~23:30, Casa 周一至周五 正午至14:30和18:00~23:30, 周六 18:00~23:30, 周日 正午至23:00) 这个双子餐馆有个绰号叫“伯尔尼海滨度假胜地”，阿勒河边的优越地理环境宛若天堂。Terrasse是一座由玻璃打造而成的小房子，带有一个建在水面上的木质甲板，还有俯瞰着拦河坝（晚上有彩灯装饰）的日光浴椅，以及舒适的沙发座位。这里是享用周日早午餐、小酌一杯，或者尝尝周三两道菜午餐特选套餐的理想场所。隔壁的Casa则体现出惬意的乡村风格，供应意大利佳肴。

Altes Tramdepot 瑞士菜 €€

(☎031 368 14 15; www.altestramdepot.ch; Grosser Muristalden 6, Am Bärengraben; 主菜 Sfr18~46; ⊙周一至周五 11:00至次日0:30, 周六和周日 10:00起) 这家空旷的微酿啤酒作坊中，可口的瑞士特色菜与炒菜任君选择。微酿啤酒大受欢迎：品尝3种收费Sfr10.90，品尝4种的费用则为Sfr14.60，5种为Sfr18.20。

Cinématte Restaurant 瑞士菜 €€

(☎031 312 21 22; www.cinematte.ch; Wasserwerkgasse 7; 主菜 Sfr31~47; ⊙周四至周一 18:00~21:00) 这家时髦的小餐馆中有令人备感惬意的木甲板，可以俯瞰阿勒河的景色，瑞士特色的菜单总会更新。

Fugu Nydegg 亚洲菜 €€

(☎031 311 51 25; www.fugu-nydegg.ch; Gerechtigkeitsgasse 16; 主菜 Sfr26~44; ⊙周一至周五 11:30~14:00和17:00~23:00, 周六 11:30至午夜, 周日 至22:00; 📶) 如果你特别想吃曼谷式金边粉（pad thai; 泰式炒粉）、日式冷面或者泰式鱼饼，那么Fugu绝对切合你的需要。有两个用餐地点可以选择：环境清新而酷炫的店内或是门前的露天座位。

Metzgerstübli 欧洲菜 €€

(☎031 311 00 45; www.metzgerstübli.ch; Münstergasse 60; 3道菜 晚餐 Sfr85, 主菜 Sfr15~49; ⊙周二至周五 10:00~23:00, 周六和周日 7:00至正午和17:00~23:30) 这家温馨的餐馆位于老城区，友好的员工会提供一份涵盖了标准欧洲菜肴的菜单：肉、鱼和意大利面，菜肴精美；晚餐时间供应的套餐物超所值。

Restaurant Rosengarten 欧洲菜 €€

(☎031 331 32 06; www.rosengarten.be; Alter Aargauerstalden 31b; 主菜 Sfr20~46;

不要错过

伯尔尼的洋葱市场

每年11月的第4个周一是传说中的**洋葱市场**(Onion Market; ⌚11月)开市的日子，集市的商人们占领了伯尔尼：600多个货摊售卖用洋葱精心编织的辫子、绳子，还有洋葱馅饼和雕塑，以及其他美味的当地特产。根据民间传说，洋葱市场的历史可以追溯至1405年的那场大火，弗里堡州的农民赶来帮助伯尔尼人民重建城市，作为回报，他们得到允许可以在伯尔尼出售农产品。

事实上，洋葱市场很可能起源于圣马丁节(Martinmas)，这个中世纪的节日是为了庆祝冬季的开始。不管传说如何，洋葱市场都是纯粹的狂欢作乐的完美借口，街头艺人点燃了狂欢气氛，人们到处闲逛，抛洒着五彩纸屑，手握吱吱作响的塑料锤子，互相敲打脑袋。

⌚9:00至午夜)这家餐厅高踞于山顶，边上就是伯尔尼玫瑰园(Bern's rose garden)。暖和的日子里在这儿用餐真的很棒，你可以坐在露台上，欣赏山下的全景。菜单涵盖了多国菜肴，从普罗旺斯烤猪排(pork cutlets)到希腊酸奶黄瓜酱配腌羊肉(marinated lamb with tzatziki)，应有尽有。

★Kornhauskeller

地中海菜 €€€

(☎031 327 72 72; www.bindella.ch; Kornhausplatz 18; 主菜 Sfr24~58; ⌚11:45~14:30和18:00至次日0:30)楼上曾经是伯尔尼华丽的粮仓，有满是湿壁画的拱廊，如今这里变成了供应地中海菜肴的地窖餐厅，可以为你提供精致餐点。衣着考究的客人们坐在夹层楼厅古老的彩绘玻璃窗边，小口抿着鸡尾酒。在隔壁繁忙的咖啡馆里，顾客们则坐在街边露台上，边晒太阳边吃午餐。

饮品和夜生活

★Kapitel Bollwerk

酒吧

(☎031 311 60 90; www.kapitel.ch; Bollwerk 41; ⌚周二和周三 11:00~23:30，周四至次日3:30，周五至次日5:00，周六 16:00至次日6:00)这家获奖餐厅白天为商务人士提供清淡健康的午餐，到了晚上则摇身一变成为一家酒吧，因其精明的酒保和无比繁多的鸡尾酒种类而在城市里广受赞赏。在23:00过来，你会发现它又变成了伯尔尼最时髦的夜店之一，来自世界各地的DJ播放着电子音乐。

Sous le Pont

酒吧

(☎031 306 69 55; www.souslepont-roessli.ch; Neubrückstrasse 8; ⌚周二至周四 11:30至午夜，周五 至次日2:00，周六 18:00至次日2:00)伯尔尼的这家地下酒吧主打垃圾摇滚乐。这栋大楼的前身是建于1897年的骑术学校，你可以深入这个涂鸦满墙的建筑，感受一下气氛。酒吧位于Reitschule内，就在铁路大桥边上的车站后面。

Volver

酒吧

(☎031 312 04 04; www.barvolver.ch; Rathausplatz 8; ⌚周一 17:00~23:30，周二和周三 8:00~23:30，周四至周六 至次日0:30)这家街角酒吧的营业时间从上午持续到晚上。黑板上写着西班牙小吃(Tapas)菜单，是喝鸡尾酒和咖啡的潮流之地。

Alpin

葡萄酒吧

(☎031 311 25 75; www.alpinbern.ch; Gerechtigkeitsgasse 19; ⌚周二至周五 11:00~18:30，周六 9:30~16:00)Alpin专营瑞士葡萄酒，还有一家咖啡馆，非常适合先尝后买。

Marta

酒吧

(☎031 331 14 14; www.cafemarta.ch; Kramgasse 8; ⌚周二、周三和周日 13:00~23:30，周四和周五 至次日0:30，周六 9:00至次日0:30)位于街面上的餐桌就在伯尔尼老城的拱廊之下。在下午，这里是品尝司康饼搭配自制果酱下午茶的宜人场所。如果你在晚上过来，那么所有活动都在楼下的酒窖里举办，偶尔还会碰到现场音乐和DJ表演。

Café des Pyrénées

酒吧

(☎031 311 30 63; www.pyri.ch; Kornhausplatz 17; ⌚周一至周三 9:00~23:30，周四至周六至次日0:30，周日 正午至21:00)这个位于街角的

波希米亚式酒吧始终是一家受欢迎的伯尔尼酒吧，因为它有传统的巴黎咖啡馆氛围。靠近有轨电车轨道的市中心位置使这里成为观看人来人往的好地方。

☆ 娱乐

★ Turnhalle 表演艺术

（☎031 311 15 51；www.turnhalle.ch；Speichergasse 4；⊙自助餐馆 周一至周五 11:45~14:00，酒吧-咖啡馆 周一至周三 9:00至次日12:30，周四 至次日2:00，周五和周六 至次日3:30）Turnhalle既是酒吧，又是夜店，还是社区艺术中心，晚上经常会有各种表演，同时还供应性价比超高的工作日午餐（菜肴 Sfr6~8）。自助餐厅所提供的餐点有主食（每日有一道素食主食）、沙拉、蔬菜和甜点。你最多可以选择6种餐点，然后在门前阳光灿烂的宽敞露台上找个座位慢慢享用。

★ Dampfzentrale 文化中心

（☎031 310 05 40；www.dampfzentrale.ch；Marzilistrasse 47；⊙夜店 周六 23:00至深夜，其他活动时间不定）这栋河畔的工业砖砌建筑里有一家充满刺激的夜店，每周六营业。除此之外还会举办各种演唱会、艺术节和当代舞会。在其网站上可查询更多细节信息。

Konzerttheater Bern 表演艺术

（☎031 329 51 11；www.konzerttheaterbern.ch；Kornhausplatz 20）伯尔尼的新古典主义剧院建于1903年，举办各种歌剧、舞会、经典音乐和话剧表演（德语）。查看网站可了解最新的演出信息。

Stade de Suisse 体育馆

（www.stadedesuisse.ch；Papiermühlestrasse 71；团队游 成人/儿童 Sfr20/15；⊙团队游 周六 15:00~16:15）前身是伯尔尼万克多夫体育场（Wankdorf Stadium），曾主办1954年的世界杯足球赛决赛，后来被拆又经过重建，成为现在这个可以容纳32,000名观众的体育场。这里也是伯尔尼当地的青年足球队的主场。

Cinématte 电影院

（☎031 312 21 22；www.cinematte.ch；Wasserwerkgasse 7；⊙周四至周一 18:00~23:30）这家河边电影院会播放各种各样的未公开放映的影片和邪典电影，另外还有一家铺着木质甲板的露台餐厅（见119页）。

Bern Ticket 表演艺术

（☎031 329 52 52；www.bernbillett.ch；Nägeligasse 1a；⊙周一至周五 10:00~18:30，周六至14:00）靠近剧场。你可以在这里购买剧院和音乐会的门票。

购物

Markt Bern 市场

（Bern Market；www.marktbern.ch；Waisenhausplatz；⊙1月至11月 周二 8:00~18:00，周六 至16:00，此外4月至10月 周四 9:00~20:00）位于老城区中心的这家大市场出售皮革、珠宝、鞋、服装、厨房用具和礼品等各式各样的商品。

Holz Art 工艺品

（☎031 312 66 66；www.holz-art-bern.ch；Münstergasse 36；⊙周二至周五 10:00~12:30和14:00~18:30，周六 9:30~16:00）Holz Art出售手工雕刻的精致木头玩具、装饰性小屋和钟表。

Berner Wochenmärkte 市场

（www.bernerwochenmarkt.ch；Bundesplatz；⊙周二和周六 8:00~12:30）这家每两周开办一次的丰富多彩的集市挤在伯尔尼国会大厦前面的大广场上，到处都是新鲜的农产品和鲜花。

ⓘ 实用信息

伯尔尼旅游局（Bern Tourismus；☎031 328 12 12；www.bern.com；Bahnhoftplatz 10a；⊙周一至周六 9:00~19:00，周日 至18:00）办公室位于火车站，资料齐备，可提供你需要了解的关于首都及邻近地区的各种信息，包括步行地图和出色的iPod语言导览。

熊公园（☎031 328 12 12；www.bern.com；Grosser Muristalden 6，Bärengraben；⊙6月至9月 9:00~18:00，3月至5月和10月 10:00~16:00，11月至次年2月 11:00~16:00）也有一处咨询台，工作人员乐于助人，但准备的资料不是太多。

ⓘ 到达和离开

A12高速公路连接日内瓦和伯尔尼（经过洛桑）。

飞机

伯尔尼贝尔普机场(Bern-Belp Airport, BRN; ☎031 960 21 11; www.flughafenbern.ch)很小,位于市区东南方向9公里处,伯尔尼本地的航空公司SkyWork(www.flyskywork.com)和其他廉价航空公司运营从这里前往伦敦和其他欧洲城市的直达航班。

火车

每小时至少有1班火车开往日内瓦(Sfr51, 1小时45分)、巴塞尔(Sfr41, 55分钟)、东因特拉肯(Sfr29, 55分钟)和苏黎世(Sfr51, 55分钟至1.5小时)。

当地交通

抵离机场

Airport Bus Bern 334(www.bernmobil.ch)机场巴士穿梭于伯尔尼贝尔普机场和贝尔普火车站之间,班次频繁的S-Bahn轻轨在贝尔普火车站和伯尔尼之间往返运行。单程票全程30分钟(成人/儿童 Sfr7/3.70),在售票机购票或者上车后购买皆可。

自行车和滑板车

Bern Rollt(☎031 318 93 50; www.bernrollt.ch; Milchgässli; 前4小时免费,之后每小时Sfr1; ⊙8:00~21:30)毗邻火车站,免费出借自行车。你需要提供身份证明和Sfr20押金。

伯尔尼已经推广了PubliBike(见376页)共享自行车系统。在伯尔尼旅游局的办公室可领取24小时的"QuickBike"通票。

公共汽车、有轨电车和缆索铁路

Bern Mobil(www.bernmobil.ch; 车票 30分钟/1小时/1天 Sfr2.60/4.60/13)运营极为完善的公共汽车和电车线路。在所有站台的售票机上都可以购买车票。本地酒店的住客可以领取一张伯尔尼车票(Bern Ticket),持票可在全市范围内免费乘坐公共交通工具。这张票还同时覆盖了伯尔尼100区和101区内(市中心及近郊)所有的交通工具——包括Marzili和古尔登缆索铁路。位于100区和101区之外的Moonliner公司的公共汽车和其他服务不包含在此范围内。

Moonliner(☎031 321 88 12; www.moonliner.ch; 车票 Sfr6起)夜间公共汽车为夜猫子服务,每逢周五和周六的午夜到凌晨4:00在Bahnhofplatz有2~3班夜车。不能使用折扣通票。

邮政巴士(Postal bus)从火车站广场(Bahnhofplatz)西侧的公共汽车站发车。

埃蒙塔尔(Emmental)

人口 26,541

瑞士最有名的奶制品之一——埃蒙塔尔大孔奶酪,简化词"瑞士奶酪"就是由此而来——原产于伯尔尼东北的这片充满田园牧歌氛围的农村。本区域的门户小镇布格多夫(Burgdorf)和朗瑙(Langnau)坐落于青翠繁茂的低地——金色和绿色的田野之间点缀着质朴的小屋、茅草屋顶的仓库和悠闲吃草的牛群。

虽然一切都那么美丽,但农场的魅力可能并非是你想要来这儿的原因。面对真相吧,都是为了奶酪。

如果你喜爱这种软糯、黏稠、容易熔化的坚果味食品,那你可有口福了,还有机会了解其"品牌"的漫长历史,观看展示,在农场大门外购买,哦,对了,我们说没说可以吃掉很多奶酪的事儿?

景点

★埃蒙塔尔展示型乳品厂 乳制品

(Emmentaler Schaukäserei; Emmental Open Cheese Dairy; ☎034 435 16 11; www.showdairy.ch; Schaukäsereistrasse 6, Affoltern; ⊙4月至10月 9:00~18:30, 11月至次年3月 至17:00) **免费** 在阿福尔特恩(Affoltern)的埃蒙塔尔展示型乳品厂可以参观埃蒙塔尔蜂窝奶酪的制作过程。你可以观看它是如何被做成重达95千克的轮状物,还可以亲口品尝一下。这里播放的视频短片解说了奶酪的现代制作工艺,以及埃蒙塔尔奶酪为何会有让它闻名于世的大孔;在18世纪的牧主小屋里还有每天1次的使用传统明火制作奶酪的展示。

从伯尔尼乘坐S-Bahn轻轨到哈瑟勒-格吕耶克藻(Hasle-Rüegsau),然后换乘471路公交车到阿福尔特恩(全程Sfr17, 1小时)。

布格多夫城堡博物馆 城堡

(Museum Schloss Burgdorf; Burgdorf Castle Museum; ☎034 423 02 14; www.museum

schlossburgdorf.ch）这座坚固的12世纪城堡通过吊桥与外界相连接，厚厚的石墙宛如画中之景，三座博物馆主要介绍城堡历史、瑞士黄金和人类学。

食宿

★ Hotel Möschberg 农场寄宿 €

（☎031 710 22 22；www.hotelmoeschberg.ch；Grosshöchstetten；标单/双 不带浴室 Sfr100/138；📶）这家生态环保酒店和度假中心坐落于牧牛场和徒步小径之间，位于朗瑙以西4公里处的大赫希斯泰滕（Grosshöchstetten）乳牛养殖小村庄之上（20世纪30年代时是一所女子农业学校），带有典型的埃蒙塔尔气息。房间简单而又不失时尚，正餐是健康的自制食物，还可搭配有机葡萄酒（晚餐/全食宿Sfr25/55）。

Emme Lodge 青年旅舍 €

（☎034 402 45 26；www.emmelodge.ch；Mooseggstrasse 32，Langnau；铺/标单/双Sfr22/58/90起）这家独辟蹊径的青年旅舍从朗瑙站步行10分钟就能到达，建于1786年的农舍式样的度假屋有巨大的飞檐和简朴的房间，气氛非常欢快友好。

★ Landgasthof Sommerhaus 瑞士菜 €€

（☎034 422 50 40；www.sommerhaus-burgdorf.ch；Sommerhaus 1，Burgdorf；主菜Sfr22~58；⏰周一、周二、周五和周六 9:00~23:30，周日 至21:00）这个乡村式农舍就在布格多夫外。用肉类和土豆（还有时令野味）精心烹煮而成的瑞士菜肴，搭配本地种植的蔬菜。天气温暖的时候这里尤其美好，有宽敞的户外露台和青青草地，还有儿童游乐场和美丽的乡村景色。

实用信息

旅游局（☎034 402 42 52；www.emmental.ch；Bahnhofstrasse 44，Burgdorf；⏰5月至9月 周一至周五 9:00至正午和13:30~18:00，外加周六 8:00至正午）位于布格多夫，为埃蒙塔尔地区提供服务。

到达和离开

伯尔尼到布格多夫（Sfr11.60，15分钟）和朗瑙（Sfr18.40，30分钟）之间的火车班次很多。

当地交通

该地区低矮的地势适合骑行——你也可以骑自行车沿着大孔奶酪之路（Emmental Cheese Route；www.kaeseroute.ch/en）绕埃默河谷（Emme Valley）中央地带环行，自己去寻找乐趣。

索洛图恩（Solothurn）

人口 16,163 / 海拔 440米

令人惊奇的索洛图恩（在法语中是Soleure）有些特别。它的外观和感觉与瑞士其他地方都有点儿难以言喻的不同。美丽的巴洛克式老城区有灰色的鹅卵石街道，受德国和意大利的影响比较明显，在瑞士的这一地区常见的法国和罗马风情反倒没那么浓郁。

雄伟的圣乌尔斯大教堂正面外壁高达66米，矗立于喷泉、广场、教堂、城门之间，造就了这座名副其实的瑞士最美巴洛克式小镇。

索洛图恩虽然经常被人忽视，但如果你

我的天啊：原产地瑞士埃蒙塔尔奶酪

瑞士无与伦比的埃蒙塔尔奶酪（Emmentaler cheese）有令其引以为傲的历史，可以一直追溯到中世纪，因其诞生于埃默河谷而得名。世界各地的冒牌奶酪制作者都曾盗用埃蒙塔尔的名号，但是只有真正的瑞士埃蒙塔尔AOC标准（Emmentaler Switzerland AOC）才能严格遵循原产地的生产技术，使用吃草长大的奶牛的生牛奶，然后放在地窖里巨大的轮状物中发酵至少120天。

埃蒙塔尔奶酪著名的孔被称为“洞眼”，源于发酵过程中由一种特殊的菌类释放出的二氧化碳气泡。曾经被视为缺陷的洞眼如今满载荣耀：洞眼越大，干酪的发酵时间就越长，奶酪的味道也会越浓郁。

正在寻找历史悠久、美丽优雅、依山傍水、安安静静的田园气息，那么在这里花费一天或一夜的时光是值得的；天黑以后，为数不多的一日游游客也纷纷离开了，这里变得更加寂静。

景点

★圣乌尔斯大教堂 天主教堂

（St Ursen-Kathedrale, Hauptgasse; ⌚8:00~18:30）索洛图恩巨大的圣乌尔斯大教堂建于18世纪，建筑设计师加埃塔诺·马泰奥·皮索尼（Gaetano Matteo Pisoni）较为克制地把它的外墙设计成了经典的意大利风格，但是到了教堂内部就变成了白金色的"婚礼蛋糕式"巴洛克多层建筑结构。

★美术馆 画廊

（Kunstmuseum; ☎032 624 40 00; www.kunstmuseum-so.ch; Werkhofstrasse 30; ⌚周二至周五 11:00~17:00，周六和周日 10:00~17:00）免费 美术馆中最引人瞩目的藏品是费迪南德·霍德乐（Ferdinand Hodler）以瑞士英雄威廉·退尔（William Tell）为主题创作出的肖像画（看上去有点像一个红毛大胡子巨人，穿着白色的嬉皮士上衣和短裤）。其他一小部分主要作品中还有汉斯·荷尔拜因（Holbein）的画作《索洛图恩的圣母》（*Madonna of Solothurn*; 1522年）。

居德勒凡钟楼 地标

（Zeitglockenturm; Marktplatz）这个巨大的钟楼建于12世纪。每逢整点报时，骑士、国王和死神在天文时钟上来回晃动。指针与平常所见的时钟相反，因此短的那一根指示分钟。钟楼在Marktplatz，每逢周三上午的集市，这里都会突然变得热闹起来。

耶稣会教堂 教堂

（Jesuitenkirche, Jesuit Church; Hauptgasse 75）这座教堂（1680~1689年）其貌不扬的外表掩盖了内部的别有洞天，装修采用了巴洛克风格的装饰品和灰泥。这里所有的"大理石"都是假的——只是用木材和灰泥混合而成。

正义女神像喷泉 喷泉

（Gerechtigkeits-Brunnen; Fountain of Justice; Hauptgasse）这座喷泉（建于1561年）位于钟楼西面，描绘了一位蒙眼的正义女神的形象，手中高举着一把剑。她的脚下矗立着极具代表性的4座人物像：神圣罗马皇帝、教皇、土耳其苏丹和——呃，索洛图恩的市长！

旧军械库博物馆 博物馆

（Museum Altes Zeughaus; ☎032 627 60 70; www.museum-alteszeughaus.ch; Zeughausplatz 1; 成人/儿童 Sfr6/4; ⌚周二至周六 13:00~17:00，周日 10:00~17:00）这座巨大的军械库博物馆建于17世纪早期，2016年下半年刚刚经过大规模整修，布满窗口的铁灰色正面让人回忆起索洛图恩曾经是外国雇佣兵的中心，其中很多人都为法国国王而战。馆内陈列有令人印象深刻的文物展品，其历史可以追溯至中世纪，记录了这座美丽壮观的巴洛克式城镇的历史。

城防碉楼（Basettor） 大门

这座索洛图恩最漂亮的城门就在大教堂东面。附近有个不错的野餐地点，位于城市堡垒的旧址所在地。

节日和活动

索洛图恩电影节 电影节

（Solothurner Filmtage, Solothurn Film Days; www.solothurnerfilmtage.ch; ⌚1月下旬至2月上旬）瑞士电影界最有名望的庆典，为期8天，届时城镇各个场地都会举办活动。提前订好住宿。

住宿

★SYHA Hostel Solothurn 青年旅舍 €

（☎032 623 17 06; www.youthhostel.ch/solothurn; Landhausquai 23; 铺/标单/双 Sfr33/80/104起; ⌚3月至11月; @☜）位于老城区的阿勒河自行车道沿线，拥有令人羡慕的地理位置，还有轮椅专用道。这栋17世纪的海关大楼经过翻新，由玻璃、不锈钢和混凝土原料建成，甚是特别。宿舍有3~10张床位不等，其中有几间能看到滨河地区的优美景色。房费包含早餐；提供午餐和晚餐（Sfr17.50）。

Gasthaus Kreuz 客栈 €

（☎032 622 20 20; www.kreuz-solothurn.ch; Kreuzgasse 4; 标单/双不带浴室 Sfr60/100起）

这家位于河边的客栈和文化中心散发出一种文艺青年的气息，比如公共浴室里樱桃红色的淋浴隔板，地板嘎吱作响的大房间和简朴的室内陈设。还有一家街面上的咖啡馆/酒吧，举办乐队演出、音乐会和即兴的文化表演。

Baseltor 精品酒店 €€

(☎032 622 34 22; www.baseltor.ch; Hauptgasse 79; 标单/双 Sfr130/ 200起; 📶) 这家充满了独特气氛的迷人旅馆位于大教堂的荫蔽之下，有青灰色的木质百叶窗和极简抽象派风格的内部装潢，边上的餐厅(主菜 Sfr29~42)供应丰盛的慢餐。

餐饮

Pittaria 中东菜 €

(☎032 621 22 69; www.pittaria.ch; Theatergasse 12; 主菜 Sfr12~24; ⏲周二至周五 10:30~15:00和17:30~21:00，周六 10:30~18:00) 这家气氛悠闲轻松的餐馆以长凳座位、波斯地毯和长毛绒骆驼装饰为特色。热爱交际的店主Sami Daher为客人供应超棒的薄荷茶和特价巴勒斯坦菜肴(自制芒果味酸辣酱、绵密的鹰嘴豆泥和松脆的炸豆丸子)。

★ **Cantinetta Bindella** 意大利菜 €€

(☎032 623 16 85; www.bindella.ch; Ritterquai 3; 主菜 Sfr22~54; ⏲周一至周六 11:30~14:00, 18:00~22:00) 这家优雅的意大利餐馆内部烛光闪烁，花园里繁茂的树叶爬满围墙，树下的餐桌上铺着亚麻桌布，因而吸引了一批忠实的顾客。菜单涵盖了所有的托斯卡纳菜式。

Solheure 酒吧

(☎032 637 03 03; www.solheure.ch; Ritterquai 10; ⏲周一 17:00~23:30，周二至周四 正午至午夜，周日 14:00起，周一 17:00起; 📶) 这间时髦的河边小酒吧以前是仓库，有古老的石墙、即媚俗又酷炫的椅子，还有一个阳光充足的河畔露台，在这里你可以一览索洛图恩的大半风光。

实用信息

索洛图恩地区旅游局(Region Solothurn Tourismus; ☎032 626 46 46; www.solothurn-city.ch; Hauptgasse 69; ⏲周一至周五 9:00~18:00，周六 至13:00) 办公室就在大教堂的前面，右侧有英语步行导览游和城镇地图。

到达和离开

每小时至少有2班火车开往伯尔尼(Sfr17.20，45分钟)、比尔(Biel; Sfr14，30分钟)和苏黎世(Sfr38，55分钟)。

伯尔尼高地

人口 207,652

包括➡

因特拉肯……128
少女峰地区……134
格林德尔瓦尔德……134
少女峰……141
劳特布龙嫩……143
翁根……145
米伦……146
湖区……149
施皮茨……152
坎德施泰格……156
格施塔德……158

最佳就餐

- Beau-Rivage da Domenico（见151页）
- Nico's（见157页）
- Chesery（见160页）
- The Verandah（见132页）
- Cafe 3692（见139页）

最佳住宿

- Victoria-Jungfrau Grand Hotel & Spa（见131页）
- Gletschergarten（见136页）
- Hotel Eiger（见147页）
- Esther's Guest House（见148页）
- The Hayloft（见157页）

为何去

大自然的鬼斧神工在这里体现得尤为明显。在险峻的艾格峰北坡的山影中徒步，在格施塔德清爽的冬日早晨滑雪，或在水雾弥漫的施陶河瀑布下仰头惊叹，你将领略到瑞士阿尔卑斯山最美的一面。这里有无与伦比且古朴宁静的度假胜地、高耸的山峰、宏伟的冰川，它们与远处的僧侣峰、少女峰和艾格峰结合在一起，使伯尔尼高地的美丽指数直线上升。

如同电影场景般优美的伯尔尼高地并非养在深闺人未识。马克·吐温曾在文章里称这里无与伦比的美景给人带来世间最好的慰藉，亚瑟·柯南道尔将迈林根作为福尔摩斯侦探小说的背景地之一，伊恩·弗莱明的007电影则将冰天雪地的雪朗峰搬上了银幕。然而，不管摄影师们如何努力，他们还是无法完全呈现出这个地区的美。游客们在明信片架旁看来看去，企图找到一张与记忆中的美景相契合的明信片，结果却往往只是失望而归。

何时去

- 冬季是滑雪、速降滑雪和参加新年因特拉肯的哈德波茨夏特游行的好时节。
- 夏天是最适合举办音乐、民俗、戏剧和街头艺术节的季节，还非常适合在阿尔卑斯山徒步。
- 秋天，酒店房间的价格会大幅下调，牛群从夏季牧场归来，施皮茨会举办葡萄酒节。

伯尔尼高地亮点

❶ **Klettersteig**（见147页）来**米伦**走铁索攀岩栈道，体验高空索道和艾格峰给你带来的晕眩感。

❷ **弗尔峰小径**（见138页）从施尼格普拉特徒步一日抵达格林德尔瓦尔德上方的菲斯特。

❸ **少女峰站**（见141页）山峰和闪闪发亮的阿莱奇冰川让人意乱情迷。

❹ **迈林根**（见155页）寻找壮观的瀑布，品尝蛋白糖饼。

❺ **因特拉肯**（见128页）试试你的胆量，尝试溪降、跳伞和攀冰。

❻ **劳特布龙嫩**（见143页）站在悬崖下感受72座瀑布带来的冲击感，你会惊叹不已。

❼ **格施塔德**（见158页）在耀眼雪道上体验障碍滑雪。

❽ **图恩**（见149页）漫步于城堡和中世纪老城区之间。

到达和离开

从巴塞尔、伯尔尼、日内瓦、苏黎世和卢塞恩等城市的机场经由非常发达的公路和铁路来伯尔尼高地非常方便。

请注意Swiss Pass或欧铁通票(Eurail Pass)只能将你带入该地区,并不能免费带你前往某些景点。

坐火车游览该地区没什么需要注意的,但只有在天气晴朗的时候才能真正体验到山顶之美。出发前最好先去网站(www.jungfraubahn.ch和www.swisspanorama.com)上了解清楚。

班次频繁的火车在苏黎世(Sfr70,2小时)、卢塞恩(Sfr32,1.75~2小时)、伯尔尼(Sfr29,1小时)等城市与伯尔尼高地(Bernese Oberland)的门户因特拉肯之间往返行驶。

因特拉肯(INTERLAKEN)

人口5692 / 海拔570米

维多利亚时代的人们曾在因特拉肯的豪华酒店里面对群山壮景发出惊叹,今天这里则成为勇敢者的活动天堂。跨立于冰川汇集的图恩湖和布里恩茨湖之间,头顶白雪覆盖的艾格峰、僧侣峰和少女峰,这座城镇是瑞士具有传奇色彩的少女峰地区的门户,也是瑞士最热门的探险目的地,风景无与伦比。如果你对这座旅游城镇不感兴趣,那么城镇附近的山区定会让你心醉神迷,尤其是在你沿绳索爬下瀑布、在水中漂流或在海拔4000米高峰之上滑翔的时候。

景点

从碧蓝的阿勒河上方过桥,去布局紧凑、宁静祥和的老城区Unterseen里逛逛。

不要错过

因特拉肯免费步行游览

想像当地人一样游览因特拉肯吗?4月至9月18:00和10月至次年3月周一、周三和周六的11:00,向导们会通过历时2个小时的导览游带领游客深入了解周边地区。碰面的地点设在Backpackers Villa Sonnenhof(见129页)。游览免费,愿意给小费当然是最好的。登录网站www.interlakenfreetour.com,可了解更多详细信息。

哈德山 山

(Harder Kulm; www.jungfrau.ch/harderkulm; 成人/儿童 Sfr16/8)乘坐行程8分钟的缆索铁路去海拔1322米的哈德山,眺望远处壮阔的海拔4000米的高山。这里有很多远足路线,不恐高的人可以去山谷上方的两湖桥(Zweiseensteg)欣赏全景。山谷站附近有一座野生动物园,里面生活着阿尔卑斯山的动物,如土拨鼠和野山羊。

山笛工厂 作坊

(Bernatone Alphornbau; ☎079 840 38 10; www.bernatone.ch; Im Holz, Habkern; ⌚周一至周五 10:00至正午和13:30~17:00; 👪)没什么能比山笛更有瑞士风范了,蓄着胡须、红光满面而且肺活量惊人的阿尔卑斯山民经常会在夏季举办的民间音乐节上演奏这种外形奇妙的乐器。提前打电话,你可以参观大师级山笛工匠海因茨·奇伊默尔(Heinz Tschiemer)的作坊。制作正宗的山笛需要60天左右,价格约为Sfr3000,不过这里也出售比较小的乐器。从因特拉肯西站(Interlaken West)出发,乘坐106路公共汽车至Haberkern站即可到达。

海姆维夫鲁山 山

(Heimwehfluh; www.heimwehfluh.ch; 缆车成人/儿童 往返 Sfr16/8, 平底雪橇 Sfr9/7; ⌚4月至10月底 10:00~17:00; 👪)乘着颇有怀旧气息的缆索铁路到海姆维夫鲁山,可以俯瞰因特拉肯的景色。这座山适合一家人一起游玩,索道途中的下坡路很讨孩子们的喜欢。放下刹车可以提速。

圣比图斯石钟乳洞 洞穴

(St Beatus Caves; www.beatushoehlen.ch; 成人/儿童 Sfr18/10; ⌚3月下旬至10月下旬 9:45~17:00)历经上千年形成,石笋、钟乳石和地下湖被打上了艳丽的灯光。传说在公元6世纪时,身为修道士、隐士和瑞士首位基督徒的圣比图斯(St Beatus)在这里与一条龙搏斗,而这些洞穴就是他的掩护地。从因特拉肯西站乘船或公共汽车到这儿需要半小时的时间。

活动

瑞士是世界第二大的探险运动中心，而因特拉肯则是中心的中心。几乎所有你能想到的刺激项目，因特拉肯周边都有。你可以在Lütschine、Simme、Saane河上漂流，在Saxetet、Grimsel或Chli Schliere峡谷玩溪降，在格林德尔瓦尔德附近的冰川峡谷飞跃。如果你对这些不感兴趣，还有滑翔、冰川蹦极、跳伞、攀冰、急速漂流等活动可供你选择。

各项活动的收费标准大概是：漂流或溪降Sfr120，急速漂流Sfr140，蹦极或峡谷飞跃Sfr130~180，双人滑翔伞Sfr170，攀冰Sfr180，悬挂式滑翔Sfr220，跳伞Sfr430，骑山地自行车半日游的价格为Sfr25。

大部分运动项目都很安全，但也难免会存在一些小风险，因此最好事先了解清楚活动的安全系数和程序。

Outdoor Interlaken　探险运动

（☎033 826 77 19; www.outdoor-interlaken.ch; Hauptstrasse 15; ⌚8:00~19:00）一站式探险运动商店，包括漂流、溪降、跳伞、滑翔等所有让人惊声尖叫的项目，只要你敢提，这里什么都有。

Skydive Switzerland–Scenic Air　观光飞行

（☎033 821 00 11; www.skydiveswitzerland.ch; Hauptstrasse 26; 跳伞 Sfr395~450; ⌚7:30~20:00）经营滑翔、跳伞和其他活动。

Alpinraft　探险运动

（☎033 823 41 00; www.alpinraft.com; Hauptstrasse 7; ⌚8:00~18:00）可以安排大部分活动，包括溪降、蹦极、漂流和攀冰。

Hang Gliding Interlaken　观光飞行

（☎079 770 07 04; www.hanggliding interlaken.com; Aarmuehlestrasse 3; 飞行 Sfr235; ⌚7:30~22:00）经营在城市上空的悬挂式滑翔。可通过电话预订并了解详情。

K44　登山

（www.k44.ch; Jungfraustrasse 44; 成人/儿童 Sfr21/14; ⌚9:00~22:00）还没准备好攀登艾格峰？那么不妨先来这里练练身手。从4a至8a，这里还有70条线路考验你的探险精神。

节日和活动

哈德波茨夏特游行　文化节

（Harder Potschete; www.harderpotschete.ch）每年的1月2日，戴着可怕面具的人（即Potschen）在因特拉肯的街上跑来跑去，故意制造出一种恐怖的气氛，咯咯的笑声伴随着铃铛声一起回荡在城市中。在欢乐的民谣声中，狂欢一直持续到晚上。

少女峰马拉松　体育节

（Jungfrau Marathon; www.jungfrau-marathon.ch）9月的少女峰马拉松展现出艾格峰、僧侣峰和少女峰最为惊险刺激的一面，比赛的终点设在小谢德格。即使你无法接受这项挑战，不妨见识一下阿尔卑斯山的这些运动员，同样令人难忘。

住宿

从尽情狂欢的背包客住处到家庭民宿，以及带水疗、美食餐馆和山景的豪华酒店，因特拉肯什么都有。淡季时有些酒店不营业，建议先打电话确认。

Backpackers Villa Sonnenhof　青年旅舍 €

（☎033 826 71 71; www.villa.ch; Alpenstrasse 16; 铺 Sfr40~47, 大床 Sfr110~148; P 📶）多次当选欧洲最好的青年旅舍之一，Sonnenhof是一座融合了现代舒适感、生态环保和新艺术派风格的高雅的小木屋。多人间干净整洁，有些带阳台，可以看到少女峰。这里还有休闲室、设备齐全的厨房、儿童游戏室和宽敞的后院。家庭游客入住可享受优惠。

Sunny Days　民宿 €

（☎077 456 23 38; www.sunnydays.ch; Helvetiastrasse 29; 大床 Sfr132~223; P 📶）这座小木屋位于一座漂亮的花园中，房间布置得简单而温馨，有些还带有阳台，可以看见少女峰。

Arnold's B&B　民宿 €

（☎033 823 64 21; www.arnolds.ch; Parkstrasse 3; 大床 Sfr100~150; P 📶）这处民宿由一栋始建于20世纪30年代的别墅改建而成，房间明亮简单，没有过多的装饰，屋主比

Interlaken 因特拉肯

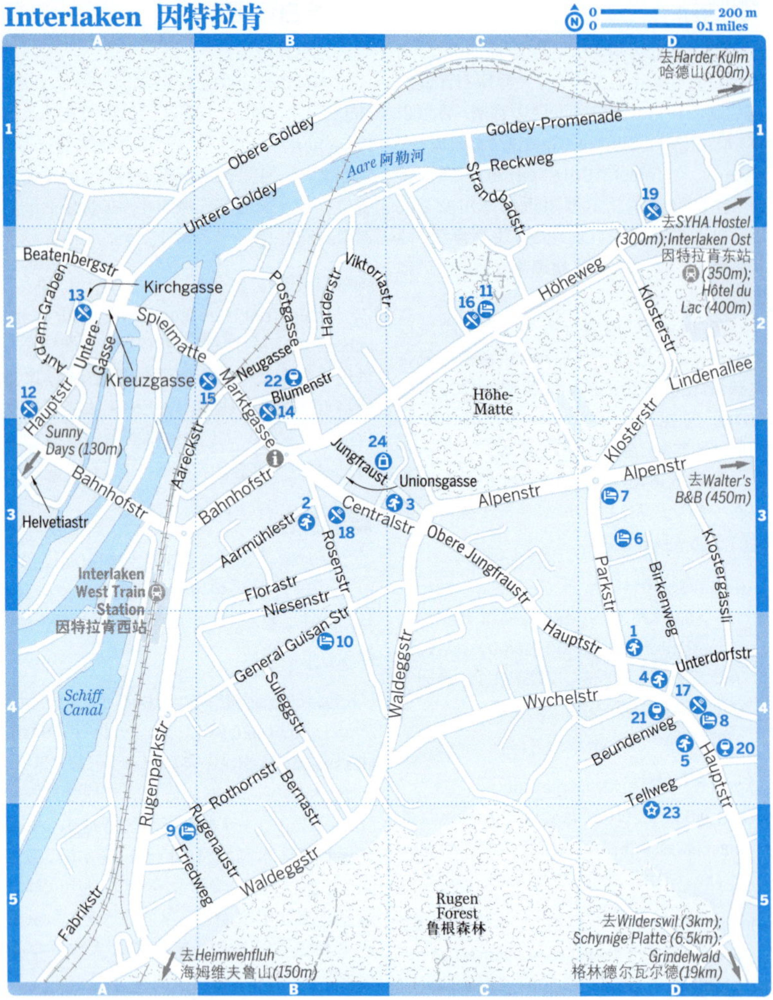

阿特丽丝（Beatrice）和阿尔明（Armin）的热情服务才是它的亮点所在。

Walter's B&B 民宿 €

（☎033 822 76 88；www.walters.ch；Oelestrasse 35；大床/标三 Sfr76/114；📶）屋主瓦尔特（Walter）为人热情，厨艺高超，还能为旅行者提供许多宝贵建议。房间的年代虽然有点久远（建于20世纪70年代），但非常干净，在因特拉肯很难再找出第二处比这里性价比更高的住宿地。

SYHA Hostel 青年旅舍 €

（☎033 826 10 90；www.youthhostel.ch；Untere Bönigstrasse 3，Am Bahnhof Ost；铺Sfr39~45，标单 Sfr127，大床 Sfr138~147，家Sfr210；P @ 📶）这家青年旅舍占据着镇中心的黄金地段——装修时尚而现代，环境比一般的国际青年旅舍要好。多人间铺有木地板，十分干净，可以看见高山和公园。提供自行车出租服务，有一个小吃吧和一间带桌球台的休闲室。

Interlaken 因特拉肯

活动、课程和团队游
1 Alpinraft……D4
2 Hang Gliding Interlaken……B3
3 K44……C3
4 Outdoor Interlaken……D4
5 Skydive Switzerland – Scenic Air……D4

住宿
6 Arnold's B&B……D3
7 Backpackers Villa Sonnenhof……D3
8 Balmer's Herberge……D4
9 Hotel Alphorn……A5
10 Swiss Inn……B4
11 Victoria-Jungfrau Grand Hotel & Spa……C2

就餐
12 Arcobaleno……A2
13 Benacus……A2
14 Café de Paris……B2
15 Goldener Anker……B2
16 La Terrasse……C2
17 Little Thai……D4
18 Sandwich Bar……B3
19 The Verandah……D1

饮品和夜生活
20 3 Tells……D4
21 Barracuda Bar……D4
22 Hüsi Bierhaus……B2

娱乐
23 Tellspiele……D5

购物
24 Funky Chocolate Club……B3
Vertical Sport……(见3)

Balmer's Herberge
青年旅舍 €

(☎033 822 19 61; www.balmers.com; Hauptstrasse 23; 铺/标单/大床/标三/四 Sfr36/60/113/120/152; @📶) 旅行者都是冲着这里兄弟会般的氛围来的：在酒水减价时段来啤酒园畅饮，中午吃一顿美味的墨西哥肉卷，在酒吧里跟着DJ扭动身体，然后悠闲地躺在吊床上等你的酒劲过去。

Hotel Alphorn
酒店 €€

(☎033 822 30 51; www.hotel-alphorn.ch; Rothornstrasse 29a; 标单 Sfr140~160，大床 Sfr160~180，标三 Sfr225~240; P📶) 从因特拉肯西站慢慢走到这家酒店只需要5分钟的时间，它虽然地处中心位置，环境却很安静。房间的色调为清爽的蓝白色，非常干净。

Hôtel du Lac
酒店 €€

(☎033 822 29 22; www.dulac-interlaken.ch; Höheweg 225; 标单/大床 Sfr160/240; P📶) 彬彬有礼的复古服务方式和因特拉肯东站(Interlaken Ost)附近的临河位置是这家酒店的优势。酒店建于19世纪，已由同一家族经营了几代之久，尽管装修风格显得杂乱无章，但置身其中依然可以感受得到美好年代的遗风。

Swiss Inn
民宿 €€

(☎033 822 36 26; www.swiss-inn.ch; General Guisan Strasse 23; 大床/寓 Sfr180/270; P📶) 这栋漂亮的小屋位于玫瑰花园中，环境宁静，工作人员服务态度热情。双人间明亮而宽敞，适合家庭游客入住的公寓房有小厨房和阳台。

★ Victoria-Jungfrau Grand Hotel & Spa
豪华酒店 €€€

(☎033 828 28 28; www.victoria-jungfrau.ch; Höheweg 41; 大床 Sfr479~749，基本套房 Sfr539起，套 Sfr950起; P@📶🏊) 这里的肃静感和无可挑剔的服务（以及房间的价格）让人不禁想起那个只有皇室成员和富人才会旅游的时代。保存至今的融合完好的新艺术派装饰和现代的豪华设施使得这里成为因特拉肯版的莱佛士酒店，此外从酒店还能看到少女峰，这里有三家一流的餐厅和一间温泉浴池。

✕ 就餐

Little Thai
泰国菜 €

(☎033 821 10 17; www.mylittlethai.ch; Hauptstrasse 19; 主菜 Sfr18~27; ⏰周三至周一 11:00~14:00和17:00~22:00) 这家小餐馆的泰国菜味道很正宗，室内贴着泰国国王的图片，挂着彩色的装饰小灯，还放着一些招财猫装饰品。找张桌子坐下来，好好享受厨师艾迪(Eddie)刚刚制作的春卷、自制咖喱和辣味木瓜沙拉吧。

Sandwich Bar
三明治 €

(www.sandwichbar.ch; Rosenstrasse 5; 三明治Sfr6~9.50; ⏲周一至周五 7:30~19:00, 周六 8:00~17:00)尝尝这里的三明治：馅料中有晒干的番茄干、干火腿、核桃碎粒、布里乳酪等。此外，汤、沙拉、烤三明治和当地产的冰激凌也很不错。服务高效，位置在因特拉肯西站附近。

Café de Paris
咖啡馆 €

(www.cafe-de-paris-interlaken.ch; Am Marktplatz, Marktgasse 14; ⏲7:00至次日0:30; 📶👪)这家明亮、现代的咖啡馆就位于城镇中心，有价格便宜的小吃和主菜，从三明治卷、夜总会三明治和沙拉到各种样式的土豆饼（rösti），应有尽有。

★ The Verandah
瑞士菜 €€

(☎033 822 75 75; Höheweg 139, Hotel Royal-St Georges; 主菜 Sfr21~38; ⏲18:00~22:00)这家位于Hotel Royal-St Georges的餐馆完美地融合了老派的优雅和现代的风格，有灰泥装饰和时髦的酒馆座椅。菜单上有各种瑞士菜肴，还有奶酪火锅、土豆饼、烤鱼和肉等传统菜。

Benacus
各国风味 €€

(☎033 821 20 20; www.benacus.ch; Kirchgasse 15; 主菜 Sfr34~48; ⏲周二至周五 11:30~13:30和17:00至次日0:30，周六 17:00至次日0:30)玻璃墙、酒红色沙发、休闲音乐和面朝街道的露台让这里充满了浓浓的城市时尚气息。供应的菜肴既有充满创意的餐前小吃，也有地中海美食。

Goldener Anker
各国风味 €€

(☎033 822 16 72; www.anker.ch; Marktgasse 57; 主菜 Sfr25~48; ⏲周一至周六 16:00至午夜)即使是挑剔的食客在这家有房梁的餐馆也能吃到满意的食物。墨西哥肉卷、红鲷鱼、鸵鸟肉排……世界各地的美食在这里应有尽有。

Arcobaleno
意大利菜 €€

(☎033 823 12 43; www.ristorante-pizzeria-arcobaleno.ch; Hauptstrasse 18; 比萨 Sfr12.50~23.50, 主菜 Sfr23.50~27.50; 👪)Arcobaleno是我们在因特拉肯下塞恩区（Unterseen）的一大发现，这里供应最传统的意大利风味菜肴，还有丰盛的家常菜和笑容可掬的服务员。开胃小吃、意大利面和意大利调味饭以及比萨，货真价实。这里还有儿童菜单。

La Terrasse
法国菜 €€€

(☎033 828 28 28; www.victoria-jungfrau.

不要错过

施尼格普拉特（SCHYNIGE PLATTE）

到了因特拉肯就不能不去施尼格普拉特（海拔1967米）。这里是伯尔尼阿尔卑斯山的天然露台，波光粼粼的图恩湖（Thun）和布里恩茨湖（Brienz）就在下方。作为往日慢旅行时代的遗迹，**山顶齿轮火车**（www.schynigeplatte.ch; 单程/往返 Sfr40/64; ⏲5月下旬至10月下旬 7:25~16:45; 👪）可以让人慢慢欣赏展现在眼前的风景。登上山顶，色彩缤纷的**高山植物园**（Alpengarten; www.alpengarten.ch; ⏲5月下旬至10月 8:30~18:00）免费 里面种植着600种阿尔卑斯山区的植物，包括大叶野茉莉、山金车花、龙胆、银莲花和高山火绒草。徒步小径位于摇摇欲坠的山脊，穿过牛铃叮叮当当的草地；在夏季，高原上玩滑翔伞的人会在草地上着陆。

夏日旺季时，如果想欣赏第一缕阳光照上艾格峰、僧侣峰和少女峰的景色，可以考虑在老派迷人的**Hotel Schynige Platte**（☎033 828 73 73; http://hotelschynigeplatte.ch; 标单/大床/标三 Sfr165/240/330; ⏲5月下旬至10月下旬）过夜，那里还会举办可免费入场的**山笛演奏会**（⏲11:00~14:00）。

开往山顶的齿轮火车从维尔德斯维尔（Wilderswil）出发；在因特拉肯东站（Sfr3.60）乘坐公共汽车，南行4分钟就可以到达维尔德斯维尔。如果自己开车，从城镇出发，经由Gsteigstrasse南行5分钟即可到达。

ch; Höheweg 41; 主菜 Sfr38~65; ⌚周二至周六19:00~22:00)作为一家位于因特拉肯的最豪华的美好年代风格酒店, La Terrasse非常杰出, 有时令菜单和充满法式橘园风情的奢华环境。菜式侧重法国—瑞士风味。

饮品和夜生活

Hüsi Bierhaus 小酒馆

(www.huesi-interlaken.ch; Postgasse 3; ⌚周一至周四 13:30至次日0:30, 周五 至次日1:30, 周六 11:30至次日1:30, 周日 11:30至次日0:30)50种来自世界各地的工艺啤酒——如特拉普啤酒、瑞士IPA, 等等——足够让人们吃喝个痛快。这里还有好吃的酒馆小吃, 从炸肉排到加了啤酒的德国香肠, 应有尽有。周六晚上有翻唱乐队Uptown Lights的演出。

Barracuda Bar 休闲酒吧

(Hauptstrasse 16; ⌚周三和周四 16:00至次日0:30, 周五至周日 9:00至午夜; 📶)这里同时还供应咖啡馆和酒吧的饮品, 如咖啡、鸡尾酒等。偶尔还会有乐队举办现场音乐演出。

3 Tells 小酒馆

(www.the3tells.com; Hauptstrasse 49; ⌚周二和周三 16:00至午夜, 周四和周五 14:00至午夜, 周六和周日 10:00至午夜; 📶)一家爱尔兰风格的小酒馆, 有桶装健力士啤酒, 可以在这里观看体育比赛的现场直播, 店里提供免费Wi-Fi。

娱乐

Tellspiele 剧院

(☎033 822 37 22; www.tellspiele.ch; Tellweg 5; 门票 Sfr58~349; ⌚售票处 周一至周五 9:00至中午和14:00~17:00)从6月中旬到9月初, 鲁根森林(Rugen Forest)的露天剧院每周会上演两次席勒的《威廉·退尔》(*William Tell*), 演出语言为德语, 但可以提供英语的故事概要。

购物

★ **Funky Chocolate Club** 巧克力

(☎078 606 35 48; https://funkychocolateclub.com; Jungfraustrasse 35; ⌚10:00~18:30; 👪)这家公司的口号是"今天巧克力, 明天花椰菜"。Funky Chocolate由两名爱吃巧克力的人塔蒂亚娜(Tatiana)和弗拉基米尔(Vladimir)经营, 一定会让你把巧克力吃到醉。商店里摆满了价格公道的有机巧克力(提供各种严格素食以及不含乳制品、坚果和麸质的巧克力)。

Vertical Sport 体育和户外活动

(verticalsport.ch; Jungfraustrasse 44; ⌚周一至周五 9:00至中午和13:30~18:00, 周六 9:00~16:00)这家商店位于攀岩室K44里面, 出售和出租高品质的攀岩装备, 工作人员是专业的登山运动员, 可以向他们咨询, 得到一些攀岩相关的建议。

实用信息

旅游局(Tourist Office; ☎033 826 53 00; www.interlakentourism.ch; Marktgasse 1; ⌚7月和8月 周一至周五 8:00~19:00, 周六 8:00~17:00, 周日 10:00~16:00, 9月至次年6月 办公时间缩短)因特拉肯的旅游局资料丰富, 员工负责, 还可提供酒店预订服务。

到达和离开

因特拉肯有两个火车站: 因特拉肯西站和因特拉肯东站; 两个火车站都可提供自行车出租和货币兑换服务, 旁边都有渡船码头, 供图恩湖和布里恩茨湖的船只停泊。

因特拉肯东站有开往卢塞恩(Sfr32, 1.75~2小时)、布里格(Brig; Sfr45, 1~1.75小时, 途经施皮茨)和蒙特勒(Montreux; Sfr71, 2.25~2.75小时, 途经施皮茨/菲斯普或伯尔尼/洛桑)的火车。

A8高速公路从这里往东北方向通往卢塞恩, A6高速公路往西北方向通往伯尔尼, 但如果要南下且不想绕山而行, 就只能去施皮茨以南的坎德施泰格(Kandersteg)乘坐运载汽车的火车。

如果你想在因特拉肯租车游瑞士, 可以去镇中心很有名气的租赁公司咨询, 如**Hertz**(☎033 822 61 72; www.hertz.ch; Hauptstrasse 4)。

当地交通

步行游览因特拉肯并不会让人觉得吃力, 当然, 你也可以在任一火车站找到出租车和公共汽

旅行优惠通票

在伯尔尼高地旅行，可购买一张**伯尔尼高地地区通票**（Berner Oberland Regional Pass；www.regiopass-berneroberland.ch；4/6/8/10天通票 Sfr250/310/350/390；⏲5月至10月），持通票可以无限次乘坐大部分火车、公共汽车、船、山间火车和缆车，在购买当地景点门票时还可以享受优惠（如可半价购买少女峰门票）。带孩子一起旅行的游客可买一张Junior Card（Sfr30），凭此卡儿童可免费乘坐交通工具并参观景点，否则就得按成人票的半价支付票价。

还有一种**少女峰通票**（Jungfrau Travel Pass；www.jungfrau.ch；3/4/5/6日通票 Sfr180/205/230/255）也不错，持这种通票可在该地区无限次乘坐公共交通工具，有效期为3~6天，但需要自己支付从艾格冰川（Eigergletscher）到少女峰的车费（Sfr61）。

入住本地酒店可以得到一张宾客卡（Gästekarte），持卡可以在整个少女峰地区享受优惠。如果酒店没有主动给你这张卡，记得问工作人员索要。

车。或者可以在**Flying Wheels**（☎033 557 88 38；www.flyingwheels.ch；Höheweg 133）或城里其他租车机构租赁公路自行车、双人自行车、全地形自行车、电动自行车等。

少女峰地区（JUNGFRAU REGION）

格林德尔瓦尔德（Grindelwald）

人口3740 / 海拔1034米

面对格林德尔瓦尔德如同电影场景般美妙的自然风光——险峻的艾格峰北坡、晶莹闪亮的上冰川（Oberer Glacier）和下冰川（Unterer Glacier）、形如皇冠的韦特峰（Wetterhorn），你会不由自主地为之倾倒，然后狂按相机快门。在19世纪后期，这里的迷人风景吸引了许多人前来滑雪和徒步，格林德尔瓦尔德由此成为瑞士历史最为悠久的度假胜地之一。如今，这个远有冰川雪山、近有栽种着天竺葵的小木屋和青翠牧场的地方依然如往日一样散发着迷人的气息。

活动

夏季活动

格林德尔瓦尔德是徒步胜地，到处都有可以看到巨大的山坡、带有裂缝的冰川和雪山的小道。

曼丽申、菲斯特和普芬斯蒂格周边属于高海拔地区，可以先从村里坐缆车到这些地方，再开始徒步。想要体验高难度徒步的人可以尝试挑战施瓦茨山（Schwarzhorn）铁索攀岩（ferrata；有缆索的山间徒步线路），这条路线从菲斯特出发，最终到达大谢德格，全程需要大概5个半小时的时间。

冰川峡谷 峡谷

（Gletscherschlucht，Glacier Gorge；www.grindelwaldsports.ch；成人/儿童 Sfr19/10；⏲周六至周四 9:30~18:00，周五 至22:00）冰川峡谷的湍急河水从陡峭的冰川上倾泻而下，遍布粉色和绿色大理石的悬崖里建有隧道，一条小路从隧道中穿过。这里也理所当然成了蹦极和峡谷飞跃的热门目的地。从格林德尔瓦尔德往南步行半小时或从火车站乘坐2路公共汽车就可以到达峡谷。

★小谢德格之路（Kleine Scheidegg Walk） 徒步

这条路线开始于格林德瓦尔德格伦德（Grindelwald Grund），然后途经小谢德格到达翁根（Wengen），全程长15公里，是这个地区最棒的一日徒步路线。游客会先经过野花遍地的草甸，然后沿着艾格峰山脚往前走，最后到达小谢德格，路上会看到著名的“三大峰”：艾格峰（3970米）、僧侣峰（4107米）和少女峰（4158米）。做好走5.5~6小时的心理准备。

普芬斯蒂格（Pfingstegg） 徒步

缆车（www.pfingstegg.ch；单程/往返

Sfr12.60/18.80；⏲8:00～19:00，淡季 8:00～17:30，11月至次年4月关闭）上行至普芬斯蒂格，这里有多条通往有深裂缝的下冰川附近的Stieregg的徒步小径。上冰川（1.5小时）底部有一条绕冰川边缘而行的道路，会经过Restaurant Milchbach餐馆，但这条路不一定开放，出发前记得先咨询。沿着这条路走，你会经过Breitlouwina，这是一个由于地质运动而形成的岩石阶地，上面被移动的冰川撞出了许多坑。

Grindelwald Sports 探险活动

（☎033 854 12 80；www.grindelwaldsports.ch；Dorfstrasse 103；⏲8:30～19:00）这家机构位于旅游局的对面，经营爬山、惊心动魄的峡谷秋千和蹦极等活动，还开设了滑雪课程。这里还有一家咖啡馆，出售徒步指南。

Paragliding Jungfrau 滑翔

（☎079 779 90 00；www.paragliding-jungfrau.ch）体验从海拔2150米的菲斯特（Sfr180起）飞入空中的感觉。可打电话预订。如果想要最长的飞行时间，这家机构也可安排更长的飞行（Sfr280）。预订时会告知集合地点。

Bort Scooter Trail 探险活动

（租金含至波特的缆车 Sfr32）在菲斯特和格林德尔瓦尔德之间有一个叫作波特（Bort）的地方，你可以在这里租辆滑板车，然后沿设有路标的小道开往山谷，全程为4.5公里。波特还有一个给孩子们玩的免费游乐场。

Sportzentrum Grindelwald 健康与健身

（www.sportzentrum-grindelwald.ch；Dorfstrasse 110）天气不好的时候可以来格林德尔瓦尔德的体育中心，这里有游泳池、小型温泉浴池、攀岩室、溜冰场和室内绳索公园。开放时间和门票请查询其网站。持宾客卡可以享受大幅度的优惠。

冬季活动

海拔2486米的Oberjoch与下方的村子之间有多条红道和黑道滑雪道。小谢德格和曼丽申与格林德尔瓦尔德之间有一些适合初级滑雪者的长滑雪道，可以看到高高在上的艾格峰。如果想要避开吵闹的人群，长15.5公里的越野滑雪道是个好选择。或者穿上雪鞋，在6条不同的路线里选择一条开始雪地徒步。

Jungfrau Region 少女峰地区

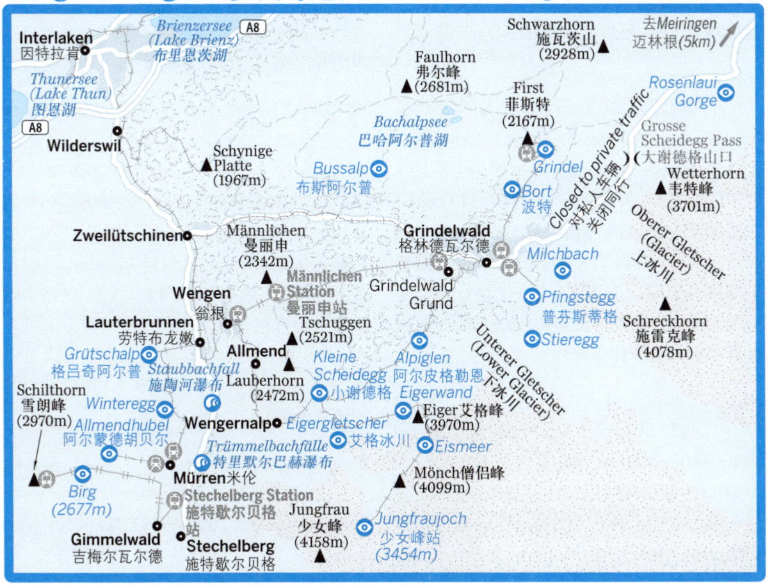

在少女峰地区滑雪

不管你是想在艾格峰脚下的宽阔山坡上玩障碍滑雪，还是挑战雪朗峰（Schilthorn）和劳特布龙嫩（Lauterbrunnen）之间的长16公里的陡峭滑道，少女峰地区都能满足你。以格林德尔瓦尔德、曼丽申、米伦和翁根为起点的滑雪道累计长达214公里，滑雪缆车有44个。格林德尔瓦尔德—翁根或米伦—雪朗峰的单日滑雪通票价格为成人/儿童Sfr63/32，7日滑雪通票价格为Sfr309/155。整个少女峰滑雪区域的通票价格稍高（成人每天/周Sfr72/384），但连接各个滑雪区之间的火车开得很慢且人多拥挤。

节日和活动

世界冰雪节（World Snow Festival） 艺术节

在1月底为期6天的世界冰雪节上，你能看到艺术家现场制作出色的冰雕。

艾格峰自行车挑战赛 体育节

（Eiger Bike Challenge；www.eigerbike.ch）艾格峰自行车挑战赛是山地自行车界的重要赛事，举办时间是每年8月中旬，参赛者们翻山越岭，骑行全程88公里。

住宿

格林德尔瓦尔德有很多独具特色的民宿和度假小屋。旅游局和网站（www.wir-grindelwalder.ch）上有详细名单，持宾客卡（在格林德尔瓦尔德住宿的所有游客都可以领取）可免费乘坐当地公共汽车，参加旅游局组织的导览游，还可进入体育中心。

Naturfreundehaus 青年旅舍 €

（☎033 853 13 33；www.nfh.ch/grindelwald；Terrassenweg 18；铺 Sfr35~40，标单 Sfr57~58，大床 Sfr94~96；P 📶）这座小木屋旅舍栖息在村子的上方，风景如画，老板维尔尼（Vreni）和海因茨（Heinz）为人热情。踩着吱嘎作响的地板上楼，就到了贴着松木屋面板、挂着格子窗帘的房间，房间里还有一个堪称瑞士最小的鞋盒。楼下有一家咖啡馆和一座花园，可以看得见艾格峰和韦特峰。

Hotel Tschuggen 酒店 €

（☎033 853 17 81；www.tschuggen-grindelwald.ch；Dorfstrasse 134；标单 Sfr85~102，大床 Sfr135~190，家 Sfr230~310；P 📶）酒店是位于镇中心的一栋深色小木屋，老板莫妮卡（Monika）和罗伯特（Robert）为人十分热情友善。房间明亮干净，布置简单。在朝南的双人间中可以看到艾格峰。

Gletscherdorf 露营地 €

（☎033 853 14 29；www.gletscherdorf.ch；Locherbodenweg 29；营地 成人/儿童 Sfr8.50/5，帐篷 Sfr10~15；📶）这个靠近普芬斯蒂格缆车站的河边露营地坐拥瑞士最美的风景之一——艾格峰、韦特峰和下冰川。注意，离河越近的地方气温就越低。有公共休息室、洗衣房和免费Wi-Fi。

Alpenblick 酒店 €

（☎033 853 11 05；www.alpenblick.info；Obere Gletscherstrasse 16；铺 Sfr35~50，大床 Sfr100~180；P 📶）酒店位于安静的街角，从镇中心走过来10分钟。这里的房间很干净，有松木家具，价格还便宜。地下室里有多人间，有色彩亮丽的羽绒被。酒店还有一家环境优雅的餐厅和一个可以看到冰川的露台。

★ Gletschergarten 历史酒店 €€

（☎033 853 17 21；www.hotel-gletschergarten.ch；Obere Gletscherstrasse 1；标单 Sfr130~170，大床 Sfr230~320；P 📶）Breitenstein一家让这个朴实的小木屋充满了温馨的感觉，墙上挂着风景画、埃尔斯贝特（Elsbeth）的祖父照片（这位老人养育了12个孩子，这在当时算是一种普遍现象）等上几辈人留下来的东西。房间里有松木家具和花朵图案的床上用品，在阳台上可看到下冰川和韦特峰（日落时的风景最美）。

Berghaus Bort 民宿 €€

（☎033 853 17 62；www.berghaus-bort.ch；大床 Sfr132~302，标三 Sfr194~383，四 Sfr260~476；📶）这家民宿位于菲斯特缆车的中间站里，可

以俯瞰格林德尔瓦尔德的景色。不管是夏天徒步还是冬天滑雪，从这里出发都很方便。阿尔卑斯山风格的房间以红白为主要色调，铺有木地板，其中最好的房间可以看到艾格峰。这里还有一间餐厅，屋外有一个儿童游乐场。

Hotel Bodmi 酒店 €€

（☎033 853 12 20；www.bodmi.ch；Terrassenweg 104；标单 Sfr198~218，大床 Sfr256~312，家 Sfr369~435；P 📶）在这个如明信片上的风景般优美的地方住下，你就能欣赏到清

Grindelwald 格林德尔瓦尔德

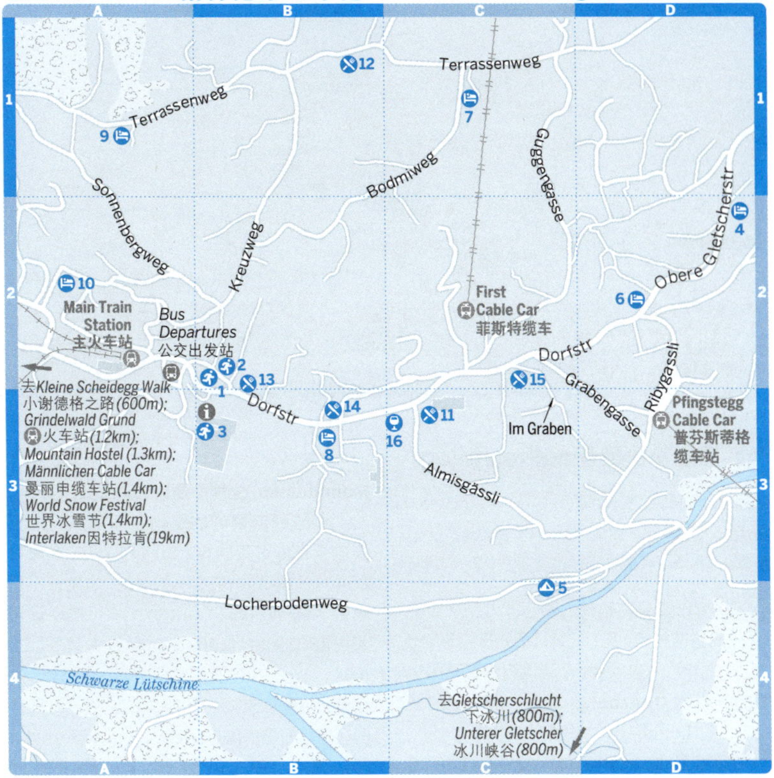

Grindelwald 格林德尔瓦尔德

活动、课程和团队游

1 艾格峰自行车挑战赛 B2
2 Grindelwald Sports B2
3 Sportzentrum Grindelwald B3

住宿

4 Alpenblick D2
5 Gletscherdorf C4
6 Gletschergarten D2
7 Hotel Bodmi C1
8 Hotel Tschuggen B3
9 Naturfreundehaus A1
10 Romantik Hotel Schweizerhof A2

就餐

11 C & M C3
12 Cafe 3692 .... B1
13 Grindel Lounge B2
14 Memory B3
15 Onkel Tom's Hütte C2

饮品和夜生活

16 Avocado Bar C3

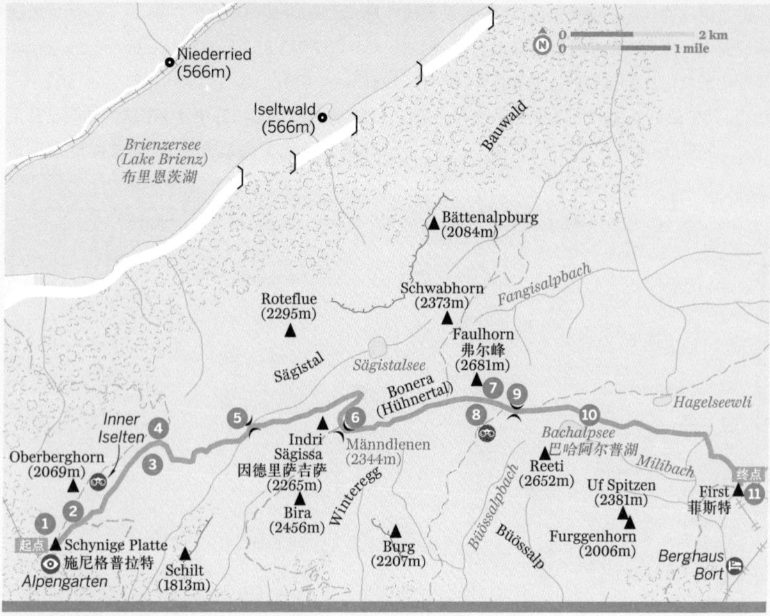

步行游览
弗尔峰小径（Faulhornweg）

起点：施尼格普拉特

终点：菲斯特

距离：15公里；4.5~5.5小时

从可以望见艾格峰、僧侣峰和少女峰的❶**施尼格普拉特**（见132页，海拔1967米）出发，往东北方向翻越牧场，经过阿尔卑斯山风格的小屋❷**Oberberg**，再爬一段稍陡的坡就到了❸**Louchera**（海拔2020米）。

沿着❹**Loucherhorn峰**（海拔2230米）碎石西坡走，翻越长满草的山峰，再接着走过一段高低起伏的路，就到达卵石遍地的❺**Egg**山口，这里海拔2067米，从施尼格普拉特走过来需1.25~1.5小时。

翻越Egg山口后，往东北方向进入如同沼泽一样的Sägistal山谷，四周都是山脊。山谷的最低点有碧绿色的Sägistal湖（海拔1937米）。沿因德里萨吉萨（Indri Sägissa）下方的南侧边缘一直走，在Bonera隘谷（或Hühnertal）转弯。沿途会看到喀斯特地貌，最终到达位于Männdlenen（海拔2344米）鞍形山口的山间木屋❻**Berghaus Männdlenen**，全程需要1~1.5小时。

翻越峰峦嶙峋的陡峭悬崖间的一道宽阔的岩脊即可到达Winteregg山脊。在海拔2546米处转向一条窄小的岔路，之后往左走就到了❼**弗尔峰**（Faulhorn）的山顶，这里海拔2681米，从Männdlenen过来需要1.25小时。路上可360度观赏艾格峰、僧侣峰、少女峰、布里恩茨湖和图恩湖的全景，天气好时还可以看见德国的黑森林（Black Forest）和法国的孚日山（Vosges）。山顶下方的❽**Berghotel Faulhorn**建于19世纪，是阿尔卑斯地区最古老和最高的山区酒店。

下山去往❾**Gassenboden**（海拔2553米）的路上常可看到土拨鼠，继续下山即可到❿**巴哈阿尔普湖**（Bachalpsee；2265米）。在冰川覆盖的韦特峰（Wetterhorn；海拔3701米）、施雷克峰（Schreckhorn；海拔4078米）和芬斯特瓦峰（Finsteraarhorn；海拔4274米）的衬托下，蓝色的湖泊尤为美丽。一条常有人走的路穿过牧场，通往山下⓫**菲斯特**（见140页；海拔2167米）的循环式缆车站，从Berghotel Faulhorn过来需1.5~2小时。

早时分的艾格峰的景致，并吃到奶味浓郁的山羊奶酪——这是来自阿尔卑斯山间的馈赠。酒店位于菲斯特缆车站上方的草地中间，非常适合作为夏天徒步、冬天滑雪的大本营。你还可以躺在温泉浴池里放松，或者去餐厅（主菜Sfr22~44）里享受新鲜的阿尔卑斯山美食。

Romantik Hotel Schweizerhof 历史酒店 €€€

（☎033 854 58 58；www.hotel-schweizerhof.com；Dorfstrasse；标单 含半食宿 Sfr265~370，大床 含半食宿 Sfr460~660；P 📶 🏊）这是格林德尔瓦尔德的一家豪华历史酒店，室内装修为新艺术派风格，房间的卫生间里铺有光亮的石板。这里最大的一个亮点是它的温泉浴场，里面有按摩喷头浴池、疗养室和一个可以看得见群山全景的游泳池。酒店自己种了蔬菜和香草，用作餐厅的食材。

餐饮

★ Cafe 3692 咖啡馆 €

（☎033 853 16 54；www.cafe3692.ch；Terrassenweg 61；小吃和简餐 Sfr7~25；⏰周日至周二 8:30~18:00，周五和周六 至午夜）米里亚姆（Myriam）和布鲁诺（Bruno）是这家咖啡馆的老板，布鲁诺擅长木匠活，整家咖啡馆到处都是他的杰作：造型奇特的苹果树宛如一件艺术品，矿车被改成烧烤架，天花板上装饰着木制品。美味的特色菜采用花园里种的香草和当地食材烹饪而成。

Onkel Tom's Hütte 比萨 €

（☎033 853 52 39；Im Graben 4；比萨 Sfr13~33；⏰周四 18:00至午夜，周五至周二 正午至22:00）餐馆位于一栋谷仓式的木屋里，环境舒适，生意非常好。比萨均为现做现卖，有3种尺寸可选。这里的葡萄酒可谓琳琅满目，从瑞士产到南非产的应有尽有。

Grindel Lounge 咖啡馆 €

（www.grindellounge.ch；Dorfstrasse 119；小吃 Sfr7~24；⏰周二至周日 9:00~20:00）这家休闲酒吧兼咖啡馆舒适宜人，弥漫着一种复古气息。来这里找张皮革沙发坐下，享用口感醇厚的热巧克力或佛卡夏（foccacia）、沙拉、阿尔萨斯薄饼（tarte flambée）、自制蛋糕等小吃。

Memory 瑞士菜 €€

（☎033 854 31 31；Dorfstrasse 133；主菜 Sfr17~36；⏰9:00~23:30）Eiger Hotel里的这家餐厅总是坐满了人，你可以在这里吃到煎土豆饼、拉克莱特干酪、奶酪火锅以及用“基督”辣酱烹饪而成的“火辣辣”烤鸡（是的，它的名字就是这么搞笑）等美味的瑞士菜。餐厅外有一个临街的露台，可以在这里的餐桌边用餐。

C & M 瑞士菜 €€

（☎033 853 07 10；www.cundm-grindelwald.ch；Almisgässli 1；小吃 Sfr7.50~18，主菜 Sfr29~49；⏰周三至周一 9:00~23:00；👪）咖啡馆装修成了美术馆风格，从露台可以看到宏伟的下冰川，而跟景色一样美好的是这里的食物：沙拉、咖啡、蛋糕和各式创意菜（如熏鲑鱼和草本黄油烤鳟鱼等）。这里有儿童菜单。

Avocado Bar 酒吧

（Dorfstrasse 158；⏰15:00至次日0:30；📶）酒吧充满着朝气和欢乐的气氛，冬天滑完雪后可以来这里喝一杯杜松子酒，或者夏天来这里的露台上闲坐，都不失为一种惬意的享受。周三偶尔会有现场音乐演出。

实用信息

旅游局（☎033 854 12 12；www.grindelwald.ch；Dorfstrasse 110；⏰周一至周五 8:00~18:00，周六和周日 9:00~18:00；📶）旅游局位于Sportzentrum，提供指南小册子和徒步地图，游客可免费使用这里的电脑和Wi-Fi。旅游局外面挂着一张住宿信息板，工作人员可以帮助游客预订房间。

到达和当地交通

格林德尔瓦尔德位于经过因特拉肯的A8高速公路附近。从村里出发的一条小路通向大谢德格山口（Grosse Scheidegg Pass；海拔1960米）。这条路上没有公共交通车辆运行，但在6月中旬至10月初期间有邮政**巴士**（Sfr54，2小时15分钟）来往于此地和迈林根（Meiringen）之间，8:00~17:00大概每小时有1班。缆车可以将你带至格林德尔瓦尔德上方的山上，目的地包括**菲斯特**（www.jungfrau.ch；往返 成人/儿童 Sfr66/33；⏲8:30~17:00，冬季 8:00~16:15）、曼丽申（见144页）和普芬斯蒂格（见134页）。

菲斯特（First）

海拔 2167米

从这里可以眺望少女峰地区中间风景宏伟壮观的小山顶，菲斯特是徒步阿尔卑斯山的绝佳基地，有宝石般的湖泊、山间小径和惊险万分的活动。备受家庭游客、喜欢探险和观山的人们的喜爱，在这里能看到艾格峰令人生畏的北坡和海拔4078米的施雷克峰（Schreckhorn），景色令人惊叹。

景点

巴哈阿尔普湖（Bachalpsee） 湖

这座冰川湖位于从菲斯特缆车山顶站步行不到1小时的地方，来这儿的途中要经过野花遍地和牛铃叮当的高山草地。在寂静的清晨，景色十分迷人，湖面完美倒映出施雷克峰（4078米）的白色山峰。

菲斯特天梭悬崖步道（First Cliff Walk by Tissot） 观景点

免费 位于Berggasthaus First旁边，海拔高度大约为2200米，这处新观景平台伸入空中45米，能让人看到山谷和四周群山令人心动的美景。如果你有眩晕症，那还是算了。

活动

菲斯特有经过精心维护的长达60公里的滑雪道，大部分路段都比较宽，蜿蜒的红道适合中级水平的滑雪者。北坡的滑道会经过草甸和森林。自由式滑雪者可以去Bärgelegg或尝试Schreckfeld的超级U形滑道。

Faulhorn Walk 徒步

从菲斯特出发，徒步经巴哈阿尔普湖到弗尔峰（Faulhorn；海拔2681米；2.5小时）。沿着山脊走时，迷人的少女峰风光将展现在你眼前。到达弗尔峰后，停下来吃午餐，以全方位视角尽情欣赏无敌美景。之后的路有两种选择：继续往前走一直到施尼格普拉特（3小时），然后坐火车回去；或者徒步去布斯阿尔普（Bussalp；海拔1800米；1.5小时），然后坐126路公共汽车回到格林德尔瓦尔德（Sfr24，27分钟）。

Trottibike 探险运动

（成人/儿童 Sfr32/22；⏲4月至10月）位于菲斯特—波特的缆车站，如果你想冲下山，前往格林德尔瓦尔德，将草地和山丘甩在身后，那么这里有结实耐用的小轮滑板车。租金包括头盔。

First Mountain Cart 探险运动

（成人/儿童 Sfr19/15；⏲7月至10月）新型的菲斯特山地车介于卡丁车和雪橇之间，是飞驰冲下施雷克费尔德（Schreckfeld）前往波特的有趣交通方式，这段路程3公里。

住宿

Berggasthaus First 小屋 €€

（☎033 828 77 88；www.berggasthausfirst.ch；铺 含早餐 成人/儿童 Sfr65/47，含半食宿 Sfr95/68，标单/大床 Sfr135/230；📶）如果想看日出，

不要错过

雪橇和滑索

喜欢菲斯特深雪的人不仅限于滑雪爱好者。在冬季，这里的50号小径也适合徒步前往弗尔峰。弗尔峰还是欧洲最长的**平底雪橇滑道**（⏲12月至次年4月；15公里）的起点。

其他增加刺激元素的活动有菲斯特与施雷克费尔德之间的一条摇摇晃晃、速度快得惊人的缆索**First Flyer**（成人/儿童 Sfr29/22，含缆车 Sfr74/45；⏲6月下旬和8月 10:00~17:30，9月 至16:30，10月 至16:00，1月中旬至4月中旬 正午至15:45），缆车运行速度高达84公里/小时。

可以在菲斯特山顶缆车站旁的Berggasthaus First住下，第二天早点起床。得到良好维护的松木宿舍和房间位置优越，可以在人群抵达以前领略山顶的风景。为半食宿（提供早餐和一顿主餐的膳宿）额外支付一些费用是值得的。

到达和离开

缆车（www.jungfrau.ch；往返 成人/儿童 Sfr66/33；⏲8:30~17:00，冬季至16:15）从格林德尔瓦尔德出发前往菲斯特，大概每10分钟1班。

小谢德格（Kleine Scheidegg）

小谢德格（海拔2061米）位于艾格峰、僧侣峰和少女峰下面2000米处，火车站周围聚集了许多餐馆。大部分人来此地只是为了转乘火车去往少女峰，但实际上多花一些时间慢慢欣赏尖牙状的希尔伯峰（Silberhorn）等地的壮观风景绝对是值得的，这里还有惊险的步行小径通向四面八方。

小谢德格十分适合作为徒步的大本营。以这里为起点，有多条通往艾格冰川（Eigergletscher）的小路（每条路各需要走上1个小时）；其他路线包括去往翁根阿尔普的下山路和通往村后的劳特布龙嫩的上山路。12月至次年4月间，这片地区就成了适合中级水平滑雪者竞逐的舞台。你也可以沿艾格小径（Eiger Trail）从艾格冰川走到Alpiglen，全程6公里，沿途景色蔚为壮观，可以近距离欣赏艾格峰令人生畏的北坡的景观。

食宿

虽然小谢德格的住宿场所数量不多且分散，大部分都很朴素，但少女峰的风景是五星级的。

Restaurant Grindelwaldblick 青年旅舍 €

（☎033 855 13 74；www.grindelwaldblick.ch；铺 Sfr43~50，半食宿需额外支付 Sfr25；⏲11月和5月不营业）在Restaurant Grindelwaldblick（2116米）过夜，可以欣赏美景，享用让人容易饱腹的山间饮食。

Hotel Bellevue des Alpes 酒店 €€€

（☎033 855 12 12；www.scheidegg-hotels.ch；标单 Sfr230~280，大床 Sfr380~550）Hotel Bellevue des Alpes是一座维多利亚时期风格的酒店，虽然往日的富丽堂皇现已不再，但仍充斥着迷人的艺术氛围。酒店位于一个绝佳的位置，设有望远镜，曾经是监控艾格峰（事故）的瞭望点。

Alpiglen 瑞士菜 €€

（☎033 853 11 30；www.alpiglen.ch；主菜 Sfr21~42；⏲5月下旬至10月下旬；👪）在这家可爱的老式山间小屋，从露台上望去，艾格峰似乎触手可及。在一段漫长的徒步旅程之后，一盘盘腌肉和阿尔卑斯奶酪（Hobelchäs）正中人们的下怀。还可选择更丰盛的家常德国香肠配土豆饼。这里有儿童菜单和游乐场，非常适合孩子。

到达和离开

开往小谢德格的火车从翁根（Sfr24，26分钟）和格林德尔瓦尔德（Sfr31，33分钟）发车，每半小时1班。小谢德格是乘火车前往少女峰的出发点。

少女峰（Jungfrau）

乘火车前往少女峰是最经典的瑞士体验之一。大胆穿过艾格峰的火车线路于1912年建成，如今每年要承载200多万名游客，穿过阿尔卑斯山非凡的风景。

站在山顶上，展现在你面前的是令人眩晕的冰川和海拔4000米的大小山峰。外边是露出冰碛石的阿莱奇冰川，风景随着23公里长的冰舌向前延伸。阿莱奇冰川是欧洲阿尔卑斯山最长的冰川，被列为世界自然遗产。这里视线开阔，没有云遮挡的时候可以一直望见德国的黑森林。斯芬克斯（Sphinx）气象站有冰雕、餐馆、室内观景点和纪念品商店。

景点和活动

★少女峰站 观景点

（Jungfraujoch；www.jungfrau.ch；往返 因特拉肯东站－少女峰 Sfr210.80，小谢德格－少女峰 Sfr128；⏲火车 5月至9月 8:00~18:43，其他月份 开放时间缩短）每年有200万人前往少女峰，来到

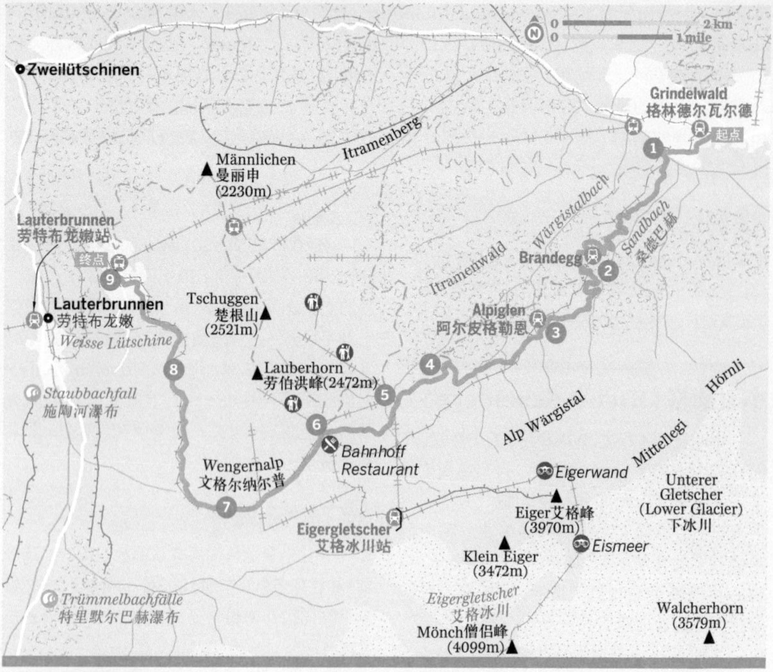

步行游览
小谢德格

起点: 格林德尔瓦尔德

终点: 翁根

距离: 15公里; 5.5至6小时

从❶**格林德尔瓦尔德格伦德**(Grindelwald Grund)穿过铁轨，左转前往小谢德格。朝东南方望去，冠状石灰岩韦特峰(3701米)和下冰川的景色激动人心。沿桑德巴赫(Sandbach)溪流旁边陡峭的小路前行，艾格峰令人生畏的北坡越来越近，随后一路上你将不时出入树林。从格林德尔瓦尔德出发步行1小时左右，穿过拱形铁路桥，就到达了❷**Restaurant Brandegg**。

在路标指向阿尔皮格勒恩的第二个路口左转，走上砾石小路，穿过树林，沿着文格尔纳尔普铁路(Wengernalpbahn)的轨道前行。铁轨穿过夏季布满龙胆和蓟花的草地，钻进小型铁路隧道，之后即可抵达❸**Alpiglen**；从格林德尔瓦尔德格伦德出发至此需要2~2.5小时的时间。

小径缓缓向上延伸，贴着艾格峰北坡，穿过连绵起伏的牧场，越过❹**梅特拉**(Mettla; 海拔1809米)山谷的大片山松和农舍。

前往❺**Arvengarten**滑雪升降梯，顺着海拔2000米左右的山坡上行。这座小山口是近距离欣赏艾格峰、僧侣峰和少女峰的有利位置。绕过铁轨下方的山坡，便可以抵达❻**小谢德格**(见141页)，从阿尔皮格勒恩至此用时1.25~1.75小时。

从小谢德格火车站出发，下山的馈赠是“三大峰”和西尔伯峰(Silberhorn; 3695米)的景色。然后即可抵达1874米的❼**文格尔纳尔普**(Wengernalp)。格施帕尔滕峰(Gspaltenhorn)和雪朗峰风景优美，之后地势突然下降，进入劳特布龙嫩深邃的冰川槽。往北的小径经过一片片阿尔卑斯森林，再次翻越铁路，那里有一条路况不错的小道，贴着山坡，经过❽**阿尔蒙德**(Allmend)，抵达禁止车辆通行的❾**翁根**(见145页)，从文格尔纳尔普至此用时1.5~2小时。

海拔3454米的欧洲最高火车站，这是他们一生难得一次的旅行。轧轧作响的火车从小谢德格出发，深入艾格峰冰雪覆盖的腹地，再从斯芬克斯气象站出来，惊险刺激一路迭起。在山顶，阿莱奇冰川的震撼景色和仿佛永远没有尽头的阿尔卑斯山的群峰呈现在眼前。除了一览无余、令人惊叹的风景，这里还有冰宫（Ice Palace）和雪乐园（Snow Fun Park）可以探索。保暖衣物和结实的鞋必不可少。

阿莱奇冰川（Aletsch Glacier） 冰川、观景点

少女峰俯临阿尔卑斯山最大冰川的宏大风景：23公里的阿莱奇冰川在4000米的高处从四周的群峰之间杀出一条通路。它是名列联合国教科文组织世界遗产地的瑞士阿尔卑斯山少女峰—阿莱奇的一颗明珠。从6月下旬至10月上旬，Grindelwald Sports（见135页）提供翻越冰川的两日徒步，由经验丰富的山区向导带领。

住宿

Mönchsjochhütte 小屋

（☎033 971 34 72；www.moenchsjoch.ch；铺Sfr28，含半食宿 Sfr64；⏲3月底至10月中旬）山上3650米处的Mönchsjochhütte是许多攀岩的人休整的地方，他们之后会向艾格峰或僧侣峰发起冲刺。清晨赶紧从上下铺上爬起来去看日出，你一定会觉得不虚此行。

到达和离开

从因特拉肯东站发车的火车沿着两条不同的线路前往少女峰：一条经过劳特布龙嫩、翁根和小谢德格，另一条经过格林德尔瓦尔德和小谢德格。无论怎样，单程需要2.25~2.5小时，往返车票价格为Sfr210.80。少女峰末班车的发车时间为18:43/16:43（夏季/冬季）。

注意，前往少女峰的普通火车票有一个月的有效期，你可以一路上多次中途下车，在各站点游览然后继续乘车，所以一张单程票可以成为探索少女峰地区的主要基础。比如，从因特拉肯东站出发，你最远可以前往格林德尔瓦尔德，在那里徒步数天后再前往小谢德格、少女峰、翁根和劳特布龙嫩。

从5月上旬至10月下旬，乘坐两趟首班火车中的一班（6:35或7:05）并在13:13前返程离开山顶，可以选择价格优惠的Good Morning Ticket（Sfr145）。

从这个地区更偏远的地方出发，更便于乘坐这些早班火车。比如，如果住在小谢德格，你可以以Good Morning优惠价（往返 Sfr95，原价Sfr128）乘坐两趟首班车的一班，从小谢德格（8:00和8:30）前往少女峰。

持有Swiss Travel Pass免费乘车，最远可到达格林德尔瓦尔德或翁根，前往少女峰山顶的剩余旅程可以享受25%的折扣。

劳特布龙嫩（Lauterbrunnen）

人口2452 / 海拔796米

劳特布龙嫩的施陶河瀑布曾让歌德和拜伦为它挥笔写下赞美的诗篇。如今，这里的72座瀑布依然吸引来不少人。坐落在山谷深处的美丽村庄到处都是木屋建筑，散发着一种闲适慵懒的气息，非常适合作为想要徒步或爬山的户外运动爱好者的大本营，同时也成为定点跳伞的绝佳场所。

景点和活动

从山谷出发往山上走，经过2.5小时的路程就到达了米伦（Mürren），再走1小时45分钟即可到达施特歇尔贝格（Stechelberg），第二段路比第一段路要轻松。冬天时结冰的瀑布旁有一条长12公里的整洁小路。

如果想看惊险的定点跳伞的话，可以去雪朗峰（Schilthorn）的基站。

★施陶河瀑布 瀑布

（Staubbachfall，Staubbach Falls；⏲6月至10月 8:00~20:00）河水从297米高的地方飞流直下，在悬崖下喷起层层水雾，清晨时尤为美丽，这样的景象给许多作家留下深刻的印象。当你走近来看时，会发现远处看到的水雾实际上在瀑布后面形成了一道急流。这一段路并不长，但有些上坡路会很陡，因此最好穿上一双结实的鞋子。

★特里默尔巴赫瀑布 瀑布

（Trümmelbachfälle，Trümmelbach Falls；www.truemmelbachfaelle.ch；成人/儿童 Sfr11/4；⏲4月至11月 9:00~17:00）这片冰川瀑布群的视觉效果相当震撼人心。流水侵蚀形成沟壑和

壶穴，每秒钟流过这些坑洞的河水多达2万升。瀑布共有10座，水流来自24平方公里的阿尔卑斯山冰川和融雪。从劳特布龙嫩步行至瀑布需要45分钟，或者从火车站坐141路公共汽车也可到达。

Doris Hike 徒步

(☎033 855 42 40; www.doris-hike.ch)多丽丝(Doris)对当地非常了解，她提供的徒步游目的地包括冰川、瀑布和高山。

住宿

大部分住宿的地方都聚集在这里的一条街上，其中一些没有正式的地址，但都在村子的入口处设置了指示牌。

Valley Hostel 青年旅舍 €

(☎033 855 20 08; www.valleyhostel.ch; Fuhren; 铺 Sfr30~36，大床 Sfr38~43; P 📶)这家由家庭经营的青年旅舍有厨房、看得见施陶河瀑布的花园、洗衣房和免费Wi-Fi。多人间很宽敞，贴着松木饰板，其中大部分都带有阳台。经营者态度友好，可以帮客人安排滑翔、溪降等活动。

Chalet im Rohr 客栈 €

(☎033 855 21 82; www.chaletimrohr.ch; Im Rohr 424; 房间 每人 Sfr33; 📶)在夏天，这座有400年历史的木屋旁盛开着朵朵鲜红色的天竺葵，嘎吱作响的地板和小窗户为这里增添了一份舒适的怀旧之感。20世纪70年代风格的房间没有什么特色，但非常干净。客栈有一个宽敞的公共阳台，可以看到施陶河瀑布。

Camping Jungfrau 露营地 €

(☎033 856 20 10; www.camping-jungfrau.ch; Weid 406; 营地 成人/帐篷/汽车 Sfr10/13/4，铺 Sfr30~35; P 📶)这片露营地有舒适的多人间和小屋、厨房以及凉亭，可以看到令人着迷的高山和瀑布景色，提供自行车出租和Wi-Fi，甚至还有专门为狗狗们准备的淋浴设施！

Hotel Staubbach 酒店 €€

(☎033 855 54 54; www.staubbach.com; Im Rohr; 大床 Sfr130~180，标三 Sfr220~250，四 Sfr250~290; P 📶)这家富丽堂皇的酒店已经经营了多年，房间明亮、整洁，有羽绒被；其中最好的房间自带阳台，而且能看到施陶河

值得一游

曼丽申(MÄNNLICHEN)

海拔2230米的曼丽申(www.maennlichen.ch; 缆车 翁根-曼丽申 单程/往返 Sfr23/46; ⏲每隔20分钟 8:30~16:50)位于格林德尔瓦尔德山谷和劳特布龙嫩山谷之间的山脊上，是这个地区的顶级观景点之一。曼丽申与格林德瓦尔德格伦德之间有欧洲最长的缆车线(www.maennlichen.ch; 成人/儿童 Sfr30/15; ⏲8:15~17:00)。另一趟缆车从山脊另一侧的翁根上去。

从曼丽申上方的缆车站出发，步行到达山顶欣赏风景。山脊南端是楚根山(Tschuggen; 海拔2520米)和劳伯洪峰(Lauberhorn; 海拔2472米)，"三大峰"耸立其后。从这里往左右两边看，左边是宽阔的格林德尔瓦尔德山谷，右边是呈U形、冰川覆盖的劳特布龙嫩山谷。往北前行则可见图恩湖。

冰封的少女峰山脉的风景令人振奋，值得在这里花费1.5小时，从全景路线(Panoramaweg)徒步至小谢德格(见141页)。对于孩子们来说，更好玩的是Felixweg(www.felix-weg.ch; 👪)，可以了解当地野生动物，此外这里还附带烧烤区域。

在冬季，地处艾格峰、僧侣峰和少女峰之下的曼丽申是个滑雪胜地。单日滑雪通票的费用为每位成人/儿童Sfr63/32。另外还有一条通往Holenstein的雪橇滑道，中间会经过陡坡和急转弯，滑完全程大概用时45分钟。

如果想要过夜，你可以徒步至朴素的Berggasthaus Männlichen(☎033 853 10 68; www.berghaus-maennlichen.ch; 标单 Sfr80~95，大床 Sfr150~180; ⏲6月至10月)，里面有简朴的住宿场所和绝美的山景。

瀑布。休闲室提供免费咖啡，很有社交氛围，此外还有一片儿童游乐区。

餐饮

Airtime

咖啡馆 €

（☎033 855 15 15；www.airtime.ch；小吃和简餐 Sfr6~15.50；⊙9:00~18:00；📶）丹尼尔（Daniela）和贝尼（Beni）曾去新西兰旅行，他们受到旅途见闻的启发，回来后开了这家提供图书交换、洗衣和极限运动等服务的时尚咖啡馆。在享用自家烤制的格兰诺拉麦片、三明治、馅饼或自制蛋糕（包括无麸巧克力味）的同时，你还可以使用这里的免费Wi-Fi上网或者读一本小说，或是预订攀冰、溪降、蹦极等刺激活动。

Flavours

咖啡馆 €

（☎033 855 36 52；www.flavours.ch；小吃和简餐 Sfr8~18；⊙9:00~18:00；📶）不管你是想吃有鸡蛋和培根的丰盛早餐，还是汉堡、沙拉、配咖啡或现榨果汁的自制蛋糕，来这里就对了。咖啡馆所在的房屋原本是一家面包房，屋外有一个舒适宜人的露台，上面放着懒人沙发。

Hotel Oberland

瑞士菜 €€

（☎033 855 12 41；比萨 Sfr16~24.50，主菜 Sfr22~40；⊙11:30~21:00）餐馆位于一座传统风格的小屋内，靠街的位置上有一个露台，总是人声鼎沸。除了奶酪火锅等瑞士菜，这里还供应比萨、蔬菜咖喱、印度风味煎土豆饼等各国风味的菜肴。这里还有许多素食可供选择。

Horner Bar

酒吧

（☎033 855 16 73；Hotel Horner；⊙9:30至次日2:30；📶）定点跳伞发烧友聚集在这家酒吧里，一边喝酒一边讲述自己惊心动魄的跳伞经历。酒吧气氛活跃，到了晚上愈发热闹。消费酒水后可以免费使用这里的电脑和Wi-Fi。

实用信息

旅游局（☎033 856 85 68；www.lauterbrunnen.swiss；Stutzli 460；⊙6月至9月 8:30至中午和14:00~18:30，其余时间段开门时间缩短）位于火车站对面。

到达和离开

有固定班次的短途火车从因特拉肯（Sfr7.60，21分钟）出发。位于同名山谷的劳特布龙嫩是乘坐火车前往翁根（Sfr6.80，14分钟）和乘坐缆车/火车前往米伦（Sfr11.40，23分钟）等阿尔卑斯山度假胜地的主要出发点。

当地交通

翁根和米伦不通汽车，如果你要去这两个地方，可以把车停在火车站旁边的**多层停车场**（☎033 828 74 00；www.jungfraubahn.ch；每天/每周 Sfr14/84），建议预订车位。施特歇尔贝格缆车站（Stechelberg cable-car station）旁还有一个露天停车场，每天收费Sfr10。

翁根（Wengen）

人口1300 / 海拔1274米

翁根坐落在山脉岩脊上，十分上相，它的景色从爱德华时代开始就吸引了许多英国人前来。抵达这座村庄的唯一方式是乘坐火车，这无疑为这座迷人的村庄增添了浪漫色彩。黄昏时分，坐在教堂前的长凳上，一幅如梦似幻的水彩画在眼前展开：让你的视线越过雾气缭绕的施陶河瀑布，往下看是劳特布龙嫩山谷，往上看是冰川覆盖的少女峰。到了冬天，翁根就变成了一个滑雪胜地，名气虽不大，但很适合家庭过来玩。

节日和活动

劳伯峰高山滑雪赛

体育节

（Lauberhornrennen；www.lauberhorn.ch；⊙1月中旬）翁根的各项活动中最有名的莫过举世闻名的劳伯峰高山滑雪赛。参赛选手的时速可达160公里。

住宿

Hotel Bären

酒店 €€

（☎033 855 14 19；www.baeren-wengen.ch；标单 Sfr190~280，大床 Sfr260~310，家 Sfr390~490，均含半食宿；📶）从铁路下方往回走然后下山，就能看到这座舒适的木屋。房间明亮，铺有木地板，还能看到壮观的群山。酒店的经营者布鲁纳（Brunner）一家待人友善，他们做的早餐和晚餐丰盛可口（包含在半食宿费用中）。

Hotel Edelweiss 酒店 €€

(☎033 855 23 88; www.edelweisswengen.ch; Am Acher; 标单 Sfr85~100, 大床 Sfr170~200; 📶)从火车站往坡下步行仅5分钟，即可到达这栋家庭经营的多层木屋，从很多阳台都能眺望少女峰的壮观景色。其他福利还有桑拿浴、舒适的儿童游乐场，以及翁根最公道的房间价格。

Hotel Berghaus 酒店 €€

(☎033 855 21 51; www.berghaus-wengen.ch; 标单 Sfr105~165, 大床 Sfr210~330; 📶)这个由家庭经营的酒店位于森林之中，从村中心闲逛过来只要5分钟的时间。房间明亮宽敞，环境安静得似乎一根针掉到地上都能听见。朝南的房间能看到少女峰。打电话预约的话，酒店老板会派车来火车站接你。

餐饮

Restaurant Bären 瑞士菜 €€

(☎033 855 14 19; 主菜 Sfr30~53; ⏰周一至周五 8:00~13:30和17:00~23:30，周六和周日 17:00~23:30; ✍)将传统与创新相结合的这家出色的餐馆（属于同名酒店）引以为豪的是本地饲养的畜类，自种的香草、蔬菜和食用花卉，以及本地野味。这里的菜肴既有烹制精美的小牛肉配意大利草莓调味饭，也有素食鸡蛋面（Spätzle）配炖蘑菇。百搭甜品有栗子慕斯和山葵南瓜子冻糕（wasabipumpkin-seed parfait）。

★ Restaurant 1903 瑞士菜 €€€

(☎033 855 34 22; www.hotel-schoenegg.ch; 主菜 Sfr35~58; ⏰6:30~22:00，5月和10月中旬至12月中旬 歇业）Hotel Schönegg的厨师西尔万·斯泰法纳兹·奥吉（Sylvain Stefanazzi Ogi）在不同季节会推出应季的菜肴。房间里贴有松木板，挂着枝形吊灯，冬天时住着非常舒适。绿意盎然的露台面朝高山，夏天在这里用餐是再惬意不过的事了。

Tanne Bar 酒吧

(⏰16:00至深夜)这家舒适的木镶板酒吧位于翁根主街，是瑞士和北欧滑雪者喜欢流连的地方。在滑雪季期间，当夜幕降临时，人们会伴随滑雪后的烫热葡萄酒和鸡尾酒摇摆起来。

实用信息

旅游局(☎033 856 85 85; www.wengen.ch; ⏰周一至周五 9:00~18:00，7月和8月 至21:00，11月、3月和4月的周六关门; 📶)位于曼丽申缆车站旁边。

到达和离开

从劳特布龙嫩（Sfr6.80，14分钟）至翁根的环山火车每小时2班。

施特歇尔贝格（Stechelberg）

人口260 / 海拔922米

如果想要领略72座瀑布从垂直的岩石上方飞流直下的壮观场景，就来劳特布龙嫩山谷里的施特歇尔贝格。山谷的名字拆开来看是“晴朗”和“春天”的意思，而瀑布的气势最为磅礴的时候正是在冰雪消融的春天和大雨过后。尽管一直以来这里都是著名的徒步胜地，但这座安静的小村庄依然给人一种自然质朴之感。

施特歇尔贝格－劳特布龙嫩步行小路（Stechelberg-Lauterbrunnen Walk）长6.7公里，路上可以一览山谷中令人印象最为深刻的瀑布，包括特里默尔巴赫瀑布（见143页）。单程时间留出大约2小时。小路的起点在Hotel Stechelberg公共汽车站。

田园风情的**Alpenhof Stechelberg**（☎033 855 12 02; www.alpenhof-stechelberg.ch; 标单/大床 Sfr30/60，标三 Sfr 60~100; 🅿）的房间明亮而整洁，而且价格便宜。一顿含当地奶制品的丰盛早餐价格为Sfr12。

固定班次的141路公共汽车往来于施特歇尔贝格和劳特布龙嫩（Sfr4.40，19分钟）之间，后者有许多继续前往因特拉肯及周边度假地点的交通方式。

米伦（Mürren）

人口450 / 海拔1650米

选一个清朗的夜晚坐上前往米伦的火车，在火车行至格吕奇阿尔普（Grütschalp）与米伦中间的山脊地带时抬头看看窗外，仿佛触手可及的山峰会让你误以为自己已离开人间，进入了如小说《海蒂》（*Heidi*）中描写的美好的天堂。米伦不通汽车，矮小的木屋，远处宏伟的艾格峰、僧侣峰和少女峰让人感觉仿佛置身于精简版的瑞士阿尔卑斯山之中。

景点和活动

阿尔蒙德胡贝尔 山

（Allmendhubel；）米伦上方有一家全景餐厅和一处名为**Skyline Chill**的休闲区，休闲区环绕视野开阔、时髦的休闲酒吧，在夏天可以乘坐**Allmendhubel缆车**（www.schilthorn.ch；往返 成人/儿童 Sfr14/7；9:00~17:00 每20分钟一班）上来。探险游乐场上有大蝴蝶、土拨鼠洞穴和高山鲜花，深受孩子们的喜爱。

北坡小路（North Face Trail） 徒步

从阿尔蒙德胡贝尔缆车的山顶站出发有几条徒步路线，包括壮观的北坡小路（1.5小时），这条路往西延伸，途经Schiltalp。走在野花盛开的草甸上，你可以看到劳特布龙嫩山谷的宏大冰川和瀑布，以及艾格峰的巨大北坡——可以借助双筒望远镜看到那些勇敢的攀登者。

瑞士滑雪学校 滑雪

（Swiss Ski School；033 855 12 47；www.swiss-snowsports-muerren.ch；Haus Finel, Inder Gruben；9:00~12:30和13:30~17:00）米伦的滑雪学校有单人和团体的滑雪课程，包括儿童课程。

节日和活动

炼狱速降赛 体育节

（Inferno Run；www.inferno-muerren.ch）米伦以开足马力的炼狱速降赛而闻名，1月中旬至下旬举办，以雪朗峰为起点，全程长16公里。从1928年开始，就有许多不怕死的滑雪者们在这里上演速度大战，如今来这儿的滑雪爱好者多达1800人，而各种讨人喜欢的纪念品也在大量游客的刺激下应运而生。

住宿

全镇火车站和缆车站之间的街道附近都有酒店分布。夏季的房间价格最多比冬天旺季时便宜30%。有些酒店和餐馆没有正式的地址，但米伦很小，想找到以下地方并不困难。

> **不要错过**
>
> **悬崖试胆**
>
> 想要体验心跳加速？米伦的**Klettersteig**（033 856 86 86；www.klettersteigmuerren.ch；6月中旬至10月）是你的不二选择。这条高山铁索攀岩栈道长2.2公里（有缆车的徒步线路），经悬崖峭壁通往吉梅尔瓦尔德，其惊险刺激程度堪称瑞士之最。穿戴上头盔和护具、带上岩钉钢环，你就可以大胆攀登这段蜿蜒曲折的悬崖之路了，期间会经过一条索道——是的，你会在这里看到艾格峰；然后是一座80米长的悬索桥。在Klettersteig入口附近的**Intersport**（033 855 23 55；www.staegersport.ch/muerren；Chalet Enzian；9:00至正午和13:00~18:00）可以租到攀岩装备（每天Sfr28）。或者也可以花Sfr95雇一名向导，具体信息请联系**Bergsteigen für Jedermann**（033 821 61 00；www.be-je.ch）。

Eiger Guesthouse 客栈 €€

（033 856 54 60；www.eigerguesthouse.com；标单 Sfr95~140，大床 Sfr120~200，四 Sfr180~250；）这家客栈地处中心，经营者谈吐幽默，做起事来手脚麻利。除了干净整洁的房间（最好的能看见艾格峰）以外，楼下还有一家小酒馆，供应美味小吃（主菜 Sfr21~41）和各种生啤酒。

Hotel Alpenruh 酒店 €€

（033 856 88 00；www.alpenruh-muerren.ch；标单 Sfr140~220，大床 Sfr200~280；）这家广受好评的酒店里摆着用来驱赶恶魔的鬼脸面具和各式各样的小装饰品，可以看出经营者在装饰上花了不少心思。房间光线充足，配置了松木家具。酒店的服务、食物（主菜Sfr19~45）和周边风景（少女峰）博得了住客的一致称赞。

★ Hotel Eiger 酒店 €€€

（033 856 54 54；www.hoteleiger.com；标单 Sfr183~228，大床 Sfr275~370，套 Sfr420~1250；）酒店是一栋大木屋，房间时尚现代，服务一流，从游泳池的落地窗望出去，正

好能看见艾格峰、僧侣峰和少女峰。这里的餐厅堪称米伦最好的餐厅之一。

就餐

Tham's　亚洲菜 €

(☎033 856 01 10；主菜 Sfr15~30；⏰11:30~21:00) 厌倦了激烈竞争的前五星级大厨搬来这里继续他的厨师事业。餐馆供应中国菜、泰国菜和其他亚洲菜肴。

Stägerstübli　瑞士菜 €€

(☎033 855 13 16；www.staegerstuebli.ch；主菜 Sfr21~38；⏰11:00~23:30) 在这栋温馨、舒适的木屋中，你只需要祈祷雪花落下。Stägerstübli是地道的本地人常来的地方。菜单中包含最大程度地利用本地食材烹制而成的菜肴，随着季节不同而变化，比如葱炖小牛肉和家常野蒜鸡蛋面(wild garlic Spätzli)。

Restaurant La Grotte　瑞士菜 €€

(☎033 855 18 26；Hotel Blumental；主菜 Sfr15~45；⏰11:00~14:00和17:00~21:00) 餐馆装修成了洞穴的模样，里面挂着牛铃、金属大锅和阿尔卑斯山常见的用品，虽然这里充满旅游区餐馆的味道，却也颇具趣味。推荐奶酪火锅和薄饼比萨(flambés)。

实用信息

旅游局 (☎033 856 86 86；www.mymuerren.ch；⏰8:30至正午和13:00~17:15；📶) 位于体育中心。

到达和离开

从劳特布龙嫩前往米伦最便捷的方式是乘坐开往格鲁奇阿尔普(4分钟)的缆车，然后转乘开往米伦的火车(14分钟，单程总费用Sfr11.40)。

吉梅尔瓦尔德(Gimmelwald)

人口130 / 海拔1367米

对于那些想要避开喧闹人群的徒步者和探险者来说，这个小村子一直是他们的"自留地"。当然，如今这已不再是个秘密，吉梅尔瓦尔德每年凭借无与伦比的风景、淳朴的乡村风情和安宁的山村生活氛围吸引了源源不断的新粉丝前来游览。

吉梅尔瓦尔德周边有许多条徒步小径，其中有一条开始于米伦(30~40分钟)，一条开始于施特歇尔贝格(1小时15分钟)。

住宿

吉梅尔瓦尔德有一些舒适、质朴的住宿场所可供选择，数量不多，全都位于距离缆车站5分钟步程的范围内。

★ Esther's Guest House　客栈 €

(☎033 855 54 88；www.esthersguesthouse.ch；Kirchstatt；标单Sfr60~90，大床Sfr120~180，寓 Sfr240~250；📶) 2017年，这家迷人的家庭民宿从埃斯特(Esther)和安德烈(André)传到儿子乌里(Uri)和儿媳达娜(Dana)的手中，他们保留了热情的氛围和对客人舒适性的积极关注。房间里有松木地板和家具，非常干净，另有适合家庭游客入住的公寓房。阁楼房间的房顶铺着石板并开有一扇窗户，晚上可以躺在房间里看星星。

Mountain Hostel　青年旅舍 €

(☎033 855 17 04；www.mountainhostel.com；铺 Sfr45；📶) 背包客们在这栋就位于吉梅尔瓦尔德缆车站上方且布置简单的矮房子里交换旅行信息。这里有一个面朝高山的花园，走了一天的人可以躺在花园中的吊床上休息，或者去店内酒吧(吉梅尔瓦尔德唯一的餐饮场所)玩桌球、吃比萨、喝生啤。

Hotel Mittaghorn　客栈 €

(☎033 855 16 58；mittaghorn@gmail.com；Poeschenried 39；大床 Sfr100~120，标三 Sfr140~150，四 Sfr180；⏰5月至10月；📶) 生性活泼、精力充沛的瓦尔特(Walter)和他的伙伴蒂姆(Tim)经营着这家客栈。客栈所处的位置让它坐拥迷人的山地风景，这也是它最吸引人的地方。地板踩上去发出嘎吱的响声，开关房门时也会咯吱作响，房间简单而舒适，还有共用卫生间和即付即用的淋浴设施。

到达和离开

除了步行以外，乘坐缆车是前往吉梅尔瓦尔德的唯一方式；乘缆车从米伦下来或者从施特歇尔贝格上去，历时5分钟，费用为Sfr6.20。141路公共汽车在施特歇尔贝格缆车站和劳特布龙嫩的火车站(14分钟)之间往返运行。

湖区(THE LAKES)

从伯尔尼前往因特拉肯的人永远都不会忘记初见图恩湖(Thunersee, Lake Thun)的那一刻。在高高的阿尔卑斯山映衬下，碧绿色的湖泊突然出现在乘客的眼前。在因特拉肯东边崎岖不平的群山之下，布里恩茨湖(Brienzersee, Lake Brienz)呈现出让人难以置信的蓝色，这也是一个让人狂按快门的地方。

图恩(Thun)

人口43,500 / 海拔559米

碧绿得令人惊奇的阿勒河从群山环绕的图恩流过，山顶上坐落着一座带塔楼的城堡，整个地方都洋溢着中世纪的风情，像极了绘本中描绘的瑞士小镇。坐在河边咖啡馆外晒太阳的人和拱廊下边独特的精品店让历史悠久的图恩充满了蓬勃的朝气。

景点

5月至11月间的每周六和7月至8月间的每周三，有由旅游局组织的老城区和城堡导览游(每人Sfr15)，时长1.5小时。从镇中心往南走20分钟即可到达Jakobshübeli观景点，从这里可以欣赏到图恩全景以及湖泊和被冰雪覆盖的少女峰的景色。

★图恩城堡 城堡

(Schloss Thun; www.schlossthun.ch; Schlossberg 1; 成人/儿童 Sfr10/免费; ⏲10:00~17:00)这座拥有900年辉煌历史的山顶城堡能满足你对童话故事中城堡的一切幻想——尖尖的塔楼、宏伟壮观的湖泊和阿尔卑斯山风光。来自强大的柴林根(Zähringen)家族的贝希托尔德五世公爵(Duke Berchtold V)是城堡曾经的主人。现在这里有一座博物馆，展品包括史前和罗马文物、挂毯、马略尔卡陶器以及许多锃亮的武器。

图恩老城区(Thun Altstadt) 老城

漫步在水畔的图恩老城区是一件令人感到愉悦的事情，在广场和街巷间，你不时会看到一些建于15世纪和16世纪的排屋。遮篷木桥Untere Schleusenbrücke已有300多年的历史，在夏天，桥边绽放着粉色和紫色的花。它的附近是插有旗帜的错层式Obere Hauptgasse路，拱廊两边有精品店和画廊。沿着这条路往北走到底，就到了铺有鹅卵石的Rathausplatz广场，广场周围矗立着带有拱顶装饰的建筑，中心有一座喷泉。

沙道公园(Schadau Park) 花园

免费 这些漂亮的植物园分布在图恩湖沿岸，天气晴朗时，在这里可以眺望积雪覆盖的少女峰美景。春天郁金香和番红花盛开，夏天杜鹃花登场，到了秋天这里则变成了山毛榉树的舞台。公园里有一座建于19世纪中叶的粉红色的沙道城堡(Schloss Schadau; 现在是一家餐馆)。公园里的教堂Kirche Scherzlingen(www.scherzligen.ch; ⏲4月至10月 10:00~18:00)已有1250年的历史，绘制于19世纪初叶的图恩全景图(Thun Panorama; Schadau Park; 成人/儿童 Sfr9/免费; ⏲周二至周日 11:00~17:00)是世界上最古老的全景画之一。

奥伯霍芬城堡 城堡

(Schloss Oberhofen; www.schlossoberhofen.ch; 成人/儿童 Sfr10/2; ⏲5月中旬至10月下旬 周二至周日 11:00~17:00)在1386年的森帕赫战役(Battle of Sempach)后，奥伯霍芬城堡摆脱了哈布斯堡的统治，因此我们现在看到的是一座建于16~19世纪的伯尔尼建筑，坐落于风景优美的湖畔。绘有壁画的礼拜堂、拿破仑一世时期风格的客厅和土耳其式吸烟室是这里的亮点。英式花园修剪得整整齐齐，从这里能看见宏伟的伯尔尼阿尔卑斯山。从图恩坐船过来历时25分钟(单程/往返 Sfr13/22)。或者也可乘坐21路公共汽车(Sfr3)，用时20分钟。

胡内格城堡 城堡

(Schloss Hünegg; www.schlosshuenegg.ch; Staatstrasse 52, Hilterfingen; 成人/儿童 Sfr9/3; ⏲5月中旬至10月中旬 周一至周六 14:00~17:00, 周日 11:00~17:00)胡内格城堡的主人是一名普鲁士富商。城堡建有银色塔楼，融合了新艺术派和新文艺复兴两种风格，始建于19

Thun 图恩

世纪后来又重新粉刷过的沙龙是这里最引人瞩目的房间。法国卢瓦尔地区也有这座城堡的仿建品。

活动

Flussbad Schwäbis 游泳

(Grabenstrasse 40;成人/儿童 Sfr4.50/2.50;⏲5月至8月 9:00~19:00,9月 9:00~18:00)这个游泳池位于碧绿的阿勒河边,有适合儿童玩的浅水区、滑梯和沙坑。

图恩湖 水上运动

(Thunersee, Lake Thun)在夏天,图恩湖上举办的活动可谓丰富多彩,游泳、划船、潜水、玩风帆冲浪、滑水、尾波滑水、立式桨板、驾船等活动应有尽有。图恩旅游局的*Thunersee*小册子上有运动中心和学校的完整名单,这些信息也可以在网站上查到。

节日和活动

城堡音乐会 音乐节

(Schlosskonzerte;www.schlosskonzerte-thun.ch;⏲6月)在背靠图恩城堡的地方举行(也在其他许多文化场所举办),演奏乐曲的范围从古典到爵士音乐都有。

住宿

Zunfthaus zu Metzgern 历史酒店 €

(☎033 222 21 41;www.zumetzgern.ch;Untere Hauptgasse 2;标单/大床/标三 不带卫生间 Sfr71/139/200)这栋有700年历史的行业公会楼坐落在图恩最漂亮的广场上。房间十分整洁,前卫的艺术作品更是为房间增色不少。楼下有一家餐厅,食材均是当地农产品,提供焦糖杏脯配羊羔肉、无花果香草汁蒸虹鳟鱼等菜肴。

Thun 图恩

◎ 重要景点

1 图恩城堡……C2

◎ 景点

2 图恩老城区……C2

活动、课程和团队游

3 Flussbad Schwäbis……B1

住宿

4 Schwert……C1

5 Spedition Thun……A2

6 Zunfthaus zu Metzgern……C2

就餐

7 Beau-Rivage da Domenico……D3

8 Genuss am Fluss……C2

9 Mani's Coffee & Bagels……C4

饮品和夜生活

10 Atelier Classic Bar……C2

娱乐

11 Konzepthalle6……A1

Spedition Thun

设计酒店 €€

（☎033 550 59 09；www.speditionthun.ch；Gewerbestrasse 4；标单 Sfr145，大床 Sfr190~254；P 📶）新开业的Spedition设计眼光独到，注重细节——为此它荣膺联合国教科文组织2017年度欧洲最佳酒店室内设计凡尔赛大奖（Prix Versailles），堪称图恩酒店行业的一股清流。酒店的15间房间将具有百年历史的建筑特色与浓郁的泥土色彩、奢华的材质、古典的家具和极为现代的卫生间毫不违和地融合起来。

Schwert

历史酒店 €€

（☎033 221 55 88；www.schwert-thun.ch；Untere Hauptgasse 8；标单 Sfr75~100，大床 Sfr145~230；📶）这家建于18世纪的酒店位于城堡脚下，有一间餐厅。这里的房间各具特色，硬木地板、高高的天花板和少数几件古董营造出一种复古的感觉。

餐饮

Mani's Coffee & Bagels

百吉饼 €

（☎033 221 60 65；www.manis.ch；Panoramastrasse 1A；百吉饼 Sfr2.50~10.50，午餐 Sfr13；⏲周一至周五 7:00~22:00，周六 8:00~18:00，周日 9:00~18:00）时髦的室内设计采用黑白两色，铺着木地板，这家工业风的咖啡馆和葡萄酒吧看起来只应该出现在纽约。酒水单上有香喷喷的种植园咖啡、可可浓郁的热巧克力、抹茶、精选葡萄酒和精酿啤酒。这些饮品与开胃小吃、新鲜的百吉饼、创意沙拉和阿尔萨斯烤饼（tarte flambée）实在是完美的搭配。

★ Beau-Rivage da Domenico

意大利菜 €€

（☎033 221 41 10；https://beau-rivage-thun.ch；Hofstettenstrasse 6；比萨 Sfr11~24，主菜 Sfr26~45；⏲周一至周四 9:00至午夜，周五和周六 至次日1:00，周日至23:30）Beau-Rivage da Domenico位于一栋优雅的旧世界风格建筑内，提供意大利菜肴，还有暖心、丰盛的贝尔培斯（Bel Paese）奶酪。精心烹制的质朴菜肴突出优质的时令食材——从家常意大利面和比萨，到意大利柠檬调味饭配烤大虾和胡椒汁牛排，应有尽有。露台是夏季的宝地，零零散散地种着柠檬树和橄榄树。

Genuss am Fluss

创意菜 €€

（☎033 223 88 99；http://am-fluss.ch；Mühleplatz 9；主菜 Sfr33~42；⏲周三至周一 9:00~23:00，冬季 周日的营业时间缩短）这家用玻璃作墙的餐馆位于阿勒河沿岸，装修风格十分现代，悠闲的氛围、搭配葡萄酒的小吃（pinchos），以及地中海风格的主菜都深受年轻人的喜欢。种着橄榄树的水畔平台适合喝茶和闲坐。

Atelier Classic Bar

鸡尾酒吧

（www.bar-atelier.ch；Rathausplatz 3；⏲周二和周三 17:00至午夜，周四 至次日1:00，周五和周六 至次日2:00，周日 至午夜）这家备受赞誉的鸡尾酒吧拥有若干种调酒的魔法，一直是瑞士最好的鸡尾酒吧。古香古色的陈设、昏暗的灯光，还有砖拱，为散发出别样风情的鸡尾酒营造出都市时尚的颓废背景——可以喝"情色"（Erotica；伏特加、百香果和香槟）、金酸酒（Gin Sour）或传统的内格罗尼酒。酒吧是约会之夜的理想地点。

值得一游

雪朗峰（SCHILTHORN）

在天气晴朗的时候，从海拔2970米的雪朗峰山顶360度眺望200座群峰全景，视野可以从铁力士至勃朗峰，一直望到德国的黑森林，所见的景致无与伦比。

尽管景色绝佳，然而对于某些游客而言，在这里回忆那句著名的台词似乎更为有趣——"我的名字叫邦德，詹姆斯·邦德。"1968~1969年，电影《007之女王密使》（*On Her Majesty's Secret Service*）摄制组曾来到雪朗峰拍摄过几个片段。在上面的**007邦德世界**（Bond World 007；www.schilthorn.ch；持缆车票 免费；⊙8:00~18:00）体验互动式展览，可了解关于滑雪特技及电影拍摄等其他方面的细节，拥抱内心的邦德。或者，在山顶的旋转式餐厅**Piz Gloria**（☎033 856 21 50；www.schilthorn.ch；Höheweg 2；主菜 Sfr21~45；⊙8:00~17:00）一边享用午餐，一边欣赏美景。

从米伦到雪朗峰，你要在Birg站（海拔2677米）换乘缆车，还可以在阳光露台和形如鹰巢般的**天边小径**（Skyline Walk；www.schilthorn.ch；Birg；👪）观景台凝望更为刺激的风景，或者在实至名归的**刺激小径**（Thrill Walk；www.schilthorn.ch；Birg）上试试自己的胆量，后者是固定在悬崖峭壁上的一连串透明平台。

从因特拉肯出发往返雪朗峰旅行需要乘坐因特拉肯东站至劳特布龙嫩的火车，然后乘坐缆车至格鲁奇阿尔普（Grütschalp），乘火车至米伦，然后再乘坐缆车至雪朗峰，途经Birg。返回的路上，从雪朗峰原路折返至米伦，然后乘坐缆车至施特歇尔贝格（Stechelberg），一路欣赏交替出现的山峦和峡谷的风景，搭乘141路公共汽车至劳特布龙嫩，乘火车回到因特拉肯。

听起来很复杂？别担心！按照传统的瑞士风格，所有换乘都是完美对接的。往返票价为，从因特拉肯（82分钟）出发Sfr131.80，从劳特布龙嫩（54分钟）出发Sfr114.20，或者从米伦（17分钟）出发Sfr82.80。瑞士旅行通票只能用于米伦至雪朗峰路程（往返 Sfr41.10，含50%折扣）。

☆ 娱乐

Konzepthalle6 艺术中心

（www.konzepthalle6.ch；Scheibenstrasse 6）Konzepthalle6是一个由工厂改建而成的前卫设计空间和文化中心，这里会举办音乐会、诗歌朗诵和城市艺术展览等活动。

ℹ 实用信息

旅游局（☎033 225 90 00；www.thunersee.ch；Bahnhofplatz；⊙周一至周五 9:00~12:30和13:30~18:00，周六 10:00~15:00）在车站的旅游局可以获取关于图恩及其湖畔周边的信息。登录网站，可以将免费语音导览下载至智能手机。

ℹ 到达和离开

图恩位于法兰克福至米兰方向的南北向铁路干道上。从这里开往因特拉肯西站（Sfr16.60，37分钟）和伯尔尼（Sfr16.60，21分钟）的火车非常多。公共汽车站在火车站前面。坐船可前往因特拉肯西站（Sfr45）和施皮茨（Sfr22）。

施皮茨往北通向伯尔尼的A6高速公路经过图恩。

施皮茨（Spiez）

人口12,477 / 海拔 628米

施皮茨坐落在图恩湖岸马蹄铁形港湾边上，翠绿的葡萄园上方赫然矗立着一座始建于中世纪的城堡。这里虽然名气不大，却很适合作为一个消遣解闷的去处。小镇本身看起来十分普通，但它周边的景色却让人无比惊艳：在这里能看见尼森山（Niesen；海拔2362米）山顶和犹如峡湾般的湖泊。

👁 景点和活动

施皮茨城堡 城堡

（Schloss Spiez；www.schloss-spiez.ch；Schlossstrasse 16；成人/儿童 Sfr10/2；⊙复活节

至10月中旬 周一 14:00~17:00，周二至周日 10:00~17:00）这座中世纪城堡多次出现在它曾经的主人——von Bubenburg和von Erlach家族——的油画里，但真正吸引人的是这里的风景，不管是从高高的塔楼（上面还有13世纪的图画）还是从宴会厅向外看，景色都非常优美。

Freibad Spiez 游泳

（www.freibadspiez.ch；成人/儿童 Sfr6.60/3.30；⏲5月中旬至9月初 7:30~20:00）施皮茨的水上游乐场吸引了喜欢阳光的当地人，全家人一起来湖里嬉笑打闹，或者去按奥林匹克运动会标准修建的泳池里游泳。这里还有排球场、网球场、小型高尔夫球场和伯尔尼高地最长的水滑道。

节日和活动

丰收节 葡萄酒

（Läset-Sunntig；www.laeset-spiez.ch）在10月中旬，施皮茨在丰收节上开启最优质的葡萄酒。传统游行和集市伴随着畅饮狂欢。

食宿

小船调度站（boat station）周围有许多供应比萨和意大利面的餐馆，但食物的口味一般。如果想品尝美味的话，得去酒店里的餐厅。

Seegarten Marina 酒店 €€

（☎033 655 67 67；www.seegarten-marina.ch；Schachenstrasse 3；标单 Sfr120~140，大床 Sfr180~240；P 📶）这家酒店坐落在图恩湖岸边，周围环境宜人，房间多少有些过时，布置得虽然简单，但胜在宽敞干净。态度友好的工作人员和湖边餐厅无疑成为酒店的加分项，你可以在这里吃到经典瑞士菜。

Strandhotel Belvédère 历史酒店 €€€

（☎033 655 66 66；www.belvedere-spiez.ch；Schachenstrasse 39；标单 Sfr245~340，大床 Sfr345~480，套 Sfr490~750；P 📶 🏊）这家酒店已有100多年的历史，新艺术派公共区的天花板上挂着一个枝形吊灯，有些房间的装饰风格虽然带有几分英国品牌萝兰爱思（Laura Ashley）式的花哨，但都很舒适，其中又以带朝向湖面阳台的为最佳。酒店有一个温泉浴场和一家入选*Gault Millau*美食指南的餐厅。

实用信息

旅游局（☎033 655 90 00；www.thunersee.ch；Am Bahnhof；⏲周一至周五 8:00至正午和13:30~17:30，周六 9:00至中午）位于火车站外边。平季办公时间缩短。

到达和离开

因特拉肯西站有多班开往施皮茨的火车（Sfr10.60，17分钟）。从图恩坐船过来的费用为Sfr11.20，从因特拉肯西站坐船过来Sfr15.20。火车站出口处的左边有一条名为Seestrasse的道路，这是施皮茨的主干道，沿着它一直走可以到达城堡

值得一游

草木皆兵

你有没有想过为什么无线电在隧道深处还一直有信号？瑞士的地下其实暗藏玄机，密密麻麻的洞穴比大孔奶酪上的气孔还要多，这其中就包括**福伦塞**（Faulensee；☎033 654 25 07；www.artilleriewerk-faulensee.ch；成人/儿童 Sfr10/5；⏲4月至11月 每月的首个周六 10:00~15:00），这里在第二次世界大战期间是一级保密的地堡，驻扎着守卫图恩、施皮茨和勒奇山（Lotschberg）铁路的军队。在夏天，地堡每个月会对外开放一次。

地面上的农舍是它们的伪装物，入口处摆着大炮，入口与入口之间通过地下通道相连，办公室、实验室、厨房和拥挤的卧室就建在地下通道里。游览时间为1.5~2小时，需要穿上厚衣服和结实的鞋子。可打电话或发邮件向他们咨询是否能提供英文讲解。

从施皮茨火车站坐公共汽车或从因特拉肯西站坐船都可以前往福伦塞（单程/往返 Sfr12.80/21.60）。

（步行15分钟）。

施皮茨紧邻A8，位于东边20公里以外的因特拉肯和西北14公里以外的图恩之间。

布里恩茨（Brienz）

人口2996 / 海拔566米

如果孩子们想要画一幅美丽的阿尔卑斯村庄的图画，布里恩茨或许正符合要求，深色木屋周围绽放着红色天竺葵，呜呜叫的蒸汽火车从这里驶过，从碧绿的布里恩茨湖上望过去可以看见高大的群山和茂密的森林。木雕作坊和湖畔步行道让人感觉到这里的时间仿佛还停留在过去。

景点和活动

孩子们可以去位于湖边人行道附近的水上游乐场玩水。

洛特峰列车 铁路

（Rothorn Bahn；www.brienz-rothorn-bahn.ch；单程/往返 Sfr57/88；⏲6月至10月底 7:30~16:30 每小时1班；👪）这是瑞士唯一一趟还在运营的蒸汽齿轮火车，火车发车的地点视野开阔，可以看到布里恩茨湖，同时这里也是多条徒步路线的起点。火车出发后爬升至海拔2350米的洛特峰，从那儿徒步前行可到达冰雪覆盖的海拔4000米的高峰。从布里恩茨步行上来大概需要5个小时的时间。

吉斯巴赫瀑布 瀑布

（Giessbachfälle，Giessbach Falls；缆索铁路单程/往返 Sfr5/10）越过14道山脊从500米高的地方落下，溅起的白色水雾仿佛黑暗中的一束灯光照亮了整片枞树林。从小船调度站上来的缆车建于1879年，是欧洲最早使用的缆车。你也可以走路上来，15分钟便可到达最佳观赏点。从布里恩茨（Sfr11.20）坐船或乘坐152路公共汽车（Sfr3.60，22分钟）前往吉斯巴赫很方便。

巴伦堡露天博物馆 博物馆

（Ballenberg Open-Air Museum；www.ballenberg.ch；成人/儿童 Sfr24/12；⏲4月中旬至10月 10:00~17:00；👪）如果想知道瑞士乡村地区过去的样子，就来这家露天博物馆逛逛。博物馆位于布里恩茨以东一片80公顷大小的空地上，它实际上是一座按原貌进行重建的小村庄，里面有多达100座百年老屋，如瓦莱州的简陋小木屋、伯尔尼高地的四坡面屋顶农舍，等等，在这里逛上一圈，便可对瑞士的建筑有个大致的了解。

Brunngasse 景区

在镇里，沿着明信片一般漂亮的Brunngasse漫步，这是一条弯弯曲曲的小巷子，两边有一些矮木屋，木屋的橱窗里挂着葡萄藤，摆放着小矮人玩偶和天竺葵花盆，一个比一个漂亮。

食宿

Camping Aaregg 露营地 €

（☎033 951 18 43；www.aaregg.ch；Seestrasse 22；营地 成人 Sfr13，汽车和帐篷 Sfr20；⏲4月至10月）营地位于一座小小的半岛上，环境安静，建有餐馆和游乐场等场所。从火车站往东走过来大约需要10分钟。

Hotel Steinbock 历史酒店 €€

（☎033 951 40 55；www.steinbock-brienz.ch；Hauptstrasse 123；标单 Sfr140~160，大床 Sfr180~230，家 Sfr240~280；🅿📶）一栋漂亮的松木屋位于Steinbock旁边，建于1787年。房间的色调以暖色为主，床垫采用有机材料制作而成，有平板电视和时髦的浴室，浴室的淋浴头下方铺有鹅卵石，可以边洗澡边做脚底按摩。楼下有一家舒适的餐厅和葡萄酒酒窖。

Grand Hotel Giessbach 豪华酒店 €€€

（☎033 952 25 25；www.giessbach.ch；标单 Sfr169~249，大床 Sfr325~626）这家豪华酒店建于19世纪，可以从山顶位置远眺布里恩茨湖和吉斯巴赫瀑布的景色，房间里摆着古董，工作人员服务贴心周到，餐厅有一个视线开阔的露台。

Seehotel Bären 瑞士菜 €€

（☎033 951 24 12；www.seehotel-baeren-brienz.ch；Hauptstrasse 72；主菜 Sfr24~39.50；⏲中午至22:00；👪）餐馆位于湖岸边，室外用餐环境优雅而舒适。厨师充分利用梭鲈、图恩湖白鱼、腌汁浸泡的羊羔肉等当地食材制作美食。

实用信息

火车站、小船调度站、洛特峰列车站（Rothorn Bahn）和邮局全都挤在村中心。**旅游局**（☎033 952 80 80; www.brienz-tourismus.ch; Hauptstrasse 143; ⊙6月中旬至10月 周一至周五 8:00~18:00，周六 9:00~13:00和14:30~18:00，周日 10:00~13:00和15:00~17:00，冬季的周六和周日关门）位于火车站内。

到达和离开

从因特拉肯东站出发有前往布里恩茨的火车（Sfr8.40，17分钟）和船（Sfr32）。驾车去卢塞恩的路上会经过布吕尼格山口（Brünig Pass; 海拔1008米）。A8和A6通向西边的因特拉肯和图恩。

伯尔尼高地东部（EAST BERNESE OBERLAND）

迈林根（Meiringen）

人口 4737 / 海拔 595米

当柯南道尔让他笔下的大侦探福尔摩斯葬身在迈林根附近的莱辛巴赫瀑布底下时，他确信瑞士的某个村落将因这位虚构的英国怪人而名留青史。每年的5月4日，戴着粗花呢猎鹿帽、披着披肩的粉丝们都会来到这里纪念福尔摩斯的"离世"。

倘若撇开与小说的关系，迈林根还是蛋白糖饼的诞生地，从波士顿到布赖顿，到处都可见这种甜点的身影，其受欢迎程度可见一斑。

景点和活动

哈斯利山谷（Haslital）是户外活动爱好者的天堂。山谷周围有累计长达300公里的徒步小径和自行车道，它们都设有路标。沿着这些路行进你会看见原生态的山谷、瀑布和高山沼泽。长2.7公里的土拨鼠小道是孩子们的最爱。在火车站可以租到山地自行车和电动自行车。

冬天，当大雪覆盖地面的时候，这里的60公里滑道就成了初级和中级滑雪者的天地；单日滑雪通票价格为Sfr57/28（成人/儿童）。适合家庭参与的项目有冬季徒步和坐雪橇比赛，例如坐上雪橇去5.5公里外的大谢德格。

★莱辛巴赫瀑布（Reichenbachfälle） 瀑布

湍急的水流从250米的高处倾泻而下，发出震耳欲聋的响声，这里就是麻烦缠身的福尔摩斯结束生命的地方——莱辛巴赫瀑布。亲临此境的你会明白柯南道尔为何会选择这里。在1891年创作的《最后一案》（*The Final Problem*）中，福尔摩斯和莫里亚蒂一同掉下了这里的悬崖——柯南道尔简直跟他笔下的坏人是一伙的！在阿勒河南端的Willigen有缆车（www.reichenbachfall.ch; 单程/往返 成人 Sfr7/10，儿童 Sfr6/8; ⊙5月至10月中旬 9:00~17:30）通往这里。

从这里下山走回迈林根要1个小时的时间。你也可以取道瀑布旁边的陡路去Zwirgi，然后在Gasthaus Zwirgi租一辆滑板车（成人/儿童 Sfr17/15）返回迈林根。

特里弗特桥 桥

（Triftbrücke, Trift Bridge; 缆车 单程/往返 Sfr12/24; ⊙缆车 6月、9月和10月 9:00~16:00，7月和8月 9:00~17:00）哈斯利山谷周围有累计长达300公里的徒步小径，其中最大的亮点就是这座欧洲最长、最高的悬索桥（长170米，高100米）。从迈林根去大桥的话，可以先坐火车到因内基兴（Innertkirchen），然后转乘公共汽车去Triftbahn的Nessental，再从这里乘坐缆车到海拔1022米的地方，最后步行1.5~2小时到达特里弗特桥（1870米）。

阿勒河峡谷 峡谷

（Aareschlucht; www.aareschlucht.ch; 成人/儿童 Sfr8.50/5; ⊙7月和8月 8:30~18:30，4月至6月以及9月和10月 8:30~17:30）狭窄的阿勒河峡谷距离迈林根不到2公里，峡谷长1.4公里，游客可以通过一条隧道进入。乳蓝色的河流从旁流过，上方是突出的石灰岩峭壁。夏季的周四、周五和周六晚上，峡谷里的灯会打开，场面十分壮观。从迈林根来这里的话，可乘坐迈林根—因内基兴火车（Meiringen-Innertkirchen-Bahn; 单程/往返 Sfr3.60/7.20; ⊙6:00~22:45）。

福尔摩斯博物馆 博物馆

（Sherlock Holmes Museum; www.sherlockholmes.ch; Bahnhofstrasse 26; 成人/儿童 Sfr4/

3，与莱辛巴赫瀑布缆车的联票 Sfr11/8；⏲5月至9月 周二至周日 13:30~18:00）博物馆位于英国教堂的地下室，是福尔摩斯粉丝的必到之处。馆内有仿建的贝克街221b号起居室，让人眼前一亮。提供多国语言的语音导览器。

罗塞拉维冰川峡谷 峡谷

（Gletscherschlucht Rosenlaui；www.rosenlauischlucht.ch；成人/儿童 Sfr8/4；⏲6月至9月 9:00~18:00，5月和10月 10:00~17:00）沿着一条环形小径穿过这片壮观的冰川峡谷，你会看到瀑布和80米高的悬崖。从这里走回迈林根至少需要2小时，但在6月至9月间每小时会有1班公共汽车往返此地。

食宿

★ Hotel Victoria 精品酒店 €€

（☎033 972 10 40；www.victoria-meiringen.ch；Bahnhofplatz 9；标单 Sfr155~240，大床 Sfr195~290；P 📶）时尚的室内陈设、高山风景和房间服务让这家精品酒店非常受欢迎。酒店的餐厅得到了*Gault Millau*美食指南的推荐。

Hotel Alpbach 酒店 €€

（☎033 971 18 31；www.alpbach.ch；Kirchgasse 17；标单 Sfr95~130，大床 Sfr190~270；P 📶）酒店的工作人员态度友好自然是一项优点，但我们不能因为没有这个优点就否定一家酒店——比如说这一家。酒店地处中心地段，房间里贴有松木板，有些房间配有四柱床。此外这里还有一间桑拿室兼茶室和一家餐厅。

Park Hotel du Sauvage 历史酒店 €€

（☎033 972 18 80；www.sauvage.ch；Bahnhofstrasse 30；标单 Sfr105~125，大床 Sfr180~280；P 📶）亚瑟·柯南道尔曾经入住这家新艺术派酒店，但如今出现在早餐自助餐厅的多是老年人。酒店的老式大厅装修得十分华丽，房间相比之下就显得有点逊色了。

Frutal 咖啡馆 €

（Bahnhofstrasse 18；蛋糕 Sfr3~6；⏲7:00~18:30）这家老式茶室的窗户上挂着一个舔着嘴唇的蛋白糖饼塑料模型——当你亲自品尝这种轻如羽毛的美食时，也会做出同样动作。

Molki Meiringen 奶酪 €

（Lenggasse 1；⏲周一至周五 8:00~12:15和14:00~18:30，周六 7:30~17:00）这家乳品店有味道浓郁的哈斯利山谷奶酪和自制冰激凌。

实用信息

邮局、汽车站和**旅游局**（☎033 972 50 50；www.haslital.ch；Bahnhofplatz 12；⏲周一至周五 8:00至正午和13:30~18:00；📶）位于火车站出口的对面。

到达和离开

迈林根有多班前往卢塞恩（Sfr24，1小时15分钟）和因特拉肯东站（Sfr6.60，33分钟）的火车。夏天有往东南方向开的公共汽车和汽车，但往西南方向经过大谢德格（去格林德尔瓦尔德）的道路对私人车辆封闭。

迈林根紧邻A6，往南是瓦莱州，往西是布里恩茨湖北岸边缘，通向因特拉肯。

伯尔尼高地西部（WEST BERNESE OBERLAND）

坎德施泰格（Kandersteg）

人口1314/海拔1176米

在坎德施泰格，几乎人人都穿着一双沾着泥土的靴子，没穿的人反而显得另类。村子周边有累计长达550公里的小径，人们来这里就是为了徒步。村里的建筑以深色木屋为主，圆锥形的山峰将村子围了半圈，山顶上覆盖着冰川，山间分布着清澈的湖泊。

景点和活动

冬天这里有累计长达50多公里的越野滑雪道，结冰的厄希嫩湖也是滑雪的好去处。一条被围起的下山滑道长15公里，适合初学者；单日滑雪通票价格为Sfr39。结冰的瀑布吸引了许多攀冰爱好者来到村子。

厄希嫩湖 湖泊

（Oeschinensee；www.oeschinensee.ch；缆车 单程/往返 Sfr18/26；⏲9:00~17:00；👪）如同天然壁垒的高耸群山之下，厄希嫩湖呈现出不可思议的碧蓝色，你可以来这里钓鱼、散步、游泳或划船。过来时可以先坐缆车，下车后再步行20分钟即到。从这里徒步往返坎德施泰格需要1个小时的时间。上方的缆车站旁边有一条夏季雪橇滑道（成人/儿童 Sfr5/4），很受孩子们的欢迎。在冬季，你可以在冰封的湖面上徒步1.5小时，这也是联合国教科文组织冰上小路健行（Unesco Ice Walk）环线。

蓝湖 湖泊

（Blausee；www.blausee.ch）蓝湖（因其蓝得出奇的色彩而得名）及其自然公园距离坎德施泰格5公里，沿途风景优美。岸边有一家餐馆，你可以在这里吃到捕自蓝湖的鳟鱼。从车站发车的230路公共汽车也开往这里，每小时1班（Sfr6.80，11分钟）。

盖米山口（Gemmi Pass） 徒步

坎德施泰格与瓦莱州交界处有几条一流的徒步路线。其中有一条翻越盖米山口（海拔2314米）去洛伊克巴德（Leukerbad），途中会经过一段很陡的下坡路，走完这段挑战性适度的徒步路程需要6~7个小时，7月至9月期间最好走。小路起点在**Sunnbüel缆车**（单程/往返 Sfr26/36；⏲6月至10月 8:30~18:00）的山顶站。在车站乘坐241路公共汽车可以抵达山脚站。

Klettersteig Allmenalp 铁索攀岩

（www.allmenalp.ch）想要体验刺激的人可以尝试挑战Allmenalp艰难的铁索攀岩栈道，全程需要3.5小时。山谷的缆车站提供装备出租，价格为Sfr25。**缆车**（⏲6月下旬至10月中旬 8:00~18:00）可以带你飞快上行至Allmenalp的起点。

Alpine Centre Kandersteg 登山

（☎033 675 01 01；http://alpine-center.ch；Bahnhofstrasse 15；⏲周一、周二、周三和周五 9:00至正午和13:30至18:00，周六 9:00至正午和13:30~16:00）这家运动装备租赁商店和登山大厅提供有向导的铁索攀岩（夏季）和攀冰（冬季）。登录网站可了解开放时间和价格。

食宿

★ The Hayloft 民宿 €

（☎033 675 03 50；www.thehayloft.ch；Altes Bütschels Hus；标单/大床/标三 Sfr60/120/180）想象一个这样的地方：山腰上坐落着一栋500年历史的深色木屋，旁边是鲜花盛开的草甸，牛群在上面悠闲地吃草，远处是瀑布和冰川——毫无疑问，这是个美丽的地方！这家民宿由农场改建而成，经营民宿的彼特（Peter）和克里（Kerry）两人非常能干，对待客人就像对待家人一般的热情，还供应美味的早餐和晚餐（Sfr30）。

Ruedihus 历史酒店 €€

（☎033 675 81 81；www.doldenhorn-ruedihus.ch；标单 Sfr110~150，大床 Sfr240~390；P）这是一栋典型的阿尔卑斯山木屋，嘎吱作响的横梁是其存在250年的佐证。农舍式的房间浪漫而温馨，摆放着刷了漆的家具和四柱床。餐厅环境舒适，菜肴中加入了酒店自己种植的香草。

Berghotel Oeschinensee 酒店 €€

（☎033 675 11 19；www.oeschinensee.ch；标单 Sfr90~110，大床 Sfr150~200）这座位于山间的木屋建于19世纪后期，在万福乐（Wandfluh）家族的手里已经经营了五代，这里不管是食物还是山水景色都令人称道。房间布置简单，环境安静，摆放着松木家具。

★ Nico's 瑞士菜 €€

（☎033 675 84 84；alfasoleil.ch；Äussere Dorfstrasse 99；主菜 Sfr29~58；⏲周三 18:00~23:30，周四至周一 8:30~23:30）餐厅位于Alfa Soleil酒店内，环境优雅，菜肴采用当地出产的有机食材烹饪而成。

Bernerhof 瑞士菜 €€

（☎033 675 88 75；www.bernerhof.ch；Hotel Bernerhof，Äussere Dorfstrasse 26；主菜 Sfr21~46，5道菜套餐 Sfr56；⏲周五至周日 8:00~22:00，周一至周四 15:00~22:00）这家舒适的酒馆紧靠着木屋风格的Hotel Bernerhof，赢得了当地人的交口称赞。如果你想吃些丰盛的瑞士食物，那么它是一个不错的选择。最大程度利用食材的时令菜单是潮流趋势。这里也会有一些素食和严格素食可供选择。

实用信息

旅游局（☎033 675 80 80；www.kandersteg.ch；Äussere Dorfstrasse 26；⏲6月至9月 周一至周五

8:00至中午和13:30~18:00，周六 8:30至中午和15:00~18:00，其余时间段开门时间缩短）可提供关于这个地区的徒步和其他活动的信息。

到达和离开

坎德施泰格位于**勒奇山隧道**（Lötschberg Tunnel；www.bls.ch）的北端，去戈彭施泰因（Goppenstein；距离布里格30公里）及更远的意大利伊塞尔（Iselle）的火车会经过这条隧道。从这里开往因特拉肯东站（Sfr5.10，70分钟）的火车每小时1趟，期间要在施皮茨（Sfr9.40，31分钟）转车。

如果自驾，坎德施泰格位于施皮茨以南26公里处，相连的A8向东通向因特拉肯，A6向西通向图恩。

格施塔德（Gstaad）

人口3600 / 海拔1100米

格施塔德与它的法国兄弟戛纳一样绚丽浮华，不过村庄中心是木条建筑，还有放牛的牧场，它的规模却比人们想象得要小——作为一个奢侈品云集的地方而言真是不够。乔治·克鲁尼、瓦伦蒂诺、麦当娜、帕丽斯·希尔顿和撒切尔夫人都是来这里滑雪的常客。尽管格施塔德的主要亮点是偶遇明星和逛奢侈品店，但喜欢徒步、骑山地车和平滑雪道的人同样能在这里找到非凡乐趣。

活动

冬季活动

不滑雪的人也能在格施塔德找到乐子：萨嫩穆塞尔（Saanenmöser）有溜冰、冰壶、套马、徒步（30条路线）、雪中步行、气垫滑雪等活动，Wispile有雪上高尔夫球场。详细信息请见网站www.gstaad.ch。

Gstaad Mountain Rides 滑雪

这些滑雪道累计长达220公里，包括蓝道、红道和黑道，旁边还有萨嫩（Saanen）、萨嫩穆塞尔、圣史蒂芬（St Stephan）和Zweisimmen等度假胜地。两日滑雪通票的价格为成人/儿童Sfr124/62。

Wispile和Eggli的滑道较为平缓，两侧都栽着树，适合初学者慢慢摸索。高水平的滑雪者则可以去挑战莱迪亚布勒雷（Les Diablerets）的红道。Riedenberg高低起伏的山坡同样也适合进行滑雪板滑雪。

夏季活动

徒步是夏天的主要活动，该地区累计长达300公里的带路标小道绝不会让你感到乏味。旅游局可提供关于周边山峰的铁索攀岩和爬山信息。

对于想骑自行车的人来说，这个地区有累计长达280公里带路标的车道和500公里带GPS的车道。旅游局（见160页）的网站上有关于自行车租赁、酒店和路线的详细信息。如果想要了解路线和服务，请登录www.veloland.ch；如果想要下载GPS车道的信息，请登录www.gps-tracks.com。包括Wispile和Eggli在内的滑雪缆车可免费帮游客运输自行车。许多活动都需要预订。

Wispile 徒步

从Wispile出发徒步3小时可到达水晶般的高山湖泊Launensee，沿途风景优美，可看到陡峭的维尔德峰（Wildhorn）。Wispile同时也是家庭出行的旅客的理想选择，从中心的车站出发，有一条乳品小道、一座宠物公园和一条下山的滑板车道。

Swiss Adventures 探险活动

（☎033 748 41 61；www.swissadventures.ch；Alpinzentrum Gstaad）经营带向导的爬山、铁索攀岩、漂流和溪降活动，冬天还有穿雪鞋徒步、攀冰和气垫滑雪活动。

Paragliding Gstaad 滑翔

（☎079 224 42 70；www.paragstaad.com）经营Wispile、Videmanette和冰川3000的双人滑翔伞活动，口碑不错。

Llama & Co 徒步

（☎078 718 90 43；www.lama-und-co.ch；Schindelweg 2，Zweisimmen）这里可以组织与羊驼和山羊一起徒步的活动，时间从2小时到一整天不等，很受儿童欢迎。

节日和活动

瑞士公开赛 体育节

（Suisse Open；www.creditagricolesuis

seopengstaad.ch; ⏲7月下旬)7月下旬在格施塔德罗伊·爱默生体育场(Roy Emerson Arena)会举行著名的网球公开赛。

梅纽因音乐节 音乐节

(Menuhin Festival; www.gstaadmenuhinfestival.ch; ⏲7月中旬至9月上旬)为期7周的顶级经典音乐节,共有50场音乐演出。

住宿

不可否认,格施塔德身价不菲,虽然豪华的五星级酒店很多,但经济而低调的阿尔卑斯风格住宿地点也不少。冬天旺季价格飞涨;夏天通常可享受30%~50%的折扣。旅游局有自助式木屋(即不提供伙食)的名单。

SYHA Hostel 青年旅舍 €

(☎033 744 13 43; www.youthhostel.ch/saanen; Spitzhornweg 25, Saanen; 铺 Sfr38.50~44.50; 📶)旅舍位于萨嫩,有明亮干净的房间和游戏室。

Le Grand Chalet 历史酒店 €€

(☎033 748 76 76; www.grandchalet.ch; Neueretstrasse 43; 大床 Sfr280~700; P📶🏊)环境安静,可以看到冰雪覆盖的阿尔卑斯山景,这家由家庭经营的木屋式酒店十分迷人。以温馨的松木和传统织物为装饰,房间的氛围令人放松,最好的房间里有面朝大山的阳台。健身区、户外游泳池和烹制本地食材的美味餐厅平添了在此住宿的吸引力。

Iglu-Dorf 冰屋 €€

(☎041 612 27 28; www.iglu-dorf.com; Saanenmöser; 每人 Sfr159~479; ⏲12月底至复活节)这个"冰屋村庄"位于海拔2000米的高处,奶酪火锅和温热的葡萄酒正适合这个温度在零度以下的梦乡,在这里还可以看到海拔3000米的高山。晚上的穿雪鞋步行是这里的一个活动亮点。价格更贵的爱斯基摩式小屋里有按摩浴缸。

Gstaad Palace 豪华酒店 €€€

(☎033 748 50 00; www.palace.ch; Palacestrasse 28; 标单 Sfr440~660, 大床 Sfr710~1140, 套 Sfr1560~4330; P❄@🏊)这家华丽的酒店独自占了整个山顶——是的,你想的没错,可以坐直升机抵达这里。迈克尔·杰克逊、罗比·威廉姆斯和丽莎·明奈利等名人都曾是这里的住客。豪华的房间、温泉浴池、美食餐厅和标准尺寸的游泳池让人觉得物有所值。

就餐

如果不想去格施塔德的高级餐厅,山顶缆车站周边还有很多简朴的木屋餐馆。

值得一游

冰川3000

全年开放的**冰川3000**(Glacier 3000; www.glacier3000.ch)坐落在格施塔德和莱迪亚布勒雷之间的山口公路上方,从这里可以看到24座海拔4000米的山峰,是瑞士最大的户外游乐场之一。这里的滑雪季从10月底一直持续到次年的3月初,是伯尔尼阿尔卑斯山雪季最长的地区。单日滑雪通票的价格为Sfr63/42(成人/儿童),包含累计长达30公里的滑雪道,海拔跨越1350~3000米。单板滑雪者可以使用公园里的轨道、跳台和箱子。

从塞克斯鲁日山(Scex Rouge)到Sanetsch Pass山口的冰川小径夏季适合徒步,还可以攀登海拔3122米的箭状欧登峰(Oldenhorn),或者在天梭山峰之旅(Peak Walk by Tissot)的连接两山之间的吊桥上头晕目眩。如果还想要体验更具有挑战性的活动,可以走铁索攀岩栈道去Gemskopf。这里也有许多适合儿童参加的活动项目,如环路火车**Alpine Coaster**(Sfr9)、短途但风景美丽的**狗拉雪橇**(Sfr15)等;如果想坐狗拉雪橇,可以打电话☎079 933 65 33预约。

从格施塔德过来的话,可以先在车站乘坐公共汽车到皮永山口(Col du Pillon; Sfr11.40, 39分钟),然后从那里坐缆车(往返 成人/儿童Sfr79/40)上至山顶。

Michel' s Stallbeizli

瑞士菜 €

（☎033 744 43 37, 033 744 16 83; www.stallbeizli.ch; Gsteigstrasse 41; 小吃和奶酪火锅 Sfr16~22; ⏲12月中旬至次年3月 周二和周三 10:00~18:00, 周四 至22:00, 周五和周六 至23:30, 周日至20:00; 👪）再也没有比这个由谷仓改建的地方更贴近自然的餐馆了。冬天可以来这里吃奶酪火锅、喝阿尔卑斯山花草茶，或者尝尝自制腊肉和奶酪。餐馆附近有一个马厩，你可以看到在里面慢慢咀嚼的牛和山羊。

16 Art

各国风味 €€

（☎033 748 16 16; www.16eme.ch; Mittelgässli 16, Saanen; 主菜 Sfr24~36; ⏲周四至周一 17:00至次日1:00）这家餐馆隐藏在一条美丽的小街道上，从前是钟厂，如今在这里和谐奏响的则是主要取材于本地的时令菜单。内部悬挂着艺术品，以木材为衬，非常舒适。当太阳出来的时候，鲜花环绕的露台引人入胜。从附近的格施塔德车站乘坐180路公共汽车就可以到达。

Wasserngrat

瑞士菜 €€

（☎033 744 96 22; 主菜 Sfr20~50; ⏲8月以及12月中旬至次年3月 周四至周日 9:30~16:30）从这家位于山坡上的餐馆可以看到莱迪亚布勒雷的冰川和格施塔德。室内装修简单质朴，壁炉里的木柴烧得噼里啪啦地响，过来滑雪的人坐在屋外露台上享用奶酪火锅。厨师在阿尔卑斯山的经典菜肴中添入了松露和鹅肝酱等顶级食材。

★ Chesery

法国菜 €€€

（☎033 744 24 51; Alte Lauenenstrasse 6; 午餐套餐 Sfr78~94, 晚餐套餐 Sfr165~178; ⏲周二至周日 11:00~14:30和18:00~23:00）这家米其林星级餐厅由阿加汗（Aga Khan）创办于20世纪60年代，最初是一家乳品店，现在则是格施塔德最好的餐厅。这里在不同季节供应不同的菜肴，法国风味的菜肴可搭配浓香扑鼻的葡萄酒。

ℹ 实用信息

旅游局（☎033 748 81 81; www.gstaad.ch; Promenade 41; ⏲周一至周五 8:30~18:30 周六和周日 9:00至中午和13:30~17:00; 📶）有大量关于该地区的最新旅行信息。

ℹ 到达和离开

格施塔德位于黄金线（Golden Pass）上的蒙特勒（Montreux; Sfr27, 1.5小时）和施皮茨（Sfr28, 1.5小时; 需在Zweisimmen转车）之间。这里每小时有1班途经蒙特勒开往日内瓦机场（Sfr53, 3小时）的巴士。每天有5班开往莱迪亚布勒雷（Sfr13.60, 50分钟）的邮政巴士。

N11号公路经过格施塔德附近的萨嫩，是连接埃格勒和施皮茨的主干道。

瓦莱州

人口 335,700

包括➡

下瓦莱州……164
马蒂尼……164
尚佩里……166
韦尔比耶……168
锡永……171
克莱恩-蒙塔纳……176
洛伊克巴德……178
采尔马特……181
萨斯费……189
阿莱奇冰川……192

最佳就餐

- Le Namasté（见170页）
- À la Part des Anges（见165页）
- Whymper Stube（见188页）
- Gletscher Grotte（见191页）
- Chüestall（见195页）

最佳住宿

- Kulmhotel Gornergrat（见186页）
- Berghotel Riederfurka（见195页）
- WellnessHostel 4000（见191页）
- Martigny Boutique-Hôtel（见165页）

为何去

瓦莱州是一位纯天然的美人，季节更迭，名人辈出，她有从一贫如洗到家财万贯的传说，有永远时尚且超级精彩的户外活动。瓦莱州位于瑞士南部一个偏远的角落里。一个世纪前，这里的农民穷得连两法郎都凑不出；如今，各界名人蜂拥而至，在时髦的韦尔比耶的夜店里啜饮着香槟鸡尾酒。

这里的风景美到让你惊叹：有高不可攀的马特峰（海拔4478米）；有罗讷河谷里壁毯一般的葡萄园；还有闪闪发光、绵延23公里的阿莱奇冰川。在这样的背景之下进行徒步、骑车或者滑雪游，怎么可能不精彩呢？

这个地区变幻莫测：有时脏兮兮的，就像9月酒商的靴子；有时又干干净净，就像采尔马特的休闲酒吧。西部讲法语，东部则讲德语，不过只要讲到令当地人引以为豪的美味红酒和奶酪，东西部就会非常一致。

何时去

- 12月至次年4月初，滑雪和单板滑雪爱好者纷至沓来，享受世界级的冬季运动。
- 7月和8月，天空呈青瓷色，吸引着徒步旅行者、骑行者和探险运动爱好者前来激发肾上腺素。
- 夏季，韦尔比耶和锡永的音乐节拉开帷幕，还有斗牛可看，公牛们用犄角互相顶着、互相推。
- 9月下旬和10月期间，藤蔓的叶子变成金黄色，这是葡萄和栗子的收获时节。栗子节带来的秋季盛宴摆满餐桌，人们共同庆祝。

瓦莱州亮点

❶ **戈尔纳格拉特**（见182页）眺望山谷对面无与伦比的马特峰。

❷ **埃基斯峰**（见192页）在23公里长的阿莱奇冰川一饱眼福。

❸ **萨斯费**（见189页）搭乘Mittelallin缆索铁路前往3500米高处。

❹ **马蒂尼**（见164页）在拉巴蒂亚城堡里享用中世纪菜肴。

❺ **大圣伯纳德山口**（见167页）在高高的山口遛一只圣伯纳狗。

❻ **洛伊克巴德**（见178页）当白雪降落在周边山峰上时躺在冒

着泡的涡流浴缸中休息。

7 **富尔卡山口**（见195页）开车过急弯的时候假装自己是007。

8 **葡萄园小径**（见175页）从萨尔格什到谢尔，沿葡萄园小径漫步。

9 **冰川快车**（见182页）从**采尔马特**前往圣莫里茨，在火车上享受8小时狂欢。

10 **Aletschji-Grünsee吊桥**（见193页）在这座**阿莱奇冰川**的80米高的吊桥上征服你的恐惧。

历史

在毗邻的沃州（Vaud）地区，尤利乌斯·恺撒是位早期“游客”。这位罗马领袖带来一支军队，占领了峡谷内的凯尔特族群聚居地，并长驱直入到谢尔。罗马统治后，瓦莱州的四个凯尔特部落就被和平纳入了罗马系统。

自公元580年瓦莱州主教定居在这里之后，锡永成了峡谷地带的核心关键地。到1000年时，主教的权利从马蒂尼延伸到了富尔卡山口。然而，萨伏伊王朝公爵们的依次继位蚕食了主教的领土，萨伏伊十字军（Savoyard army）还在1475年包围了锡永。在瑞士联邦的帮助下，普兰塔之战（Battle of Planta）后这座城市才得以解放。内部反抗情绪同样高涨，17世纪30年代，瓦莱州那些渴望独立的民众剥夺了主教的世俗权力，并将该控制权移交给当地议会。

瓦莱州在1815年加入瑞士联邦。

下瓦莱州（LOWER VALAIS）

石墙砌成的葡萄园、摇摇欲坠的城堡遗址和森然俯瞰大地的群山共同构成了一副引人入胜的背景画，衬托着蜿蜒在瓦莱州西部的罗讷河谷。河谷内遍布引人入胜的城镇，例如植根于罗马文化的马蒂尼，还有遍布藤蔓的锡永和谢尔，法国对这两座城市的影响不仅体现在语言上，还表现在当地人对艺术、红酒和路边咖啡馆的热忱之中。

韦尔比耶和克莱恩-蒙塔纳（Crans-Montana）是光彩夺目的旅游胜地，它们已经因阳光游轮、绝美风光和名流风范赢得了名望，而它的魅力不止于此。狭窄的小路蜿蜒通向被遗忘的侧谷，比如安尼维尔山谷（Val d'Anniviers），充满乡村魅力，在冰雪覆盖的群山之上滑雪时，也无须忍受拥挤的人群。

马蒂尼（Martigny）

人口17,215 / 海拔476米

小镇马蒂尼是瓦莱州最古老的城市。曾经，罗马人在去意大利寻找红酒和阳光的途中，常流连此处。在混凝土建成的高层建筑之外，可以欣赏一座世界级的艺术画廊、一个罗马式圆形露天剧场，还可以牵着一群耷拉着耳朵的圣伯纳犬在周围的群山之间玩耍。

景点

★ 加纳达藏品博物馆 画廊

（Fondation Pierre Gianadda; ☎027 722 39 78; www.gianadda.ch; Rue du Forum; 成人/10~25岁 Sfr18/10; ⏲9:00~19:00）这家知名的画廊拥有迷人的艺术馆藏，其中包括毕加索、塞尚和凡·高的作品。雕塑园（有咖啡馆和野餐区）里有亨利·摩尔（Henry Moore）的有机雕塑、妮基·桑法勒（Niki de Saint Phalle）丰满的《沐浴者》（*Bathers*）和凯撒（César）的《乳房》（*Le Sein*）。持门票还能欣赏高卢罗马博物馆（Musée Archéologique Gallo-Romain）收藏的罗马里程碑，以及汽车博物馆（Musée de l'Auto）里边的经典车型，从福特老爷车到瑞士马提尼车（用来开的马提尼，不是酒），应有尽有。加纳达基金会还会举办古典音乐会。

★ 拉巴蒂亚城堡 城堡

（Château de la Bâtiaz; ☎027 722 31 21; www.batiaz.ch; Chemin du Château; ⏲7月和8月 周三至周六 11:00至午夜，周日 至18:00，5月、6月、9月和10月 周三和周日 11:00~18:00，周四和周五 11:00至午夜）免费 拉巴蒂亚城堡坐落于城镇上方的一处险崖之上，拥有800年的历史，十分值得爬15分钟的坡过来看一看。到了这里之后，再爬120级阶梯登上城堡的顶端，可以远眺周边葡萄园与罗讷河谷的风光。吸引力略小一些的是城堡里面收藏的可怕的中世纪刑具。城堡的中世纪酒馆À la Part des Anges（见165页）如今是个亮点，供应中世纪口味的菜品。尽管开放时间固定，还是请看一下是否升起了蓝色旗帜，确认这里开了门。

圣伯纳犬博物馆 博物馆

（Musée et Chiens du Saint-Bernard; ☎027 722 65 42; www.museesaintbernard.ch; Rte du Levant 34; 博物馆 成人/儿童 Sfr12/7; ⏲10:00~18:00）位于马蒂尼罗马露天剧场（Roman amphitheatre）旁边的这座博物馆是为了可

爱的圣伯纳犬而建，里面的狗窝里居住着毛茸茸的大狗们。你可以全年在不同的地方与狗狗们一起散步，详见网站并请预约。楼上的展览通过油画和电影作品记录了圣伯纳犬在收容所里发挥过重要作用的日子。这里有幼犬和成犬喂食环节，每小时还能爱抚狗狗和拍照。

节日和活动

瓦莱州博览会 文化节

（Foire du Valais；www.foireduvalais.ch；⏲10月）马蒂尼的猪不会飞，但是奶牛会打架：这一地区博览会为期10天，横冲直撞的牛群组成的壮观景象是其高潮部分。

Foire au Lard 饮食节

（www.foireaulard.ch；⏲12月）马蒂尼培根博览会始于1801年，到处是烹饪美食的滋滋响声。

食宿

在中心广场（Place Centrale）和与之平行的Rue des Marronniers一切都有可能发生，路边咖啡馆和法式小餐馆热闹非凡。

Hôtel Beau Site 酒店 €

（☎027 722 81 64；www.chemin.ch；Chemin-Dessus；标单/双/四 Sfr110/150/190；⏲6月至8月，其他月份只能预约；P 📶）高踞于马蒂尼上方，位于海拔1211米处的这家环保的新艺术酒店始于1912年，是一片宁静的绿洲。房间简单，配有公共浴室，并有图书馆和钢琴，餐厅素食餐采用本地食材。从马蒂尼出来跟着Col des Planches的指示牌，往山上开7公里穿过Le Bourg和Chemin-Dessous，直到Chemin-Dessus上的小村庄就到了。

★ Martigny Boutique-Hôtel 精品酒店 €€

（☎027 552 10 00；www.martigny-hotel.ch；Rue des Vorziers 7；房间 Sfr150起；P 📶）这家新酒店拥有52间客房，距离马蒂尼的火车站有3分钟的路程，现代而时髦。作为一个社会集成项目的一部分，酒店雇用30名残障员工，并且与艺术紧密相连。前台有艺术品和工艺品出售，酒店还有个超级棒的酒吧和餐厅，供应独特的秘鲁–瑞士菜肴。

★ À la Part des Anges 中世纪菜 €

（☎027 722 31 21；www.batiaz.ch/taverne；Chemin du Château；主菜 Sfr16起；⏲7月和8月 周三至周六 11:00至午夜，周日 至18:00，5月、6月、9月和10月 周三和周日 11:00~18:00，周四和周五 11:00至午夜）并非有很多机会可以让你感受在800年的中世纪城堡里享用“中世纪套餐”。À la Part des Anges位于拉巴蒂亚城堡（见164页）内，十分受欢迎。这里有炽烈的火焰、本地啤酒和葡萄酒，以及包含黄芥末酱兵豆沙拉（lentil salad）和芸豆炖猪肉（pork ragoût）等美味中世纪特色菜的菜单。

Crêperie Le Rustique 法式薄饼 €

（☎027 722 88 33；Av de la Gare 44；法式薄饼 Sfr10~17；⏲周一至周六 11:30~22:15）当地人爱这里的乡村风格、便捷的地理位置（火车站与城区之间）以及随时都能吃到的实惠餐点。你可以先从三十几种美味的咸味法式薄饼吃起，可供选择的有墨西哥、马德拉斯、米兰口味，还有传统的火腿奶酪口味（jambon-fromage）。然后可以尝尝菜单上甜味法式薄饼：有没有人喜欢黑森林蛋糕、提拉米苏或者香蕉巧克力口味？

实用信息

旅游局（Tourist Office；☎027 720 49 49；www.martigny.com；Av de la Gare 6；⏲7月和8月 周一至周五 9:00~18:30，周六 至17:00，周日 10:00~15:00，9月至次年6月 营业时间缩短）可咨询马蒂尼周边绿色梯田之中的葡萄园步行路线和自行车道。

到达和离开

马蒂尼位于E62上，日内瓦以东134公里处、蒙特勒以南41公里处和锡永以西28公里处。与法国沙莫尼（Chamonix）之间有一条非常曲折的山路相连，距离44公里。

马蒂尼在洛桑（Sfr23，50分钟）和布里格（Brig；Sfr25，55分钟）之间的主要火车线路上，在马蒂尼站（Martigny Gare）下车前往中心广场，在马蒂尼堡站（Martigny Bourg）下车前往加纳达藏品博物馆。

全景式**勃朗峰快车**（Mont Blanc Express；www.mont-blanc-express.com）从马蒂尼前往法

Martigny 马蒂尼

国沙莫尼（Sfr31，1.5小时），圣伯纳德快车（St Bernard Express）开往Le Châble（Sfr11.40，30分钟；滑雪缆车或公共汽车都可达韦尔比耶）和欧西耶尔（Orsières；Sfr11.40，30分钟），途经桑希朗谢（Sembrancher）。

当地交通

Valaisroule（☎079 127 50 25；www.valaisroule.ch；Pl de la Gare；4小时免费，第5小时Sfr10；⏲6月至10月 周三至周日 9:00~12:15和13:00~18:00）免费（4小时内）借一辆自行车，从马蒂尼站旁边的这个站点出发骑行游览城内。这里还出租山地自行车和电动自行车（均为第一小时Sfr15，之后每小时Sfr5）。

马蒂尼周边

尚佩里（Champéry）

尚佩里距离河谷20公里，靠近法国边境，位于Dents du Midi和Dents Blanches之间。这个有点做作的高山度假村（海拔

Martigny 马蒂尼

重要景点

1 拉巴蒂亚城堡......B1
2 加纳达藏品博物馆......B5

景点

3 圣伯纳犬收容所博物馆......C5

活动、课程和团队游

4 巴利基金会......C5

就餐

À la Part des Anges......（见1）
5 Café du Midi......C2
6 Crêperie Le Rustique......D1

1055米）是广阔的**Portes du Soleil**（www.portesdusoleil.com）休闲区内的度假村之一，这里的12个度假村有8个位于法国，4个位于瑞士——在冬季是滑雪者的天堂，下坡滑道长达650公里，距离法国的滑雪度假村Morzine和Avoriaz仅一段缆车的距离。在夏季这里还是徒步者、山地自行车爱好者和滑翔伞爱好者们的圣地。

这里有丰富的历史。Hotel Dent-du-Midi开业于1857年，在1969年，尚佩里成为Portes du Soleil滑雪区的组成村庄之一和度假村。在村庄古老的主街上漫步是一件乐事。

拥有舒适客房的**Hotel Suisse**（☎024 479 07 07；http://hotel-champery.ch；Rue du Village 55；标单/双 含早餐 Sfr190/260起；P 📶）位于穿越城区的老路Rue du Village上的一座漂亮旧建筑中，从这里能看到河谷和高山的美景。这里的地理位置极佳，冬季提供下午茶（含糕点），酒店的Bar des Guides也是大口喝啤酒的好地方。

尚佩里**旅游局**（☎024 479 20 20；www.champery.ch；Rue du Village 54；⏲8:00~18:00）位于村子的老主路上，从车站往坡上走。

大圣伯纳德山口（Col du Grand St Bernard）

海拔2473米的大圣伯纳德山口位于瑞士和意大利之间，这里是圣伯纳犬传奇诞生的地方。山北的通道如此危险，以至于早在11世纪修士们就已经在山口建立了一处收容所，提供精神救助并营救在雪中迷路的旅人。狗狗们用于发现并解救迷失的灵魂，直到20世纪50年代才引用了直升飞机进行救援。

如今，很少有游客能走到山口那么高的地方，如果你喜欢大狗（你可以在夏天去遛一条圣伯纳犬！）、偏远的国界线、崎岖的高山、徒步和户外活动，那里值得一去。大部分人经下方5.8公里长的**大圣伯纳德隧道**（Tunnel du Grand St Bernard）穿越瑞士和意大利国界线，它于1964年开放，几乎所有的越界交通都要利用这条隧道。

景点

圣伯纳犬收容所博物馆 博物馆

（Grand St Bernard Museum；www.gsbernard.net；Col du Grand St Bernard；成人/儿童 Sfr10/6；⏲6月至10月 10:00~18:00）这座博物馆与大圣伯纳德山口的Auberge de l' Hospice位于同一座建筑之中，里边的展览讲述了关于这处偏远山口的全部故事，这里有半年的时间都无法通过车辆抵达。博物馆夏季开放，门票含博物馆和狗舍，能看到很多圣伯纳犬。

住宿

Auberge de l' Hospice 酒店 €

（☎027 565 11 53；www.aubergehospice.ch；标单/双/标三 Sfr78/116/144，早餐/半食宿 Sfr12/42；⏲6月至10月中旬；P 📶）这里是马路对面收容所的现代版。这家酒店热情地欢迎家庭游客入住，拥有30间客房、一间咖啡馆

不要错过

牵着狗徒步游

没有人不爱圣伯纳犬，因此**巴利基金会**（Fondation Barry；☎027 722 65 42；www.fondation-barry.ch；Rue du Levant 34；成人/儿童 Sfr48/10）想出了一个聪明的计划。在7月中旬至9月中旬，你可以陪着这些眼睛又黑又大、嗓音低沉的大狗，在大圣伯纳德山口一起徒步1.5小时。遛狗游太成功了，以至于现在还有了秋季、冬季和春季的步行游览——详见网站。

兼餐厅和商店，外加一个美妙的餐厅露台，在这里能够望到大圣伯纳德山口和远处的意大利阿尔卑斯山脉。这里很舒适，但只在夏天营业。

Hospice du Grand St Bernard 青年旅舍 €

（☎027 787 12 36；www.gsbernard.net；铺含早餐/半食宿/全食宿 Sfr30/48/64，双 Sfr 86/122/148；P）这座收容所俯瞰湖面，拥有1000年的收容史。在冬季，要来这里只能从隧道入口下坡6公里（穿雪鞋走或滑雪）。宿舍很简朴，但这里的修士们十分好客，而且环境富有魔力。必须预约。

ℹ 到达和离开

大圣伯纳德山口通常在6月初开放到9月下旬。抵达那里最容易的方式是自驾。请确保在大圣伯纳德隧道前按照向右方标注清晰的大圣伯纳德山口指示牌走。公路从那里上坡，到达山口的距离为6公里。

封路的时候（9月下旬至次年6月）只能靠双脚抵达这里，穿着雪地靴步行或滑雪。

夏季你可以从马蒂尼搭乘圣伯纳德特快（St Bernard Express）列车到欧西耶尔（Orsières；Sfr11.40，30分钟，每小时一班），然后在欧西耶尔站换乘**TMR**（☎027 721 68 40；www.tmrsa.ch）的长途汽车（Sfr16.60，45分钟，夏季每天2~3班）。

韦尔比耶（Verbier）

人口 3000 / 海拔 1500米

时髦的韦尔比耶是瓦莱州高原上一颗夺目的钻石：小巧又极其昂贵，但是切工又那么恰到好处，在技艺娴熟的滑雪爱好者心中是一颗闪闪发光的明星。然而，在其时髦的包装之下，韦尔比耶是少有的绝佳度假村——适合所有人的所有需求。这里有纵情酒色的堕落场面，自然也少不了VIP休闲酒吧；有上下铺的青年旅舍，也有设计感十足的酒店；有汉堡，更有米其林星级餐厅。因为雪坡的传奇力量，滑雪新手和参加名人障碍滑雪赛的高手在这里和谐相处。

和其他小一些的度假胜地不同的是，韦尔比耶在季节更替的时候几乎不会关闭。除了5月和10月的几周，其他时候在这里都能玩乐。

不要错过

福特山日出

没有什么能比在福特山（Mont Fort；成人/儿童 Sfr61/38）山顶看日出更激动人心的了，因为你可以在海拔3329米的地方欣赏日出全景。Médran缆车可以带你登山，出发时间分别为7月和8月周四清晨的4:45和5:00。该旅程费用包含当日内无限次地乘坐缆车，以及一份为早起者准备的早餐，由Col des Gentianes上的巨型冰屋状的Les Gentianes餐厅（海拔2950米）提供。至少提前24小时在Place de Médran的Médran售票办公室（Médran ticket office）预约。

活动

在这个休闲娱乐的圣地，活动之多可以满足你的任何冲动。在Les Guides de Verbier（☎027 775 33 70；www.guideverbier.com；Rue de Médran 41）联系当地的山区向导，可以了解概况，还能得到实用的导览。一站式购物请访问www.verbierbooking.com。

滑雪

韦尔比耶的滑雪区在欧洲都是首屈一指，这里刺激而多样的地形适合所有水平的滑雪者。度假村位于四大山谷（Four Valleys, Quatre Vallées）的中心，由长达412公里的滑雪道和94个专用滑雪缆车构成。地区滑雪通票的价格为每1/5天 Sfr67/322。

徒步

韦尔比耶的徒步路线一级棒，有长达500公里的标有指示牌的步道。旅游局（见171页）有一张详细地图，上边有29条不同徒步路径的注释。这里适合所有人，也适合家庭。不错的短途散步路线包括雕塑步行小径（Sentier des Sculptures），这条雕塑路线上有瓦莱州前滑雪冠军威廉·贝斯（William Besse）用链锯雕刻出来的木头艺术作品；韦尔比耶3D雕塑公园（Verbier 3D Parc de Sculptures）位于Les Ruinettes和拉绍（La Chaux）之间，艺术气息浓厚；从Les Ruinettes站出发，沿着Levron灌溉渠

(Bisse du Levron)走那条耗时2小时的步道。更壮观的徒步游包括5.5小时的岩羚羊小径(Sentier des Chamois),这条路线深受野生动物爱好者的欢迎,因为沿途能发现岩羚羊、土拨鼠和老鹰。

探险运动

作为探险运动中心,韦尔比耶逐渐名声大噪,拥有许多活动可以选择。在旅游局获取各种信息,有全年的狗拉雪橇、登山和铁索攀岩等。

Fly Verbier 滑翔伞

(☎027 771 68 18; www.flyverbier.ch; Rte de Verbier Station 23; 双人滑翔 Sfr190; ⏲5月至10月)想在瑞士阿尔卑斯山脉尝试双人滑翔?这些家伙声称韦尔比耶的微气候令这里成为世界五佳飞行地之一。网上预约或在当天打电话预约。

Verbier-La Tzoumaz Bike Park 山地自行车

(☎027 775 25 11; www.verbierbikepark.ch; 成人/儿童 一日通票 Sfr35/18; ⏲7月至9月 8:00~17:30, 6月和10月 周一至周五 9:00~12:30和13:30~16:30, 周六和周日 9:00~16:30)从韦尔比耶乘坐Médran缆车向上到Les Ruinettes站,这里有瓦莱州一流的自行车公园,树林间有十几条下山路线任君选择,从傻瓜级到超难的2米障碍道,还有3条路道装备有计时系统。这里还有一所山地自行车学校。

Trottinettes 滑板车租赁

(☎027 775 25 11; www.verbier.ch/en/fppoi-trottinettes-les-ruinettes-verbier-19066.html; 缆车上坡和滑板车下坡 Sfr22; ⏲7月和8月 8:00~17:00, 6月、9月和10月 时间缩短)下山滑板车(trottinettes)超受家庭游客的喜爱,这也是从Les Ruinettes下山的方法之一。在Place de Médran的售票处买票,然后乘坐Médran缆车登上Les Ruinettes,去领滑板车和头盔。8岁以下的儿童必须在成人带领下使用滑板车。下山需要1小时。

节日和活动

韦尔比耶音乐节 音乐节

(Verbier Festival; www.verbierfestival.com; ⏲7月至8月)夏季引人注目的经典音乐节,在7月到8月初,为期两周。在与官方节日同时举行的还有边缘艺术节Festival Off,期间有很多免费活动。

住宿

韦尔比耶有许多顶级住所,但如果提前规划,也能够以低廉的价格尽情滑雪。7月和8月时的价格会暴跌30%~50%。

Cabane du Mont-Fort 木屋 €

(☎027 778 13 84; www.cabanemontfort.ch; 铺 冬季/夏季 含早餐 Sfr52/37, 含半食宿 Sfr92/75; ⏲12月至次年5月中旬和7月至9月中旬; 📶)这座阿尔卑斯山上的小木屋位于海拔2457米的云端之上,可以欣赏Combins峰醉人的景色。这里对于夏季的步行者和冬季的滑雪者来说都是极好的,还可以直达拉绍。你可以期待在松木镶板的宿舍里舒适地安睡,这里还有供应美味山间食物的忙碌的餐馆。15间客房共有58张床位。

Les Touristes 酒店 €

(☎027 771 21 47; www.hoteltouristes-verbier.ch; Rte de Verbier; 标单/双 Sfr75/150起; 🅿📶)Les Touristes是货真价实的老牌酒店,1933年开始对夏季游客开放,当时滑雪业尚未腾飞。如今,从这里前往现代韦尔比耶时髦的中心地带只需步行下山1公里。酒店边上是一家已经传到第四代经营的面包房,位于韦尔比耶的老村子里。16间房间都是简单的松木装修和花纹床饰,洗脸盆和公共淋浴在走廊里。

Dzardy's Bar & Backpacker 青年旅舍 €

(☎027 565 25 31; www.backpacker-verbier.ch; Rte de Verbier 13, Le Châble; 铺 Sfr39; ⏲酒吧和青年旅舍前台 16:00~22:00; 📶)这家上下铺青年旅舍有一个热闹忙碌的小酒吧(青年旅舍前台)和7间朴实的宿舍房。它距离Le Châble缆车站仅200米,因此又热闹起来。前往韦尔比耶坐缆车即可,这一点很不错。记得带上你自己的睡袋、洗浴毛巾和锁柜挂锁。

★ **W Hotel** 设计酒店 €€€

(☎027 472 88 88; www.wverbier.com; Rue

de Médran 70, Pl Blanche; 双 Sfr300起; P 🛜)这家精致的酒店靠近Médran缆车，每个阳台上都有咖啡桌，咖啡桌是用树桩做成的。酒店还有五星级水疗。玻璃走廊连接起四栋当代度假屋式样的建筑，令人宾至如归。可以选择的房型有舒适客房(Cozy Room)、奇妙客房(Wonderful Room)、壮美客房(Spectacular Room)和惊喜套房(WOW Suite)。

Hotel Farinet 酒店 €€€

(☎076 575 23 94; www.hotelfarinet.com; Pl Centrale; 房间 Sfr420起; ⏰12月中旬至次年4月; P 🛜)带有传奇色彩的Farinet酒店坐落于韦尔比耶中心广场的极限运动商店(Xtreme sports shop)楼上。酒店因其时髦的房间以及名流汇聚的酒吧、DJ和夜店而闻名，热爱通宵狂欢的人一定要来看一看。房间有标准双人间也有两室套房和阁楼套房。

就餐

★Le Namasté 瑞士菜 €

(☎027 771 57 73; www.namaste-verbier.ch; Les Planards; 主菜 Sfr15起; ⏰12月中旬至复活节和7月中旬至8月 每天，5月中旬至6月、9月和10月 周二至周日)店名在印地语中是"欢迎"的意思，总是挤满了用餐者。用旧工具创造出异想天开的野兽，金属雕刻家让·路易(Jean-Louis)和妻子安妮可(Annick)为这座惬意的山顶小屋带来了源源不断的创意，餐厅坐落在海拔1937米处，有传统的瑞士厨房。从Savoleyres滑雪过来，或者在傍晚时分坐雪地摩托上来，然后乘轻便雪橇下山。夏季开车上山。

Le Bec 法式啤酒馆 €

(☎027 775 44 04; www.brasserielebec.com; Rue de Médran 77, Pl Blanche; 主菜 Sfr16起; ⏰8:00~17:00; 🛜 👪)韦尔比耶的时尚弄潮儿，你一定要来看看这里显眼的大扇窗户和位于Place Blanche时尚的露天座位。现代化的厨房供应藜麦沙拉、培根汉堡配手切炸薯条和其他当代法式小酒馆的美食。

Fer à Cheval 比萨 €

(☎027 771 26 69; http://feracheval.ch; Rue de Médran; 比萨 Sfr18起，主菜 Sfr25起; ⏰11:30~23:00)感谢上苍带给我们"马蹄铁"(店铺的英文意思)，这家便宜又实在的比萨店有阳光明媚的露台、电吉他演奏的环境和随时都能吃到的美味食物。从中心广场朝Médran缆车站台方向走几步就到。我们最爱的"餐桌"是木头二轮运货车。

Chez Dany 瑞士菜 €€

(☎027 771 25 24; www.facebook.com/Chez-Dany-Verbier-1690409104608455; Hameau de Clambin 10; 主菜 Sfr15~30; ⏰12月至次年4月和7月至9月 9:00至午夜)这座热闹的小木屋位于海拔1720米阳光灿烂的高原上，高踞在韦尔比耶村的上方，就在Les Ruinettes和Médran中间。在斜坡上享用多汁的牛排是很多名流的最爱。在露台上可以欣赏Combins峰的广阔美景。乘坐雪地摩托或者滑橇上山，坐轻便雪橇下山，也可以叫一辆雪地出租车抵离。

饮品和夜生活

Pub Mont Fort 小酒馆

(☎027 771 90 62; www.pubmontfort.com; Chemin de la Tinte 10; ⏰15:00至次日2:00)冬天滑雪后可去的好地方，靠近Médran缆车站，卖出去的啤酒绝对是瑞士最多的。这里的烈酒和鸡尾酒也同样颇受欢迎。你知道这些就足够了。

Farm Club 夜店

(☎079 257 78 83; www.hotelnevai.com/farm-club; Rte de Verbier Station 55; ⏰12月至次年4月)这家时髦的夜店位于Nevaï hotel楼下，自从1971年就开始摇滚起来，凭其本身的发展而堪称传奇。你可盛装出席，走过贵宾红毯，与用老爹(或是干爹)的养老金买大瓶酩悦香槟(Moët)的名媛们交谈。

Off Piste 酒吧

(www.wverbier.com/off-piste; Pl Blanche; ⏰11:00~20:00) 这家户外酒吧由W Verbier酒店经营，绝对是个好地方：舒服的沙发座椅，加上鸡尾酒、音乐和小吃——更不用提点缀着棕榈树和橄榄树的夏日沙滩了。不时有现场音乐会和夏季烧烤。

Milk Bar 咖啡馆

(☎027 771 67 77; Rue de Médran 2; ⏲10:00~19:30)这家神秘的小木屋大约在1936年就存在了，虽古老，犹经典。远近闻名的热巧克力（grands crus de cacao）、浓稠的水果奶昔、自制果挞和蘸着自制焦糖的法式薄饼无可非议。店内的木质环境让人享受到冬日的温暖和微醺；外面鲜花盛开的露台非常闲适、低调，绝对让你身心放松。

实用信息

旅游局(☎027 775 38 88; www.verbier.ch; Pl Centrale; ⏲12月至次年4月 8:30~19:00，5月至11月 至18:00)就在中心广场(Place Centrale)，效率极高，有地图、手册和会说英语的员工。

到达和离开

瑞士的圣伯纳德特快(St Bernard Express)全年从马蒂尼开往Le Châble(Sfr11.40，30分钟)，在那里乘坐开往韦尔比耶的长途汽车(Sfr6.20，30分钟)；旺季时，也可以在火车站对面搭乘**Le Châble-Verbier**(☎027 775 25 11; www.televerbier.ch; 成人 单程/往返 Sfr10/15，儿童 Sfr5/8; ⏲11月 7:00~16:45，12月至次年4月、7月和8月 至19:30)缆车。

锡永(Sion)

人口32,170 / 海拔490米

法语区的锡永非常迷人，从远处看起来貌似一座现代化的工业城市。这座小镇突兀地从罗讷河谷内建筑物密集的地面上拔地而起，遍地都是出色的用餐场所，周围是一圈葡萄藤梯田，古老的灌溉渠(bisses)呈十字形交错。罗讷河把锡永分成两部分，在两座山顶上有一对13世纪的山顶城堡分别担任警卫的角色，下方是老城区。

锡永的生活节奏轻松自在，酿酒(和品酒)在小镇的日常生活中扮演着至关重要的角色。古色古香、乱哄哄的路边开满了咖啡馆。这些小路直直地穿过城堡，延伸至山下的中世纪古镇。锡永的必看节目是集市日(周五)和夏季高雅戏剧表演声光表演(son et lumière)——在镇上任何地方都能看得很清楚。

景点和活动

★瓦莱雷城堡 城堡

(Château de Valère; Rue des Châteaux; 成人/儿童 Sfr8/4; ⏲6月至9月 11:00~18:00，10月至次年5月 至17:00)这座建于11~13世纪的城堡悬挂在图尔比永城堡对面的小山丘上，它围绕一座设防的大教堂而建。在里面的教堂可以看到雕花优美的唱诗班长椅、满是壁画的半圆形后殿和世界上最古老的可弹奏管风琴，其历史可以追溯到1440年。周六的夏季音乐会(16:00)充满魔力。该城堡内还有州立历史博物馆(Musée Cantonal d'Histoire; ☎027 606 47 15; 成人/儿童 Sfr8/4; ⏲6月至9月 11:00~18:00，10月至次年5月 周二至周日 至17:00)和午时咖啡馆，在那里可以观赏城堡围墙之内的景色。

★图尔比永城堡 城堡

(Château de Tourbillon; Rue des Châteaux; ⏲5月至9月 10:00~18:00，3月中旬至4月和10月至11月中旬 11:00~17:00) 免费 高踞锡永山顶之上，对着肥沃的罗讷河谷发号施令。1788年的大火破坏了这座中世纪的堡垒，留下衰败的

斗牛

斗牛(Combats de Reines，在德语里叫Kuhkämpfe)在艾宏山谷(Val d'Hérens; 锡永南边的支流河谷)可是正经事，因为组织这一活动的目的是选出最适合在夏季牧场上引领牛群的那头牛。3月到5月、8月到9月期间会选出好几个周日来进行比赛。

人们用燕麦浓缩物(据说有兴奋剂的功效)喂公牛，有时还喂葡萄酒。公牛冲向对方，互相扭打，用力迫使对手向后退。获胜的牛又被叫作牛中“女王”，价值高达Sfr20,000。参展的牛很少会受伤，因此游客不会为场面血腥而苦恼。5月耶稣升天节这一天，盛大的总决赛在Aproz(可以在锡永西面乘坐长途汽车，车程10分钟)举行。斗牛季的最后一次比赛于10月在马蒂尼的瓦莱州博览会(见165页)上举办。

Sion 锡永

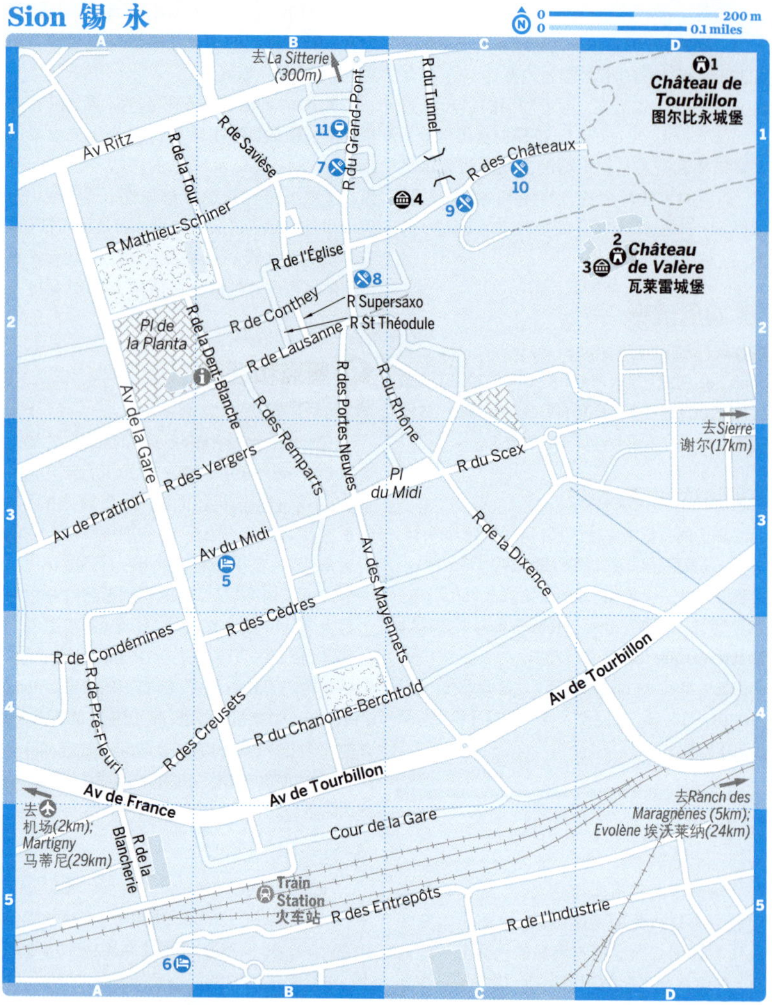

遗址，但是如明信片般的美景会让你觉得走到两腿僵硬也是值得的。穿结实的鞋子，因为有些地方的石头小路相当惊险。

艺术博物馆 画廊

（Musée d' Art；☎027 606 46 90；www.musees-valais.ch；Pl de la Marjorie 15；成人/儿童 Sfr8/4；⊙6月至9月 周二至周日 11:00~18:00，10月至次年5月 至17:00）这家策展精良的美术博物馆藏身于一座小城堡之中，展示瑞士艺术家的作品，包括欧内斯特·比尔耶（Ernest Bieler）和卡斯珀·沃尔夫（Caspar Wolf），还有奥地利表现主义艺术家奥斯卡·柯克西卡（Oskar Kokoschka）创作的优秀作品。

Clavau灌溉渠 徒步

比起在挂满葡萄的诱人的藤蔓间溜达，锡永周边的徒步景点要多得多。罗讷河谷在这一区域的徒步道之所以独一无二，是因为那些灌溉渠——这些从13世纪起开始建造的小型灌溉渠是用来浇灌陡峭梯田上的葡萄园和田地的。其中最著名的当属拥有550年历史的Clavau灌溉渠，这条灌溉渠将水源运送到锡永和圣雷奥纳德（St Léonard）之间的葡萄

Sion 锡永

重要景点
1 图尔比永城堡 D1
2 瓦莱雷城堡 D2

景点
3 州立历史博物馆 D2
4 艺术博物馆 C1

住宿
5 Hôtel Elite B3
6 Sion Youth Hostel A5

就餐
7 Au Cheval Blanc B1
8 Brasserie du Grand-Pont B2
9 La Cave de Tous Vents C1
10 L' Enclos de Valère C1

饮品和夜生活
11 Le Verre à Pied B1

园内，这里阳光充足，十分干旱。

种植在狭窄梯田上的葡萄藤由干砌的挡土墙支撑，它们用来酿造瓦莱州的红葡萄酒（dole）和白葡萄酒（Fendant）。**Le Cube Varone**（☎079 566 95 63；www.facebook.com/cube.varone；主菜 Sfr20起；⏲5月至10月 周六 11:00~21:00，周日 11:00~18:00）位于Clavau灌溉渠的人行小道上（7.5公里，2.5小时），是一个经验丰富的老酿酒葡萄种植者开的小木屋，可以在这里单独品尝或者随餐享用葡萄酒。诱人的菜单上的每一道菜都可以和一款葡萄酒相配，而这里的风光则像世外桃源。

节日和活动

Festival de Sion 音乐节

（www.sion-festival.ch；⏲8月中旬至9月上旬）这场国际音乐节为期3周，上演精彩的古典音乐会（钢琴、小提琴），有一场小提琴比赛，同时还有一个含免费音乐会的边缘艺术节Festival Off。

住宿

镇里的选择很少，而且样式千篇一律，让人失望；而锡永周围那些爬满葡萄藤的地方更具吸引力。

Sion Youth Hostel 青年旅舍 €

（☎027 323 74 70；www.youthhostel.ch；Rue de l' Industrie 2；铺/标单/双 含早餐 Sfr33/69/98；⏲4月至10月；P 📶）这家青年旅舍距离锡永火车站南出口仅100米之遥，提供价位合理的标准单人间和双人间，或是双床/四床宿舍间。房费包含自助早餐，晚餐收费Sfr17。这里有个可爱的花园露台和宽敞的用餐与休息区。

Hôtel Elite 酒店 €€

（☎027 322 03 27；www.hotelelite-sion.ch；Av du Midi 6；标单/双 Sfr120/170；P 📶）这家明亮、现代化的二星级酒店名副其实，是镇上紧邻主街的最佳住宿。房费包含自助早餐，房间舒适，所在位置十分适合探索锡永。

就餐

Rue du Grand-Pont的得名源于流淌于其下的河流。这条街道上满是美味的餐馆，可以美美地用餐，品尝可口的瓦莱州红酒。如果你想要来一杯咖啡或是冰镇白葡萄酒，可以试试Place du Midi北面的露台咖啡馆，或者去步行街Rue des Remparts上树木繁盛的钢藤架下坐坐。

Brasserie du Grand-Pont 法式小馆 €

（☎027 322 20 96；http://grand-pont.ch；Rue du Grand-Pont 6；主菜 Sfr20起；⏲周一至周六 9:00至午夜）这家生意兴隆的法式小馆有挂满艺术作品的墙壁，员工热情奔放。阳光灿烂的日子里，每到正午时分这里每一桌都客满。"取悦每个人"的菜单取悦来自世界各地的味蕾。请注意，这是一栋巨大的古老建筑，有铁锈色的百叶窗和锻铁微微生锈的阳台。

★**Au Cheval Blanc** 瑞士菜 €€

（☎027 322 18 67；www.au-cheval-blanc.ch；Rue du Grand-Pont 23；主菜 Sfr30起；⏲周二至周五 10:00至午夜，周六 11:00至午夜）这家传统的法式小馆带有枝繁叶茂的街边露台，就在Rue du Grand-Pont上，因其美味的食物和欢快友好的氛围而闻名。这里使用的食材都是当地最好的农产品。这里的一个小亮点是艾宏山谷牛肉，可以按你的喜好做成各种口味——

鞑靼牛肉、牛肉刺身，配醋油汁，或是慢煎脊肉和鹅肝煎牛柳。

Au Vieux Mazot 瑞士菜 €€

（☎027 283 11 25；Rue Centrale，Evolène；主菜 Sfr20起；⏲周二至周六 10:00至午夜）来这家传奇餐厅（又名Chez Raymonde）享用过知名的本地牛肉之后，你可能不再想去艾宏山谷的埃沃莱纳（Evolène；沿公路往南距离锡永24公里远）。肉食爱好者们会沉浸在使用传统柴炉烹制的艾宏山谷牛肉中。除此之外，这里还有代表性的拉克莱特奶酪（raclette）、土豆饼（rösti），等等。

Buffet de la Gare de St Léonard 瑞士菜 €€

（☎027 203 43 43；www.buffet-gare.ch；Av de la Gare 35，St Léonard；主菜 Sfr20起；⏲周三至周日 10:00~15:00和18:00至午夜）这家小餐厅位于圣雷奥纳德，自1918年起便由同一个家族烹制性价比极高的家庭美食，并且非常值得一来。在锡永和圣雷奥纳德之间有火车（Sfr3.60，3分钟，每小时1班）连通。

La Sitterie 瑞士菜 €€

（☎027 203 22 12；www.lasitterie.ch；Rte du Rawil 41；主菜 Sfr28起，午餐套餐 Sfr48，晚餐套餐 Sfr75起；⏲周二至周日 11:00~15:00，18:00至午夜）从老城区往北步行800米即到，主厨雅克·伯韦耶（Jacques Bovier）使用当地新鲜的时令食材，每道烹制出来的大餐都能带给食客愉悦的享受（有没有尝过用莎斯拉葡萄做成的冰糕？）。现代的室内设计主色调是青柠绿和青灰色，夏季可以边在梦幻的花园里用餐，边欣赏梯田葡萄园。

L' Enclos de Valère 瑞士菜 €€

（☎027 323 32 30；www.enclosdevalere.ch；Rue des Châteaux 18；主菜 Sfr35起，3道菜套餐 Sfr58；⏲5月至9月 周二至周六 9:00至午夜，周日 正午至15:00，10月至次年4月 周二至周六 10:00~14:00和18:00至午夜）这家村舍风格的餐馆坐落于通往锡永的双子城堡的那条陡峭的鹅卵石小路上，花园里种满了葡萄藤和果树（注意那些奇异果）。野味（山羊肉、岩羚羊肉和鹿肉）是秋季黑板菜单（ardoise）上的主打。

值得一游

地下游船

小小的圣雷奥纳德（St Léonard）位于锡永东北5.5公里处，这里有欧洲最大的地下湖——**圣雷奥纳德地下湖**（Lac Souterrain St Léonard；☎027 203 22 66；www.lac-souterrain.com；Rue du Lac 21；成人/儿童 Sfr10/6；⏲3月中旬至10月 10:00~17:00，7月至8月 至17:30）。参加30分钟的导览游船行，就能看到如翡翠一般闪闪发光的湖水。锡永和圣雷奥纳德之间有火车（Sfr3.60，3分钟，每小时1班）连接。

饮品和夜生活

Le Verre à Pied 葡萄酒吧

（☎027 321 13 80；www.facebook.com/leverreapiedsion；Rue du Grand-Pont 29；⏲周一至周六 10:30~13:00和16:30~20:30，周日 10:30~14:00和17:00~20:00）想要深入了解这座城市，必须尝尝锡永的葡萄酒。这间简朴的葡萄酒商店（oenothèque）和酒窖（caveau）正是这样的理想之地。坐在工业化风格的室内或室外的一个橡木桶周围，品尝150多种瓦莱州葡萄酒。临近的餐厅为这里供应奶酪和肉类拼盘、生蚝等，缓解你的饥饿之苦。

实用信息

旅游局（☎027 327 77 27；http://siontourisme.ch；Pl de la Planta；⏲周一至周五 9:00~18:00，周六 9:00~12:30；📶）位于Place de la Planta，火车站北方600米处。

到达和当地交通

Aéroport de Sion（☎027 329 06 00；www.sionairport.ch；Rte des Aviateurs）锡永机场位于火车站以西2公里处。

Valaisroule（☎079 127 50 22；https://wallisrollt.ch；Pl de la Planta；⏲5月下旬至10月中旬 周三至周日 9:00~12:15和13:00~18:00）跨上一辆免费的自行车（4小时）去探索锡永的河岸与葡萄园。

经过洛桑（Sfr32，50~80分钟，每半小时1班）和布里格（Sfr20.40，35~45分钟，每半小时1班）之间的特快列车都会在锡永停靠。

谢尔（Sierre）

人口16,700/海拔533米

谢尔是瑞士阳光最充足的小镇之一，也是瓦莱州最后一个法语城。东侧萨尔格什（Salgesch）的邻居们说德语，更东边的居民也说德语。点缀着城堡的葡萄园高踞在城中心上方，本地产的黑皮诺受所有人欢迎。如果你想搭乘公共交通工具前往克莱恩-蒙塔纳，谢尔是瑞士最长缆车的发车地，穿过葡萄园前往蒙塔纳站（Montana Gare）。

景点

谢尔葡萄园和葡萄酒博物馆 博物馆

（Sierre Musée Valaisan de la Vigne et du Vin；☎027 456 35 25；www.museeduvin-valais.ch；Rue Ste Catherine 4；成人/儿童 Sfr6/免费，含萨尔格什葡萄酒博物馆的免费门票；⏲3月至11月 周三至周五 14:00~18:00和周六至周日 11:00~18:00）这座迷人的葡萄酒博物馆展览有老式榨汁机和其他与葡萄酒有关的珍稀物品，位于17世纪的塔楼庄园**城堡别墅**（Château de Villa）中。参观结束之后可以在**Oenothèque**（www.chateaudevilla.ch；⏲周一至周五 10:30~13:30和16:30~20:30，周六和周日 10:30~21:00）试喝，这个大酒窖内藏有630种瓦莱州葡萄酒，可以品尝或购买。从火车站步行1公里便可到达博物馆。记得在旅游局（见176页）拿一张地图。这里也是葡萄园小径的起点。

萨尔格什葡萄酒博物馆 博物馆

（Salgesch Weinmuseum；Wine Museum；☎027 456 45 25；www.museeduvin-valais.ch；成人/儿童 Sfr6/免费，含谢尔葡萄园和葡萄酒博物馆的免费门票；⏲4月至11月 周一至周五 14:00~18:00，周六至周日 11:00~18:00）这座拥有山墙的葡萄酒博物馆聚焦于萨尔格什周边的葡萄种植，并关注教育。这里也是葡萄园小径的起终点。从萨尔格什站步行过来有1公里的距离，作为起点或终点非常方便。

活动

★ **葡萄园小径** 步行

（Sentier Viticole，Vineyards Trail；☎027 456 35 25；www.museeduvin-valais.ch）在谢尔萨尔格什旅游局（Sierre Salgesch Tourist Office）要一份葡萄园小径的地图，小径连接了两座葡萄酒博物馆：谢尔葡萄园和葡萄酒博物馆和萨尔格什葡萄酒博物馆。小径全长6公里，沿途有80块关于葡萄藤、乡村和当地百姓的信息牌。留出两三个小时散步，算上游览博物馆的话，请一共留出半天的时间。

你可以从任意一端出发往另一端走，然

栗子节（LA BEISOLÉE）：秋天的传统节日

金秋时节，最后一次葡萄收获之后便迎来了这个季节最令人着迷的栗子，也拉开了栗子节的序幕。每个家庭会和亲友们分享当地出产的栗子农产品，共同庆祝这个传统的秋季盛宴。在外面点餐吃到的栗子总会有点差别，但是有两个地方可以让你最大限度地尝到真货。一年四季我们都强烈推荐下面这两个地方：

La Cave de Tous Vents（☎027 322 46 84；www.cave-tous-vents.ch；Rue des Châteaux 16；主菜 Sfr22起；⏲9月至次年6月 17:00至午夜）闪烁的烛光点亮了这座中世纪葡萄酒酒吧的砖砌拱顶。情侣们坐在角落里舒服地用餐。同样情意绵绵的是奶酪火锅，还有藏红花和鸡油菌口味。9月下旬到10月期间，在皇家栗子盛宴上你可以随意尽情品尝6种不同的瓦莱州奶酪、热腾腾的烤栗子、苹果、梨子和肉干。

La Grande Maison（☎027 565 35 70；www.lagrandemaison.ch；Route du Santesch 13，Chandolin-près-Savièse；4道菜套餐 Sfr78；⏲周一至周五 17:00至午夜，周六和周日 11:00至午夜）这座老房子在距离锡永6.5公里处的山上，颇有氛围的房间（大床房 Sfr134~160）采用木梁，还有家一流的餐厅提供当地森林里的秋季野味和水果——真是少有的美味。

后搭火车回到起点。

节日和活动

Marché des Cépages 葡萄酒节、音乐节

(www.marchedescepages.ch; ⏲9月上旬)千万不要错过谢尔的Marché des Cépages。手持玻璃杯，在音乐声中漫步于葡萄园，和当地约40名葡萄种植者交谈，还有很多葡萄酒可供品尝，热闹极了，尽情享乐。举办地点在通往萨尔格什的葡萄园小径上的葡萄藤之间，就在城堡别墅后面。

食宿

Hotel Arkanum 精品酒店 €€

(☎027 451 21 00; www.hotelarkanum.ch; Unterdorfstrasse 1, Salgesch; 标单/双 Sfr110/190起; P 📶)如果你曾梦想住在酒桶或者榨汁机里，就来萨尔格什这家古怪的酒店，这里每间带有房梁的客房都有不同的葡萄酒相关主题。这里的餐厅供应美味的瓦莱特色菜和萨尔格什葡萄酒。

Hotel Terminus 酒店 €€

(☎027 455 13 51; www.hotel-terminus.ch; Rue du Bourg 1; 标单/双 Sfr145/230; P 📶)Hotel Terminus的四层楼里拥有最高品质的客房，距离谢尔的火车站只有几百米远。房价包含的欧式早餐令你为接下来一天里的葡萄酒之旅做好准备。如果你预算充足，较高楼层有超棒的套房，还有大厨**迪迪埃·德库唐**(Didier de Courten; 主菜 Sfr84，试吃套餐 Sfr190; ⏲周二至周六 正午至13:00和19:00~21:00)烹制的餐肴。

★ **城堡别墅** 瑞士菜 €€

(Château de Villa; ☎027 455 18 96; www.chateaudevilla.ch; Rue Ste Catherine 4; 奶酪火锅 Sfr23~26，主菜 Sfr25~40; ⏲11:30~14:00和18:00~22:30)作为有角楼和几百年历史的梁木的谢尔城堡的杰出代表，这里推出拉克莱特奶酪宫廷宴席——品尝来自瓦莱州的五种不同的拉克莱特奶酪(Sfr35)，完美地佐以当地的葡萄酒。9月餐馆会迎来古老的瓦莱州栗子节(见175页)。

> **值得一游**
>
> **皮埃尔·阿尔诺艺术中心**
>
> 美丽的**皮埃尔·阿尔诺艺术中心**(Fondation Pierre Arnaud; ☎027 483 46 10; www.fondationpierrearnaud.ch; Rte de Crans 1, Lens; 成人/儿童 Sfr18/免费; ⏲周三至周日 10:00~18:00)🍃是一座不能错过的美术馆。远处高大的山峰印在耀眼的玻璃外墙上，高山屋顶花园里的火绒草叶子招展。馆内同样美妙，每年都会主办两场当代艺术展。参观结束之后，在博物馆内的小餐馆**L' Indigo**用餐，在铺着木地板的露台你可以一直看到Lac du Louché平静的湖水和远处的群山。在克莱恩-蒙塔纳的La Poste站台乘坐353路公交车到Lens(Sfr 4.40，20分钟)。

实用信息

谢尔萨尔格什旅游局(☎027 455 85 35; www.sierre-salgesch.ch; Pl de la Gare 10; ⏲周一至周五 8:30~18:00，周六 9:00~17:00，周日 至13:00)位于谢尔火车站，工作人员友善，还有出色的地图和手册，并可以用英语提供建议。

到达和离开

谢尔在E62旁，位于日内瓦以东175公里处，马蒂尼以东45公里处，布里格以西38公里处。

每小时有2班火车开往西边的日内瓦(Sfr54，2小时)和东边的布里格(Sfr15.40，30分钟)。每小时有1班火车往来萨尔格什和谢尔(Sfr3，3分钟)。

小镇是前往克莱恩-蒙塔纳的出发点。

克莱恩-蒙塔纳(Crans-Montana)

人口6500/海拔1500米

1896年，泰奥多尔·斯蒂芬妮博士(Dr Théodore Stéphani)深吸了一口这里来自阿尔卑斯山的清新空气，宣布这里是治疗其肺结核病人的理想之地。从那时起，克莱恩-蒙塔纳就一直享有盛名。冬季时，这里充满了轻松愉快之感，蔓延的现代化度假胜地里拥有好几片湖泊，如今已经是名人和新贵常爱光临的地方。

另辟蹊径

安尼维尔山谷（VAL D' ANNIVIERS）

宁静的安尼维尔山谷欢迎那些迫切想要远离拥挤的障碍滑雪场地的滑雪者来这里拥抱新鲜的雪地，同时也吸引了寻求大自然之美的徒步旅行者。松树和落叶松拂面而来，随处可见散落的深色小木屋和海拔4000米山峰间风景如画的小村庄。

从谢尔向南的道路十分陡峭，一路盘旋经过优美如画的果园和葡萄园，最后到达13公里外的中世纪山谷维苏瓦（Vissoie；www.valdanniviers.ch/tourism/from-niouc-vissoie.html），这里有5个滑雪站。往回朝着谢尔方向沿着一条窄路蜿蜒向北行进约11公里是Vercorin（www.valdanniviers.ch/tourisme/vercorin.html），35公里的滑雪道坡度缓和，适合家庭游客。

更吸引滑雪者的是圣吕克（St Luc；www.valdanniviers.ch/tourism/saint-luc.html）和尚多林（Chandolin；www.valdanniviers.ch/tourism/chandolin.html）这两个村子。宽阔的阳光滑道长75公里，360度的景色美如童话。其中，尚多林更诱人，因为有几间木屋挂在高达约海拔2000米的陡坡上，实在令人惊心动魄。你在这里的时候还可以参观艾拉·马亚博物馆（Espace Ella Maillart；☎027 476 17 15；www.ellamaillart.ch；Chemin des Tsavonnés）免费，博物馆专门用来纪念一位伟大的瑞士探险家，当她不在遥远的阿富汗和中国西藏探险，或者不忙着在滑雪赛和划船比赛上摘金时，就会住在尚多林。

行星小径（Chemin des Planètes，Planets Trail；👪）上装饰了一些太阳系的模型，从蒂格诺萨（Tignousa；在圣吕克上面）往山上慢慢走即到Weisshorn Hotel（☎027 475 11 06；www.weisshorn.ch；标单/双 半食宿 Sfr150/280；⏲6月至10月中旬和12月下旬至次年4月中旬；📶）。这家壮观的酒店建于19世纪，坐落在海拔2337米处，只能通过步行或者骑山地自行车才能到达（冬天也可以滑雪过来，行李从圣吕克运过来）。如传奇故事般的格里门茨（Grimentz；www.valdanniviers.ch/tourism/grimentz-saint-jean.html）同样很美，这里有瓦莱州式粮仓（高高地建在地柱上以防止老鼠来偷粮食），深色木板建的、种满天竺葵的小木屋，还有崭新的缆车把它和邻近的琪纳尔（Zinal；www.valdanniviers.ch/tourism/zinal-ayer.html）的滑雪坡连起来。

从琪纳尔出发，登山者可以前往好几座海拔4000多米的山峰，其中包括Dent Blanche（海拔4357米）、Obergabelhorn（海拔4063米）、Zinalrothorn（海拔4221米）、魏斯峰（Weisshorn；海拔4506米）和Bishorn（海拔4153米）。关于登山和徒步向导，可以咨询Guides Anniviers（www.valdanniviers.ch/tourism/guides.html）。

格里门茨往南约12公里，公路的尽头是一个相当大的停车场，那里有一片很不错的徒步路径网通往几个瞭望点，从瞭望点可以看到令人印象深刻的Moiry Glacier。

每个村庄都有自己的小旅游局，但全部归属安尼维尔山谷旅游局（Val d' Anniviers Tourism；www.valdanniviers.ch）。每个旅游局都既能介绍整个山谷也能介绍自己的村庄。所有的标准开放时间都是8:30至正午和13:30~17:00，每周开放7天。

邮政巴士（PostBus）从谢尔开往山谷的交通枢纽维苏瓦（Sfr10.60，30分钟），全程13公里，然后分别开往山谷的其他地方，其中包括冰川Moiry Glacier。不过探索这片地区的最佳方式是自驾。

活动

从马特峰绵延到勃朗峰的山坡阳光灿烂，是中级滑雪者的天堂，雪坡几乎全都面朝南方，你可以尽情欣赏全景。雪道长度总计达到160公里，单板滑雪者可以在Aminona地形公园尝试各种大胆的动作。另外这里还有50公里的越野滑道。

徒步游和山地自行车是夏季的主要活动。

克莱恩-蒙塔纳自行车公园 山地自行车

（Crans-Montana Bike Park；www.mycma.ch；Route des Téléphériques 32；半/全天 成人 Sfr25/30，儿童 Sfr14/15；⏲6月至10月）追求快速下山

的狂热爱好者在这里可以得到满足，因为这座山地自行车公园有明显的跑道和难度渐进的障碍物。公园位于Crans Cry d' Er缆车的基站。这里选择丰富，所以请在网上了解全部详情。

Alex Sports 滑雪、山地自行车

（☎027 481 40 61；www.alexsports.ch；Rte des Téléphériques；⏲12月至次年4月、7月和8月9:00~17:30）这家体育用品店位于Crans Cry d' Er缆车隔壁、克莱恩-蒙塔纳自行车公园对面，出租所有夏季山地车骑行和冬季滑雪的装备。

节日和活动

随想曲音乐节 音乐节

（Caprice Music Festival；www.caprices.ch；⏲4月上旬）它被认为是欧洲顶级的雪地音乐节，是一场高海拔的严肃派对。

食宿

Crans-Montana Youth Hostel 青年旅舍 €

（☎027 481 31 14；www.youthhostel.ch；Rte du Zotzet 8；铺/标单/双 含早餐 Sfr29/68/78；⏲12月至次年3月和5月至10月；P 📶）这座Bella Lui房子的最新用途是青年旅舍，2017年才刚开业，它建于1930年，被列为历史古迹。青年旅舍地理位置优越，价格划算到惊人，风景极佳且包含早餐。这座建筑曾经做过疗养院、水疗馆和酒店，之后成了瑞士最新的青年旅舍。

Lago Lodge 酒店 €€

（☎027 481 34 14；www.auberge-lagolodge.ch；Lac Grenon；双/标三/四 Sfr180/234/300起；P 📶）这家充满当代设计感的酒店位于Lake Grenon湖边，深受家庭喜爱，而且性价比极高。装饰风格明亮、五彩缤纷。10人间——两张双人床和一张单人床的顶上是一个巨大的夹层，上面铺有床垫——绝对是瑞士最棒的“宿舍”。

★ **Chetzeron** 瑞士菜 €€

（☎027 488 08 09；www.chetzeron.ch；Chetzeron 2112；主菜 Sfr25起；⏲7月至10月和12月至次年4月；📶）🍃在海拔2112米的高山上，懒洋洋地躺在躺椅上，庆幸自己找到了瑞士阿尔卑斯山最时髦的高山餐厅——改造后的缆车站，其历史可以追溯到20世纪60年代。夏天可以步行下山（约1公里）或叫一辆四驱车，冬天沿着蓝色的滑雪道从山顶的**Cry d' Er缆车站**滑雪下山（成人 单程/往返 Sfr15/20）；黄昏时分前来可以叫一辆雪地摩托。

在宽敞的酒店房间（双人间 Sfr320起）里可以欣赏绝美的风景。厨房供应一流的烤肉、自制香肠和素食菜肴。

实用信息

旅游局（☎027 485 04 04；www.crans-montana.ch；Rue Centrale，Crans；⏲周一至周六 8:30~18:30）位于Rue Centrale，从缆车顶端蒙塔纳站往西走300米就是。

到达和离开

从谢尔到克莱恩-蒙塔纳是20公里非常曲折的上坡路。

从谢尔火车站走一小段路就可以到达瑞士最长的**缆索铁路**（☎027 481 23 48；www.cie-smc.ch；Gare SMC de Mon-tana；票价 Sfr13.20）。它把葡萄园分为两半，一直通向山上的蒙塔纳站。游览时间为12分钟，缆索铁路每隔半小时1班。两个城市之间也有不太新颖的交通方式——长途汽车（Sfr13.20，40分钟，每小时1班）。

上瓦莱州（UPPER VALAIS）

在瓦莱州东部，排列着小木屋的小巧村庄坐落在令人敬畏的地形中，这里有令人眩晕的峡谷、4000米高的尖峰以及巨大的冰川。洛伊克巴德冒泡的温泉水、耀眼的23公里长的阿莱奇冰川、采尔马特和萨斯费的度假村以及马特峰高耸的山峰吸引着来自各处的游客。

洛伊克巴德（Leukerbad）

人口1600/海拔1411米

从罗讷河谷洛依克镇（Leuk）到美丽的山村洛伊克巴德之间有约14公里的曲折上坡路，垂直高度有700米。凝视着如圆形露天剧场一般高耸的岩石塔楼和峡谷般的尖塔，你

会觉得这里作为欧洲最大的温泉水疗度假胜地实在太刺激了。重视美感的罗马人也曾取用洛伊克巴德的蒸汽温泉水。如今，游客们先攀爬盖米山口（Gemmi Pass），勇敢挑战瑞士最长的铁索攀岩，或是在Torrenthorn滑雪，之后便会来泡温泉。

景点

Torrent-Bahnen 缆车

（027 472 81 10；www.torrent.ch；Promenade；单程/往返 Sfr11.50/23；7月至10月中旬和12月下旬至次年4月上旬 8:45~12:15和13:15~17:15）Torrent缆车把冬季滑雪者运上Rinderhütte（海拔2350米），然后继续上升至海拔2610米处。滑雪下山的难度是中级。夏天时，你可以骑着超大滑板车（monster scooter；成人/儿童 Sfr15/12）呼啸下山。多预留1个小时，因为下山的路很陡峭，有时还会布满岩石。

活动

盖米山口徒步 徒步

（Gemmi Pass Hike；www.myswitzerland.com/en-us/the-classic-among-classics.html；6月至10月）这条经典的徒步路线让步行者们从洛伊克巴德越过盖米山口抵达伯尔尼高地（Bernese Oberland）的坎德施泰格（Kandersteg）。搭乘Gemmibahn（027 470 18 39；www.gemmi.ch；Gemminbahnen；单程/往返 Sfr23/34；6月至10月 8:30至正午和13:00~17:30）缆车上到山口，然后沿着标志清晰的小径走2~3个小时前往Sunnbüel，之后搭乘缆车下行，然后坐大巴到坎德施泰格。这里山景壮丽，但请做好准备，因为天气变化很快。

这段徒步只有中等难度，除非你决心两边都不使用缆车——上下坡都可以徒步进行。出发之前看一下网站和天气预报。

Adventure Trail Gemmi 铁索攀岩

（https://sites.google.com/site/viaferratae；7月至9月）这条新的铁索攀岩栈道就在山顶的盖米缆车站下方海拔2300米处，水平长度有800米，十分罕见，拥有65米长的绳索吊桥和20米高、可转540度的梯子等。在这里可以获得许多刺激体验！欲知详情，可去旅游局（见181页）或Alpincenter Leukerbad（见181页）谈谈。

Klettersteig Gemmi-Daubenhorn 铁索攀岩

（https://sites.google.com/site/viaferratae；

不要错过

温泉水疗

暖洋洋地躺在35℃的户外温泉水中，呼吸着寒冷清新的高山空气，不知怎么的，你会觉得很放纵。人间天堂应该也不外如此：头上是青蓝色的天空，身下是水涡中的躺椅，四周是雪山美景。上瓦莱州的洛伊克巴德是你的不二之选，此外还有以下这些选择：

Les Bains de Lavey（www.lavey-les-bains.ch；Rte des Bains 48；成人 3小时 Sfr27/18；周日至周四 9:00~21:00，周五和周六 至22:00；）这座迷你矿泉城就在隔壁沃州的州界上，从高速公路下来很容易就找到了（寻找“Lavey”字样的指示牌）。温泉水来自于瑞士最温暖的源头。这里还有酒店、餐厅和“健身”设施。

Les Bains d'Ovronnaz（027 305 11 11；www.thermalp.ch；Rte des Bains 93；成人/儿童 Sfr22/13；8:00~20:30或21:00；）Ovronnaz有三座水疗池，将滑雪坡与矿泉疗养浴场完美结合。从Riddes（马蒂尼东北方15公里处）迂回上坡10公里就到达这个充满吸引力又适合家庭的滑雪度假胜地。这里还提供住宿和按摩。

Thermalbad Brigerbad（027 948 48 48；www.thermalbad-wallis.ch；Thermalbad 1，Brigerbad；3小时 成人/儿童 Sfr24/15；9:00~21:00；）露天温泉Thermalbad Brigerbad位于上瓦莱州，在菲斯普和布里格中间，拥有令人心动的12座不同的室内外水疗池。孩子们特别喜欢下山那条弯弯曲曲的水上滑道，隔壁还有片露营地。

不要错过

月下泡温泉

世上没有比在洛伊克巴德的温泉水里泡个"月光浴"更能称得上惬意的了，或者也可以在休息室中享受慵懒的漫长时光。7月的最后一个周六或者7月31日（瑞士国庆节前夕），在Walliser Alpentherme & Spa Leukerbad尽情享受，这一天20:30~23:30都破例开放水疗池（门票Sfr27，含瓦莱州桑拿村）。

⏲7月至9月）如果你对瑞士最长的铁索栈道感兴趣，就去网站看看。这里只适合冒险家，并且最好带个向导。216米的梯子和2000米的钢索安装在高耸于洛伊克巴德上方的Dauberhorn的岩壁里。向旅游局询问关于装备租赁和向导的事宜，或是直接去Alpincenter Leukerbad。

Walliser Alpentherme & Spa Leukerbad 水疗

（☎027 472 10 10；www.alpentherme.ch；Dorfplatz；温泉浴 3小时/天 Sfr23/28，含瓦莱桑拿村 Sfr39/53，罗马-爱尔兰式浴场 含/不含 肥皂搓澡按摩 Sfr74/54；⏲泳池 9:00~20:00，桑拿村和浴场 10:00~20:00）这些豪华的疗养浴场由室内外浴池组成，浴池带漩涡、按摩喷嘴、冲浪按摩，在这里还能欣赏惊人的山景。这里有瓦莱桑拿村（Valaisan Sauna Village；有许多质朴的木头）、罗马-爱尔兰式浴场（Roman-Irish Bath）和山泉水疗（Mountain Spring Spa），包含了从热石疗法到按摩乃至搓澡在内的一切服务。

Leukerbad Therme 游泳

（☎027 472 20 20；www.burgerbad.ch；Rathauss-trasse 32；成人/儿童 一日票 Sfr30/16.50，3小时票 Sfr25/14；⏲8:00~20:00；🚼）位于旅游局附近，在村子的最里面，拥有10种不同的游泳池，室内和露天的都有，水温在28℃~43℃之间。人们都很喜欢这里的漩涡池、按摩水池、蒸汽室和色彩明快、弯弯曲曲的滑水道。8岁以下的儿童可以免费游泳。

🛏食宿

Hotel Wildstubel 酒店 €

（☎027 470 12 01；www.gemmi.ch；Gemmi Pass；双 每人 Sfr90起；⏲12月中旬至次年4月下旬和6月至10月；📶）乘坐盖米缆车来到这个实用的高海拔酒店。这里有双层床，也有常规的双人房，松树掩映，十分干净。浴室是公用的，4岁以下的儿童可以免费住宿。房价按人计算，人数越多越便宜，包含半食宿和往返洛伊克巴德的缆车票。总的来说，这里是个冒险场所！

Hôtel de la Croix Fédérale 酒店 €€

（☎027 472 79 79；www.croix-federale.ch；Kirchstrasse 43；双/四 Sfr160/289起；P📶）这个满是鲜花的瑞士小屋挤在洛伊克巴德主要街道上的精品商店中间。在这里，你可以获得衷心的欢迎。温暖舒适的房间由全松木打造，楼下餐厅供应的美食在镇上数一数二。

Thermal Hotels Leukerbad 酒店 €€

（☎027 472 10 00；http://thermalhotels.ch；Dorfplatz；标单/双 Sfr150/250起；P📶🏊）这家高雅的酒店几乎占满了整个中心广场。不要错过同样很棒的白宫（Maison Blanche）餐厅，后者位于建于1645年的"老楼"内。旅客想要的一切这里都有，包括柔软的白色浴袍和配套的拖鞋，还有隔壁时髦的温泉水疗和疗养浴场，这些都由该酒店经营。

Hotel Escher 酒店 €€

（☎027 470 14 31；www.hotel-escher.ch；Tuftstrasse 7；标单/双 Sfr90/170起；P📶）Escher酒店为家族经营，其现代化房间性价比高，并且舒适宜人。这里有舒服的羽绒被和清新的白色浴室，不过真正令人兴奋的是在早餐餐厅里可以看到的绝美景色——这个时候可不要边吃着麦片早餐边打盹了！

La Ferme Gemmet 熟食 €

（☎027 470 41 40；www.lafermegemmet.ch；Dorfstrasse 18；⏲周一、周二、周四至周六 9:00~12:15和15:00~20:00）Gemmet可不是普通的熟食店。这个时尚小店的墙壁上有几架子瓦莱州红酒，玻璃柜里陈列着古老的alpkäse（只在夏季出品的阿尔卑斯奶酪）和鲜奶（带上自己的杯子）。这里展示来自Gemmet家庭农场的农产品，位置在朝布里格方向往东约50公里处。

★ **Walliserkanne** 瑞士菜 €€

（☎027 472 79 79；www.facebook.com/croixfederale；Kirchstrasse 43；主菜 Sfr20起；⊙周一至周六 9:30~23:00，周日 17:00~23:00）这家惬意的餐厅自1931年开始就由Grichtling家族经营，特色奶酪火锅、柴烤的土豆饼和野味菜肴使这里成为瓦莱州的一处亮点。不过，真正的美食是本店的特色菜——巨大的肉排在滚烫的石板上滋滋作响，然后配着蘸酱和炸薯条或者土豆饼一起放在木质大盘子里盛上来——还配有一个大大的纸围嘴。

实用信息

旅游局（☎027 472 71 71；www.leukerbad.ch；Ratplatz；⊙周一至周六 9:00至正午和13:15~18:00，周日 9:00至正午）位于汽车站大楼，有你需要的一切。

Alpincenter Leukerbad（Bergführer Leukerbad；☎079 754 00 52；www.bergführer-leukerbad.ch）提供洛伊克巴德铁索攀岩的向导和装备。

到达和离开

从洛依克到洛伊克巴德有14公里的车程。每小时发车的长途汽车把洛伊克巴德和洛依克（Sfr12，30分钟）、菲斯普（Visp；Sfr20.40，1小时）连接起来。长途汽车站紧挨着旅游局。

采尔马特（Zermatt）

人口 5760 / 海拔 1605米

在从塔什（Täsch）出发的火车上，你可以感受到身边的游客们是多么充满期待：渴望地凝视着窗外的夫妇，坐立不安、大吃特吃三角巧克力的孩子们，翻看相机的人们。然后，他们一到采尔马特，看到马特峰（Matterhorn；海拔4478米）跃入眼帘，都会发出喜悦的喊叫。美丽迷人的独特山峰像鲨鱼鳍一样耸立在镇上。

自19世纪中期开始，采尔马特一直都是瑞士最耀眼的明星度假胜地之一。1865年，英国登山家爱德华·温伯尔（Edward Whymper）登上了马特峰的顶峰，从那以后一直有大胆的勇士前来挑战：西奥多·罗斯福在1881年爬过马特峰，20岁的温斯顿·丘吉尔在1894年爬上了罗萨峰（Monte Rosa；海拔4634米）。现在，滑雪者们沿着养护良好的滑雪道游览观光，着迷于美丽的景色；衣着华丽、注重时尚的潮人们穿行于镇上时尚的休闲酒吧之间。但是，所有人都被马特峰迷住了，没有人可以忍住不看这座深不可测的巨石山峰。

景点

漫步于主要的商业街Bahnhofstrasse，街上都是俗艳的精品商店，还有马拉雪橇、马车和电动出租车组成的车流。之后可以下山看看，喧嚣的Hinterdorfstrasse沿维士伯河（Vispa）蜿蜒。这条旧世界的老街上有很多16世纪的猪圈，还有保存良好的瓦莱州木头粮仓。这些粮仓都是用石头圆盘和地柱

攀登马特峰

马特峰是整个欧洲上镜率最高的山峰（海拔4478米），每年都有约3000名高山登山者前来登顶。虽然你并不需要成为超人才能征服马特峰，但你必须是一名娴熟的登山者（穿冰爪），能长时间保持踮脚状态（12小时不间断），且在攀登陡峭的岩石和冰山前能有一个星期的时间来适应这里的环境。

没有当地攀登经验的人绝对不会贸然尝试攀登马特峰。对于来回8小时的登山旅途，Snow & Alpine Center（见183页）的登山向导每人收费Sfr1600，其中还包括从采尔马特到施瓦尔茨湖（Schwarzee）的缆车和高山木屋的半食宿费用。每个客人配一名登山向导。每年7月中旬至9月中旬是登山的最好时间段。你可能会被要求先进行登山培训，这一步骤是为了证明你可以100%完成这次冒险。每年都有好几个人因攀登马特峰而丧生。

值得一游

冰川快车：具体细节

冰川快车（Glacier Express；www.glacierexpress.ch；圣莫里茨-采尔马特 成人/儿童 单程 Sfr153/76.50，必须预订座位 夏季/冬季 Sfr33/13，车上3道菜午餐 Sfr45；⏲5月至10月 每天3班，12月中旬至次年2月 每天1班）号称是世界上速度最慢的快车。作为欧洲传奇的火车旅途，其起点和终点分别在瑞士最古老、最迷人的两个山区度假胜地——采尔马特和圣莫里茨，几处可见的阿尔卑斯山的风景真是壮丽。车票可不便宜，因此为了避免遗憾，提前了解这趟290公里的长途高山火车行的所有相关知识对你来说很有好处。

➡ 注意查看天气预报：如果你在灰蒙蒙的多云天气乘坐冰川快车，肯定会有种受骗之感。只有在蓝天无云时才是坐这班快车的正确时机。

➡ 不要想当然地以为在整个旅行期间都能看到顶级的高山景色：首先，快车穿过的91个隧道里面的风景怎么都不会令人愉快。

➡ 完整的旅程需要大约8个小时。如果你带着孩子一起旅行，或者一想到你要呆坐一整天一直看着山景，连景色都可能乏味这一点就无法忍受，那你不如选择其中的一段旅程：最美的那段是从迪森蒂斯（Disentis）坐到安德马特（Andermatt），穿过**欧伯拉普山口**（Oberalp Pass；海拔2033米）——不管从什么角度说都是整段旅程的最亮点。著名的六拱门——65米高的**蓝德瓦瑟高架铁路**（Landwasser Viaduct）几乎出现在了每一个为冰川快车做的专题广告上。这一段位于库尔和菲利苏尔（Filisur）之间50公里的路程迷倒了所有乘客。

➡ 时尚的全景车厢里的窗户是密封的，不可打开，所以想要拍摄很好的照片或短片有点困难。如果你上车只是为了拍照或者拍视频，那就不要坐这班直达的魅力火车，改坐地区SBB（瑞士联邦铁路）快车——路线一样，但是更便宜，而且不需预约座位。你可以开着窗户，还能在火车换乘时与当地人交流并伸长双腿放松一下。

撑起来的，以避开讨厌的老鼠。试着寻找一座纪念乌尔里希·因德宾尼（Ulrich Inderbinen；1900~2004年）的**喷泉**。这位出生在采尔马特的登山家一生共爬过370次马特峰，最后一次登山是在他90岁时。他的外号是“阿尔卑斯山上之王”，同时也是世界上最年长的登山向导，因为他直到95岁的高龄才退休。

★ 马特峰冰川天堂 缆车

（Matterhorn Glacier Paradise；www.matterhornparadise.ch；Schluhmattstrasse；成人/儿童 往返 Sfr100/50；⏲8:30~16:20）在采尔马特缆车上看到的景色都美丽非凡，不过马特峰冰川天堂尤其迷人。乘坐欧洲海拔最高的缆车到3883米处，在**全景台**（只在天气好时开放）欣赏风景，沉醉于14座冰川和38座海拔超过4000米山峰之中。不要错过**冰川宫殿**（Glacier Palace），这座冰宫里不仅有闪闪发光的冰雕，还有一条冰雪滑道。最后，你可以在室外的雪地里玩玩**雪地滑雪胎**。

★ 戈尔内格拉特铁路 铁路

（Gornergratbahn；www.gornergrat.ch；Bahnhofplatz 7；成人/儿童 往返 Sfr94/47；⏲7:00~19:15）这是欧洲最高的露天钝齿轮登山火车，可以带着你穿过如画的风景，在30分钟的旅程之后到达建于1898年的**戈尔纳格拉特**（Gornergrat；海拔3089米）。上坡时坐在小小的红皮火车的右手边注视马特峰。买票后，沿途随时可以上下火车。利菲阿尔卑（Riffelalp；海拔2211米）和利菲尔伯格（Riffelberg；海拔2582米）都有餐馆。夏季，每周会增开1班火车，在日出和日落时开出——这绝对是风景最壮观的班次。

★ 马特峰博物馆 博物馆

（Matterhorn Museum；☎027 967 41 00；www.zermatt.ch/museum；Kirchplatz；成人/儿童 Sfr10/5；⏲7月至9月 11:00~18:00，10月至12月

中旬 15:00~18:00，12月中旬至次年3月 15:00~19:00，4月至6月 14:00~18:00）这家呈现晶体结构的博物馆非常先进，在这里你可以深入了解瓦莱州的村庄生活、登山历史、采尔马特旅游业的兴起，以及在攀登马特峰时丧生的人。电影短片记录了1865年7月14日一支在爱德华·温伯尔带领下的登山队第一次成功登上马特峰的壮举。然而，这一壮举被蒙上了阴影，因为下撤时有4名成员从1200米的高处坠落丧生。那条堪称罪魁祸首的绳子也在展品之中。

苏内加 观景点

（Sunnegga；www.matterhornparadise.ch；成人/儿童 单程 Sfr12/6 往返 Sfr24/12；）搭乘苏内加特快（Sunnegga Express）“隧道缆车”前往苏内加（2288米）欣赏马特峰迷人的景色。这里是顶级的家庭活动场所——搭乘Leisee Shuttle（免费）下到湖边，冬季那里的Wolli’s Park有初学者的滑雪坡，夏季有个儿童游乐场，还可以在湖里戏水。此外步行几分钟，可抵达土拨鼠观测站。徒步下山回采尔马特（途经Findeln）相对容易，大约要1.5小时。

登山者之墓 墓地

（Mountaineers’ Cemetery；Kirchstrasse）采尔马特的两片墓地——登山者之墓位于采尔马特**圣莫里求斯教堂**（St Mauritius Church；Kirchplatz）内的花园里，主要墓地在马路对面。如果你在这里走过，会觉得不寒而栗，陡然清醒。许许多多块墓碑祭奠着在罗萨峰、马特峰和布莱特宏峰（Breithorn）上逝去的生命。

活动

Snow & Alpine Center（027 966 24 60；Facebook：@AlpinCenterZermatt；Bahnhofstrasse 58；12月至次年4月 周一至周五 9:00至正午和15:00~19:00，周六和周日 16:00~19:00，7月至9月 9:00至正午和15:00~19:00）是你在安排活动时一定要去的地方，有采尔马特的滑雪学校和登山向导。冬季可以在这里购买**雪道缆车票**（1日/1周通票 不含Cervinia Sfr79/430，含Cervinia Sfr92/494）。

滑雪

采尔马特是滑雪的天堂，红色的滑雪道不仅很长，而且沿途风景秀丽，此外还有少量适合新手的蓝色滑道和会让高手们跃跃欲试的黑色滑道。冬天的主要滑雪区在**洛特峰**（Rothorn）、**施托克峰**（Stockhorn）和**小马特峰**（Klein Matterhorn）——一共有52条

带着孩子徒步采尔马特

若你带着年幼的孩子一起，可以试试这些家庭最爱的短途徒步游：

- 乘坐苏内加特快（Sunnega Express）登上苏内加，然后坐Leisee Shuttle（或者步行10分钟）下山到**Leisee**湖，夏天可以在湖里游泳，这里有遍布小巧玲珑卵石的海滩和老式筏子，孩子们可以乘筏子横渡湖面，仿佛是威风凛凛的小海盗。
- 在镇上时，你可以沿河步行20分钟来到**Gornerschlucht**（027 967 20 96；www.gornergorge.ch；成人/儿童 Sfr5/2.50；6月至10月中旬 9:15~17:45；），这片令人赞叹的峡谷由蛇纹岩构成，你得通过一连串木头楼梯和步道进入。

Ricola Herb Garden（www.ricola.com；Blatten；6月至9月；）免费 位于美丽的小山村布拉腾（Blatten；从Gornerschlucht起有路标标志）里面，围绕其进行的徒步游很简单。布拉腾内长满芳香的草本植物，最后是利口乐香草园。还有一个适合家庭参与的“触摸与闻香”问答竞赛。

Füri的环形徒步游（2.9公里）耗时1.25小时，途中可以观赏**Gletschergarten Dossen**中古怪的冰川岩层。除此之外还有片野餐区，你可以用石头堆成烤架做饭。90米高、100米长的钢铁吊桥横跨Gornerschlucht Gorge，也不容错过。

Zermatt 采尔马特

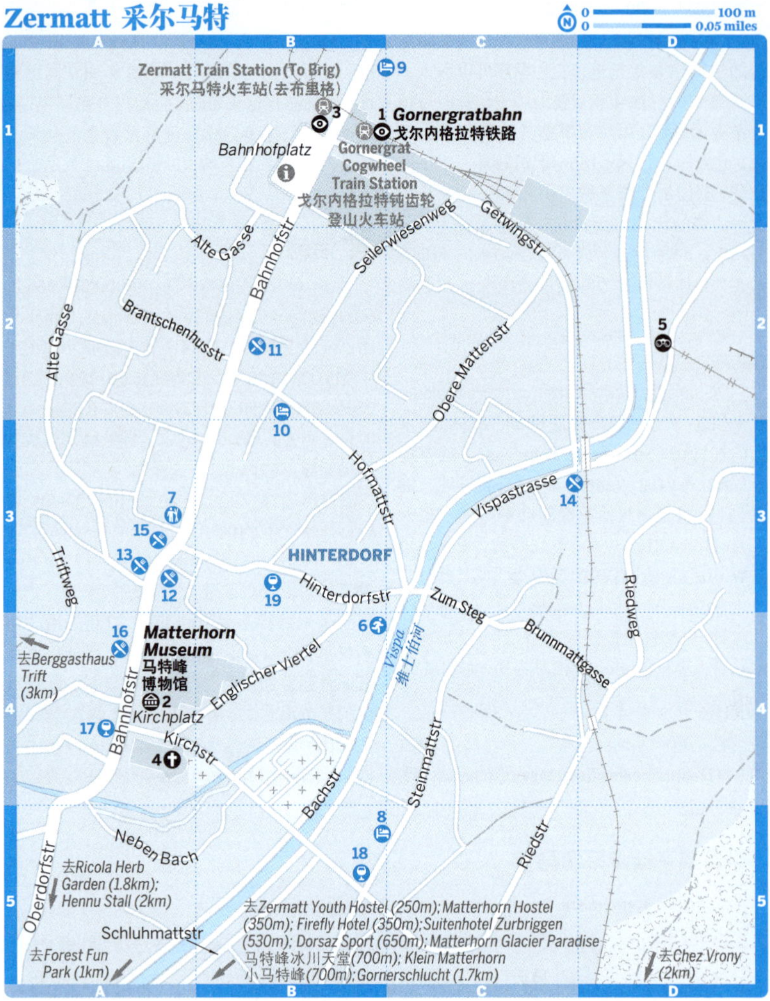

缆车线路和总长达360公里的滑道将小马特峰与意大利度假胜地**Cervinia**相连，还有一座有U字型滑道的自由式滑雪板公园。

这里的夏季滑雪滑道（长20公里）和单板滑雪道[西奥杜尔冰川（Theodul glacier）上的罗萨高原（Plateau Rosa）重力公园]是欧洲规模最大的。1日/2日滑雪通票的价格为Sfr84/125。

徒步

采尔马特是徒步者的天堂。夏季步道长达400公里，途中会经过阿尔卑斯山脉最美的几个地方，旅游局有步道地图。如果你想要超近距离接触马特峰，没有什么地方能比得上超级激动人心的**马特峰冰川步道**（Matterhorn Glacier Trail；2小时，6.5公里），它从Trockener Steg一路通到施瓦尔茨湖（Schwarzsee）。途中有23块信息板，为你充分介绍所有关于冰山和冰山生物的知识。

对于那些想用很多时间徒步游的人来说，本地的远足通票提供了进入山区的便捷方式。**山峰通票**（Peak Pass）可以无限使用

Zermatt 采尔马特

重要景点

1 戈尔内格拉特铁路 B1
2 马特峰博物馆 A4

景点

3 冰川快车 B1
登山者之墓 （见4）
4 圣莫里求斯教堂 A4
5 苏内加 D2

活动、课程和团队游

6 Air-Taxi B4
7 Snow & Alpine Center A3

住宿

8 Chesa Valese B5
9 Hotel Bahnhof C1
10 Vernissage Backstage Hotel B2

就餐

11 Bayard Metzgerei B2
12 Brown Cow Pub A3
13 Le Gitan – Zermatterstübli A3
14 Snowboat Bar & Yacht Club C3
15 Stefanie' s Crêperie A3
16 Whymper Stube A4

饮品和夜生活

17 Elsie Bar A4
18 Papperla Pub B5
19 Z' alt Hischi B3

施瓦尔茨湖、洛特峰和马特峰冰川天堂的缆车，外加戈尔内格拉特齿轨铁路，售价为3天Sfr220或一周Sfr315。旅游局的网站（www.zermatt.ch）设计得很棒，在徒步游页面按照持续时间、距离和难度三个关键词搜索，可以找到最适合你的徒步游路线。

探险运动

Air-Taxi 滑翔伞运动

（☎027 967 67 44；www.paragliding-zermatt.ch；Bachstrasse 8；飞行 Sfr170起）在高空中所见的山景会让你神魂颠倒。你可以单独乘坐热气球，也可以参加采尔马特的空降滑翔伞学校（两者都有夏季和冬季飞行）。

Forest Fun Park 探险运动

（☎027 968 10 10；www.zermatt-fun.ch；Zen Steckenstrasse 110；成人/儿童 Sfr33/23；⊙6月至10月 10:00~19:00；👪）吊着飞索，像人猿泰山一般穿行于森林之中。河流穿越、桥梁和平台都有不同难度。这三种路线中最简单的一级适合4岁以上的儿童玩耍。

住宿

冬季尽量预订，记住每年5月到6月中下旬、10月中旬至11月或12月上旬，几乎到处都是关门的。预先提示一下，许多地方会在车站用摆渡电车接客人和行李。预订的时候确认一下。

★ **Hotel Bahnhof** 酒店 €

（☎027 967 24 06；www.hotelbahnhof.com；Bahnhofstrasse；铺 Sfr35~50，标单/双 Sfr80/120起；⊙5月至6月中旬和10月中旬至11月歇业；📶）就在火车站对面。划算的房间有舒服的床、非常干净的浴室，也有适合家庭的四人房间。宿舍房也很舒适。时尚的休息室里有扶手椅和书籍。虽然不提供早餐，不过你完全可以在时髦的敞开式厨房里自己动手。提供滑雪储藏间、储物柜和洗衣房。

Zermatt Youth Hostel 青年旅舍 €

（☎027 967 23 20；www.youthostel.ch/zermatt；Staldenweg 5；铺 Sfr42~45，双 含公用/独立浴室 Sfr130/150；⊙前台 7:00~22:00；📶）前台的床单排列整齐，儿童游戏室塞满了玩具，走廊里摆放着一排垃圾回收箱。在这个干净到无可挑剔的国际青年旅舍联盟（HI）的青旅里，每一个细节都得到了高度关注。两栋房子里都是明亮的现代房间，宽敞的餐厅里供应的四菜晚餐（Sfr17.50），性价比很高。

Chesa Valese 度假屋 €€

（☎027 966 80 80；www.chesa-valese.ch；Steinmattstrasse 2；标单/双 含早餐 Sfr 180/290起；📶）这是一家火红色的传统木质度假屋，石板屋顶上有温室和花园，夏天时开满了迷人的火红色天竺葵，很是浪漫。舒适的房间是乡村风格，可以毫无顾忌地看着马特峰发呆。

三处最佳高空住所

采尔马特的美景都在高处，因此，住在云端靠近其标志性高山全景核心区的最棒方法。

Kulmhotel Gornergrat（027 966 64 00；www.gornergrat-kulm.ch；双 含半食宿 Sfr295/335起；5月中旬至10月中旬和12月中旬至次年4月；）位于戈尔内格拉特钝齿轨铁路的尽头，海拔3100米——是瑞士海拔最高的酒店，吸引着那些热爱高山度假屋的氛围和美景，但一想到薄薄的床垫和冰冷的水就会发抖的人。时髦阔气的房间里有松软的羽绒被，还能欣赏到完美的景色。每当日落时，大批游客离开以后，有百年历史的古老酒店自带的孤独感和周围的景色便充满魔力。

Berggasthaus Trift（079 408 70 20；www.zermatt.net/trift；铺/双 含半食宿 Sfr70/16；7月至9月）要到达这个海拔2337米的高山木屋，你得艰难跋涉很久。不过，从采尔马特开始的2小时徒步游非常棒。这个高山里的避风港坐落于特里夫特冰川（Triftgletscher）山脚下，提供简洁、舒适的房间，还有一个美丽的露台，特别适合看着令人心醉神迷的冰山景色发发呆、放松身心。电话预约，以便在这家由家庭经营的住处订到一张床位，并且得到热情欢迎。

Monte Rose Hütte（027 967 21 15；www.section-monte-rosa.ch；铺 Sfr45，含半食宿 Sfr85）忠实的登山爱好者都喜爱Monte Rose Hütte，因为它坐落在罗萨峰冰川的边缘，海拔2883米，而且只能通过一条冰川步道（只适合真正的登山者，而且要带向导）步行4小时过来。非登山者可以在戈尔内格拉特铁路尽头的观景台上远远欣赏这座由太阳能供电的木屋。这里被视为自给自足型高山酒店当前最先进的榜样。

房价包含保健中心门票，内有桑拿、蒸汽浴和冲浪按摩浴缸。

Suitenhotel Zurbriggen 精品酒店 €€

（027 966 38 38；www.zurbriggen.ch；Schluhmattstrasse 68；旺季 双/套/公寓 Sfr290/420/490起；）这家现代化的酒店为瑞士高山滑雪传奇皮尔敏·楚尔布里根（Pirmin Zurbriggen）所有，拥有双人间、套房和公寓，地理位置边界，靠近去马特峰冰川天堂的缆车站。装饰有落地窗和本地落叶松。套房有朝南的阳台，你可以沉醉于马特峰的魔力，而且有片智能的疗养区能看到马特峰的风景。

★ Firefly Hotel 精品酒店 €€€

（027 967 76 76；www.firefly-zermatt.com；Schluhmattstrasse 55；双/四 Sfr595/1590起；）这座精致的高山酒店得名于主人曾经度假时去过的一座天堂小岛上的酒吧，从整齐堆在外面的木柴到牛皮座椅都像充满魔法一般令人陶醉。每个房间都配有厨房，朴实的设计反映出四大基本元素，分别以火、水、土、气为主题。更棒的是，底楼时尚的**Bar 55**对非住宿旅客开放（17:00至次日1:00）。

Vernissage Backstage Hotel 设计酒店 €€€

（027 966 69 70；www.backstagehotel.ch；Hofmattstrasse 4；标单/双 Sfr180/250起；）本地艺术家海因茨·朱伦（Heinz Julen）用木头和玻璃创造性地设计出这家拥有19间客房的生活时尚酒店，轻松打造出很酷的风格。立方体的阁楼房间是这样的：床摆在房间中间巨大的玻璃立方体上层，屋里有浴室和小厨房。在网站上看一下图片。房价包含了Backstage Spa。

就餐

★ Bayard Metzgerei 瑞士菜 €

（027 967 22 66；www.metzgerei-bayard.ch；Bahnhofstrasse 9；香肠 Sfr6；7月至9月 正午至18:30，12月至次年3月 16:00~18:30）排队购买街边烤肠（猪肉、小牛肉、牛肉）搭配大块面包，边走边就着啤酒吃完——或者来到这家一流肉铺边上的小巷子里，坐在酒吧高脚

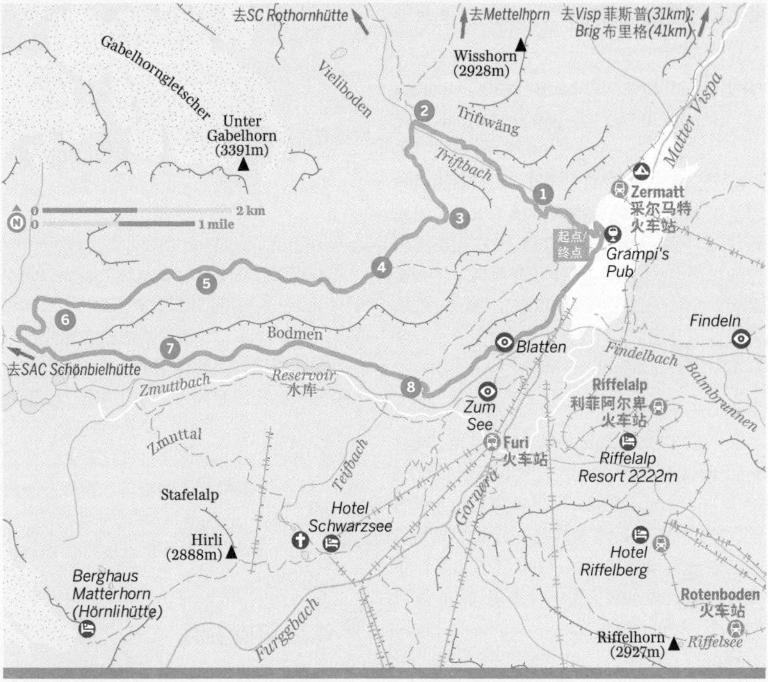

步行游览
何巴尔门高山小径(Höhenweg Höhbalmen)

起/终点: 采尔马特

距离: 18公里

时长: 6.5小时至7.5小时

这条徒步环线包含了所有瑞士阿尔卑斯山的独特风光。沿小径通常可以在6月至10月徒步,具体取决于天气。

从采尔马特火车站沿Bahnhofstrasse步行,然后在Grampi's Pub右转进入一条人行道并爬到城镇上方。穿过Triftbach和落叶松林抵达❶**Pension Edelweiss**(海拔1961米)。小径温和地上升,穿过一条水力发电导水渠附近的小溪,然后在Triftbach Gorge上方有几个宽阔的之字弯。再上坡走到❷**Berggast-haus Trift**(见186页;海拔2337米),如果你想把小径分两天走完,这里是个不错的基地。

最后再过一次Triftbach,往南穿过一块高山草甸。在爬上❸**Höhbalmenstaffel**的平台时,绝妙的风光在你眼前展开。小径为❹**Höhbalmen**起伏的田野描绘了轮廓,那里生长着罕见的紫黄色高山白头翁花,海拔2665米的路标处距离Berggasthaus Trift有40~50分钟的步程。往西走,小径在马特峰可怖的北坡对面横穿越来越窄的岩架,到达全程中的最高点❺**Schwarzläger**(海拔2741米),时长40~50分钟。

稳步走下❻**Arben**的山坡。小径蜿蜒向下,与一条更为显眼的徒步路径相交,旁边是Zmuttgletscher留下的高高的横向冰碛墙。沿这条路往左迂回下坡,穿过碎石地,然后沿着更为和缓的台地前行,那里下方是冰冷的Zmuttbach,经过一处瀑布,到达❼**Kalbermatten**(海拔2105米),那里距离Schwarzläger有1~1.25小时的步程。

从一个水库继续下坡,在大坝旁边的路口右转,到达风景优美的小村庄❽**Zmutt**(海拔1936米)。一条人行道从这里向下穿过牧草地,然后沿山谷边缘通往采尔马特,距离Kalbermatten有1.25~1.5小时的步程。

凳上慢慢享用，就餐中会有可爱的麻雀尾随着你。

★ **Snowboat Bar & Yacht Club** 各国风味 €

（☎027 967 43 33；www.zermattsnowboat.com；Vispastrasse 20；主菜 Sfr22~39；⏰正午至午夜）这家令人欣慰的河边餐厅供应各国风味的食物和酒水。帆布折椅摆满了屋顶的阳光露台。如果你吃厌了奶酪火锅，来这里尝尝现烤的汉堡（不只有牛肉的，还有蟹肉汉堡和素汉堡）、超级创意沙拉（Omega 3 buster是最受欢迎的一道菜）和超棒的鸡尾酒。气氛百分百友善、好玩又时髦。

Brown Cow Pub 小酒馆 €

（☎027 967 19 31；www.hotelpost.ch；Bahnhofstrasse 41；⏰9:00至次日2:00，厨房 9:00~22:30）Bahnhofstrasse沿线排列着几十家用餐场所，其中包括这家忙到不行的小酒馆，这里也是传奇的**Hotel Post**里的几家餐厅之一。Brown Cow全天供应酒馆食物（热狗Sfr9起，汉堡Sfr16起）。

Stefanie's Crêperie 法式薄饼 €

（Bahnhofstrasse 60；甜法式薄饼 Sfr5~10，咸法式薄饼 Sfr11~14；⏰13:00~22:00）超轻薄的薄饼，顶上的配料可选甜或咸各种口味——带走在路上吃。距离Snow & Alpine Center不远。

★ **Chez Vrony** 瑞士菜 €€

（☎027 967 25 52；www.chezvrony.ch；Findeln；早餐 Sfr15~28，主菜 Sfr25~45；⏰12月至次年4月和6月中旬至10月中旬 9:15~17:00）乘坐苏内加特快到海拔2288米处，然后滑雪下山，若是在夏天可以徒步15分钟前往采尔马特最美味的边坡餐厅，就在小村庄Findeln里。可口的风干肉、自制奶酪和香肠都来自Vrony自己养殖的奶牛，它们吃的草都来自夏天时周围遥远的阿尔卑斯牧场（海拔2100米），还要尝尝传说中赫赫有名的Vrony汉堡（Sfr31）。冬天需要预约。

Whymper Stube 瑞士菜 €€

（☎027 967 22 96；www.whymper-stube.ch；Bahnhofstrasse 80；拉克莱特 Sfr9，奶酪火锅 Sfr25起；⏰11月至次年4月和6月至10月中旬 11:00~23:00）这家舒适的小酒馆与温伯尔1865年攀登马特峰时留宿的**Monte Rosa Hotel**相连，因为出色的拉克莱特和奶酪火锅而闻名。锦上添花的是热腾腾的奶酪火锅，三宫格有三种不同的口味。服务让你感觉轻松、友好，餐桌摆放很密集，整个地方都很热闹，记得在黄昏时来。

Le Gitan-Zermatterstübli 瑞士菜 €€

（☎027 968 19 40；www.legitan.ch；Bahnhofstrasse 64；主菜 Sfr23起；⏰正午至15:00和19:00~22:00）Le Gitan因其优雅的度假村式内部装修和特别美味的菜肴而闻名。点一份让你精神振奋的猪肉或者小牛肉香肠，配有洋葱酱和土豆饼，也可以放进奶酪火锅——喝着香槟（赞！）。若你觉得可以肆无忌惮地放纵，就点香槟和新鲜的松露。最后来一份浇着樱桃烧酒（kirsch）的咖啡味冰激凌，或是配着abricotine（瓦莱州当地的杏子利口酒）的杏子冰糕。

🍷 饮品和夜生活

沿着山坡直线滑降之后仍然精力充沛？采尔马特的派对气氛非常热烈——有供滑雪后娱乐的热闹小木屋、迷人的休闲酒吧，还有英式小酒馆。在淡季时，大多数店铺都不营业（有些甚至就消失了）。

Hennu Stall 酒吧

（☎027 966 35 10；www.facebook.com/HennustallZermatt；Klein Matterhorn；⏰12月至次年4月 14:00~22:00）这是冰天雪地里的最后一处"欢乐窝"。Hennu酒吧是小马特峰上最狂野的供滑雪后娱乐的小棚屋，位于通往采尔马特途中的Fri下方。在露台上点一杯焦糖伏特加，穿着你的滑雪靴随着现场音乐跳舞。一米长的"滑雪"短饮会让你喝得一边哼哼一边下山回采尔马特。

Elsie Bar 葡萄酒吧

（☎027 967 24 31；www.elsiebar.ch；Kirchplatz 16；⏰16:00至次日1:00）这家雅致的老式葡萄酒吧拥有木板墙壁，位于一座最初建造于1879年的建筑中，就在教堂对面，自1961年开始就叫Elsie's。冬季菜单上有牡蛎、鱼子酱和蜗牛，还有顶级的精选葡萄酒和威士忌。

Papperla Pub 小酒馆

(www.julen.ch; Steinmattstrasse 34; ⌚14:00至次日2:00; 📶)这家热闹的小酒馆有一个摆满红色折叠布椅的铺砖露台，将跳动的音乐节奏与极易醉人的野格力娇酒(Jägermeister)、美妙氛围、酒馆食物(17:00起)完美结合。冬天，这里挤满了酩酊大醉的滑雪者，夏天则全是快乐的徒步游客。在旅游旺季时，楼下的**Schneewittli俱乐部**整夜摇滚至天明。

Z' alt Hischi 酒吧

(☎027 967 42 62; www.hischibar.ch; Hinterdorfstrasse 44; ⌚周五和周六 21:30至次日2:00)这家小巧玲珑的酒吧隐藏在一座古老的木质度假屋里面，夹在17世纪的粮仓和猪圈之间，所在街道是采尔马特上镜频率最高的地方。绝对值得在深夜时来喝一次酒。

实用信息

旅游局(☎027 966 81 00; www.zermatt.ch; Bahnhofplatz 5; ⌚8:30~18:00; 📶)这里信息全面。有iPad和免费的Wi-Fi可供使用。

到达和离开

采尔马特是无车城市。驾车者必须把车停在**马特峰塔什长途汽车总站**(Matterhorn Terminal Täsch; ☎027 967 12 14; www.matterhornterminal.ch; Täsch; 每24小时 Sfr15.50)，然后乘坐采尔马特摆渡火车(往返 成人/儿童 Sfr 16.80/8.40, 12分钟, 6:00~21:40 每20分钟1班)来完成最后5公里，塔什位于菲斯普以南31公里处。

小巧的电动出租车呼啸着穿梭于镇上，运送货物和疲惫的路人(会悄无声息地吓到路人——请小心！)。主要出租车站在Bahnhofstrasse上，就在火车站前面。

开往采尔马特的直达火车每小时1班，从布里格(Sfr38, 1.5小时)出发，途中会在菲斯普停靠。采尔马特也是冰川快车(见182页)往返圣莫里茨的起/终点。

萨斯费(Saas Fee)

人口1760/海拔1800米

小村萨斯费周围环绕着13座海拔超过4000米的山峰，蔚为壮观。其后则是让人咋舌的9条冰川，夏天时，萨斯费村在阳光的照射下显得有些渺小。在1951年之前，只有一条始于下方山谷内萨斯格伦(Saas Grund)的骡道通往这个与世隔绝的边远小城。当地人曾经只能靠务农勉强度日。

如今，冬季运动和世界旅游业繁荣发展所带来的人口红利显而易见。萨斯费已成为一个富足的无车度假胜地，每个富裕的滑雪者和徒步者都想来这里。村子外围环绕着现代化的度假屋，而里面的商业中心则明显地保留着久远的魅力，都是古老的木头度假屋和19世纪的粮仓。后者全都建在地柱上，目的是为了避开老鼠。

你必须开车或者坐大巴才能过来。不像旁边隔着一条山谷的采尔马特，萨斯费不通火车。

景点

阿拉灵 冰山

(Allalin; 萨斯费-阿拉灵 单程/往返 Sfr53/72)位于地下的Mittelallin缆索铁路全年无休，不断地爬上海拔3500米的冰山，世界上海拔最高的**旋转餐厅**就位于这里，从餐厅能看到周围壮丽的4000米巨型冰川。穿上暖和的衣服再去参观温度在零度以下的**Eispavillion**(冰洞)，冰洞在冰面以下10米处的一块中空之地。你也可以顺着Feegletscher冰川20公里的夏季滑雪坡飞驰下山。想要来冰山的话，请乘坐阿尔卑斯快车缆车到Felskinn(海拔3000米)，然后换乘缆索铁路。

Hohsaas 缆车

(www.hohsaas.info)在萨斯费下方山谷内的萨斯格伦有很多好玩的。Kreuzboden和Hohsaas缆车可以快速带你上到Saastal东边3145米处，欣赏风光惊人的米沙贝尔(Mischabel)山群，其中包括阿尔卑呼贝尔(Alphubel)和阿拉灵峰(Allalinhorn)。穿上你的滑雪鞋(冬天)或登山鞋(夏天)。向下去萨斯格伦还有**超大滑板车**(monster scooter)。从萨斯费开往萨斯格伦的邮政巴士(Sfr3.60, 10分钟)定时发车。

家庭最爱：寻找土拨鼠之旅

土拨鼠一生中90%的时间都在地下度过（睡觉、躲避捕食者、冬眠）。不过你要是在7月阳光灿烂的温暖日子里前来，可以看到它们从精心挖掘的地洞中探出脑袋，然后在坡下挖个洞来舒展腿脚、呼吸新鲜空气，也在无意中给路过的游人带来快乐。

石头山坡在施皮尔伯登（Spielboden；海拔2443米）的林木线之上，这里居住着一群群因其刺耳的叫声而闻名的小型高山哺乳动物。稀奇的是这些瓦莱州土拨鼠不怕人，它们快乐地吃着你手上的胡萝卜、花生和面包。

如果你想要近距离观察土拨鼠，可以在Talstation Längflue乘坐施皮尔伯登缆车（Spielbodenbahn cable car）到施皮尔伯登中间站（mid-station Spielboden；单程/往返 Sfr24/34），花Sfr4.50在缆车站对面的Spielboden餐厅买点marmeltierfutter（土拨鼠的食物，由小塑料袋装的碎胡萝卜、小面包块和带壳花生组成，土拨鼠自己会剥壳），喂给这些小家伙吃。然后沿着陡峭的小径漫步下山，务必留心。走到山下的萨斯费村需要2.5小时。

萨斯博物馆 博物馆

（Saaser Museum；Dorfstrasse 6；成人/儿童 Sfr5/2.50；⏲12月中旬至次年4月 周二至周日 10:00～11:30和14:00～17:00，7月和8月 10:00～11:30和13:30～17:30）沿着主要大街漫步，走过教堂，便可来到这座古老的瓦莱州式木屋。通过展示传统的刺绣服装、家庭用品和其他民族志展品，重现19世纪的村庄生活。

活动

滑雪和单板滑雪

萨斯费的滑雪坡在滑雪季时雪量充足。大多数滑雪区都有海拔超过2500米、长达145公里的滑雪道，适合初学者和中级滑雪者。单板滑雪者倾向于选择跳台、U形滑道和休闲区，这些都在阿拉灵（见189页）的冰山自由式公园内，冬天可以选择坡度稍缓一些的Morenia（海拔2550米）。有名的沙莫尼高山路线（Haute Route to Chamonix）可以满足你滑雪一登山的愿望。1日/6日滑雪索道通票需Sfr71/376。想要上课的话可以联系瑞士滑雪和单板滑雪学校（Swiss Ski & Snowboard School；☎027 957 23 48；www.skischule-saas-fee.ch；Dorfplatz 1；⏲周一至周五 9:00至正午和15:00～18:00，周六和周日 15:00～18:00），这里也是萨斯费登山向导的聚集地。

徒步

350公里长的夏季徒步步道级别众多，从适合儿童的简易级别到惊人的挑战级别，许多相关信息在旅游局（见192页）都可以找到。徒步者可以购买单程缆车个人票。

探险运动

★冒险世界 探险运动

（Abenteuerwald；☎027 958 18 58；www.saas-fee.ch/en/seilpark；Hochseilgarten；成人/儿童 Sfr31/26；⏲7月和8月 周一至周六 10:00～19:00，6月、9月至10月中旬 周二至周六 正午至18:00；👪）这里的爬树课程在本地户外运动中声名远扬，令人叹为观止。想成为珍妮和泰山的人们可以走过吊桥、攀过猴子网以及其他各种搭在树林间的高高障碍物。不过，真正刺激的是跨越费峡谷（Fee Gorge）的高空滑索。容易眩晕者和身高不足115厘米的儿童不可参加。

Feeblitz 平底雪橇

（www.feeblitz.ch；Panoramastrasse；1/6/10次下坡 成人 Sfr6.70/37.70/61，儿童 Sfr4.70/26/42；⏲6月至10月和12月中旬至次年4月；👪）走过河上的那座桥以后拐入Mischistrasse，萨斯费的极速平底雪橇滑道就在阿尔卑斯快车缆车边上。

Hannig 滑板车租赁

（☎027 957 26 15；www.saas-fee.ch/en/adventure；滑板车1次下坡 Sfr10；⏲8:45～16:45；👪）夏季，家庭游客赶来Hannig（海拔2350

米），观赏迷人的冰川全景。孩子们在用树木打造的游乐场上尽情撒野，还有一条14米长的封闭式滑道。租一辆山地滑板车和一个头盔，沿着5.5公里长的土路从Hannigbahn列车山顶站飞驰下山，你会觉得浑身的骨头都散架了。不怎么喜欢冒险的人可以选择步行（1.5小时）。

住宿

冬天滑雪季节（12月至次年4月）时，很多酒店只提供半食宿。5月和11月大多数酒店都不营业。不管是否在旺季，酒店旅客和那些住在度假屋里自炊的游客都能得到一张免费的**游客卡**（Visitor's Card）。凭此卡可以省下不少钱，比如停车费、缆车票等都有价格优惠。

★WellnessHostel 4000 青年旅舍 €

（☎027 958 50 50；www.wellnesshostel4000.ch；Panoramastrasse 1；铺/标单/双 含早餐 Sfr43/106/127起；⏲前台 6月至次年4月 7:00~22:00；）一栋醒目的现代建筑，旁边是17世纪建在地柱上的粮仓，从这里可以欣赏高山之景。这里可能是瑞士最美的青年旅舍，边上是游泳池和带健身房的水疗、各种桑拿浴和蒸汽浴，还有茶水站。个性时髦的房间，有6床宿舍、奢华家庭房、双人房，标准价格里含游泳池。"体验4000+"（Experience 4000plus）价格中附赠健身房和水疗。

Hotel Metropol Saas Fee 酒店 €€

（☎027 958 58 58；www.metropol-saas-fee.ch；Untere Dorfstrasse 35；双 含早餐 Sfr220起；）最初是Metropol Grand Hotel，建于1893年，标志着旅游业在萨斯费最初的兴起，而重新装修过的现代化的Metropol当然也能满足人们的期望。这里房间舒适、餐食美味，还有水疗馆和室内游泳池，以及巨大的阳光露台和人气酒吧。

Sunstar Boutique Hotel Beau-Site 精品酒店 €€

（☎027 958 15 60；www.saasfee.sunstar.ch；Obere Dorfstrasse 30；房间 Sfr280起；⏲12月中旬至次年4月中旬和6月中旬至10月中旬；）酒店就在村子正中心的主街上，和名字一样美丽。服务到位，房间经典、雅致，还有古董家具。冬天的时候，没什么比有壁炉的酒吧、水疗中心的蒸汽浴、洞穴般的泳池和桑拿更舒服的了。

就餐

Gletscher Grotte 瑞士菜 €

（☎027 957 21 60；www.gletschergrotte.ch；主菜 Sfr15起；⏲12月至次年4月和6月至10月 9:00~16:00）这家木头的、有历史感的度假屋周围一片荒芜，你只需跟着时髦的人群过来，靠着羊皮毯子，尽情享用拉克莱特奶酪、土豆饼和其他暖人心房的冬日料理。

★Spielboden 瑞士菜 €€

（☎027 957 22 12；www.spielboden.ch；Spielboden；主菜 Sfr20起，3道菜套餐 Sfr65；⏲12月中旬至次年4月和7月至9月 10:00~16:00）这家时尚的高山餐厅海拔2450米，和隔壁的缆车站同名。低调的外部装饰和内部的风格则是令人耳目一新的"高山时尚"：当代木质家具、迷人的酒吧区，以及一个小巧玲珑的摆着躺椅的露台——你可以在这里一边喝咖啡，一边欣赏美到令人咋舌的群山全景。当代风格的菜肴非常美味。

La Gorge 瑞士菜 €€

（☎027 958 16 80；www.lagorge.ch；Blomattenweg 2；主菜 Sfr15~39；⏲7月至次年4月 8:00~23:30；）来La Gorge餐厅，在高空中尽情俯瞰幽深的费峡谷里奔腾的白色水花，特别壮观；另外还有一个露台，可以欣赏阿拉灵冰川之景；两座石头塔楼仿佛两位盔甲铮亮的骑士。菜肴是没什么惊喜的瑞士菜。

Fletschhorn 法国菜 €€€

（☎027 957 21 31；www.fletschhorn.ch；Eggen；主菜 Sfr25~55，午餐套餐 Sfr90；⏲12月中旬至次年4月和7月至10月中旬）这家米其林星级的酒店兼餐厅藏在森林里的一片空地之中，景色绝美，名列瑞士的最佳用餐地点。主厨马库斯·内夫（Markus Neff）精心烹制法式大餐，拿手菜有用迷迭香调味的脆皮乳猪和黑松露烤乳鸽。葡萄酒单上的选择有三万种之多，侍酒师会帮你选到最心仪的那瓶酒——你在选择的时候会需要帮助的。

饮品和夜生活

Black Bull Snowbar 酒吧

(☎079 301 09 00; www.facebook.com/Black Bull Snowbar; Dorfstrasse 53; ⊙15:30至次日2:00)小木屋靠近河边，外面摆有高脚凳，适合精力充沛、喜欢热闹的人。里边充满了滑雪后派对的乐趣。

Popcorn! 酒吧、夜店

(☎027 958 19 14; www.popcorn.ch; Obere Dorfstrasse 6; ⊙20:00至次日4:00)历史悠久的潮流之地，一直受到城区追求时尚的年轻人的喜爱。尽管位于小城萨斯费，这个派对酒吧热闹起来非常带劲。酒店房间(宿舍 Sfr35，大床房 Sfr100)在楼上，仅对派对迷开放；如果你非常想睡觉的话，就问问能不能去顶层。

实用信息

旅游局(☎027 958 18 58; www.saas-fee.ch; Obere Dorfstrasse 2; ⊙周一至周五 8:30至正午和14:00~18:00，周六 8:00~18:00，周日 9:00至正午和15:00~18:00)位于村口。

到达和离开

长途汽车每隔半个小时从布里格(Sfr19.60，1.25小时)和菲斯普(Sfr16.60，45分钟)出发。如果从采尔马特过来，就在施塔尔登(Stalden)下车换乘大巴。

开车过来的话，萨斯费位于菲斯普以南28公里处，距离采尔马特38公里。萨斯费是无车城市；把车停在村子入口处(冬季/夏季 每天Sfr19/14)，然后步行或者乘坐**电动出租车**(☎079 220 21 37)去酒店。

布里格(Brig)

人口13,000/海拔688米

生机勃勃的布里格靠近意大利边境，罗讷河与撒尔提那河(Saltina)将其分为两部分。从罗马时代起，这里一直是一个重要的交通枢纽。这里有很多值得停留一看的景点：铺鹅卵石的Stadtplatz、周围的户外咖啡馆和糖果色的联排别墅。Hauptplatz和Alte Simplonstrasse上有很多露台咖啡馆、餐厅和酒店。要想享受一段美好的自驾之旅，就往南开22公里去Simplon Pass，那里连接了布里格与意大利多莫多索拉(Domodossola)。

精明的商人卡斯帕·冯斯托卡尔佩(Kaspar von Stockalper; 1609~1691年)是Simplon Pass商路上的主宰者，修建了斯托卡尔佩宫(Stockalper Palace; ☎027 921 60 30; www.facebook.com/stockalperschloss; Alte Simplonstrasse 28; 成人/儿童 Sfr8/免费; ⊙周二至周日 9:30~16:30)并自封“伟大的斯托卡尔佩”(Great Stockalper)。当地人不喜欢他的自大，将他遣送回了意大利。免费漫步在主庭院和美丽的巴洛克风格花园，后者有完美的花坛、喷泉和精心修剪的树篱。

实用信息

旅游局(☎027 921 60 30; www.brig-tourismus.ch; Bahnhofplatz 2; ⊙周一至周五 8:00至正午和13:30~17:00)位于火车站对面。

到达和离开

布里格位于E62沿线日内瓦东边211公里处、马蒂尼以东80公里处。再往东68公里是安德马特。

从采尔马特开往圣莫里茨的冰川快车(见182页)会在布里格停靠。

布里格也在意大利(途经多莫多索拉到米兰)和日内瓦(Sfr60，2.5小时，每小时1班)之间的主要线路上。

阿莱奇冰川(Aletsch Glacier)

非凡的阿莱奇冰川长达23公里，是欧洲阿尔卑斯山最长的冰川，同时被联合国教科文组织列为世界遗产。冰川沿着阿莱奇峰(Aletschhorn; 海拔4195米)一条宽大的曲线流下，看起来像是一条结了冰的三车道高速公路，十分壮观。

尽管大多数人从伯尔尼高地少女峰山的观景台观赏冰川，但从瓦莱州埃基斯峰(海拔2927米)、贝特默峰(海拔2647米)和Moosfluh(海拔2333米)欣赏到的风景才是最佳的。这些观景点位于从费尔施、贝特默阿尔卑(海拔1950米)和利德阿尔卑(海拔1925

米）出发的缆车沿线。冰川上方有非常棒的徒步路线（见194页）。

根据你观景的位置，如果天气好的话，你或许能看见正北方位于冰川顶端的伯尔尼高地珍宝——艾格峰、僧侣峰和少女峰。

到达和离开

你会想要搭乘缆车从费尔施、贝特默阿尔卑和利德阿尔卑前往埃基斯峰、贝特默峰或Moosfluh。

费尔施位于布里格（40分钟，Sfr10.60，每小时1班）与安德马特（1.5小时，Sfr26，每小时1班）之间的铁路线上。从布里格往东北方开车有18公里。在下方缆车站有个大型停车场。

谷底的默雷尔（Mörel；利德阿尔卑方向）和贝滕（Betten；贝特默阿尔卑方向）火车站也位于布里格与安德马特之间的铁路线上。缆车发车站与火车抵达站相连。从布里格往东北方向8公里处是默雷尔，15公里处是贝滕。谷底每个缆车站都有大型停车场。

费尔施（Fiesch）

人口1000

费尔施位于罗讷河谷，海拔1049米，位于布里格东北方18公里处。这里在冬季是滑雪村，夏季是徒步、滑翔伞和“观景”村。尽管许多人过来是为了游览周边壮观的高山风光，但更多的人过来是为了乘缆车去埃基斯峰享受周围最为刺激的自然快感之一：一览壮丽的阿莱奇冰川。

费尔施和埃基斯峰缆车（Fiesch & Eggishorn Cable Car；www.eggishorn.ch；Furkastrasse；成人/儿童 往返费尔施 Sfr45/22.50）分为两段，从费尔施前往费尔施阿尔卑（Fiescheralp；海拔2212米），在此处可以找到滑雪缆车、徒步路线和过夜与补充能量的地方。第二段缆车会继续上到埃基斯峰。

到达后，迎接你的绝对是难以想象的惊喜——全长23公里的阿莱奇冰川，外加远处少女峰（海拔4158米）、僧侣峰（海拔4107米）、艾格峰（海拔3970米）和芬斯特瓦峰（Finsteraarhorn；海拔4274米）闪闪发光。

费尔施也是一个滑翔伞热门地。**Flug Taxi**（☎027 971 53 21；www.flug-taxi.ch；Fieschertalstrasse 57；飞行 Sfr130起）有很棒的双人飞行和一家滑翔伞学校。

> **不要错过**
>
> ### 最美的冰川景色
>
> 如果你有胆量挑战高峰，那么终极观景台等着你：124米长的**Aletschji-Grünsee吊桥**（Aletschji-Grünsee Suspension Bridge；⏰6月下旬至10月中旬）底下是阿莱奇冰川脚下**Massa峡谷**（Massa Gorge）深达80米的恐怖而野性的滔滔水流。那里的冰川景色举世无双。从6月到10月期间，你沿着Berghotel Riederfurka后面的步道[预留5个小时来完成从利德阿尔卑到贝拉尔普（Belalp）的完整徒步]可到。
>
> 沿这条路线还可以反方向从贝拉尔普走到利德阿尔卑。从布里格搭乘邮政巴士可以到达贝拉尔普。

实用信息

费尔施旅游局（☎027 970 60 70；www.fiesch.ch；Furkastrasse；⏰周一至周五 8:30至正午和13:30~17:00，周六 9:00~16:00）位于费尔施村中央（不在火车站）。

到达和离开

费尔施位于布里格（40分钟，Sfr10.60，每小时1班）和安德马特（1.5小时，Sfr26，每小时1班）沿线。从布里格往东北方开车18公里可到。

贝特默阿尔卑和利德阿尔卑（Bettmeralp & Riederalp）

人口990

这两座适合家庭的无车小村庄，高踞在1900多米的地方，只能乘坐下方罗讷河谷谷底的缆车到达，就好像是上到另一个世界一般。这就是瑞士阿尔卑斯的梦幻体验。这里从12月直到次年3月都覆盖白雪，孩子们乘着传统的木头雪橇四处玩耍。前往当地超市（位于缆车顶端）的最好办法是用滑雪板。

景点

阿莱奇自然保护区中心 博物馆

（Centre Pro Natura d' Aletsch；www.pronatura-

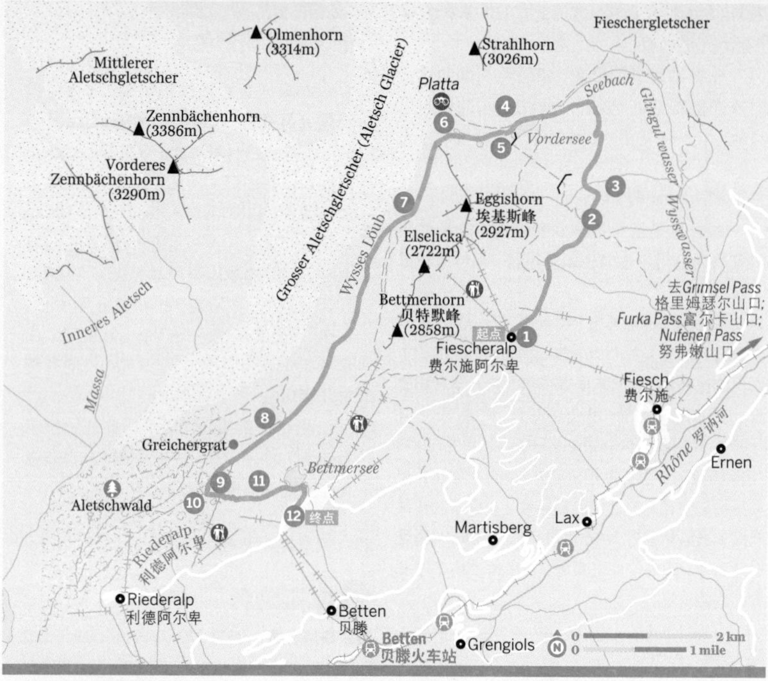

步行游览
阿莱奇冰川

起点：费尔施阿尔卑缆车站

终点：贝特默阿尔卑

距离：17公里；5~6小时

沼泽、高山和冰川共同构成这段高山徒步中野生自然环境的奇观。从❶**费尔施阿尔卑缆车站**（Fiescheralp cable-car station；海拔2212米）开始，沿平坦的土路往东北方向走的时候便可以看到壮美的风光。穿过通向埃基斯峰的小径，经小小的❷**Tälli隧道**（Tälli tunnel）前往通向Märjela的岔路，这样可以缩短1小时行程。

很快这条路线变成宽阔步道，沿途能瞥见费尔施冰川的冰岬。在费尔施塔（Fieschertal）的山坡上蜿蜒向上攀登，穿过水沟❸**Unners Tälli**。山上有几个180度急转弯，之后的路程更为陡峭，通向竖立在石头平台上的那个木质小十字架。

沿着白-红-白的标志向西穿过岩架，来到小山谷❹**Märjela**，有路标会标出去费尔施塔和Tälligrat隧道的步道交叉路口。从费尔施阿尔卑过来约两小时可到❺**Gletscherstube山间小屋**（海拔2363米）。

下山时会经过几座山中小湖，在石堆标注处穿过溪流，走30分钟来到景色壮美的❻**Märjelensee**（海拔2300米）。绕着岩石山脊向南攀登，战战兢兢地向上爬到在❼**Roti Chumma**（海拔2369米）分叉的设有路标的小径。选择右手边那条较低的路线，沿途风景壮丽，脚下是看上去似乎没有尽头的冰层。❽**比尔**（Biel）高踞于海拔2292米的Greichergrat上，这里有一条小径直接向下通往阿莱奇瓦尔德（Aletschwald），沿着布满山中小湖的山脊向西南方行进。此后沿山坡继续前往❾**Moosfluh**（海拔2333米）。

路线沿山脊，经过一段有标记的步道（有些地图没标），向左走来到墨蓝色的❿**蓝湖**（Blausrr；海拔2204米）。坐上登山缆椅，向东行进，中途在⓫**Bettmersee**湖下来泡个澡。在这里有一条泥路通往⓬**贝特默阿尔卑**。

aletsch.ch; Riederfurka; ⏲6月中旬至10月中旬 9:00~18:00）这处保护区是利德弗尔卡（Riederfurka；海拔2065米）夏日必去的一个场所，从利德阿尔卑乘坐登山缆椅或者步行20分钟就能到达，它一座阿尔卑斯花园，展示着本地的动植物群。中心位于卡塞尔别墅（Villa Cassel），这座精致的别墅建于1902年，最初是山坡上为一个富有的英格兰人建造的夏季住所。环绕在附近的Riederhorn峰也能提供顶级的自然漫步体验。

活动

冬季运动

贝特默峰顶缆车站的滑雪道沿着阿莱奇冰川而设，因此在这里滑雪就仿佛穿梭在画中，棒极了！250公里的简单和中级滑雪道位于**阿莱奇运动场**（Aletsch Arena; www.aletscharena.ch）的滑雪区，有一日滑雪通票，价格为Sfr55（Sfr60含从山谷开始的登山缆车）。

徒步

夏季徒步游与冬季运动一样刺激。从贝特默阿尔卑坐缆车去贝特默峰，鸟瞰冰川之景。当你离开缆车站以后，沿着木栈道穿过巨大的砾石，最后到达所谓的冰雪露台（Eis Terrasse），上面的信息板会告诉你关于冰川的知识，而且有几条有标记的步道从这里开始。

在利德阿尔卑，夏季有Moosfluh缆车运营，通往Moosfluh，从那里有路线通往阿莱奇冰川沿线和上方。

食宿

★ Berghotel Riederfurka 酒店 €

（☎027 929 21 31; www.artfurrer.ch; Riederfurka; 铺 含早餐 Sfr65，双 Sfr130~150; 📶）这家传统的高山酒店始于19世纪中期，稳稳地高踞在利德弗尔卡的牧场（alpages）上，安宁、静谧，四周还有牛群。舒适的房间里有很多木头，餐厅也是山上最佳用餐地点之一。

Villa Cassel 历史酒店 €€

（☎027 928 62 20; www.pronatura-aletsch.ch/vacations; Riederfurka; 铺 含早餐/半食宿 Sfr 50/70，双 Sfr170/210; ⏲6月中旬至10月中旬; 📶）尽管滑雪季很短，但是在这栋极好的山坡别墅你会感到很幸福。这栋美丽的夏季避暑别墅属于英国富豪欧内斯特·卡塞尔（Ernest Cassel）。据传说，由于不绝于耳的牛铃声吵到了他的客人——当时还很年轻的温斯顿·丘吉尔，所以他不得不付钱给当地的农民，让他们在铃铛里塞满干草。如今，房间有简洁的松木装修，还有公共浴室。

Chüestall 瑞士菜 €€

（☎027 927 15 91; www.chuestall-blausee.ch; Riederalp; 主菜 Sfr20起; ⏲6月至10月和12月至次年4月 10:00~16:45）这里是一个标准的摩登餐厅，建于1961年，位于海拔2207米的山坡上。从利德阿尔卑的Moosfwh缆车顶部站或贝特默阿尔卑蓝湖（Blausee）登山缆椅步行或滑雪过来。

到达和离开

前往默雷尔（Mörel; 利德阿尔卑方向）和贝滕（贝特默阿尔卑方向）度假区的缆车站点都在布里格和安德马特之间的火车线路上。

从默雷尔出发，往东是安德马特（Sfr30，1.75小时，每小时1班），往西是布里格（Sfr5.20，15分钟，每小时1班）。

从贝滕出发，往东是安德马特（Sfr29，1.5小时，每小时1班），往西是布里格（Sfr6.80，25分钟，每小时1班）。

从布里格往东北方向8公里是默雷尔，15公里是贝滕。在谷底每座缆车站都有大型停车场。

当地交通

从贝特默阿尔卑到利德阿尔卑很方便，只需在树林间漫步2公里就到了；两个地方之间也有电动摆渡公交车（Sfr6，10分钟，6月至10月 每小时1班）和雪地摩托出租车（冬季）。

富尔卡山口（Furka Pass）

富尔卡山口（海拔2431米）是瓦莱州和乌里州（Uri）的州界，以及通往瑞士东南部的门户。在通往山口的坡道上可以看到开裂的罗讷冰川的卓越风光。从瓦莱州小村庄

Gletsch（海拔1762米），要连续爬将近10公里才能到达山口，之后要下坡走一段令人心惊的21公里到安德马特。

开车或骑摩托过山口十分受欢迎——这种方式在1964年的007电影《黄金指》（*Goldfinger*）中的一场飞车追逐戏里成为永恒。这条路最初开放于1867年，你需要注意这条弯曲山路上的无数个急转弯。

富尔卡不是这些地方的唯一山口。越过**格里姆瑟尔山口**（Grimsel Pass；海拔2164米）往北走是迈林根（Meiringen），而从**努弗嫩山口**（Nufenen Pass；海拔2478米）往东是提契诺州（Ticino）。这些高山山口都只在夏季开放，通常为6月1日开始（具体取决于降雪和天气状况），不过，你在冬季也仍旧可以开车从瓦莱州前往安德马特——汽车载运列车从Oberwald出发穿过15公里长的**富尔卡基底隧道**（Furka Base Tunnel），在安德马特附近的雷阿尔卑（Realp）重新伸出地面。

景点和活动

★罗讷冰川（Rhône Glacier） 冰川

从瓦莱州过来，第一眼能看到迷人罗讷冰川的地方是小村庄Gletsch。冰川是罗讷河的源头，河流穿过瓦莱州，进入日内瓦湖，然后往南流入地中海。冰川如今仍旧有8公里长，自从1870年以来已经缩短了1.4公里。最近人们通过计算，惊人地发现它到了2050年的时候会失去50%的冰量，到2100年只会剩下如今冰量的10%了。

★罗讷冰川冰窟 步行

（Rhône Glacier Ice Grotto；☎027 973 11 29；www.gletscher.ch；Furkastrasse；成人/儿童 Sfr9/6；⏲8:00~18:00，仲夏 至19:00）沿着通往富尔卡山口的公路上坡，在峰顶附近关闭的Hotel Belvédère旁边停车，然后步行1公里前往罗讷冰川冰窟。沿这段路线能看到令人惊叹的风光，而在冰川内部漫步扣人心弦。冰窟与山口公路每年开放的时间相同。

蒸汽火车 铁路

（Steam Trains；Dampfbahn Furka-Bergstrecke；www.dfb.ch；单程/往返 Sfr73/121；⏲6月下旬至10月上旬 周五至周日，7月上旬至8月中旬每天）沿旧铁轨运行的蒸汽火车历史悠久，不过被1982年开放的富尔卡基底隧道所取代。火车往来于雷阿尔卑（安德马特以西）和瓦莱州的欧伯拉普（Oberalp）之间，中途停靠Tiefenbach、富尔卡、Muttbach-Belvédère和Gletsch。请注意：火车不会越过富尔卡山口，而是穿过下方的隧道。

住宿

Grand Hotel Glacier du Rhône 历史酒店 €€

（☎027 973 15 15；www.glacier-du-rhone.ch；Gletsch；标单/双 共用卫生间 Sfr85/145，双 Sfr170，套 Sfr240；⏲6月至10月；P 📶）这里很特别——这是一家历史酒店，最初建于1835年，位于Gletsh（海拔1762米），后经过精心的翻新和重新装修。在最初建成时，罗讷冰川就在酒店前边，但如今不是了。餐厅在早餐、午餐和晚餐时间开放。

到达和离开

要尽情地欣赏迷人的高山风光，你需要自驾。从富尔卡山口到瑞士中部的安德马特只要开车走21公里的公路。要回瓦莱州，通往费尔施的公路有41公里。

黄色的邮政巴士在6月底至10月期间会越过山口，连接了瓦莱州的Oberwald和安德马特。

提契诺州

人口 351,946

包括➡

贝林佐纳......199
卢加诺......204
卢加诺湖......210
意大利坎波内......210
马焦雷湖......212
洛迦诺......212
阿斯科纳......217
马基尔山谷......219

最佳就餐

- Ristorante Castelgrande（见203页）
- Arté al Lago（见208页）
- Locanda Locarnese（见216页）
- Ecco（见218页）
- Ristorante le Bucce di Gandria（见210页）

最佳住宿

- Villa del Gusto（见202页）
- Guesthouse Castagnola（见207页）
- Villa Principe Leopoldo Hotel & Spa（见208页）
- The View（见208页）
- Villa Sempreverde（见216页）

为何去

提契诺州夏日炎热。步行街的两侧点缀着成排的棕榈树，Vespas飞驰而过，巴洛克式的钟楼不时传出和谐的钟声，孩子们在露天广场上玩耍。这里有意大利般的天气，意大利般的风情，更不用提这里的意大利冰激凌、意大利面、意大利式的建筑以及意大利语了。

一如瑞士的其他地方，从这边看到的阿尔卑斯山同样雄伟壮丽。然而，在这里，你可以坐在路边咖啡馆，一边欣赏美景，一边品尝口感浓郁的梅洛酒，并在石穴餐馆（grotto；一种提契诺州风格的客栈或餐厅）享用一顿丰盛的午餐，或者漂浮在如镜的卢加诺湖和洛迦诺湖之上。可以说，意大利文化中对餐饮品质的追求已然融入了提契诺州经典的高山生活之中。

在其北面，令人惊艳的中世纪要塞城镇贝林佐纳仍然守卫着山谷，那里点缀着一些平凡无奇的小村庄和罗马时期的小教堂。在其上方则耸立着人迹罕至的山峰，拥有众多徒步线路，带你途经湖泊和奔腾的山间溪流。

何时去

- 在大斋节前夕，贝林佐纳举办Rabadan节日之际，加入嘉年华会的狂欢之中，体验这里的盛宴、游行和欢乐。
- 春天会将众多徒步爱好者带到开满野花的阿尔卑斯山，还会把古典乐迷引至卢加诺音乐节。
- 7月的卢加诺成了露天音乐会的大舞台；洛迦诺的8月则会举办电影节，而人们的目光也会聚焦在那些电影奇才身上。
- 9月，门德里西奥和贝林佐纳庆祝葡萄的丰收。
- 在金色的秋季，没有什么比得上在提契诺州质朴的石穴餐馆中，享用文火烹调的野味和新酿的葡萄酒了。

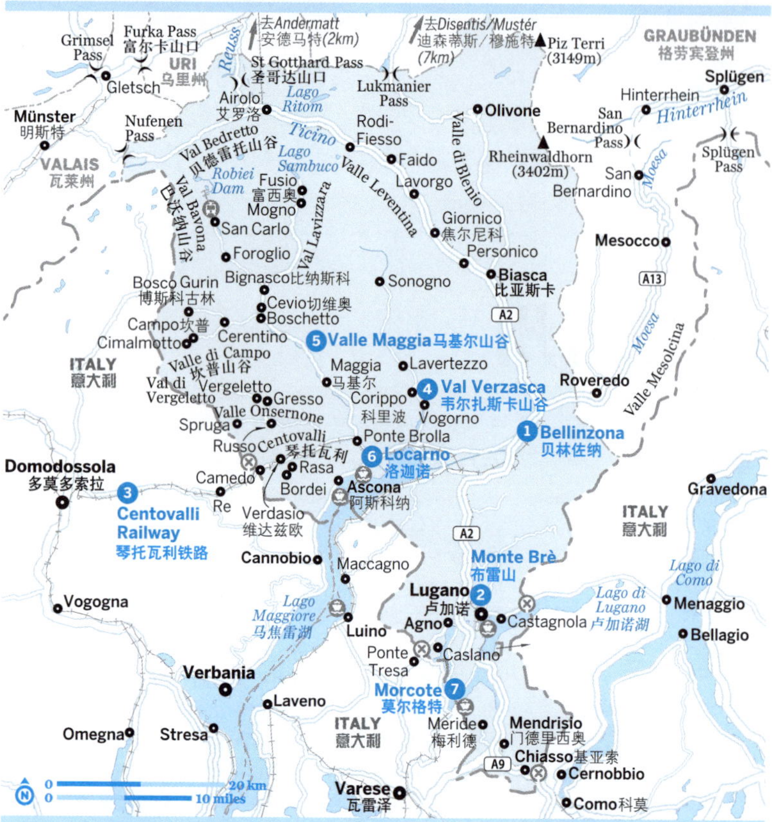

提契诺州亮点

❶ **贝林佐纳**（见199页）漫步在三座中世纪的城堡之间，探寻老城和阿尔卑斯山激动人心的景致。

❷ **布雷山**（见205页）在山顶欣赏起伏的山脉和如巨大镜子一般映出风景的卢加诺湖。

❸ **琴托瓦利铁路**（见220页）沿着一条长长的山谷前行，旁边是覆盖着白雪的高山，途经壮观的隧道、峡谷和高架桥抵达意大利。

❹ **韦尔扎斯卡山谷**（见217页）这里有超级可爱的科里波——瑞士最小的村庄，你也可以从220米高的韦尔扎斯卡大坝上如007一般蹦极。

❺ **马基尔山谷**（见219页）在"魔力山谷"徒步或骑车去看奔腾的瀑布、意大利式的花岗岩村庄以及正宗的石穴餐厅。

❻ **洛迦诺**（见212页）在瑞士阳光最明媚的城市之一，流连于湖边的植物园、漫步在满是历史悠久的咖啡馆的广场。

❼ **莫尔格特**（见211页）漫步途中遇见超越想象力的美丽村庄，村庄建筑摇摇欲坠地挂在卢加诺湖边的山坡上。

历史

长期以来，提契诺州都是瑞士与德国之间一片贫穷的乡村缓冲区，北临阿尔卑斯山，南接意大利，几个世纪里不断地在科莫(Como)的权贵与米兰的公爵之间易手，直到15世纪末才被瑞士合并。

1478年，瑞士同盟(Swiss Confederation)的创始成员州——乌里、施维茨和下瓦尔登在拉文蒂纳山谷(Valle Levantina)的焦尔尼科(Giornico)击败了米兰方面出众的军事力量,并于1503年占领贝林佐纳,由此确保了联邦孱弱腹地的安全。1803年,提契诺州在拿破仑的斡旋下,加入了新生的瑞士联邦,成了其中一个自由平等的行政区域。

较之伯尔尼,提契诺州距离米兰更近,因而也展现出了它身份的两面性:一方面,提契诺人与其近邻意大利拥有相同的语言、食物、艺术和建筑风格;另一方面,作为瑞士的一部分,他们也非常重视联邦宪法(Federal Constitution)所赋予的政治及法律自治权力。

2016年9月,提契诺州再次上了头条新闻:提契诺人以压倒性的多数比例投票反对瑞士境内欧盟工人的自由流动,并在同等水平下偏好瑞士本地人——这一举措据说惹恼了意大利移民。这一反对欧盟对于劳动自由流动协议的运动名为"我们优先"(Our first),由极端保守的瑞士人民党(Swiss People's Part, SVP)带头,赢得了58%的选票。瑞士人民党辩称人们越过边境来到这里工作的情况与日俱增、濒临失控,许多工作都被意大利人占据,这是平均工资下降和无尽的道路拥堵的主因。

哥达基底隧道(Gotthard Base Tunnel)全长57公里,是全世界上最长的隧道,在2016年12月全线通车,缩短了提契诺与意大利以及瑞士其他地区之间的交通时间。作为首条穿越阿尔卑斯地区的平道路线,沿其来往埃斯特菲尔德(Erstfeld;乌里州)和博迪奥(Bodio;提契诺州)只要17分钟。

实用信息

要了解该地区的最新信息,你首先应该去**提契诺州旅游局**(Ticino Tourism; www.ticino.ch)。网站提供有关该地区景点、活动、路线、交通、住宿、食物与事件的内幕信息。宣传手册可以直接下载,你还可以按照地区和/或主题搜索。

Federazione Alpinistica Ticinese(www.fat-ti.ch)在徒步小径的沿途运营着31座山间木屋,不妨向其咨询一下情况。此外,这些山间木屋及其他经常无人照管的小屋都以意大利语和德语列在了www.capanneti.ch网站上。

到达和当地交通

距离提契诺州最近的国际机场当属**米兰马尔彭萨国际机场**(Milan Malpensa; ☎+39 02 23 23 23; www.milanomalpensa-airport.com; Ferno, Italy),位于卢加诺以南80公里处,有大量航班在这里停靠,其中包括瑞安航空(Ryanair)和易捷航空(easyJet)的廉价航班。有机场大巴定时开往卢加诺(Sfr25,70分钟)和贝林佐纳(Sfr40,2小时)。2016年末开放的哥达基底隧道也缩短了贝林佐纳与**苏黎世机场**(Zürich Airport, ZRH; ☎043 816 22 11; www.zurich-airport.com; Sfr64,2小时)之间的交通时间,使其成为一个可行的选择。贝林佐纳与苏黎世之间的火车也经停卢塞恩(Sfr54,1.5小时)。

A2高速公路连接着该州南面的科莫(Como)与北面的哥达隧道(Gotthard Tunnel),后者以严重的交通堵塞而声名远扬,因此临行前不妨登录www.gotthard-strassentunnel.ch查询一番。熙熙攘攘的公路将提契诺州与瑞士的其余地方连了起来,包括通向格劳宾登州的San Bernadino Pass、通向瑞士中部地区的圣哥达山口(St Gotthard Pass)以及前往瓦莱州的Nufenenpass。

提契诺州的自行车道纵横交错、标识清晰。你可以在各大主要火车站(其中包括贝林佐纳、卢加诺、洛迦诺和阿斯科纳)租到自行车,借一辆电动自行车每天需花费Sfr54,而越野/城市自行车则要Sfr35,山地自行车要Sfr43。租车详情和地点见**Rent a Bike**(www.rentabike.ch)。

贝林佐纳(BELLINZONA)

人口18,700/海拔230米

贝林佐纳矗立在多条山谷的交会处,周围有可爱的阿尔卑斯风光,给人以强烈的视觉冲击,是提契诺州引人注意的首府。其三座庞大的中世纪堡垒在几百年间令艺术家与诗人们着迷,其中包括浪漫主义画家威廉·特纳(William Turner)。瑞士境内只有12处地点被列入了联合国教科文组织的世界遗产名录,而贝林佐纳的三座城堡便是其中之一,但这里却保持着出人意料的低调。

格朗德城堡是其中的主城堡,它高高地耸立在一座岩石嶙峋的中央山岭上,曾是罗马时期的前沿哨所和伦巴第人的防御塔楼，后来才发展成为米兰方面所控制并重兵把守的城镇。尽管这里仍旧坚定地保持着瑞士风情，但还是被注入了大量意大利式的享乐。

除了这座城市中世纪的神秘与经常被白雪覆盖的高山风光，你还会爱上这里的历史中心，那里有花卉装饰的小巷、文艺复兴风格的教堂，以及被咖啡馆环绕的广场，永远充斥着生机、欢笑、碰杯声以及无数次钟楼发出的走调钟声。

景点和活动

贝林佐纳的导览**步行游览**（www.bellinzonaturismo.ch；Sfr10）在周六11:00于旅游局出发。值得一看的景点有铺着鹅卵石的**教堂广场**（Piazza Collegiata），广场周围有优雅的贵族宅邸和锻铁阳台；文艺复兴风格的**市政厅**（Palazzo del Comune；Piazza Nosetto）有美丽的3层内庭；**查德利别墅**（Villa dei Cedri；www.villacedri.ch；Via San Biagio 9；成人/儿童Sfr10/7；⌚周三至周五 14:00~18:00，周六和周日11:00~18:00）里有棕榈点缀的花园和意大利艺术品；以及**圣比亚焦教堂**（San Biagio；Piazza San Biagio；⌚7:00至正午和14:00~17:00）、**圣玛丽亚感恩堂**（Santa Maria delle Grazie；Via Convento；⌚7:00~18:00）和**圣伯多禄和圣斯德望教堂**（SS Pietro e Stefano；Piazza Collegiata；⌚8:00~13:00和16:00~18:00）。

★格朗德城堡 城堡

（www.bellinzonese-altoticino.ch；Via Salita Castelgrande；⌚庭院 周一 10:00~18:00，周二至周日 9:00~22:00，壁垒高墙 10:00~19:00）这座中世纪的要塞以令人惊艳的方式耸立在老城之上，堪称贝林佐纳最显眼的标志性建筑。不妨从教堂广场出发，一路向上抵达Salita San Michele，或者你也可以从太阳广场（Piazza del Sole）出发，在岩石山岭中找到一座深藏其中、非同寻常的仓库式水泥建筑，并乘升降机来到这里。参观完庭院和博物馆之后，你可

另辟蹊径

慢游提契诺北部的山谷

在贝林佐纳北边，荒芜偏远的**布莱尼奥山谷**（Valle di Blenio）和**Valle Leventina**在山脚下展开，黑白的山峰构成了瑞士中部与格劳宾登州之间的天然屏障。其灰色的石头村庄栖息在栗树林和上百年的石穴餐馆（grotti；位于冷酷的石穴中的质朴酒馆）之间，山谷里有原汁原味的提契诺山区生活，并且提供完美的公路之旅。

火车每小时2班从贝林佐纳开往**比亚斯卡**（Biasca；Sfr8.80，13分钟），后者是布莱尼奥山谷的门户，拥有13世纪的教堂和供应丰盛的提契诺家常菜的石穴餐馆。从比亚斯卡出来，贫瘠的山谷向北通往宏伟森然的山峰和Lukmanier Pass山口。步径穿过整个山谷，山口附近有不太大的滑雪场。如果你十分想走这条小径，位于匕首状的Sosto（海拔2221米）山脚的**Olivone**是个非常棒的大本营。往卢佐内湖（Lago di Luzzone）和清新的Greina高原（Greina plateau）方向有非常不错的徒步路线。网站www.blenioturismo.ch（意大利语和德语）上有住宿清单。

从比亚斯卡出来，高速公路向西北方向通往Valle Leventina内的**艾罗洛**（Airolo），然后继续通向庞大的圣哥达山口。在公路上方一系列的小山村能看到卓越的风景，那里还非常适合漫步，并且偶尔也有不错的美食。沿着铁路线，哥达小径（Gottardo trail；www.gottardo-wanderweg.ch）从乌里州的罗伊斯山谷（Reuss valley；从埃斯特菲尔德开始）通向Valle Leventina。在佩尔索尼科（Personico）传统的**Grotto Val d'Ambra**（☎091 864 18 29；www.grottovaldambra.ch；Via dei Grotti 2，Personico；主菜 Sfr15~28；⌚复活节至10月上旬 周二至周日 10:00~23:00）栗树遮阴的花园里尝尝红酒炖牛肉配自酿葡萄酒。**焦尔尼科**（Giornico）值得因为其两座罗马建筑风格的桥梁而稍作停留，那里有提契诺州罗马风格教堂的绝佳范例（Chiesa di San Nicolao）和风景如画的老市中心。

Bellinzona 贝林佐纳

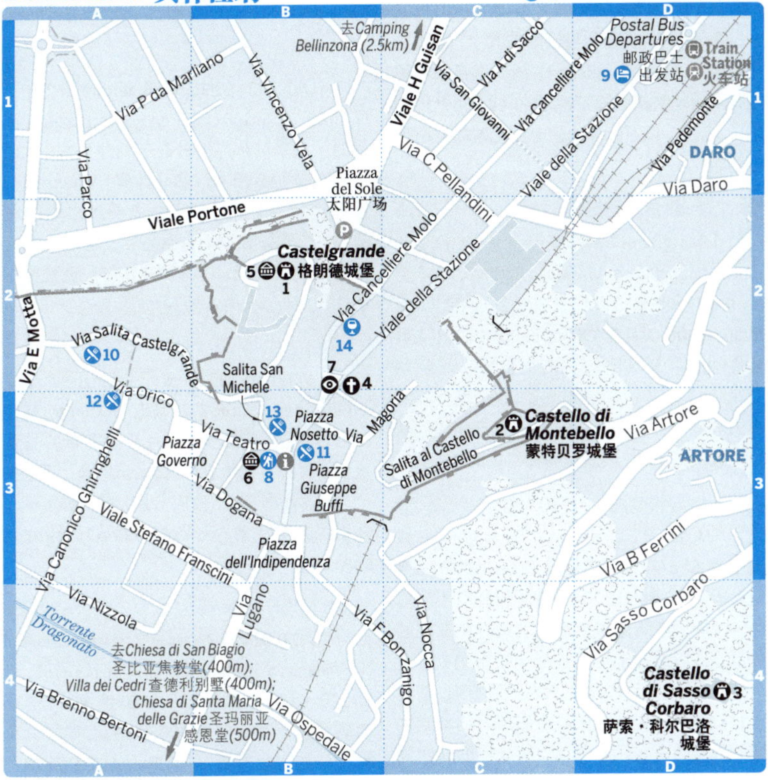

Bellinzona 贝林佐纳

重要景点

1 格朗德城堡 B2
2 蒙特贝罗城堡 C3
3 萨索·科尔巴洛城堡 D4

景点

4 圣伯多禄和圣斯德望教堂 B2
5 格朗德城堡博物馆 B2
6 市政厅 B3
7 教堂广场 B2

活动、课程和团队游

8 City Walks B3

住宿

9 Hotel Internazionale D1

就餐

10 Locanda Orico A2
11 贝林佐纳市场 B3
12 Osteria Mistral A3
Ristorante Castelgrande .... （见5）
13 Trattoria Cantinin dal Gatt B3

饮品和夜生活

14 Il Fermento B2

以沿着壁垒高墙（Murata）向西漫步。这些城堡壁垒蜿蜒曲折，并能让你欣赏如画的景致，远眺布满葡萄藤蔓的山脉和点缀着城堡的山丘。

★ 蒙特贝罗城堡 城堡

（Castello di Montebello；www.bellinzonese-altoticino.ch；Salita al Castello di Montebello；城堡 免费，博物馆 成人/儿童 Sfr5/2；⊙4月至10

月 10:00~18:00，11月至次年3月 10:30~16:00）免费 这座13世纪的防御工事坐落在山顶之上，晴空万里之际，你可以登临其上，远眺马焦雷湖（Lake Maggiore）。该要塞是贝林佐纳最令人印象深刻的城堡之一，拥有可开闭的吊桥、壁垒，以及带你回到中世纪时代的小型博物馆。

★萨索·科尔巴洛城堡 城堡

（Castello di Sasso Corbaro；www.bellinzonese-altoticino.ch；Via Sasso Corbaro；城堡 免费，博物馆和塔楼 成人/儿童 Sfr5/2；⏲4月至10月 10:00~18:00，11月至次年3月 10:30~16:00）从贝林佐纳的市中心出发，向南徒步3.5公里后就能来到萨索·科尔巴洛城堡了。这个城堡高踞在山坡之上，周围草木茂盛，其拥有坚固的高墙与敦实的塔楼，展现出一种古朴的美丽。

格朗德城堡博物馆 博物馆

（Museo di Castelgrande；Castelgrande；成人/儿童 Sfr5/2；⏲4月至10月 10:00~18:00，11月至次年3月 10:00~17:00）该博物馆拥有不少藏品，都是从格朗德城堡所在的山岭中发现的物品，其历史甚至可以追溯至史前时代。更为迷人的则是一些15世纪的屋顶装饰，它们来自位于贝林佐纳市中心一座原先的贵族之家，图片的内容种类繁多，从奇特的动物到"颠倒世界"的系列幽默画作，不一而足。画作包括一头公牛驱使着人类拉犁耕田，还有一个"如狼似虎"的女人追逐着一位纯洁的男士！

节日和活动

Rabadan 狂欢节

（www.rabadan.ch；⏲2月下旬）在复活节前7周半的时候，盛装游行、街头喜剧、喧闹的小丑和前行的乐队都为贝林佐纳注入了狂欢的热潮。

La Bacchica 文化节

（www.labacchica.ch）9月举行的葡萄酒商的传统节日，届时你可以品尝葡萄酒，观看民众游行以及大量的戏剧和音乐表演。

住宿

贝林佐纳富有特色的住处少得奇怪，且远离市中心，许多功能齐备的酒店都分布在Viale della Stazione沿途。

Villa del Gusto 民宿 €

（☎091 234 03 35；Via Pratocarasso 56；标单 Sfr80，双 Sfr100~150；📶）这家正面为柠檬黄的民宿是贝林佐纳最甜美的住处之一，老板米凯拉（Michela）和马西莫（Massimo）管理高效，他们精心照料能看到山景的花园，并在早餐时端上自制蛋糕。豪华双人房空间宽敞且时尚，还有独立浴缸。晚餐可以预订。

Camping Bellinzona 露营地 €

（☎091 829 11 18；www.campingbellinzona.ch；Via San Gottardo 131；场地 成人/儿童/帐篷 Sfr11.50/5.50/20；📶）这片浓荫密布的露营地位于贝林佐纳中心以北2.5公里处，设施齐全，配备有洗衣房、商店、小吃吧和游乐场，并组织儿童活动。从车站坐1路或191路公交到Arbedo。

Hotel Internazionale 酒店 €€

（☎091 825 43 33；www.hotel-internazionale.ch；Viale della Stazione 35；标单 Sfr145~185，双 Sfr200~260，标三 Sfr285~315；P❄📶）这家酒店就坐落在火车站的对面，拥有如同棉花糖一样的粉色外墙，并将20世纪之初的特色（如铁艺与彩绘玻璃）与21世纪的流线型设计完美地融合在了一起。2014年，酒店经过装修后更显华丽，上等的客房颇为现代，而其全新的水疗池，以及桑拿房、湿蒸房、水压按摩和盐疗房也欢迎你前来放松身心。

餐饮

贝林佐纳市场 市场

（Mercato di Bellinzona；Piazza Nosetto；⏲周六 8:00~13:00）位于历史中心Piazza Nosetto周围的周六早集销售各种新鲜食品，从高山奶酪到新鲜的面包、腌猪肉和水果，可谓应有尽有。在提供咖啡的店铺喝过咖啡或是在咖啡馆露台上用过午餐后跟随当地人的指引，参与其中。

Trattoria Cantinin dal Gatt 意大利菜 €€

（☎091 825 27 71；www.cantinindalgatt.ch；Vicolo al Sasso 4；午餐套餐 Sfr18~28，主菜

提契诺州烹调什么美食?

瑞士与意大利的美食会在提契诺州的厨房相遇，而你会在提契诺州的石穴餐馆享受到一些令你最为满意的就餐体验。位于偏僻之所的石穴餐馆较为质朴，拥有花岗岩打造的餐桌，夏日时分，你还可以在栗树林中享用美食。3种语言版本的《石穴餐馆及酒吧指南》(*Guida a Grotti e Osterie*)对此提供了绝好的概述(可从http://www.editore.ch获得，Sfr26)。

想要像一个当地人一样就餐?不妨品尝一番下列经典的提契诺州特色菜:

玉米粥(Polenta) 金黄色的燕麦玉米粉佳肴，黏稠而又美味

红酒炖牛肉(Brasato) 在红酒中文火煨制而成的牛肉

梅索尔奇纳小山羊肉(Capretto in umido alla Mesolcinese) 以红酒炖煮烹调而成的小山羊肉，不但喷香扑鼻，还有一丝肉桂的风味

蔬菜炖肉锅(Cazzöla) 这是一道丰盛的炖肉砂锅菜肴，搭配土豆和卷心菜

Mazza casalinga 精挑细选、种类众多的熟食切片

Cicitt 用山羊肉制作的细长香肠，通常都会烤制而成

罗比奥拉奶酪(Robiola) 盛放在小盘子中，由牛奶制成的奶酪，如奶油般柔滑

Sfr 25~36; ⏲周二至周五 11:00~15:00和18:00至午夜，周六 9:00~15:00和18:00至午夜; 👪)跌跌撞撞地走进一条鹅卵石小巷找到这家带有裂纹的意式小馆，这里温暖而欢快。室内有铺砖拱顶，欢迎人们来享用托斯卡纳大厨卢卡(Luca)的意式大餐。比如前菜自制意大利团子配龙虾浓汤、对虾和黑橄榄酱，之后或许是烤兔肉配甜胡椒莎莎酱等主菜。

Osteria Mistral　意大利菜 €€

(☎091 825 60 12; www.osteriamistral.ch; Via Orico 2; 2/3道菜午餐套餐 Sfr33/40，3/4/6道菜晚餐套餐 Sfr68/82/115; ⏲周一至周五 11:45~15:00和周一至周六 18:45至午夜)令卢卡·布莱格赫利(Luca Braghelli)引以为傲的是在当地采购的食材，并在这家时尚舒适的小餐馆中制作符合时令的菜肴。这里的自制意大利面或秋日鹿肉都非常值得一尝，而每一道菜均被烹调得恰到好处，且极为专业地搭配着该地区出产的葡萄酒。

Ristorante Castelgrande　意大利菜 €€

(☎091 814 87 81; www.ristorantecastelgrande.ch; Castelgrande; 主菜 Sfr29~42，套餐 Sfr72; ⏲周二至周六 18:30至午夜)在世界遗产名录上的遗迹内就餐，这样的机会并不多见，而中世纪的城堡背景本身就足以令人着迷。这里会提供上等的葡萄酒，并辅以配合时令的特色菜，例如配有花菜香草泥的梭鲈鱼。

Locanda Orico　意大利菜 €€€

(☎091 825 15 18; www.locandaorico.ch; Via Orico 13; 主菜 Sfr40~65，午餐套餐 Sfr48，晚餐套餐 Sfr110~125; ⏲周二至周六 11:45~14:00和18:45至午夜)在这家米其林星级餐厅的殿堂中，时令性是美食的重中之重。该餐馆位于老城区一座经过改建的华丽宫殿(palazzo)中，其新式菜肴包括裹有南瓜的鹿肉丸，以及配上意大利宽面条和罗勒黄油的野生比目鱼肉。此外，这里的服务也很细致入微。

Il Fermento　自酿酒吧

(www.ilfermento.ch; Via Codeborgo 12; ⏲周一至周三 11:00~21:00，周四至周五 至13:00，周六至21:00)要享用城里顶级的精酿啤酒，就来这家时新的都市微酿酒吧。啜饮带有啤酒花香的琥珀色艾尔啤酒、刺激的印度淡色艾尔(IPA)和带着麦芽香的苦啤酒，坐在冷淡的工业风的室内，有太阳的时候也可以坐在户外的铺砖露台上。

ℹ 实用信息

旅游局(☎091 825 21 31; www.bellinzonaturismo.

ch; Piazza Nosetto; ⌚4月至10月 周一至周五 9:00~18:30，周六 9:00~14:00，周日 10:00~14:00，其余月份缩短开放时间）位于贝林佐纳市政厅，出售贝林佐纳通票（Bellinzona Pass；成人/儿童/家庭 Sfr15/7.50/25），持票可以去多个本地景点。

到达和离开

作为提契诺州的门户，贝林佐纳是个主要的交通枢纽。高速公路A2经过这里，连接了南边的卢加诺，一路向北则是巴塞尔。高速公路A13往北116公里是格劳宾登州首府库尔。

贝林佐纳拥有班次频繁的**列车**（Viale della Stazione），将这座城市与洛迦诺（Sfr8.80，27分钟）及卢加诺（Sfr10.20，30分钟）连接起来。此外，这里还处在苏黎世至米兰的沿线上。

171路长途汽车大约每小时1班，从火车站旁出发，前往东北方的库尔（Sfr59.40，2.25~3小时）。在**太阳广场**有个地下停车场（Piazza del Sole；每小时Sfr2）。

卢加诺（LUGANO）

人口 63,583 / 海拔 270米

卢加诺堪称提契诺州最大的城市。草木茂盛、群山环绕的卢加诺湖并非是其仅有的"流动资产"，瑞士第三重要的金融中心也坐落于此。抛开银行业的严肃不谈，卢加诺还是一座充满活力的城市，拥有时尚的精品店、酒吧和人行道边的咖啡馆，它们全都簇拥在鲜花盛开的人行步道沿途，以及高低不平的鹅卵石街道边，形成了如同意大利一般的迷宫，纵横交织在湖畔边缘。卢加诺艺术和文化博物馆（LAC）新开的艺术中心也提升了这里的文化等级。

湖水上方是双子山峰布雷山（Monte Brè）和圣萨尔瓦多山（Monte San Salvatore），两者都能看到深入阿尔卑斯山的动人风光，并在较暖的月份里吸引着徒步者和登山者前来。

景点

你可以从卢加诺的火车站拾级而上，或是搭乘**缆索铁路**（Piazzale della Stazione; Sfr1.30; ⌚5:00至午夜）来到市中心，那里是一座紧密交织的露天广场。

意大利瑞士艺术馆 画廊

（MASI – Museo d'Arte della Svizzera Italiana; www.masilugano.ch; LAC Lugano Arte e Cultura, Piazza Bernardino Luini 6；成人/儿童 Sfr15/免费；⌚周二至周日 10:00~18:00，周四 至20:00）卢加诺艺术和文化博物馆（见209页）新开的这家引人注目的文化中心聚焦于20世纪和当代艺术——有抽象作品也有高度实验性的作品，展区分为三个空间。这里目前没有永久馆藏展出，但有高质量的巡回展览。展览最近比较关注的有瑞士超现实主义艺术家梅雷·奥本海姆（Meret Oppenheim）和发人深思的史诗级英国摄影艺术家克雷格·霍斯菲尔德（Craigie Horsfield）的作品。

众天使圣母教堂 教堂

（Chiesa di Santa Maria degli Angioli; St Mary of the Angel; Piazza Luini; ⌚7:00~18:00）这座罗马式的简易教堂收藏有两幅伯纳迪诺·卢伊尼（Bernardino Luini）创作的壁画，其历史可以追溯至1529年。整堵高墙将教堂分为两半，而上面则绘有讲述耶稣受难的巨大画作。这里色彩的明亮与感染力也令人印象尤为深刻。

齐亚尼公园 花园

（Parco Ciani; Viale Carlo Cattaneo; ⌚6:00~23:00）免费 卢加诺湖明亮如镜，其沿岸被这条滨湖的人行步道环绕。大道以崎岖的群山为背景，看一看圆锥形的双子峰布雷山和圣萨尔瓦多山的轮廓。椴树与栗树所形成的夏日树荫欢迎着游客的到来，而郁金香、山茶花和木兰花则会在春季绽放。

改革广场（Piazza della Riforma） 广场

卢加诺繁忙的主广场周围环绕着廊柱形成的道路，其上耸立着始建于1844年新古典主义风格的**市政厅**（Municipio）。每逢周二和周五早晨**集市**开放之际，这里将会变得更为热闹。

圣罗伦索大教堂 天主教堂

（Cattedrale di San Lorenzo; St Lawrence Cathedral; Via San Lorenzo; ⌚6:30~18:00）这座卢加诺16世纪初期的天主教堂于2016年才刚经过翻新，在其文艺复兴风格的外表下，隐藏着一些精美的壁画和巴洛克式的雕塑装

值得一游

湖边度假

想要鸟瞰卢加诺及同名湖泊（卢加诺湖）的风景，不妨向山丘上进发。从卢加诺的市中心徒步或搭乘2路公共汽车来到Cassarate，每年3月至12月，由此开始的缆索铁路将会带你一路向上，来到**布雷山**（www.montebre.ch；索道 单程/往返 Sfr16/25；⏲9:10~18:45）的山顶，那儿也是步道及山地自行车的起点，你可以在沿途欣赏到广阔的湖景，并深入阿尔卑斯山的深处。

由Paradiso出发，前往圣萨尔瓦多山的**索道**（www.montesansalvatore.ch；索道 单程/往返 Sfr23/30；⏲9:00~18:00）将会从3月中旬运营至11月上旬。除了周遭的景致外，花费1小时步行下山至Paradiso或梅利德也是颇为值得的。

位于罗韦雷多（Roveredo）的**Locanda del Giglio**（☎091 930 09 33；www.locandadelgiglio.ch；Roveredo, Capriasca；铺 Sfr40~45，标单/双 Sfr95/150；P 🛜）是一处迷人的住宿地点，位于卢加诺以北12公里的地方。该酒店隐藏于森林之中，非常注重环保，拥有太阳能供电的度假屋，而其中的客房则带有阳台，能让顾客欣赏到山脉的美景，甚至一窥卢加诺湖的景色。你可以从**卢加诺火车站**（www.flpsa.ch/en.htm；Piazzale della Stazzione；车票 Sfr2.50~6.60；⏲5:25至次日1:20 每15分钟1班）搭乘公共汽车前往泰塞雷特（Tesserete；Sfr6.60，27分钟），并换乘另一辆前往罗韦雷多的公共汽车（Sfr6.40，11分钟）。

饰。站在教堂之上，你可以越过老城区那些鳞次栉比的土色屋顶，眺望远方美丽的湖光山色。

瑞士微缩景园 游乐园

（Swissminiatur；www.swissminiatur.ch；Via Cantonale；成人/儿童 Sfr19/12；⏲3月中旬至10月 9:00~18:00；👪）在瑞士微缩景园，你可以找到超过120处国家级景点的模型，它们以1∶25的比例展现在你的面前。这不啻为一种在一天内看完瑞士的捷径。从卢加诺过来的火车每天2班。

赫尔曼·黑塞博物馆 博物馆

（Museo Hermann Hesse；www.hessemontagnola.ch；Torre Camuzzi, Montagnola；成人/儿童 Sfr8.50/免费；⏲3月至10月 每天 10:00~17:30，11月至次年2月 周六和周日 10:30~17:30）这座博物馆展有出生于德国的瑞士诗人、小说家和画家赫尔曼·黑塞（Hermann Hesse）的私人物品，其中包括他在提契诺州创作的数千幅画作中的一部分，外加书籍和其他帮助人们重构黑塞生活的物品。

从卢加诺过来你，搭乘436路公交车（Agra、Roncone方向）到蒙塔诺拉（Montagnola；Sfr6.40，19分钟）。

圣格拉多植物园 花园

（Parco Botanico San Grato；www.parcosangrato.ch；Carona；⏲24小时）免费 有步道通向位于山顶的植物园，人们可以在这里欣赏到令人惊艳的湖光山色。5月，植物园还会被杜鹃花盛开的艳丽色彩所点亮。

要来植物园，就从卢加诺搭乘434路公交到Carona（Sfr6.40，25分钟）。

Schokoland 博物馆

（www.alprose.ch；Via Rompada 36, Caslano；成人/儿童 Sfr3/1；⏲周一至周五 9:00~17:30，周六和周日 至16:30；👪）不妨在这家雪山玫瑰巧克力博物馆里，品味一番巧克力的文化，孩子们一定会非常喜欢这里。你可以在馆内了解到巧克力的历史，观看含糖物质的制作流程，并且免费品尝巧克力产品。博物馆的商店还会精明地多开半个小时。搭乘火车至Caslano即可到达。

活动

游泳、航海、花样冲浪、在卢加诺湖上划船，还有在周边山区和山谷中徒步，都是颇受欢迎的夏日活动；路线地图和全球定位系统数据下载见www.luganotourism.ch。**Società Navigazione del Lago di**

Lugano 卢加诺

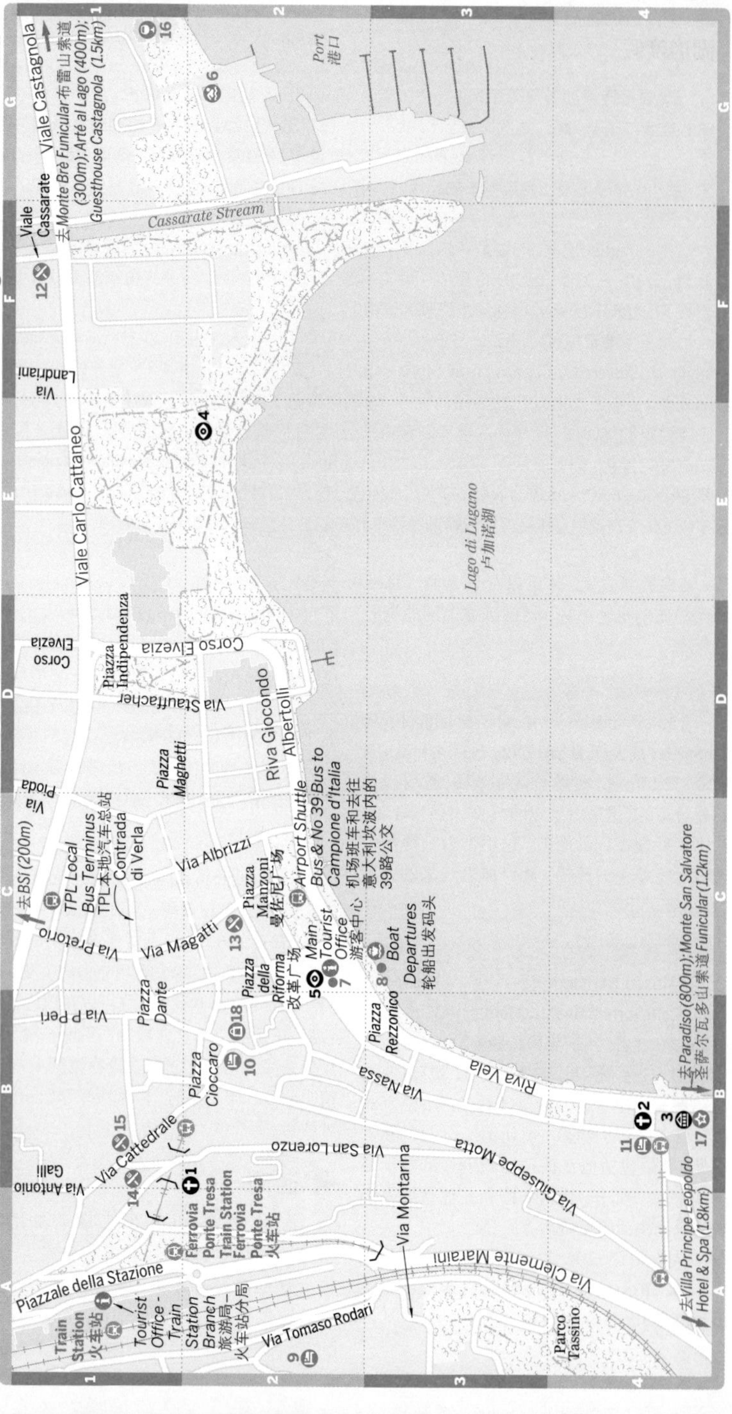

0 200 m
0 0.1 miles
去Monte Brè Funicular布雷山索道 (300m); Arté al Lago (400m); Guesthouse Castagnola (1.5km)
Viale Castagnola
Viale Cassarate
Cassarate Stream
Port 港口
Viale Carlo Cattaneo
Via Landriani
Lago di Lugano 卢加诺湖
Corso Elvezia
Piazza Indipendenza
Via Stauffacher
Riva Giocondo Albertolli
Piazza Maghetti
Via Pioda
去BSi (200m)
TPL Local Bus Terminus TPL本地汽车总站
Contrada di Verla
Via Albrizzi
Airport Shuttle Bus & No 39 Bus to Campione d'Italia 机场班车和去往意大利坎波内的39路公交
Piazza Manzoni 曼佐尼广场
Via Pretorio
Via Magatti
Main Tourist Office 游客中心
Boat Departures 轮船出发码头
Piazza della Riforma 改革广场
Piazza Dante
Via P Peri
Piazza Rezzonico
Piazza Cioccaro
Via Nassa
Riva Vela
去Paradiso (800m); Monte San Salvatore 圣萨尔瓦多山索道 Funicular (1.2km)
Via Antonio Galli
Via Cattedrale
Via San Lorenzo
Via Giuseppe Motta
Via Montarina
Ferrovia Ponte Tresa Train Station Ferrovia Ponte Tresa 火车站
Piazzale della Stazione
Via Clemente Maraini
Train Station 火车站
Tourist Office - Train Station Branch 旅游局—火车站分局
Via Tomaso Rodari
Parco Tassino
去Villa Principe Leopoldo Hotel & Spa (1.8km)

Lugano 卢加诺

景点

1 圣罗伦索大教堂......B2
2 众天使圣母教堂......B4
3 意大利瑞士艺术馆......B4
4 齐亚尼公园......E2
5 改革广场......C2

活动、课程和团队游

6 滨湖乐园......G2
7 Lugano Guided Tours......C2
8 Società Navigazione del Lago di Lugano......C3

住宿

9 Hotel & Hostel Montarina......A2
10 Hotel Gabbani......B2
11 Hotel International au Lac......B4

就餐

12 Al Portone......F1
13 Bottegone del Vino......C2
14 Pasta e Pesto......B1
15 Trani......B1

饮品和夜生活

16 Al Lido......G1

娱乐

17 卢加诺艺术和文化博物馆......B4

购物

18 Gabbani......B2

Lugano（☎091 971 52 23；www.lakelugano.ch；Riva Vela；⊙4月至10月）提供各种湖上观光巡游。你还可以在**船舶码头**（☎091 222 11 11；www.lakelugano.ch；Lugano-Centrale，Riva Vela；⊙8:30~20:30）处租到脚踏船。

滨湖乐园 游泳

（Lido；Viale Castagnola；成人/儿童 Sfr11/6；⊙5月和9月 9:00~19:00，6月至8月 至19:30；🚻）乐园就在湖上，能看到对面美丽的山景，有海滩、沙滩排球、戏水区域供孩子们玩耍，还有一座标准的奥林匹克比赛尺寸的游泳池。

节日和活动

卢加诺音乐节 音乐节

（LuganoMusica；www.luganomusica.ch）每年的4月中旬至6月，卢加诺都会举办音乐节，届时国会广场（Palazzo dei Congressi）的上空将会回响起古典乐。

国庆日（National Day） 文化节

每年8月1日的午夜时分，为了庆祝瑞士的国庆日，整个卢加诺湖都会映照在令人眼花缭乱的烟火表演之中。

住宿

卢加诺的许多酒店至少会在冬季的部分时段关门歇业。在夏季请提前订好住处，因为像样（且价格合理）的房间凤毛麟角，而且很快就会被抢购一空。

Hotel & Hostel Montarina 酒店、青年旅舍 €

（☎091 966 72 72；www.montarina.ch；Via Montarina 1；铺/标单/双 Sfr29/105/140；P📶🏊）这栋别墅建筑有柔和的粉色外墙，其历史可以追溯至1860年。这里既是一家酒店，同时也是青年旅舍，会向前来住宿的游客致以衷心的问候。拼花地板、高大屋顶以及锻铁栏杆无不散发出一种旧世界的庄严氛围。此外，酒店还提供一间公用的厨房休息室、供孩子玩耍的玩具，坐落在花园中的游泳池周围环绕着棕榈树，甚至还有一座小型的葡萄园。早餐需要额外支付Sfr15。

★ **Guesthouse Castagnola** 客栈 €€

（☎078 632 67 47；www.gh-castagnola.com；Salita degli Olivi 2；公寓 Sfr125~180；P📶）为了他们的民宿，克里斯蒂娜（Kristina）和毛里奇奥（Maurizio）可谓尽心竭力，其所在的16世纪连排别墅在经过修复后显得非常漂亮。裸露的石块、天然的织品和朴实的色彩是这里的主基调，而3间客房还配备了雀巢胶囊咖啡机以及平板电视机。这里有一套适合家庭入住的公寓，配有洗衣机和全套厨房设施。搭乘2路公共汽车至Posta Castagnola——市中心以东2公里处的地方——即可到达这里。

Hotel International au Lac 酒店 €€

（☎091 922 75 41；www.hotel-international.ch；Via Nassa 68；标单 Sfr150~190，双 Sfr180~

330；❄📶🏊）这处滨湖的酒店拥有舒适的房间，配备了一些古色古香的家具。站在前屋的阳台上，你能直接远眺卢加诺湖的景色。酒店的花园里设有乒乓球台、游泳池和儿童游乐区，极大增加了对家庭游客的吸引力。

Hotel Gabbani 精品酒店 €€€

（☎091 921 34 70；www.hotel-gabbani.ch；Piazza Cioccaro 1；标单 Sfr190~320，双 Sfr220~370；❄📶）这里由倍受尊敬的本地美食家族加巴尼（Gabbani）经营，他们的招牌**店铺**（www.gabbani.com；Via Pessina 12；⏰周一至周五 8:00~18:30，周六 至17:00）就在眼前，这家诱人的住所拥有时尚巧妙的客房，房内色彩明亮，大量使用橡木、大理石和丹麦设计的座椅。小配件超级现代且服务优质。

Villa Principe Leopoldo Hotel & Spa 豪华酒店 €€€

（☎091 985 88 55；www.leopoldohotel.com；Via Montalbano 5；标单 Sfr300~2000，双 Sfr360~2500；P❄📶🏊）这座红砖寓所坐落在摆满雕塑的花园之中，系为流放的德国皇室成员李伯德·冯·霍亨索伦王子（Prince Leopold von Hohenzollern）而建，其历史可追溯至1926年，散发着一种庄严的乡愁，在花园和许多华丽的房间都能欣赏到湖景。酒店的房价非常高昂，但其奢侈程度也出类拔萃：美食餐厅、网球场、水疗池、恒温水池、私人教练，凡能想到的，这里应有尽有。

The View 设计酒店 €€€

（☎091 210 00 00；www.theviewlugano.com；Via Guidino 29；套 Sfr700~2150；P❄📶🏊）如果你准备挥霍一笔，就来这家新五星级设计酒店。18间套房的湖景令人惊奇，装饰超级华丽，有抛光柚木、皮革和落地玻璃窗。房价里还包含了水疗馆、美食餐厅和免费的电动自行车和智能汽车的使用权等服务。

✕餐饮

Pasta e Pesto 意大利菜 €

（☎091 922 66 11；Via Cattedrale 16；意大利面 Sfr10.50~15，套餐 Sfr15~19.50；⏰周一至周六 9:30~17:30）这家可爱的小餐馆位于大教堂附近，提供的菜肴正如招牌所写。此外，这里还有一个较小的露台，非常适合用心品尝新鲜出炉的自制意大利面，上面还有各种浇料供你选择。

Trani 意大利菜 €

（☎091 922 05 05；www.trani.ch；Via Cattedrale 12；主菜 Sfr29~43）从Via Cattedrale沿着鹅卵石阶下到这家诱人的小酒馆。室内用蜡烛照明，有砖砌拱顶，非常适合享用开胃菜、自制风味意面，以及烤鱼和肉类。

Bottegone del Vino 意大利菜 €€

（☎091 922 76 89；Via Magatti 3；主菜 Sfr20~42；⏰周一至周六 11:30至午夜）这家意大利餐厅深受卢加诺市中心银行职员们的欢迎，会根据时令的变化调整菜单，黑板上每天还会潦草地写着可选的变换午餐和晚餐。特色菜肴有塞有优质的托斯卡纳契安尼娜牛肉（Tuscan Chianina beef）馅的意大利水饺等，搭配丰富的本地精选葡萄酒。见闻广博的侍者则忙碌地穿梭在餐桌之间，会非常乐意为顾客提供地道的提契诺州烈酒。

Arté al Lago 海鲜 €€€

（☎091 973 48 00；www.villacastagnola.com；Piazza Emilio Bossi 7；主菜 Sfr51~56，套餐 Sfr110~120；⏰周二至周六 正午至14:00和19:00~21:30）这家米其林星级餐馆坐落在湖畔之侧独一无二的Villa Castagnola里，是卢加诺餐饮业的明星。主厨弗兰克·厄特尔（Frank Oerthle）能用鱼类和海鲜烹调出无与伦比的菜肴，而特色菜的名字简单得极具迷惑性。不妨透过大块的落地玻璃窗，远眺卢加诺湖的景色，或者上楼欣赏装饰在墙上的现代艺术品。

Metamorphosis 地中海菜 €€€

（☎091 994 68 68；http://metaworld.ch；Riva Paradiso 2；主菜 Sfr45~52，试吃套餐 Sfr85~120；⏰周一至周二 9:00~15:00，周三至周五 9:00至午夜，周六 10:30至午夜）Metamorphosis适合特殊时刻前来，它位于卢加诺未来主义的Palazzo Mantegazza，就在湖岸边。大

厨卢卡·巴兰卡(Luca Bellanca)用想象力和天赋为简单而天然的地中海食材带来新生命。

Al Portone 美食店 €€€

(☎078 722 93 24; www.ristorante-alportone.ch; Viale Cassarate 3; 主菜 Sfr44~57,试吃套餐 Sfr120; ⏰周二至周六 18:30~21:30)大胆奔放的艺术品为这家现代的美食餐厅增光添彩,而弗朗西斯(Francis)则会用时鲜佳肴将你征服,例如扇贝和鱼子酱垫海带配百香果油醋汁、南瓜意大利饺子配鼠尾草酱,以及新鲜制作的意大利宽面配蔬菜炖野猪肉。

Al Lido 休闲酒吧

(http://allidobar.com; Viale Castagnola 6; ⏰3月至12月 9:00~21:30,冬季开业时间缩短)喜欢聚会的人们会在夏天蜂拥来到这家时尚的湖滨酒吧中,在湖畔享受DJ音乐、饮料、小吃和享受寻欢作乐的感觉。如果你想在之前或之后泡泡水,这里的旁边就是卢加诺的滨湖乐园(见207页)。

☆ 娱乐

卢加诺艺术和文化博物馆 艺术中心

(LAC-Lugano Arte e Cultura; ☎058 866 42 22; www.luganolac.ch; Piazza Bernardino Luini 6)卢加诺当然为其先锋的新文化中心而骄傲,它令这座城市重新得到了艺术魅力,集当代艺术(在MASI; 见204页)、音乐、戏剧、诗歌朗诵会、工作坊等于一体。清单和门票见网站。

购物

卢加诺适宜游客步行逛街的Via Nassa是一条狭小的通道,两旁有许多设计师精品店,如宝格丽、路易·威登和范思哲。此外,其优雅的拱廊中还开着一些珠宝店、咖啡馆和冰激凌店。如果你想一次性买完纪念品,不妨去探索一下曲折不平的Via Cattedrale,那里的精品店和画廊会销售古董、古色古香的服饰、工艺品和手工制作的珠宝首饰。

ℹ 实用信息

卢加诺的**旅游总局**(☎058 866 66 00; www.lugano-tourism.ch; Piazza Riforma, Palazzo Civico; ⏰周一至周五 9:00~18:00,周六 9:00~17:00,周日 10:00~16:00)是出色的城市及周边**导览游**(⏰3月中旬至10月)的起点。火车站还有个**分局**(☎091 923 51 20; Piazzale della Stazione; ⏰周一至周五 9:00~19:00,周六 9:00~13:00)。

ℹ 到达和离开

飞机

卢加诺机场(Lugano Airport; ☎091 610 12 82; www.lugano-airport.ch)一些瑞士和意大利的航空的航班会起降卢加诺机场。

长途汽车

从卢加诺前往圣莫里茨最便捷的方式莫过于搭乘开往贝林佐纳的火车,并在途经图西斯(Thusis)时换乘邮政巴士(Sfr84,4小时,每小时1班)。

汽车和摩托车

南北向穿过提契诺的主干线是A2高速公路,公路连接了卢加诺和往北37公里处的贝林佐纳,以及往南26公里处位于意大利边境上的基亚索(Chiasso)。

火车

从卢加诺开往贝林佐纳的**火车**(Piazzale della Stazione; Sfr11, 30分钟)班次非常频繁,往北还通往更多的目的地。前往洛迦诺(Sfr15.20, 1小时)要在朱比亚斯科(Giubiasco)换乘一次。注意火车站可以步行或搭乘缆索铁路(见204页)抵达。

ℹ 当地交通

短驳巴士会将乘客从**曼佐尼广场**(Piazza Manzoni; 单程/往返 Sfr10/18)和**火车站**(Sfr8/15, 20分钟)送至卢加诺机场,登录www.shuttle-bus.com查询巴士时间表。搭乘出租车前往机场需要花费大约Sfr30(20分钟)。

本地大巴在**TPL Terminus**(☎058 866 72 24; www.tplsa.ch; Corso Pestalozzi; ⏰周一至周五 8:00~18:30,周六 9:00至正午)发车。

1路公共汽车会从东面的Castagnola出发,穿过市中心来到Paradiso,而2路公共汽车则会从卢加诺市中心开往Paradiso,并且途经火车站。单程票价为Sfr2.50,或者你也可也以购买一张价值Sfr7.50的单日通票。

Lago di Lugano
卢加诺湖

卢加诺湖(LAGO DI LUGANO)

卢加诺湖流入意大利北部，是片位于提契诺南端的蓝色晶莹大湖，天气一暖就马上带有真正的假日味道。这里并不如其他位于边境的许多湖泊那般游人如织，但无论是从沿岸众多的小径上望过来，从高山眺望，还是在划过湖面的船只甲板上一瞥，这里都令人着迷。

在晴朗的日子里，这里的风光十分迷人，树木丛生的陡峭山峰消失在朦胧的远处——其中最高的山峰是海拔1704米的杰内罗索山（Monte Generoso）。村庄紧紧依附在岸边并不规则地分布在陡坡上，比如刚德里亚、梅利德和莫尔格特，它们是瑞士最令人陶醉的村庄，拥有隐蔽的后巷、淡彩粉刷的房屋和植物园，值得人去探索。

刚德里亚(Gandria)

人口275 / 海拔327米

位于湖畔的刚德里亚看起来就像能被一口气吹得从山坡的梯田上掉下来似的，这里漂亮得滑稽，粉彩色的房屋一个一个地摞起来，就像儿童积木，楼梯井、拱廊、庭院和梯台式花园分布其间。这里位于布雷山的山脚，是SS340抵达意大利之前经过的最后一座瑞士村庄，曾经因为出产橄榄油而闻名（留意一下市政厅前边的传统压榨机）。这里最适合漫无目的地漫步，有许多隐蔽的角落，还有装饰着湿壁画的16世纪和17世纪房屋。

从刚德里亚出发，搭乘小船越过湖面，你便可以来到**瑞士海关博物馆**（Museo delle Dogane Svizzere; www.zollmuseum.ch; Riva delle Cantine; 成人/儿童 Sfr3/1.50; ⌚4月至10月中旬 13:30~17:30）免费，这里将会向你讲述这片边境之地的海关历史，更为有趣的是有关走私的故事，馆内还展示着被扣押了的船舶，这些走私贩的船只曾一度在卢加诺湖上往来穿行。

刚德里亚小径（Sentiero di Gandria）长5公里，全程需时1.5小时，位于卢加诺湖畔，从刚德里亚通往卢加诺，途经怡人的花园，花园里生长着百年老橄榄树和地中海花卉，反方向游览亦可。湖对岸和布雷山与圣萨尔瓦多山山坡上的风景十分优美。

攀登刚德里亚老城区的阶梯，你会从位于山腰的餐厅**Ristorante le Bucce di Gandria**（Via Cantonale; 主菜 Sfr22~32; ⌚周三至周四 19:00至午夜，周五至周日 正午至15:00和19:00至午夜）看到的魅力湖景。菜单上的菜肴具有地域特色和季节性，还加入了一些创造力，比如腌鳕鱼馅意大利方饺配洋葱豆蔻奶油和鹿柳配翻糖土豆与肉桂梨子等。所有菜肴都很美味，服务生微笑服务。

从卢加诺沿刚德里亚小径走到刚德里亚要1.5小时，或者你也可以乘船来村子。

意大利坎波内(Campione d' Italia)

人口2067 / 海拔273米

或许很难分辨，但意大利坎波内确实是被瑞士所环绕的意大利国土。这里位于卢加诺湖南岸，拥有一片迷人的老城区，老城区里有个中世纪的教堂，一个开有很多家露天咖啡馆的广场，广场上还有一家米其林星级餐厅**Da Candida**（☎091 649 75 41；www.dacandida.net；Viale Marco da Campione 4；套餐Sfr45~105；⊙周二 19:00~23:00，周三至周日 正午至14:00和19:00~23:00）。树木丛生的山坡位于城上方。这座小城最大的吸引力是赌场，由提契诺最著名的建筑师马里奥·博塔（Mario Botta）设计。

虽然没有明确的边境线，但最好还是带上你的护照。村庄内的许多汽车都拥有瑞士的车牌，而该地区还使用瑞士的电话和瑞士法郎。

A2连接了卢加诺与南方12公里处的意大利坎波内。**大巴**（Corso Italia）大约每小时1班来往于卢加诺和意大利坎波内之间（Sfr6.60，25分钟），或者你也可以乘**船**（Piazza Roma；Sfr13，21分钟）。

莫尔格特（Morcote）

人口769 / 海拔272米

曾经的小渔村莫尔格特依偎在Monte Abostora的山脚下，十分适宜步行探索。在2016年，莫尔格特被票选为瑞士最漂亮的村庄：植物园、炫目的湖光山色、可爱的鹅卵窄巷通道、扶廊式贵族宅邸和山顶教堂所构成的迷宫让这里实至名归。

舍雷尔公园（Parco Scherrer；Riva di Pilastri 20；成人/儿童 Sfr7/2；⊙3月至6月、9月和10月 10:00~17:00，7月和8月 10:00~18:00）坐落在亚热带的开阔草地上，莫尔格特船站以西400米处，是布商兼艺术爱好者赫尔曼·亚瑟·舍雷尔（Hermann Arthur Scherrer）实现梦想的地方，他在1930年买下了河边的这片坡地。花园的灵感来自他的旅行经历，其设计充满了异域风情，这里布满了棕榈树和夹竹桃、山茶花和杜鹃花、柏树和竹子。枝叶间藏着宏伟建筑的复制品，如奈费尔提蒂神庙（Temple of Nefertiti）和暹罗茶屋（Siamese teahouse）等。

莫尔格特的**旅游局**（☎058 866 49 60；Riva dal Garavell 20；⊙3月下旬至10月中旬 周一至周五 8:30~12:30和13:30~17:30，周六和周日10:00至正午和13:00~17:00）位于城中心以北的湖边。

431路大巴往来于卢加诺和莫尔格特之间（Sfr6.60，39分钟）。一条次级公路从通往卢加诺的A2高速公路分出来，向南驾驶14公里（25分钟）就是莫尔格特。

门德里西奥及周边（Mendrisio & Around）

人口14,938 / 海拔354米

门德里西奥位于提契诺州的南部边陲，另一侧就是意大利，隐藏着一处保存完好的历史中心，那里有窄巷通往内庭、拥有赤褐色屋顶的房屋，以及富有氛围的乡村旅馆，还有中世纪和巴洛克风格教堂传出的钟声。9月，随着濯足节游行（Maundy Thursday Procession）和葡萄丰收季的来临，小镇显得生机勃勃、热闹非凡。届时，你还可以品尝该地区最好的梅洛酒（merlot）。这里的周边地

值得一游

杰内罗索山（MONTE GENEROSO）

海拔1704米的**杰内罗索山**（www.montegeneroso.ch；齿轨铁路 单程/往返 Sfr36/54；⊙9:00~16:45）高耸于意大利和瑞士之间，能够远眺到湖泊与群山。齿轨铁路从Capolago出发，自从1890年起便每小时1班缓慢地开往山顶。大约有51公里长的标注步径从峰顶散开，其中有一条需时1小时的天然小径让人可以接触到本地的野生动植物，包括一群数目庞大的岩羚羊。这座山还吸引了登山者、山地自行车爱好者和滑翔伞爱好者前来。

从卢加诺开车出来，走A2公路往南15公里到Capolago。卢加诺和Capolago之间的火车往来频繁（Sfr6.60，23分钟），之后你可以搭乘齿轮火车前往山顶。

区（可以轻松步行或骑车探索）点缀着葡萄园和古朴的村庄，而巴洛克式的意大利教堂无疑是其中最夺目的建筑。

Atenaeo del Vino（☎091 630 06 36；www.atenaeodelvino.ch；Via Pontico Virunio 1；主菜 Sfr36~42；⏲周一至周六 10:00~14:30和17:00~23:00）位于一座经过修复的17世纪石头拱顶意式宫殿中，提供时令菜肴（想想芦笋、蘑菇、海鲜和野味），再配上从地窖中取出的该地区顶级红酒。餐馆的氛围则颇为悠闲放松。关于即将开设的烹饪与葡萄酒课程详见网站。

门德里西奥的旅游局（☎091 641 30 50；www.mendrisiottoturismo.ch；Via Luigi Lavizzari 2；⏲周一至周五 9:00至正午，周六 14:00~18:00）地理位置优越，位于老城区的中心，免费出借多语种的语音导览，你可以在游览历史中心区的时候使用。

A2高速公路从卢加诺出来往南开20公里就是门德里西奥。火车（Via Stefano Franscini）每小时2班从卢加诺开往门德里西奥（Sfr8.80，19分钟）。

梅利德（Meride）

人口 314 / 海拔 583米

梅利德周边环绕着葡萄园，安睡在圣乔治山的脚下，是一座风光秀丽的无名小村。其中世纪中心区交织着鹅卵石小巷，排列着安装有百叶窗的石头房屋，令人想到旁边的意大利。任何哪怕对古生物学有一丝兴趣的人都会喜欢这里的化石博物馆，而其他人则会喜欢这里古朴而低调的氛围。

圣乔治山（Monte San Giorgio）像一座金字塔一般矗立于卢加诺湖的上方，海拔1097米，由于其丰富的三叠纪海洋生物化石，这里被联合国教科文组织列为世界遗产，并成为提契诺州的神山。从梅利德上山有一条耗时4小时的12公里环形小径。一条古老的骡道穿过茂密的森林通往峰顶，在那里能够俯瞰到美丽的湖景，然后从一条小径下山，那里有信息牌详细介绍化石与它们的出土地点。

梅利德的化石博物馆（Museo dei Fossili；www.montesangiorgio.ch；Via Bernardo Peyer 9；成人/儿童 Sfr12/6；⏲周二至周日 9:00~17:00）由提契诺明星建筑师马里奥·博塔（Mario Botta）改造并扩建，展示了第一批栖息在该地区的生物遗骸，那些爬行动物和鱼类的历史甚至可以追溯至两亿多年前。你在这里首先会见到的是一具2.5米长的铁沁鳄（Ticinosuchus）复制品。

如果你从卢加诺自驾过来，沿A2往南走，从394出口出来。524路大巴频繁往返于梅利德和门德里西奥之间（Sfr6.40，21分钟），之后有火车通往卢加诺（Sfr8.80，19分钟）。梅利德/Paese巴士站位于城镇中心。

马焦雷湖（LAGO MAGGIORE）

马焦雷湖只有东北角位于瑞士境内，湖泊的其他地方都属于意大利的伦巴第地区。它是意大利第二大湖，美得如电影场景一般，深蓝色的湖水波纹荡漾，后边是葱郁崎岖的高山，山上的雪一直到春季才开始消融。湖边环绕着意大利式的村庄和城镇，那里有广场、文艺复兴风格的教堂和露天咖啡馆，提醒着你自己距离意大利有多么近。正如你还需要被提醒：这里总是阳光高照，在你沿着湖畔栈道漫步的时候，温暖的植物园里有柠檬树、夹竹桃和玉兰花散发出芬芳。

在夏季，每个人都往湖边去——去漫步、调情、游泳、吃意式冰激凌或是乘船到岛上。生长松树的山峦与那里的徒步小径依旧凉爽，可以从洛迦诺乘缆车到达抵达。

洛迦诺（Locarno）

人口 15,968 / 海拔 205米

自从19世纪晚期以来，游人们便痴迷于洛迦诺接近地中海的环境，不但因为这里棕榈树林立，也因其全年有2300小时的光照时间。作为瑞士境内海拔最低的城镇，洛迦诺当然相当特殊，这里有一种雅致的漫不经心的氛围，朝向高山的湖边有一条步道，植物园里种有亚热带的花草树木。在湖对面有片漂亮的文艺复兴风格老城区可以漫游，老城区从大广场往外呈扇形展开，在夏季会举办一场著名的音乐和电影节。

要想鸟瞰湖面并逃离人群，就爬上树木丛生的卡尔达达峰（Cardada）和契梅塔峰

Locarno 洛迦诺

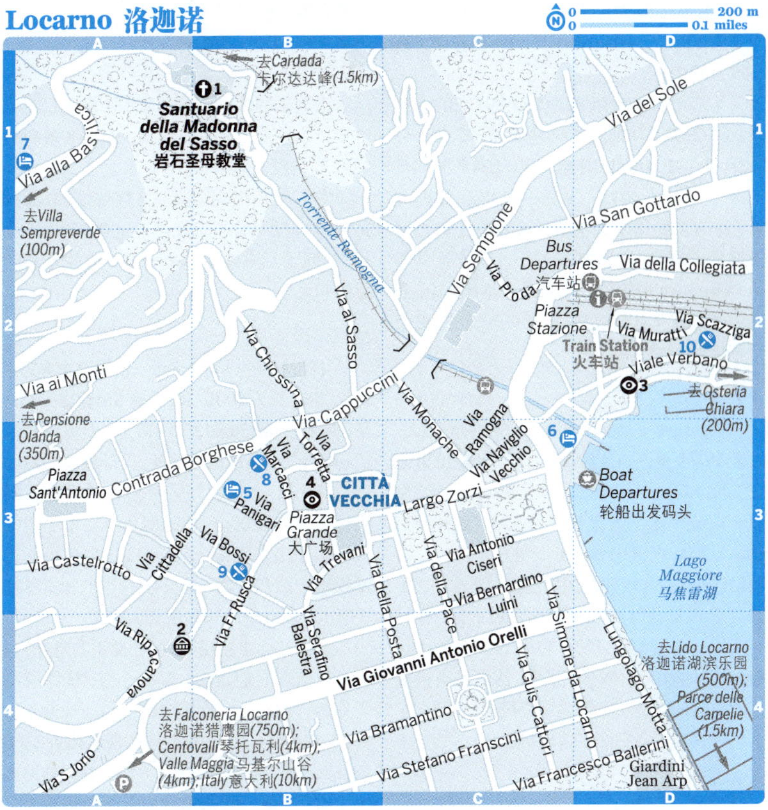

Locarno 洛迦诺

重要景点

1 岩石圣母教堂 B1

景点

2 维斯孔蒂城堡 A4
3 穆拉尔托公园 D2
4 大广场 B3

住宿

5 Caffè dell' Arte B3
6 Hotel Garni Millenium C3
7 Villa Sempreverde A1

就餐

8 L' Archetto B3
9 Locanda Locarnese B3
10 Osteria del Centenario D2

(Cimetta)。或者像几百年来的朝圣者们一样，登上岩石圣母教堂众多的台阶。

景点

★岩石圣母教堂　　教堂

(Santuario della Madonna del Sasso; www.madonnadelsasso.org; Via Santuario 2; ⏲7:30~18:00)这处圣地俯视着整个小镇，其始建于1480年，当时一位名为巴尔托洛梅奥·迪夫雷亚(Bartolomeo d' Ivrea)的修道士据称得到了圣母玛利亚的指示，故而兴建此处。这座教堂装饰颇多，而在其楼梯旁的壁龛内，还有几处几乎真人大小、相对粗糙的塑像群，包括一处讲述《最后的晚餐》的作品，而教堂中最为人所熟知的油画要数布拉曼蒂诺（Bramantino）于1522年创作的《逃亡埃及途中》。

索道（单程/往返 成人 Sfr4.80/7.20，儿童 Sfr2.20/3.60；⏲5月、6月和9月 8:00~22:00，7月和8月 至午夜，4月和10月 至21:00，11月至次年3月 至19:30）每15分钟1班，从镇中心出发，途经此处，并前往奥尔塞利纳（Orselina）。但更为虔诚的方式则是沿着Via Crucis（取道紧邻Via Cappuccini的Via al Sasso）步行上山，公路的两旁林立着小教堂，风景更为优美，整个行程需20分钟。

维斯孔蒂城堡　博物馆、城堡

（Castello Visconteo；Piazza Castello；成人/儿童 Sfr7/免费；⏲4月至10月 周二至周日 10:00至正午和14:00~17:00）这座敦实的15世纪城堡以长期统治米兰的维斯孔蒂家族（Visconti clan）命名，但其中心部分则早在10世纪左右便已建立。如今该建筑内坐落着一座博物馆，陈列着古罗马时期和青铜时代的展品，并举行着一个关于1925年洛迦诺公约（Locarno Treaty）的意大利语小型展览。洛迦诺据信在古罗马时期曾是一座玻璃制造城，这也证明了为何博物馆内会有许多玻璃制品。

大广场（Piazza Grande）　街区

洛迦诺意大利式的老城区（Città Vecchia）从大广场开始呈扇形展开，后者风景如画，拥有众多拱廊和伦巴第风格的房舍。每周四，广场会被手工艺品和新鲜农产品集市所占据，在较暖和的月份里还会定期举办活动。

穆拉尔托公园　花园

（Parco Muralto；Viale Verbano）洛迦诺的天气非常适合人们懒洋洋地躺在湖岸边，而这些耸立着棕榈树并在春夏盛开着鲜花的花园，则是风景优美的野餐或游泳场所，孩子们还可以在儿童游乐园内尽情玩耍。

洛迦诺猎鹰园　野生动物保护区

（Falconeria Locarno；www.falconeria.ch；Via delle Scuole 12；成人/儿童/家庭 Sfr28/18/60；⏲周二至周日 10:00~17:00；👪）规划一下你的旅程时间，来这里看一下令人印象深刻的猎鹰展——展览在11:00和15:00开始。炫耀技巧的鸟类有雕、鹰、猫头鹰、秃鹫和鹳。

活动

洛迦诺的滨湖场所非常适合漫无目的地散步。要想进行更多的活动，从奥尔塞利纳的索道站搭乘缆车前往卡尔达达峰（海拔1332米），然后搭乘缆椅前往契梅塔峰（海拔1671米），之后你可以在那边徒步、骑山地自行车、玩滑翔伞或滑雪——具体取决于你的意愿和天气。

契梅塔峰　缆车

（Cimetta；www.cardada.ch；从奥尔塞利纳单程/往返 成人 Sfr30/36，儿童 Sfr15/18；⏲3月至11月 9:15~12:30和13:30~16:50）契梅塔峰海拔1671米，在晴朗的日子里，世外桃源一般的全景风光于这里展开——蓝色的马焦雷湖在你下方闪闪发光，伴随阿尔卑斯山那边的雪峰似乎荡至无限远。仔细观察，你可能会发现瑞士的最高峰，海拔4634米的杜富尔峰（Dufourspitze），山顶覆盖着白雪。

高山被徒步路径分割（小路上有路标），你可以沿着它们走上1.5~4小时，具体取决于你选择的路线。较长的路线通往马基尔山谷（Valle Maggia）和韦尔扎斯卡山谷（Val Verzasca）。在冬季，滑雪者们会在同样的山坡上滑雪。成人与儿童的一天期滑雪通票分别需花费Sfr38/22。

契梅塔峰也是滑翔伞运动的热门地点。如果你想玩，看看Mountaingliders（☎079 761 51 06；www.mountaingliders.com；双人飞行 Sfr180）提供的项目。

洛迦诺湖滨乐园　游泳

（Lido Locarno；www.lidolocarno.ch；Via Respini 11；成人/儿童 Sfr13/7，含滑梯 Sfr18/11；⏲8:30~21:00）🍃洛迦诺的湖滨乐园拥有数个游泳池，包括一座奥林匹克标准泳池，还有儿童戏水区，提供滑梯活动，并能欣赏到无与伦比的湖光山色。这座巨大的乐园采用太阳能与水能发电。

节日和活动

星星月亮音乐节　音乐节

（Moon and Stars；www.moonandstars.

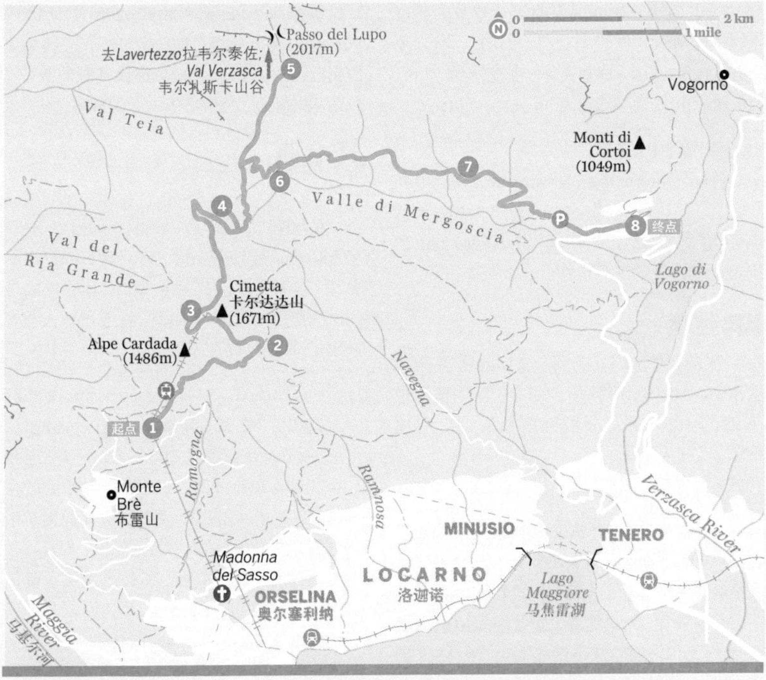

步行游览
西玛德拉特鲁萨

起点: 卡尔达达峰

终点: 梅尔戈斯恰

距离: 10公里; 3.75小时至5小时

这条路线越过圆形的山顶,能够鸟瞰马焦雷湖和阿尔卑斯的山峰,有上百年历史的村落只能靠步行抵达。最为详细的地图是奥雷尔·菲斯利比例为1:25,000的*Locarno/Ascona*。

从❶ **卡尔达达峰**缆车站右行,在爬坡30~40分钟后,来到❷ **Capanna Lo Stallone**,石屋就在卡尔达达山(海拔1486米)山谷中。此后,路将会返回并向左,跨过山坡,然后向右绕过树林抵达海拔1671米的❸ **Capanna Cimetta**。

山上缆椅站的下方左手有条小径,向下通往有泉水的山口(海拔1610米)。再向上爬,穿过❹ **西玛德拉特鲁萨**(Cima della Trosa)西南方山坡,沿支路再步行35~45分钟,你就会来到十字路口(在海拔1869米的山峰之上)。

该小道很快将会沿着西玛德拉特鲁萨的东北侧翼蜿蜒向下,来到一处较小的山坳(海拔1657米)。你可以取道支路,前往经常被雪覆盖的❺ **Madone**(海拔2039米)山峰,走完全程需花费1.5~2小时;而更为直接的线路则是沿着山脊行进,然后领略到更高处的风景。

不妨选择宽阔的之字路向下来到❻ **Alpe di Bietri**(海拔1499米),看看乳品厂里制作的山羊奶酪,然后继续取道一条古老的羊肠小道,沿梅尔戈斯恰山谷北坡前进。这条小道平缓向下,经过一些废弃的房屋与村舍,最后抵达❼ **Bresciadiga**(海拔1128米),如从西玛德拉特鲁萨出发需花费1.25~1.75小时。

在交叉路口右转,沿小道前行至停车场,沿途会经过小神殿。随后漫步下山,大约600米后就可来到与主干道的交会点,取道左侧的柏油马路,最终抵达❽ **梅尔戈斯恰**(Mergoscia)巴洛克式大型教堂旁的广场,它高踞韦尔扎斯卡山谷之上,走完最后一段需1~1.25小时。312路长途汽车每2小时1班,从梅尔戈斯恰出发返回洛迦诺(Sfr6.60, 36分钟)。

ch)7月中旬的星光洒落在露天音乐节的盛宴上。最近来过的大牌有史汀(Sting)、杰米罗奎尔(Jamiroquai)和艾米·麦克唐纳(Amy Macdonald)。完整节目表和门票信息见网站。

洛迦诺国际电影节 电影节

(Locarno Festival; www.pardo.ch)自1948年起，洛迦诺每年都会在8月举办为期11天的电影节。入夜之后，大广场(见214页)的巨型屏幕上就会开始展映电影。

住宿

在8月的电影节期间，这里的房价会飙升50%~100%，而且粥少僧多。夏季预订很关键。旅游局有最新的民宿和假期出租屋清单。

Pensione Olanda 民宿 €

(☎091 751 47 27; www.pensione-olanda.ch; Via ai Monti 139a; 标单 Sfr65, 双 Sfr130~160; P 📶)该民宿坐落在洛迦诺之上的美丽花园中，花香景美，布局简易，远处湖光山色的景致堪称无价之宝。从市中心上山步行15分钟即可到达此处，或者你也可以从火车站坐32路公共汽车到Olanda站。

★ Villa Sempreverde 民宿 €€

(☎079 322 78 65; www.sempreverde.ch; Via alla Basilica 1; 双/标三/四 Sfr180/270/360; P 📶)这座由18世纪的房舍所改造的民宿坐落在花团锦簇的庭院之中，就位于洛迦诺的一座山丘上，能够欣赏到令人惊艳的湖光山色。铺着木地板的房间颇为明亮，满是在自己家里一样的舒适感，而这里的早餐则包括菲奥伦扎(Fiorenza)自制的果酱和蛋糕。

Caffè dell' Arte 精品酒店 €€

(☎091 751 93 33; www.caffedellarte.ch; Via Cittadella 9; 双 Sfr230~370; 📶)这家精品酒店的设计对于细节十分敏锐，楼下是一间咖啡馆兼画廊，装饰极具创意，且有大量独特的细节。部分房间拥有仿制的壁画，其他的则有豹纹沙发，而所有的客房都配备了雀巢胶囊咖啡机和iPad。

Hotel Garni Millenium 民宿 €€

(☎091 759 67 67; www.millennium-hotel.ch; Via Dogana Nuova 2; 标单 Sfr90~200, 双 Sfr150~295; ❄📶)这家淡蓝色的民宿坐落在一幢始建于19世纪的原海关大楼内，提供友好的服务、梦幻般的湖景以及爵士乐主题的客房。

饮食

L' Archetto 比萨 €

(☎076 534 04 82; Via Marcacci 11; 比萨 Sfr7.50~16; ⏲周一至周六 11:30~14:30和17:00~20:30)这家小吃店颇为狭窄，但其提供的外带比萨很脆，而且香味四溢，就连当地人都痴迷于此，真是极致美味！

Osteria Chiara 意大利菜 €€

(☎091 743 32 96; www.osteriachiara.ch; Vicolo dei Chiara 1; 主菜 Sfr34~45; ⏲周三至周日 10:00~14:30和18:30~23:00)该餐馆隐蔽在一段阶梯之上，拥有石穴餐馆(质朴的提契诺式旅馆或餐厅)所具备的舒适氛围。你可以坐在藤架下的大理石桌旁，或者选择位于壁炉边的木桌，享用其自制的意大利面以及丰盛的荤菜，例如炖小牛胫(veal osso buco)配加了藏红花的意大利烩饭。从湖畔出发，循着路标上坡便能来到这里。

Locanda Locarnese 意大利菜 €€

(☎091 756 87 56; www.locandalocarnese.ch; Via Bossi 1; 主菜 Sfr40~45; ⏲周一至周六 正午至14:30和19:00至午夜)这家时尚餐厅的最大特点莫过于其优雅的质朴感，拥有木结构的房梁、富有质感的白色桌布和开放式的壁炉，并且设有少量的街边座位。这里私密而又浪漫，适合享用时令菜肴。

Osteria del Centenario 创意菜 €€€

(☎091 743 82 22; Viale Verbano 17; 主菜 Sfr41~62, 午餐 Sfr25~45, 晚餐试吃套餐 Sfr126; ⏲周二至周日 11:30~15:00和18:30至午夜)这家高级餐厅位于湖畔下游地带，烹调出独具创意的菜肴，例如用绿咖喱和青柠做出的两种鸽子，以及配有红小豆、抹茶酱和香草的意式奶油布丁(panna cotta)。这里的服务很是周到，而氛围也朴素优雅。

实用信息

旅游局(☎084 809 10 91; www.ascona-locarno.

com; Piazza Stazione; ⏲周一至周五 9:00~18:00, 周六 10:00~18:00, 周日 10:00~13:30和14:30~17:00)旅游局位于洛迦诺的火车站, 地理位置便捷, 拥有许多关于洛迦诺和周边地区的信息。来此询问关于"提契诺州发现之旅卡"(Ticino Discovery Card)与"马焦雷湖贵宾卡"(Lago Maggiore Guest Card)及其折扣的情况。

到达和离开

如果你开车来, 洛迦诺就在A13公路的主道旁边, 阿斯科纳西南方2公里处, 往东23公里是贝林佐纳。

前往周边山谷的邮政巴士会从火车站外发车, 或者你也可以乘坐湖畔停泊着的船只。在Via della Morettina的沿途还有便宜的街道停车位。

抵离卢塞恩的直达火车每小时1班(Sfr59, 2小时)。还有大约每小时1班火车往来布里格(Sfr56, 2.75小时), 途经意大利(请带上你的护照, 并在多莫多索拉换乘)。大多数往来苏黎世的火车(Sfr64, 2.25小时)都会经停贝林佐纳。从卢加诺过来的火车(Sfr15.20, 58分钟)每小时2班。

阿斯科纳(Ascona)

人口5439 / 海拔196米

如果世界上设有"最完美湖畔小镇"的奖项, 那阿斯科纳将毫无悬念地获此殊荣。步行街的两旁林立着棕榈树和古朴的房舍, 仿佛就出自壁画巨匠的调色板一样。它们眺望着马焦雷湖如镜般的水面, 以及远方苍翠崎岖的群山。这里拥有米其林星级餐厅、18洞的高尔夫球场, 还有老城区的精品店、画廊、古董店, 这些无不吸引着讲究生活品位、崇尚消费的游客。

值得一游

韦尔扎斯卡山谷(VAL VERZASCA)

翠色欲滴的韦尔扎斯卡河流过26公里, 穿过洛迦诺东北方树木丛生的群山。沿着山谷排列的小村庄驯服了这里的野性, 等待着人们去游览——每一座村庄似乎都比上一座更加诗意。

在高达220米的**韦尔扎斯卡大坝**(Verzasca Dam)凭栏向左远眺, 你就会看到瑞士最小的村庄**科里波**(Corippo; 人口13), 那一小群由花岗岩打造、有板岩屋顶的房舍, 看上去就好像是粘在森林覆盖的山翼上一般。传说当地人在过去把布包绑在鸡尾巴上以防止鸡蛋滚下山坡。

向上游前行大约5公里后, 你就来到了**拉韦尔泰佐**(Lavertezzo), 它以罗马式的狭长双拱大桥以及由冰冷溪流形成的天然水池而闻名。不过还是小心为妙, 因为上游的暴风雨会把整条河流变成湍急的洪流。不妨在河畔的**Osteria Vittoria**(☎091 746 15 81; www.osteriavittoria.ch; Lavertezzo; 双 Sfr120~140)住宿, 这是一座由家庭经营的热闹度假屋, 拥有自己的餐馆和花园, 其大多数的房间都带有阳台, 可以远眺韦尔扎斯卡的风景。

再走12公里便是**Sonogno**, 这座一度被废弃的村庄坐落在山谷的前端, 如今则被栗树和山毛榉树林包围。

韦尔扎斯卡小道(Sentiero Verzasca)总长34公里, 走完全程需要两天的时间, 沿途可见上述所有的风景亮点, 你可以访问http://wanderland.myswitzerland.com获取路线图和详细信息, 而爱好攀岩的游客会在这座颇多巨石的山谷中如鱼得水。

还想尝试更刺激的活动, 不妨来韦尔扎斯卡大坝的顶端蹦极。在短短的5秒内, 你可以体验到真正的心跳停止、大脑紊乱和肾上腺加速。从复活节到10月, 花上Sfr255, 你便能在周末进行极限跳跃了。当地的蹦极专家包括**Trekking Outdoor Team**(☎091 780 78 00; www.trekking.ch)和**Swissraft**(☎081 911 52 50; www.swissraft.ch), 两家公司也都组织其他活动, 包括溪降、攀岩、漂流、划独木舟、滑翔和跳伞。

前往Sonogno的321路公交(Sfr11, 1.25小时)从洛迦诺出发, 大约每小时1班。

景点和活动

现代艺术博物馆 博物馆

(Museo Comunale d' Arte Moderna; www.museoascona.ch; Via Borgo 34; 成人/儿童 Sfr10/免费; ⏲3月至12月 周二至周六 10:00至正午和14:00~17:00, 周日 10:30~12:30) Palazzo Pancaldi始建于16世纪，而该博物馆就坐落其中，展示着与这个小镇息息相关的艺术家的画作，其中不乏像保罗·克利(Paul Klee)、本·尼克尔森(Ben Nicholson)、阿列克赛·冯·亚夫伦斯基(Alexej von Jawlensky)和汉斯·阿尔普(Hans Arp)等巨匠的作品。但最让这里引以为傲的是玛丽安娜·冯韦雷夫金(Marianne von Werefkin)的作品，由这位先锋俄罗斯裔瑞士表现派画家的90幅画作和170本速写簿组成。

布利萨戈岛 岛屿

(Isole di Brissago; www.isolebrissago.ch; 成人/儿童 Sfr8/2.50; ⏲4月至10月下旬 9:00~18:00) 这一对小岛被马焦雷湖晶莹的湖水环绕，以其19世纪设计的植物园而闻名于世。岛上草木茂盛，1700种植物在此生长，其中包括木兰、兰花、丝兰和龙舌兰等。

Navigazione Lago Maggiore的船(Sfr16.80, 25分钟)定时往返于阿斯科纳与布利萨戈之间。

阿斯科纳滨湖乐园 游泳

(Lido Ascona; https://lidoascona.ch; Via Lido 81; 成人/儿童 Sfr6/3; ⏲滨湖乐园 6月至9月中旬 8:30~17:30, 酒吧 至次日1:00) 如果你想在水蓝色的湖中游泳，不妨前往这座滨湖乐园，这里有海滩、跳台、沙滩排球场和专供儿童玩耍的滑梯。

食宿

Albergo Antica Posta 客栈 €€

(☎091 791 04 26; www.anticaposta.ch; Contrada Maggiore 4; 标单 Sfr130~280, 双 Sfr200~300; P 🛜) 这座17世纪的室内宅邸就坐落在阿斯科纳中心，经过改造后显得颇为迷人，其拥有9间铺着镶木地板的明亮客房。餐馆提供极为新鲜的菜肴，在布满葡萄藤的院落中也设有座位。

Castello Seeschloss 历史酒店 €€€

(☎091 791 01 61; www.castello-seeschloss.ch; Via Circonvallazione 26; 标单 Sfr205~350, 双 Sfr230~610; P ❄ 🛜 🏊) 这是一座由13世纪的城堡改建而成的浪漫滨水酒店，坐落在阿斯科纳老城区的东南角，配有鲜花盛开的庭院和恒温的室外游泳池。最为与众不同的客房位于覆盖着常春藤的塔楼之中，其中部分房间的墙面上还是壁画。

★ Ecco 创意菜 €€€

(☎091 785 88 88; www.giardino.ch; Via del Segnale 10; 试吃套餐 Sfr180~230; ⏲4月中旬至10月下旬 周三至周日 19:00至午夜和周日 正午至14:00) 值得炫耀的是，极为时尚的Ecco是一家米其林二星餐馆，而且在这里享用晚餐是一件很隆重的事。主厨罗尔夫·菲利格夫(Rolf Fliegauf)掌勺，以其精挑细选的时令食材，烹调出令人叹为观止的菜肴，芳香四溢，堪称餐饮界的艺术珍品。

实用信息

旅游局(☎0848 091 091; www.ascona-locarno.com; Via B Papio 5; ⏲周一至周五 9:00~18:00, 周六 10:00~18:00, 周日 10:00~14:00)

到达和离开

阿斯科纳位于马焦雷湖北岸沿线的A13主路上，沿路往东北2公里是洛迦诺，往东一路开25公里就是贝林佐纳。

从洛迦诺**火车站**(Piazza Staggione)和大广场出发的1路长途汽车会在阿斯科纳的邮局门口停靠，每隔15分钟发车1班(Sfr2.10, 18分钟)，而马焦雷湖上的游船服务也在阿斯科纳设有站点。

西部山谷 (WESTERN VALLEYS)

山谷从洛迦诺西北两侧延伸到高耸的阿尔卑斯山中，旁边是群山和栗树与芬芳的松树林，是瑞士最迷人的山谷之一。其间聚集的有厚重板岩屋顶的石质小房子、迷人的石穴餐馆(提契诺式旅馆或餐厅)和细长的钟楼，与闪耀着绿色的山川、陡峭的山峰、堤坝，以及奔流至迷雾之中的瀑布所组成的狂野自然壮景完全不相称。你可以在这些山谷间漫步、用各种户外运动发掘自己内心无畏的一面，或是单纯地休息并欣赏最为迷人的风光。

马基尔山谷（Valle Maggia）

海拔421米

花岗岩村落摇摇欲坠地挂在陡峭的山腰上，而海拔3000米的山峰高居其上，俯视着宽广而阳光明媚的马基尔山谷中倾泻而下的瀑布，这里位于洛迦诺西北方。马基尔河（Maggia River）绿得浓郁，蜿蜒地在山谷中穿行，直至在主要城镇切维奥分流，随后山谷被分为数段，而切维奥则是其中的第一个分界点。这里是又棒又低调的徒步、骑行、野外游泳、骑山地自行车和攀岩目的地。

景点和活动

徒步小道在山谷间纵横交错。此外，这里还有大量适合山地自行车手以及速降自行车手驰骋的地带，而坐落在Ponte Brolla、巴沃纳山谷和博斯科古林的壮观峭壁则吸引了众多富有经验的攀岩选手。地图、建议路线和住宿信息见www.vallemaggia.ch。

切维奥（Cevio） 村庄

切维奥最引人注目的地方莫过于其人声鼎沸的16世纪地方法院（Pretorio），上面装饰着不少该地区统治者家族的纹章，尤以17世纪的居多。大约1公里以外就是老城区的中心，那里坐落着一些16世纪的宅邸。

巴沃纳山谷（Val Bavona） 山谷

一条平缓的道路沿着山间溪流穿过这座山谷，陡峭的悬崖峭壁间孕育着狭长的草地。名为Foroglio的小村庄里点缀着漂亮的灰色石质建筑，喷涌着细密水雾的瀑布高达100米。

山谷中的最后一座村庄是San Carlo，那里有一条缆索铁路一路向上通往Robiei dam（www.robiei.ch；Funivia San Carlo-Robiei；缆车单程/往返 Sfr19/24；⏲6月中旬至10月上旬 8:00~17:00），欣赏其令人惊艳的蓝绿色水库。山谷特别适合徒步。

博斯科古林（Bosco Gurin） 村庄

一条如发簪般的小路仿佛无穷无尽，蜿蜒地通向这座较小的滑雪中心。这里拥有全长30公里的雪道，以及具有高原草地村庄特色的房舍：板岩屋顶，墙面白净。由于瓦莱州的移民迁居至此，因而博斯科古林也是提契诺州唯一一处主要语言为德语的村落，而其古迹遗风则在砖木结构的建筑Walserhaus（www.walserhaus.ch；成人/儿童 Sfr5/1；⏲4月中旬至10月 周二至周六 10:00~11:30和13:30~17:00，周日 13:30~17:00）中展现得淋漓尽致。

坎普山谷（Val di Campo） 山谷

一条蜿蜒的小道在林中穿行，带你来到这座宽阔而又明亮的山谷之中，其中最为美丽的城镇莫过于坎普（Campo），里面零星点缀着房舍和罗马式的钟楼。该山谷紧邻Cimalmotto，你可以在那里欣赏到崎岖的山景。

Via Alta 徒步

这条颇具挑战性的步道总长52公里，走完全程需要6天时间，是该地区最著名的步道之一，连接洛迦诺与富西奥（Fusio），途经马基尔山谷和韦尔扎斯卡山谷。徒步让你可以欣赏到珠玉般色彩的湖泊、山坳和高耸的阿尔卑斯山峰。

Sentiero Cristallina 步行

这条耗时2天的徒步路线连接了马基尔山谷里的比纳斯科（Bignasco）和贝德雷托山谷（Val Bedretto）里的艾罗洛，长41公里，实在漂亮，途经石头建造的小村庄、阿尔卑斯湖泊、高山草甸、森林和高地沼泽。

Avegno 游泳

如果你想要纵身跃入冰冷的马基尔河畅游一番的话，那么拥有沙滩和自然岩池的Avegno是一个不错的选择。

食宿

Casa Moni 民宿 €

（☎091 754 12 86，079 688 79 91；Via Cantonale, Bosco Gurin；标单/双 Sfr85/120；P📶）这家极为宁静的民宿位于博斯科古林，会真心地对你表示欢迎，附近一条奔腾的小溪为这里提供唯一的背景音。从缤纷的客房能看到河景或山景，而且门口就能徒步和滑雪。

Camping Gordevio 露营地 €

（☎091 753 14 44；www.tcs.ch；Gordevio；露营地 每个成人/儿童/帐篷 Sfr16/8/32；⏲4月至10月；P📶🏊）这片富有魅力的露营地保养良好，就坐落在马基尔河的附近，拥有阴凉的帐篷、一个烧烤区和一座太阳能游泳池。这里很适合作为在周边地区徒步、划独木舟或攀岩的大本营。

Grotto Ca' Rossa 瑞士菜 €€

（☎091 753 28 32；www.grottocarossa.ch；Via Cantonale 34, Gordevio-Ronchini；主菜 Sfr25~40；⏲周二至周日 10:00~14:30和17:30至午夜）这家石穴餐馆坐落在夏季繁花似锦而冬季会燃烧炉火的庭院中，氛围怡人，非常适合享用提契诺州的特色菜。

ℹ 实用信息

旅游局（☎091 753 18 85；www.vallemaggia.ch；Maggia；⏲周一至周五 9:00至正午和14:00~18:00，周六 9:00至正午）山谷的旅游局位于马基尔。

ℹ 到达和离开

次级公路Via Cantonale从洛迦诺向北进入马基尔山谷。从洛迦诺往北开25公里就是切维奥。要搭乘公共交通的话，315路大巴定时发车从洛迦诺开往切维奥和比纳斯科（Sfr11，51分钟），你可以从那里搭乘班次较少的长途汽车前往一些较为偏僻的山谷。4月至10月，333路长途汽车每天3到4班，从比纳斯科出发前往San Carlo（Sfr6.60，35分钟）。

琴托瓦利（Centovalli）

海拔708米

琴托瓦利（意为“百座山谷”），构成了一条从洛迦诺/阿斯科纳向西延伸、通向意大利多莫多索拉（Domodossola）的路线。从Ponte Brolla出来，道路蜿蜒攀上Melezzo（这条阿尔卑斯河流的水资源被大量地储存在水坝之中）的北岸。

在山腰上，一系列的灰色石头小村落是山地徒步的宁静大本营。**Rasa**令人联想到很久以前更为宁静的时代，是座迷人的村庄。从这里，一条5公里的小径通往**Intragna**，其最高处是巴洛克风格教堂圣高达堂（Chiesa di San Gottardo）65米高的钟楼，以及附近80米的Isorno高架桥。

🛏 食宿

你可以从维达兹欧（Verdasio）出发，乘坐缆车，或者选择长达8公里的迷人步道，穿过山毛榉和栗树林到达位于Intragna的环保型民宿**Alla Capanna**（☎091 798 18 04；www.montecomino.ch；Monte di Comino, Intragna；房间 每人 带/不带半食宿 Sfr 75/50；⏲4月至10月；📶）🌿，那里提供配有松木家具的简单宿舍和双人间，还有绝妙的山景和本地人最爱的地方菜。要想住得离河更近，试试**T3e Terre**（☎091 743 22 22；www.3terre.ch；Via Vecchia Stazione 2, Ponte Brolla；双 Sfr185~215，标三 Sfr240~270；P📶），这家娇小玲珑的酒店装有绿色百叶窗，位于Ponte Brolla，其具有地中海特色的家常菜很受本地人欢迎。

ℹ 到达和离开

想要缓缓地欣赏山谷中的美景，不妨驰骋在可以观看全景的**琴托瓦利铁路**（Centovalli Railway；www.centovalli.ch；单程 成人/儿童 Sfr45/22.50）上。火车将会从洛迦诺出发，前往多莫多索拉（1.75小时，每天11班），途中驶过83座大桥，穿越34条隧道，并能享受到悬崖边飞流而下的瀑布、葡萄园、高架桥、教堂矗立的村庄、深谷、阳光斑驳的栗树林和白雪覆盖的山峰组成的绝美风景线。

瑞士中部

人口 718,400

包括➡

卢塞恩......223
卢塞恩湖......230
乌里湖......234
布龙嫩......235
艾因西德伦......238
楚格......242
安德马特......245

最佳就餐

- Wirtshaus Galliker（见228页）
- Das Insel-Restaurant Schwanau（见238页）
- Grottino 1313（见229页）
- Gasthaus Rathauskeller（见244页）
- Gasthaus Ochsen（见236页）

最佳住宿

- Ski Lodge Engelberg（见241页）
- The Bed & Breakfast（见227页）
- River House Boutique Hotel（见246页）
- Hotel Schmid & Alfa（见236页）

为何去

对于瑞士人来说，绿意盎然、群山起伏、美丽的瑞士中部是这个国家的精髓。1291年，就是在这里签订了建国条约；同样是在这里，平民英雄威廉·退尔发出了反抗哈布斯堡统治的呐喊。不管是从地理上，还是从政治层面抑或精神层面上看，这里都是瑞士的核心地区，它比任何地方都凝聚了更鲜明的瑞士特色。

卢塞恩湖早晨雾气缭绕、神秘莫测，黄昏时又被笼上一层金色，站在卢塞恩湖边的当地人谈起它时总是充满着骄傲。美丽的卢塞恩大小适宜，既可以安放旧时的迷人风情，也可以容纳下众多设计精良的酒店和陈列着毕加索名画的顶级美术馆。从这里出发，无论是乘船去韦吉斯和布龙嫩，还是徒步去皮拉图斯山和瑞吉山，一切只在于你自己的选择。卢塞恩的东北方是中世纪遗产丰富、人口众多的楚格，这里还有好吃的樱桃蛋糕。冬天则可以去阿尔卑斯山区的安德马特领略山间风光，或去英格堡体验完美的天然滑雪场。

何时去

- 卢塞恩一年四季都适合游玩，但是在夏季和卢塞恩音乐节期间这里总是人满为患。
- 晚春、夏天和初秋时节最适合去安德马特、英格堡等地徒步，以及在卢塞恩湖上游船。
- 冬天在这片地区数不清的雪场中能找到顶级的单板和双板滑雪体验。英格堡、克莱文阿尔卑和安德马特是其中最棒的。
- 楚格和乌里湖在夏天时最美，此时来湖里游泳更可以玩得畅快淋漓。

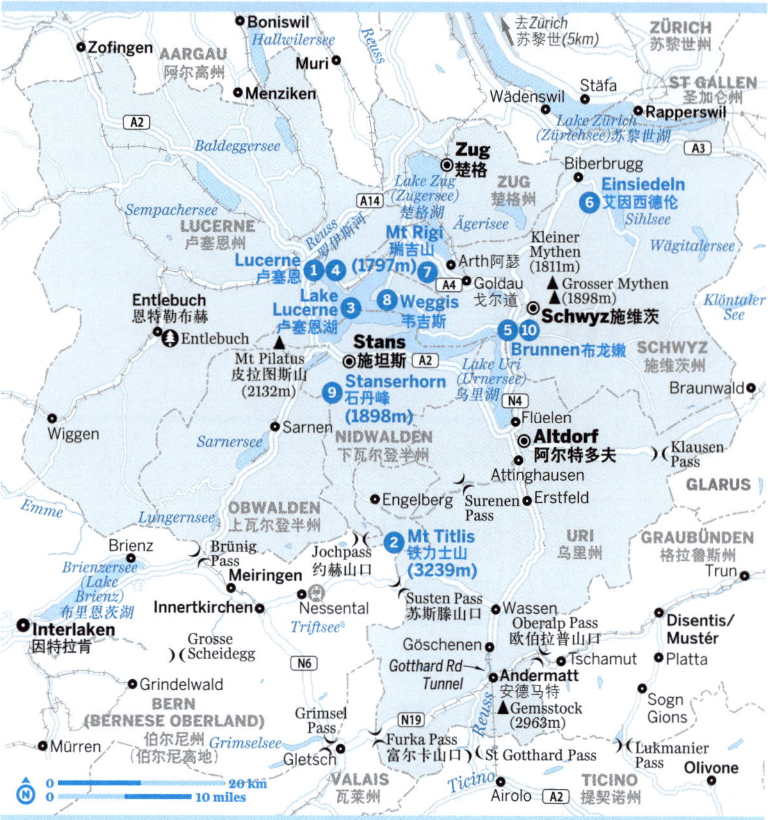

瑞士中部亮点

❶ **卢塞恩**（见223页）享受瑞士最美丽城市的优雅氛围。

❷ **铁力士山**（见243页）从山顶的悬崖之路走过，努力不要向下看。

❸ **卢塞恩湖**（见230页）乘船游览并观赏光、影、雾的神奇变化。

❹ **卡贝尔桥**（见223页）经**卢塞恩**传奇的廊桥越过罗伊斯河。

❺ **瑞士刀谷博物馆**（见235页）在**布龙嫩**磨炼你的刀具组装技巧。

❻ **艾因西德伦**（见238页）与成群的朝圣者一起拜访修道院教堂。

❼ **瑞吉山**（见232页）享受从卢塞恩搭乘渡轮、齿轨铁路、缆车和渡轮返程的一日游。

❽ **韦吉斯**（见233页）在这一斯文的卢塞恩湖度假胜地的湖边放松。

❾ **石丹峰**（见232页）坐在敞篷卡布里欧缆车里享受和煦的阳光。

❿ **瑞士之路**（见235页）穿行在**布龙嫩**形似峡湾的乌里湖周围，体会威廉·退尔的精神。

ℹ 到达和当地交通

离得最近的大型机场是苏黎世机场，公路和铁路四通八达，非常便利。

如果你没有Swiss Travel Pass（凭票可免费乘船），可以考虑购买一张4月至10月间使用的**退尔通票**（Tell-Pass；www.tell-pass.ch；成人2/3/4/5/10日 Sfr180/210/230/240/300，儿童10日内 Sfr30），凭此票可在中部地区无限次乘坐火车、船、公共汽车、缆车和山间火车，有效期为2~10天，卢塞恩游客办公室和所有船码头均出售此票。

卢塞恩（Lucerne）

人口80,500 / 海拔435米

如果把卢塞恩比作一顿美餐，那么让我们来看看这顿美餐都包含些什么：餐盘中间是一片被山环绕的钴蓝色湖泊，旁边搭配一份中世纪的**老城区**（Altstadt），再到处撒上一些星罗棋布的廊桥、露天广场、多彩房屋和湖边步行道等香料，整盘菜散发着动人的香味。19世纪时，欣赏过卢塞恩风光的歌德、维多利亚女王和瓦格纳等人都对这里赞不绝口，而卢塞恩也自那时起就成为一处名副其实的旅游胜地。传说，一个发光的天使指引卢塞恩的开拓者在城中修建了一座教堂，这座教堂直到今天仍保留着当年的神韵。

这是一座瞬息万变的城市：它不仅有充满怀旧感的一面，也有趣味高雅的一面。尽管商店里仍然充斥着“如纪念品般华而不实之物”（马克·吐温语），但卢塞恩并不是一个活在过去的城市，一场接一场的现场音乐演出让这里充满着活力。这里有狂欢节上的欢声笑语，温暖惬意的夏天，还有金风飒飒的秋天——这座“光之城市”的光芒照亮着一年四季。

景点

★卡贝尔桥 桥

（Kapellbrücke, Chapel Bridge）没来过卡贝尔桥，就不算到过卢塞恩。这座横跨在老城区罗伊斯河上的桥建于14世纪，走在上面脚下会发出吱吱呀呀的声音。1993年的一场火灾对桥造成了破坏，带山墙的桥顶就是现代新修的，但当年的八边形水塔还在。过桥的时候注意看三角形的屋面板，上面有17世纪的瓦格曼画作，画作题材取自瑞士历史和神话。黄昏时，轻柔温暖的落日余晖洒向大地，此时的卡贝尔桥正是一天之中最上镜的模样。

去博物馆

如果你想要游览多个博物馆，可以买一张有效期为2天的**卢塞恩博物馆卡**（Lucerne Museum Card；www.luzern.com/en/museum-card；2天 Sfr36），这样会比较划算。

不要错过

伊塞利公园（INSELI PARK）

伊塞利公园是一个绿树成荫的湖边公园，距离火车站很近，天气不错的时候，当地人常常来这里的草地上晒太阳、打乒乓球或坐在露天酒吧**Volière**（☎041 410 00 70；www.facebook.com/voliere.3fach；⊙5月至9月中旬 11:30至午夜）和**Buvette**（www.facebook.com/buvetteiminseli；⊙4月至9月中旬 正午至午夜）喝酒。从火车站出发，往东走经过文化会议中心（KKL），然后往南转沿湖边走100米就到了。

★狮子纪念碑 纪念碑

（Löwendenkmal, Lion Monument; Denkmalstrasse）在卢塞恩这些19世纪留下的景点中，最吸引英国游客的就是这座狮子纪念碑。1820年，卢卡斯·阿霍恩（Lukas Ahorn）在岩石表面刻下一个长10米的死狮雕像，用来纪念在法国革命中因保卫路易十六而牺牲的瑞士将士。马克·吐温曾称这座纪念碑为“世界上最令人悲伤和动容的一块岩石”。对于《纳尼亚传奇》的读者来说，这里通常会让他们想起石桌上的阿斯兰。

★穆塞格城墙 要塞

（Museggmauer, City Wall; ⊙4月至10月 8:00~19:00）免费 沿着可以追溯至1386年的古老城墙上方漫步可以鸟瞰城市屋顶、波光粼粼的卢塞恩湖和远处的群山。从**Schirmerturm**塔进入后，沿一条步道走到**Wachturm**，然后再折回。可以爬上**Zytturm**或**Männliturm** 免费 参观（Männliturm偏西且不与步道相连）。

瑞士交通博物馆 博物馆

（Verkehrshaus, Swiss Museum of Transport; ☎0900 333 456; www.verkehrshaus.ch; Lidostrasse 5; 成人/儿童 Sfr30/15; ⊙4月至10月 10:00~18:00, 11月至次年3月 至17:00; 👪）瑞

Lucerne 卢塞恩

士交通博物馆里有许多交互式设计，非常适合儿童游览，当之无愧为这个国家最受欢迎的博物馆。除了火箭、蒸汽机车、飞机、老爷车和独木舟等展品外，这里还有脚踏船、飞行模拟器和播音室等可以实际动手操作，以及一张可以在上边行走的1:20,000的瑞士地图。

博物馆里还有一个**天文馆**（成人/儿童 Sfr15/9；⏲时间不定）、瑞士最大的**3D影院**（www.filmtheater.ch；成人/儿童 Sfr18/14）和**瑞士巧克力之旅**（Swiss Chocolate Adventure；成人/儿童 Sfr15/9）——通过长达20分钟的多媒体展览讲述巧克力的起源、历史、制作，以及从加纳到瑞士和全球其他地方的运输过程。

文化会议中心 艺术中心

（Kultur und Kongresszentrum，KKL；☎041 226 79 50；www.kkl-luzern.ch；Europaplatz；导览游 成人/儿童 Sfr15/9；⏲售票处 周一至周五 9:00~18:30，周六 10:00~16:00）这座艺术和会议中心的设计师是法国建筑师让·努维尔，在历史积淀厚重的城市里，这样一栋后现代建筑无疑是一个异类。里面的音乐厅建得高而窄，其中有一部分位于湖平面以下。音乐厅周围是一个混响室，天花板做了可以调节的吊顶。这样的装修设计有利于隔离外音，从而实现完美音效。音乐厅已获过无数个奖项和荣誉，随着卢塞恩音乐节（见226页）在国际上的影响越来越大，它的存在也为音乐节提供了有力的后盾。完整开放时间见网站。

斯普洛耶桥 桥

（Spreuerbrücke，Spreuer Bridge；Kasernenplatz和Mühlenplatz的中间）从卡贝尔桥出发沿河流下游方向走就到了斯普洛耶桥。这座桥建于1408年，比卡贝尔桥小一点，颜色暗一

Lucerne 卢塞恩

重要景点

1 卡贝尔桥 B2
2 穆塞格城墙 B1
3 罗森加特藏品馆 B3

景点

4 历史博物馆 A2
5 伊塞利 D3
6 文化会议中心 D3
美术馆 （见6）
7 Männliturm A1
8 自然博物馆 A2
9 Schirmerturm B1
10 斯普洛耶桥 A2
11 Wachturm B1
12 Zytturm B1

活动、课程和团队游

13 Next Bike D3
14 SNG C1

住宿

15 Hotel Alpha A4
16 Hotel des Alpes C2
17 Hotel des Balances B2
18 Hotel Waldstätterhof C3
19 The Hotel C4
20 Wilden Mann Hotel A2

就餐

Bam Bou by Thomas （见19）
21 Brasserie Bodu B2
22 Jazzkantine B1
KKL World Café （见6）
23 Schiffrestaurant Wilhelm Tell D1
24 Takrai D1
25 Wirtshaus Galliker A2

饮品和夜生活

26 Buvette D3
27 Déjà-vu C4
28 Luz Seebistro C2
29 Rathaus Bräuerei B2
30 Volière D3

娱乐

31 Stadtkeller B1

点，但没有进行过任何后期修复。据说，这是中世纪时城内唯一一座允许人们往河里倒谷壳和树叶的桥。桥顶面板上有艺术家卡斯帕·梅林格（Caspar Meglinger）画的《死亡之舞》，这一系列画作展现了黑死病对社会各阶层的影响。

布尔巴基全景馆 地标

（Bourbaki Panorama；☎041 412 30 30；www.bourbakipanorama.ch；Löwenplatz 11；成人/儿童 Sfr12/7；⏰4月至10月 9:00~18:00，11月至次年3月 10:00~17:00）爱德华·卡斯特尔的这幅1100平方米的环形壁画描绘了1870~1871年普法战争后法国军队被拘留在瑞士的情景，画面非常细致，配有令人动容的语音介绍（以及英译文字版）。

冰河遗址公园 地标

（Gletschergarten，Glacier Garden；☎041 410 43 40；www.gletschergarten.ch；Denkmalstrasse 4；成人/儿童 Sfr15/8；⏰4月至10月 9:00~18:00，11月至次年3月 10:00~17:00；👪）冰河遗址公园里有一块约2000万年前的岩石，岩石碰上了冰川，被撞出许多道疤痕（包括大凹坑）。这里有一个阿拉伯风格的镜子迷宫，迷宫的灵感来源于西班牙的阿尔罕布拉宫，深受儿童和热衷于花哨玩意的人们的喜欢。公园就在狮子纪念碑（见223页）旁边。

美术馆 博物馆

（Kunstmuseum，Museum of Art；☎041 226 78 00；www.kunstmuseumluzern.ch；Level K，Europaplatz 1；成人/儿童 Sfr15/6；⏰周二和周四至周日 10:00~18:00，周三 至20:00）这个美术馆位于文化会议中心里面，人们对它的永久收藏品褒贬不一，但这里的临时展览通常很不错。

历史博物馆 博物馆

（Historisches Museum，History Museum；☎041 228 54 24；www.historischesmuseum.lu.ch；Pfistergasse 24；成人/儿童 Sfr10/5；⏰周二至周日 10:00~17:00）卢塞恩的历史博物馆按主题的不同划分为几个部分，内容一目了然。用音频导览器扫描条形码，可以收听相关内容的德语或英语讲解。

自然博物馆 博物馆

（Natur-Museum, Nature Museum; ☎041 228 54 11; www.naturmuseum.ch; Kasernenplatz 6; 成人/儿童 Sfr8/3; ⏲周二至周日 10:00~17:00）博物馆里有复原动物标本、爬虫标本和可以互动的活动，最好玩的地方是一条树林小径，道路两侧种着真正的树，还摆着一块传说中的“卢塞恩龙石”（Luzerner Drachenstein），据说这块石头从一条龙的嘴中吐出后，越过皮拉图斯山，然后掉了下来（现代科学表明，这块发现于15世纪的石头极有可能是一块陨石）。

理查德·瓦格纳博物馆 博物馆

（Richard Wagner Museum; ☎041 360 23 70; www.richard-wagner-museum.ch; Richard-Wagner-Weg 27; 成人/儿童 Sfr10/免费; ⏲3月中旬至11月 周二至周日 10:00至正午和14:00~17:00）博物馆位于卢塞恩湖南岸、瓦格纳在特里布森的故居里，里面摆放着过去的乐器，包括携带式小风琴等罕见乐器。在火车站坐6路、7路或8路公共汽车到Wartegg站下。

活动

旅游局（见230页）可提供这个地区的徒步信息，如从天鹅广场（Schwanenplatz）到所马特（Sonnmatt）的适合轻松漫步的路线。

海滨浴场滨湖公园 游泳

（Strandbad Lido; ☎041 370 38 06; www.lido-luzern.ch; Lidostrasse 6a; 成人/儿童 Sfr7/4; ⏲6月至8月 9:00~20:00，5月和9月 10:00~19:00）这里在露营滨湖公园附近的一片沙滩上有一个操场、一个排球场和户外温水游泳池。湖对面Alpenquai附近的Seepark里有免费游泳池。

SNG 划船

（☎041 368 08 08; www.sng.ch; Alpenquai 11; 脚踏船/摩托艇/浮船 每小时 Sfr30/60/90起）SNG提供船只出租和价格优惠的60分钟乘船游（成人/儿童 Sfr19/10）。

Next Bike 骑车

（☎041 508 08 00; www.nextbike.ch; Lucerne Bahnhof; 自行车 每小时/天 Sfr2/20）这个自行车出租行位于火车站。使用移动应用或打电话用信用卡支付完毕后，你会获得一个号码，用这个号码可解锁相应的自行车。湖边有几条风景优美的骑行道，包括一条经Kastanienbaum去Winkel的平坦的16公里自行车车道。

SkyGlide 滑翔伞

（☎041 620 20 22; www.skyglide.ch; 滑翔 Sfr170起）这里的双人滑翔伞将带你在卢塞恩湖上空翱翔。

节日和活动

卢塞恩音乐节 音乐节

（Lucerne Festival; ☎041 226 44 00; www.lucernefestival.ch）这个世界著名的音乐节共有

不要错过

罗森加特藏品馆（SAMMLUNG ROSENGART）

罗森加特藏品馆（☎041 220 16 60; www.rosengart.ch; Pilatusstrasse 10; 成人/儿童 Sfr18/10; ⏲10:00~18:00）是卢塞恩一个重量级的文化景点。在这栋新古典主义风格的建筑里，陈列着安吉拉·罗森加特（Angela Rosengart）的珍贵收藏品。瑞士人罗森加特是一名艺术经纪人，同时也是毕加索的好友，慷慨无私的他将自己收藏的200多件珍品拿出来，创办了这个面向公众开放的藏品馆。除了毕加索的作品，这里还有克利、塞尚、康定斯基、米洛、马蒂斯和莫奈等人的油画和素描，包括罗森加特购买的第一件艺术品——由瑞士艺术家保罗·克利创作的、充满童趣的*X-chen*（1938年）。

除此以外，这里还有200多张有关毕加索的摄影作品，摄影师大卫·道格拉斯·邓肯用镜头记录下了这位画家去世前17年与家人在法国戛纳的生活。这些照片从另一个独特的视角展现了毕加索作为一个童心未泯的手工艺人、伴侣、朋友和父亲的一面，因而弥足珍贵。

3个单元：复活节、夏天和“弹钢琴”（11月）。文化会议中心（见224页）和卢塞恩周边地方会举行音乐会。

住宿

卢塞恩非常受来瑞士观光的游客们欢迎，而且有很多住所可以选择。如果是狂欢节或卢塞恩音乐节期间过来，记得预订酒店。网站（www.luzern-hotels.ch）上有酒店名单。

★ The Bed & Breakfast 民宿 €

（☎041 310 15 14；www.thebandb.ch；Taubenhausstrasse 34；双 Sfr140起，标单/双/标三/四 不带卫生间 Sfr85/130/165/200起；P 📶）这间民宿给人一种宾至如归的感觉——这里有时尚现代的房间、纯白的床上用品和随意摆放的靠垫。这间民宿中还有花园和老式浴缸。有些房间带独立卫生间（如果你想要入住这些房间，最好预订），有些则需共用卫生间。其他设施大家共享。坐1路公共汽车到Eichhof站下，或者从火车站走路15分钟过来。

★ Schlössli Hotel & Restaurant 酒店 €

（☎041 377 14 72；www.schloesslimeggen.ch；Luzernerstrasse 4，Meggen；标单/双 Sfr80/100起；P 📶）这家酒店待客非常热情，位于卢塞恩以东6公里处的Meggen，如果想省钱你可以来这里。客房简单而干净，有免费停车场和Wi-Fi，而且搭乘24路大巴去火车站只要10分钟（Sfr4.10）。这里的餐厅Schlössli供应从比萨到沙拉等瑞士基本菜品。

露营滨湖公园 露营地 €

（Camping Lido；☎041 370 21 46；www.camping-international.ch；Lidostrasse 19；营地 每个成人/儿童 Sfr10/5，帐篷 Sfr10~15，铺 Sfr25；P 📶）这个露营地位于湖的北岸、城市以东，也有4~8人铺的小木屋（需要用睡袋）。这里有操场、洗衣房和带Wi-Fi的游戏室，还可出租自行车。坐6路、8路或24路公共汽车到Verkehrshaus站下。

Hotel Alpha 酒店 €

（☎041 240 42 80；www.hotelalpha.ch；Zähringerstrasse 24；双 Sfr158，标单/标双/标三 不带卫生间 Sfr84/126/171；📶）酒店位于一个安静的住宅区里，从老城区走过来大约10分钟。酒店很漂亮，价格也不那么贵。房间布置简单清爽，一尘不染；较便宜的房间共用卫生间。

Backpackers Lucerne 青年旅舍 €

（☎041 360 04 20；www.backpackerslucerne.ch；Alpenquai 42；铺/标三 Sfr33/111，标双 Sfr78~84；⏲前台 7:30~10:00和16:00~23:00；📶）旅舍位于湖对面，从火车站往东南方步行15分钟就是，这里是个热情洋溢的地方，有画有涂鸦的墙壁、热情的工作人员、设备齐全的厨房和带阳台的整洁宿舍。旅舍不提供早餐，但住客可以使用设施齐全的厨房自己做饭。出租滑冰鞋和山地自行车。

Hotel Waldstätterhof 酒店 €€

（☎041 227 12 71；www.hotel-waldstaetterhof.ch；Zentralstrasse 4；标单/双/标三 Sfr110/140/210起；P 📶）酒店在火车站对面，室内装修为仿哥特风格，房间漂亮现代，天花板很高，铺有硬木地板。酒店服务也很棒。

Hotel des Balances 酒店 €€

（☎041 418 28 28；www.balances.ch；Weinmarkt 4；标单/双/套 Sfr150/220/305起；P 📶）酒店位于老城区的一个黄金地段上，正面墙壁上有精美壁画，散发着时尚的气息。纯白的房间墙壁、金底的镜子与有图案的木地板相得益彰。套房的阳台上可以看到河畔风光。朝向河一侧的单人和双人间比同类型房间要贵。早餐需每人额外支付Sfr32。

Hotel des Alpes 酒店 €€

（☎041 417 20 60；www.desalpes-luzern.ch；Furrengasse 3；标单/双 Sfr115/175起；📶）优越的地理位置是这间酒店最大的亮点：面朝河水，可以望见卡贝尔桥。房间有一种带有年代感的舒适感，但睡觉很轻的人可能会觉得外面有点吵。朝向河的房间更贵，不过噪声更少。

Art Deco Hotel Montana 设计酒店 €€

（☎041 419 00 00；www.hotel-montana.ch；Adligenswilerstrasse 22；标单/双 Sfr190/260起；

📶）这间豪华的艺术酒店位于卢塞恩湖上方，需要乘坐酒店自己的缆车过去。房间的装修注重细节，从有图案的木地板到复古风格的灯具无一例外。在许多房间、露台和大门处都可看到美妙的风景。

Wilden Mann Hotel 精品酒店 €€

（☎041 210 16 66；www.wilden-mann.ch；Bahnhofstrasse 30；标单/双/套 含早餐 Sfr165/270/360起；📶）酒店所在的房子建于16世纪，就在河的附近，房间环境特别优雅，墙壁上刷着粉饰灰泥，有红宝石色的床上用品和古董碗橱。一楼的露台是就餐的理想地点。

Hotel Hofgarten 酒店 €€

（☎041 410 88 88；www.hofgarten.ch；Stadthofstrasse 14；标单/双/标三 Sfr165/240/295起；P📶）酒店是一栋建于17世纪70年代的房子，每个房间的装饰都独具风格，此外还有个带用餐区的可爱庭院。菜品采用本地食材。

Château Gütsch 酒店 €€€

（☎041 289 14 14；www.chateau-guetsch.ch；Kanonenstrasse；双/套 Sfr330/450起；P📶）酒店位于山顶的一个城堡里，老板是一个俄罗斯人。酒店漂亮得无与伦比，许多房间以及吧台和早餐露台拥有开阔的视野，可以俯瞰卢塞恩湖。

The Hotel 酒店 €€€

（☎041 226 86 86；www.the-hotel.ch；Sempacherstrasse 14；房间/套 Sfr255/555起；❄📶）这间充满时尚感的酒店带有建筑师让·努维尔的设计风格，整间酒店呈流线型，套房的天花板上画着取自经典电影的场景。楼下是卢塞恩最时尚的餐厅之一，街对面有一个适合闲逛的公园。

Palace Luzern 酒店 €€€

（☎041 416 16 16；www.palace-luzern.ch；Haldenstrasse 10；房间 Sfr450起；📶）这间朝湖的豪华酒店位于一栋“美好年代”留下的建筑里，里面有大理石地板、枝形吊灯、通风的房间，彰显着旧时代的宏伟大气。来水边这座最宏伟的建筑是不会有错的。

就餐

Jazzkantine 咖啡馆 €

（☎041 410 73 73；www.jazzkantine.com；Grabenstrasse 8；意大利面 Sfr16起，三明治 Sfr7起；⏲周一至周六 9:00至次日00:30）这间位于老城区背面的餐厅中有长吧台、坚实的木桌和用粉笔写成的菜单。供应的食物包括美味的意大利菜和好喝的咖啡。楼下定期举办爵士乐学习班和现场演出。

Takrai 泰国菜 €

（☎041 412 04 04；www.takrai.ch；Haldenstrasse 9；主菜 Sfr14.50起；⏲周一至周五 11:00~14:00和17:00~22:00，周六 11:00~22:00）这间不大的泰国菜餐馆主要供应以丰富咖喱调味的本地食材。如果没有座位了，可以打包去湖边吃。

KKL World Café 各国风味 €

（☎041 226 71 00；www.kkl-luzern.ch/en/cuisine；Europaplatz 1；主菜 Sfr17起；⏲9:00~20:00）沙拉和三明治是这间法式小馆/咖啡馆的展示柜中最常见的食物，午餐时间和晚餐时间供应炒菜。

★ **Wirtshaus Galliker** 瑞士菜 €€

（☎041 240 10 02；Schützenstrasse 1；主菜 Sfr21起；⏲周二至周六 11:30~14:00和18:00~20:30）这是加利克家族四代经营的餐馆，拥有一大批回头客。服务贴心周到，供应卢塞恩当地的美食（烤土豆饼、牛肉派等）。

Brasserie Bodu 法国菜 €€

（☎041 410 01 77；www.brasseriebodu.ch；Kornmarkt 5；主菜 Sfr22起；⏲周一至周六 9:00至午夜，周日 11:00起）长椅、木地板和摆放紧凑的桌子让这个法式小馆充满了温馨的气息，与之相搭配的是这里的波尔多葡萄酒、法式鱼羹和鲜嫩多汁的里脊牛排。

★ **Bam Bou by Thomas** 地中海菜 €€€

（☎041 226 86 10；www.bambou-luzern.ch；Sempacherstrasse 14；午餐 主菜 Sfr23起；⏲周二至周六 11:30~14:00和18:00~22:00）这是The Hotel酒店（见228页）的餐厅，它所在的位置比街道要低，经历过一次转型，如今的老板是获奖大厨科琳娜·托马斯（Corinna Thomas)和拉尔夫·托马斯(Ralf Thomas),他们专做法式地中海菜。

★Grottino 1313 意大利菜 €€€

(☎041 610 13 13; www.grottino1313.ch; Industriestrasse 7; 午餐套餐 Sfr20起,晚餐套餐 Sfr64; ⊙周一至周五 11:30~14:00,每天 18:00~23:30)从卢塞恩的游客堆里逃离出来,来火车站南边这间时尚餐馆放松放松。这里的菜单一直在变动,主要有无花果栗子汤等开胃菜、创意意大利面、明火炒肉和丰盛的甜品。

Schiffrestaurant Wilhelm Tell 瑞士菜 €€€

(☎041 410 23 30; https://schiffrestaurant.ch; Landungsbrücke 9; 3道菜套餐 Sfr54; ⊙周二至周六 11:00至午夜,周日 至23:00)桨轮蒸汽老船"威廉·退尔号"(Wilhelm Tell)已经在这里将近110年,不过如今已经不再出航了。这里现在是一家可爱的漂浮餐厅兼酒吧。来这里吃午餐或晚餐,或者单纯坐在甲板上喝着咖啡、鸡尾酒或啤酒享受周边的环境。

饮品和夜生活

Rathaus Bräuerei 酿酒厂

(☎041 410 61 11; www.rathausbrauerei.ch; Unter der Egg 2; ⊙周一至周六 11:30至午夜,周日至23:00)这是一家由家庭经营的酒厂,位于卡贝尔桥附近,生意非常好。你可以直接来到圆顶屋子里喝酒,也可以去人行道上找张桌子坐下,一边看河流景色一边品尝美酒。这里挤满了当地人,所以你知道这里肯定很不错。

Déjà-vu 酒吧

(☎078 677 59 96; www.facebook.com/dejavu.lu; Sempacherstrasse 17; ⊙16:30~22:00)这里挤满了人,价格合理,是个顶级的夜间去处。菜品比较有限,但如果你想要价格实惠的比萨饼、玉米片,或者啤酒的话,来这里没错。这里是个热门的派对场所,鸡尾酒也不错。

Luz Seebistro 咖啡馆

(☎041 367 68 72; www.luzseebistro.ch; ⊙7:30至次日00:30)这个复古船屋停在火车站对面的湖边,不论在日落时分过来小酌一杯或是任何时候边喝咖啡边歇息,都是十分惬意的选择。

☆娱乐

Schüür 现场音乐

(www.schuur.ch; Tribschenstrasse 1; ⊙19:00至深夜)这里的现场音乐演出包括金属乐、车库音乐、流行乐和电子乐、古巴音乐以及世界音乐等,主题夜演出有DJ主持的英式流行音乐和20世纪80年代的经典音乐表演。演出情况见网站。

Stadtkeller 传统音乐

(☎041 410 47 33; www.swissfolkloreshow.com; Sternenplatz 3; ⊙午餐表演 12:15,晚餐 20:00)阿尔卑斯山长号角、牛铃、掷旗表演、约德尔调表演——你想得到的最富有瑞士特点的东西这里都有。这个地方的客人以游客为主,午餐时间和晚餐时间有民俗表演。尽管这里的旅游味较重,但也挺好玩的。

La Madeleine 现场音乐

(www.lamadeleine.ch; Baselstrasse 15; ⊙周三至周六 20:00至深夜)有两个演出场地和一个舒适的酒吧,现场音乐演出十分低调。

值得一游

恩特勒布赫地区(ENTLEBUCH)

位于卢塞恩西南方的**恩特勒布赫**(www.biosphaere.ch; 山地和高地的生态系统)面积达39,000多平方公里,2001年被列为联合国生物圈保护区。别把它想成偏远的野外,这里生活着约17,000名居民,他们至今还保留着传统的奶牛场生活方式。来这个海拔600~2350米的地区徒步,你可以看到喀斯特地貌、绵延的沼泽地(在这个地区的覆盖率达25%)、阿尔卑斯山草场和山间溪流。详细信息请咨询**公园办事处**(☎041 485 88 50; Chlosterbüel 28; ⊙周一至周五 8:00至正午和13:30~17:00)。办事处位于Schüpfheim。

网站上有每月节目表。

购物

卢塞恩商店林立，在这里逛街很有意思。Haldenstrasse路主要卖艺术品和古董，Löwenstrasse路主要卖各种复古棉线和纪念品。周二和周六上午码头边有卖水果蔬菜的摊位。5月至10月间的周六，Burgerstrasse路有跳蚤市场。

实用信息

旅游局（☎041 227 17 17；www.luzern.com；Zentralstrasse 5；⊙5月至10月 周一至周五 8:30~19:00，周六 9:00~19:00，周日 9:00~17:00，11月至次年4月 时间缩短）可以从Zentralstrasse路或中央火车站的3站台过来。在这里可以预订卢塞恩湖周边的一日远足。

到达和离开

卢塞恩与因特拉肯东站（Sfr33，1.75小时）、伯尔尼（Sfr40，1~1.5小时）、卢加诺（Sfr61，2小时）和苏黎世（Sfr26，45分钟至1小时）之间有班次频繁的火车。

连接巴塞尔和卢加诺的A2高速公路经过卢塞恩，A14/A4高速公路通往苏黎世。

当地交通

老城区大部分区域只能步行，来这里逛逛非常有意思。去的地方较远的话，可以在Bahnhofplatz的中央火车站外面乘坐**公共汽车**（www.vbl.ch）。10区日票的适用范围为市中心及周边，票价为Sfr8.20；单次车票费用为Sfr4.10。持Swiss Travel Pass则可免费乘车。火车站下面有一个地下停车场。

渡轮（www.lakelucerne.ch）通往湖周围多个地点，也有从渡轮站前边的码头出发的远足之旅。

卢塞恩湖（Lake Lucerne）

宏伟的群山环绕着四森林州湖（Vierwaldstättersee）——这个湖的发音和它的形状一样迂回曲折，难怪英语里简称它为卢塞恩湖。

想要欣赏卢塞恩湖最美的样子，最好的位置在皮拉图斯山、瑞吉山和石丹峰上。当云雾散开，站在陡峭的观景台上，你会看到如绿毯般铺展开来的山坡、波光粼粼的钴蓝湖面和远处的雪山。

除了壮丽的山景，卢塞恩湖还有一些隐秘的度假胜地，全都可以坐船到达。卢塞恩湖以东的乌里湖旁是吕特里草甸，这里是传说中瑞士诞生的地方。

湖的北岸和东岸很容易到达，如果自驾的话，你可以从卢塞恩全程沿水边开往韦吉斯再到布龙嫩和弗吕埃伦等地。

当地交通

卢塞恩湖上有**SGV**（www.lakelucerne.ch）经营的桨轮船等船只，一年中的任何时候都可以乘坐。乘坐长途船的价格比乘短途船的要便宜，而且你可以随时上下船。

从卢塞恩出发，可前往阿尔卑纳赫施塔德（Alpnachstad；单程/往返 Sfr27/45，1.75小时）、韦吉斯（Sfr19.60/38，50分钟）、菲茨瑙（Vitznau；Sfr27/45，1.25小时）、布龙嫩（Sfr39/63，1.75小时）和弗吕埃伦（Sfr46/72，3.25小时）。

SGV的单日票价格为每个成人/儿童 Sfr72/36。持Swiss Travel Pass可免费乘坐固定时间的船只，持InterRail Pass可享受半价优惠。乘坐某些山间火车和缆车时凭通票也可享受折扣。

除了弗吕埃伦到斯塔德的那一段，卢塞恩湖沿岸都紧邻着公路。A2高速公路差不多笔直地从湖边经过，有时会进入地下，大部分路段远离湖岸。

皮拉图斯山（Mt Pilatus）

耸立在卢塞恩西南方9公里处的皮拉图斯山（www.pilatus.ch）从19世纪起开始为世人所知，可以乘坐全世界最陡的齿轨铁路抵达；适合进行一场难忘的一日观光远足。其声名鹊起主要得益于两个人：称赞过此地阿尔卑斯山风光的德国作曲家瓦格纳以及骑马上山的维多利亚女王。传说这座高2132米的山峰得名于本丢·彼拉多，他的尸体被人从山顶投进一个湖中，从此以后就一直阴魂不散。如果撇开这些迷信的说法，这个名字更像是来源于拉丁单词“pileatus”，意思是“被云覆盖”，而这正是山间常见的景象。

Lake Lucerne 卢塞恩湖

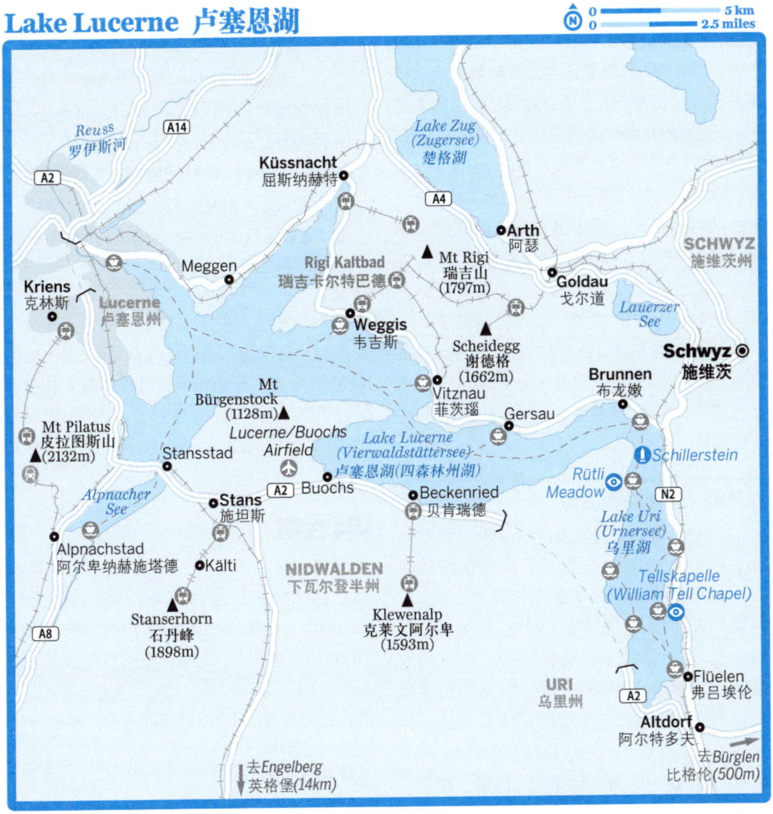

活动

皮拉图斯山是徒步者的天堂：从Fräkmüntegg到山顶的一段长2.8公里的陡峭山路，有些地方还需要用到绳索（6月至9月）；从Krienseregg到Fräkmüntegg的一段长3.5公里的比较好走的路，其间会经过森林和沼泽地；从Pilatus-Kulm酒店到Tomlishorn峰的一段1.5公里的路，天气晴朗时可以看见黑森林。

皮拉图斯山绳索公园 探险运动

（Pilatus Seilpark，Rope Park；www.pilatus-seilpark.ch；成人/儿童 Sfr28/21；⏲5月至10月 10:00~17:00）夏天可以来Fräkmüntegg的皮拉图斯山绳索公园体验行走在树顶上方的感觉。这里有11条惊险刺激的小径，有些路线会经过高空绳索桥，有些需要爬树，难度不一。从皮拉图斯山往下坐缆车或从Krienz坐到Fräkmüntegg可以到这里。

冬天过来从Fräkmüntegg坐**雪橇**去克林斯（Kriens），中间穿过白雪覆盖的树林。克林斯和Fräkmüntegg之间有缆车，一日通票收费每个成人/儿童 Sfr35/17.50。Fräkmüntegg车站出租雪橇（Sfr8起）。

住宿

Pilatus-Kulm 酒店 €€€

（☎041 329 12 12；www.pilatus.ch/en/hotel-pilatus-kulm；Mt Pilatus；每人 Sfr210起；📶）酒店可以追溯至1890年，最近才彻底翻新完，提供令人惊喜的山顶住宿体验，房价包含4道菜晚餐和自助早餐。淡季（11月下旬至次年3月）有优惠。

到达和离开

5月到10月，你可以按经典的“黄金环线”

一日游览皮拉图斯山。先从卢塞恩坐船到山南的阿尔卑纳赫施塔德（单程/往返 Sfr27/45，1.75小时），然后乘火车沿世界上最陡峭的齿轨铁路上到皮拉图斯山；到达山顶后，再坐缆车经Fräkmüntegg和Krienseregg从山北下山去克林斯，从那里坐1路公共汽车返回卢塞恩。沿反方向路线（克林斯—皮拉图斯—阿尔卑纳赫施塔德—卢塞恩）游览也可以。往返的费用为Sfr106（持Swiss Pass、Eurail Pass或InterRail Pass可享受折扣）。在卢塞恩旅游局订票（见230页）。

新的空中缆车（2015年开放）连接了Fräkmüntegg和皮拉图斯山的北坡，提供了一种全新的体验。因为别致的设计和观景大窗，人们戏称乘坐这条缆车好像"骑在龙背上"一般，全程只要3分钟30秒。

石丹峰 (Stanserhorn)

1898米高的石丹峰（www.stanserhorn.ch；卢塞恩以南13公里处）耸立在湖的上方，从这里可以将卢塞恩湖、铁力士山、皮拉图斯山和其他周边的群山尽收眼底。先后乘坐1893年的复古缆索铁路、先进的双层缆车（顶层为露天）上山，但到达山顶仅仅能够收获游玩石丹峰的一半乐趣。一旦到达山顶，会有"石丹峰管理员"（Stanserhorn Ranger）为你介绍情况，观察土拨鼠、地质探索等活动保准让你闲不下来。

景点

Stanserhornbahn Funicular 索道

（☎041 618 80 40；www.stanserhorn.ch；索道和缆车 成人/儿童 往返 Sfr74/37；⊙4月中旬至11月上旬）在1893~1974年间，石丹峰可以从施坦斯（Stans）搭乘3段缆索铁路到达。在1974年，上边的两段被换成了空中缆车（后来被换成了卡布里欧缆车），只剩下施坦斯到Kälti的这段依然使用旧的缆索铁路。1893年所建的最初的山脚站（海拔450米）仍旧在使用中——从施坦斯火车站步行过来只要5分钟。票价包含在卡布里欧的登顶缆车票内。

卡布里欧缆车 缆车

（CabriO；☎041 618 80 40；www.cabrio.ch；Stansstaderstrasse 19；索道和缆车 成人/儿童 往返 Sfr74/37；⊙4月中旬至11月上旬）这一令人印象深刻的双层缆车可以让你从海拔711米处的Kälti站垂直上升1100米的过程中露天欣赏壮丽的景色。全程时长6分30秒。如果山顶风很大，请抓紧你的帽子。这是世界上第一个敞顶式缆车。

> **卢塞恩湖地区游客卡**
>
> 如果你在卢塞恩住下，记得拿免费的**卢塞恩湖地区游客卡**（Vierwaldstättersee Gästekarte；www.luzern.com/en/festivals-events/visitors-card）。凭这张卡（需要酒店盖章）在卢塞恩及其周边地区参观博物馆、使用体育设施、乘坐缆车、乘船游览时可享受优惠。

住宿

Hotel Engel 酒店 €€

（☎041 619 10 10；www.engelstans.ch；Dorfplatz 1；标单/双 Sfr120/170起；P 📶）Hotel Engel的口碑很好，充满历史感的建筑里有令人难忘的客房。这里距离施坦斯火车站只有一两分钟的步程。酒店里的餐厅也非常不错。

到达和离开

施坦斯位于卢塞恩—英格堡铁路线上（从卢塞恩过来单程Sfr8.60，20分钟）。索道基站距离施坦斯火车站5分钟步程。

从卢塞恩出发可以进行石丹峰一日游。在卢塞恩旅游局（见230页）询问细节。

瑞吉山 (Rigi)

画家特纳实在拿不定主意如何处理瑞吉山（www.rigi.ch；卢塞恩以东13公里处）的色彩，于是在1842年他干脆画了三种不同颜色的瑞吉山，借此反映这座海拔1797米的高山在不同时候所呈现出的不同面貌。天气晴朗的日子，从这里可以看见壮观的铁力士山和少女峰等山峰。北边和西边则可远眺阿瑟-戈尔道（Arth-Goldau）和曲折蜿蜒的楚格湖（Zugersee），湖紧挨着屈斯纳赫特（Küssnacht）和卢塞恩湖的一条支流。而在瑞吉山顶看日出和日落则属于理想中的人生体验。

活动

瑞吉是徒步者的天堂，它的网站上有推荐的徒步路线。其中有几条开始于瑞吉库尔姆（Rigi Kulm）、结束于瑞吉卡尔特巴德（Rigi Kaltbad）的轻松级路线（1~2小时），途中风光无限。卢塞恩和韦吉斯的旅游局提供关于Rigi Lehnenweg的信息，这是瑞吉山周边一条长17.5公里的徒步小径。

徒步上山则是另外一回事。从韦吉斯出发爬上山至少要花4.5小时；也可以先从屈斯纳赫特坐缆车（www.luftseilbahnseebodenalp.ch；单程/往返 Sfr13/22）到Seebodenalp，然后再沿一条陡峭的小路走到山顶，这一段路就只要花两小时多一点。按神话故事里的说法，瑞吉生活着一个拥有超自然能力的小个子"野人"——Chlyni Lüüt，在瑞吉山徒步时不妨留个心。

Mineralbad & Spa Rigi Kaltbad 水疗

（☎041 397 04 06；www.mineralbad-rigikaltbad.ch；成人/儿童 Sfr37/17；⊙9:00~19:00）在经过一天辛苦的徒步之后，在最近刚开始营业的Mineralbad & Spa Rigi Kaltbad舒展一下筋骨，这里由著名的瑞士建筑师马里奥·博塔（Mario Botta）设计。购买基本门票后，可在白天无限次使用这里富含矿物质的浴池；其他级别的门票则包括晚上的烛光泡澡和"按摩+普罗赛客葡萄酒"套餐。

住宿

Rigi Kulm Hotel 酒店 €€

（☎041 880 18 88；www.rigikulm.ch；Mt Rigi；每人 Sfr115起；🛜）日出时分是观景的最佳机会。自从维多利亚时代起，游客们便住在Rigi Kulm Hotel，赶在破晓之前起床。如今的酒店，是20世纪时版本的重建，是山顶唯一的主要建筑，有个餐厅和小吃店。

免费游览瑞吉山

如果你有Swiss Travel Pass，那么从卢塞恩前往瑞吉山进行一日远足的可行性很高。整个旅程，包含乘船去菲茨瑙（Vitznau），坐齿轮火车到山顶，搭缆车下山回韦吉斯，然后再坐船回卢塞恩，全部都包含在你的Swiss Travel Pass里了。

到达和离开

有两条经营相互竞争的铁路通往山顶（单程/往返 Sfr42/68），一条始于阿瑟-戈尔道（45分钟），一条始于菲茨瑙（30分钟）。如果乘坐的是发自菲茨瑙的那趟火车，返程时可在瑞吉卡尔特巴德下车，然后转乘缆车下山去韦吉斯。持Eurail Pass或InterRail Pass购买车票可享受半价，持Swiss Travel Pass可免费乘车。

韦吉斯（Weggis）

人口4200／海拔440米

冷空气被北部的瑞吉山（卢塞恩以东9公里处）挡在了外面，因此，韦吉斯的气候非常温暖，湖边生长着棕榈树和无花果树。让人难以置信的是，这样一个安宁古朴的地方竟然是反叛的达达主义先驱"现代主义联盟"艺术运动的发源地。

韦吉斯的湖边有许多酒店和度假村，非常适合过夜，但大多数的游客都仅在从卢塞恩去瑞吉山进行一日游的时候从这里过路。

食宿

SeeHotel Gotthard 酒店 €€

（☎041 390 21 14；www.gotthard-weggis.ch；Gotthardstrasse 11；标单/双 Sfr100/160起；⊙10月中旬至12月中旬停业；P🛜）这间临湖酒店的房间整洁、现代、干净。最好的房间能看见湖景且带阳台，其他的房间对于预算有限的旅行者来说性价比很高。住客可免费使用自行车和街对面Hotel Beau-Rivage酒店的健身和游泳区。

Post Hotel Weggis 酒店 €€

（☎041 392 25 25；www.lh-group.ch；Seestrasse 8；标单/双 Sfr160/220起；P❄🛜）酒店位于韦吉斯的黄金路段——船码头对面。其他的加分项有高级房、一个水疗馆、一个储藏了45,000瓶葡萄酒的酒窖和多间餐厅。你处在韦吉斯活动的中心，却可以安宁地休息。

Park Weggis 豪华酒店 €€€

（☎041 392 05 05；www.phw.ch；Hertensteinstrasse 34；标单/双 Sfr350/550起；P🛜）这间临湖酒店位于渡轮码头西边，有修剪整

值得一游

克莱文阿尔卑（KLEWENALP）

克莱文阿尔卑（www.klewenalp.ch; 卢塞恩东南方15公里处）位于卢塞恩湖南岸的山坡上，作为一个拥有40公里红蓝滑雪道的地方，这里并没有得到与之相应的名气。到了夏天，滑雪道就变成了徒步、爬山和骑山地自行车的小路。这里还有一条阿尔卑斯鲜花小径（Alpine Flower Trail），沿途可以欣赏80多种花。

要到达这里，需要先到贝肯瑞德（Beckenried）湖边，可以从卢塞恩坐船（Sfr30，1.25小时），从施坦斯坐大巴（Sfr6.70，25分钟），或自驾22公里到达。下车（船）到达贝肯瑞德车（船）站后，步行200米到缆车站，乘坐缆车上山到达克莱文阿尔卑（单程/往返Sfr25/39，10分钟）。山顶上有一幅路线图，你可以选择自己感兴趣的路线。你还可以从卢塞恩到克莱文阿尔卑进行一日远足。详询卢塞恩旅游局（见230页）。

齐的花园和一个充满禅意的温泉浴池，低调的优雅和贴心的服务是这里永恒的主题。除了湖景，酒店还有一片私人沙滩和一间主营伊比利亚猪肉和美国大平原牛排的Park Grill餐厅。

Grape 美国菜 €€

（☎041 392 07 07; www.thegrape.ch; Seestrasse 60; 比萨/主菜 Sfr19/26起; ⏲周一、周二和周四 10:00~14:00和18:00至午夜，周五至周日至午夜）想在韦吉斯吃美国菜的人有口福了：柴火烤比萨、汉堡、牛排、甜点……你能想到的这里应有尽有。加了樱桃杏仁的瑞士三角巧克力冻糕（parfait），要不要来一份？

实用信息

旅游局（☎041 227 18 00; www.wvrt.ch; Seestrasse 5; ⏲周一至周五 8:30~18:00，周六和周日 9:00~16:00）位于韦吉斯船码头的隔壁。

到达和离开

从韦吉斯到卢塞恩有40分钟的船程（单程/往返 Sfr19.60/38; 50分钟）或19公里的车程。

有一趟缆车从韦吉斯上到瑞吉山半山腰的瑞吉卡尔特巴德（单程/往返 Sfr30/48，10分钟）。

乌里湖（Lake Uri）

卢塞恩湖的一端延伸出一个形如峡湾的狭长湖泊，碧蓝色的湖面明净如镜，湖四周的山路崎岖不平，这就是乌里湖（Urnersee），一个记载着这个国家中世纪时期历史的天然博物馆。公路和铁路沿着它的东边从布龙嫩通往弗吕埃伦，但其西边则主要是陡峭的悬崖，并且大部分地区只能步行或乘船抵达。想要探访湖泊美景并了解其传说，可以从布龙嫩坐SGV的渡船去弗吕埃伦。

湖的南端弗吕埃伦以南3公里处是阿尔特多夫（Altdorf），传说威廉·退尔（William Tell）射击苹果的惊险表演就发生在这里。主广场上有一座退尔的雕像。

景点

Rütli Meadow 古迹

（Seelisberg）这片草地位于乌里湖西岸上方的山腰上，是瑞士民主的传奇摇篮。1291年，乌里、施维茨和下瓦尔登三州就是在这里签订的《永久联盟誓约定》；第二次世界大战时，也是在这里，格森将军集结了瑞士的军队，震慑潜在的入侵者。因此，每年8月1日的国庆节这里都会举办庆祝活动。

可以从布龙嫩往西南方乘10分钟渡轮抵达这里；渡轮站位于Rütli。

退尔博物馆 博物馆

（Tell Museum; www.tellmuseum.ch; Postplatz, Bürglen; 成人/儿童 Sfr8/2; ⏲7月和8月 10:00~17:00，5月、6月、9月和10月 10:00~11:30和13:30~17:00）比格伦（Bürglen）被认为是威廉·退尔的出生地，你可以在这里参观退尔博物馆，里面收藏着与退尔有关的物品、文件和艺术作品。博物馆位于弗吕埃伦东南方6公里处。从弗吕埃伦码头搭乘408路公共汽车到比格伦的邮局广场（Postplatz）站。

退尔教堂 小教堂

（Tellskapelle, William Tell Chapel）这座小堂

位于乌里湖的东岸，墙壁上描绘了四章退尔的传奇故事里的内容，其中有一章讲的是退尔从盖斯勒的船上逃跑的故事，故事的发生地就是这里。教堂的后面有一架巨大的钟琴。从布龙嫩往南沿公路8公里就是退尔教堂。

席勒石（Schillerstein） 地标

从布龙嫩往西渡河后，你会看到一座从水中凸出的天然方尖形石碑，它叫作席勒石，有近30米高。石碑上有致敬弗里德里希·席勒的金色碑文，他写作的剧本《威廉·退尔》成功地塑造了退尔这个传奇人物形象。纪念碑在1860年有个盛大的落成典礼。

到达和当地交通

欣赏乌里湖的最佳方式是参加从卢塞恩或布龙嫩到弗吕埃伦的乘船游。

从卢塞恩沿A2高速公路往东南方走40公里就是乌里湖南端的弗吕埃伦。

布龙嫩（Brunnen）

人口8600 / 海拔435米

布龙嫩位于群山掩映下的卢塞恩湖和乌里湖交汇处，其南边和西边的风景尤为迷人。英国水彩画家特纳当年是小镇的常客，他为这里壮观的景色所深深吸引，并由此画下了《从布龙嫩看乌里湾》（1841年）。当地的热风从山上吹来，为驾船、滑翔伞、风帆冲浪和风筝冲浪制造了完美的环境。起风的时候，色彩鲜艳的风帆就出来了。如果是夏季来这里，不要错过了热闹的阿尔卑斯山长号角音乐会，音乐会每周举行一次。

景点和活动

瑞士刀谷博物馆 博物馆

（Swiss Knife Valley Museum；☎041 820 60 10；www.swissknifevalley.ch；Bahnhofstrasse 3；⊙周一至周五 10:00~18:30，周六和周日 至17:00；👪）免费 这间博物馆里陈列着来自史前时期、罗马帝国时期和中世纪时期的刀具，包括早先的可折叠刀和后来的经典瑞士军刀。用触屏电脑播放的影片讲述了刀的历史，其中特别详细地介绍了维氏瑞士军刀，影片可选择的语言共有四种。但博物馆真正的亮点在于"打造你自己的刀"这一环节：付Sfr30，这里的工作人员会帮你制作自己的纪念瑞士军刀（适合6岁以上人群，需要预订）。

Urmiberg 缆车

（www.urmiberg.ch；Gersauerstrasse；单程/往返 Sfr12/20；⊙4月至10月 周二至周日 9:00~18:00）坐缆车经过Urmiberg的树顶上方，可观览乌里湖和卢塞恩湖周边高耸的尖峰。儿童乘坐可享受半价优惠。缆车站在镇以西1公里处，靠近湖边。

Familienstrandbad Hopfräben 游泳

（☎041 820 21 46；Gersauerstrasse 83；成人/儿童 Sfr5/2.50；⊙5月至9月 10:00~19:00）布

瑞士之路（SWISS PATH）

穿上一双厚实耐磨的徒步鞋，然后就可以踏上瑞士之路（Weg der Schweiz；www.weg-der-schweiz.ch）绕乌里湖走一圈了。这条路开始于布龙嫩，结束于吕特里，为纪念瑞士建国（1291年）700周年而修建。随着沿途景色的变化，道路所象征的事物也在不断变化——这条路被划分为26个部分，每一个部分都代表着瑞士的一个州，从最开始时的建国三州到最后加入的汝拉州（1979年）都包括在内。每个部分的长短由其所代表的州的人口数量决定，每个瑞士居民占5毫米，因此人口多的苏黎世部分有6.1公里长，而人口稀少的内阿彭策尔半州部分仅有71米。

这条翻山越岭的路线长35公里，需要走上两天时间，路上会看到令人啧啧称赞的瑞士中部风景：穿过兰花和法兰西菊散布其间的草甸后，展现在眼前的是壮观的阿尔卑斯山全景，接着沿乌里湖岸边走，然后就可以进入蕨类植物丛生的森林。沿途有一些具有历史意义的地标，如退尔教堂和席勒石。如果想彻底感受这个地区的美，最好是走完全程，当然也可以只走其中的几段路。网站上有地图和具体的路程数据。

龙嫩的湖边有两处沙滩，这个是其中较好的一处，有一个大吊床、日光浴躺椅、浅水池、浮桥和一个救生员。沙滩在镇中心西南方向的1.5公里处的河对面。

Touch and Go 滑翔伞

(☎041 820 54 31; www.paragliding.ch; Parkstrasse 4; 滑翔 Sfr180起)这家店提供从靠近湖边的每一座山出发的卢塞恩湖上双人滑翔，同时这里也是一所滑翔伞学校。

住宿

从露营地到酒店，这里有不错的选择，而在布龙嫩和韦吉斯之间还有一家不错的青年旅舍。

Schlaf im Stroh 农场寄宿 €

(☎041 820 06 70; www.schlafimstroh-bucheli.ch; Schulstrasse 26a, Ingenbohl-Brunnen; 成人/儿童 Sfr27/15, 睡袋租金 Sfr3; ⏲5月至10月; P)小孩会喜欢上Bucheli-Zimmermann家的：这里的庭院里有动物，晚上还可睡在稻草中。房费包含早餐。从布龙嫩的火车站步行过来只要5分钟：先过桥，然后按照标明了Aula/Sporthalle的指示牌走到Schulstrasse路上，找下路边的一座棕色建筑。

Gersau Youth Hostel 青年旅舍 €

(☎041 828 12 77; www.youthhostel.ch; Seestrasse 163, Gersau; 铺/标单/双 Sfr35/56/80; P 📶)这家青年旅舍位于菲茨瑙和Gersau之间的湖岸上，周围十分诗意，还有皮划艇、一个游泳平台和很棒的早餐。客房位于富有氛围的老主楼里，拥有梦幻的湖景、低矮的天花板和薄墙壁。从韦吉斯或布龙嫩乘巴士过来只要15分钟（2路巴士；Gersau-Rotschuo站）。

Camping Hopfreben 露营地 €

(☎041 820 18 73; http://camping-hopfraeben.ch; 营地 每个成人/儿童/帐篷/车辆 Sfr7.50/3.50/8/5; ⏲4月中旬至9月中旬; 📶)湖畔的Camping Hopfreben位于布龙嫩西部，在复活节至9月期间开放，风景十分优美，就在Muota River汇入湖泊的入口旁边。

★Hotel Schmid & Alfa 酒店 €€

(☎041 825 18 18; www.schmidalfa.ch; Axenstrasse 5~7; 标单/双/公寓 Sfr75/140/260起; P 📶)这间湖滨酒店有两栋楼房，由一个家庭经营。房间的色彩亮丽，铺有木地板，还带铁艺阳台。此外，还有4间宽敞的公寓房，房间里有起居室和厨房，适合家庭入住。便宜的房间看不到优美的风景。露台餐厅新鲜的鱼很有名。

餐饮

★Gasthaus Ochsen 欧洲菜 €€

(☎041 820 11 59; www.hotelochsen.ch; Bahnhofstrasse 18; 主菜 Sfr19.50~41; ⏲5月至9月 周一至周六 8:00~23:00 周日 至22:00, 10月至次年4月会缩短营业时间)这家老牌餐馆的墙上挂着一排来这里吃过饭的瑞士名人的照片。篮子鸡（Poulet im Chörbli）是这里的主打菜。老板还在马路对面开了一间小酒吧，餐厅楼上的客房也不错。

Weisses Rössli 瑞士菜 €€

(☎041 825 13 00; www.weisses-roesslibrunnen.ch; Bahnhofstrasse 8; 主菜 Sfr22起; ⏲11:00~14:00和18:00~21:30)这间餐馆的服务人员态度友好，搭配新鲜蔬菜的瑞士菜肴也十分可口，从前面的露台上可以看到湖泊和主街，是个吃午餐和晚餐的好地方。Weisses Rössli也是一家酒店。

Elvira's Trübli 葡萄酒吧

(☎041 820 10 11; Olympstrasse 6; ⏲周二至周六 16:00至午夜)这间葡萄酒吧很受欢迎，位于湖边的一条小街上，有各种口味的陈年葡萄酒，老板埃尔维拉（Elvira）非常和蔼可亲。

实用信息

旅游局(☎041 825 00 40; www.brunnentourismus.ch; Bahnhofstrasse 15; ⏲6月至9月 周一至周五 8:30~18:00, 周六 9:00~13:00, 10月至次年5月 周一至周五 8:30至正午和13:30~17:30)位于湖边，距离火车站5分钟步程，可以从这里获得许多有用信息。

到达和离开

从卢塞恩来布龙嫩的最佳交通方式是坐船。火车（Sfr17.60, 45~50分钟）的票价更便宜，速度也更快，但有时需要在阿瑟-戈尔道转车。

布龙嫩与卢塞恩、楚格和弗吕埃伦之间也通有公路。如果你有车，从卢塞恩出发环湖驾驶（39公里）的景色十分壮观。

施维茨（Schwyz）

人口14,663 / 海拔516米

呈弓状的Mythen群山（海拔1898米和1811米）是施维茨的象征，并且高耸在城上方。但它们也不是施维茨唯一有名的尖尖的东西，这座不起眼的小镇也是便携式多功能神器瑞士军刀的诞生地。你可以去维氏瑞士军刀工厂自己看看。此外，施维茨还收藏着瑞士历史上最重要文件——1291年签订的联邦契约。

景点

去旅游局咨询博物馆通票（Museum-spass; Sfr10），凭它可以免费参观施维茨的几处景点，非常划算。

联邦契约博物馆 博物馆

（Bundesbriefmuseum; ☎041 819 20 64; www.bundesbriefmuseum.ch; Bahnhofstrasse 20; 成人/儿童 Sfr5/免费; ⊙周二至周日 10:00~17:00）仅仅为了看一眼下瓦尔登半州、施维茨州和乌里州在1291年签订的联邦契约也值得来一次这里。跟这件文物放在一块儿的还有用德语和法语写的学术文章——许多历史学家对瑞士建国“传说”的准确性尚存疑问。前台有免费的英语游览手册。

瑞士历史论坛博物馆 博物馆

（Forum der Schweizer Geschichte, Forum of Swiss History; ☎058 466 80 11; www.forum-schwyz.ch; Hofmatt, Zeughausstrasse 5; 成人/儿童 Sfr10/免费; ⊙周二至周日 10:00~17:00）这里是瑞士国家博物馆的文化分馆，展览内容主要为瑞士联邦的建立过程和瑞士文化经济几百年来的发展情况，提供多种语言讲解。

Ital Reding-Hofstatt 历史建筑

（☎041 811 45 05; www.irh.ch; Rickenbach-strasse 24; 成人/儿童 Sfr5/免费; ⊙5月至10月周二至周五 14:00~17:00，周六和周日 10:00~16:00）这栋建有塔楼的住宅坐落在巴洛克风格的花园里，曾是一群雇佣兵生活的地方。来17世纪的木板房间、圆顶地下室和旁边13世纪的Haus Bethlehem感受一下过去的气息。

主广场（Hauptplatz） 广场

铺着鹅卵石的主广场上有一座汩汩流水的喷泉，这里就是施维茨最中心的地带。市政厅（Rathaus）是广场上最显眼的建筑，墙上有一幅描绘摩加登之战的19世纪精美壁画。这里还有一座巴洛克风格的圣马丁教堂（St Martin's Church）。

赫洛赫溶洞（Hölloch Caves） 洞穴

这个错综复杂的洞穴群长200公里，是欧洲最长、世界第四大的洞穴群，位于距离施维茨13公里的Muotatal。想一想吧——从苏黎世到卢塞恩才52公里，所以洞穴群差不多是它的4倍长！进去玩之前最好雇一名向导，穿上坚实耐磨的鞋子和厚衣服（洞里的温度是6℃或42.8℉！）。Trekking Team（☎041 390 40 40; www.trekking.ch）经营短线团队游、露营探险等活动；参加露营的话还可以体验“独一无二的瑞士旅游经历”——在漆黑的洞穴中吃奶酪火锅。

活动

Adventure Point 探险运动

（☎079 247 74 72; www.adventurepoint.ch）Adventure Point经营一系列惊险刺激的活动，包括溪降运动（Sfr125起）、漂流（Sfr80~125）、洞穴探险（Sfr95）、雪地行走（Sfr65起）和独木舟（皮划艇）导览游（Sfr80~120）。乘船的游客也可以只来这里租船（租金每日Sfr60起）。

Stoos 徒步

（www.stoos-muotatal.ch）Stoos经营卢塞恩湖上方高地的徒步活动，路上可以看到从Muotatal到吕特里、瑞吉和皮拉图斯的景色。在施维茨坐1路公共汽车到Stoosbahn站下（15分钟），然后从那里坐缆车去Stoos（10分钟）。

食宿

Hirschen Backpacker-Hotel & Pub 青年旅舍 €

（☎041 811 12 76; www.hirschen-schwyz.

ch; Hinterdorfstrasse 14; 铺 Sfr35, 标单/双 Sfr70/120, 不带卫生间 Sfr60/100; P 📶) 这间旅舍装修朴实, 工作人员态度友好, 还供应饮品, 有厨房、酒吧和庭院, 并且会组织一系列的活动。坐1路公共汽车到Sonnenplätzli下, 或从主广场出发往东走5分钟即可到达。

Wysses Rössli
酒店 €€

(☎041 811 19 22; www.wrsz.ch; Am Hauptplatz; 标单/双 Sfr150/210起; P @ 📶) 酒店就在施维茨中心的主广场, 歌德曾是这家百年老店的客人。这里的房间很宽敞, 按标准的现代风格进行过整修。餐厅供应带有地中海风味的瑞士菜。

Café Laden
咖啡馆 €

(☎041 55 86 100; www.cafeladen.ch; Schulgasse 7; ⏲周二至周五 8:00~19:00, 周六 至 18:00) 这家咖啡馆很有特点, 过来享用咖啡、甜点、葡萄酒、啤酒和不含麸质的食物——还有, 能购买二手衣服和首饰。有个很不错的户外露台。

★ Das Insel-Restaurant Schwanau
瑞士菜 €€

(☎041 811 17 57; www.schwanau.ch; 主菜 Sfr32起, 4道菜套餐 Sfr98; ⏲4月至10月 周三至周六 11:00至午夜, 周日 至18:00) 想要坐在充满艺术氛围的地方品尝美味的新派瑞士菜, 就不要错过了这间位于劳瓦兹湖中岛屿的餐馆。餐馆旁边有一座17世纪的隐士小教堂和一处城堡塔楼的遗址。在马路边的码头按铃, 餐馆就会派一艘船过来接你。

购物

维氏瑞士军刀
运动和户外

(Victorinox; ☎041 818 12 99; www.victorinox.ch; Schmiedgasse 57, Ibach; ⏲周一至周五 7:30至正午和13:15~18:00, 周六 8:00~15:00) 维氏公司的这家工厂店位于主广场西南方向的650米处, 是瑞士军刀的原产地, 你可以在这里买到小巧便携的瑞士军刀。公司由卡尔·埃尔森纳 (Karl Elsener) 创办于1884年, 创业的初期并不顺利, 但公司最终凭借1897年推出的 "军官刀" 在市场上站稳了脚跟。

实用信息

旅游局 (☎041 810 19 91; www.info-schwyz.ch; Zeughausstrasse 10; ⏲周一至周五 8:00~18:00, 周六 9:00~14:00) 位于瑞士历史论坛博物馆前面的路上。

到达和离开

施维茨与楚格 (Sfr9.80, 30分钟) 和卢塞恩 (Sfr15.40, 40分钟) 之间有定时往返的火车。从施维茨火车站 (Seewen西北2公里) 搭乘任意一辆经过施维茨邮局的公共汽车, 然后在邮局广场下车, 就到了镇中心。

距离施维茨2公里远的A4高速公路会经过布龙嫩。从施维茨邮局站出发开往布龙嫩的火车站的大巴车次频繁 (2路公共汽车, 10分钟, 每小时2~4班)。

艾因西德伦 (Einsiedeln)

人口 14,600 / 海拔 900米

如果你不知道这里有什么, 艾因西德伦或许会给你一点惊喜。这里是座小城, 位于铁路线的尽头、山谷的尽头……但为什么人们依然涌向这里? 他们是朝圣者。艾因西德伦被称为 "瑞士的卢尔德", 前来朝圣的人非常多。据说, 在公元964年时, 康斯坦茨主教曾给这座修道院祝圣, 但仪式进行到一半, 天上突然传来声音说: "停下, 这座修道院已接受过上帝的祝圣。" 之后, 教皇下达命令, 宣布这是一次天主显灵。即使你不相信这些传说, 拥有出众的内部设计的教堂仍然值得一看。

景点

★ 修道院教堂
教堂

(Klosterkirche, Abbey Church; ☎055 418 61 11; www.klostereinsiedeln.ch; Benzigerstrasse; ⏲6:00~20:30) 这座巴洛克建筑由卡斯帕·姆斯布鲁格 (Caspar Moosbrugger) 亲手修建于18世纪, 前来参观的游客络绎不绝。教堂内刷着粉饰灰泥, 墙壁上有彩色的壁画和金色的螺旋图案。然而, 很多朝圣者很容易错过入口处小教堂里的一座小雕像——黑色圣母, 雕像采用大理石雕刻而成, 为祷告者指明朝圣的方向。

圣本尼迪克特雕像（Statue of St Benedikt） 观景点

经过修道院的马厩，往山上走15分钟就到了这座雕像下，站在这里可以看到修道院以及环绕在周围的群山。

住宿

Hotel Sonne Einsiedeln 酒店 €

（055 412 28 21；http://hotel-sonne.ch；Hauptstrasse 82；标单/双 Sfr80/130起；P）Hotel Sonne就在Klosterplatz，是距离教堂最近的住处，这里十分繁忙，还有一家餐厅和比萨饼店。客房简单干净，大多数的房客在这里都不是为了享受奢华的。不过如果想参观教堂的话，这里就是合适的住处。

饮品和夜生活

Doc Holliday's Pub'n Dancing 小酒馆

（055 412 14 41；www.doc-hollidays.ch；Hauptstrasse 7；时间不定）在跟着一群朝圣者前往教堂的时候碰巧来到Doc Holliday's Pub'n Dancing算是意外的收获。西部枪手的形象使得这里的招牌十分显眼。如果累了就进来喝杯啤酒吧。

实用信息

旅游局（055 418 44 88；www.einsiedeln-tourismus.ch；Hauptstrasse 85；周一至周五 9:00~17:00，周六 9:00~16:00，周日 10:00~13:00）在教堂附近，距离火车站大约10分钟步程。

到达和离开

艾因西德伦的铁路建设并不发达，因此坐火车过来或离开这里通常都需要转车。坐火车去卢塞恩（Sfr24，1.25小时）要在Biberbrugg和/或阿瑟-戈尔道转车，而去苏黎世的火车（Sfr22，50分钟）则途经Wädenswil。

英格堡（Engelberg）

人口4000／海拔1050米

来英格堡（意为"天使之山"）朝圣的主要有两种人：一种是想要来本笃会修道院寻求开悟的人，另一种则是对山坡上纯洁的白雪怀有格外热情的人。周围是铁力士山的冰川和霜白的山峰，英格堡的降雪量大，有无可挑剔的滑雪环境并且靠近卢塞恩，但令人不解的是，这里的名气一直不如其他同等规模的滑雪胜地。然而，对于前来英格堡的滑雪者来说，这说不定是件好事。

景点

英格堡修道院 修道院

（Engelberg Monastery，Kloster Engelberg；041 639 61 19；www.kloster-engelberg.ch；教堂门票 免费，导览游 成人/儿童 Sfr8/免费；1小时导览游 周三至周六 10:00和16:00）英格堡山谷曾是属于教会的管辖地，这座本笃会修道院就是那时的行政中心。如今居住在这里的修道士已没有统治权，而是负责传道授业，但建于12世纪的修道士住所保存完好，仍然如以前一样宏伟。修道院在1729年时遭遇了一场大火，后来进行过重建，现在这里有一座巴洛克式修道院教堂和一些房间，房间里装饰着精致的木头镶嵌画。

Show Cheese Dairy 奶品厂

（Schaukäserei；0416380888；www.schaukaeserei-engelberg.ch；制作奶酪 9:30~16:00，商店和餐厅 9:00~17:00）免费 这家技术先进的奶品厂位于英格堡修道院的庭院中，里面有人现场制作奶酪，你可以坐在馆子里品尝各种奶制品。这里也出售不需窖藏的奶酪和其他瑞士旅游纪念品。

活动

徒步

英格堡及其周边地区有带路标的徒步小径，总长度累计360公里。如果你想比较轻松地欣赏美景的话，可以去山谷对面的布汝尼山（Brunni）。乘坐**布汝尼山缆车**（Brunni cable car；www.brunni.ch；缆车 单程/往返 Sfr18/30，含登山缆椅 Sfr26/42）去1600米高处的Ristis，再从那里坐登山缆椅去Swiss Alpine Club重新装修过的**Brunni Hütte**（www.berghuette.ch；铺 成人/儿童 Sfr26/14，含早餐和晚餐 Sfr65/41）。

难度较大的徒步路线包括：翻越Surenenpass山口（海拔2291米）去Attinghausen，在那里坐公共汽车去阿尔特多夫和乌里湖南端；翻越约赫山口（Jochpass，海拔2210

Engelberg 英格堡

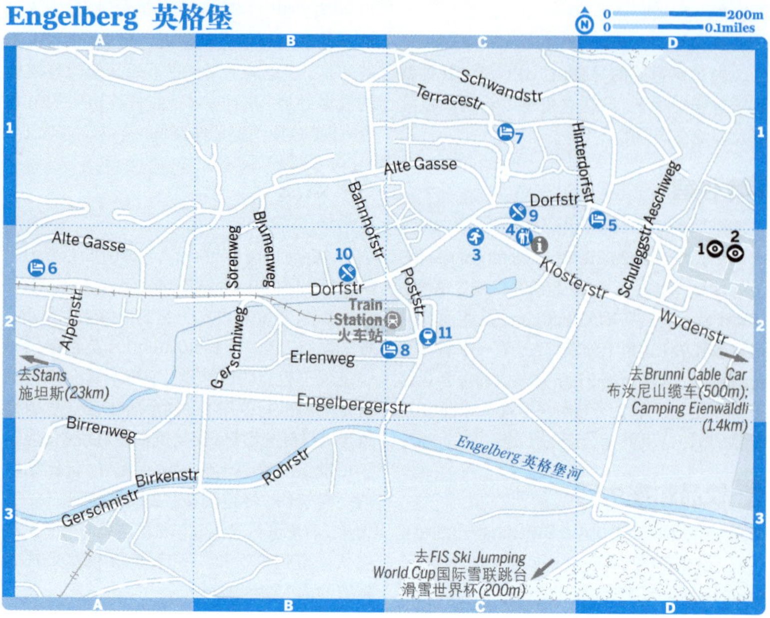

Engelberg 英格堡

景点

1 英格堡修道院……D2
2 Show Cheese Dairy……D2

活动、课程和团队游

3 Bike 'n' Roll……C2
Okay Ski Shop……（见11）
4 滑雪和单板滑雪学校……C2

住宿

5 Alpenclub……D1
6 Engelberg Youth Hostel……A2
7 Hotel Edelweiss……C1
8 Ski Lodge Engelberg……C2

就餐

Alpenclub……（见5）
Brasserie Konrad……（见8）
9 Restaurant-Steakhouse Bierlialp……C1
10 Spice Bazaar……B2

饮品和夜生活

Gadä Bar……（见5）
11 Yucatan……C2

米），经英格史特伦纳尔普（Engstlenalp）去迈林根（Meiringen）。在开始这些路线的徒步之前，准备好地图并查明当天的降雪情况。

滑雪和单板滑雪

单板滑雪者可以去英格史特伦纳尔普的铁力士山玩大空翻，或冲上约赫山口的U形滑道，而初中级滑雪者则可选择适合家庭的布汝尼山和格施尼阿尔普（Gerschnialp）的红蓝滑道。然而，真正刺激的场地其实在滑雪道以外，比如劳布（Laub）、施坦伯格（Steinberg）和盖尔蒂伯格（Galtiberg），尤其是盖尔蒂伯格，可以从小铁力士山一直冲到下方2000米处的山谷。单日滑雪通票价格为Sfr62。

旅游局里有一间**滑雪和单板滑雪学校**（Ski & Snowboard School；☎041 639 54 54；www.skischule-engelberg.ch；Klosterstrasse 3；⊙8:00~17:30），镇上到处都有出租滑雪和单板装备的店铺（大约每天Sfr50起）。想要了解更多信息，可去Ski Lodge Engelberg或**Okay Ski Shop**（☎041 637 07 77；www.okay-shop.com；Hotel Bellevue，Bahnhofplatz），擅长这两

项运动的人常常在这里闲逛和交流经验。

英格堡还举办国际雪联跳台滑雪世界杯（FIS Ski Jumping World Cup；www.weltcup-engelberg.ch）。

骑车

Bike 'n' Roll 骑车

（☎041 638 02 55；www.bikenroll.ch；Dorfstrasse 31；城市/硬尾车架/全避震车架自行车每天 Sfr25/30/40；⏲周一至周六 8:30至正午和14:00~18:30）租一辆山地自行车或参加骑行活动。这里还出租爬山装备，可以帮你应付英格堡的5条登山路线。

探险运动

Outventure 探险运动

（☎041 611 14 41；www.outventure.ch；Mühlebachstrasse 5，Stans；⏲周一至周五 正午至18:00，周六和周日 10:00~18:00）这个旅行社位于施坦斯，经营蹦极、双人串联式滑翔、有向导的铁索攀岩等活动。

住宿

Engelberg Youth Hostel 青年旅舍 €

（☎041 637 12 92；www.youthhostel.ch；Dorfstrasse 80；铺/标单/双 Sfr33/73/96；P📶）这间小木屋风格的青年旅舍干净、现代，共有112张床位，有宽敞的多人间和实用设施，如台球室和大花园。

Camping Eienwäldli 露营地 €

（☎041 637 19 49；www.eienwaeldli.ch；Wasserfallstrasse 108；营地 每个成人/儿童/帐篷/汽车 Sfr9/4.50/7/2起；P📶）这个露营地就在有名的Sporthotel Eienwäldli酒店旁边，由家庭经营，有自己的餐厅和水疗设施。滑雪大巴和接驳巴士在门口停不到一分钟就会开走。这里还有个餐厅兼咖啡馆。

★ **Ski Lodge Engelberg** 酒店 €€

（☎041 637 35 00；www.skilodgeengelberg.com；Erlenweg 36；标单/双/标三/四 Sfr150/270/360/450；P📶）酒店的经营者是几个爱好滑雪、喜欢与人打交道的瑞典人，这里地处小镇中心，房间既散发着新艺术主义气息，又拥有现代的舒适（包括两间全新的家庭间），黑白动态照片和复古滑雪板是里面的装饰品。滑雪后你可以去蒸桑拿，也可以躺在户外热水浴缸里看雪山，或者去餐厅品尝出色的新派北欧菜。

Alpenclub 精品酒店 €€

（☎041 637 12 43；www.alpenclub.ch；Dorfstrasse 5；标单/双/套 Sfr150/220/480；P📶）酒店位于镇中心，低矮的木质横梁、坚实的墙壁和动物毛皮地毯让人仿佛回到了两百年前。在施坦伯格房可以看见铁力士山。全套皮革和木头装饰的Gadä Bar（⏲周四至周六 16:00至深夜）是英格堡人们的聚会场所。

Hotel Edelweiss 酒店 €€

（☎041 639 78 78；www.edelweissengelberg.ch；Terracestrasse 10；标单 Sfr160，双 Sfr280~320；P📶）这间酒店建于19世纪末，维护得很好，服务也热情。房间天花板很高，其中许多都能看见冰川。这里有许多供儿童玩耍的设施，包括4间游戏室，下午可以让孩子过来玩，有人看管。旺季以外的时间房价减半。

餐饮

Spice Bazaar 印度菜 €

（☎041 639 70 70；www.central-engelberg.ch；Dorfstrasse 48；主菜 Sfr18起；⏲11:30~23:00）游客和本地人对这家印度餐厅的评价都很高，这里供应各种受欢迎的菜肴，比如炉烤鸡肉串（Badami Chicken）、馕坑烤肉拼盘（Tandoori Mix Grill）和"生活调味剂奶酪火锅"这种瑞士占印度融合菜。

★ **Brasserie Konrad** 新派欧洲菜 €€

（☎041 637 35 00；www.skilodgeengelberg.com；Erlenweg 36；主菜 Sfr29起；⏲17:30~23:00；📶）这里是Ski Lodge Engelberg里的餐厅，由大厨乔纳斯·博林掌勺的新派北欧菜肴色香味俱全，对于在雪坡上奋战了一天的人来说无疑是巨大的享受（3道菜的滑雪者套餐Sfr59，非常划算）。如果你不是酒店的住客，记得预订。

Alpenclub 瑞士菜 €€

（☎041 637 12 43；www.alpenclub.ch；Dorfstrasse 5；比萨 Sfr16起，主菜 Sfr28起；⏲周一至周五 17:30~22:00，周六和周日 11:30~22:00）这

间位于Alpenclub酒店的小酒馆已有两百年历史，低低的天花板上装着枝形吊灯。推荐这里的奶酪火锅、比萨、意大利菜和特色菜。

Restaurant-Steakhouse Bierlialp 瑞士菜 €€

（☎041 637 17 17；www.restaurant-bierlialp.ch；Dorfstrasse 21；主菜 比萨/意大利面/肉类Sfr15/22/35起；⏲18:00~23:00）专营肉类、意面和比萨饼，先从沙拉自助开始吃。比萨饼和意面不错，但如果你无肉不欢的话，就点爱尔兰黑安格斯牛肉（Irish Black Angus Beef）。最后还有个甜点自助。

Yucatan 酒吧

（☎041 637 13 24；www.bellevue-terminus.ch；Bahnhofplatz；⏲15:00至午夜）这里是在英格堡滑雪后的热门去处，就在火车站对面。供应大汉堡、法士达、油炸玉米粉饼、泰国菜和林纳鸡尾酒等，有DJ、乐队和爵士乐。

实用信息

旅游局（☎041 639 77 77；www.engelberg.ch；Klosterstrasse 3；⏲全年的周一至周六、12月至复活节的周日 8:00~17:30）从火车站步行5分钟即可到达，这里可以帮旅客预订酒店。

到达和离开

英格堡是连接卢塞恩（Sfr9.20，45分钟）的英格堡快车（Engelberg Express）的南端终点站。过来玩一天的游客最好在卢塞恩的旅游局（见230页）购买铁力士山的优惠游览票。

施坦斯附近的A2高速公路有一条岔路通往英格堡。从卢塞恩到英格堡要走35公里的公路。

4月底到10月，每天8:00~17:00，每半小时有一班免费的穿梭巴士从英格堡火车站开出，前往这里的主要酒店和景点。冬天有前往不同地点的免费滑雪巴士。

楚格（Zug）

人口 27,600 / 海拔 426米

初见楚格，会觉得这里跟其他瑞士城镇没什么两样：有一个湖泊，四周都是山。然而，这里其实是瑞士（世界上最富裕国家之一）最富裕的州。2016年的数据显示，楚格居民的购买力是瑞士居民平均购买力的1.5倍。这里享有税收和商务的美誉，而你下火车的时候很可能会感觉到一点不同，看着商店，注意到开过的车子——这座城市富得流油。楚格也因为传奇性的本地樱桃蛋糕（Kirschtorte）和老城区铺着鹅卵石的中世纪街道而闻名。

景点

Zytturm 塔

（Kolinplatz）楚格的老城区是个来自中世纪的时间胶囊，钟塔Zytturm是这座城市的标志，其独特的顶部贴着瓷砖，瓷砖颜色是这个州的代表颜色——蓝色和白色。

楚格艺术博物馆 博物馆

（Kunsthaus Zug；☎041 725 33 44；www.kunsthauszug.ch；Dorfstrasse 27；成人/儿童 Sfr8/免费；⏲周二至周五 正午至18:00，周六和周日 10:00~17:00）当地的这间艺术博物馆收藏了克林姆、柯克施卡、席勒等人的维也纳现代主义艺术作品。每隔一段时间还会举办高品质的临时展览。

楚格市区博物馆 博物馆

（Museum Burg Zug；☎041 728 29 70；www.burgzug.ch；Kirchenstrasse 11；成人/儿童 Sfr10/免费；⏲周二至周六 14:00~17:00，周日 10:00起）楚格的市区博物馆位于一座11世纪的城堡里，有油画作品、服装、楚格的3D复原模型以及特别的主题展览。这里是认识楚格的好窗口——这个小镇曾有一部分被湖水吞没。

Landsgemeindeplatz 广场

这个湖边广场十分受欢迎，被咖啡馆和餐厅环绕，14世纪直到1847年间的民众集会都在这里举行，因此它十分有历史意义。这里还有市集和节庆活动，以及夏季周三晚上的露天音乐会。

活动

楚格山缆车 缆车

（Zugerberg Bahn；www.zbb.ch）这条缆索铁路通往拥有动人美景和徒步小径的楚格山（海拔925米）。凭楚格单日通票（Sfr16.80）

可以免费乘坐所有的公共汽车、州内火车和索道。在火车站坐11路公共汽车（15分钟）到低处的缆车站（位于Schönegg）下。

Seebad Seeliken 游泳

（☎041 711 14 56；http://seeliken.ch；Artherstrasse 2；⊙5月中旬至9月中旬 9:00至日落）免费 这片湖滨沙滩位于老城区以南，上面生长着栗子树，很多当地人都爱来这里游泳或晒日光浴。

Zuger Veloverleih 骑车

（☎076 444 77 35；www.zug-tourismus.ch；Dammstrasse；⊙5月至10月 9:00~19:00，7月和8月 至21:00）位于火车站外面（西侧），这里可免费租借自行车（需要护照）。

Marcello's Bootsvermietung 水上运动

（www.zuger-see.ch；立式桨板/脚踏游船/摩托艇 每小时 Sfr30/40/75）位于Landsgemeindeplatz广场附近的湖边，出租立式桨

铁力士山（MT TITLIS）

铁力士山（www.titlis.ch）是瑞士中部的最高峰——实际上，"铁力士"这三个字的发音在英语里常让人联想起其他尴尬的意思——这里有一个冰川和完工于1992年的全球首个旋转缆车（www.titlis.ch/en/tickets/cable-car-ride；成人/儿童 往返 Sfr89/44.50；⊙8:30~17:00）。但是，如果把整段旅程分为三个部分，旋转缆车所处的位置属于最后一段路。先坐缆车到特吕布湖（Trübsee；海拔1800米），途中会经过格施尼阿尔普（海拔1300米；如果你要去山顶的话就不要在这里下车）；然后在特吕布湖再转乘另一趟缆车去斯坦德（Stand；海拔2450米）；到了斯坦德后就可以坐上旋转缆车Rotair越过铁力士冰川（Titlis Glacier），走完最后这一段令人眩晕的旅程。随着缆车在空中爬升，分布着小山湖的草地、悬崖和瀑布被抛在身后，而山峰则像鲨鱼鳍一样突出展现在你的眼前，低头看下面，冰川上的裂缝深不见底。

进入铁力士站（海拔3020米），浓浓的冰川地区的气息迎面扑来。里面有一个高海拔地区常见的主题公园，公园里有一个装着霓虹灯的人工冰洞。4楼有一间价格很贵的餐馆和一间怀旧风格的照相馆，照相馆的主要业务是拍出身着dirndl紧身裙的宝莱坞明星风格的照片。

真正惊艳的风景在露台上：从这里可以看见绵延至伯尔尼高地的艾格峰、僧侣峰和少女峰的雪山全景。旁边的悬崖之路（Cliff Walk；www.titlis.ch/en/glacier/cliff-walk；⊙9:15~16:45）免费 有更为惊心动魄的景色，这是一条长100米、宽1米的拉索悬挂人行道，2012年建成时是欧洲最高的吊桥。更加有野心的旅行者可以尝试攀登铁力士山顶。山顶海拔为3239米，需要花大概45分钟，记得穿上耐磨的鞋子。

想在仲夏时节玩雪上项目？不妨坐Ice Flyer缆椅（往返 成人/儿童 Sfr12/6；⊙9:30~16:30）去山下的冰川公园（Glacier Park；www.titlis.ch/en/glacier/glacier-park；⊙9:30~16:30）免费，这里有免费的滑雪圈、滑艇和雪橇。附近的公园有U形滑雪道和滑雪板道。

从英格堡出发前往铁力士山（单程大概45分钟）的往返费用为Sfr92。当然，天气好的时候，你可以步行几段路程。斯坦德和特吕布湖之间有一条地质小径（Geologischer Wanderweg），7月至9月间开放，沿这条路往山上走要两个小时左右，往山下走是1.5小时。从特吕布湖爬到约赫山口（海拔2207米）和下山去英格堡的时间差不多，都要1.5小时左右。

徒步的话，可以从英格堡去格施尼阿尔普（单程/往返 Sfr9/13）、特吕布湖（Sfr23/32）、约赫山口（Sfr33/46）和斯坦德（Sfr38/53）。持Swiss Travel Pass、Eurail Pass或InterRail Pass乘坐所有交通工具均可享受半价优惠，包括铁力士山上的交通工具。

最后一班上山缆车的发车时间是15:40，最后一班下山缆车的发车时间是16:50。11月的前两个周会停运维护。

板、脚踏游船和摩托艇。

Strandbad Zug 游泳

(☎041 711 09 82; Chamer Fussweg 13; ⏲5月至9月 9:00~19:30) 免费 这片湖边的沙滩位于城中心以西2公里处，拥有遮阴区、野餐桌和自己的餐厅。

住宿

由于经常有时髦的城里人过来出差，因此楚格的酒店总给人一种商务的感觉。许多酒店在周末会下调房价。

Zug Youth Hostel 青年旅舍 €

(☎041 711 53 54; www.youthhostel.ch/zug; Allmendstrasse 8; 铺/标单/双 Sfr35/92/105; ⏲12月至次年3月中旬不营业; P 📶) 从火车站往西走10分钟，就到了这家现代、干净的青年旅舍。从这里去Strandbad Zug游泳非常方便。

★ **Ochsen Zug** 酒店 €€

(☎041 729 32 32; www.ochsen-zug.ch; Kolinplatz 11; 房间/套 Sfr195/320起; P 📶) 酒店位于老城区Zytturm附近，可以追溯至1543年，声称自己曾经接待过歌德，现在的Ochsen是一个时尚的商务酒店，只有正面外墙还保留着历史的痕迹。这里有各式房间，其中包括配有榻榻米垫子的日本房（Japan Room）。这里还有套房和常规商务房，外加一间餐厅和酒吧。

Hotel Löwen am See 酒店 €€

(☎041 725 22 22; www.loewen-zug.ch; Landsgemeindeplatz 1; 标单/双 Sfr170/240起; P ❄ 📶) 酒店位于朝向湖边的老城区铺着鹅卵石的Landsgemeindeplatz广场上，房间简单舒适。**French Brasserie**很受欢迎，营业时间为9:00至午夜。请在网上预订以享受周末优惠。

Hotel Zugertor 酒店 €€

(☎041 729 38 38; www.zugertor.ch; Baarerstrasse 97; 标单/双/标三 Sfr198/238/298起; P 📶) 从楚格火车站东出口出来往北步行5分钟就到了这里，Zugertor十分受商务人士的欢迎，并且标准很高。住在这里或许不如住在老城区有氛围，但仍旧是个不错的选择。

就餐

Wirtshaus Brandenberg 瑞士菜 €

(☎041 711 95 96; www.brandenberg.ch; Allmendstrasse 3; 午餐套餐 Sfr20.50; ⏲周二至周六 8:00至午夜) 自1891年开门营业以来，这间啤酒店凭借实在的瑞士经典菜和合理的价格，赢得了大量客人。套餐十分受欢迎，烤鸡、巴伐利亚白香肠和煎肉丸（Hacktätschli）是他家的招牌菜。

Confiserie Albert Meier 面包房 €

(☎041 711 10 49; www.diezugerkirschtorte.ch; Alpenstrasse 16; 蛋糕 Sfr4.50起; ⏲周一至周五 7:00~18:30，周六 8:00~16:00) 火车站外这间老式咖啡馆的广告语是："保持好身材，享受生活！"它兼具英国茶室和瑞士面包房的特点，提供自助式服务。当地人特别爱吃这里用油酥糕、饼干、杏仁糊、奶油和樱桃酒做成的蛋糕。

★ **Gasthaus Rathauskeller** 欧洲菜 €€€

(☎041 711 00 58; http://rathauskeller.ch; Ober-Altstadt 1; 主菜 法式小馆/Zunftstube Sfr20/45起; ⏲周二至周六 11:00至午夜) 不要错过了Zytturm附近这间正面墙壁上有壁画的晚期哥特式餐馆。楼下的法式小馆供应采用当地食材制作的经典菜肴，色香味俱佳；楼上的餐厅**Zunftstube**更为时尚，有踩上去吱嘎作响的木地板和镀金的罗森塔尔陶瓷，供应龙虾蔬菜炖肉（配夏季松露）等美味。

实用信息

旅游局(Reisezentrum Zug; ☎041 723 68 00; www.zugtourismus.ch; ⏲周一至周五 9:00~19:00，周六 9:00至正午和12:30~16:00，周日 9:00~11:30和正午至15:00) 位于火车站内。

到达和离开

楚格位于苏黎世（Sfr17，25~45分钟）至卢加诺的南北向铁路上；也有去卢塞恩的火车（Sfr7.30，20~45分钟）。

南北向的N4公路从楚格的西侧经过，往北通向苏黎世，往南通向卢塞恩、圣哥达山口、卢加诺和意大利，路况不错。

夏天，Landsgemeindeplatz广场以北的楚格船码头有Zugersee Schifffahrt（www.zugersee-schifffahrt.ch）运营的船只，开往阿瑟和湖周边的其他地方。

安德马特（Andermatt）

人口1320 / 海拔1447米

拥有朴实的山间风光的安德马特是一个野性与低调并存的村庄。它曾是位于一个交叉路口的交通要冲。南北向的路线越过圣哥达山口（海拔2106米），连接了卢塞恩和提契诺；富尔卡山口（海拔2431米）向西曲折着通往瓦莱州；另一条道路盘旋着向东经欧伯拉普山口（Oberalp Pass；海拔2044米）一直到格劳宾登州（Graubünden）。不过，随着17公里长的圣哥达公路隧道（Gotthard Road Tunnel）在1980年开放，安德马特被所有重要的南北向路线给绕过了。

近来安德马特开展了一些大型的开发项目，其中有酒店和覆盖大片地区的滑雪缆车（名为Ski Arena）。虽然还有许多酒店正在计划建造中，但目前城中心还保留着传统的魅力。

景点和活动

安德马特附近有4个阿尔卑斯山的主要山口：苏斯滕（Susten）、欧伯拉普、圣哥达和富尔卡，因此，不管是徒步、骑自行车还是坐车过去玩，安德马特都是一个非常不错的大本营。可去旅游局拿一本免费的双语（德语和英语）手册，上面有徒步和骑行的活动信息。网站（www.postbus.ch）上可查到当前的巴士团队游。

詹斯德克山 山

（Gemsstock；www.skiarena.ch；缆车 单程/往返 Sfr36/50）詹斯德克山高2961米，可以从安德马特坐詹斯德克山缆车上来。夏天，这里吸引了众多徒步登山者，而到了冬天，总是被白雪覆盖的山坡就成了天然的滑雪场，适合越野滑雪爱好者。对于那些想在滑雪场以外的地方滑个痛快的人来说，这个地区也能满足他们的需要。这里成了Ski Arena的一部分，所以详情请查看网站。平底雪橇滑道、平整的徒步小径和驾雪橇活动也吸引了很多不滑雪的人前来。

圣哥达国立博物馆 博物馆

（Museo Nazionale San Gottardo；☎091 869 15 25；www.passosangottardo.ch/en/musei/museo-nazionale.html；⏲6月至10月 9:00~18:00）免费 一旦登上了圣哥达山口的顶部，就来参观圣哥达国立博物馆吧，这里介绍了山口的贸易、政治和文化意义，位于前海关大楼和酒店内。山口位于安德马特以南12公里处，在提契诺州境内。

圣哥达山口 观光公路

（St Gotthard Pass，Passo San Gottardo；www.passosangottardo.ch/en；⏲6月至10月）这一著名山口（海拔2108米）有一段令人兴奋的公路，连接了提契诺州和乌里州。公路从安德马特往南延伸12公里（提契诺州境内），走下方的隧道就不用走山口，但如果想看壮观的风景和翻越阿尔卑斯山的真实感，就走上边。

你肯定无法避免走著名的鹅卵石路Tremola[位于山口的南端，连接了最高点与说意大利语的艾罗洛（Airolo）]，经过37个折磨人的弯道是不可避免的。

Lai da Tuma Hike 徒步

从附近的欧伯拉普山口（海拔2044米）到莱茵河的源头——托马湖（Lai da Tuma，Tomasee；海拔2344米）之间有一条热门徒步路线。先驾车或坐火车到山口，然后从山口开始徒步，这条路线的往返路程共有11公里，要走上3~4个小时。湖水会流经4个国家，最终在荷兰鹿特丹附近流入北海。

食宿

Base Camp Andermatt 青年旅舍、度假屋 €

（☎079 946 47 68；www.basecamp-andermatt.com；Rueti 2；铺/标单/双 平时 Sfr39/59/115，周末 Sfr49/69/135；P 📶）这个山间环保度假屋兼青年旅舍全年都营业，适合喜欢户外生活的人。有免费Wi-Fi、壁炉、客用厨房、烧烤架、一片宽敞的用餐区、雪橇/自行车租借室和一个可以看见全景的桑拿室。这里距离火车站仅有350米（但是在山上），就在Nätschen缆车的旁边。

★River House Boutique Hotel

设计酒店 €€

(☎041 887 00 25; www.theriverhouse.ch; Gotthardstrasse 58; 标单 Sfr150~210, 双 Sfr200~280; P 📶) 老板是一个瑞士裔美国人，他采用当地的材料将这座有250年历史的建筑装饰一新，房间的地板和横梁都贴有镶嵌木板，有些房间还能看见河景。酒店的餐厅采用当地的绿色农产品作为食材，还供应瑞士产的葡萄酒。地理位置优越，在村中央。

Hotel Sonne

酒店 €€

(☎041 887 12 26; www.hotelsonneandermatt.ch; Gotthardstrasse 76; 标单/双 Sfr90/150起; P 📶) 你无法忽略这间位于主街上的酒店：正面木墙被风雨侵蚀得具有一种沧桑的美感，墙上画着一个金色的太阳图案，窗台上挂着天竺葵花盆。房间温暖舒适，有松软的床和松木家具，有些房间还可以看到漂亮的风景。楼下的餐厅供应瑞士特色菜。

Restaurant Zum Dörfli

瑞士菜 €€

(☎041 887 01 32; www.zumdoerfli.ch; Furkastrasse, Zumdorf; 主菜 Sfr26~40) Zumdorf除了这一家餐厅几乎没有更多选择了，但这里的薯饼和肉类主菜十分不错，而且秋天还会猎野味回来做菜。这里位于Furkastrasse，从安德马特往雷阿尔卑(Realp)和富尔卡山口方向走6公里。

实用信息

旅游局(☎041 888 71 00; www.andermatt.ch; Gotthardstrasse 2; ⊙周一至周五 8:00至正午和13:15~17:00，周六和周日 至16:00) 位于火车站东侧200米，与邮政巴士售票处同在一座建筑里。

到达和离开

如果你是从苏黎世(Sfr46, 2小时)、洛迦诺(Sfr42.40, 2.25小时)或其他南北方向的地方过来，需要在Göschenen转车，Göschenen到安德马特是一段上坡路，需要坐10分钟。这是因为主线走哥达隧道而绕过了安德马特。

东西向的冰川快车(Glacier Express; www.glacierexpress.ch)也经过安德马特，可以从这里去采尔马特(Sfr74, 3小时)和圣莫里茨(St Moritz; Sfr85, 5小时)。

马特峰哥达火车局(Matterhorn Gotthard Bahn; www.mgbahn.ch)提供关于载车火车的信息，这列火车会翻越欧伯拉普山口到格劳宾登州，然后走富尔卡隧道进入瓦莱州。运过来的车辆会停放在火车站。

长17公里的哥达公路隧道从Göschenen一直延伸到提契诺州的艾罗洛，从安德马特旁边经过，是阿尔卑斯山最长的南北走向的交通路线。

新的圣哥达基底隧道(St Gotthard Base Tunnel)开放于2016年，是一条57公里长的铁路隧道，专为高速火车和货物火车而设计，据说是世界上最长最深的交通隧道。

瑞士西北部

包括➡

巴塞尔……249
巴登……257
阿劳……259

最佳就餐

- Restaurant Stucki（见255页）
- Restaurant Schlüsselzunft（见255页）
- Markthalle（见255页）
- Speck（见259页）
- Goldener Schlüssel（见259页）

最佳住宿

- Les Trois Rois（见254页）
- Hotel Krafft（见255页）
- Der Teufelhof（见254页）
- Kettenbrücke Hotel（见259页）
- SYHA Jugendherberge Baden（见259页）

为何去

瑞士西北部与法德两国交界，好像被塞进一个角落里，包括巴塞尔和阿尔高两个州，拥有迷人的文化吸引力。

巴塞尔是值得推荐的探索大本营，这里有大量的前卫建筑与迷人的老城，且兼具商业和文化气息。这座城市本身拥有丰富的博物馆和美术馆，周边葱茏的乡村亦有鲜为人知的珍宝等着探索。

前往巴塞尔郊外的短途旅行，最值得推荐是位于奥古斯塔·劳里卡这处瑞士最优秀的古罗马遗迹。沿着莱茵河向东延伸，美丽的中世纪城市阿劳是哈布斯堡家族的诞生地，这个家族最后发展成为奥匈帝国的统治者。在这里，围绕阿勒和利马特（Limatt）山谷的一段旅程，可以串起哈布斯堡、维尔德格、伦茨堡和哈尔维的崎岖城堡，以及一系列美丽的村庄和温泉度假村云集的巴登。

何时去

- 夏季，阳光灿烂的天气把人们吸引到奔流的河水旁，沿着莱茵河漂流而下或者在户外就餐。
- 12月和1月，来参加神奇的圣诞市场和1月的格利夫怪鸟节。
- 2月的巴塞尔意味着一件事：狂欢节和怪诞、狂野且神奇的晨闹游行。

瑞士西北部亮点

❶ **维特拉设计博物馆**（见251页）在**莱茵河畔魏尔**，看建筑杰作模型，然后挑一些精美的纪念品带回家。

❷ **巴塞尔美术馆**（见249页）为这个新装修的艺术博物馆的收藏而惊叹。

❸ **贝耶勒基金会美术馆**（见251页）在这座古典艺术的圣殿里欣赏慷慨捐赠的善品。

❹ **朗格马特博物馆**（见258页）在**巴登**体验瑞士最小巧可爱的画廊之一。

❺ **狂欢节**（见253页）在**巴塞尔**古怪、疯狂的节日期间，帮助瑞士人粉碎对他们的成见。

❻ **奥古斯塔·劳里卡**（见252页）在瑞士最大的遗址中，追思从前的罗马帝国。

❼ **哈布斯堡城堡**（见258页）在这个曾经辉煌一时的王朝的起源地，遥想当时的生活。

巴塞尔(BASEL)

人口176,117 / 海拔273米

从历史上看，坐落在莱茵河畔的绝佳地理位置促进了巴塞尔成为一个重要的贸易交通枢纽。今天，它是一个全球制药工业中心——制药巨擘罗氏公司和诺华公司的总部设在这里。但这对成千上万的艺术和建筑爱好者来说并不太重要，他们慕名而来去拜访闻名于世的巴塞尔艺术节和这里大量的画廊、博物馆和标志性建筑。

法国、德国和瑞士边境交界处的位置，也为巴塞尔增加了多元文化的吸引力，这也许是瑞士法国-日耳曼根源最明显的地方，不过这里的主要语言是瑞士德语。

轻松的一天可以这样度过：在莱茵河南岸美丽高端的**大巴塞尔**，漫步于老城区的卵石街巷中，然后穿过中桥前往**小巴塞尔**，享受更为"日常"的氛围，在户外就餐。

历史

公元前44年，罗马人入侵了巴塞尔以东的劳里卡(Raurica)，劳里卡在当时属于凯尔特人的领土。有关这座城市的书面记录最早见于公元3世纪，罗马人在那之前就已在大教堂周围的高地上建起了堡垒，作为莱茵河沿岸的防御系统。

中世纪时期的巴塞尔几易其主，法兰克人、勃艮第人和哈布斯堡家族都曾统治过这里，之后逐渐被强大的行会所控。1501年，巴塞尔加入瑞士联邦。

进入20世纪后，巴塞尔已成为一个繁忙的工业、贸易和银行业枢纽城市，它的经济发展迅速，其中化学业和制药业处于世界领先地位。巴塞尔还是个历史悠久的文化中心。20世纪30年代，当地美术馆从纳粹德国那里获得了一批珍贵的现代艺术作品——希特勒一行人称其为"堕落的艺术"。

景点

请记住：大部分博物馆周一闭馆。巴塞尔有37家博物馆和美术馆(最近统计)，你可以从巴塞尔旅游局(见257页)或网站(www.museenbasel.ch)获取相关信息。

大巴塞尔(Grossbasel)

★巴塞尔美术馆 博物馆

(Kunstmuseum Basel; Museum of Fine Arts; ☎061 206 62 62; www.kunstmuseumbasel.ch; St Alban-Graben 16; 成人/学生/儿童 Sfr16/8/免费; ⊙周二、周三和周五至周日 10:00~18:00，周四 10:00~20:00; P)这家高雅的美术馆收藏了瑞士各类公共艺术藏品，在翻修了已有画廊(主厅; Hauptbau)并建造了一座现代主义的新侧楼(新厅; Neubau)后，于2016年年中重新开放。美术馆拥有世上最多的霍尔班父子作品，成千上万件作品中还包括大量的文艺复兴时期和印象派作品。门票价指永久收藏展价格，邀请展需要另收费。提供导览游(Sfr5起)。

门票还包括河边的**巴塞尔当代美术馆**(Kunstmuseum Basel Gegenwart; St Alban-Rheinweg 60; 成人/学生/儿童 Sfr16/8/免费; ⊙周二至周日 11:00~18:00)门票。

★巴塞尔玩具博物馆 博物馆

(Spielzeug Welten Museum Basel; ☎061 225 95 95; www.spielzeug-welten-museum-basel.ch; Steinenvorstadt 1; 成人/儿童 Sfr7/5; ⊙10:00~18:00; P 🚻)成人和儿童都喜爱这个迷人有爱的地方，这里有自称世上最大的泰迪熊玩偶收藏，4层楼中还分布有精致的玩具屋和6000件展品。

中桥(Mittlere Brücke) 桥梁

简直令人难以置信，这座横跨莱茵河湍流的桥梁，自1226年就已经矗立在这里了。这座桥梁也是巴塞尔的象征，它连接起高傲的大巴塞尔和谦卑的小巴塞尔，在城中漫步穿越这座桥梁是必不可少的活动。

市场广场 广场

(Marktplatz; P)从市场广场开始游览中世纪风情的巴塞尔老城区，这里最显眼的建筑是建于16世纪的鲜红色**市政厅**(Rathaus; ☎061 267 81 81; Marktplatz 9; ⊙周一至周五 8:00~17:00)。从市政厅沿Spalenberg街往西走，你会经过以前的手工艺人区，走过大概400米的上坡路后，就到了有600年历史的**Spalentor**城门。巴塞尔当年有三扇城门，1866年城墙被毁后只剩下这一扇。沿途的

不要错过

巴塞尔的现代建筑之旅

七位普利兹克建筑奖的获奖者设计了巴塞尔及其周边的一些建筑，他们包括弗兰克·盖里、阿尔瓦罗·西扎、安藤忠雄、扎哈·哈迪德、雅克·赫尔佐格和皮埃尔·德梅隆，他们大多在瑞德边境的维特拉设计博物馆（见251页）里有自己的作品。

靠近市中心的区域有一些当地的赫尔佐格和德梅隆设计的建筑。这家总部设在巴塞尔的公司，凭借伦敦的泰特现代美术馆、北京的奥林匹克体育馆和东京青山的Prada旗舰店而闻名世界。在巴塞尔，他们的作品还有**绍拉格现代美术馆**（Schaulager; www.schaulager.org; Ruchfeldstrasse 19）和**圣雅各布公园**（St Jakob Park）的体育馆，小型一点的项目如黑色的**中央信号所**（Zentralstellwerk; Münchensteinerstrasse 115）、SBB火车站附近令人称奇的**阿尔萨斯玻璃门**（Elsässertor; Viaduktstrasse 3; Ⓟ）和翻修过的酒吧Volkshaus Basel（位于小巴塞尔的Rebgasse路上；见256页）。

贝耶勒基金会美术馆（见251页）的设计者是另一位普利兹克建筑奖获奖者——意大利建筑师伦佐·皮亚诺（Renzo Piano）；让·丁格利博物馆（见251页）的设计者是瑞士提契诺州的建筑师马里奥·博塔（Mario Botta）。

Spalenberg街、Heuberg街和Leonhardsberg街两边有许多得到精心维护的百年老屋，非常漂亮，值得慢慢逛一下。

大教堂 天主教堂

（Münster, Cathedral; ☎061 272 91 57; www.baslermuenster.ch; Münsterplatz 9; ⏰周一至周五 10:00~17:00，周六 至16:00，周日 11:30~17:00; Ⓟ）大教堂融合了哥特风格（外部）和古罗马风格（内部），原先的建筑大部分毁于地震，现在我们看到的是1356年重建的教堂。文艺复兴时期的人文主义者鹿特丹的伊拉斯谟（Erasmus; 1466~1536年）曾在巴塞尔生活，死后葬在了教堂的北侧廊。两人及以上，可以爬楼梯去高处的哥特式塔楼（每人Sfr5）。教堂背后是**大教堂广场**（Münster Pfalz），可以看到壮观的莱茵河。

瑞士造纸、字体和印刷博物馆 博物馆

（Schweizerisches Museum für Papier, Schrift und Druck; Swiss Museum of Paper, Script & Print; ☎061 225 90 90; www.papiermuseum.ch; St Alban-Tal 37; 成人/儿童 Sfr15/9; ⏰周二至周五和周日 11:00~17:00，周六 13:00~17:00）博物馆位于一个老造纸厂里，造纸厂的下方是中世纪时就已建成的一条运河，运河旁边有一个在运转的水车。在过去的几百年里，曾经有许多工厂在这里经营运转，这一间专门用来造纸，博物馆记录下了它的这段历史。出博物馆往东走，可以看到一堵老城墙。

历史博物馆 博物馆

（Museum für Geschichte, Museum of History; ☎061 205 86 00; www.hmb.ch; Barfüsserplatz 4; 成人/儿童 Sfr12/7; ⏰周二至周日 10:00~17:00）巴塞尔历史博物馆（Historisches Museum Basel）名下三家博物馆中最重要的一个，自1894年开始营业，非常值得一看。其多样的藏品系列，是瑞士同类博物馆中最大的。穹隆状的天花板之下，是跨越两千年时光的工艺品、瓷器、武器等展品。镇馆之宝是15世纪的《死亡之舞》壁画的碎片和保存良好的16世纪唱诗班座位。

家居装饰博物馆 博物馆

（Museum für Wohnkultur, Museum of Domestic Life; ☎061 205 86 78; www.hmb.ch; Elisabethenstrasse 27-29; 成人/儿童 Sfr10/5; ⏰周二至周五和周日 10:00~17:00，周六 14:00~17:00; 👪）这个可爱的博物馆坐落在美丽的Haus zum Kirschgarten（建于1780年），两层楼的房间分别完美布置成18世纪和19世纪的巴塞尔风格，众多藏品中还包括麦森瓷器艺术品。

巴塞尔古典艺术品博物馆 博物馆

（Antikenmuseum Basel, Basel Antique Museum; ☎061 201 12 12; www.antikenmuseumbasel.ch/en; St Alban-Graben 5; 成人/儿童 Sfr15/

免费；⏲周二、周三、周六和周日10:00~17:00，周四和周五 至22:00）这家多层博物馆里收藏着从埃及法老执政的鼎盛时期到罗马帝国时代的古代工艺品，数量之多堪称瑞士之最。周四和周五19:00后门票免费。

音乐博物馆 博物馆

（Museum für Musik, Museum of Music; ☎061 264 91 60; www.hmb.cnh; Im Lohnhof 9; 成人/儿童 Sfr10/5; ⏲周三至周六 14:00~18:00，周日11:00~17:00）这座博物馆拥有全瑞士最大的乐器收藏，展品覆盖五个世纪，并表明了每件乐器的音乐和社会环境。

自然历史博物馆 博物馆

（Naturhistorisches Museum, Natural History Museum; ☎ 061 266 55 00; www.nmbs.ch; Auginergasse 2; 成人/儿童 Sfr7/5; ⏲周二至周日10:00~17:00）自然历史博物馆拥有将近800万件与动物学、人类学和考古学有关的物品和文物，其任务是保存该地区的人类和动物档案。博物馆还有大量真实尺寸可互动的展品，以供教育和招待好奇的孩子和成年人。

小巴塞尔（Kleinbasel）

★让·丁格利博物馆 博物馆

（Museum Jean Tinguely; ☎061 681 93 20; www.tinguely.ch; Paul Sacher-Anlage 2; 成人/学生/儿童 Sfr18/12/免费; ⏲周二至周日11:00~18:00; Ⓟ）博物馆由提契诺州最有名的建筑师马里奥·博塔设计，展示了雕塑家兼科学怪人让·丁格利有趣而搞怪的作品。“活动艺术”作品旁边有按钮，按下后作品就会动起来：弹簧压缩发出吱嘎吱嘎的声音，羽毛摇晃，轮子迅速转动。楼上有一台巨大的和声机器（Méta-Harmonies），它发出的音乐声让人印象深刻。

巴塞尔中心区以外

★维特拉园区 博物馆

（Vitra Campus; ☎+49 7621 702 3500; www.vitra.com/en-hu/campus; Charles-Eames-Strasse 1, Weil am Rhein; 维特拉园区 成人/儿童 €17/15，仅设计博物馆 €11/9，1.5小时导览游 €7/14; ⏲10:00~18:00）维特拉园区展示着与其同名的高端家具制造商产品，它由建筑师弗兰克·盖里设计（毕尔巴鄂古根海姆美术馆的设计者）的**维特拉设计博物馆**（Vitra Design Museum）、赫尔佐格和德梅隆设计的**维特拉豪斯**（Vitra Haus）和2016年新落成的**维特拉仓库**（Vitra Schaudepot）组成。此外，还有一直在增加的作品，来自其他先锋建筑师和设计师；其中包括高达30米、造型古怪的螺旋形维特拉滑梯（Vitra Slide），这是卡尔斯登·霍勒的作品。对建筑、工业和室内设计热爱者们来说，这是个必到之处。

园区位于莱茵河畔魏尔（Weil am Rhein），刚过德国边境便是。

★贝耶勒基金会美术馆 博物馆

（Fondation Beyeler; ☎061 645 97 00; www.fondationbeyeler.ch; Baselstrasse 101, Riehen; 成人/儿童 Sfr25/免费; ⏲周四至周二10:00~18:00，周三 至20:00; Ⓟ）这个令人惊叹的公共美术馆从私人收藏馆转变而来，由前艺术经纪人希尔迪（Hildy）和恩斯特·贝耶勒（Ernst Beyeler）创立，坐落在意大利建筑师伦佐·皮亚诺设计的一座又长又低的开放式建筑中。馆内藏有各种各样19世纪和20世纪的作品，如毕加索、罗斯科的绘画作品与米罗、马克思·恩斯特、大洋洲土著的雕塑，同时设常规流动展。

不要错过

随波逐流

想要花较少的钱体验刺激？来乘坐莱茵河上四艘腔调十足的巴塞尔老渡船的其中之一吧。这些不带发动机的老渡船，连着挂在莱茵河上方的缆绳，由经验丰富的渡船工巧妙操作。

对多数人有用的两艘船是位于中桥西侧的**Klingentalfähre**（www.faehri.ch; 成人/儿童 Sfr1.60/0.80）和穿过大教堂广场底下河流的**大教堂渡船**（Münsterfähre; www.faehri.ch; 成人/儿童Sfr1.60/0.80）。两艘渡船都是从9:00频繁发船，一直运营到黄昏。

Basel 巴塞尔

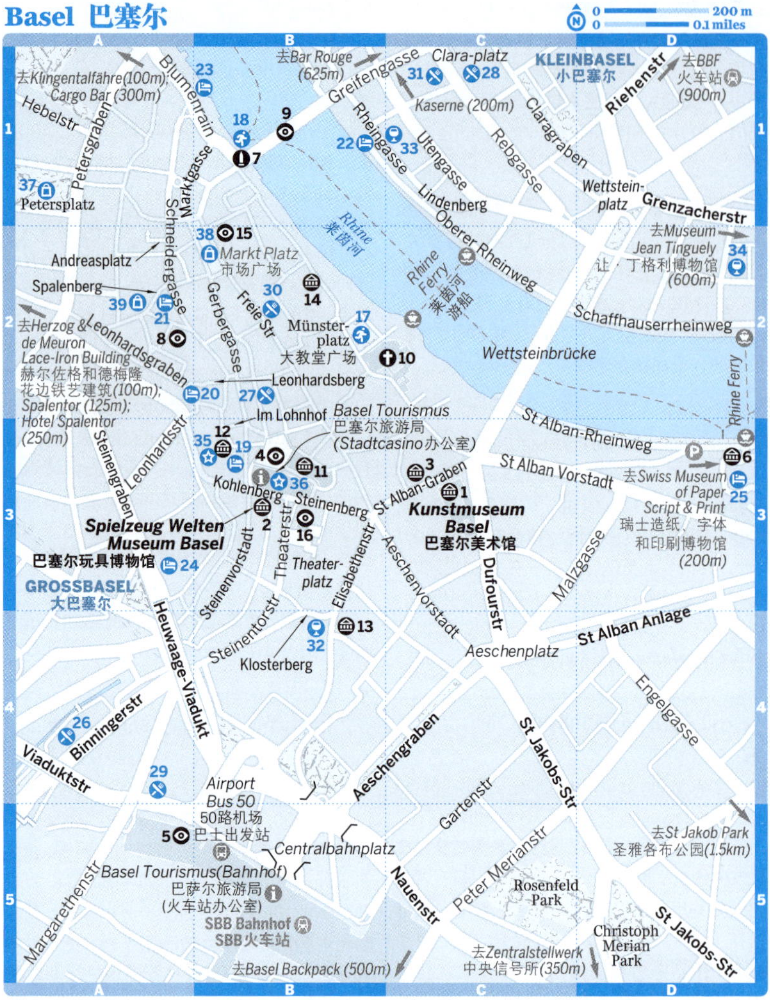

★奥古斯塔·劳里卡 遗迹

（Augusta Raurica；☎061 552 22 22；www.augustaraurica.ch；Giebenacherstrasse 17, Augst；成人/儿童 Sfr8/6；⏲10:00~17:00；P ♿）瑞士最大的罗马遗址位于巴塞尔以东17公里的莱茵河南岸，是公元前43年罗马殖民地的最后残存，公元2世纪时这里人口一度达到2万。如今，访客可以走进去近距离观看，位于阿尔卑斯山北边的罗马剧院保存完好，是这里的亮点建筑。从巴塞尔乘坐每小时两班的S1到Kaiseraugst站下（Sfr3.80，11分钟），然后沿着指示牌步行10分钟就可以到这里。

遗址的入口处的**罗马博物馆**（Römermuseum；☎061 552 22 22；www.augustaraurica.ch；Giebenacherstrasse 17, Augst；成人/儿童 Sfr8/6；⏲10:00~17:00；P）也值得一看，里面有严格按照原本造型修复的罗马房屋和270件无与伦比的古董银器。

活动

在莱茵河游泳或漂浮，或是在岸边晒日光浴，是夏季主要的休闲活动。你还可以在

Basel 巴塞尔

重要景点

1 巴塞尔美术馆……C3
2 巴塞尔玩具博物馆……B3

景点

3 巴塞尔古典艺术品博物馆……C3
4 Barfüsserplatz……B3
5 阿尔萨斯玻璃门……A5
6 巴塞尔当代美术馆……D3
7 Lällekönig……B1
8 市场广场……A2
9 中桥……B1
10 大教堂……C2
11 历史博物馆……B3
12 音乐博物馆……B3
13 家居装饰博物馆……B4
14 自然历史博物馆……B2
15 市政厅……B2
16 Tinguely Brunnen……B3

活动、课程和团队游

17 Allianz Cinema Basel……B2
18 Basler Personenschiffahrt……B1

住宿

19 Au Violon……B3
20 Der Teufelhof……A2
21 Hotel Basel……A2
22 Hotel Krafft……B1
23 Les Trois Rois……B1
24 Steinenschanze Stadthotel……A3
25 SYHA Youth Hostel Basel……D3

就餐

26 Acqua……A4
Atelier……（见20）
27 Latini……B2
28 Lily's Maxim Basel……C1
29 Markthalle……A4
30 Restaurant Schlüsselzunft……B2
31 Volkshaus Basel……C1

饮品和夜生活

32 Atlantis……B4
33 Consum……C1
34 SUD……D2

娱乐

35 Bird's Eye Jazz Club……B3
36 Stadtcasino……B3

购物

37 Flohmarkt Petersplatz……A1
38 Stadtmarkt……B2
39 Weihnachtshaus Johann Wanner……A2

巴塞尔旅游局（见257页）和当地精品店购买Wickelfisch——这是一种防水的塑料“鱼”，把衣服装进去，当你在河中痛快玩耍时可以保证你的衣服干爽。

里赫贝格小径（Rehberger-Weg） 徒步

如果你有智能手机，下载这个应用程序，可帮助你进行贝耶勒基金会美术馆到维特拉园区之间5公里的徒步。这条线路漫步于乡村之间，穿越瑞士边境进入德国，沿途有24个独具特色的公共艺术装置作为路标和休息站，由艺术家Tobias Rehberger设计。

Basler Personenschiffahrt 划船

（☎061 639 95 00；www.bpg.ch；Schiffländе；乘船游 Sfr19起；◷周二至周六 14:00）5月中旬至10月中旬，Basler Personenschiffahrt提供85分钟的城市/港口乘船游、前往莱茵费尔登（Rheinfelden）的长途游览，以及包括午餐、爵士乐和晚餐在内的游览。游船从中桥附近的Schifflände出发。

节日和活动

★狂欢节 狂欢节

（Fasnacht；www.fasnachts-comite.ch；◷2月或3月）巴塞尔著名狂欢节为期3天，在大斋首日过后的周一凌晨4:00，以晨闹（Morgestraich）拉开帷幕。路灯还没亮，游行队伍就已出现在市中心的街头，参加狂欢的人们身着精美的服装，戴着面具。主要的游行在周一和周三的下午，周二则是孩子们的主场，大教堂广场上有露天灯展。

★巴塞尔艺术节 艺术节

（ART Basel；www.artbasel.ch；◷6月）三大国际当代艺术展览会之一（其他两个设在迈阿密和香港），约有近300家画廊携4000多名艺术家的作品参加。在6月会持续一周多。

格利夫怪鸟节 文化节

(Vogel Gryff; 1月;) 1月在小巴塞尔举办的这个节日赶走了冬日的寒冷。三大主角格利夫怪鸟、野人和狮子，会先在莱茵河上的筏子上跟着鼓声起舞，接着去小巴塞尔的街上继续跳舞。

秋季展览会 文化节

(Herbstmesse, Autumn Fair; www.messen-maerkte.bs.ch; 10月;) 巴塞尔的大型秋季展览会已有500多年的历史，艺术家、手工艺人、商人和游行人群将挤满街道。

住宿

当地有会议或贸易展览会时，酒店很快就纷纷客满，建议尽量提早预订。登记入住时，记得要"出行卡"(mobilityticket)，凭它可以免费乘坐公共交通工具。这会提供很多方便，因为你很难在老城找到便利的酒店停车位。

网站(www.bbbasel.ch)上有巴塞尔地区的民宿名单。

大巴塞尔

★Basel Backpack 青年旅舍 €

(061 333 00 37; www.baselbackpack.ch; Dornacherstrasse 192; 4人/8人铺 Sfr39/31, 标单/双 Sfr75/89起;) 旅舍由一个工厂改建而成，员工态度友好，有4人间和8人间，还有一些时尚简单的单人间和豪华双人间。额外福利包括自行车出租、早餐、酒吧、住客厨房、洗衣房和两间舒适的休息室。

SYHA Youth Hostel Basel 青年旅舍 €

(061 272 05 72; www.youthhostel.ch; St Alban Kirchrain 10; 铺/标单/标双 带共用浴室 Sfr41/70/93起; 标单/双 Sfr120/132起;) 这间气派摩登的青年旅舍由巴塞尔的建筑事务所Buchner & Bründler设计，两边有绿树遮挡的广场和一条潺潺流动的小溪。旅舍距离莱茵河仅几步之遥，从SBB火车站步行也只需15分钟时间(或搭乘2路电车到美术馆站下)。

Hotel Basel 酒店 €

(061 264 68 00; www.hotel-basel.ch; Münzgasse 12; 标单/双/标双 Sfr126/153/180起;) 这家时髦的酒店位置极佳，位于老城中心，有72间智能房，包括简单但装饰舒适的紧凑单人房以及更为宽敞的双人房。根据酒店的形状和大小，大多数房间还拥有特色墙、天窗或其他令人愉快的细节。服务水准卓越。

Au Violon 酒店 €

(061 269 87 11; www.au-violon.com; Im Lohnhof 4; 标单/双 Sfr120/140起;) 若不是大门或其他少数细节的暗示，人们很难看出，典雅大气的Au Violon在1835~1995年曾是一所监狱。大部分的房间由两间囚室改建而成，或对着令人愉快的鹅卵石庭院，或朝向大教堂。酒店位于树木茂密的山顶上，受人推崇的餐厅夏季设有户外座位。

★Der Teufelhof 精品酒店 €€

(061 261 10 10; www.teufelhof.com; Leonhardsgraben 49; 标单/双/套 Sfr138/158/178起;) 自认为是"宾客和文化"之家的Der Teufelhof (魔鬼的王宫)，适合艺术和设计爱好者们。这里原本是两个酒店，一个是有9间房的先锋艺术酒店；另一个较大一点的美术馆酒店(前身是一个女修道院)。每一间房都以高端的当地产维特拉(著名家具品牌)装饰打造。

Hotel Spalentor 酒店 €€

(061 588 06 26; www.hotelspalentor.ch; Schönbeinstrasse 1; 标单/双 Sfr153/178起;) 这家时尚的酒店就在老城的Spalentor门外，既适合商务人士，也适合休闲旅行者。最近翻新的房间中，毛绒皮革椅子和大屏幕电视装点出时髦的现代风格。部分房间有阳台。酒店还有一个可爱的花园，员工礼貌且乐于助人。

Steinenschanze Stadthotel 酒店 €€

(061 588 12 13; www.steinenschanze.ch; Steinengraben 69; 标单/双 Sfr162/180起) 这家超值的酒店位置良好，处于巴塞尔SBB火车站和老城之间。房间简洁、紧凑，线条明快，床品舒适，配以实木地板和镶板，自然光丰富。酒店还有一个公共花园区和友好热心的工作人员。

★Les Trois Rois 豪华酒店 €€€

(061 260 50 50; www.lestroisrois.com;

Blumenrain 8；标单/双 Sfr350/570起；P ❄ 📶）临河的Les Trois Rois占据了巴塞尔的最佳位置，融合了旧时优雅（想要在舞厅里来一段华尔兹吗？）和新贵时尚。房间从经典到时尚风格一应俱全，但无一不是舒适又有吸引力。

小巴塞尔

★ Hotel Krafft 酒店 €€

（☎061 690 91 30；krafftbasel.ch；Rheingasse 12；标单/双 Sfr110/175起；📶）懂设计的人会喜欢这间经过翻新的历史酒店，极简主义的房间相当时尚，精彩融合了老派和新式的魅力；部分房间有阳台。酒店提供免费的折叠自行车和新鲜水果，水站也让人印象深刻。但这里最大的特色，还是它位处河边的黄金位置，紧邻中桥，从小巴塞尔越过莱茵河俯瞰大巴塞尔壮丽的城区风景。记得订一间看得见风景的房间。

就餐

巴塞尔的烹饪文化从该市悠久的移民历史和接近德法边境的位置得益良多，但毫无疑问的是：在这里用餐可能很昂贵。要找便宜/快速的饮食，可以在车站周围转转，前往市场广场（见249页）或穿越边境到法国或德国，那边因为是欧元区，价格还比较合理。

大巴塞尔

★ Markthalle 食品大厅 €

（www.markthalle-basel.ch；Steinentorberg 20；菜肴 Sfr10~25；⏲周一 8:00~19:00，周二至周六 至午夜，周日 10:00~17:00；🌱 👪）这个大型室内市场/食品大厅位于巴塞尔SBB火车站的拐角处，是一个颇受欢迎的便宜午餐去处。卖家流动性很大，食物包括瑞士特色和世界各地风味。值得一试。

Latini 意大利菜 €€

（☎061 261 34 43；www.bindella.ch/de/latini.html；Falknerstrasse 31；意面 Sfr16~27，主菜 Sfr25~35；⏲周日至周四 11:00至午夜，周五和周六 至次日1:00；❄ 🌱 👪）这个时尚但朴实且高人气的地方在老城的边缘，供应价格合理的意大利菜和各种素食，是一个很好的家常选择。紧邻Barfüsserplatz。

★ Restaurant Stucki 欧洲菜 €€€

（☎061 361 82 22；www.tanjagrandits.ch；Bruderholzallee 42；⏲3/4道菜 午餐 Sfr75/92，8/12道 风格套餐 Sfr190/240；P ❄）在厨师Tanja Grandits的指导下，这家有名望的餐厅始终位于巴塞尔顶尖餐厅之列，在这里就餐绝对是一种享受。招牌风格套餐中，特色的杜松子蜂蜜山羊肉、奶油慕斯配焦糖米花和甜瓜摆盘是如此美丽，让人在盘上动刀都带着内疚。但你必须一试。

★ Restaurant Schlüsselzunft 各国风味 €€€

（☎061 261 20 46；www.schluesselzunft.ch；Freie Strasse 25；主菜 Sfr34~56；⏲周一至周六 9:00~23:30，周日 11:00~22:00，6月至8月 周日不营业）这间优雅的餐馆位于一栋建于15世纪的行会会馆内，这栋房子在20世纪初时重建为新文艺复兴风格，内有一个带弧形楼梯的庭院。供应香梨茴香鲈鱼排和马散麻咖喱小牛肉配水果馅春卷等创意菜肴。

Acqua 意大利菜 €€€

（☎061 564 66 66；www.acquabasilea.ch；Binningerstrasse 14；2菜/3道菜 素食套餐 Sfr45/62，常规套餐 Sfr65/82；⏲周二至周五 正午至14:00和19:00至午夜，周六 19:00至午夜；🌱）这间河畔餐厅是一栋由自来水厂改建而成的石头混凝土建筑，充满着后工业时代气息。室内有棕色皮革的长凳和枝形吊灯，室外的露台上点着蜡烛。套餐可以从美味的托斯卡纳风味肉食、鱼和蔬菜中挑选2~3道菜自由组合。

Atelier 瑞士菜、地中海菜 €€

（☎061 261 10 10；www.teufelhof.com/en/eating-drinking/atelier；Leonhardsgraben 49；工作日 午餐 Sfr27，晚餐 主菜 Sfr24~52；⏲正午至14:00和18:30~22:00；🌱）想吃一顿美味又实惠的午餐，请到Der Teufelhof（见254页）附设的这间餐厅。这里有庭院的露天座位、超级好吃的瑞士菜和地中海菜以及一流的服务。

小巴塞尔

Lily's Maxim Basel 亚洲菜 €

（☎061 683 11 11；https://lilys.ch/eatery/maxim；Rebgasse 1；主菜 Sfr14~26；⏲周一至周

五 10:00至午夜，周六 11:00至午夜，周日 11:00~22:30；❄️✎）随意的气氛、合理的价格和全天的服务，让这间亚洲菜餐馆成为小巴塞尔长期以来最受欢迎的餐馆。你可以在这里吃到正宗的泰国菜、中国菜和印度菜（有咖喱、面条和汤），饮料有生啤酒和茶。餐馆内有非正式的长桌子和配高脚凳的吧台。

★ Volkshaus Basel 法式啤酒馆、酒吧 €€

（☎061 690 93 10；www.volkshaus-basel.ch/en；Rebgasse 12-14；主菜 Sfr28~60；⊙餐厅 周一至周六 正午至14:00和18:00~22:00，酒吧 周一至周三 10:00至午夜，周四至周六 至次日1:00）这个地方集酒吧、画廊和表演舞台于一体，设计者是赫尔佐格和德梅隆。铺着鹅卵石的庭院里有一个啤酒花园，装饰用的柱子、覆盖着葡萄藤的墙壁和挂着灯泡的树让这里充满着艺术氛围，是个轻松享用晚餐的好地方。这里有法式啤酒馆的经典菜肴（牛排和薯条），也供应创意菜。

饮品和夜生活

如果想找酒吧逛一逛，请前往Barfüsserplatz和Klosterberg之间的区域或者小巴塞尔的Rheingasse/Utengasse街区。

★ Das Viertel 屋顶酒吧

（☎061 331 04 00；www.dasviertel.ch；Münchensteinerstrasse 81；⊙露台酒吧 周一至周六 18:00至午夜，周日 10:00 开门，俱乐部 周五和周六 23:00至次日3:00）从SBB火车站沿着铁轨往东走，这家沐浴着阳光的露台酒吧每天都引来络绎不绝的顾客。在周末，它会变身成为一个俱乐部。

Cargo Bar 酒吧

（☎061 321 00 72；www.cargobar.ch；St Johanns Rheinweg 46；⊙周日至周四 16:00至次日1:00，周五和周六 至次日2:30）艺术展览、现场摇滚演出、电影和DJ挤满了这家艺术酒吧的日程表。到了夏天，酒吧会在室外的人行道上摆上桌子，方便客人在饮酒的同时欣赏莱茵河上的日落。

Atlantis 酒吧

（☎061 228 96 96；www.atlan-tis.ch/en/club；Klosterberg 13；⊙周五和周六 23:00至次日4:00）酒吧在一栋造型弯曲的长房子里，房子后面有一排皮革凳，周末晚上有DJ驻场，人非常多。夏天时会开放屋顶露台。

SUD 夜店

（☎061 683 14 44；www.sud.ch；Burgweg 7；⊙周四 21:00至次日1:00，周五和周六 至次日4:30，周日 10:00~16:00）这个趣味多元酒吧/夜店/活动场坐落于小巴塞尔，是由一间啤酒厂改建而成，气氛轻松又亲切，每晚会举办从DJ打碟到诗歌朗诵之类的各种各样的文化活动。

Consum 葡萄酒吧

（☎061 690 91 35；www.consumbasel.ch；Rheingasse 19；⊙周日至周四 17:00至午夜，周五和周六 至次日1:00）这家放松的酒吧将以环球美酒之旅打开你的味蕾。就算你只点3杯，酒吧也会为你从100多种藏酒中新开一瓶酒。

☆ 娱乐

如欲了解更多更详尽的活动信息，可以登录www.basellive.ch（德语）。年度的音乐活动包括持续数周的**爵士音乐节**（www.offbeat-concert.ch）和**Baloise Session**（www.baloisesession.ch；⊙10月/11月）。8月的**Allianz Cinema Basel**（www.allianzcinema.com/basel）每晚都会在鹅卵石的大教堂广场放映露天电影（许多为英文电影）。

Bird's Eye Jazz Club 爵士乐

（☎061 263 33 41；www.birdseye.ch；Kohlenberg 20；⊙9月至次年5月 周二至周六，6月至8月 周三至周六 20:00~23:30）欧洲顶级爵士乐俱乐部之一，有众多本地和外国表演者的演出。

Stadtcasino 音乐会演出

（☎061 226 36 00；www.stadtcasino.ch；Steinenberg 14；⊙演出时间不定）这座19世纪的建筑，拥有一个能容纳1500人的演出厅、舞厅和室内音乐厅，定期举办巴塞尔交响乐团（Basel Symphony Orchestra）和巴塞尔室内交响乐团（Basel Chamber Orchestra）的演出。

FC Basel 表演赛

（www.fcb.ch；St Jakob Park）巴塞尔足球队是瑞士最佳球队之一，他们的比赛场所在

SBB火车站以东3公里处的圣雅各布公园。

购物

Weihnachtshaus Johann Wanner 手工艺品

（☎061 261 48 26；www.johannwanner.ch；Spalenberg 14；⊙周一 12:30~18:30，周二至周五 10:00~18:30，周六 10:00~17:00）著名的圣诞商店，整年都出售漂亮的节日装饰品。

Flohmarkt Petersplatz 市场

（www.messen-maerkte.bs.ch/flohmarkt.htm；Petersplatz；⊙周六 7:30~16:00）巴塞尔著名的周六跳蚤市场就在这里。

Stadtmarkt 市场

（www.messen-maerkte.bs.ch；Marktplatz；⊙周一至周四 8:30~14:00，周五和周六 至18:00）市场广场上整年都有食品市场。

实用信息

巴塞尔旅游局（Stadtcasino；☎061 268 68 68；www.basel.com；Steinenberg 14；⊙周一至周五 9:00~18:30，周六 至17:00，周日 10:00~15:00）。这个老城的旅游信息联合会分支会组织两小时的城区步行游览（成人/儿童 Sfr18/9起），配以英语、德语或法语的讲解，还提供海量信息、地图和城中各博物馆App的链接。还有一个分支在**SBB火车站**（☎061 268 68 68；www.basel.com；Centralbahnstrasse 10；⊙周一至周五 8:00~18:00，周六 9:00~17:00，周日 9:00~15:00）。

到达和离开

巴塞尔的公路、铁路和航空交通都很便捷。

A35高速公路从Strasbourg出发，沿途经过Euro Airport；A3高速公路东去苏黎世，沿A2高速公路往南可至伯尔尼和卢塞恩。

巴塞尔有两个主要火车站：一个是南边的SBB火车站，列车主要开往瑞士国内和法国；一个是北边的BBF火车站，列车主要开往德国。

SBB火车站有频繁的班次开往苏黎世（Sfr34，55分钟至1.25小时）和伯尔尼（Sfr41，55分钟），开往日内瓦的火车（Sfr77，2.75小时）需要在伯尔尼、比尔/比恩或奥尔滕换车。

每小时还有一班开往巴黎里昂火车站的TGV快车（Sfr42，3小时）。这条线路的折扣票价格Sfr78起。

Euro Airport（MLH或BSL；☎+33 3 89 90 31 11；www.euroairport.com）是服务巴塞尔（还有法国米卢斯和德国弗莱堡）的机场。机场位于市区以北5公里处的法国境内，有飞往欧洲许多城市的廉价航班。

优惠卡

到巴塞尔旅游局（火车站或者Stadtcasino办公室）获取一份巴塞尔优惠卡（BaselCard；24/48小时 Sfr20/30），可得到一系列优惠。凭卡可免费参加一次城市步行游，还可乘坐渡船，并享受城市内所有博物馆门票半价。

当地交通

Airport Bus 50往返于机场和SBB火车站之间（Sfr4.70，20分钟），5:00至午夜每7~30分钟一班车。去到达大厅外的售票机购票（接受钞票、硬币和信用卡）。坐**出租车**（☎061 222 22 22；www.taxi-zentrale.ch）的价格为Sfr40左右。

入住当地酒店的客人可自动获得一张"出行卡"，凭此卡可在巴塞尔免费乘坐**BVB**（☎61 685 14 14；www.bvb.ch/en）运营的公共交通工具。

没有出行卡的话，电车和公共汽车的短途（最多四站）票价为Sfr2.30，市内的长途票价为Sfr3.80，单日通票价格为Sfr9.80。

巴登（Baden）

人口16,118 / 海拔388米

从巴登地下汩汩冒出的摄氏47℃（华氏116°F）温泉，富含着18种丰富的矿物质。最早因此来到巴登（德语中Baden意为"洗浴"）的罗马人把这个地方叫作Aquæ Helveticæ。但如果你联想到日本风格的露天风吕，那大错特错了。总体来说，巴登的温泉已经发展成了一系列性价比不高的昂贵温泉酒店。

巴登的pièce de résistanc是一个不断扩大的公共浴室设施，这里正经历一场大规模的改造。截至本书写作时，它的重新开放日期已经从2017年推迟至2019年。在它开张之前，这个有一些很好的博物馆的美丽小镇，值

值得一游

四城堡一日游

如果你喜欢童话故事或《权力的游戏》这类中世纪氛围的题材，那么你应该租一辆车，去探索巴登和阿劳之间的四座坚固、真实的城堡。这里安排的线路位于两座小镇之间，经过四个城堡，几个小时就能轻松完成。也可以反向游览。

从巴登开始，沿着3号公路（Rte 3）向西13公里，便会来到Windisch镇。这里一度是罗马驻军地，那时的墙基和东门依然保留着。然后你会来到哈布斯堡城堡（Schloss Habsburg, Habsburg Castle; ☎084 887 12 00; www.schloss-habsburg.ch; Habsburg; ⊙4月至10月 10:00~23:30, 11月至次年3月 周三至周日 11:00~22:00; Ⓟ）免费，1020年修建这座石头城堡的家族，后来崛起为欧洲最伟大的统治王朝之一。

从这里沿5号公路（Rte 5）向南8公里，来到相邻的村庄维尔德格和因其而得名的维尔德格城堡（Schloss Wildegg; ☎062 887 12 30; www.schlosswildegg.ch; Effingerweg 5; 成人/儿童 Sfr14/8, 仅花园 Sfr7.50/2.50; ⊙4月至10月 周二至周日 10:00~17:00; Ⓟ）。城堡位于山顶，四周环绕着花园和果园，里面塞满了古董。

如果你更喜欢中世纪的风景，沿着26号公路（Rte 26）南下到不过6公里开外的伦茨堡城堡（Schloss Lenzburg; ☎062 888 48 40; www.schloss-lenzburg.ch; Schlossstrasse; Lenzburg; 成人/儿童 Sfr14/8, 仅花园 Sfr5/2.50; ⊙4月至10月 周二至周日 10:00~17:00），这里有三个博物馆和一座从前的地牢。

要让你的仙境一日游完满，往南走10公里，穿过Seengen村来到令人愉快的哈尔维水上城堡（Wasserschloss Hallwyl; ☎062 767 60 10; www.schlosshallwyl.ch; Seengen; 成人/儿童 Sfr14/8; ⊙4月至10月 周二至周日 10:00~17:00; Ⓟ🚻），实际上这座城堡是由两座小城堡组合而成，中间通过一道桥相连。

这里距西北的阿劳19公里，回巴登不到30公里。

买城堡通票（Schlösserpass; 成人/儿童 Sfr34/19）可以节省费用，单张通票包含四座城堡中的三座（哈尔维水上城堡、伦茨堡城堡和维尔德格城堡）。你可以在巴登和阿劳的旅游局办公室购买。

试图依靠公共交通在一日完成四座城堡的游览会非常困难；如果没有车的话，不妨选择参观其中一两座城堡。

得你从附近的苏黎世前来游玩，但豪华酒店鉴赏家或天然温泉爱好者们，可以在别处找到更好的选择。

景点和活动

巴登的老城区里有一座带遮篷的木桥Holzbrücke、一座经过漂亮修复的中世纪城市塔楼（Stadtturm）、鹅卵石小巷和各式各样的房屋。

★朗格马特博物馆　美术馆

（Stiftung Langmatt, Langmatt Foundation; ☎056 200 86 70; www.langmatt.ch; Römerstrasse 30; 成人/儿童 Sfr12/免费; ⊙3月至11月 周二至周五 14:00~17:00, 周六和周日 11:00~17:00）这间小型博物馆集艺术、建筑和园艺于一体，陈列着大量法国印象主义画派的作品。展厅周围是打理得漂漂亮亮的花园。提前向博物馆预订一个野餐篮（Picknick-Korb），然后就可以去草坪上好好享受了。

瑞士儿童博物馆　博物馆

（Schweizer Kindermuseum; ☎056 222 14 44; www.kindermuseum.ch; Ländliweg 7; 成人/儿童 Sfr12/4; ⊙周二至周六 14:00~17:00, 周日 10:00~17:00; Ⓟ🚻）这家鼓励动手的博物馆占据了一座大厦的20个房间，致力于给孩子们传授系谱学（研究家史的科学）和过去世代的知识。展览有趣，适合所有怀揣好奇心和探索欲的小朋友。尽管它的服务对象是孩子们，但所有具有想象力和游乐精神的人（包括爸爸妈妈）都值得一访。

食宿

SYHA Jugendherberge Baden 青年旅舍 €

（☎056 221 67 36；www.youthhostel.ch/baden；Kanalstrasse 7；铺/标单/双 Sfr35/87/95；⏲4月至12月；P @）灰色石板地板、土红色墙和高品质的设备——这里是瑞士最漂亮的青年旅舍之一。从火车站出发往老城区走，从Holzbrücke渡过利马特河，然后在第一个路口右转进入Kanalstrasse路就可以看见它了。

Atrium-Hotel Blume 酒店 €€

（☎056 200 02 00；www.blume-baden.ch；Kurplatz 4；标单/双 Sfr170/185起；🛜🚭）这家颇具腔调的老酒店是旅行者的热门选择。酒店里有一个庭院，庭院里有喷泉、植物和锻铁阳台。房间装饰得温馨怡人。还有一个小型温泉池。

★ **Goldener Schlüssel** 各国风味 €€€

（☎056 221 77 21；www.goldenerschluessel.ch；Limmatpromenade 29；2/3/4/5道菜试味套餐 Sfr38/49/60/70；⏲周二至周六 18:00至午夜）这家时髦的餐馆位于温泉池附近，横梁的天花板上画着画。有经典瑞士菜、意式菜和日式菜，客人可以从十几种Schneuggereien（类似西班牙小吃拼盘）里选择自己想要的搭配。

实用信息

巴登旅游局咨询处（☎056 200 87 87；www.baden.ch；Bahnhofplatz 1；⏲周一 正午至18:30，周二至周五 9:00~18:30，周六 至16:00）在火车站正对面，城堡迷们可以在这里购买城堡通票。

到达和离开

巴登位于苏黎世西北24公里处（位于A1公路上）。

从苏黎世前往这个小城很方便，坐地区火车（Sfr13.40，15分钟）、城郊S6轻轨或S12轻轨（30~40分钟）都可以。

阿劳（Aarau）

人口 20,782 / 海拔 383米

阿劳的光辉岁月或许已经到来，在这个俯瞰宽阔的阿勒河（Aare River）水流湍的迷人中世纪小镇，访客们可以领略一段迷人的历史，这里从1300年就有人定居了。

景点

★ **阿尔高美术馆** 美术馆

（Aargauer Kunsthaus；☎062 835 23 30；www.aargauerkunsthaus.ch；Aargauerplatz；成人/儿童 Sfr15/10；⏲周二、周三和周五至周日 10:00~17:00，周四 至20:00）想看前后几百年的瑞士艺术作品和临时展览，就来这间由赫尔佐格和德梅隆打造的玻璃混凝土建筑中一探究竟吧。

老城区 区域

（Altstadt，Old Town）被围墙围起来的阿劳老城区位于阿勒河的上方，很适合步行游览。纵横交错的街道两边是雅致的百年老建筑，其中有70多座的屋顶都延伸至街道上方，屋檐下的木装饰很美。

食宿

颇受游客和周末短途游旅客欢迎的中世纪风情老城，有许多餐馆和酒吧可选。

★ **Kettenbrücke Hotel** 精品酒店 €

（☎062 838 18 18；www.hotelkettenbruecke.ch；Zollrain 16；双/套 Sfr140/290起；P ❄）这家可爱的历史建筑有27个房间，以及自己的酒吧/餐厅；舒缓的灰色和蓝色与桦木地板营造出平静的色调，配以新的家具和床上用品，是镇上最新的和最高级的房间。也有两间服务长期住客的漂亮套房。

★ **Speck** 瑞士菜 €

（☎062 822 37 48；www.speck-metzgerei.ch；Zollrain 10；套餐 Sfr16~17；⏲周一至周五 10:00~14:00和17:00~23:00，周六 10:00~14:00；P ❄）终于有家朴实的餐厅提供价格适中的瑞士美食了！浓稠、家常、德式的烹调以当地肉类和土豆为主材，性价比超高。

实用信息

aarau info（☎062 834 10 34；www.aarauinfo.ch；Metzgerstrasse 2；⏲周一 13:30~18:00，周二至周五 9:00~18:00，周六 9:00~13:00）位于阿劳老城的信息中心。

苏黎世

包括➡

景点......262
活动......265
团队游......266
节日和活动......266
住宿......267
就餐......268
饮品和夜生活......272
娱乐......273
购物......274
拉珀斯维尔-乔纳......276
温特图尔......277

最佳就餐

- Alpenrose（见270页）
- Didi’s Frieden（见272页）
- Kronenhalle（见272页）
- Café Sprüngli（见269页）
- Baltho Küche & Bar（见271页）

最佳住宿

- B2 Boutique Hotel & Spa（见268页）
- Marktgasse Hotel（见268页）
- Depot 195（见278页）
- Jakob（见276页）
- Hotel Florhof（见268页）
- Hotel Widder（见268页）

为何去

地处湖畔的苏黎世是整个州的焦点。适宜步行的老城区有一系列绝妙的博物馆和餐厅；在近来复兴的苏黎世西区，也涌现出了不少热闹的酒吧、画廊和带有现代风格的精品店。

但在这座瑞士金融城之外，这个州的其他地方也值得花一两天去探索。天气晴朗时，阿尔卑斯山看起来近得诱人。出市区不到半小时，你可以在海拔871米的玉特利山体验徒步小径或山区自行车道，或者探索山顶伫立着城堡的拉珀斯维尔及其湖边的中世纪老城。艺术之旅也是必不可少的，温特图尔作为该地区的文化景点集中地，拥有三个很棒的画廊和一个欧洲最重要的摄影美术馆，值得专程前往。

何时去

- 在送冬节的火焰中，观看雪人升天，庆祝春天的到来。
- 8月，加入欧洲最大的嘉年华之一——街头游行节。
- 9月，苏黎世美食节期间，品尝快闪店、烹饪工作坊的食物以及早午餐和星光晚宴。

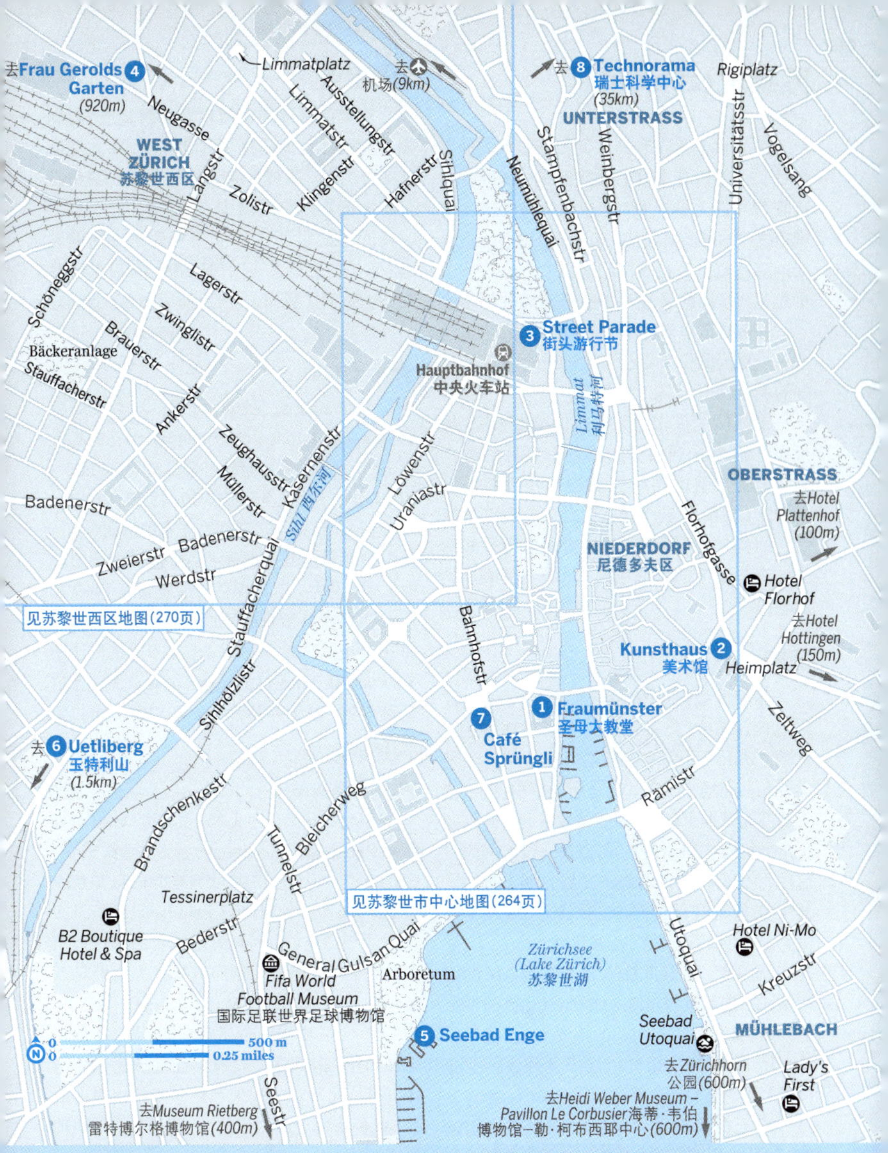

苏黎世亮点

❶ **圣母大教堂**(见262页)沉浸于马克·夏加尔创作的彩绘玻璃窗的色彩之中。

❷ **美术馆**(见262页)在苏黎世的美术馆中欣赏海量的精美藏品。

❸ **街头游行节**(见266页)加入8月街头游行的人群中。

❹ **Frau Gerolds Garten**(见272页)在苏黎世人气最高的啤酒花园呷着啤酒融入当地人群。

❺ **Seebad Enge**(见266页)挑一个苏黎世的湖泊和河流中的游泳点,享受阳光或顺着河流漂浮。

❻ **玉特利山**(见274页)攀登这座871米的山峰,俯瞰苏黎世。

❼ **Café Sprüngli**(见269页)用这家甜品中心的糕点和巧克力来宠溺自己。

❽ **瑞士科学中心**(见277页)在温特图尔的科学中心探索科学,这里非常适合家庭游览。

苏黎世(ZÜRICH)

人口396,955

苏黎世坐落在利马特河和苏黎世湖的交汇处，这里拥有丰富的文化活动、高效的城市管理和迷人的风景，是公认的世界最宜居城市之一。在很早之前，这座瑞士最大、最富裕的都市就已经是著名的金融中心了，进入21世纪后，苏黎世又成为中欧最时尚的都市之一，整座城市里洋溢着后工业时代的艺术气息——夏天的街头游行节（见266页）就是最好的例子。

老城区的许多地方都还保留着原貌，你可以在这里看到曲折的街巷和高耸的教堂尖塔。但苏黎世同时也欢迎当代潮流的融入，旧工厂纷纷被改建成文化中心和创意生活空间就是表现之一。在这方面做得最好的是城市夜生活的主战场——苏黎世西区（见272页）。

历史

苏黎世最初是罗马帝国的一个营地，被称为Turicum。公元400年，日耳曼部落迁入此地。1336年，当时已经是繁华小镇的苏黎世经历了一场小变革，在这场变革中，手工艺人和商人掌握了权力，他们驱逐了贵族并创办了13个行会（Zünfte）。在很长一段时间里，这些行会为苏黎世的经济发展指明了方向。其中许多行会保留至今，在送冬节（见266页）里还可以看到他们表演节目。

1351年，苏黎世加入瑞士联邦。16世纪初期，在慈运理（Huldrych Zwingli）的带领下，苏黎世成为宗教改革的重要阵地。往后的几百年里，这座城市凭借纺织业和银行业获得了大量财富。

瑞士在两次世界大战中均保持中立态度，和平的环境为苏黎世吸引来了各种各样的人，如詹姆斯·乔伊斯和列宁。伴随着对第一次世界大战的恐惧，反主流文化的达达主义艺术运动在这座城市诞生了。苏黎世美术馆里至今都陈列着许多达达主义作品。

20世纪90年代后，苏黎世摆脱了“充满新教徒银行家的严肃城市”形象，转变成为中欧最时尚的都市之一。

景点

苏黎世坐落在苏黎世湖的西北边，与湖相连的利马特河从这里往北流淌，将这座城市一分为二。苏黎世的大部分精华都集中在充满中世纪风格的城中心及其周边，但前卫时尚的苏黎世西区同样拥有许多杰出的画廊。东岸的尼德多夫区（Niederdorf）的狭窄街巷上挤满了餐馆、酒吧、商店和景点，最好步行游览。

★美术馆 博物馆

（Kunsthaus；见264页地图；☎044 253 84 84；www.kunsthaus.ch；Heimplatz 1；成人/儿童 Sfr16/免费，周三免费；⏲周三和周四 10:00~20:00，周二和周五至周日 10:00~18:00；🚊5，8，9，10至Kunsthaus）苏黎世的美术馆馆藏丰富，其中大部分为欧洲艺术作品，包括中世纪绘画大师的作品、贾科梅蒂的单线条画、莫奈和凡·高的名作、罗丹的雕塑作品和其他19世纪和20世纪的艺术作品。瑞士火车博物馆通票（Swiss Railand Museum Passes）不包含这座美术馆，但凭苏黎世卡（见275页）可以免费参观。

★圣母大教堂 教堂

（Fraumünster；见264页地图；www.fraumuenster.ch/en；Münsterhof；含语音导览 Sfr5；⏲3月至10月 10:00~18:00，11月至次年2月 10:00~15:00；🚊6，7，10，11，14至Paradeplatz）圣母大教堂建于13世纪，因其鲜艳独特的彩色玻璃窗而闻名。玻璃窗的创作者是犹太裔俄籍著名画家马克·夏加尔（Marc Chagall；1887~1985年），其中唱诗班席座旁的5扇窗户创作于1971年，南耳堂的玫瑰彩绘玻璃窗创作于1978年。北耳堂的玫瑰彩绘玻璃窗由奥古斯托·贾科梅蒂于1945年创作。门票包含多语种语音导览。

瑞士国家博物馆 博物馆

（Schweizerisches Landesmuseum，Swiss National Museum；见264页地图；☎058 466 65 11；www.nationalmuseum.ch/e/zuerich；Museumstrasse 2；成人/儿童 Sfr10/免费；⏲周二、周三和周五至周日 10:00~17:00，周四 10:00~19:00；🚊Zürich Hauptbahnhof，🚆Zürich Hauptbahnhof）这栋规模介于庄园住宅和城堡之间的建筑专

旧厂换新装

昔日工业发达的苏黎世西区如今又开始散发新的活力，**造船厂**（Schiffbau；见270页地图；Schiffbau；Schiffbaustrasse；🚊3，4，6至Schiffbau）就是这种新面貌的象征。这里曾是生产湖泊轮船的大型工厂，1992年涡轮发动机取代蒸汽发动机后，工厂被改建成一家拥有三个舞台的大型**戏剧院**（Schauspielhaus；见270页地图；☎售票处 044 258 77 77；www.schauspielhaus.ch；Schiffbaustrasse 4；🚊3，4，6至Schiffbau）。这里还有一间时尚的餐厅——酒吧和爵士乐歌厅Moods（见273页）。

其他类似的项目还有：由铸造厂改建成拥有餐馆、酒吧和办公室的多功能中心**Puls 5**（见270页地图；www.puls5.ch；Giessereistrasse 18；🚊17至Förrlibuckstrasse），以及由Hürlimann酒厂改建而成的B2 Boutique Hotel（见268页）——建筑师花了很多心思保留下酒厂的外部造型和历史建筑特征，比如机房。

门为博物馆而修建，展品类型相当丰富，陈列方式也十分富有想象力。固定展览能带领游客快速了解瑞士的历史，通过一系列跨越600年历史并经过修复重建的房间，展示了带精美雕刻和彩绘的雪橇、家用工艺品和宗教工艺品等。2016年8月，博物馆迎来了一次大型扩建，在一栋新的侧楼内拥有了新的考古展厅。

国际足联世界足球博物馆 博物馆

（FIFA World Football Museum；www.fifamuseum.com；Seestrasse 27；成人/儿童 Sfr24；⏲周二至周六 10:00~19:00，周日 9:00~18:00；🚊2，5，6，7，8，11，13，14，17至Bahnhof Enge，🚆Bahnhof Enge）足球迷们肯定不想错过2017年开幕的国际足联世界足球博物馆。你可以在这里亲身体验一系列有关国际足联和世界杯历史的展品。亮点包括原世界杯奖杯和一台可供测试自己球技的巨型弹球机。

设计博物馆 博物馆

（Museum Für Gestaltung；☎043 446 67 67；www.museum-gestaltung.ch；oni-Areal，Pfingstweidstrasse 96；成人/儿童 Sfr12/免费；⏲周二和周四至周日 10:00~17:00，周三 10:00~20:00；🚊3，4，6至Toni-Areal）这家博物馆的展览处于不断更新中，一直以来都非常迷人而丰富，既有布列松（Henri Cartier-Bresson）这样的摄影大师的作品，也有老式设计家具的广告作品。固定展览主要为绘画艺术作品和应用艺术作品。

贝耶钟表博物馆 博物馆

（Beyer Museum；见264页地图；☎043 344 63 63；www.beyer-ch.com/uhrenmuseum；Bahnhofstrasse 31；成人/儿童 Sfr8/3；⏲周一至周五 14:00~18:00；🚊4，10，14，15至Paradeplatz）这家小巧如珍宝盒般的博物馆位于一家钟表供应商的办公场所里，它记录下了计时器从中世纪的条纹蜡烛发展到现代手表的历史。找工作人员借一台iPad，观看里面的创意小视频（摩西用权杖击打磐石想要取水；一名魔术师举起形状不断变化的杯子）。

苏黎世大教堂 教堂

（Grossmünster；见264页地图；www.grossmuenster.ch；Grossmünsterplatz；⏲3月至10月 10:00~18:00，11月至次年2月 10:00~17:00；🚊4，15至Helmhaus）这座双塔楼教堂坐落在圣母大教堂的河对面，是苏黎世的地标建筑。它由查理大帝建于公元9世纪，但之后经历过大范围的翻新。教堂内有奥古斯托·贾科梅蒂设计的彩色玻璃窗。在南塔楼**Karlsturm**（成人/儿童 Sfr4/2；⏲3月至10月 周一至周六 10:00~17:00，周日 12:30~17:30，11月至次年2月 至16:30）上可极目远眺城区风景。

16世纪，擅长煽动人心的传教士慈运理（1484~1531年）就是在这里公开演讲反对罗马天主教会，由此将宗教改革的浪潮引入了苏黎世。**慈运理故居**（Zwingli' s house；见264页地图；Kirchgasse 13；🚊2，4，15至Helmhaus）就在附近。

圣彼得教堂 教堂

（St Peterskirche，St Peter' s Church；见264页地图；St Peterhofstatt；⏲周一至周五 8:00~

Central Zürich 苏黎世市中心

0 200 m
0 0.1 miles

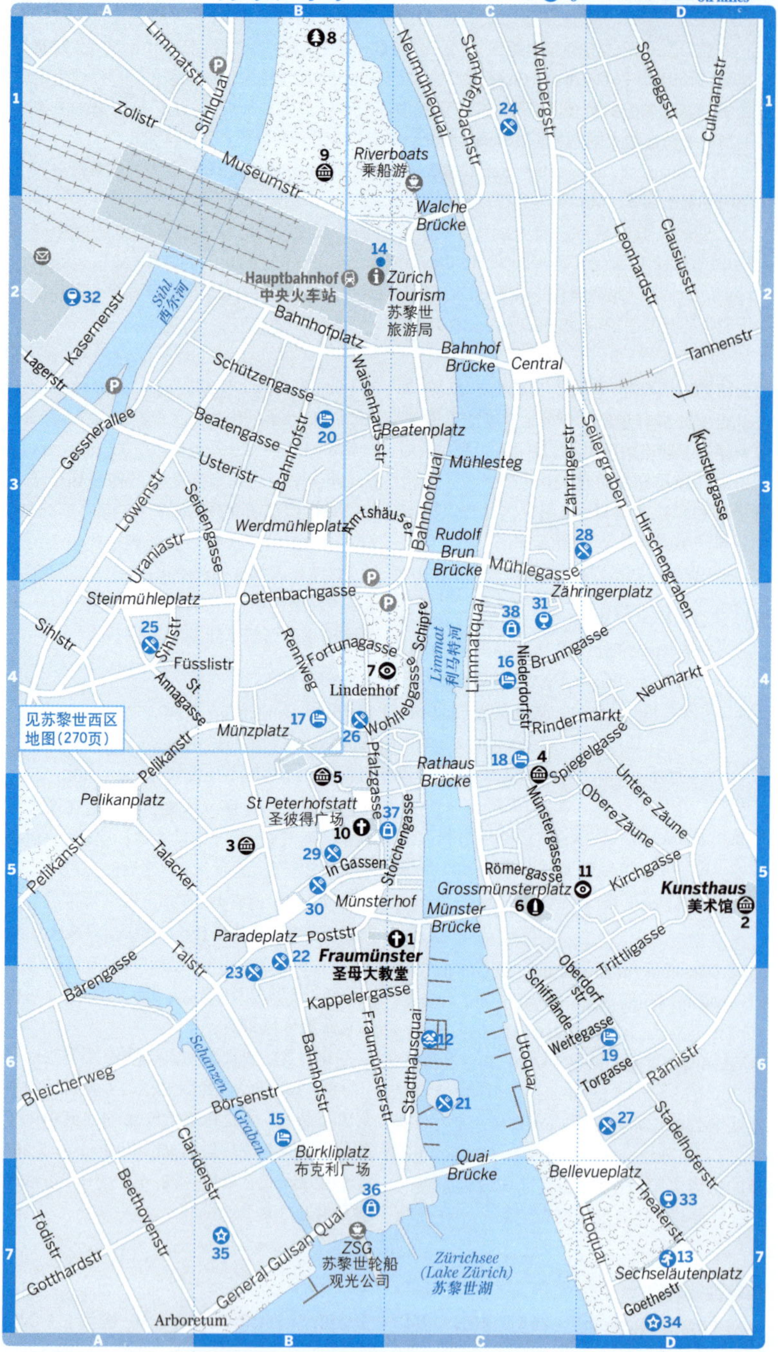

Central Zürich 苏黎世市中心

重要景点
1 圣母大教堂 C5
2 美术馆 D5

景点
3 贝耶钟表博物馆 B5
4 伏尔泰酒馆 C4
苏黎世大教堂 .... （见6）
5 詹姆斯·乔伊斯基金会 B5
6 Karlsturm C5
7 林登霍夫公园 B4
8 普拉茨施匹茨公园 B1
9 瑞士国家博物馆 B1
10 圣彼得教堂 B5
11 慈运理故居 D5

活动、课程和团队游
12 Frauenbad C6
13 送冬节 D7
14 Zürich Food Tour B2

住宿
15 Baur au Lac B6
16 City Backpacker C4
17 Hotel Widder B4
18 Marktgasse Hotel C4
19 Oldtown Hostel Otter D6
20 Townhouse B3

就餐
Baltho Küche & Bar .... （见18）
21 Bauschänzli C6
22 Café Sprüngli B5
23 Coco B6
24 Didi' s Frieden C1
25 Haus Hiltl A4
26 Kindli B4
27 Kronenhalle D6
28 Raclette Stube D3
29 Restaurant Zum Kropf B5
30 Zeughauskeller B5

饮品和夜生活
31 Heaven C4
32 Loft Five A2
33 Mascotte D7

娱乐
34 歌剧院 D7
35 音乐厅 B7

购物
36 布克利跳蚤市场 B7
37 Max Chocolatier C5
38 玫瑰花园工艺品市场 C4

18:00，周六 8:00~16:00；🚊4，10，11，14，15至Paradeplatz）不管你站在城市的哪个方位，都绝不会忽略这座建于13世纪的教堂塔楼。塔楼上的钟是欧洲最大的，外观精致漂亮，直径达8.7米。教堂内，唱诗班席位可追溯至13世纪，但教堂的其余部分都是后来在18世纪翻新的。教堂下方是苏黎世最漂亮的场所之一——**圣彼得广场**（St Peterhofstatt）。广场上铺着鹅卵石，中间有一棵造型优雅的老椴树。

詹姆斯·乔伊斯基金会 博物馆

（James Joyce Foundation；见264页地图；☎044 211 83 01；www.joycefoundation.ch；Augustinergasse 9；⏲周一至周五 10:00~17:00；🚊4，6，7，10，11，13，14，15，17至Rennweg）**免费**第一次世界大战期间，詹姆斯·乔伊斯在苏黎世住了很长时间，并写下了代表作《尤利西斯》。这里收藏的有关乔伊斯的藏品为欧洲之最，周一、周二和周四下午有乔伊斯作品英语阅读会。

伏尔泰酒馆 画廊

（Cabaret Voltaire；见264页地图；☎043 268 57 20；www.cabaretvoltaire.ch；Spiegelgasse 1；⏲画廊 周二至周五 14:00~18:00，周六和周日 正午至18:00，酒吧 周二至周五 18:00营业，周六和周日 16:00营业；🚊2，4，15至Rathaus）**免费**这个空间曾是风格怪异的达达主义艺术运动的起源地，如今迎来了新生，成为争议性的艺术展览和社会批判性艺术活动的温床。你可去楼下了解达达主义的历史，或者去楼上贴满海报的咖啡馆小坐。商店出售艺术书籍和达达主义相关出版物。

活动

夏天的苏黎世一派生机勃勃的景象，人们来到湖边的公园里游泳、晒太阳、玩滚轴溜冰、踢足球、约会、野餐或参加各种派对。连警察都穿着旱冰鞋执勤！

从5月至9月中旬，苏黎世湖和利马特河

边会开放正式的游泳区（Badis；一般是有一座亭子的木码头）。除此以外，还有许多免费的非正式游泳区。

Thermalbad & Spa Zürich　水疗中心

（☎044 205 96 50；http://thermalbad-zuerich.ch；Brandschenkestrasse 150；温泉浴成人/儿童 Sfr36/18，爱尔兰-罗马水疗 Sfr60；⏲9:00~22:00；🚊13至Enge）前往这个由从前的Hürlimann啤酒厂改建的水疗中心，可在黑色大理石材质的室外无边际泳池中欣赏苏黎世的璀璨灯火。这里的水源取自苏黎世深处富含矿物质的Aqui温泉。室内是颇有氛围的爱尔兰—罗马浴室（仅限成人），也有一系列灯火辉煌的游泳池和拥有治疗功效的水疗设施。

Seebad Enge　游泳

（☎044 201 38 89；www.seebadenge.ch；Mythenquai 9，Bürkliplatz西南700米；游泳/桑拿 Sfr8/29；⏲5月和9月 9:00~19:00，6月至8月 9:00~20:00；9月下旬至次年5月上旬 桑拿 周一至周六 11:00~23:00，周日 10:00~22:00；🚊2，5，10，11至Rentenanstalt）在这个热闹的游泳池，天气好的时候酒吧会一直营业到午夜。此外，还有按摩、瑜伽、立式桨板和冬季桑拿（周一仅限女士；其余时间男女不限）等服务。不接待儿童。

Seebad Utoquai　游泳

（☎044 251 61 51；www.bad-utoquai.ch；Utoquai 49；成人/儿童 Sfr8/4；⏲5月中旬至9月下旬 7:00~20:00；🚊2，4，10，11，14，15至Kreuzstrasse）位于Bellevueplatz广场以南400米处，就在绿树成荫的Zürichhorn公园北边，是苏黎世湖东岸人气最旺的游泳区。

Frauenbad　游泳

（见264页地图；☎044 211 95 92；Stadthausquai；成人/儿童 Sfr8/4；⏲5月中旬至9月下旬 9:00~19:30；🚊2，5，8，9，10，11，14，15至Bürkliplatz）喜欢怀旧风格的话，就在这个Limmat岸边的新艺术风格户外游泳池里泡个澡吧。游泳池白天仅对女性开放。时髦的酒吧夜晚对男女都开放。

Letten　游泳

（见270页地图；☎044 362 92 00；Lettensteg 10；🚊3，4，6，10，11，13，15，17至Limmatplatz）免费 位于火车站北边、利马特河的东岸（Kornhausbrücke大桥的南边），居住在苏黎世西区的人常来这里游泳、跳水、玩滑板、打排球，去河边的酒吧喝酒，坐在草地或水泥阶梯上聊天。

团队游

eTuk Tuk　驾驶

（见270页地图；☎044 514 33 44；www.etuktuk.ch；Lagerstrasse 107；⏲9:00~19:00）这些环保主义的tuk-tuk团队游是环游苏黎世的一种新方式。见多识广的导游们提供以下行程：40分钟的”苏黎世心脏”地区行（Sfr29）；一小时的市中心游（Sfr36），参观老城和尼德多夫区；90分钟的苏黎世及周边游（Sfr45）；还有一条古怪的90分钟巧克力火锅游（Sfr154），包括水果、棉花糖、巧克力和甜点酒。先行到行程出发点了解情况。

Zürich Food Tour　餐饮

（见264页地图；☎044 215 40 00；www.zuerich.com；Sfr85；⏲周五 16:00~19:00；🚊Zürich Hauptbahnhof，🚊Zürich Hauptbahnhof）要深入了解苏黎世的美食，不妨尝试一下这条旅游局组织的团队游路线。这个三小时的团队游会从工业转型为时尚的苏黎世西区开始，进行餐厅、酒吧、市场和酿酒厂尝味之旅。起点在预订时会予以告知。

节日和活动

街头游行　街头狂欢节

（Street Parade；www.streetparade.com；Utoquai；⏲8月第二个周六；🚊2，5，8，9至Bellevue）自1992年首次举办以来，苏黎世每年8月中旬的这场音乐节已成为欧洲最大、最热闹的街头派对。

苏黎世美食节　餐饮

（Food Zürich；www.foodzurich.com；⏲5月下旬至6月上旬）这个向美食美酒致敬的节日在5月和6月举行，共计11天，从快闪店到烹饪工坊、市场里的早午餐和星光晚宴，尽可体验。菜单从瑞士风味到全球各地美食一应俱全。

送冬节　节日游行

（Sechseläuten；见264页地图；www.sechse

laeuten.ch; Sechseläutenplatz; ⊙4月第三或第四个周一; 🚊2, 4, 10, 11, 14至Opernhaus）这个春季节日的高潮是点燃塞满烟花的“雪人”（Böögg）。据说，他的头部爆裂的速度预示着即将到来的夏季的天气（爆炸速度越快，天气越好）。

骄傲节　同性恋

（Pride; 见270页地图; http://zurichpridefestival.ch; Kasern-enareal; ⊙6月第二个周末; 🚊3, 14至Sihlpost）6月的第二个周末，象征LGBT的彩旗在苏黎世的街头随处可见。它在Kasernenareal节日场地举办。

住宿

许多旅馆周末提供更低价格。请注意，8月街头游行节期间的住宿非常紧张，价格也比平时贵了许多。大型贸易展览会（包括在巴塞尔的）期间房价也会上涨。

Kafischnaps　酒店 €

（见270页地图; ☎043 538 81 16; www.kafischnaps.ch; Kornhausstrasse 57; 标单 Sfr69 双 Sfr88~118; 📶; 🚊11, 14至Schaffhauserplatz）这家热闹酷炫的街区咖啡馆/酒吧原来是一间肉铺，楼上有5间出租客房，每一间都以一种果酒为主题进行装修和命名。建议在网上预订，这里的房间很紧俏。咖啡馆/酒吧（每天 8:00/9:00至午夜）供应咖啡、啤酒和早午餐。

City Backpacker　青年旅舍 €

（见264页地图; ☎044 251 90 15; www.city-backpacker.ch; Niederdorfstrasse 5; 铺/标单/双 Sfr37/77/118; ⊙前台关门时间 中午至15:00; @📶; 🚊2, 4, 15至Rathaus）这家气氛活跃的青年旅舍占据着老城区的一个绝佳地理位置，旅舍的服务热情友好，各类设施也都齐全，就是空间稍微狭窄了点。在夏天，若是想躲避略显封闭的环境，可以去屋顶露台透透风。做好爬楼梯的准备，因为接待区和旅舍房间都在几段楼梯之上，而且没有电梯。

SYHA Hostel　青年旅舍 €

（☎043 399 78 00; www.youthhostel.ch; Mutschellenstrasse 114; 铺 Sfr40.50, 标单Sfr82~118, 标双 Sfr92~139; @📶; 🚊7至Morgental, Ⓢ S8, S24至Wollishofen）这家公共旅舍位于20世纪60年代的一栋粉色圆形地标建筑内，有全天服务的前台、餐厅、干净的现代浴室和带Wi-Fi的休息室（在楼下）。房费包含早餐，除了标准的瑞士酒店早餐外，这里还供应味噌汤和米饭。旅舍位于火车站的南边，走过去大概20分钟。

Oldtown Hostel Otter　旅馆 €

（见264页地图; ☎044 251 22 07; www.oldtownzurich.com; Oberdorfstrasse 7; 铺/标双 Sfr 43/134起; 📶; 🚊2, 4, 15至Helmhaus）就地理位置而言，这间由酒店改成的旅馆，是苏黎世酒店中性价比较高的一家。它位于尼德多夫区的一条小街上，有7个多人间和8个不同格局的独立房间，此外还有一个共享厨房。从酒店步行到达圣母大教堂、美术馆、利马特河和苏黎世湖等主要景点只要5分钟。

25hours Hotel Zürich West　设计酒店 €€

（☎044 577 25 25; www.25hours-hotels.com; Pfingstweidstrasse 102; 标双 Sfr162~370; P📶; 🚊3, 4, 6至Toni-Areal）这家苏黎世西区的酒店隶属新兴品牌25hours，糅合了超时髦的设计、轻松多元的风格、原创艺术和流行的鲜艳色彩。房间是简约时尚风格，配以生态护肤品、蓝牙扬声器、几何图案地毯、免费迷你酒吧和可借用的环保Freitag包。其他值得一提的服务包括免费Mini Cooper租赁、入口处的乒乓球台和持续到很晚的早餐。

Townhouse　精品酒店 €€

（见264页地图; ☎044 200 95 95; www.townhouse.ch; Schützengasse 7; 标单 Sfr195~365, 双 Sfr395~425; 📶; 🚊Zürich Hauptbahnhof, 🚆Zürich Hauptbahnhof）这家时尚的五层楼酒店的地理位置极佳，离火车站及Bahnhofstrasse街上的商店咫尺之遥。酒店服务热情友好，周到温馨。这里的21间客房大小不一，15~35平方米的都有，贴有奢华墙纸，墙壁上挂着装饰品，地上铺着实木地板，配有复古风格的家具、DVD播放机和iPod接口。

Lady's First　酒店 €€

（☎044 380 80 10; www.ladysfirst.ch; Mainaustrasse 24; 房间 Sfr180~338; 📶; 🚊2, 4,

10, 11, 14, 15至Feldeggstrasse)虽然名字叫"女性优先",但不管男女,来到这家颇为迷人的酒店都会受到欢迎,不过附设的带屋顶露台的健身中心确实仅限女客进入。酒店位于歌剧院和苏黎世湖附近,房间干净整洁,且大部分都很宽敞,传统风格的木地板和设计家具搭配完美。

Hotel Ni-Mo 民宿 €€

(☎044 370 30 30; www.hotel-nimo.ch; Seefeldstrasse 16; 标单 Sfr180~200, 双 Sfr210~290; 📶; 🚊2, 4, 10, 11, 14, 15至Kreuzstrasse)善于社交的电影制片人伊娃·施泰福(Eva Stiefel)把这家位于京剧院旁边的民宿变成苏黎世最受欢迎的小型酒店之一。10间极简主义风格的现代客房全都铺有木地板,卫生间里贴有瓷砖,楼下紧凑的早餐室墙壁上挂着当地艺术家的作品。伊娃是苏黎世本地人,非常乐于帮助客人发现苏黎世的美。

Hotel Hottingen 酒店 €€

(☎044 256 19 19; www.hotelhottingen.ch; Hottingerstrasse 31; 铺 Sfr50, 标单 Sfr110~200, 双 Sfr160~300, 共享浴室 单/双 Sfr85/115起; P📶; 🚊3, 8, 9, 11, 15, 17至Hottingerplatz)这间2016年新翻修过的酒店,是一个典型的内秀的地方。共有32个房间,装修虽然稍显乏味,但性价比很高,有些房间还有阳台。每层楼都有淋浴室和一个公共厨房。顶楼是仅限女性入住的多人间,带一个屋顶露台。

★Hotel Widder 精品酒店 €€€

(见264页地图; ☎044 224 25 26; www.widderhotel.ch; Rennweg 7; 标单/双 Sfr523/625起; P❄@📶; 🚊4, 6, 7, 10, 11, 13, 14, 15, 17至Rennweg)这家超级时尚的精品酒店位于高雅的奥古斯丁区(Augustiner)。酒店将五星级的奢华和12世纪的魅力完美融合,由8栋各具特色的别墅小屋组成,房间和公共区域里摆满了设计风格独特的家具、艺术品和老物件,从橡木横梁到古董火炉和壁画。

★B2 Boutique Hotel & Spa 精品酒店 €€€

(☎044 567 67 67; www.b2boutiquehotels.com; Brandschenkestrasse 152; 标单 Sfr290~420; 双 Sfr295~555; @📶🏊; 🚊13至Enge)这家时髦的精品酒店刚从市中心搬离(就在谷歌欧洲总部附近),由一间啤酒厂改建而成。亮点包括巨大的屋顶温泉泳池、水疗中心(见266页)和一个迷人的书房。书房里,3万册书从地上一直摆到了天花板(购自当地的一位古籍商)。房间宽敞华丽,装饰为都市清爽新风格。

Hotel Florhof 酒店 €€€

(☎044 250 26 26; www.hotelflorhof.ch; Florhofgasse 4; 标单 Sfr185~230, 双 Sfr300~360, 初级套房 Sfr540~640; 📶🐾; 🚊3, 17至Neumarkt)坐落在美丽花园中的这间酒店与美术馆仅几步之遥。它原本是一个丝绸工厂兼贵族宅邸,现在里面有32间品位高雅的客房。酒店进行过全面整修,对于很多原有的特征进行了修复,如接待处的图纹石头地板和陶瓷木质炉以及客房里的镶木地板。

Marktgasse Hotel 精品酒店 €€€

(见264页地图; Map p236; ☎044 266 10 10; www.marktgassehotel.ch; Marktgasse 17; 标单 Sfr199~250, 双 Sfr259~385, 套 Sfr359~535; 📶; 🚊4, 15至Rathaus)这家酒店于2015年底经过改造后重新开业,坐落在历史悠久的尼德多夫区。15世纪的特色,如灰泥、瓷砖烤箱和木制镶板,与房间里的削减现代式设计相容并济——楼层越高,视野就越好。酒店除了附设有Baltho餐厅和酒吧,还有土耳其浴室和健身房可供放松身心。

Baur au Lac 酒店 €€€

(见264页地图; ☎044 220 50 20; www.bauraulac.ch; Talstrasse 1; 标单/双 Sfr570/680起; P❄@; 🚊2, 5, 8, 9, 10, 11, 14, 15至Bürkliplatz)这家家庭经营的酒店位于湖边的一座私人公园里,所有你能想到的对舒适度的要求在这里都可以得到满足,且能提供给你充足的私人空间。房间装饰采用各种经典色彩和风格,包括帝国风格、摄政风格和装饰艺术风格。在酒店的温泉浴池泡澡,去餐厅里吃点东西,感受一下这里无可挑剔的服务,你就知道为什么名人们都爱来这里了。

就餐

★Haus Hiltl 素食 €

(见264页地图; ☎044 227 70 00; www.

hiltl.ch; Sihlstrasse 28; 每100克 Sfr4.90，主菜 Sfr25~35; ⌚周一至周六 6:00至午夜，周日 8:00 至午夜; ✍; 🚊4, 6, 7, 10, 11, 13, 14, 15, 17至 Rennweg）这里已被吉尼斯认证为世界上最古老的素食餐馆（建于1898年），供应各式各样的素食美味，如印度泰国咖喱、地中海烤蔬菜、沙拉和甜点等。你可以选择自助餐（按100g计费），或者试试更实惠的主菜。可以在不太正式的咖啡馆选个座位，也可以去更漂亮的相邻餐馆用餐（也提供超值的打包服务）。

★ Café Sprüngli 甜点 €

（见264页地图; ☎044 224 46 46; www.spruengli.ch; Bahnhofstrasse 21; 甜点 Sfr8~16; ⌚周一至周五 7:30~18:30，周六 8:00~18:00; 🚊4, 6, 7, 10, 11, 13, 14, 15, 17至Paradeplatz）这里自1836年起便开始营业了，是瑞士最有名的甜点店。你也可以在这里品尝蛋糕、巧克力、冰激凌和精美的咖啡饮品等，也可以吃一顿简单的午餐；无论如何别错过这里的巧克力店，你可以买到美味的果仁糖和松露，还有这家的特产——彩虹般明艳的卢森堡小马卡龙（法式甜点）。

Bauschänzli 自助餐馆 €

（见264页地图; ☎044 212 49 19; www.bauschaenzli.ch; Stadthausquai 2; 主菜 Sfr13~22; ⌚4月至9月 11:00~23:00; 🚊2, 4, 5, 8, 9, 10, 11, 14, 15至Bürkliplatz）从利马特河河边延伸到河中央的这片区域是一个17世纪修建的防御工事，这家啤酒园/自助餐馆就在这个防御工事的顶部之上，这样的地理位置自然为它吸引了大量客人。在这里品尝着德式小香肠、炒鲈鱼、维也纳炸猪排和薯条，畅饮大杯的冰啤酒，还可以顺便观赏河上的天鹅、船只和岸上的行人。10月上旬至11月上旬，这里会举办为期一个月的苏黎世啤酒节。

Burgermeister 汉堡 €

（见270页地图; www.burger-meister.ch; Langstrasse 238; 汉堡 Sfr11~22; ⌚周一至周三 11:00~22:30，周四 11:00~23:00，周五至午夜，周六 正午至午夜; 🚊3, 4, 6, 10, 11, 13, 15, 17至 Limmatplatz）这家店的手工汉堡会给你带来极大的满足感，均由瑞士牛肉制作，并配以浓郁酱汁。喜欢香料的人可以试试辣椒芝士汉堡配墨西哥辣椒，素食主义者可以选择带有杧果咖喱酱的豆腐汉堡。

最佳野餐公园

相对于城市规模而言，苏黎世的绿化面积可以说是非常大的。天气好时，自己准备好食物或去Hiltl打包一份外卖，然后前往某个宁静的城中绿地享用：

林登霍夫公园（Lindenhof; 见264页地图; 🚊4, 6, 7, 10, 11, 13, 14, 15, 17至Rennweg）这个公园位于老城区的中心，从郁郁葱葱的山顶向下俯瞰，可以欣赏从利马特河到苏黎世大教堂的全景。在此享用美食的同时，还可以观看法式滚球。

普拉茨施匹茨公园（Platzspitz; 见264页地图; 🚊Zürich Hauptbahnhof, 🚆Zürich Hauptbahnhof）公园位于利马特河和西尔河的交汇处、火车站和瑞士国家博物馆的北边，绿意盎然。詹姆斯·乔伊斯（James Joyce）很喜欢这个地方，并在小说《芬尼根的守灵夜》中提到了这两条河流。

约瑟夫公园（Josefswiese; 见270页地图; 👪; 🚊3, 4, 6至Schiffbau）公园位于五区一个高耸入云的大烟囱和一段高架铁路的下方，里面有大片空旷的草地和一个喷泉，非常适合带着孩子的家庭游玩。在旁边的**Kiosk Josefswiese**（见270页地图; www.josefswiese.ch; ⌚3月至5月和9月至10月 10:00~18:00，6月至8月 9:00~22:00; 👪）可以买到饮料和小吃。

Zürichhorn（🚊2, 4, 10, 14, 15至Fröhlichstrasse）这个地形狭长、绿树成荫的湖畔公园位于苏黎世湖东岸、歌剧院的南边，Seebad Utoquai（见266页）游泳区就在附近，非常方便午饭后游个泳。

Zürich West 苏黎世西区

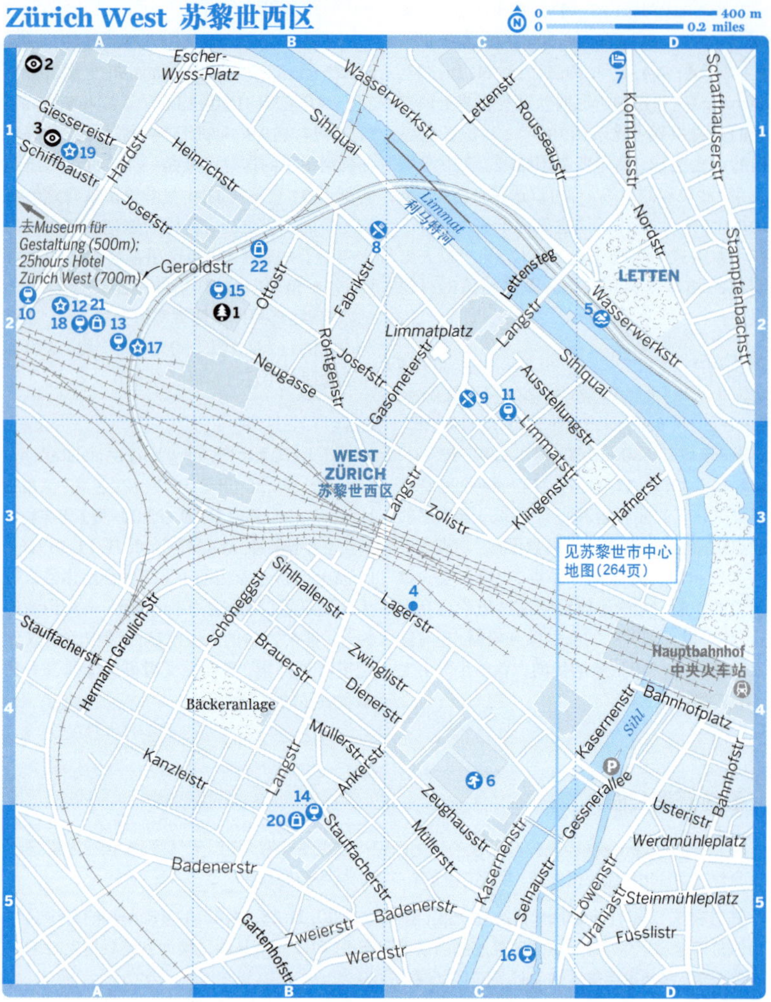

Alpenrose

瑞士菜 €€

（见270页地图；☎044 431 11 66；www.restaurantalpenrose.ch；Fabrikstrasse 12；午市套餐 Sfr23~27，晚餐 主菜 Sfr24~38；⊙周二至周五 9:00~23:30，周六和周日 17:00~23:30；🚊3，4，6，10，11，13，15，17至Quellenstrasse）Alpenrose凭借其高大的铸模窗户，温暖的木质镶板和装潢精美的天花板，散发着舒适的旧世界魅力。这里的美食也毫不逊色，丰盛的瑞士经典菜肴均为精心烹制，例如香草鳟鱼配自制鸡蛋面（spätzli）和黄油胡萝卜，并配有一份精美的酒单。

Raclette Stube

瑞士菜 €€

（见264页地图；☎044 251 41 30；www.raclette-stube.ch；Zähringerstrasse 16；火锅 Sfr29~32，拉克莱特 Sfr40；⊙18:00~23:00；🚊2，4，15至Rudolf-Brun-Brücke）想要吃奶酪火锅和拉克莱特奶酪等正宗瑞士奶酪的话，来这里就对了。餐馆环境温馨，服务周到，在城中开有3家分店。

Restaurant Zum Kropf

瑞士菜 €€

（见264页地图；☎044 221 18 05；www.zumkropf.ch；InGassen 16；主菜 Sfr25~43；

Zürich West 苏黎世西区

景点

1 约瑟夫公园……B2
2 Puls 5……A1
3 造船厂……A1

活动、课程和团队游

4 eTuk Tuk……C3
5 Letten……D2
6 Pride……C4

住宿

7 Kafischnaps……D1

就餐

8 Alpenrose……B2
9 Burgermeister……C2

饮品和夜生活

10 Clouds……A2
11 Eldorado……C2
12 Frau Gerolds Garten……A2
13 Hive Club……A2
14 Kanzlei……B5
15 Kiosk Josefwiese……B2
16 Rimini Bar……C5

娱乐

17 Bogen F……A2
18 Helsinki……A2
19 Moods……A1
戏剧院……（见3）

购物

20 堪斯莱跳蚤市场……B5
21 Freitag……A2
22 Im Viadukt……B2

周一至周六 11:30~23:30；4, 10, 11, 14, 15至Paradeplatz）这间餐馆因其具有历史感的内部装潢而出名——木镶板、大理石柱子、彩色玻璃和天花板壁画。自从1888年开门营业以来，这里的瑞士主食和啤酒一直备受当地人喜欢。

My Kitchen

马来西亚菜 €€

（043 810 06 78; Franklinstrasse 6; 主菜Sfr22.50~28.50; 周一 11:00~14:00，周二至周六 11:00~14:00及18:00~21:00; 10, 11, 12, 14, 15至Sternen Oerlikon）My Kitchen位处市中心之外的Oerlikon，但为了新鲜正宗的马来西亚美食值得多走几步。这里总是挤满了正在嚼着牛肉redang（椰子、丁香、肉桂和青柠檬煮辣牛肉）或roti（脆皮大饼）卷椰丝咖喱的当地人。开往Sternen Oerlikon的电车在附近有站。

Baltho Küche & Bar

各国风味 €€

（见264页地图；044 266 10 14; www.balthokuechebar.ch; Marktgasse Hotel, Marktgasse 17; 午市套餐 Sfr21~24，主菜 Sfr28~42; 周一至周三 11:00至午夜，周五至次日2:00，周日至23:00; ; 4, 15至Rathaus）黑白色调、充足光线和宽敞座位，为Marktgasse酒店的Baltho带来一种都市时尚小酒馆的外观和氛围。细心的工作人员根据时令制作出精美的菜肴，从自制熏鲑鱼配腌黄瓜，到布拉塔乳酪饺子配樱桃番茄，再到棒棒鸡，不一而足。周末有专供儿童的餐桌和手工艺活动。

Kindli

各国风味 €€

（见264页地图；043 888 76 78; www.kindli.ch; Rennweg; 主菜 Sfr36~56; 周一至周六 11:00~14:00及18:00~22:00; 4, 6, 7, 10, 11, 13, 14, 15, 17至Rennweg）Kindli以其温馨的木镶板内饰捕捉到了旧时代的温暖和优雅，烛光之中摆放整齐的小餐桌则带来亲切的感觉。菜肴包括Zürcher Geschnetzeltes[切片小牛肉配奶油蘑菇沙司和黄金土豆饼（rösti）]这样的传统瑞士美食，也有泰式红咖喱和岩龙虾配撒丁岛意大利面、西红柿和迷迭香。

Zeughauskeller

瑞士菜 €€

（见264页地图；044 220 15 15; www.zeughauskeller.ch; Bahnhofstrasse 28a; 午市特价Sfr21.50，主菜 Sfr19~37; 11:30~23:00; 4, 10, 11, 14, 15至Paradeplatz）粗大的橡木横梁下，这个宽敞的15世纪啤酒大厅气氛十足，是瑞士劳工阶层最贴心的餐厅，门外人行道上也有座位。菜单（用8种语言写成）上供应各种口味的香肠和其他瑞士人心头好，比如烤猪肉配酸泡菜。也有素食供应。

★Didi' s Frieden

瑞士菜 €€€

（见264页地图；☎044 253 18 10；www.didisfrieden.ch；Stampfenbachstrasse 32；4道/5道菜套餐 Sfr98/108；⏰周一至周五 11:00~14:30及17:00至午夜，周六 18:00至午夜；🚊7, 11, 14, 17至Stampfenbachplatz）这家餐厅融合了亲切和精致，堪称苏黎世顶尖餐厅。餐厅的装潢低调优雅，配以木地板、白色桌布和酒杯吊灯。服务周到细致，菜单随时令而变，供应鹿肉馄饨配黑巧克力和青葱这类风味十足又创意满满的菜式。

Coco

欧洲菜 €€€

（见264页地图；☎044 211 98 98；www.cocogrill.ch；Bleicherweg 1a am Paradeplatz；2道菜午餐套餐 Sfr25~45，5道菜晚餐套餐 Sfr120~130；⏰周一至周五 11:00~15:00及17:00至午夜，周六 17:30至次日0:30；🚊4, 6, 7, 10, 11, 13, 14, 15, 17至Paradeplatz）餐馆位于Paradeplatz附近的一条小巷里，它的特色在于每晚供应的5道菜"惊喜套餐"——主菜是餐馆的招牌菜烤肉和烤鱼，配菜每天都不同。餐馆里有一个小酒吧，用餐前不妨来这里喝杯葡萄酒。餐桌摆在后面一个不易察觉的地方，环境浪漫温馨。

Kronenhalle

法式啤酒馆 €€€

（见264页地图；☎044 262 99 00；www.kronenhalle.ch；Rämistrasse 4；主菜 Sfr36~76；⏰中午至午夜；🚊4, 5, 8, 9, 10, 15至Bellevue）在这间法式啤酒馆风格的餐馆内，有白色桌布、深色木材，还有一种旧世界的氛围。墙上挂着夏加尔、米洛、马蒂斯和毕加索等人的画作真品，服务员彬彬有礼，走动悄无声息。这里的菜式汇聚了各国美味，从金枪鱼寿司、咖喱大虾饺子到贝亚恩沙司、夏多布里昂牛排都在其列。

🍷饮品和夜生活

重生的苏黎世西区包括两个从前的工人阶级社区：四区和五区，到了夜晚便成为享乐主义者的游乐场。四区在某种程度上依然是红灯区并以Langstrasse为中心，街两边酒吧林立。穿过铁轨来到五区，以Hardstrasse为中心分布有一系列其他夜店。

★Frau Gerolds Garten

酒吧

（见270页地图；www.fraugerold.ch；Geroldstrasse 23/23a；⏰酒吧/餐厅 4月至9月 周一至周六 11:00至午夜，周日 正午至22:00，10月至次年3月 周一至周六 18:00至午夜，市场与商店 全年 周五至周一 11:00~19:00，周六 11:00~18:00；👪；Ⓢ Hardbrücke）嗯，从哪里开始好呢？葡萄酒？玛格丽特酒？杜松子酒？不管你做何选择，这家极受欢迎的饮酒场所都是夏天当之无愧的焦点，会带给你纯粹的快乐，这里也是欧洲顶级的属于成年人的游乐场。

一边是鲜花怒放的花圃，另一边是传来火车轰鸣声的铁路站场，餐馆内还散布着大大小小的集装箱，装饰有五颜六色的彩灯照明。户外的就餐环境可以是精心布置的野餐桌，随意放着枕头的露台，或是洒满阳光的二楼阳台。冬季用餐会移至室内，设在一个时髦的亭子内，以大火锅温暖食客的灵魂。

★Rimini Bar

酒吧

（见270页地图；www.rimini.ch；Badweg 10；⏰4月至10月 周日至周四 19:15至午夜，周五 18:45至午夜，周六 14:00至午夜；🚊2, 6, 7, 8, 9, 13, 17, 19 to Bahnhof Selnau）Männerbad公共泳池里的这间酒吧位于西尔河边上的一道栅栏后，是苏黎世最具吸引力的露天酒吧。宽阔的木制甲板上安装了红橙色的派对灯具，摆放着野餐桌和靠垫，不远处有几个游泳池。仅在天气晴好时营业。

Clouds

酒吧

（见270页地图；http://clouds.ch；Prime Tower, Maagplatz 5；⏰周二至周四 16:00至午夜，周五和周六 16:00至次日2:00；Ⓢ Hardbrücke）从这个酒吧的高度看出去，苏黎世似乎小得令人难以置信。酒吧位于时髦的五区，在Prime大厦的35层，正面是玻璃，采用背光照明。品尝着招牌金汤力鸡尾酒、开胃小食的同时，试着找找苏黎世的地标苏黎世湖和玉特利山。Martini in C由酒吧自制的杜松子酒、姜汁利口酒、干橙柑橘和苦艾酒混合而成。

Hive Club

夜店

（见270页地图；☎044 271 12 10；www.hiveclub.ch；Geroldstrasse 5；入场费 Sfr35；⏰周四 23:00至次日4:00，周五 23:00至次日7:00，周六

23:00至次日9:00；SHardbrücke）这间夜店位于五区的Frau Gerolds Garten隔壁，背景音乐以电子乐为主。进门处有一条通道，五颜六色的雨伞、大型动物的头颅、蘑菇和喷壶连成一串挂在通道中。每周有三个晚上会有著名的DJ驻场。

Eldorado 精酿啤酒

（见270页地图；www.eldorado-zh.ch；Limmatstrasse 109；周一至周二 17:00至午夜，周三至周四 17:00至次日1:00，周五 17:00至次日2:00，周六 20:00至次日2:00；3，4，6，10，11，13，15，17至Limmatplatz）这家超赞的小酒吧Eldorado算得上是苏黎世正在兴起的精酿啤酒文化的一个代表了。这里有柔和的灯光、复古冷峻的室内装饰与古董家具和背光照明镀铬吧台。酒单上有101种精酿啤酒（包括十几种来自瑞士本土）可选。

Mascotte 夜店

（见264页地图；044 260 15 80；www.mascotte.ch；Theaterstrasse 10；入场费 免费至Sfr25；21:30至深夜；2，9，11，15至Stadelhofen）这里原本是一个名为"Corso"的演艺厅，后被改建成了苏黎世最热闹的夜店之一，大大的窗户朝向Sechseläutenplatz广场和苏黎世湖。密集的活动使得这里每周都热热闹闹的，"酷爽星期一"四季不断，会播放货仓音乐、嘻哈乐、电子流行乐、nu-disco和独立舞曲等音乐，而且免收入场费。

Kanzlei 夜店

（见270页地图；044 291 63 11；www.kanzlei.ch；Kanzleistrasse 56；入场费 免费至Sfr23；周五和周六 23:00至次日5:00，周日23:00至午夜；8 to Helvetiaplatz）白天看上去就是一个普通的学校操场，但到了晚上就变成一个户外酒吧和地下夜店。各种风格的雷鬼和嘻哈等都可能是这里的背景音乐。

Heaven 同性恋

（见264页地图；078 667 80 01；heavenclub.ch；www.heavenclub.ch；Spitalgasse 5；入场费Sfr15~20；周五 23:00至次日6:00，周六 21:30至次日7:00；2，4，15至Rudolf-Brun-Brücke）这个喧闹的夜店不拘一格地演奏着各种音乐，是尼德多夫区同性恋夜生活的中心。

Loft Five 休闲吧

（见264页地图；www.loftfive.ch；Europaallee 15；周一至周四 8:00至午夜，周五 8:00至次日2:00，周六 10:30至次日2:00；Zürich Hauptbahnhof，Zürich Hauptbahnhof）紫色背光照明，引人注目的艺术，天马行空的吊灯和古董座椅，为这家休闲吧营造出一种破旧潇洒的颓废气氛。超棒的露台，适合夏天喝一杯漂亮的鸡尾酒或精酿啤酒，偶尔会有现场音乐和DJ打碟。

☆ 娱乐

Rote Fabrik 现场音乐

（音乐会 044 485 58 68，戏剧 044 485 58 28；www.rotefabrik.ch；Seestrasse 395；161，165）这个多功能表演艺术中心位于湖边，有摇滚、爵士乐、嘻哈音乐演出以及原声电影、喜剧和舞蹈表演。里面还有一个酒吧和一间餐馆。在布克利广场（Bürkliplatz）乘坐161路或165路公共汽车可达。

Bogen F 现场音乐

（见270页地图；043 204 18 90；www.bogenf.ch；Viaduktstrasse 97；咖啡 周四和周五15:00起营业，周六 11:00起营业；演出 时间不定；SHardbrücke）这个充满活力的表演空间，附属于五区Viadukt大楼中它的同名咖啡馆，在此演出的是来自世界各地的独立乐队（最近的表演者来自遥远的美国、加拿大、瑞典、南非和日本）。

Helsinki 现场音乐

（见270页地图；www.helsinkiklub.ch；Geroldstrasse 35；周四 20:00至次日2:00，周五和周六 20:00至次日4:00，周日 20:00至次日2:00；SHardbrücke）Helsinki在一栋工业发展时期留下的小屋里，室内灯光亮度调得很低，有乐队演出，气氛休闲放松，吸引了有不同音乐喜好的各个年龄层次的人。周日晚上是驻店乐队Hollander Trio from Hell（乡村、摇滚、布鲁斯，甚至波尔卡）专场；其他夜晚，则是从灵魂乐、放克到嘻哈和探戈都有。从主火车站搭乘任何车次到Hardbrücke即可。

Moods 现场音乐

（见270页地图；044 276 80 00；www.

moods.ch; Schiffbaustrasse 6; ⏲周一至周六19:30至深夜，周日 18:00至深夜；🚊3，4，6至Schiffbau）这里不仅有苏黎世最棒的爵士乐，还有放克音乐、嘻哈音乐、摇摆舞音乐、拉丁音乐和世界音乐等其他类型的音乐。

音乐厅 古典音乐

（Tonhalle；见264页地图；☎044 206 34 34；www.tonhalle-orchester.ch；Claridenstrasse 7；🚊2，4，5，8，9，10，11，14，15至Bürkliplatz）这个豪华的音乐厅通常作为苏黎世交响乐团和苏黎世室内交响乐团的演出场地。

歌剧院 歌剧

（Opernhaus；见264页地图；☎044 268 66 66；www.opernhaus.ch；Falkenstrasse 1；👪；🚊2，4，10，11，14，15至Opernhaus）这家歌剧院位于一座华丽的新古典立面建筑之中，是苏黎世顶级的歌剧院，在世界范围内都享有盛誉，举办最杰出的音乐会、歌剧和芭蕾舞演出，也有适合孩子们的优秀歌剧演出。

购物

想要买高端时尚物品，可直接去Bahnhofstrasse。有趣的时尚精品店大多分布在尼德多夫区和苏黎世西区。高人气的街头市场主要有：**布克利跳蚤市场**（Bürkliplatz flea market；见264页地图；www.buerkli-flohmarkt.ch；Bürkliplatz；⏲5月至10月 周六 7:00~17:00；🚊2，4，5，8，29，10，11，14，15至Bürkliplatz）、**堪斯莱跳蚤市场**（Flohmarkt Kanzlei；见270页地图；www.flohmarktkanzlei.ch；Kanzleistrasse 56；⏲周六 8:00~16:00；🚊8至Helvetiaplatz）和**玫瑰花园工艺品市场**（Rosenhof crafts market；见264页地图；www.rosenhof.ch；Rosenhof；⏲3月至12月 周四 10:00~20:00，周六10:00~17:00；🚊4，15至Rathaus）。

★ Freitag 时尚饰品

（见270页地图；☎043 366 95 20；www.freitag.ch；Geroldstrasse 17；⏲周一至周五 10:30~19:00，周六 10:00~18:00；🚊3，4，6至Schiffbau）弗赖塔格兄弟回收各种颜色的卡车防水布片，用它们制作各种防水的信使包。从钱包到笔记本手提包的所有商品都是原创设计。他们的店铺由一堆集装箱拼凑而成，是五区的第一座高楼——也是一座奇特的高楼。人们可以爬到屋顶的露台上俯瞰城市风光。

Max Chocolatier 巧克力

（见264页地图；www.maxchocolatier.com；Schlüsselgasse 12；⏲周二至周五 10:30~19:00，周六 10:00~17:30；🚊4，10，11，14，15至Paradeplatz）在苏黎世所有的诱人巧克力中，Max最具优势。这家别致的老城精品店选择丰富，有包装精美的巧克力棒、巧克力软糖和果仁糖，均为100%天然瑞士成分。留意那些时令性的独特产品，如高山干草、黑醋栗和紫罗兰、龙须菜、白桃和青椒。登录网站可了解

值 得 一 游

玉特利山（UETLIBERG）

春天山花烂漫，秋天褐金相间、绚烂夺目，作为苏黎世的门户，这座海拔871米的玉特利山是人们快速切换城市生活和户外生活的必备。当城市居民想要舒展舒展筋骨时，就会来到这里，在穿越树林和乡村的小径上徒步、慢跑或骑山地车。山顶上是**玉特利山瞭望塔**（Aussichtsturm；Uetliberg；🚊10至Uetliberg），一座钢铁格架瞭望塔，可以远眺苏黎世湖和城区美景，晴天还可以看到阿尔卑斯山。日落时分是观景的黄金时段。

从玉特利山最高处的车站，沿山脊上高低起伏、植被茂密的**行星之路**（Planetenweg；www.uetliberg.ch；Uetliberg；🚊）免费 前行，一直走到费尔塞内格（Felsenegg）和Buchenegg观景点，要走1小时30分钟至2小时。沿途将经过比例为1:10亿的行星模型，并有湖景相伴。

轻轨线S10在火车站与玉特利山之间运营（Sfr8.80，27分钟），每小时两班。从此处开始有10分钟的徒步路程上山至观景点。在费尔塞内格观景点，每15分钟有一趟缆车前往Adliswill镇，从那里有车次频繁的轻轨S4返回苏黎世（Sfr3.40，23分钟）。建议购买Sfr17.60的Albis-Tageskarte，凭此卡可以不限次数往返玉特利山和苏黎世市中心。

尝味工坊的详情。

Im Viadukt 购物中心

(见270页地图; www.im-viadukt.ch; Viaduktstrasse; ⏲周一至周四 10:00~20:00, 周五和周六 8:00~20:00; 🚇3, 4, 6, 10, 11, 13, 15, 17至Dammweg) 在一座充满改造和重塑的城市里, Im Viadukt脱颖而出。这里曾是石头铁路桥下的一个破落的储存中心, 最近获得重生, 成为一个由许多当地人经营的商店(衣服、家具等)、餐馆、咖啡馆和手艺人食品市场组成的活跃综合体。购物中心跨越了Limmatstrasse和Geroldstrasse高架桥之间的三个街区, 到这里漫步闲逛, 看看什么会吸引你的眼球。

实用信息

Bellevue Apotheke (☎044 266 62 22; www.bazh.ch; Theaterstrasse 14) 24小时营业的药房。

警察局 (☎044 411 71 17; www.stadtpolizei.ch; Bahnhofquai 3)

邮局 (见264页地图; Europaallee 11; ⏲周一至周五 6:30~22:30, 周六 6:30~20:00, 周日 10:00~22:30) 主火车站西侧。

大学医院 (Universitäts Spital Zürich; ☎044 255 11 11; www.en.usz.ch; Schmelzbergstrasse 8; ⏲24小时) 提供意外伤害医疗服务。

苏黎世旅游局 (见264页地图; ☎044 215 40 00, 酒店预订 044 215 40 40; www.zuerich.com; Hauptbahnhof; ⏲5月至10月 周一至周六 8:00~20:30, 周日 8:30~18:30, 11月至次年4月 周一至周六 8:30~19:00, 周日 9:00~18:00) 非常有帮助的旅游局办公室, 位于苏黎世主火车站, 你可以在这里预订团队游、房间或购买苏黎世卡(Zürich Card; www.zuerichcard.ch; 成人/儿童 24小时 Sfr24/16, 72小时 Sfr48/32)。

到达和离开

苏黎世机场 (ZRH; ☎043 816 22 11; www.zurich-airport.com) 位于市中心以北9公里处, 这里有飞往大部分欧洲国家首都和某些非洲、亚洲、北美洲国家首都的航班。

苏黎世湖南岸的A3高速公路向北通往苏黎世。从伯尔尼和巴塞尔过来, 则是走A1高速公路最快, 这条公路一直往东北方向延伸到温特图尔。

苏黎世火车站有频繁发往斯图加特(Sfr63, 4小时)、慕尼黑(Sfr96, 4小时至4小时15分钟)、因斯布鲁克(Sfr76, 3.5小时)和其他国外城市的直达火车, 也有定期前往卢塞恩(Sfr26, 45~50分钟)、伯尔尼(Sfr51, 1小时至1小时30分钟)、巴塞尔(Sfr34, 55分钟至1小时15分钟)等瑞士主要目的地的直达火车。

当地交通

抵离机场

从每天大约5:00至午夜, 每小时有几趟火车往返于主火车站和苏黎世飞机场(Sfr6.80, 10~13分钟)。搭乘出租车前往市中心费用约为Sfr60。

自行车

Züri Rollt (☎044 415 67 67; www.schweizrollt.ch) 让游客可以在不同的地方租借自行车, 包括火车站北边马路对面的**Velostation Nord** (Museumstrasse 2; ⏲周一至周五 8:00~23:30, 周六和周日 8:00~23:00)。记得带上你的护照, 押金为Sfr20, 当日借当日还免费; 如果隔夜还, 则按每天Sfr10收取费用。

船

苏黎世轮船观光公司 (Zürichsee-Schifffahrtsgesellschaf, 简称ZSG; 见264页地图; ☎044 487 13 33; www.zsg.ch) 在4月至10月经营从布克利广场出发的乘船游。小环游(kleine Rundfahrt; 成人/儿童 Sfr13.80/9.40) 耗时1.5小时, 从11:00~19:30每半小时1班。另有时长4小时的大环游(grosse Rundfahrt; 成人/儿童 Sfr31/18)。在ZVV(当地交通)售票处买票。

乘船游 (Riverboats; 见264页地图; 成人/儿童 Sfr9.40/8.10; 复活节至10月中旬 每半小时1班) 这家公司也有前往利马特河和小圈苏黎世湖环湖(1小时)的游船。在Schweizerisches Landesmuseum站上船。

公共汽车、轻轨和电车

苏黎世的公共汽车、郊区轻轨和电车由**ZVV** (☎0848 988 988; www.zvv.ch) 统一管理, 不同的公共交通工具之间衔接良好。从早上5:30发车到午夜过后都有定期班次。周末晚上有夜班车, 但车费会上调。

提前在公共汽车站或电车站买票。可以选择输入四位城市代码, 也可以直接选择车票类型: 最多可坐5站路的单程短途票(Kurzstrecke;

Sfr2.70)、有效期为1小时的大苏黎世范围内的单程票(Sfr4.40)或市中心十区范围内的24小时通票(Sfr8.80)。

汽车和摩托车

在苏黎世停车是个技术活儿，这里的停车费可高达Sfr45/24小时。**Parking Zürich AG**(www.parkingzuerichag.ch)在城市里有13个车库，最有用的是火车站附近的Sihlquai 41和Urania-strasse 3。

出租车

苏黎世的出租车收费很高，而且因为公共交通便利，所以一般不需要用到它。可在中央火车站和其他出租车等候处候车，或致电**Taxi 444**(☎044 444 44 44; www.taxi444.ch)。

苏黎世周边 (AROUND ZÜRICH)

拉珀斯维尔-乔纳 (Rapperswil-Jona)

人口26,034/海拔405米

位于苏黎世湖东岸的拉珀斯维尔是个文化气息浓郁的小镇，充满中世纪风情的镇中心高处伫立着一座城堡，还有一座前瞻性的美术馆和一座历史博物馆。天气变暖时，当地便转换成假日模式，本地人和游客们沿着湖边漫步，在拥有1.5万种玫瑰的花园里闲逛，同时这里也是黇鹿的家园。这个小镇甚至还拥有自己的葡萄酒——Rapperswiler Schlossberg AOC，这是一种以城堡边山坡上富含矿物质的葡萄生产的黑皮诺。

◉景点

拉珀斯维尔城堡 城堡

(Schloss Rapperswil; www.schlossrapperswil.com; Lindenhügel) 免费 这座坚固且优美如画的城堡是拉珀斯维尔老城区最显眼的建筑，建于13世纪。爬上露台，可看到山墙与湖面交相辉映。晴朗无云时候，甚至可以看到格拉鲁斯山(Glarus Alps)的轮廓。城堡现在设有波兰博物馆(Polenmuseum, Polish Museum; ww.muzeum-polskie.org; 成人/儿童 Sfr5/3; ⊙4月至10月 每日 13:00~17:00，3月、11月和12月 周六和周日 13:00~17:00)。徜徉在可爱的城堡庭院内，你很可能会与黇鹿四目相对。

拉珀斯维尔-乔纳市立博物馆 博物馆

(Stadtmuseum Rapperswil-Jona; www.stadtmuseum-rapperswil-jona.ch; Herrenberg 30/40; 成人/儿童 Sfr6/免费; ⊙周三至周五 14:00~17:00，周六和周日 11:00~17:00)博物馆在2012年进行了整体翻新，是拉珀斯维尔最大的博物馆。其正立面融合了现代主义风格(打孔的青铜门)和复古风格(14世纪的石塔)，馆内收藏着从中世纪后期到今天，这8个世纪以来的历史展品和文化手工艺品。这里的亮点包括黄金收藏品、一个哥特晚期的宴会厅有活力四射的壁画和一个漂亮的木镶板文艺复兴时期房间。要尽收整个城镇和湖泊的风光，到塔楼的顶层去。

美术馆 美术馆

[Kunst(zeug)haus; www.kunstzeughaus.ch; Schönbodenstrasse 1; 成人/儿童 Sfr10/免费; ⊙周三至周五 14:00~18:00，周六和周日 11:00~18:00]美术馆由一个军火库改建而成，里面空间很大，波浪状的屋顶极具现代主义风格，是苏黎世建筑事务所Isa Stürm und Urs Wolf的标志性作品。美术馆主要展出瑞士当代的前沿艺术作品。

食宿

拉珀斯维尔的餐馆集中在渔市广场(Fischmarktplatz)、主广场(Hauptplatz)和Marktstrasse及面向湖面的Seequai，餐厅从具有历史影响力的传统酒馆到早午餐咖啡馆都有，还有一些意大利和亚洲风味可选。

Jakob 酒店 €€

(☎055 220 00 50; hhttp://jakob-rapperswil; Hauptplatz 11; 标单 Sfr107~177，双 Sfr169~223; 📶)酒店位于老城中心，极简风格的时尚房间配以中性色调和木地板。楼下出色的餐厅(主菜 Sfr28~58)里，厨师以采用当地食材为荣。自助早餐包括有机农产品和美味的木火烤面包。

ℹ实用信息

旅游局办公室(☎055 225 77 00; www.vvrj.ch;

Fischmarktplatz 1; ⏲4月至10月 10:00~18:00，11月至次年3月 13:00~17:00）位于火车站至船运码头中途的一个临水广场上。

到达和离开

从苏黎世中央火车站乘坐S5、S7或S15（Sfr17.20，36分钟）或者从布克利广场坐船（2小时）都可以到拉珀斯维尔。

一日游的话最好购买9-Uhr Tagespass通票（Sfr26），凭票可在这些时段免费乘坐公共交通工具：周一至周五的9:00至次日5:00，周六、周日和节假日全天。通票同样适用于火车，如果你想要乘船的话，额外支付Sfr5。

如果你从苏黎世自驾前来，向北行驶40公里，最快的路径是苏黎世湖西岸的A3高速公路。风景更美（但更长）的线路是沿湖的Seestrasse（Route 17）。

温特图尔（Winterthur）

人口 108,044 / 海拔 447米

瑞士第六大城市温特图尔经常被附近的苏黎世抢去风头，但它其实是个真正的文化重镇。这里不仅有收藏家奥斯卡·赖因哈特（Oskar Reinhart）捐献的惊人的艺术藏品（见277页），也有欧洲最重要的摄影博物馆之一，甚至还有一座孩子们喜爱的科学博物馆（见277页）。更不用说城南的峭壁上还伫立着一个典型的塔楼城堡（见278页）。

除了这些显而易见的景点外，温特图尔还拥有瑞士最大的仅供步行的老城区，林立着粉彩画、陶器装饰的咖啡馆和酒吧，还有可供闲逛的精品店。

景点

温特图尔能成为艺术胜地有一部分原因要归功于收藏家奥斯卡·赖因哈特。赖因哈特出生于一个实力雄厚的银行保险业家族，在1965年去世前，他将自己的藏品留给了国家，并委托家乡政府负责管理。

先去旅游局（见279页）了解一下温特图尔博物馆通票（一日通票Sfr25，两日通票Sfr35），凭此票可免费参观这里几乎所有的景点。

摄影博物馆 博物馆

（Fotomuseum; ☎052 234 10 60; www.fotomuseum.ch; Grüzenstrasse 44 & 45; 成人/儿童 Sfr10/免费; ⏲周二和周四至周日 11:00~18:00，周三 11:00~20:00; 🚌2，2E至Fotozentrum）温特图尔的这间摄影博物馆馆藏丰富，展品主要为19世纪至今的伟大摄影师和不同摄影风格的作品，囊括了从时尚到艺术再到建筑的一切事物。博物馆街对面的Fotostiftung和Zentrum für Fotografie是它的合作机构，会举办附加的摄影展。三个地方的联票价格为Sfr19。搭乘2路汽车至Fotozentrum。

美术馆 博物馆

（Kunstmuseum; ☎052 267 51 62; www.kmw.ch; Museumstrasse 52; 成人/儿童 Sfr15/免费; ⏲周二 10:00~20:00，周三至周日 10:00~17:00）来温特图尔的美术馆把19世纪和20世纪的经典艺术作品看个够。有的展品来自克利、莫奈、凡·高和罗丹这样的大师，还有瑞士雕塑家阿尔佩托·贾科梅蒂的具象作品，以及令人印象深刻的一系列当代艺术家作品。美术馆还举办了顶级的临时展览，最近的展览包括戈雅（Goya）和亚历山大·考尔德（Alexander Calder）。英语语音导览的费用为Sfr3。

瑞士科学中心 博物馆

（Technorama; ☎052 244 08 44; www.technorama.ch; Technoramastrasse 1; 成人/儿童Sfr28/17; ⏲周二至周日 10:00~17:00; 👪; 🚌5至Pfaffenwiesen）看腻了艺术作品？那么科学展览呢？瑞士科学中心让你有机会参与到科学活动中来。馆内的展品摆满了四层楼，500多种交互式活动（讲解语言有英语、法语、德语和意大利语）绝对能让孩子们乐在其中，许多成年人也一样会喜欢。在中央火车站坐5路公共汽车可到。不能使用瑞士博物馆通票。

奥斯卡·赖因哈特的收藏展 画廊

（Sammlung Oskar Reinhart am Römerholz; ☎058 466 77 40; www.roemerholz.ch; Haldenstrasse 95; 成人/儿童 Sfr15/免费; ⏲周二和周四至周日 10:00~17:00，周三 10:00~20:00; 🚌3至Spital）赖因哈特的这些收藏品被放在一个

Winterthur 温特图尔

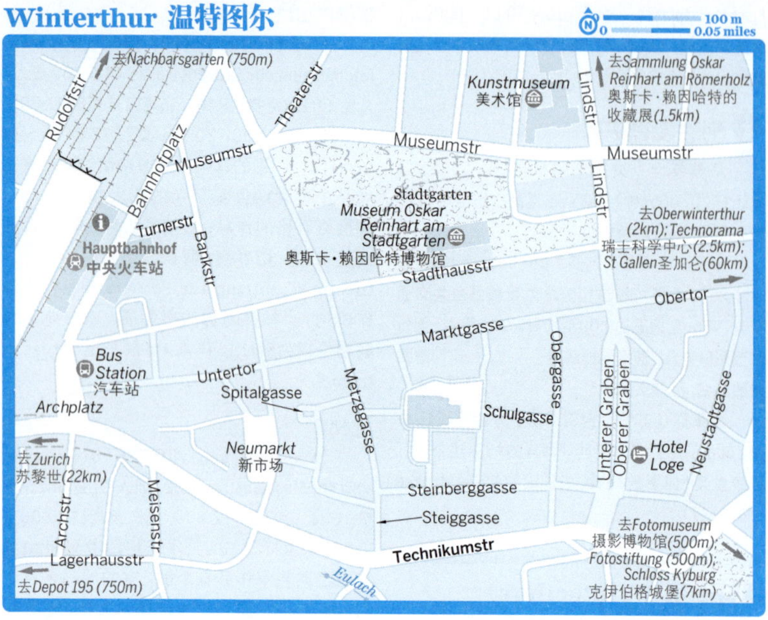

乡村住宅里，它的迷人之处在于试图在传统艺术和现代艺术之间搭建起一座桥梁——戈雅、伦勃朗、布鲁盖尔、鲁本斯的作品和塞尚、莫奈、毕加索、雷诺阿、凡·高的作品被放在了一起。你能看到的藏品取决于当时的展览。

奥斯卡·赖因哈特博物馆　　博物馆

（Museum Oskar Reinhart am Stadtgarten; http://museumoskarreinhart.ch; Stadthausstrasse 6; 成人/儿童 Sfr15/免费; ⏲周二至周三和周五至周日 10:00~17:00, 周四 10:00~20:00; 🚇Winterthur Hauptbahnhof）博物馆位于市中心公园旁边，里面有赖因哈特收藏的500件来自18~20世纪的瑞士、德国和奥地利的艺术珍品。明星展品包括来自德国浪漫画家卡斯帕·大卫·弗里德里希（Caspar David Friedrich）和奥地利比德迈耶风格画家费尔迪南德·乔治·瓦尔特米勒（Ferdinand Georg Waldmüller）的作品，以及Caspar Wolf的18世纪瑞士风景画。

基堡城堡　　城堡

（Schloss Kyburg; www.schlosskyburg.ch; Schloss 1, Kyburg; 成人/儿童 Sfr9/4; ⏲周二至周日 10:00~17:30; 🚌655至Kyburg）位于特斯河（Töss River）上方一处绝壁上的基堡是瑞士东部地区最重要的中世纪封建城堡之一，记载中首次被提到是在1027年。博物馆为城堡建筑带来许多交互式活动，在这里你可以体验一下盔甲穿在身上的感觉——别把它和刑具弄混了。坐轻轨在Effretikon站下，然后坐655路公共汽车到基堡站下。

食宿

温特图尔被无特色的连锁酒店所占据，但也有少数值得注意的特例。便宜餐馆聚集在新市场（Neumarkt），你可以在这里吃到各国菜肴。

Depot 195　　旅舍 €

（☎052 203 13 63; www.depot195.ch; Lagerplatz 4; 铺/单/双/四 Sfr36~41/99/129/194; Ⓟ📶; 🚌4, 11至Wylandbrücke）这家时尚的旅舍设在一个获得新生的工厂内，是温特图尔城市复兴的一个光辉案例。这里主要面向背包客，酷酷的房间配以裸露的砖墙和木地板，有一个公共房间、屋顶露台，提供自行车租赁（每天Sfr7）。早餐需要额外支付Sfr10。

Hotel Loge　　酒店 €€

（☎052 268 12 00; www.hotelloge.ch;

Oberer Graben 6；标单 Sfr155~220，双 Sfr190~250；📶；🚌2，3至Technikum）酒店有自己的酒吧和餐厅，甚至还有一家艺术影院，能满足客人对舒适和时尚的所有要求。哥特风格的大门后是17间宽敞低调的客房，铺着拼花地板，其中有些可以看见茂密的树林和老城区。

Nachbarsgarten 各国风味 **€€**

（☎052 534 89 47；http://nachbarsgarten.ch；Feldstrasse 22；主菜 Sfr25~49；⏰周二至周五 9:00~14:00及17:00~23:30，周六 11:30~14:00及17:00~23:30；🚌2，2E至Tellstrasse）这家位于温特瑟尔边缘的小餐馆非常吸引人，有温暖的木头、柔和的灯光和摆放紧凑的桌椅，厨房里只有一位大厨。菜单上有：创意沙拉（意大利茴香配无花果、帕尔玛火腿和新鲜香草）、意大利面食、塔特火锅（tarte flambée）和暖胃的经典菜式，如烤猪肉配葡萄酒调味汁和鸡蛋面条（Spätzle）。

ℹ 实用信息

旅游局（☎052 267 67 00；www.winterthur-tourismus.ch；Hauptbahnhof；⏰周一至周五 9:00~18:30，周六 10:00~16:00）位于主火车站，非常方便。

ℹ 到达和离开

每小时有数班开往苏黎世的火车（Sfr6.50，20~32分钟）。前往苏黎世的公共汽车从火车站对面的站台出发。

9:45~16:45每小时有一班博物馆迷你小巴专线（往返Sfr5）从火车站出发开往奥斯卡·赖因哈特的收藏展、奥斯卡·赖因哈特博物馆（见278页）。周末这趟车还会经停摄影博物馆（见277页）。

如果是从苏黎世自己开车过来，则可以走A1高速公路。

瑞士东北部

人口 927,988

包括➡

沙夫豪森 282
莱茵瀑布 286
施泰因 287
博登湖(康斯坦茨湖) 288
科鲁兹林根 289
罗尔沙赫 290
圣加仑 291
阿彭策尔 294
瓦伦湖 298

最佳就餐

- Romantik Hotel Säntis（见298页）
- Bäumli（见294页）
- Wirtschaft Zum Frieden（见285页）
- Burg Hohenklingen（见288页）

最佳住宿

- B&B Stein am Rhein（见287页）
- 瓦特格城堡（见291页）
- Märchenhotel Bellevue（见300页）
- Hotel Hecht（见298页）
- Arcona Living（见283页）

为何去

抛开地图，回归自然，瑞士东北部正是适合你打发几天时间的好地方。乡村小道如同一团团线轴散落，纵横于阿彭策尔地区成块拼接的绿地之中，经过湛蓝的瓦伦湖，继续向南前往那些被冰雪覆盖的格拉鲁斯阿尔卑斯山包围着的偏僻小村庄。这片地区需要慢慢游览：无论你是在晴空万里的夏日骑车穿过玉米田和苹果园，还是在秋日的绚丽阳光下徒步穿越克莱特高金灿灿的葡萄园。

从雷鸣般的莱茵瀑布到静谧的博登湖，大自然在这里跨越了极大的维度。施泰因和沙夫豪森这样的小镇中城堡林立，城堡的外墙由湿壁画和凸肚窗装饰，也为这片田园牧歌式的高地锦上添花。此外，在雅致的圣加仑，华丽的洛可可风格修道院图书馆也会让你不禁屏息赞叹。

何时去

- 圣加仑的夏季有许多露天音乐节和歌剧演出，热闹非凡。
- 在8月，烟火会照亮莱茵瀑布和博登湖畔的科鲁兹林根。
- 冬季各个城镇会举办光彩夺目的圣诞集市，滑雪者们则纷纷涌向山坡。

瑞士东北部亮点

❶ **施泰因**(见287页)在半木结构房屋的怀抱中，它是瑞士最可爱广场之一，美得令人惊叹。

❷ **莱茵瀑布**(见286页)聆听欧洲最大单体瀑布发出的水声。

❸ **圣加仑修道院图书馆**(见291页)在洛可可式的建筑杰作内领略引人入胜的文学史。

❹ **茨温利山口**(见296页)沿着小径穿越壮丽的群山。

❺ **博登湖**(见288页)在中欧第三大湖骑行、漫步或泛舟前往德国和奥地利。

❻ **Bolderhof**(见287页)在**赫米斯霍芬**的农场与美牛们见个面，还可以骑着它们漫游莱茵河。

❼ **沙夫豪森**(见282页)欣赏城中的喷泉和建筑物上的凸肚窗装饰，仿佛穿越回中世纪。

❽ **萨多纳峰**(见293页)探索这座3056米山峰周边的荒野。

实用信息

瑞士东部旅游局联合了几个瑞士东部的州和列支敦士登。你可以在**瑞士旅游局**（www.myswitzerland.com）的网站或**瑞士东部旅游局**（Ostschweiz Tourismus）的官方网站www.ostschweiz.ch上查阅相关信息。

到达和当地交通

可以从苏黎世和德国腓特烈港（Friedrichshafen）的机场乘坐公共交通前往这片地区，还可以由公路和铁路从苏黎世前往沙夫豪森、施泰因、圣加仑和兰塔（Linthal；可前往布劳瓦尔德）。另外，还有一艘渡轮穿过博登湖，从腓特烈港前往罗曼斯霍恩（Romanshorn），乘坐汽车和火车都很方便。

有几个地区会提供地区通票，例如博登湖区和阿彭策尔州。

至于陆上交通方面，A1公路连接圣加仑及其西面86公里之外的苏黎世。另外，通往南方的温特图尔（Winterthur）和德国边界的A4公路途经沙夫豪森州。

沙夫豪森（Schaffhausen）

人口35,948／海拔404米

沙夫豪森是那种更具德国风情的中世纪古镇，当然，因其毗邻德国边境，这也是可想而知的。莱茵河两岸的老城只允许行人通行，华丽的湿壁画和凸肚窗装饰着色泽淡雅的民居，而环形的梅诺城堡则在布满葡萄庄园的山丘上傲视一方。

在“二战”期间，同盟国的飞行员“误认为”沙夫豪森是德国的领土，于1944年4月两次在市郊丢下炸弹，因而使此地成为瑞士国土上唯一直接遭受到炮火侵袭的区域。

景点

★万圣大教堂 主教座堂

（Allerheiligen Münster；All Saints' Cathedral；Münsterplatz；⏲周二至周日 10:00~12:00和14:00~17:00，回廊 周一至周五 7:30~20:00，周六和周日 9:00~20:00）沙夫豪森的大教堂完工于1103年，是瑞士境内少有的大部分保存完整的罗马式建筑。它面向一个简洁漂亮的回廊。药草园自中世纪以来就被精心照管，是一处适合冥想的安静之所。步行穿过回廊，来到**万圣博物馆**（Museum zu Allerheiligen；www.allerheiligen.ch；Klosterstrasse 16；成人/儿童Sfr12/免费；⏲周二至周日 11:00~17:00），这里展示着许多古代文物、艺术品，也有考古和自然历史展览。

> **不要错过**
>
> **莱茵河畔随心骑行**
>
> 莱茵河湍急地流经沙夫豪森的核心地带，骑自行车一定是探索这里的最佳方式。几条路牌标注清晰的自行车道沿着莱茵河穿梭于郊野田埂之中。景色优美的路线包括全长20公里的**莱茵瀑布－莱瑙**（Rheinfall-Rheinau）路线，一路从水声轰鸣的莱茵瀑布（见286页）延伸至本笃会的修道院Kloster Rheinau；或是全长43公里的**克莱特高葡萄酒路线**（Klettgau Wine Route），一边穿越葡萄庄园，经过半木结构的屋子，一边畅饮酿造的葡萄酒。这两条及其他线路的详细信息可以登录www.veloland.ch查询。
>
> 火车站的**Rent a Bike**（☎051 223 42 17；www.rentabike.ch）出租Flyer电动自行车和普通自行车，收费分别为每天Sfr54/35。

★梅诺城堡 要塞

（Munot；⏲5月至9月 8:00~20:00，10月至次年4月 9:00~17:00）**免费** 穿过葡萄园拾级而上，来到这座16世纪的要塞。不同寻常的环形城池是由宗教改革之后强征的劳动力修建而成，其中还暗藏着一座大气磅礴的拱顶炮台。爬上回旋楼梯，可俯瞰被莱茵河与山林包围的城景，由成片的屋顶与尖塔拼凑而成。

★Vorstadt 街道

沙夫豪森通常被称为“凸肚窗城”（Erkerstadt），因其拥有171扇凸肚窗（Erker），凸肚窗曾被视为富商的象征。那些令人印象最深刻的凸肚窗位于Vorstadt的沿线，包括建于17世纪的**金牛屋**（Zum Goldenen Ochsen；Vorstadt 17），其湿壁画外墙呈现出一头同名“金牛”；16世纪的**巨笼屋**（Zum Grossen Käfig；Vorstadt 45）色彩斑斓的壁画则描绘了土耳其苏丹巴耶济德（Bajazet）被蒙古可汗帖木儿（Tamerlane）置于笼中庆功游街的故事。

向东一个街区，建于1492年的**骑士屋**（Haus zum Ritter; Vordergasse 65）十分引人注目，它的外墙上精心绘制了一副文艺复兴风格的壁画，描绘的正是一名骑士。

★ Fronwagplatz　广场

这座广场位于老城区（Altstadt）的正中心，华丽的建筑外墙将其包围。16世纪的**摩尔人喷泉**（Mohrenbrunnen）是旧集市北端的标志，而南端则矗立着**屠夫喷泉**（Metzgerbrunnen）、威廉·退尔模样的雕像和一座高大的钟楼。晚期巴洛克风格的**Herrenstube**（Fronwagplatz 3）面朝着钟楼，建于1748年，曾经是贵族们痛饮一杯的去处。

Herrenacker　广场

这里由色彩柔和的尖顶瓦房屋所组成，当属沙夫豪森最漂亮的广场之一。8月，最热闹的音乐盛事**Stars in Town**（www.starsintown.ch）在此举行。

活动

Rhybadi　游泳

（www.rhybadi.ch; Rheinuferstrasse; 成人/儿童 Sfr4/2; ⊙5月至9月 周日至周四 8:00~21:00，周五和周六 至22:30）如果你想纵身跃入莱茵河的怀抱，来这座19世纪的老旧木制公共泳池吧。这里的跳水板和复古的更衣室会让你穿越回那个时代，人们"得体地"全副武装下水游泳。

团队游

老城徒步游　步行游览

（Altstadt Walks; 成人/儿童 Sfr14/10; ⊙5月至10月中旬周六 14:00）这些时长1小时15分钟的老城团队游从旅游局出发。有问必答的导游会说德语、英语和法语。

Untersee und Rhein　划船

（☎052 634 08 88; www.urh.ch; Freier Platz; 施泰因/康斯坦茨单程 Sfr26/50; ⊙4月至10月）从沙夫豪森出发前往康斯坦茨（Konstanz）的航程全长45公里，途经莱茵河畔施泰因和Reichenau，是莱茵河畔景色最优美的路线之一。顺流前往沙夫豪森需要3.75小时，逆流则需要4.75小时。可登录网站查阅时刻表。

住宿

旅游局会推荐民宿（预计每间单人房要支付Sfr55，双人房则支付Sfr95）和假日公寓。

Arcona Living　设计酒店 €€

（☎052 631 00 00; http://schaffhausen.arcona.ch; Bleicheplatz 1; 标单/双/套 Sfr180/225/306; P ❄ 📶）在火车站斜对面，是沙夫豪森酒店行业的当代新面孔，房间设计采用功能性与现代感相结合的新派风格，空间宽敞，配色明艳。这里有一个亚洲风格的水疗场所，还有一个供应地区美食美酒的小餐馆。

另辟蹊径

克莱特高葡萄酒小径（KLETTGAU WINE TRAIL）

在沙夫豪森以西，克莱特高大片的红酒产区一直深入到邻界的德国境内。就像成片的灯芯绒一样，主要栽种了黑皮诺的葡萄庄园成片密集地覆盖在碧绿色的田野和徐缓的山坡之上。

沁人心脾的乡野零星分布着几座迷人的村庄，例如中世纪的**Neunkirch**教堂，距离沙夫豪森13公里。其他值得一游的村庄包括**Beringen**、**Hallau**和**Osterfingen**。其中几座慢节奏的村庄在10月中旬的葡萄酒节期间会变得生机勃勃。值得一提的是Osterfingen的**Trottenfest节**（www.trottenfest.ch; ⊙10月中旬），届时葡萄酒商会组织面向公众的品酒活动。如果你在别的时节光临，可直接前往建于1472年的**Bad Osterfingen**（☎052 681 21 21; www.badosterfingen.ch; Zollstrasse; 主菜 Sfr30~45; ⊙周三至周日 11:00~23:00），这座淳朴的酒馆和酒庄会为丰盛的当地菜肴配上家庭自制的葡萄酒。

可以从沙夫豪森出发，乘坐公共汽车前往这些村庄。

Schaffhausen 沙夫豪森

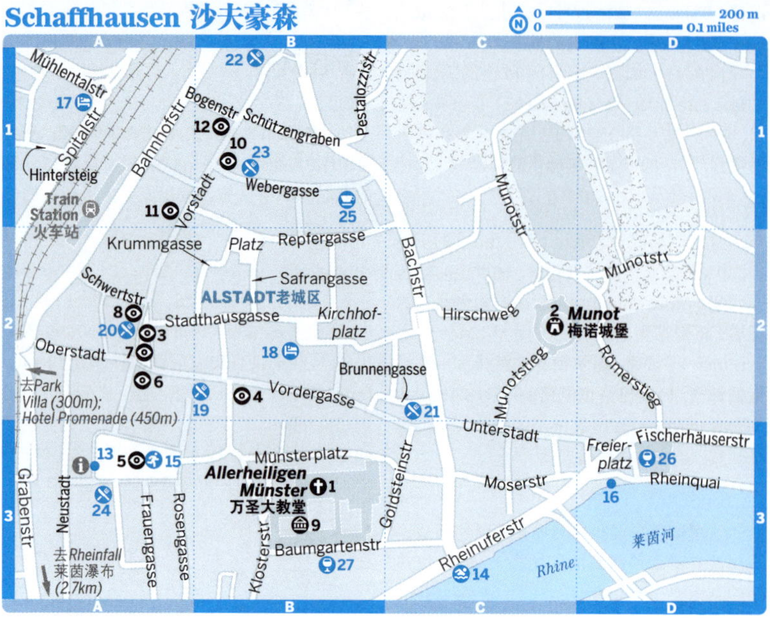

Schaffhausen 沙夫豪森

重要景点

1 万圣大教堂 B3
2 梅诺城堡 C2

景点

3 Fronwagplatz A2
4 骑士屋 B2
5 Herrenacker A3
6 Herrenstube A2
7 屠夫喷泉 A2
8 摩尔人喷泉 A2
9 万圣博物馆 B3
10 Vorstadt B1
11 金牛屋 A1
12 巨笼屋 B1

活动、课程和团队游

13 老城徒步游 A3
14 Rhybadi C3
15 Stars in Town A3
16 Untersee und Rhein D3

住宿

17 Arcona Living A1
18 Hotel Kronenhof B2

就餐

19 Café Vordergasse B2
20 Chäs Marili A2
21 D' Chuchi C2
22 Gasthaus zum Adler B1
23 Suppenglück B1
24 Wirtschaft Zum Frieden A3

饮品和夜生活

25 Fass-Beiz B1
26 Güterhof D3
27 Kammgarn B3

Hotel Kronenhof 酒店 €€

（☎052 635 75 75; www.kronenhof.ch; Kirchhofplatz 7; 标单 Sfr120~140，双 Sfr140~210，套 Sfr230~270; 📶）自1489年起这里就是一家客栈，曾经招待过歌德和沙皇亚历山大这样的大名人。最近的翻新让年代久远的内部装潢焕然一新，最好的房间装饰着深色木地板和前卫艺术品，还能看到梅诺城堡。你可以在小巧的水疗室惬意放松或是在Ox餐馆品尝牛排。

Hotel Promenade 酒店 €€

(☎052 630 77 77; www.promenade-schaffhausen.ch; Fäsenstaubstrasse 43; 标单 Sfr135~175, 双 Sfr180~280; P 📶) 礼貌的服务、安静的环境和一尘不染的宽敞房间让这家酒店脱颖而出。这里还有一个鲜花盛开的花园，餐厅则提供时令料理。

Park Villa 酒店 €€

(☎052 635 60 60; www.parkvilla.ch; Parkstrasse 18; 标单/双 Sfr169/229, 不带浴室 Sfr98/130; P 📶) 略带哥特风格的房屋内搭配了折中主义风格的家具，这家酒店宛如一处私人的古董收藏室，各种各样的四柱床、波斯地毯、枝形吊灯、图纹壁纸和仿造的明朝花瓶。在宴会厅用餐的同时，尽享路易十六时代的奢华。

就餐

Suppenglück 汤 €

(☎079 254 56 26; http://suppenglueck.ch; Webergasse 46; 汤和沙拉 Sfr8.50~11.50; ⏰周一至周五 11:00~14:00) 严格履行其品牌承诺，这家小店使用健康食材制作汤品，包括各种香辣的泰式汤、奶油芦笋红烩牛肉汤等，另有蘸着汤吃的木火烤制面包。

Chäs Marili 熟食 €

(www.chaes-marili.ch; Fronwagplatz 9; ⏰周一 9:00至正午及13:30~18:30, 周二至周五 8:00~18:30) 奶酪！这里有令你眼花缭乱的奶酪，种类多达120种，均来自瑞士和法国，还有其他各种能够填满你野餐篮的美食。

Café Vordergasse 咖啡馆 €

(☎052 625 50 30; Vordergasse 79; 小吃和简餐 Sfr10~20; ⏰周一至周五 6:00~19:00, 周六 7:00~17:00, 周日 10:00~17:00) 这家新艺术风格的茶室，正对着一个鲜花装饰的人行道露台，人气很旺。尝试一下三明治、沙拉和乳蛋饼，再配上自制的柠檬汁或水果奶昔，也可以在周日过来悠闲地享用午餐（Sfr20~27）。

D' Chuchi 瑞士菜 €€

(☎052 620 05 28; www.dchuchi.ch; Brunnengasse 3; 主菜 Sfr28~44; ⏰周二 18:00~23:30, 周三至周五 11:30~14:00和18:00~23:30, 周六 18:00~23:30) 小巧又舒适，有裸露砖墙、柔和灯光和长软座，餐桌不多，所以要预订。主厨引以为豪的是采用当地应季食材，菜式虽然不多，但制作精良。

Gasthaus zum Adler 瑞士菜 €€

(☎052 625 55 15; www.gasthaus-adler.ch; Vorstadt 69; 主菜 Sfr24.50~44.50; ⏰周二至周六 8:30~23:00, 周日 9:00~22:00; ✍) 16世纪时，这里曾是著名当地画家托比亚斯·斯提姆（Tobias Stimmer）的居所，在过去的3个世纪则一直是一家生意兴隆的旅馆。菜式保持传统，使用当地食材，有时也有应季特产。素食者到这里也可以大快朵颐。

Wirtschaft Zum Frieden 瑞士菜 €€

(☎052 625 47 67; www.wirtschaft-frieden.ch; Herrenacker 11; 主菜 Sfr35~50; ⏰周二至周五 11:00~14:30和17:00~23:30, 周六 10:00~14:30和17:00~23:30; ✍) 当地人从1445年以来就在这家木镶板结构的小旅店里吃喝玩乐。如今依然是令人惊喜的舒适选择，有瓷砖炉灶、摆得满满当当的餐桌和黑白老照片。来这里品尝融合了地中海风味的本地菜，例如阿尔高州生食水牛肉配佩哥里诺绵羊奶酪糊，或柠檬意式方饺配野蒜酱。此外，总有一些素食可供选择。

饮品和夜生活

Kammgarn 现场音乐

(www.kammgarn.ch; Baumgartenstrasse 19; ⏰周二至周五 11:30~23:30, 周六 16:00~23:30) 这家艺术中心过去是一座纺织厂，现在则是欣赏当地的现场音乐和文化景观的绝佳去处。演出形式从蓝调、摇滚、爵士即兴演奏、迪斯科之夜到夏季派对，丰富多彩，详情可登录网站查询。

Güterhof 休闲酒吧

(☎052 630 40 40; www.gueterhof.ch; Freier Platz 10; ⏰周日至周四 8:00至午夜, 周五和周六 至次日3:00) 这家半木结构的建筑曾经是莱茵河上船运公司的货栈，现在却成了一个超级时尚的综合体，集酒吧、咖啡馆、餐厅和寿司吧于一体，还拥有一个漂亮的水滨露台。这里也举办现场音乐会、主题派对之夜等活动，有时还有DJ打碟。

Fass-Beiz 咖啡馆

(www.fassbeiz.ch; Webergasse 13; ⌚周二至周四 11:30~23:30，周五 11:30至次日0:30，周六 10:00至次日0:30)这家惬意且另类的咖啡馆提供可口的午市特别套餐(Sfr18~23)。地下室会有演唱会、戏剧表演和艺术展览。周六晚上有现场音乐。

实用信息

旅游局(☎052 632 40 20; www.schaffhausentourismus.ch; Herrenacker 15; ⌚5月至9月 周一 13:30~18:00，周二至周五 10:00~18:00，周六 10:00~15:00，10月至次年4月 营业时间缩短)这里分发各种小手册，以及大量骑行地图与指南导览。

到达和离开

直达苏黎世(Sfr23.20，40分钟)和施泰因(Sfr9.20，24分钟)的火车每半小时一班。前往圣加仑(Sfr31，1.5~2小时)的火车班次频繁，通常需要在温特图尔(Winterthur)或罗曼斯霍恩(Romanshorn)换乘。

A4公路从沙夫豪森经过，这条公路向北通往德国边境，向南通往温特图尔，在温特图尔可以接驳A1公路前往苏黎世。

莱茵瀑布(Rheinfall)

形成于1.5万年前最后一次冰河时期地壳活动的莱茵瀑布(Rhine Falls; www.rheinfall.ch)，令人过目难忘。瀑布的流速达到每秒700立方米，从23米的高处打着旋坠入下方水塘，溅起的水雾气势磅礴。观赏这座欧洲最大单体瀑布的最佳方式，便是沿着以中世纪的劳芬城堡的小径徒步，或者乘船经过水潭中耸立的巨石。

景点

劳芬城堡 城堡

(Schloss Laufen am Rheinfall; www.schlosslaufen.ch; 成人/儿童 Sfr5/3; ⌚6月至8月 8:00~19:00，全年其余时间 开放时间缩短)这座拥有千年傲人历史的中世纪城堡从绝佳角度俯视着附近的莱茵瀑布。你可以在纪念品商店购票，步行或搭乘全景电梯直达Känzeli观景平台，你能够在那儿欣赏到瀑布壮观的场面。

活动

Rhyfall Mändli 划船

(www.maendli.ch; 成人/儿童 往返 Sfr10/5)在夏季，渡船频繁进出于瀑布下方的水域。最有趣的是前往瀑布中央高大岩石的往返航程，你可以爬上岩石顶部，观赏水流从身边倾泻而下。

探险乐园 探险活动

(Adventure Park; www.ap-rheinfall.ch; Nohlstrasse; 成人/儿童 Sfr40/26; ⌚4月至10月 10:00~19:00; 👪)如果想要站在树顶的高度俯瞰瀑布，可前往探险公园，这是瑞士最大的绳索公园之一，路线根据不同难度进行分级。

食宿

SYHA Dachsen am Rheinfall 青年旅舍 €

(☎052 659 61 52; www.youthhostel.ch/dachsen; 铺 Sfr30.50; 📶)如果瀑布的声响不会影响你的睡眠，那么可以选择入住这家位于劳芬城堡内的青年旅舍。

华斯城堡 各国风味 €€€

(Schlössli Worth; ☎052 672 24 21; www.schloessliwoerth.ch; Rheinfallquai 30; 主菜 Sfr42~68; ⌚11:30~23:30)位于瀑布北岸，包括一家休闲风格的餐厅，落地窗能够纵览瀑布壮景，入夜后更加光彩夺目。餐饮的食物十分新鲜，另有上好的当地红酒佐餐。

到达和离开

沙夫豪森有1路和6路公共汽车前往莱茵瀑布的诺伊豪斯(Neuhausen am Rheinfall)，每10分钟1班(Sfr4.80，15分钟)，下车后沿着黄色脚印抵达一处岔路口，你可以在那儿径直走向华斯城堡，或者向左穿过火车行人两用桥，抵达劳芬城堡。

如果你坐火车从沙夫豪森或温特图尔前往莱茵瀑布的劳芬城堡，你需要爬山才能抵达城堡。开车的话，你可以把车停靠在城堡后方的停车场里。莱茵瀑布的诺伊豪斯位于沙夫豪森西南方向4公里处。

施泰因(Stein am Rhein)

人口3286 / 海拔407米

施泰因就好像是瑞士童话故事里的场景一样，有迷你蒸汽小火车、枝繁叶茂的河畔林荫道和许多姜饼屋般的小房子。铺着鹅卵石的市政厅广场最能体现这一点，这里的屋子形状各异，大小不一，有半木结构的，有画满了壁画的，排列成行，一直是摄影师们钟爱的取景处。但令人奇怪的是，这里居然仍没被列入联合国教科文组织的世界遗产名录。

景点和活动

市政厅广场(Rathausplatz) 广场

通常被称为瑞士最漂亮的市政厅广场(这可绝非易事)，这个长形的市政厅广场异常华丽，常引得游客发出阵阵赞叹之声。由壁画装饰的**市政厅**(Rathaus)耸立于16世纪的民居之上，并且根据精美壁画进行命名，例如"太阳"(Sonne)和"白鹰"(Der Weisse Adler)。视线上移，你会注意到广场周围许多建筑都有雕刻精美的凸窗和五彩缤纷的花箱。整个广场美得如同仙境一般。

圣乔治修道院博物馆 博物馆

(Klostermuseum St Georgen; www.klostersanktgeorgen.ch; Fischmarkt 3; 成人/儿童 Sfr5/3; ⏲4月至10月 周二至周日 10:00~17:00)这家修道院博物馆地处市政厅和莱茵河的中间。1007年，一座本笃会的修道院在此修建，但时至今日你所看见的，包括回廊和恢宏的大宴会厅(Festsaal)，大多是哥特式晚期风格的建筑。

林德乌尔姆博物馆 博物馆

(Museum Lindwurm; www.museum-lindwurm.ch; Unterstadt 18; 成人/儿童 Sfr5/3; ⏲3月至10月 10:00~17:00)这座4层楼的房屋被改造成了一座博物馆，其中的起居室、佣人房间和厨房重现了一户19世纪中期的中产阶级家庭的生活风貌。

La Canoa 划独木舟

(☎052 741 27 82; www.lacanoa.com; Strandbad Niderfeld, Hemishoferstrasse 69; 3小时 独木舟/皮划艇/立式桨板 租金 Sfr21/27/14/18/30)如果你想沿着莱茵河划桨而行，可以在这里租独木舟、皮划艇和立式桨板。

住宿

★ B&B Stein am Rhein 民宿 €

(☎052 741 45 44; Bollstieg 22; 标单/双/家 Sfr90/130/170; P 📶)这家充满魅力的民宿隐匿在施泰因的一处宁静角落之中。友好的凯勒(Keller)一家将这栋小屋布置得井井有条、明亮整洁，配备有松木家具、一个小花园和一间桑拿房，让你立即体验到家庭的温馨。家庭住客在这里会受到热烈欢迎，此外还可安排骑车、山地自行车和皮划艇的团队游。

SYHA 青年旅舍 青年旅舍 €

(☎052 741 12 55; www.youthhostel.ch/stein; Hemishoferstrasse 87; 铺 Sfr34~37, 标单/双/四 Sfr52/100/152; 📶)位于莱茵河畔，这家整洁的青年旅舍有迷人的花园、一处烧烤区

瑞士东北部 施泰因

不 要 错 过

牛背骑行

忘掉马匹吧，游览瑞士的这片角落最新潮的方式就是骑牛了。是的，你没听错——骑牛！这要感谢鬼灵精怪的当地农民海因茨·摩根内格(Heinz Morgenegg)的创意，他在施泰因以西3公里处的**赫米斯霍芬**(Hemishofen)经营着**Bolderhof**(www.bolderhof.ch; 90分钟骑行 每人Sfr95, 半日骑行 含野餐Sfr150)🍃。骑牛是参观摩根内格家族各种有机农作物的形式。

挑选棕色眼眸的美牛，坐上牛鞍，以缓慢的速度悠行于莱茵河畔的郊野。牛儿对轻微的触碰也会很敏感，而且突然向芳草撒欢奔跑的情况时有发生，因此务必紧握缰绳(鞭子也是有必要的)。

及操场。从位于中心的市政厅广场向西北步行15分钟即可到达。

Hotel Adler 历史酒店 €€

（☎052 742 61 61; www.adlersteinamrhein.ch; Adlergässli 4; 标单/双/套 Sfr135/185/205; 📶）绘有壁画的外墙内有安静舒适的房间，但位于市政厅广场的地理位置才是最吸引人之处。就餐区域的复古情调令人愉悦，食物虽然不是那么的别具匠心，但恰到好处。不知道吃什么的话，就吃当地的鱼吧。有时服务态度较差。

就餐

半木结构的瑞士餐馆分布于莱茵河岸边，但水准参差不齐。

La P' tite Crêperie 法式薄饼 €

（☎052 741 59 55; Unterstadt 10; 可丽饼 Sfr8~17; ⏰11:00~19:00）这家小店风格另类，但可享用非常轻薄的法式薄饼，配上奶酪、风干牛肉（Bündnerfleisch）、枫叶糖浆和更具有瑞士特点的三角巧克力（Toblerone）。淡季时周二和周三暂停营业。

Kafi und Me 咖啡馆 €

（☎052 558 20 45; www.kafiundme.ch; Unterstadt 13; 小吃和简餐 Sfr5~15; ⏰周三至周日 10:00~17:00）家具与吸引眼球的小摆设风格各异，再加上态度友好的服务，这家复古范儿的咖啡馆堪称施泰因最佳。可以来品尝美味的咖啡、特产茶、自制蛋糕以及乳蛋饼、沙拉和烘焙食品等各种简餐。

Burg Hohenklingen 瑞士菜 €€

（☎052 741 21 37; www.burghohenklingen.com; Hohenklingenstrasse 1; 主菜 Sfr36.50~55; ⏰周二至周六 10:00至午夜，周日 至18:00，12月下旬至次年3月上旬 不营业）从浓郁的中世纪氛围来评判，这座12世纪修筑的山顶堡垒拔得头筹，且还能够俯瞰施泰因的壮美全景。可在骑士厅（Rittersaal）里品尝瑞士经典菜肴，例如黑皮诺煨牛肉或雷司令烩当地鳟鱼等。

实用信息

游客咨询处（☎052 632 40 32; www.steinamrhein.ch; Oberstadt 3; ⏰9:30~12:00和13:30~17:00，冬季营业时间缩短）这家游客咨询处很小，位于市政厅广场中央的东侧。

到达和离开

每小时有两趟直达火车从施泰因发往返沙夫豪森（Sfr9.20，24分钟）和圣加仑（Sfr26.20，1.5小时）。

B13公路沿博登湖南岸延伸，经过施泰因，向西去往沙夫豪森和德国边境。

博登湖（康斯坦茨湖）（BODENSEE, LAKE CONSTANCE）

20世纪70和80年代，当团队游的浪潮将当地人迅速席卷到国外之前，博登湖宛若德国的地中海，这里拥有宜人的气候、繁花似锦的花园和茂密的棕榈树。博登湖又被称作"施瓦本海"（Swabian Sea），是中欧的第三大湖泊，横跨瑞士、德国和奥地利三国。这里非常适合惬意地放松，无论你选择骑行穿越苹果园和葡萄酒庄，还是在滩边休憩，抑或泛舟湖上。

实用信息

想要在游览当地景点、参加活动和乘渡轮旅行上节省些花费，可以考虑**Bodensee Erlebniskarte**（www.bodensee-erlebniskarte.de; 3/4/7天 Sfr81/109/158），该折扣卡从4月中旬到10月中旬期间出售。其中，售价最贵的卡（Seebären）允许持卡人无限次地免费乘坐渡船旅行，并且能够免费进入众多博物馆和景点参观，曼瑙岛（Insel Mainau）除外，还可乘坐布雷根茨（Bregenz）的Pfänder和Säntisbahn缆车往返。

到达和离开

列车频繁地往返于苏黎世与德国的康斯坦茨（Sfr33，80分钟）及慕尼黑（Sfr96，5小时）。还有列车往返于奥地利的布雷根茨和瑞士的圣马格雷滕（St Margrethen）之间（Sfr7，17分钟）。

A7和A1公路连接湖畔的瑞士城镇和圣加仑、温特图尔和苏黎世等西部目的地。

当地交通

多家渡船公司，包括瑞士的**SBS Schifffart**

值得一游

环湖速行

从科鲁兹林根穿越德国和瑞士边境，来到阳光明媚的大学城镇康斯坦茨，其罗曼式的大教堂、漂亮的老城区和绿树成荫的港湾都值得一游。康斯坦茨以北是联合国教科文组织列入遗产目录的本笃会修道院**赖兴瑙**（Reichenau；www.reichenau-tourismus.de），建于公元724年。附近的**曼瑙岛**（Insel Mainau；www.mainau.de；成人/儿童 €20/11.50；⏲清晨至黄昏）是一座绿意盎然的小岛，有一些地中海风情的园林，包括杜鹃花丛、一栋蝴蝶屋和包括一条瀑布的意大利风格花园。

葡萄酒酿造小镇**梅尔斯堡**（Meersburg）倚在博登湖的北岸，铺着鹅卵石的街巷穿过半木结构的民居，通向带有尖顶的中世纪城堡。**腓特烈港**（Friedrichshafen）就在东边，这里一直和齐柏林飞艇（Zeppelin）有千丝万缕的联系，这座像雪茄一样的飞行器在1900年首航。可以在**齐柏林飞艇博物馆**（Zeppelin Museum；www.zeppelin-museum.de；成人/儿童 €9/4；⏲9:00~17:00）里追溯这种华而不实的空中飞行器的多舛命运。风景如画的岛屿小镇**林道**（Lindau）依然位于德国境内，有外墙为奢华壁画的房屋，棕榈树点缀两旁的步行街，以及立有一座灯塔和一只巴伐利亚石狮子的港湾。

林道位于奥地利边境以北仅数公里处，而**布雷根茨**（Bregenz）以享有盛誉的**布雷根茨节**（Bregenzer Festspiele）而闻名，这个节日在7月中旬到8月中旬举行，届时歌剧和交响演奏会在大型的水上舞台举行。巍峨的普芬德山（海拔1064米）耸立在城镇之上，**Pfänderbahn缆车**（www.pfaenderbahn.at；Steinbruchgasse 4，Bregenz；成人/儿童 往返 €12.70/6.40；⏲8:00~19:00）可以直达山顶，能够欣赏博登湖的全景，还能看见似乎近在咫尺的阿尔卑斯山脉在你眼前铺展开来。

即使你没有驾车而来，骑自行车或乘船环湖也很轻松。**博登湖自行车道**（Bodensee-Radweg；www.bodensee-radweg.com）全长273公里，路牌标志清晰，路况基本平坦，可绕着湖穿行于成熟的麦田、葡萄藤架、果园以及栗树和悬铃木遮阴的大道之中。该地区多数的火车站会出租自行车，而**La Canoa**（www.lacanoa.com）在所有湖边的大型城镇都提供独木舟出租。

（www.sbsag.ch）、奥地利的**Vorarlberg Lines**（www.bodenseeschifffahrt.at）和德国的**BSB**（www.bsb-online.com）在4月中旬至10月底会横穿、沿岸或环绕博登湖行驶，5月底之后的渡船班次会更密。Swiss Pass只能在博登湖的瑞士一侧使用。

火车应该是瑞士一侧最方便的交通工具，因为汽车的线路都位于德国一侧。B31公路沿着北岸伸展，但路况会很拥堵。而在南岸，N13公路一直紧邻着环绕湖岸的铁轨。

科鲁兹林根（Kreuzlingen）

人口21,254 / 海拔404米

科鲁兹林根是瑞士图尔高州（Thurgau）的首府，但与其姐妹城市——德国边境那边仅几步之遥的生机勃勃的康斯坦茨相比，却黯然失色。话虽这么说，其湖岸的景致还是十分迷人的，活动项目包括游泳、划皮划艇，还可以沿着出色的环湖小径徒步或骑行。

阿尔嫩贝格城堡（Schloss Arenenberg；www.napoleonmuseum.tg.ch；Salenstein；成人/儿童 Sfr12/5；⏲4月至10月 10:00~17:00，全年其余时间 周一不开放）是一座带有漂亮花园的淡粉色湖滨宅邸，也是法国拿破仑三世长大的地方。这处小小的城堡建于16世纪，18世纪时在拿破仑的继女Hortense de Beauharnais的主持下改头换面。建筑内部保存完好，湖畔的公园是正统的法国样式，在春季和夏季是怡人的漫步场所。

风景秀丽的湖畔有一个魅力十足的**SYHA青年旅舍**（☎071 688 26 63；www.youthhostel.ch/kreuz lingen；Promenadenstrasse 7；铺 Sfr37.50，双 Sfr75~80，四 Sfr164；⏲3月至11月；📶），它位于一座新艺术风格的别墅里，提供独木舟和皮划艇租赁服务。

游客咨询处（☎071 672 38 40；www.

kreuzlingen-tourismus.ch; Hauptstrasse 39; ⏲5月至9月 周一至周五 9:30~12:30 和13:30~18:00，周六 9:30~14:00，全年其他月份 营业时间缩短）位于科鲁兹林根的主干道Hauptstrasse路旁，火车站以东几个街区处。

科鲁兹林根有班次频繁的火车前往圣加仑（Sfr19.20，55分钟）和苏黎世（Sfr32，1.5小时），也覆盖阿尔邦（Sfr12，40分钟）等湖畔城镇。A7公路向西通往科鲁兹林根，并在该地与通往苏黎世的A1公路交会。

阿尔邦（Arbon）

人口14,266/海拔 400米

阿尔邦地处博登湖南岸一隅，是探索湖泊的理想中转站。这里的中世纪老城区布满高大的砖木结构房屋，还有一座16世纪的城堡占据一方。天气晴朗时，在深受散步者、骑行者和轮滑者喜爱的湖滨步道上可眺望远处白雪皑皑的阿尔卑斯山。

景点

历史博物馆 博物馆

（Historisches Museum; museum-arbon.ch; Alemannenstrasse 4; 成人/儿童 Sfr6/免费; ⏲5月至9月 周二至周日 14:00~17:00，全年其余时间 营业时间缩短）博物馆坐落在16世纪的阿尔邦城堡（Schloss Arbon）之中，带你迅速纵览5500年的历史：从石器时代一直到18世纪的亚麻纺织交易。展出文物包括一只铸于罗马时代的铅猪、一个中世纪早期的青铜腰带扣，以及彼得麦式样（Biedermeier）的家具。

食宿

Hotel Brauerei Frohsinn 酒店 €€

（☎071 447 84 84; www.frohsinn-arbon.ch; Romanshornerstrasse 15; 标单/双/家 Sfr120/175/235; Ⓟ📶）坐落在一座漂亮的半木结构屋子之中，有明亮通风的房间，还有自己的小酿酒作坊。探索一番地下室，可品尝到一杯带着泡沫的冰啤及丰盛的菜肴，例如小牛肉香肠配洋葱啤酒酱。

Römerhof 各国风味 €€

（☎071 447 30 30; www.roemerhof-arbon.ch; Freiheitsgasse 3; 主菜 Sfr44~52; ⏲周二至周五 正午至14:00和18:00~22:00，周六 18:00~22:30）位于一栋16世纪建筑中，木板装饰、彩绘玻璃和白色桌布营造出精致的就餐环境。菜单主打法国和各国风味，野蒜奶油酱配焦糖扇贝等菜肴作为头盘，鸭肉配金橘酱和黑扁豆等主菜都是美味。天气暖和时开放露台餐位。

实用信息

游客咨询处（☎071 440 13 80; www.arbontourismus.ch; Schmiedgasse 5; ⏲周一至周五 9:00~11:30 和14:00~18:00，周六 9:00~11:30）位于阿尔邦老城中心，提供有用信息。

到达和离开

阿尔邦位于苏黎世（Sfr33，1.5小时）和罗尔沙赫（Sfr5.80，10分钟）之间的火车线路上。火车站在老城中心以南1公里处。

通往博登湖和苏黎世的A1公路从阿尔邦经过。

罗尔沙赫（Rorschach）

人口 9214 / 海拔 398米

位于博登湖宁静湖岸的罗尔沙赫背靠山林，尽管美丽的建筑多多少少有些褪色，但这座港口城镇的一些16~18世纪的房屋依然保留着凸肚窗的装饰。一座吸引眼球的18世纪谷仓令人想起此地从前作为贸易中心的重要地位，还有一座20世纪20年代的浴室仍保持着过去的风貌。城里的湖滨步道适宜漫步、骑行或轮滑。

景点

游泳小屋 天然泳池

（Badhütte, Bathing Hut; Thurgauerstrasse; 成人/儿童 Sfr4/2; ⏲5月中旬至9月中旬 8:00~19:00）建于20世纪20年代，位于湖面之上，由一座小廊桥与陆地相连。可在这清凉的水中畅游一番，再舒舒服服地喝上一杯。

Markthalle Altenrhein 建筑

（www.markthalle-altenrhein.ch; Knotternstrasse 2, Staad; 成人/儿童 Sfr5/2; ⏲10:00~17:30）视直线为"邪恶"的奥地利艺术家百水先生（Friedensreich Hundertwasser; 1928

年～2000年）怪异作品中的代表，这座市场大厅有古怪的墙壁、七彩的配色和金色的洋葱圆顶——周围虽是典型的瑞士小镇风光，这栋建筑却令人有身临阿拉伯地区之感。

住宿

瓦特格城堡　酒店 €€

（Schloss Wartegg；☎071 858 62 62；wartegg.ch；Rorschacherberg；标单 Sfr135～175，双 Sfr195～355；Ⓟ📶）若想来一次非同一般的体验，可以预订这座奇妙的城堡，从罗尔沙赫驱车10分钟，就能够抵达位于山坡上的小镇。这座城堡建于16世纪，曾经归奥地利皇室所有，高耸的红杉木将其包围，且坐拥博登湖美景。城堡里客房的装潢竟有21世纪的元素，风格时尚，配有iPod音响和迷你吧台。早餐的特色是有机农产品。

实用信息

游客咨询处（☎071 841 70 34；www.tourist-rorschach.ch；Hauptstrasse 56；⊙周一至周五 8:30～18:00，周六和周日 9:00～14:45，冬季营业时间缩短）

到达和离开

罗尔沙赫港（Rorschach Hafen）火车站位置很方便，就位于老城核心地带的Haupstrasse上。火车班次频繁，前往湖区的目的地，包括阿尔邦（Sfr5.80，9分钟）和科鲁兹林根（Sfr14.40，49分钟）。另有快车前往圣加仑（Sfr7.20，18分钟）。

小镇位于A1公路路旁，沿该公路向西可前往圣加仑、温特图尔和苏黎世。

圣加仑（St Gallen）

人口 74,111 / 海拔 670米

圣加仑是瑞士北部最具文化气息的城镇之一，沿着纵横交错的鹅卵石小巷和广场漫步，欣赏路旁由角楼和雕刻精美的凸窗装饰的半木结构房屋，感受浓厚的历史氛围，定会让你觉得不虚此行。

景点和活动

5月至10月，周一和周三11:30、周六10:30，多种语言讲解的老城区和修道院导览游（每人Sfr20）从游客咨询处（见294页）出发。12月至次年4月的团队游于周六11:30发团。所有行程持续90分钟。游客咨询处还提供90分钟的语音导览，费用Sfr15。

★圣加仑修道院图书馆　图书馆

（Stiftsbibliothek；www.stibi.ch；Klosterhof 6d；成人/儿童 Sfr12/9，语音导览 Sfr5；⊙10:00～17:00）圣加仑本笃会修道院的图书馆是世界上最古老的图书馆之一，也是瑞士最精致的洛可可风格建筑。附属于这座图书馆与修道院的其他建筑由圣加尔（St Gall）建于612年，如今一同构成了联合国教科文组织的世界遗产。这里藏有由中世纪修士们誊写绘制的手抄手绘本和羊皮纸书，都是无价之宝。这里装修式样也很精美，有许多精美壁画、粉饰灰泥、天使雕像和镶木细工。可租用多语种语音导览器，入内参观还需租用毛毡拖鞋，以免损伤地板。

★圣加仑修道院　主教座堂

（Dom，Klosterhof；⊙周一、周二、周四和周五 9:00～18:00，周三 10:00～18:00，周六 9:00～16:00，周日 12:00～17:30）圣加仑的双子塔主教座堂建于18世纪中期，其华丽程度只比附近举世闻名的圣加仑修道院图书馆稍逊色一点。教堂内部装饰以暗潮涌动的壁画和碧绿色的灰泥为主。正中小圆顶上有带有圣三一形象的天堂天顶画。由于大教堂实际上是半圆壁龛，所以比较怪异的是，需从北侧两扇其貌不扬的门进入，而正面却没有大门。有时这里会举行音乐会，可登录www.dommusik-sg.ch查询。修道院在举行礼拜仪式的时候会关闭。

★圣劳伦斯大教堂　教堂

（St Laurenzen-Kirche，Zeughausgasse；塔楼 成人/儿童 Sfr5/2.50；⊙周一 9:30～11:30和14:00～16:00，周二至周六 9:30～16:00）虽然圣加仑修道院出尽风头，但这座新哥特建筑风格的基督教堂（新教）也很漂亮，它装饰着马赛克瓷砖屋顶、精美的花卉壁画及象征夜空的繁星天花板。可爬上塔楼欣赏整个城镇赤陶色的屋顶及尖顶。

纺织博物馆　博物馆

（Textilmuseum；www.textilmuseum.ch；Vadianstrasse 2；成人/儿童 Sfr12/免费；⊙10:00～

St Gallen 圣加仑

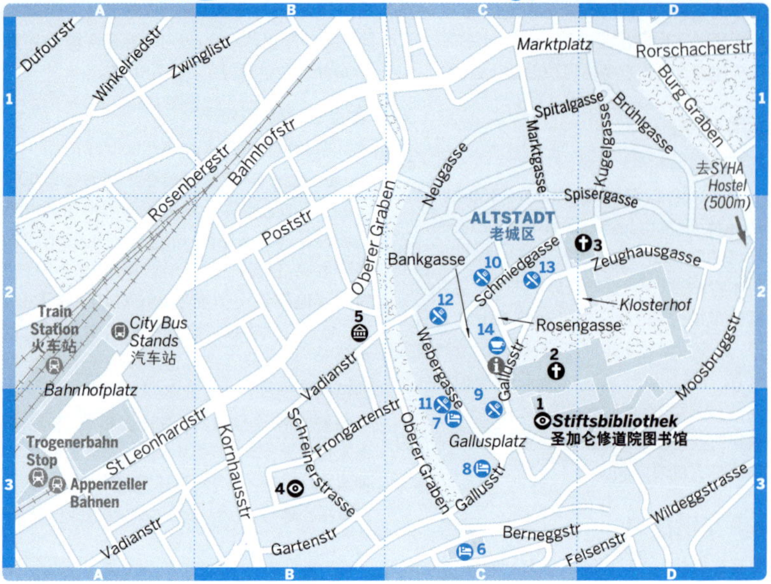

St Gallen 圣加仑

重要景点

1 圣加仑修道院图书馆 C3

景点

2 圣加仑修道院 C2
3 圣劳伦斯大教堂 D2
4 Stadtlounge B3
5 纺织博物馆 B2

住宿

6 Einstein St Gallen C3
7 Hotel Dom C3
8 Hotel Vadian C3

就餐

9 Am Gallusplatz C3
10 Bäumli C2
Einstein Gourmet .... （见6）
11 Lansin C3
12 Metzgerei Gemperli C2
13 Wirtschaft Zur Alten Post C2

饮品和夜生活

14 Chocolaterie C2

17:00）圣加仑长期以来就是瑞士纺织产业的重要枢纽，而这座博物馆则是对这项传统工业的致敬。馆内收藏来自世界各地有千百年历史的各种纺织品——从古埃及陵墓中出土的文物到中世纪刺绣和令人叹为观止的精致蕾丝等，应有尽有，此外还有纺织机械展示。

Stadtlounge 地标

（意为“城市起居室”；Schreinerstrasse；⏲24小时）**免费** 出人意料的是，历史悠久的圣加仑有一部分的地面覆盖着网球场一样的红色橡胶涂层，还摆放着户外的家具，例如椅子、沙发和桌子，甚至还有一辆汽车。这处有趣的艺术装置由皮皮洛蒂·瑞斯特（Pipilotti Rist）和卡洛斯·马丁内斯（Carlos Martínez）发起，意在营造一处“户外的起居室”。

Maestrani's Chocolarium 食品

（☎071 228 38 11；www.chocolarium.ch；Toggenburgerstrasse 41, Flawil；成人/儿童 Sfr14/8；⏲周一至周五 9:00~18:00，周六 9:00~17:00，周日 10:00~17:00；👪）想要了解从可可豆到巧克力棒的生产过程，可以参加1小时的导览游参观新开张的Maestrani's Chocolarium，

建筑本身就很有创意。你可以亲手装点巧克力（多花Sfr10）或者在咖啡馆兼商店中尽情享用味道美妙的甜品。

从圣加仑出发的话，先乘火车到Flawil，再换乘去Bütschwil的公共汽车（Maestrani站下车）即可。

节日和活动

圣加仑歌剧节 音乐节

（St Galler Festspiele; www.stgaller-festspiele.ch; ⌚6月下旬至7月上旬）为期两周的户外歌剧季在修道院后方的广场上演。

住宿

圣加仑是一座商业城镇，因此住宿有时候会出现价高难求的情况。这里有几家迷人的住宿场所，但远不及历史中心区的多。

Hotel Vadian 酒店 €€

（☎071 228 18 78; www.hotel-vadian.com; Gallusstrasse 36; 标单 Sfr99~120, 双 Sfr160~170; 📶）这个价格，你在圣加仑不可能住得比这家离市中心更近的了。酒店刚刚经过全面大修，因此，现代化设施齐全的每间客房装饰得完美一新。

SYHA Hostel 青年旅舍 €

（☎071 245 47 77; www.youthhostel.ch/st.gallen; Jüchstrasse 25; 铺/标单/双/四 Sfr34/64/90/150; P📶）这座现代的青年旅舍位于山坡上，掩映于一片树荫之中。从老城出发只需要步行15分钟；或从火车站搭乘Trogenerbähnli（S21）电车，在Birnbäume站下车亦可到达。

Hotel Dom 精品酒店 €€

（☎071 227 71 71; www.hoteldom.ch; Webergasse 22; 标单 Sfr85~185, 双 Sfr120~255, 三 Sfr245~305; 📶）这座酒店仿佛横空出世，坐落在老城的中央，其现代化程度令人咋舌。屋内装潢运用了简洁的线条、灯光背投的墙面和撞色设计。最便宜的房间非常简约，使用共用浴室。睡眠易受干扰者要考虑噪声问题。1楼的休闲区供应免费咖啡、茶和水果，还有丰盛的自助早餐，这个价格因此更加诱人。

另 辟 蹊 径

萨多纳（SARDONA）

萨多纳峰（Piz Sardona; 海拔3056米）作为圣加仑的最高峰，周围的锯齿形冰蚀山川是一片神奇的荒野。与格劳宾登州接壤，少有游客享受过探索这片阿尔卑斯山偏僻地区的乐趣，这反倒使得徒步者、骑行者和想要另辟蹊径的旅行者越发想到这里寻求几日宁静。这里最引以为傲的当属占地32,000公顷的**萨多纳地质结构区**（Swiss Tectonic Arena Sardona; http://tourismus.unesco-sardona.ch），这处作为联合国教科文组织的世界自然遗产地，是世界上观测山体形成和地壳板块运动的最佳地之一。

如果要前往这里，从巴德拉格斯（Bad Ragaz）有两条西南方向的小路，选择其中一条即可：一条途经普费弗斯（Pfäfers），而另一条经过瓦伦斯（Valens）和瓦松（Vasön）。当你到达两条小路交会的地方，也就进入了**塔米纳山谷**（Taminatal），高地草场和茂密森林（秋季的色彩如美国新英格兰地区般鲜艳）组成了这个壮丽的山谷。

行驶20公里之后，你会来到**吉格瓦尔德湖**（Gigerwaldsee），湖面有宝石般的色泽，岸边是刀劈斧削般的悬崖峭壁，几条瀑布从悬崖上直泻而下。公路沿着水库南岸攀爬，最后抵达位于圣马丁（St Martin im Calfeisental）的瓦尔瑟定居点（Walser settlement）。你可以住在宁静的**Sankt Martin guesthouse**（☎081 306 12 34; www.sanktmartin.info; 铺 Sfr40~45, 标单 Sfr85, 双 Sfr130~140, 标三 Sfr180, 四 Sfr210），若要进行几天辛苦的徒步，这里就是非常合适的大本营。

一条轻便的小径向西通向风景秀丽的萨多纳阿尔卑斯山（Sardona Alp），步行需要两个小时。若要前往隐蔽于山间的庇护所 **Sardona Hütte**（☎081 306 13 88; www.sardonahuette.ch; 铺 成人/儿童 Sfr33/16 含半餐 Sfr68/49; ⌚7月至9月, 海拔2158米），则还需一个小时。

Einstein St Gallen 历史酒店 €€€

(☎071 227 55 55; www.einstein.ch; Berneggstrasse 2; 标单 Sfr185~275, 双 Sfr275~470, 套 Sfr495~2500; P @ 📶) 在这座壮丽的19世纪酒店里，丝绸窗帘、樱桃木家具和奢华的羊毛毯为宽敞的房间锦上添花。可以在光影照射下的天井泳池游个泳，或是在水疗室做按摩。全景的屋顶餐厅以当地料理为主。

餐饮

圣加仑以坐落在半木结构房屋底楼的传统小酒馆(Erststock-Beizli)而闻名。老城的小巷两旁有许多咖啡馆、糕点铺、外带食品摊贩和餐馆，可供品尝各国风味。

Lansin 越南菜 €

(☎071223 20 00; http://lansin.ch; Webergasse 16; 主菜 Sfr17~20; ⏲周一至周六 11:30~14:30, 周二至周四 17:30~22:00, 周五和周六 至23:00) 若是厌倦了传统瑞士菜肴，不妨到这家美妙的越南小馆尝尝热乎乎的pho bo(牛肉河粉)，或是香气扑鼻的咖喱。

Metzgerei Gemperli 热狗 €

(Schmiedgasse 34; 香肠 Sfr6.50~7.50; ⏲周一至周五 8:00~18:30, 周六 7:00~17:00) 来这家肉店和香肠摊品尝最棒的油煎香肠(OLMA bratwurst)——圣加仑的特产，这种口感柔软的白色小牛肉香肠由香料和熏肉制作，有酥脆的棕色肠衣——再配上一块小圆面包(Bürli)。

Wirtschaft Zur Alten Post 各国风味 €€

(☎071 222 66 01; www.apost.ch; Gallusstrasse 4; 主菜 Sfr29~45; ⏲周二至周六 11:30~14:00和17:30~22:30) 这家历史气息浓厚的高端小酒馆(Beizl)内的菜品稍显奢华时髦，这里不仅有圣加仑的特产，例如小肥牛香肠配土豆煎饼(rösti)，还有一些独创佳肴，例如安康鱼仔配热蔬菜沙拉、新鲜药草和水牛乳马苏里拉奶酪等。

Bäumli 瑞士菜 €€

(☎071 222 11 74; www.weinstube-baeumli.ch; Schmiedgasse 18; 主菜 Sfr25~47; ⏲周二至周五 11:00~14:00和17:00~23:00, 周六 11:00~23:00) 这座中世纪晚期的葡萄酒馆已有500年历史，特征鲜明，在烛光和木镶板的装饰下，供应着当地传统小酒馆(1楼)的特色菜肴，从油煎香肠配炸洋葱，到小羊排、维也纳炸肉排、猪排火腿奶酪卷(cordon bleu)和苏黎世小牛肉(Geschnetzeltes)，种类繁多。

Am Gallusplatz 瑞士菜 €€

(☎071 230 00 90; http://amgallusplatz-sg.ch; Gallusstrasse 24; 主菜 Sfr38~44; ⏲周二至周六 10:00~14:00和17:00~23:00) 就在修道院的对面，在小酒馆别具情调的地下室里，有一个维持着过去样貌的马厩，甚至还洋溢着一股中世纪晚期的魅力。菜肴则有丰盛的招牌荤菜，例如酸奶油牛肉(beef stroganoff)和维也纳炸肉排(Wiener schnitzel)，还有极好的精选葡萄酒佐餐。

Chocolaterie 咖啡馆

(☎071 222 57 70; www.chocolaterie-koelbener.ch; Gallusstrasse 20; ⏲周一至周五 8:30~18:00, 周六和周日 至17:00) 如果想要喝咖啡，吃蛋糕，品尝巧克力，就来这家修道院对面的半木结构小馆子，绝对让你不虚此行。

实用信息

游客咨询处(☎071 227 37 37; www.st.gallen-bodensee.ch; Bankgasse 9; ⏲4月至10月 周一至周五 9:00~18:00, 周六 9:00~15:00, 周日 10:00~15:00, 全年其他时间 营业时间缩短; 📶) 就在圣加仑修道院对面，这个圣加仑的新游客咨询处外观华丽，有关市内和地区的旅游信息很丰富。有礼品店和免费Wi-Fi。可以预订老城团队游。

到达和离开

从罗曼斯霍恩出发，乘坐短途火车或公共汽车很快就能到达圣加仑(Sfr12, 20分钟)。还有一些定期列车前往奥地利的布雷根茨(Sfr17, 35~50分钟)、库尔(Chur; Sfr36, 1.5小时)和苏黎世(Sfr31, 65分钟, 途经温特图尔)。

自驾车的话，主要经由A1高速公路前往，从苏黎世和温特图尔通往奥地利边境。

阿彭策尔(Appenzell)

人口5822 / 海拔785米

阿彭策尔非常漂亮，好似搬到现实世

界的童话城市。在华丽壁画装饰的建筑物墙面之下，坐落着甜品蛋糕店（Konditoreien）、工艺品店、熟食店、肉铺和主打奶酪特色菜肴的餐馆。西特河（Sitter River）从城中蜿蜒穿过，流向远方随崎岖山势起伏的如茵草原。这就是瑞士乳制品产区的经典形象：惹人喜爱、真实质朴、传承数代、扎根于心的农耕传统。

景点

无数条徒步小径从阿彭策尔绵延深入周边的草原和阿尔卑斯山，包括Jakobsbad与贡滕（Gonten）之间适宜家庭出游的赤脚小径（见297页）。从这里出发还可以探索高等级的桑蒂斯峰和厄本阿尔卑山等地的徒步路线。更多信息可登录www.appenzell.info查询，或者在游客咨询处索取Wandern小册子。

老城区（Altstadt） 街区

阿彭策尔的老城背倚起伏丘陵与巍峨群峰，美丽程度堪比格林童话。在紧凑的老城区，拥有雕刻精美的三角墙的房屋格外抢眼，华美的壁画和商店招牌更是锦上添花。十分上镜的**乡村广场**（Landsgemeindeplatz）是阿彭策尔的中心区域，但**Hauptgasse**上也林立着许多漂亮上镜的房屋和店铺，还有一座不容错过的乡村教堂。

圣莫里求斯教堂 教堂

（Pfarrkirche St Mauritius；Hauptgasse 2；⏲9:00~18:00）阿彭策尔的教堂已有近千年历史，该州的守护者圣莫里斯（St Maurice）的雕像装饰着这栋宏伟的晚期哥特式钟楼，辨识度极高。外观看似朴素，教堂内部却是极尽华丽，满眼都是壁画、彩绘玻璃窗和镀金装饰。且教堂建筑融哥特、巴洛克与新古典风格于一体。

阿彭策尔酿酒厂 酿酒厂

（Brauerei Appenzell；www.brauquoell.ch；Brauereiplatz 1；游客中心门票免费，啤酒品尝Sfr8.50；⏲4月至10月 周一 13:00~17:00，周二至周五 10:00~12:15和13:00~17:00，周六和周日 10:00~17:00，冬季营业时间缩短）**免费** 沁人心脾的阿彭策尔啤酒（Appenzeller Bier）正是用这里纯净的泉水酿制而成的。游客中心以实践为主导，带你速览酿酒的历史和工艺的流程。你可以在门口买到酒味馥郁的“满月”（Vollmond）和不含酒精的“空月”（Leermond）。

阿彭策尔博物馆 博物馆

（Appenzell Museum；Hauptgasse 4；成人/儿童 Sfr7/3；⏲4月至10月 周一至周五 10:00~12:00和13:30~17:00，周六和周日 11:00~17:00，全年其他时间 开放时间缩短）这座遗产博物馆深入介绍了阿彭策尔地区的乡村生活与民俗。该馆占据7个楼层，展示绘有当地田园生活、Bauernmalerei风格的木制家具，以及纺织品、服装、武器、宗教艺术、旗帜、制奶酪工具等各种文物。亮点包括一处保存完好有格子天花板的客厅（Stube）、一座有3000年历史的埃及石棺、一座有侧翼装饰的16世纪圣坛，以及当地艺术家卡尔·奥古斯特·利纳（Carl August Liner）令人动容的农耕生活主题画作。

阿彭策尔奶酪展览 牧场

（Appenzeller Schaukäserei；www.schaukaeserei.ch；Dorf 711，Stein；乳制品区门票免费，iPad团队游和品尝 成人/儿童 Sfr10/5，奶酪品尝Sfr8.50；⏲5月至10月 9:00~18:30，11月至次年4月 至17:30）奶酪爱好者们千万别错过这个乳制品农场，iPad团队游带你深入了解奶酪制作过程，包括参观地窖的环节，你可以看到泡在药草味盐水里发酵的1.25万轮奶酪。参观之后还有机会品尝5种阿彭策尔的特产奶酪。

阿彭策尔民俗博物馆 博物馆

（Appenzeller Volkskunde Museum；www.appenzeller-museum-stein.ch；Stein；成人/儿童 Sfr7/3.50；⏲周二至周日 10:00~17:00）这家民俗博物馆展示了阿彭策尔乡村生活的风貌，还有一些包罗万象的收藏，从田园画到刺绣等传统物件。4月至10月，该馆每天都有纺织过程的现场演示。在这家博物馆400年历史的乳酪厂里，每周还有两次传统奶酪制作过程的展示。

韦尔登贝格（Werdenberg） 村庄

要是一不留神错过这座村庄，那真是太遗憾了！它建于1289年，据说是瑞士境内最古老的木屋定居点。在一个巨大的湖泊和葡萄

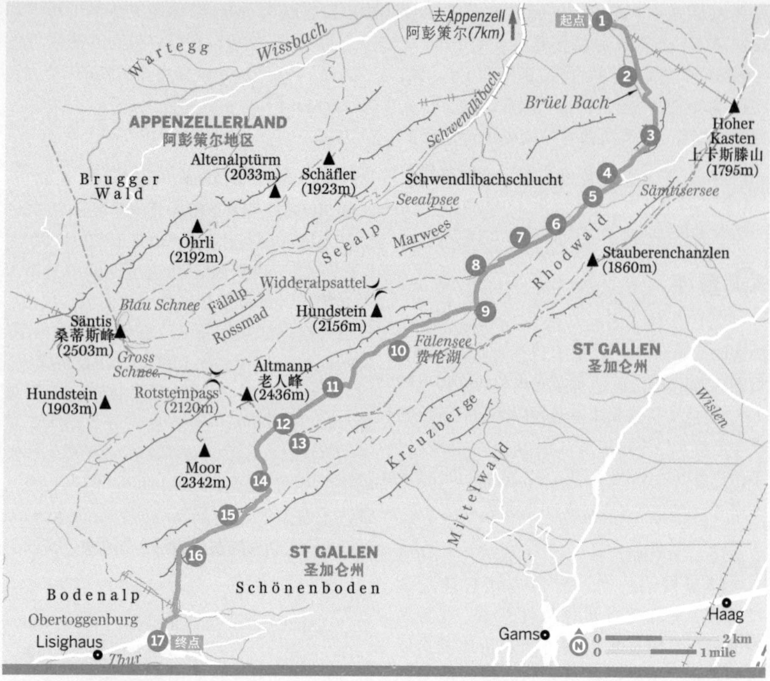

步行游览
茨温利山口(Zwinglipass)

起点: Brülisau

终点: Wildhaus

距离: 17.5公里; 2天

这条中等难度徒步线路将带你走过岩溶地貌和乡村山谷，在丘福斯滕(Churfirsten)东北角处穿越山口。从阿彭策尔到位于Brulisau的道路入口处有频繁的公交车往返。

从❶**Brülisau**出发，沿公路向东南抵达❷**Pfannenstiel**。继续深入❸**Brüeltobel**峡谷，在1.25小时后至❹**Gasthaus Plattenbödeli**。选择Waldabstieg左边的路线穿越林间下坡到❺**Sämtisersee**，在❻**Appenzeller Sämtis**右拐，前往阿尔卑施泰因顶峰。一条土路在❼**Rheintaler Sämtis**(海拔1295米)到尽头，而一条步道继续伸至❽**Chalberweid**，沿着马尔维斯山脊铺展开。经过一座沟渠，向南爬上小山鞍，费伦湖映入眼帘，这里距离Gasthaus Plattenbödeli已有1.5小时的路程。❾**Berggasthaus Bollenwees**是适合过夜的小屋。

沿着费伦湖的北侧下行抵达❿**Alphütte Fälenalp**奶牛场。沿山脊上坡，从博伦维斯前行1.25小时，抵达⓫**Häderen**的石头庇护所。翻过⓬**茨温利山口**(海拔2011米)，这块高地布满了大大小小的落水洞。然后向左，沿下坡路走50分钟后抵达⓭**茨温利山口小屋**(Zwinglipasshütte)。沿着山麓经过⓮**Chreialp**，来到⓯**Teselalp**，1小时之后抵达一条小径尽头。再沿土路步行1.25公里，向左转抵达步道，然后下山400米，途中经过⓰**Flürentobel**，接着沿着右侧的岔路，经过云杉林空地。继续向下抵达⓱**Wildhaus**，这时离Teselalp已经有50~60分钟的步行路程了。

藤覆盖着的山丘之间，有一处由40多座形态各异的房屋簇拥形成的村庄，山丘顶上还建有一座城堡。

从阿彭策尔出发到韦尔登贝格一日游非常方便，沿A13公路行驶40分钟即到。

活动

赤脚小径 徒步

（Barfussweg；www.barfusspark.info；）赤脚小径长5公里，从Jakobsbad一路穿越草甸和山间小溪抵达贡滕，特别适合带孩子的游客。小径沿途标志清晰，还有平衡木、水车、臂浴池等许多儿童喜爱的去处。

节日和活动

Landsgemeinde 文化

（4月最后一个周日）Landsgemeinde露天议会就在乡村广场上举行，当地人身穿传统服装进行投票（男士还会高举短剑）。作为直接民主的一种独特形式，这项传统可以追溯至1294年，吸引约3000人——约全镇人口的一半到场参加。

Alpabfahrt Urnäsch 文化

（9月中旬）这个活动是为了庆祝奶牛和山羊从夏季牧场的盛大回归。还会举办一个农贸集市，可供你购买当地优质特产。活动举办地点位于阿彭策尔以西10公里处的Urnäsch。

食宿

★Null Stern Hotel 设计酒店 €€

（071 898 33 00；http://nullsternhotel.ch；Gonten；双 Sfr295；P）从名字就可以知道这座酒店是“零星”级，天空中闪烁的星星除外。这里是瑞士最具浪漫情调的酒店，提供贡滕车站的接站服务，直接把你送到大自然的怀抱。这里没有墙也没有屋顶，只有将你从梦乡中唤醒的鸟鸣声和透过陡峭阿尔卑斯山照射出的清晨第一缕阳光。

酒店的具体地点（贡滕附近）仍是知者甚少，所以会有一位管家（就是农夫）接站并陪同你抵达酒店，带来早餐篮，奉上迎宾酒

值得一游

桑蒂斯峰和厄本阿尔卑山（SÄNTIS & EBENALP）

虽然在瑞士并不起眼，但参差不齐的桑蒂斯峰（海拔2503米）实属瑞士阿彭策尔地区的最高峰了。这里能够眺望令人惊艳的地区全景，包括博登湖、苏黎世湖、阿尔卑斯山以及福拉尔贝格山脉（Vorarlberg Mountains）。从Schwägalp出发，有通向顶峰的缆车**Säntisbahn**（www.saentisbahn.ch；单程/往返 Sfr32/45；5月下旬至10月中旬 周一至周五7:30~18:00，周六和周日 至18:30，全年其余时间 8:30~17:00），每30分钟一趟。

你可以从桑蒂斯峰出发，沿着山脊走向相邻的**厄本阿尔卑山**（海拔1640米），大约需要3.5小时。在厄本阿尔卑的韦尔德克西（Wildkirchli），有一些史前洞穴留有石器时代人类居住的痕迹。

下山通往晶莹剔透的希阿尔卑湖（Seealpsee）需要徒步1.5小时。在湖畔，由家庭经营的奶牛场**Seealpchäs**（www.seealpchaes.ch；6月至8月）售卖美味的奶酪特产，包括一些用野生蒜和辣椒制成的口味品种。如果想要获得更加多元的体验，可以一边在木制浴缸里（Sfr45）泡个乳清浴（whey），一边凝视远山的美景。

厄本阿尔卑山缆车（Ebenalpbahn cable car；www.ebenalp.ch；单程/往返 Sfr20/31；5月下旬至10月中旬 7:30~19:00，全年其他时间 9:30~17:00）大约每15分钟运营一班往返于顶峰和Wasserauen之间。后者有铁路（Sfr5.80，11分钟）和次级公路通往阿彭策尔。

如果想多欣赏山景，你可以选择在桑蒂斯峰顶的**Berggasthaus Alter Säntis**（071 799 11 60；www.altersaentis.ch；铺 Sfr44，双 Sfr140~188，半餐 Sfr24；5月中旬至10月）住宿，这家家庭经营的旅馆简朴却不乏魅力；或是更时尚的精品酒店**Säntis-das Hotel**（071 365 66 00；https://saentisbahn.ch；标单 Sfr135，双 Sfr240~260，套 Sfr300~340；P）。

水。这里用"景观客房"来形容真是再贴切不过。从阿彭策尔乘火车6分钟可达贡滕。

Hotel Hecht 历史酒店 €€

（☎071 788 22 22；www.hecht-appenzell.ch；Hauptgasse 9；标单/双/标三/四 Sfr100/170-260/270/320；📶）客房分布在几个错落不齐的楼层中，这家历史酒店在吱呀作响中处处透着魅力，而且距各类场所都很近便。房间宽敞，装饰雅致，有垂帘、暖色墙壁和抛光木饰，而且非常安静，一尘不染。不过真正令这里出类拔萃的还是无微不至的服务。

Hotel Appenzell 酒店 €€

（☎071 788 15 15；www.hotel-appenzell.ch；Landsgemeindeplatz；标单/双 Sfr135/230；P📶）有宽阔明亮的装饰外墙，这座典型的阿彭策尔建筑提供宽敞的房间和木床。大大的观景窗采用褶边窗帘装饰，将柔和的粉色和蓝色相结合。餐厅提供多样的时令菜肴，包括素食选择。出租电动自行车，费用Sfr25——对于沿着蜿蜒道路游览周边丘陵来说特别合适。

Romantik Hotel Säntis 美食 €€

（www.saentis-appenzell.ch；Landsgemeindeplatz 3；主菜 Sfr32~52）位于酒店一楼的餐馆是阿彭策尔最佳就餐选择。挺括的白色桌布、漂亮的松木雕刻以及乡村广场的美景都令人神往。就餐氛围很正式，服务周到，菜肴采用应季食材制作。

Marktplatz 各国风味 €€

（☎071 787 12 04；www.marktplatz-appenzell.ch；Kronengarten 2；主菜 Sfr24~39；⊙周三至周六 11:00~14:00和17:30~23:00；👪）可以坐在阿彭策尔最漂亮的广场之一的露台上，或是坐在这家餐馆精致木刻装饰的环境之中享用美味。菜肴采用应季食材，有着浓烈的意大利和瑞士风味。

实用信息

游客咨询处（☎071 788 96 41；www.appenzell.ch；Hauptgasse 4；⊙周一至周五 9:00~12:00和13:30~17:00，周六 10:00~17:00，周日 11:00~17:00）提供丰富的阿彭策尔及周边地区的旅游信息，包括地图、徒步与骑行宣传册等。出售各种Appenzeller Ferienkarte折扣卡。

到达和离开

在圣加仑，有一趟窄轨距的列车从主火车站的前面或右边前往阿彭策尔（Sfr9.60，48分钟）。大约每半小时从圣加仑出发，途经盖斯（Gais）或黑里绍（Herisau），你有时候可能要在这两个地方换车。

自驾的话，阿彭策尔在圣加仑以南17.5公里处，可以沿A1公路前往苏黎世。

瓦伦湖（Walensee）

瓦伦湖是一座手指形状的长形湖泊，远远地延伸到格拉鲁斯（Glarus）与格劳宾登州（Graubünden）交界处的多山地带。凹凸不平的石灰岩质丘福斯滕（Churfirsten）山脉高高地耸立在宽阔的蓝绿色湖泊周围，群山之间零星散布着几座沿湖村落和高原草甸，而在湖岸中央处，瑟伦巴赫瀑布奔涌喧腾，这是瑞士最高的瀑布之一。

景点和活动

夏季，在瓦伦湖碧波荡漾的湖面上，帆板和尾波板飘然而行。石灰岩质的丘福斯腾山脉最高处海拔2306米，吸引着众多徒步者、登山者、峡谷探险者和滑翔伞爱好者来此挑战。冬季降下大雪时，则有滑雪者、单板滑雪者和自由滑雪者纷至沓来。

芙露姆赛山 山

（Flumserberg；www.flumserberg.ch；👪）若想稍许体验一些阿尔卑斯山的乐趣，沿着蜿蜒的山路前往芙露姆赛山，这座山峰耸立于湖岸边上，面对着丘福斯滕山脉坚不可摧的石墙。这座山是一些阿尔卑斯山高地徒步路线的起点，比如全长13公里的七峰之旅。而对于全家出游的游客来说，这里也有适合新手的步道、冒险乐园以及一条平底雪橇的坡道Floomzer。在冬季，同一片山坡会吸引着滑雪和滑板爱好者，人们蜂拥前往全长65公里、维护良好的滑雪道。

瑟伦巴赫瀑布（Seerenbachfälle） 瀑布

源自桑蒂斯峰的地下河穿过山岩，一路倾泻而下，形成了瑟伦巴赫瀑布——由三座雷鸣般的大型瀑布组成的瀑布群，总落差达585米。位于中间的那一座随悬崖飞流直下，落差305米，被认为是瑞士之最。如果自驾车出行的话，你可以开到距离瀑布最近的贝利斯镇（Betlis），然后徒步30分钟即可到达。

七峰之旅（7-Gipfel Tour） 徒步

这条徒步路线全长13公里，从芙露姆塞山的Maschgenkamm一直延伸到Tannenbodenalp，途中可饱览7座山峰，以及令人震撼的瑞士阿尔卑斯山和瓦伦湖美景。徒步往返约需6.5小时。

梅克湖（Murgsee） 徒步

一条充满挑战的经典阿尔卑斯山徒步路线从芙露姆塞山的Maschgenkamm山顶车站通往湖面湛蓝的梅克湖。沿途你会经过野花盛开的寂静草原，以及栗树和松树林。整条徒步路线往返大约需要7小时。

Amden 探险运动

（www.amden-weesen.ch；）这片高山草甸位于瓦伦湖西北岸边，有醉人的湖光山色，在徒步过程中还有可能遇到可爱的土拨鼠——很适合家庭游客，冬季还能开展一些雪上活动。这里也是前往其他地区进行登山、峡谷探险和滑翔伞等探险活动的中转站。

Schiffsbetrieb Walensee 乘船旅行

（www.walenseeschiff.ch；Unterterzen）船只定期穿梭于峡湾一般的瓦伦湖之上，在岸边的村庄、城镇和度假村停靠，包括梅格（Murg）、昆腾（Quinten）、贝利斯、韦森（Weesen）和瓦伦施塔特（Walenstadt）。在湖面上欣赏岸边群山包围中的湖泊令人心旷神怡。

食宿

Flyhof 酒店 €

（055 616 12 30；www.flyhof.ch；Betliserstrasse 16，Weesen；标单 Sfr85，双 Sfr130~150；）坐落在风景如画的湖畔斜坡上，一片生机盎然的花园之中，家庭经营的Flyhof绝对是一处充满欢乐的地方。古式的家具和椽梁为安静舒适的房间增添了一抹个性。当地食材也给木镶板装饰的餐馆带来了丝丝地中海的味道。

Lofthotel Murg 精品酒店 €€

（081 720 35 75；www.lofthotel.ch；Alte Spinnerei，Murg；标单 Sfr120~170，双 Sfr180~270；）这座19世纪的纺织厂焕然一新变成了Lofthotel，从这里可饱览丘福斯滕山脉和瓦伦湖的美景。洁净的床单、光亮的水泥地面以及前卫的艺术品令房间有工业时尚的风格。农场新鲜的作物和自制果酱会在早餐时间供应。

Fischerstube 海鲜 €€

（055 616 16 08；www.fischerstubeweesen.ch；Marktgasse 9，Weesen；主菜 Sfr40~59；周四至周一 11:45~15:00和18:00~23:00）雪白的床单以及深绿的木镶板为品尝精心烹饪的鱼肉料理提供了高雅的就餐环境。选用上好的葡萄酒来搭配当地的白鲑和鲈鱼。

实用信息

Unterterzen的**Heidiland Tourismus**（081 720 17 17；www.heidiland.com；Walenseestrasse 18；周一至周五 9:00至正午和13:00~17:00，周六9:00~13:00）提供瓦伦湖及周边度假村的信息。

到达和离开

瓦伦施塔特和韦森位于连接苏黎世和格兰宾登州的A3高速公路（以及铁路线）的沿线。若从苏黎世搭乘火车，在齐格布吕克（Ziegelbrücke；Sfr27.80，43分钟）下车，从韦森的镇中心步行15分钟即可。苏黎世也有班次频繁的火车前往瓦伦施塔特（Sfr29，1小时）

格拉鲁斯（Glarus）

人口12,570 / 海拔 472米

坐落于美丽的格拉鲁斯阿尔卑斯山脉脚下，格拉鲁斯作为首府也与其所处的州同名。虽然1861年的大火摧毁了这座城镇的三分之二，但它依然凭借着几栋躲过火灾的乡村木屋，优雅地维持着19世纪的模样。

锉刀形状的Tödi峰海拔3614米，俯瞰着格拉鲁斯以及同名的阿尔卑斯山脉，这座山峰只适合经验丰富的登山者。

Glarnerhof（055 645 75 75；www.glarnerhof.ch；Bahnhofstrasse 2；标单 Sfr145~

160，双Sfr170~190；📶）占据镇中心的显要位置：有舒适宽敞的空间以及阿尔卑斯山的美景，能够弥补房屋特色不足的缺憾。

在Glarner Tourismus（☎055 610 21 25；www.glarnerland.ch；Raststätte A3，Niederurnen）能获取格拉鲁斯及周边的实用信息。

从苏黎世出发的列车（Sfr27.80，1小时）需要在拉珀斯维尔（Rapperswil）或齐格布吕克（Ziegelbrücke）换车。也有前往圣加仑（Sfr28.40，1.25小时）的火车，班次频繁。

布劳瓦尔德（Braunwald）

人口308 / 海拔1256米

布劳瓦尔德位于格拉鲁斯阿尔卑斯山脉，这里的山间度假村不准车辆通行，只通缆车，"慢游"才能体会这里的美妙。宁静的布劳瓦尔德位于一处阳光明媚的平缓山坡上，山下有草场和一望无际的冷杉林。向南望去，地平线上群峰林立，最显眼的当属冰雪覆盖的Tödi（3614米）。度假村有许多适合家庭以及户外爱好者的设施，有徒步小径、山地自行车路线，还有高山铁索攀岩。

景点和活动

在夏季，布劳瓦尔德还是徒步的绝佳大本营。在冬季，度假村会吸引家庭游客，来这里可以参加基础的滑雪项目，以及越野雪橇和滑雪胎等娱乐活动。

奥伯布莱吉湖（Oberblegisee） 湖泊

这座湛蓝的湖泊由冰碛形成，可以从布劳瓦尔德沿一条魅力的山间小径抵达。这条徒步路线难度适中，单程需3.5小时，一路经过草甸与疏林，还可以看到一处高山牧场。湖岸是家庭野餐的理想场所。

Zwerg-Bartli Erlebnisweg 徒步

（👪）这条探险小径以矮人Bartli为主题，沿途经过一座塔楼，几处洞穴，还有一些隐蔽的宝库，一定会让孩子们心动。行程3.5小时的小径以Gumen为起点，一路延伸到布劳瓦尔德最高的缆车站。也可以选择较短的路线，可向游客咨询处索取信息彩页。

布劳瓦尔德铁索攀岩（Braunwald Via Ferrata） 探险运动

乘缆车从布劳瓦尔德到Gumen，之后可沿着铁索攀登Leiteregg、Mittler、Hintere Eggstock三座山峰（2.5~5.5小时）。攀登过程的挑战性颇高，令人心跳加速，但可以感受令人目眩的阿尔卑斯山美景与悬桥等诸多亮点。致电Kessler Sport（☎079 612 81 83；www.kesslersport.ch；Dorfstrasse 5；租金每天Sfr30），这家旅行社可以提供攀登设备。

住宿

Hostel Adrenalin 青年旅舍 €

（☎079 347 29 05；www.adrenalin.gl；Alpinaweg 3；铺Sfr42~48，标单Sfr52~64，双Sfr116）这里是年轻人冬季玩滑雪板和极限运动的社区中心，还有电子游戏和派对狂欢。早餐另外收取Sfr8，如果需要毛巾或床单，那还要掏出Sfr5来。

Märchenhotel Bellevue 酒店 €€€

（☎055 653 71 71；www.maerchenhotel.ch；Dorfstrasse 24；双 含半食宿 Sfr370~450，家Sfr390~510；P 🏊）这里是孩子们的乐园吗？这座童话风格的酒店由一座维多利亚风格的酒店改建而来，环境优美，客房现代，用各种各样的方式吸引着儿童，包括羊驼、美洲驼、滑梯、攀岩墙、蹦床和创意工坊等。

实用信息

游客咨询处（☎055 653 65 65；www.braunwald.ch；Dorfstrasse 2；⏰周一至周五 8:15至正午和14:00~17:00，周六 8:45~12:45）位于缆车站的顶楼。

到达和离开

火车每小时从Linthal Braunwaldbahn站前往苏黎世（Sfr27.80，1.5小时），途经Ziegelbrücke（Sfr9.60，43分钟）。若从苏黎世沿着A3高速公路自驾，则需要1.25小时。

Braunwaldbahn（单程/往返 Sfr7.20/14.40）从Linthal Braunwaldbahn站一路爬上倾斜度为64%的山坡。缆车是抵达村庄的唯一途径，这里不通汽车。

格劳宾登州

人口 196,600

包括➡

库尔......304
阿罗萨......309
迪森蒂斯/穆施特......314
巴德拉格斯及周边......315
达沃斯......318
萨姆瑙恩......323
米施泰尔......323
圣莫里茨......325
锡尔斯-玛利亚......330
蓬特雷西纳......332

最佳就餐

- Hotel Albrici（见333页）
- Kaffee Klatsch Easy（见317页）
- Burestübli（见310页）
- Schloss Brandis（见316页）

最佳住宿

- Berghaus Diavolezza（见332页）
- Romantik Hotel Muottas Muragl（见332页）
- Hotel Engiadina（见322页）
- Berghotel Schatzalp（见320页）
- Zunfthaus zur Rebleuten（见305页）

为何去

若要问起当地人，这片土地哪里特别，他们一定会热情奔放地赞美道："啊，这里是何等狂野啊！"在瑞士这样一个处处是景的国家中，格劳宾登州的自然风光更是原汁原味。恩嘎丁的高原接受着大风的洗礼，高耸的山峦上云卷云舒，莱茵河流淌过弗林姆斯险峻的峡谷，瑞士国家公园里的阿尔卑斯山沉静稳重……无论怎么看，这片神奇之地都在召唤人们回归自然。

也许你听过达沃斯刺激的速降滑雪、圣莫里茨壮丽的景色和海蒂的传说（诞生于此处的虚构故事），而广袤的格劳宾登州尚不为人知，等待你去探索。沿着蜿蜒的山道步行进入阿尔卑斯山，沿途很可能只有你独自一人欣赏震撼心灵的美景，只有不时蹦出来的土拨鼠或岩羚羊，以及你情不自禁的低声惊叹打破沉静。

何时去

- 每年12月中旬至复活节，格劳宾登州的滑雪道上满是滑雪者。12月，世界各地的专业滑雪者来到达沃斯，参加国际雪联越野滑雪世界杯，而高端大气的圣莫里茨在1月举办的世界杯雪上马球比赛也将吸引大批独具慧眼之人。
- 夏天是疯狂的巅峰：库尔节上男人们用胡子一争高下；8月，瑞士摔跤比赛在达沃斯举行，大块头们会来一场阿尔卑斯式的摔跤。
- 很多度假村在5月至6月中旬、10月至11月都歇业。如果你那时候过来，没准能省一大笔钱，也没准会碰到意想不到的好天气。

格劳宾登州亮点

1 瑞士国家公园（见329页）高海拔的远足和令人思绪驰骋的阿尔卑斯风景振奋人心。

2 莱茵峡谷（见312页）漂流或徒步经过石灰岩地貌景观。

3 圣莫里茨（见325页）在豪华的冬季度假村里享受别具一格的滑雪、用餐和购物体验。

4 莫尔特拉齐冰川徒步（见331页）跟随向导探索雄伟冰川。

5 科尔瓦奇3303缆车（见330页）居高临下欣赏**席尔瓦普拉纳**

以及阿尔卑斯山美景。

6 Brusio Viaduct螺旋铁路（见333页）乘坐贝尔尼纳快车，给这个美妙的杰作拍个照。

7 达沃斯（见318页）骑上自行车，前往单轨道和山口。

8 圣诞老人世界锦标赛（见323页）在**萨姆瑙恩**观看众多圣诞老人的模仿者进行节日大战。

9 库尔（见304页）沿老城街道走走。

历史

过去，这个州人迹罕至，但如今它欢迎一切来客。几个世纪以来，在这片崎岖的土地上，人们与世隔绝，靠天吃饭，不相信外来者，附近固若金汤的山地丘陵地形非常有利，帮他们抵挡住了大部分本可能征服这里的人。

在中世纪，这一地区被称为Rhaetia，由三个联盟（Drei Bünde）组成，但其中的结盟关系并不牢固。现在的名字来自"灰色联盟"（Grauer Bund）。

格劳宾登州于1803年加入瑞士联邦。但1864年是更为重要的年份，因为在那一年，圣莫里茨的酒店老板邀请夏天光顾这里的客人在冬天免费住宿。格劳宾登州的冬季旅游就此拉开帷幕，随后扩展到全瑞士。

实用信息

Graubünden Ferien（☎081 254 24 24；en.graubuenden.ch；Alexanderstrasse 24；⏲周一至周五8:00至正午和13:00~17:00）首府库尔有该州的旅游局Graubünden Ferien，位于一幢在火车站往东200米处叫"Publicitas"的建筑里。

到达和离开

格劳宾登州的首府库尔是交通枢纽，与苏黎世之间有火车往返。库尔是前往意大利蒂拉诺（Tirano）的贝尔尼纳快车的始发站，也是连接圣莫里茨和采尔马特的冰川快车（Glacier Express）路线上的重要一站。

格劳宾登州北部和西部有三条主干道通往恩嘎丁东南地区：Julier（全年开放）、Albula（夏季开放）和Flüela（全年开放，但要看天气情况）。这三条主干道大致跟通往意大利的三个出口相对应：马洛亚（Maloja）、贝尔尼纳（Bernina）和Fuorn/Ofen（全年开放）。安德马特（Andermatt）以西的欧伯拉普山口（Oberalp Pass）在冬天关闭，不过如果在阿尔布拉（Albula），还可以选择乘坐载车式火车。冬季开车，务必使用胎链或冬季轮胎。

库尔（Chur）

人口34,650 / 海拔585米

瑞士最大州的最大城市库尔非常值得一游，步行探索老城者更是不虚此行。城市本身就是一个生机勃勃的艺术古董、地道餐馆和休闲酒吧的展示场。

阿尔卑斯山就像一个圆形露天剧场围绕着库尔，从公元前3000年就有人类在这个瑞士最古老的城市定居。1464年，库尔几乎被大火毁灭。后来，说德语的工匠来重建城市时，难以避免地压制了当地使用的罗曼什语。如今这里使用的语言是瑞士德语阿勒芒方言的一种变体。

景点和活动

★老城区（Altstadt） 街区

在靠近普莱苏尔河（Plessur River）的地方，从Obertor走进库尔巷陌交织的老城。这里有古老的防御城墙遗址，还有坚固的Malteserturm（曾经是弹药塔）和Sennhofturm（现在是市监狱）。

★马丁斯教堂 教堂

（Martinskirche；Kirchgasse 12）这是城市最具标志性的地标，有醒目的尖塔和钟面。这座8世纪的教堂于1491年被重修成晚期哥特风格，奥古斯都·贾科梅蒂（Augusto Giacometti）的彩色玻璃三件套作品锦上添花。教堂前面的一个潺潺作响的石头喷泉上矗立着圣马丁雕像。

圣玛利亚升天教堂 主教座堂

（Kathedrale St Maria Himmelfahrt；Hof；⏲周一和周三至周六 6:00~19:00，周二 8:00起，周日 7:00起）库尔的这座12世纪大教堂的建造过程耗时百年，教堂里深藏着一个15世纪末的高高的圣坛，由雅各布·拉斯（Jakob Russ）设计，还包括一幅壮丽的三联画。此地初次有人定居的历史可以追溯至青铜时代（公元前1300年至800年）。

库尔州立美术馆 艺术馆

（Bündner Kunstmuseum；☎081 257 28 68；www.buendner-kunstmuseum.ch；Postplatz；成人/儿童 Sfr15/免费；⏲周二至周日 10:00~17:00，周四 至20:00）这家出色的艺术馆展现了格劳宾登州的艺术史，也收藏着与该州有渊源的艺术家作品。馆内展出出生于格劳宾登州的奥古斯托·贾科梅蒂（Augusto Giacometti；1877~1947年）的艺术作品，还有他同时期的艺

不要错过

伟大的铁路之旅

瑞士一些伟大的铁路工程充分利用了格劳宾登州崎岖的高山地形。**全景列车**(Rhätische Bahn, RhB; Rhaetian Railway; www.rhb.ch)是20世纪初一项令人瞠目的伟大工程，它蜿蜒穿过高架桥和隧道，遍览绿树成荫的坡道、宝石般晶莹剔透的湖泊和白雪皑皑的山峰。在官方网站上可以提前订票，选择座位或者享受特别折扣。Swiss Half Fare Card和Swiss Travel Pass有很大折扣。全景列车有两条旗舰路线：冰川快车(见182页)和**贝尔尼纳快车**(Bernina Express; www.berninaexpress.ch; 单程 库尔至蒂拉诺 Sfr64; ⏲5月中旬至12月上旬)——瑞士最经典的列车路线之一。贝尔尼纳快车将格劳宾登州的德语区与意大利语区连在一起，从库尔到蒂拉诺4个小时的路程会爬上阿尔卑斯山高高的结冰地带，经过55个隧道和196座桥。图西斯(Thusis)—蒂拉诺(Tirano)一段被联合国教科文组织列入世界文化遗产名录。在蒂拉诺有长途汽车(Sfr34)继续向西前往卢加诺。

术家，包括乔凡尼·塞冈提尼(Giovanni Segantini)和恩斯特·凯尔希纳(Ernst Ludwig Kirchner)的作品。

Brambrüesch 缆车

(☎081 250 55 90; www.facebook.com/brambruesch; Kasernenstrasse 15; 成人/儿童 往返 Sfr25/5, 自行车公园 Sfr39/20; ⏲6月中旬至10月末和12月中旬至次年3月中旬 8:45~16:45)这个缆车距老城仅几分钟步程，会带你疾驰至1600米高的Brambrüesch欣赏壮观景色。夏天，往返13公里远足去**Feldis**是绝佳体验，途中会经过野花盛开的山坡、茂密的树林，以及波光粼粼的湖泊。这座山峰还吸引了山地自行车爱好者前往**Alpenbikepark**(alpenbikepark.ch)的自由滑雪道及下坡道。

节日和活动

库尔节 文化

(Churer Fest; www.churtourismus.ch; ⏲8月中旬)8月中旬会迎来库尔最盛大的夏季狂欢节，为期3天的节日包括音乐会、美食节、挤牛奶马拉松和孩子们的娱乐活动。最有趣的活动是阿尔卑斯山胡子大赛(Alpine Beard Competition)，留着大胡子的男士在此一决高下。

住宿

VIVA Hostel 青年旅舍 €

(☎081 868 83 48; https://viva-hostel.ch; Welschdörfli 19; 铺/标单 Sfr31/65起; @🛜)VIVA是背包客的梦想之地：宽敞的多人间、抵达时赠送的大堂酒吧饮品券、仅需Sfr7的欧陆式早餐。还有，假如你喜欢派对的话，有自营的VIVA Club(周四至周六营业)。旅舍位于老城附近，地理位置优越，不过周边区域略显污秽。

★ **Zunfthaus zur Rebleuten** 历史酒店 €€

(☎081 255 11 44; www.rebleutenchur.ch; Pfisterplatz 1; 标单/双/四 Sfr75/140/210起; P🛜)Zunfthaus位于一个绘有壮观壁画的大楼里，大楼位于老城区一个美丽的广场上。酒店有500年的悠久历史，12间客房整洁迷人。阁楼上的房间尤其浪漫，但小心别撞了脑袋。附带的餐厅令人愉悦，有许多非酒店住客前来用餐。

Hotel Freieck 酒店 €€

(☎081 255 15 15; www.freieck.ch; Reichsgasse 44; 标单/双/标三 Sfr100/160/240; P🛜)地理位置优越的Freieck位于一座漂亮的16世纪的建筑里，建筑将历史感和现代化完美融合。裸露的石头、横梁和拱顶为它增添了几分情调，而客房则明亮现代。

Romantik Hotel Stern 历史酒店 €€

(☎081 258 57 57; www.stern-chur.ch; Reichsgasse 11; 标单/双/套 Sfr120/220/320; P🛜)这家有几百年悠久历史的酒店是瑞士浪漫风格，且依然保留了它原本的味道：拱形走廊，低天花板，松木房间。如你所料，这里还有出色的餐厅和窖藏颇丰的酒窖。酒店所在的位置也很方便探索老城。

Chur 库尔

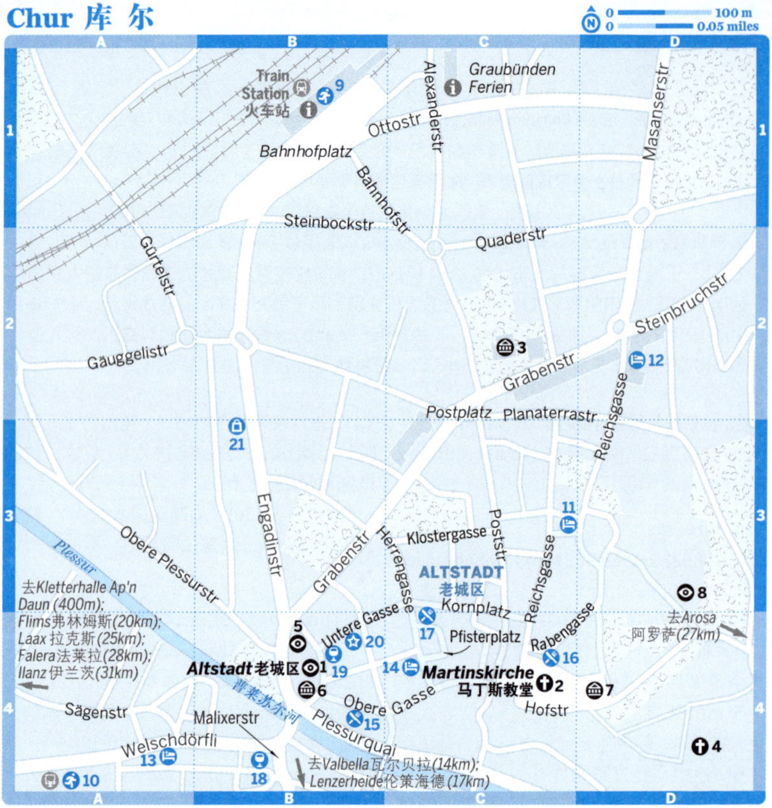

就餐

从火车站到老城的Bahnhofstrasse两旁的食肆鳞次栉比，老城另有更多就餐选择。

Da Mamma 意大利菜 €

（☎081 252 14 12；www.damammabistro.com；Obere Gasse 35；午餐套餐 Sfr16.50起；⊙周一至周五 8:00~18:30，周六 至17:00）这家整洁小巧的意大利餐厅拥有所有小餐馆所具备的特质——饱含激情的厨师和热情周到的侍者。周边环境美观干净，服务友好，吃一顿不贵的沙拉午餐再加自制意大利面，绝对是个不错的选择。西西里蛋糕和甜点美味无比。

Evviva Plankis 咖啡馆 €

（☎081 252 40 21；www.plankis.ch/de/betrieb/arbeitsstaetten/evvivaplankis；Kornplatz 9；小吃和主菜 Sfr13起；⊙周二至周四 9:00~18:30，周五和周六 至22:00，周日 13:00~18:00）这家咖啡馆在老城的一处广场上，有一个可以晒太阳的露台，非常吸引人，供应美味的意大利冰激凌和正宗意大利面，以及意大利团子和调味饭。

★ Bündner Stube 瑞士菜 €€

（☎081 258 57 57；www.stern-chur.ch；Reichsgasse 11；主菜 Sfr25起；⊙周一至周六 11:00至午夜，周日 11:00~23:00）摇曳的烛光和木质镶板为这家位于Romantik Hotel Stern内的餐厅营造出温暖的气氛，备受欢迎。主厨做菜选的都是新鲜的应季食材，春天供应莴笋（仍然是自种的），秋天供应野味。精心烹制的格劳宾登州特色菜有鸡蛋意大利面和甜菜卷（Capuns），类似土豆煎饼的Maluns和大麦汤（Gerstensuppe）。

Chur 库尔

重要景点
1 老城区 B4
2 马丁斯教堂 C4

景点
3 库尔州立美术馆 C2
4 圣玛利亚升天教堂 D4
5 Malteserturm B4
6 Obertor B4
7 Rätisches Museum D4
8 Sennhofturm D3

活动、课程和团队游
9 贝尔尼纳快车 B1
10 Brambrüesch A4

住宿
11 Hotel Freieck C3
12 Romantik Hotel Stern D2
13 VIVA Hostel A4
14 Zunfthaus zur Rebleuten C4

就餐
Bündner Stube .... （见12）
15 Da Mamma B4
16 Drei Bünde C4
17 Evviva Plankis C4

饮品和夜生活
18 Felsenbar B4
19 Tom' s Beer Box B4

娱乐
20 Werkstatt Chur B4

购物
21 Rätische Gerberei B3

Drei Bünde
瑞士菜 €€

（☎081 252 27 76；www.dreibuende.ch；Rabengasse 2；主菜 Sfr22起；⏰周二至周六 11:00~14:00和17:30~23:00）这家温暖的松木小酒馆蹲踞在Martinsplatz旁边的小道上，既有恰到好处的炸肉排，也有牛柳熏肉卷，是肉食爱好者的福地。

饮品和娱乐

精力旺盛的学生群体让老城Untere Gasse周边和Welschdörfli沿线的酒吧和俱乐部活力四射，尤其是在周末。

Tom' s Beer Box
小酒馆

（www.toms.ch；Untere Gasse 11；⏰周一至周四 17:00至午夜，周五和周六 15:00至次日1:00）在这个老城寒冷的僻静之处，不起眼的窗口处是喝啤酒的绝佳地点，当地人在窗外说笑谈天，还有140种啤酒任你豪饮。

Felsenbar
酒吧

（☎081 284 50 50；www.fels.bar；Welschdörfli 1；⏰周二至周四 17:00至次日2:00，周五和周六 17:00至次日3:00，周日 13:00~20:00）它坐落于一家马蹄形酒吧旁边。各种主题派对，从DJ打碟对战到台球，吸引了一帮活力四射的人光临这个不起眼的酒吧。酒吧就在老城的河对面。

Werkstatt Chur
艺术中心

（☎081 525 42 46；http://werkstattchur.ch；Untere Gasse 9；⏰周一至周四 17:00至午夜，周五和周六 17:00至次日1:00）这个由铜工厂改造而成的艺术中心的活动非常丰富，经常举办现场演出、爵士演奏会，播映艺术电影，还有戏剧和宴会。更多详情请登录网站查询。

购物

Rätische Gerberei
手工艺品

（☎081 252 52 42；www.felle.ch；Engadinstrasse 30；⏰周一 13:30~18:30，周二至周五 8:00至正午和13:30~18:00，周六 9:00至正午和13:30~16:00）位于火车站和老城之间，楼上是堆积如山的毛茸茸的绵羊皮，楼下则是真正的牛铃，价格只是你在别的地方花的零头罢了。

实用信息

游客局（☎081 252 18 18；www.churtourismus.ch；Bahnhofplatz 3；⏰周一至周五 8:00~20:00，周六 9:00~12:15和13:15~18:00，周日 10:00~12:15和13:15~18:00）位于火车站楼下。

到达和离开

有很多火车开往克洛斯特斯（Klosters；Sfr11，1.25小时）和达沃斯（Sfr15.50，1.5小时），有快车到萨尔甘斯（Sargans；Sfr11.40，20分钟），还有车到列支敦士登和苏黎世(Sfr41, 1.25~1.5小时)。长途汽车从火车站上面的终点站开出。高速公路A13从库尔向北通往苏黎世和博登湖。

当地交通

Bahnhofplatz是当地公交总枢纽，每次乘坐的车费为Sfr2.80(30分钟内换乘有效)。

老城区基本只允许步行。在老城(比如Gäuggelistrasse)边上有一些停车场。

Avis(081 300 33 77; www.avis.com; Comercial strasse 20; 周一至周五 7:30至正午和14:00~18:00, 周六 至14:00)提供租车服务。

伦策海德和瓦尔贝拉(Lenzerheide & Valbella)

人口1540/海拔1500米

这一对阿尔卑斯山的度假村坐落在深蓝色的海德湖(Heidsee)两侧，这里不仅有山川林木的美景，还有恬静安宁的氛围。两座度假村位于库尔以南仅15公里处，可乘坐邮政巴士或自驾抵达，不过要走很长的上坡路才能抵达。夏季时，一日游旅行者蜂拥到伦策海德，多数是为了体验徒步的户外乐趣。此外，这里在冬季也是滑雪胜地。如果意犹未尽，可以滑雪或徒步到附近的度假小镇阿罗萨，就位于东面的山谷里。

活动

这片地区有170公里长的远足步道，其中，海拔2865米、耗时5~7小时的徒步步道Parpaner Rothorn(见310页)是其中数一数二的。可以徒步到阿罗萨，或者以之为起点徒步至伦策海德。

孩子们在Globi小径上扔橡果、打水仗，释放多余的精力。旺季时，还有孩子们喜欢的马戏团活动日、与羊驼徒步和建造冰屋等活动。可向旅游局咨询更多详情。

骑山地自行车

伦策海德是瑞士顶级的山地自行车和自由滑雪中心，包括305公里长的带路标的路线、1000公里长的自助导航游览和几条让人胆战心惊的下坡道。

Activ Sport Baselgia 山地自行车

(www.activ-sport.ch; Voa Sporz 19; 周一至周五 8:30至正午和14:00~18:30, 周六 至17:00) Activ Sport Baselgia出租山地自行车/速降自行车/电动自行车/儿童车，夏天每天收费分别为Sfr42/70/49/28，雪鞋健行/越野滑雪为Sfr19/40。可了解一下他们的冬季雪鞋健行团队游(费用约 Sfr50)。

冬季运动

在伦策海德滑雪 滑雪

(http://lenzerheide.com; 滑雪1日票 成人/儿童 Sfr72/24, 6日票 Sfr332/111, 越野 日/周票 Sfr8/25)在伦策海德，很难看到人们排队坐滑雪缆车上山，这里225公里长的滑雪道连接了邻近的阿罗萨，大多适合初学者和中级水平的滑雪者，也有极好的野外滑雪场地。单板滑雪者可在雪上乐园的轨道、波浪桥(box)和跳台(kicker)畅玩，越野滑雪者可在56公里的雪道上驰骋，家庭活动包括80公里的冬季步行和3公里的雪橇滑行活动。

食宿

这些度假村以游客为主要收入来源，可以住宿的场所很多。可在旅游局索取度假公寓和度假屋清单。

Camping St Cassian 野营地 €

(081 384 24 72; www.st-cassian.ch; Voia Principala 106, Lenz; 营地 成人/儿童/帐篷/车 Sfr8.40/4.70/9.50/2.50; P 🛜)这片绿树成荫的野营地位于伦策海德以南3公里处，包括烧烤区和一家餐厅，很受自行车爱好者的欢迎。这里的宁静、山景和一流设施都是吸引人停留的亮点。

★ **Berghotel Tgantieni** 酒店 €€

(081 384 12 86; www.tgantieni.ch; Voa Tgantieni 17; 房间 每人 冬季/夏季 Sfr130/90; P 🛜)在这家酒店，你的起床闹铃是牛铃声。这家酒店位于伦策海德一个小山上，有梦幻般的高山全景，门外就是滑雪道和徒步道。房间宽敞明亮，有阳台和露台。在Marola小木屋里可尽情地吃喝赏景。

Hotel Kurhaus 精品酒店 €€

(081 384 11 34; www.kurhaus-lenzer

heide.ch; Voa Principala 40, Lenzerheide; 双/公寓Sfr160/400起; P 🛜)这家位于通往伦策海德的主干道路旁的酒店有一颗年轻的"心"——历史和现代在这里完美邂逅。最好的房间装饰前卫，单色调，配以时髦的木桌和面山的阳台。楼下有一个乡野风味的餐厅和由电影院改建的夜店。

★ **La Riva** 各国风味 €€

(☎081 384 26 00; www.la-riva.ch; Voa Davos Lai 27; 主菜Sfr26起; ⊙周三至周日 11:30~23:00; 👪)La Riva因其新鲜的当地农产品和充满创意的菜肴而闻名。其室内采用松木内饰搭配海德湖风景，使你在如此优雅的环境中享用精心烹制的特色美食，如鹿肉火腿鸡油菌汤和泰式珍珠鸡胸肉。

ℹ 实用信息

伦策海德旅游局(☎081 385 57 00; http://lenzerheide.com; Voa Principala 37; ⊙12月至次年4月底 周一至周六 8:30~18:00，周日 8:30至正午和15:00~18:00，5月至11月 营业时间缩短)该旅游局在主干道上，就在汽车站对面。

ℹ 到达和当地交通

两个度假村都可以从库尔乘坐公共汽车直达(Sfr10.60，30分钟)，每小时一班，很方便。在冬夏旅游旺季，伦策海德和瓦尔贝拉之间有免费的巴士。

阿罗萨(Arosa)

人口3310 / 海拔1800米

对于户外活动与山间度假村爱好者而言，阿罗萨堪称圆梦之地。这里被魏斯峰(Weisshorn)、Hörnli和有冰碛石条纹的Schiesshorn包围，绝对是阿尔卑斯山优质的综合型活动场地：冬天适合速降和越野滑雪，夏天适合徒步和速降自行车，一年四季的活动都很丰富，非常适合家庭出游，也能让孩子们开心。你也可以滑雪或徒步，前往附近的伦策海德度假村。

前往阿罗萨的过程也充满乐趣。尽管阿罗萨就在库尔东南30公里处，但是一路过去精彩无限。从库尔延伸至此的道路弯弯曲曲，尽是U字形弯道，所以不能乘坐长途汽车前往阿罗萨，最好的选择是乘坐从库尔开出的观景火车，车程1小时，沿途景色令人难忘。

> **另辟蹊径**
>
> **艾拉公园(PARC ELA)**
>
> **艾拉公园**(www.parc-ela.ch)是瑞士最大的自然公园。它占地将近600平方公里，包括Albula-Bergün和Savognin-Bivio地区的19片区域，面积是瑞士国家公园的3倍。3种文化和3种语言(德语、罗曼什语、意大利语)是这处历史悠久的交通枢纽地区的特色。如果你有时间有兴趣，可以参加长达15天的**Veia Parc Ela**徒步，领略公园里最震撼的阿尔卑斯景观。

活动

Tschuggen Bergoase Spa 水疗

(Sonnenbergstrasse; http://en.tschuggen.ch/spa; Tschuggen Grand Hotel; 非住客 上午/晚间 通票 Sfr65，按摩 Sfr80起; ⊙9:00~21:00)这里不但是大型水疗场所，外形也十分引人注目，这要归功于瑞士最著名"明星建筑师"之一的马里奥·博塔(Mario Botta)。这座用木头与花岗岩打造的建筑造型大胆又漂亮，设计灵感来自树叶的外观，与周边环境相得益彰。不妨预订水疗或购买通票以充分感受这里的特别之处。

冬季活动

阿罗萨有225公里长的雪道，最高点在海拔2653米的魏斯峰，再加上与伦策海德相邻，因此各级别的滑雪者纷至沓来。喜欢空中技巧的可以试试半管坡道和娱乐公园。越野滑雪同样精彩，有30公里维护良好的从Maran平缓的林中雪道延伸到La Isla和Ochesnalp的高难度雪道。

冬天，家庭旅游和不滑雪的游客也有很多乐趣可寻。你可以在维护良好的40公里的路线上雪地徒步，在露天的溜冰场旋转起舞，或者干脆来一场冰壶比赛。

Swiss Ski and Snowboard School 滑雪

（☎081 378 75 00；www.sssa.ch；Seeblickstrasse；⌚8:30~17:30）阿罗萨的速降滑雪学校，位于Hörnli Express的尽头。

Langlauf-und Skiwanderschule Geeser 滑雪

（☎081 377 22 15；www.geeser-arosa.ch；Maranerstrasse；⌚9:00至正午和13:00~18:00）Langlauf-und Skiwanderschule Geeser出租滑雪装备，也有入门课程，比如越野和雪鞋健行的入门课程，学费Sfr55起。你可以在这里预订雪鞋健行导览游（Sfr50~70）。

Prätschli 雪上运动

Prätschli是有泛光灯照明的1公里平底雪橇滑行线路的起点，它闪闪发光地穿行过林地。

夏季活动

阿罗萨的后院有200公里维护良好的远足道。既可以历时3.5小时，上坡跋涉到**魏斯峰**，也可以轻松地漫步丛林之中，沿普莱苏尔河（Plessur）到**Litzirüti**（1小时）和**朗维斯**（Langwies；2小时）。孩子们喜欢在**Eichhörnchenweg**看红松鼠。

山地自行车爱好者在700公里长的车道上如鱼得水。要想来点刺激的，租一辆速降自行车，从Mittelstation骑到Litzirüti，或从Hörnli骑到阿罗萨，两个车道的高度落差都达到了500多米。

Parpaner Rothorn 徒步

这条18公里长、全程费时5~7小时的步道目的地是Parpaner Rothorn，从Hörnli Express的平底船站出发。沿途穿过草地，路过Schwellisee和Älplisee湖，到达Parpaner Rothorn铁锈红的山峰，然后向下到达伦策海德的另一边。

节日和活动

1月有雪上赛马和足球比赛。

阿罗萨古董车比赛 汽车赛

（Arosa Classic Car；www.arosaclassiccar.ch；⌚9月）古董车会在朗维斯和阿罗萨之间蜿蜒的道路上狂飙。

住宿

Arosa Vetter Hotel 酒店 €€

（☎081 378 80 00；www.arosa-vetter-hotel.ch；Seeblickstrasse；标单/双 Sfr165/210；P 📶）这家酒店外观抢眼，纯朴别致的房间用黑木和石头装饰。早餐供应当地酸奶、奶酪、鸡蛋、蛋糕和自制果酱。餐厅提供时令菜肴。酒店位置优越，乘坐火车及登山缆椅特别方便。

Hotel Arlenwald 酒店 €€

（☎081 377 18 38；www.arlenwaldhotel.ch；Prätschli；标单/双 Sfr140/280；P 📶）从这家位于Prätschli（1908米）的酒店可以直接前往Burestübli，这只是其中一个便利之处。宽敞明亮的房间采用大量的矮松木质装饰，搭配有古老的家族传家宝，还有面朝大山的阳台。可躺在桑拿浴池里，欣赏雪山美景。

★ **Waldhotel** 历史酒店 €€€

（☎081 378 55 55；www.waldhotel.ch；标单/双/套 Sfr200/430/660起；P 📶 ♨）这座酒店隐藏在树林深处，诺贝尔文学奖获得者德国小说家托马斯·曼（Thomas Mann）曾在这里度过流放初期的日子。这家奢侈的度假屋有温暖的松木房间，到来的客人会受到马车的迎接，一切都散发着旧世界的魅力。

餐饮

Hörnlihütte 地中海菜 €

（☎081 377 15 04；http://hoernliarosa.ch；小吃和简餐 Sfr8.50~20；⌚9:00~17:00）这个木屋在海拔2511米的Hörnli Express的山顶站点上，可以一边欣赏美景，一边品尝牛肉汤或通心粉。

Sennerei Maran 奶酪 €

（☎081 377 22 77；www.sennerei-maran.ch；Maranerstrasse；小吃和简餐 Sfr8~14.50；⌚10:00~18:00）用这家乳制品店的获奖奶酪装满你的野餐篮，或者在咖啡馆点一个奶酪拼盘，或干脆来一块奶酪蛋糕。

★ **Burestübli** 瑞士菜 €€

（☎081 377 18 38；www.arlenwaldhotel.ch；Hotel Arlenwald，Prätschli；主菜 Sfr25起；⌚8:00至午夜）这座位于森林边上的林中小屋能让你看到树顶上的神奇美景。到了冬天，脸色红润的雪橇手就爱到这里，挤在黏稠的奶酪火锅前，大口吃着像黄油般入口即化的牛排，大口喝着加热的葡萄酒，然后在灯光照明中向雪地进军。这里的主厨独具匠心，他最引以为豪的是用当地一流的农产品做料理。

Grischuna Arosa　瑞士菜 €€

（☎081 377 17 01；www.grischuna-arosa.ch；Poststrasse；主菜 Sfr18.50起；⏲正午至14:00和19:00~22:00）这家横梁低矮、摆满古董的小酒馆的窗口上挂了很多牛铃，你定会被吸引过去。这里供应可口的格劳宾登特色菜，比如自制甜菜卷（Capuns）、涂了奶酪的土豆煎饼和新鲜野味。

Los Arosa　酒吧

（☎081 356 56 10；www.losbar.ch；Poststrasse，Haus Madrisa；⏲周一至周五 16:00至次日2:00，周六和周日 14:00至次日2:00）这家酒吧在雪道旁，冬天还会举行派对，总能吸引许多悠闲的人来此观看DJ打碟，或是玩玩桌上足球和飞镖。

实用信息

旅游局（☎081 378 70 20；www.arosa.ch；Poststrasse，Sport-und Kongresszentrum；⏲周一至周五 8:00~18:00，周六和周日 9:00至正午和13:00~16:00）提供自行车和小轮摩托租赁的信息。

到达和当地交通

到达阿罗萨唯一的途径是从库尔过去，乘坐从火车站前出发的窄轨火车（Sfr15.40，1小时），每小时一班。这段旅程道路崎岖，经过高山、松树、小溪和桥梁。火车会经过一座最古老的钢筋混凝土铁路桥。这座62米高的桥于1914年完工，是一项令人惊叹的伟大工程。

自驾的话，从库尔通往阿罗萨的蜿蜒道路路况良好，全长30公里，车程40分钟。

度假村的巴士是免费搭乘的。自驾车司机要注意午夜至6:00的交通禁令。

弗林姆斯、拉克斯和法莱拉（Flims，Laax & Falera）

人口 4200

他们说即使别的地方没下雪，弗林姆斯、拉克斯和法莱拉也一定下雪了。这三个高海拔的地方组成了白色运动场（Weisse Arena），220公里长的雪道满足了各种水平的滑雪爱好者。每年1月，拉克斯会主办公开赛（Laax Open），这里是喜爱派对和高空技巧的单板滑雪者的天堂。

弗林姆斯和拉克斯都见证了最近几年在建筑设计上爆炸式的发展，建筑师规避了矫揉造作的阿尔卑斯拙劣风格，偏爱当代酷炫风。不过这里的历史感依旧存在。拉克斯现存最古老的建筑建于1580年，而第一家酒店则是在1880年开张的。

景点

考玛湖（Caumasee）　湖泊

这座绿松石色的湖泊四周绿树环绕。从酒店Flims Waldhaus向南走15分钟，再乘坐缆车一会儿就到。夏天来这里游泳纳凉是个不错的选择，你还可以租一艘小船。在餐厅的露台吃饭，观赏湖景。湖泊的名字在罗曼什语中称作“Lag la Cauma”，意为“午睡湖”。

圣雷米吉武斯教堂　教堂

（St Remigiuskirche；Falera）这个罗马风格的木瓦顶教堂坐落在一座小山上，这座小山自远古时代就是人们顶礼膜拜的地方，从沿路一排虔诚的竖石纪念碑可见一斑。教堂里面有一幅震撼人心的17世纪中期的壁画，描绘了“最后的晚餐”的情景。站在教堂墓地，你可以看到前莱茵河谷（Vorderrhein Valley）深处的景色。

活动

冬季活动

在拉克斯滑雪　滑雪

（www.laax.com；成人/儿童 1日游 包括滑雪巴士 Sfr75/50）拉克斯是野外滑雪胜地，这里有欧洲最小和最大的U形滑雪道、极佳的自由滑雪公园，还有很多野外滑雪机会。滑雪爱好者可以在彼此相连的度假村滑雪，这里有长达235公里的变速滑雪道（大部分在海拔2000米以上）。除了黑道滑雪的疯狂死忠，这里可以满足所有人。你还可以一探Crap da Flem，这个名字听上去不太吉利，不过Crap在罗曼什语里不是“废物”的意思，而是“山峰”。

夏日活动

夏天，远足范围可达250公里远。

★ 莱茵峡谷 远足

（Ruinaulta, Rhine Gorge）长达3.5小时的步道带你走过冰川凿出的400米深的莱茵峡谷，它被誉为“瑞士大峡谷”。这条步道起点在弗林姆斯以东7公里处的特林（Trin），路过湍急的前莱茵河（Vorderrhein），走过已经被腐蚀成形似尖峰和圆柱的石灰岩峭壁之林。

Pinut Via Ferrata 铁索攀岩

（www.flims.com；导览游 每人 Sfr135；⏲5月中旬至10月）在Pinut via ferrata爬过高耸的岩壁，俯瞰整个山谷。这处铁索攀岩据说是瑞士如今仍在使用的最古老的铁索攀岩路线，有关其历史的初次记载要追溯到1739年，不过不用担心，这里已经完成了全面整修。从运动商店或弗林姆斯旅游局租借装备需要大约Sfr25。

阿尔卑斯自然步道（Alpine Nature Trail） 步行

6公里长的阿尔卑斯自然步道位于Cassons之巅，沿途地形多变，野生动植物种类繁多，是观赏阿尔卑斯山花卉和动物的好地方。

Swissraft 漂流

（☎081 911 52 50；www.swissraft.ch）长达17公里的前莱茵河位于伊兰茨（Ilanz）和赖兴瑙（Reichenau）之间，水流湍急，这里是激浪漂流运动的天堂，你可穿过莱茵峡谷（Rhine Gorge）。这家公司组织半天或全天的漂流游，收费分别为Sfr115和Sfr165，还有独木舟（Sfr125）和激浪漂流（Sfr140）。

食宿

这三处度假村中有许多住宿场所。从旅游局获取优质度假屋和公寓名单。

Riders Palace 青年旅舍 €

（☎081 927 97 00；www.riderspalace.ch；Via Murschetg 1；Laax Murschetg；铺/双 Sfr45/190起；Ⓟ📶）睡觉？别想了。这家以设计取胜的古董旅舍吸引了一群爱开派对的滑雪者，他们在这栋明亮的混凝土构造的房子里狂欢。有容纳5人的多人间，也有整洁的、配有菲利浦·斯塔克设计的浴盆的房间，还有高科技套房，配备游戏机和杜比环绕立体声系统。这里距离拉克斯的滑雪缆车约200米。非旅行旺季时的价格更便宜。

★ Posta Veglia 历史酒店 €€

（☎081 921 44 66；www.postaveglia.ch；Via Principala 54, Laax；双/套 Sfr180~230；Ⓟ📶）19世纪时，这里曾是一家邮局，如今这家充满乡野味道的酒店为客人提供着周到细致的服务。8个乡村小屋风格的房间和套房里放置有木制家具，从横梁到水床和可以看星星的浴缸，所有一切都符合其浪漫（和价格）的定位。餐厅（主菜Sfr29起）出品格劳宾登经典菜肴，如瑞士大麦汤（Gerstensuppe）和甜菜卷。

Arena Flims 客栈 €€

（☎081 911 24 00；www.arenaflims.ch；Via Prau da Monis 2, Flims；度假屋/客栈 每人 Sfr55/85起；Ⓟ📶）这家时髦的小宾馆位于弗林姆斯基站，设计师作品、DJ打碟和各种演出吸引了很多单板滑雪者。这里有度假屋、客栈和小棚屋等各种住宿选择。饮食可以在店里自营的餐馆与热闹的Arena Bar解决。

Fidazerhof 酒店 €€

（☎081 920 90 10；www.fidazerhof.ch；Via da Fidaz 34, Flims-Fidaz；标单/双 Sfr145/190；Ⓟ@）这座黑木度假屋是放松的好去处，可观赏一望无际的阿尔卑斯风光，明亮的屋子有硬木地板和水疗池，可以在滑雪后来一次印度的传统医学阿育吠陀的治疗。餐厅提倡慢食，精致菜品均为当地素食。冬天可依偎在火炉旁。

★ Cavigilli 地中海菜 €€

（☎081 911 01 25；www.cavigilli.ch；Via Arviul 1, Flims Dorf；主菜 Sfr37起；⏲周一至周五11:30~14:00和18:30~22:30，周六和周日 11:30~22:30）这是弗利姆斯最古老的房子，可追溯至1453年，包括一个哥特式的餐厅和一间带横梁的优雅起居室。特色是采用市场出售的新鲜食材精心烹制的菜肴。比如扇贝内夹西瓜、鹰嘴豆、芒果和香草，或是配有樱桃萝卜、黑醋栗、杏仁和八角茴香的鸽子肉。

饮品和夜生活

Riders Palace Club 酒吧

(www.riderspalace.ch; Laax Murschetg; ⏲16:00至次日4:00)这家超酷的酒吧位于同名的旅舍大厅里，是自由滑雪爱好者的最爱，小型演出引爆全场，跟着DJ摇摆至醉眼蒙眬。

Crap Bar 酒吧

(☎081 927 99 45; Laax-Murschetg lifts; ⏲16:00至次日2:00)别看它名字里带着Crap（废物），但实际上名不副实。这间酒吧由24吨重的花岗岩建造，是滑雪后休闲的热门去处。穿着雪靴累了一天后，人们在这里玩台球、查收电子邮件。

实用信息

旅游局总部(☎081 920 92 00; www.alpenarena.ch; Via Nova 62, Flims; ⏲6月中旬至8月中旬 周一至周五 8:00~18:00，周六 8:00至正午，12月中旬至次年4月中旬 8:00~17:00)旅游局总部位于弗林姆斯。

到达和离开

邮政巴士每小时都从东边20公里处的库尔开往弗林姆斯和白色运动场区域内的其他村庄(Sfr14.20，至Flims Dorf，35分钟)。这三个村庄之间可乘坐免费的当地接驳巴士。

沃尔斯(Vals)

人口990 / 海拔1252米

美丽的格劳宾登州村庄沃尔斯（海拔1252米）坐落在伊兰茨以南20公里处的瓦塞尔塔(Valsertal；即沃尔斯谷)。小村里有许多饱经风霜但魅力十足的老木房和木瓦顶建筑，群山俯瞰着阿尔卑斯山的牧场，农舍和牧羊人的小屋随意地点缀其间。

瑞士人会告诉你沃尔斯出产Valser矿泉水，你一进村就会看到该公司的工厂。但这里的怡人温泉也非常有名，特别是在巴塞尔出生的建筑师彼得·卒姆托(Peter Zumthor)把瓦塞尔塔温泉神奇地变成时尚前沿的圣殿之后，这个小村子和它泉水的秘密就流传了出去。这里也有些历史感，瓦尔斯的第一家水疗酒店于1893年开业。

向北流的Glogn River在伊兰茨汇入莱茵河，而瓦塞尔塔则是前者的支流形成的河谷，因此这里就像个死胡同，你进入山谷之后还要原路返回。

活动

冬天，瓦塞尔塔的高山中有一些坡度比较平缓的速降滑雪道。夏季还有几条不错的徒步路线。

7132 Therme 水疗

(☎058 7132 011; http://7132therme.com; 成人/儿童 Sfr80/52，持有沃尔斯度假宾客卡Sfr45/30; ⏲11:00~20:00)彼得·卒姆托用了60,000块当地的石英岩，建造了瑞士最吸引人的温泉水疗地之一。除了室内和室外热疗池，这个灰色石头建造的迷宫里，边边角角都隐藏着水疗池。设计巧妙的照明系统让人无时不感觉身在洞穴里。你可以享受温暖的热水池(42℃，107.6℉)和带着香味的花瓣浴池(Blütenbad)，或者在蒸汽室里出汗，再去冷到牙齿打战的冰水池里冷静一下。

Zervreilasee 徒步

从沃尔斯往南走8公里，就来到这个1957年因建造151米高的水坝淹没Zervreila村而形成的湖泊，上方是丛林密布、海拔3402米的莱茵瓦尔德峰(Rheinwaldhorn)。一般只能在6月至10月登山，这个时节有几条适宜徒步的小径开放。可在旅游局咨询详情。

住宿

除了几家酒店和民宿，山谷里还有许多度假公寓可供选择。可登录www.vals.ch查询更多信息。

★ Brücke 49 民宿 €€

(☎081 420 49 49; www.brucke49.ch; Poststrasse 49; 双 Sfr200起; P 📶)这是一家极为时尚的小巧客栈，既有北欧之美，也有阿尔卑斯山的温暖，店主Ruth和Thomas竭诚为你服务。客栈里非常干净，每个房间的装饰自成一派，有裸木地板、柔和的色调和一种设计风格。你可以在壁炉旁、花园里和书房流连。早餐同样特别，有上乘的当地农产品和自制面包。

7132 Hotel 设计酒店 €€€

（☎058 7132 000; http://7132.com; Vals; 双 Sfr533起; P 📶）这个庞大的建筑始建于20世纪60年代（最近根据沃尔斯的邮政编码更名为7132 Hotel），房间依据世界知名建筑师的设计方案进行了改造，其中包括瑞士的彼得·卒姆托、日本的安藤忠雄和隈研吾以及美国的汤姆·梅恩（Thom Mayne）。可以登录酒店网站查询套餐信息。酒店还经营三个餐厅和一个酒吧。

实用信息

旅游局（☎081 920 70 70; www.vals.ch; ⏲周一至周六 9:00~11:30和14:00~17:00）位于进村主路的右侧。

到达和离开

大概每小时有1班长途汽车从伊兰茨（从库尔到伊兰茨有定点火车; Sfr16.60, 35分钟）到沃尔斯（Sfr13.20, 40分钟）。

沃尔斯位于伊兰茨以南20公里处，两地之间有一条蜿蜒的公路。

迪森蒂斯/穆施特（Disentis / Mustér）

人口2070 / 海拔1130米

格劳宾登州西部的这座小村——德语称迪森蒂斯，罗曼什语称穆施特——官方名称是迪森蒂斯/穆施特。这里是该州苏尔塞瓦（Surselva）地区的一部分，小村与周边山谷及高地生活着约2万名讲罗曼什语的居民。

迪森蒂斯/穆施特上方是梦幻般的本笃会迪森蒂斯修道院（Kloster Disentis），如果你乘坐冰川快车（见182页）的话，在火车站就能看到这座修道院。冰川快车在攀登位于小村以西约21公里、海拔2044米的欧伯拉普山口（Oberalp Pass）时需要使用齿轨专用引擎，更换引擎时，乘客可以下车逗留15分钟。向西去往安德马特或向东去往库尔的游客几乎都不在这里住宿，但这里其实是个很有魅力的中途站。

景点

迪森蒂斯修道院 修道院

（Kloster Disentis; www.kloster-disentis.ch; Via Claustra 1; 博物馆 成人/儿童 Sfr10/5; ⏲博物馆 8:30~17:00）这座俯瞰着迪森蒂斯/穆施特的本笃会修道院有一个附属的巴洛克式教堂，装潢华丽。8世纪时这里就有一个修道院，不过如今这个异常庞大的建筑群是18世纪修建的。**修道院博物馆**（Klostermuseum）陈列了许多有关修道院历史的纪念品。

住宿

Hotel Alpsu 酒店 €

（☎081 947 51 17; www.hotelalpsu.ch; Via Alpsu 4; 标单/双/标三/四 Sfr75/120/165/200; P 📶）夏天开满天竺葵，房间装饰风格各异。酒店位置优越：从火车站步行5分钟即可抵达，与修道院的距离也差不多。餐厅供应好吃的甜菜卷和面条。

实用信息

旅游局（☎081 920 40 30; www.disentis-sedrun.ch; 迪森蒂斯/穆施特火车站; ⏲周一至周五 7:30~17:45，周六和周日 7:50开始营业）位于火车站。

到达和离开

火车向西前往安德马特（Sfr21.20, 1小时），途经欧伯拉普山口，向东前往库尔（Sfr30, 1.25小时）。

迪森蒂斯/穆施特位于N19公路路旁，安德马特以东32公里，库尔以西60公里处。

莱茵河谷地区（BÜNDNER HERRSCHAFT）

位于库尔以北的莱茵河谷地区是著名的葡萄酒产区，尤其以莱茵河以东的**五村庄**（Fünf Dörfer）——弗拉什（Fläsch）、迈恩费尔德（Maienfeld）、耶尼斯（Jenins）、马兰斯（Malans）和齐策斯（Zizers）——最为出名。这里是格劳宾登州的主要葡萄酒产地，主要种植黑皮诺（Blauburgunde），酿造出的红葡萄酒令人难忘。在这个葡萄园遍地的区域随意走走是种非常惬意的享受。

宁静的巴德拉格斯有许多雕塑和温泉，位于如今标榜为“海蒂之乡”（Heidiland）的区域——17座村庄和37个小镇——的中心。尽管海蒂只是小说里的人物，但这里仍然以她的名字大做文章，你经常可以看到各种与海蒂有关的场所。

巴德拉格斯及周边（Bad Ragaz & Around）

人口4950 / 海拔502米

优雅的小镇巴德拉格斯位于莱茵河畔，一家1840年开张的水疗馆吸引了很多温泉爱好者，比如道格拉斯·费尔班克斯（Douglas Fairbanks）和玛丽·碧克馥（Mary Pickford）。传说，泉水可以提高免疫系统，改善血液循环。如今温泉仍吸引着大批游客，但人们来这里还可以滑雪、徒步、打高尔夫、在附近的葡萄园里漫步，感受这里的宁静氛围。此外，小镇里还有许多漂亮、有趣的雕塑。

河对面的村庄迈恩费尔德是品尝当地葡萄酒的理想场所，在这里还可以沉浸在对海蒂的想象（见315页）里，如果你愿意的话。

活动

Fünf Seen Wanderung 远足

（Five Lake Walk）这里是该地区最佳徒步路线之一，起点在海拔2227米的Pizolhütte。5个小时的路程带你走过石灰岩山峰、冰川和五个宝石般色彩缤纷的湖泊。你还可以看到瑞士和奥地利阿尔卑斯山的无双美景。

Tamina Therme 水疗

（☎081 303 27 40；www.taminatherme.ch；Hans-Albrecht-Strasse；工作日门票 成人/儿童 Sfr36/22；⊙周日至周四 8:00~22:00，周五 至23:00）这家位于巴德拉格斯镇极为豪华的水疗有几个36.5℃（97.7℉）的温泉池，还有按摩水泵、漩涡浴、桑拿和各式疗法及按摩。

Pizol 滑雪

（☎081 300 48 20；www.pizol.com；成人/儿童 一日票 Sfr54/27）Pizol雪道在巴德拉格斯上方，雪道旁绿树成荫。冬天，很多初学者和中级滑雪者慕名来这里40公里长的雪道滑雪。这些雪坡到了夏天则会吸引许多登山者。

雕塑长廊（Sculpture Promenade） 散步

去旅游局索取巴德拉格斯雕塑长廊的地图。这座宁静小镇到处都有艺术和雕塑作品，其中也包括雕塑长廊，这里可以供你流连约1个小时。

Vinothek Von Salis 葡萄园

（☎081 300 60 60；www.vonsalis-wein.ch；Kruseckgasse 3, Maienfeld；⊙周一至周五 14:00~18:00，周六 9:30~16:00）想要品尝并了解当地美酒的话，那就去欢乐的Vinothek von Salis。

住宿

★ Schlaf Fass 客栈 €€

（http://schlaf-fass.ch；Weingut zur Bündte；Maienfeld；每人 Sfr90起；P 📶）如果你喝多了当地的便宜葡萄酒，想要寻求独特的体验，就在迈恩费尔德东北方向葡萄园中Schlaf Fass的两个巨大酒桶里选一个过一晚。登录网站可以了解入住酒桶的详情。

值得一游

海蒂村（HEIDIDORF）

位于巴德拉格斯以东3公里的**迈恩费尔德**（Maienfeld）是你开始海蒂故乡之旅的起点。约翰娜·施普里（Johanna Spyri；1827~1901年）把海蒂的故事背景放到迈恩费尔德附近的乡野，当地人也不知道究竟哪个村庄是属于海蒂的。现在它叫作——你肯定猜到了——海蒂村。**海蒂环线**（Heidi Loop Trail）以迈恩菲尔德为起点，经过风光秀丽的乡间，需1.5小时能走完全程。海蒂村里没什么可看的，除了海蒂之家，不过海蒂是虚构的人物，自然不可能在这里住过。

你也可以逛逛位于迈恩费尔德中心区域的**海蒂商店**（Heidi Shop；www.heididorf.ch；Bahnhofstrasse 1；⊙3月至11月 10:00~17:00），购买与海蒂有关的一切商品。爬完山以后，你可能需要一些Heidiwein来治疗你的高原头痛。更为夸张的是，周边地区为了发展旅游业自诩为“海蒂之乡”（www.heidiland.com）

Hotel Krone 酒店 €€

（☎081 303 84 44；www.kroneragaz.ch；Kronenplatz 10；标单 Sfr84~97，双 Sfr160；🅿📶）镇中心的Hotel Krone是一家很可爱的酒店，翻新以后整洁美观，有独立装修风格的房间，自营的餐馆也非常出色。这家酒店自19世纪晚期开始营业，建筑本身就非常漂亮，会让你忍不住拍照留念。

Hotel Schloss Ragaz 酒店 €€

（☎081 303 77 77；www.hotelschlossragaz.ch；Schloss-strasse；标单/双 Sfr160/280起；🅿📶🏊）这家酒店是一个带角塔的小城堡，有宽敞安静的4人间和精心修剪的花园。餐厅人气很高，许多非住客也来就餐。能让人回归自然的水疗可以缓解疲劳。

★ Schloss Brandis 瑞士菜 €€

（☎081 302 24 23；www.schlossbrandis.ch；Maienfeld；主菜 Sfr26起；⏲11:00~22:00）从迈恩费尔德火车站向东北方向走5分钟就到了15世纪的高塔Schloss Brandis，里面有本州最好的餐厅之一。可在有横梁、灯笼照明的起居室、花园或拱顶地窖拉把椅子，品尝迈恩费尔德的雷司令汤和肉类特产（包括秋天美味的野味）。

Weinstube Alter Torkel 瑞士菜 €€

（☎081 302 36 75；www.torkel.ch；Jeninserstrasse 3；马兰斯；主菜 Sfr30起；⏲10:00~23:00）停下脚步，在马兰斯的餐馆Weinstube Alter Torkel面对葡萄园的露台上喝杯当地的黑皮诺，吃顿午餐。乡村酒窖既有当地美食，也有酥脆的烤猪肉蘸黑皮诺酱和奶酪焗烤土豆。

ℹ 实用信息

旅游局（☎081 300 40 20；www.heidiland.com；Am Platz 1；⏲周一至周五 8:30至正午和13:00~17:00，周六 9:00~14:00）位于镇中心，从火车站沿Bahnhofstrasse向南走900米即是。

ℹ 到达和离开

巴德拉格斯位于库尔—苏伊士的火车沿线上。从库尔每小时都有火车开往迈恩费尔德（Sfr9，15分钟）。从这里到苏黎世的火车行驶时间1.25小时（Sfr34）。

自驾的话，巴德拉格斯距库尔21公里车程，距苏黎世99公里车程。

克洛斯特斯（Klosters）

人口 4280 / 海拔 1194米

无论你是夏天在克洛斯特斯繁花盛开的山坡上徒步，还是冬天入住那些被雪花和冰柱掩映的木头小屋，克洛斯特斯都风景如画。确实，这个村庄有华丽的房屋，也没有多少狗仔队来骚扰，所以吸引了很多来玩障碍滑雪的名人和贵族。14岁的查尔斯王子曾在这里学习滑雪，还是孩童的哈里和威廉王子也曾在这里嗖嗖冲下雪道。

这里常与12公里之外的达沃斯相提并论，不过有一点可能令人讶异，位于山谷中的克洛斯特斯海拔1194米，而达沃斯则在更高的1560米处。

🏃 活动

冬季活动

在克洛斯特斯滑雪 滑雪

（www.davos.ch；地区通票 2/6天 Sfr139/332）达沃斯和克洛斯特斯共享320公里的雪道，都属于地区通票覆盖范围。如果你想住在克洛斯特斯，位于西部的Parsenn是个不错的选择，而且去达沃斯（见318页）非常方便。这片广袤的地区最高点是魏斯弗鲁约赫峰（Weissfluhjoch；海拔2844米），从这里你可以滑雪到位于12公里外的屈布利斯（Küblis），那里海拔低于2000米。

马德里萨（Madrisa）位于山谷东端，有长长的充满阳光的雪道，大多数中级雪道都在植被线上面，适合家庭游客。

Toboggan Run 雪上运动

（Madrisa；一日票 成人 Sfr37，儿童 Sfr15~26；⏲12月至次年4月 8:15~16:00）冬天有适合儿童的活动，包括从马德里萨到Saaseralp一路颠簸的速降冲刺。

Horse-Drawn Sleigh 雪上运动

（☎081 422 18 73；www.pferdekutschen.ch；Doggilochstrasse 1）当雪花飘落的时候，什么都

比不上马拉雪橇有趣。旅游局可以安排。

夏季运动

这个地区中有一条700公里保养良好的步道。这条步道中既有适合一家人散步的路段，也有需要花几天时间到高海拔地区的路段。徒步爱好者可在此征服绳索桥，或到马德里萨爬树。

爬山和速降自行车同样流行。可登录www.davos.ch寻找灵感。

Bardill 骑自行车

（☎081 422 10 40；www.bardill-sport.ch；Landstrasse 185；⊙周一至周五 8:30至正午和14:00~18:30，周六 8:30~12:30和14:00~17:00）山地/电动/双人自行车每天租费分别为Sfr30/49/75。该旅行社在冬季出租滑雪板。

Gotschna Freeride 山地自行车

（www.davos.ch/en/summer/activities/bike/mountain-bike/gotschna-freeride；⊙6月至10月）这条从Gotschna中心车站到克洛斯特斯的车道有5.7公里长，沿途有200多处坡弯、跳跃点和坡道，异常险峻，让人心惊胆战，是自由骑行爱好者的天堂。征服这条车道之前，不妨先去技巧中心热热身。

R&M Adventure 探险运动

（☎079 384 29 36；www.ramadventure.ch；Landstrasse 171）在这家提供激浪漂流和溪降运动的知名公司量身定制你自己的探险游。活动项目与价格见网站。

Strandbad Klosters 游泳

（Doggilochstrasse 51；成人/儿童 Sfr7/5；⊙5月至9月 9:00~19:00）在这个发热的户外泳池中玩水的时候，别忘了欣赏锡尔夫雷塔阿尔卑斯山脉（Silvretta Alps）的美景。这里有儿童游乐区、排球课，跳水池上方还悬着一面攀岩墙。

Madrisa Land 游乐园

（www.madrisa-land.ch；Madrisastrasse 7；门票包括缆车 成人/儿童 Sfr24/10；⊙7月至10月 10:00~16:45）这个儿童游乐园在马德里萨，有童话故事主题的探险游，活动包括乘坐缆车、参观迷你动物园、骑小马、玩滑板车、树屋以及各种适合家庭的趣味活动。

食宿

旅游业是克洛斯特斯的主要收入来源。在旅游局索取私人住房和公寓名单。夏天价格下降30%~50%。

R&M Adventure Hostel 青年旅舍 €

（☎081 422 12 29；www.ramadventure.ch；Landstrasse 171；铺/标单/双 Sfr45/75/110；Ⓟ📶）这家旅舍在克洛斯特斯中心，有色彩缤纷的房间，在休息室你可以自行准备茶和小吃，阁楼上还有电视和游戏室。旅舍还可以安排各种冬季和夏季的冒险活动，如漂流——登录网站可了解详情。

Steinbock 酒店 €€

（☎081 422 45 45；www.steinbock-klosters.ch；Landstrasse 146；双 Sfr250起；Ⓟ📶）这里可以看到开阔的山景，给你真正置身于山间的感觉。房间由湖泊松装饰，三个餐厅供应暖人心的瑞士菜。如果多添点钱，你还可以有自己的火炉。所有客人都可以享受漩涡池、桑拿和蒸汽房。

★Romantik Hotel Chesa Grischuna 历史酒店 €€€

（☎081 422 22 22；www.chesagrischuna.ch；Bahnhofstrasse 12；标单/双/套 Sfr126/198/234起；Ⓟ📶）典型的瑞士度假屋，暖和舒适的松木房间，装饰有古董和精心雕刻的天花板。点着灯笼的餐厅（主菜Sfr42起）也是阿尔卑斯一道亮丽的风景线。身着传统紧身连衣裙的女服务员端来新鲜的时令菜肴，有当地产的鳟鱼，也有烤牛肉。

★Kaffee Klatsch Easy 咖啡馆 €

（☎081 422 66 30；www.kaffeeklatsch-klosters.ch；Bahnhofstrasse 8；午餐 主菜 Sfr16.50起；⊙周一至周六 8:00~18:00；📶）备受推崇的Kaffee Klatsch在克洛斯特斯有两家分店，以Easy为名的分店是一家咖啡馆，在Bahnhofstrasse路旁的合作商店隔壁，日间营业，提供早餐、午餐、小吃和美味甜点。所有食品都是店里自制。另一家分店**Kaffee Klatsch Lounge**（☎081 417 68 40；Gotschnastrasse 21；

午餐 主菜Sfr11.90）位于Goschna Ski Lift的轨道尽头，周五至周日8:30~18:00营业。

信息中心

旅游局（☎081 410 20 20；www.davos.ch/klosters；Alte Bahnhofstrasse 6；⏲周一至周五 8:30至正午和14:00~18:00，周六 9:00~17:00，周日 9:00~13:00）在村子中心。

到达和当地交通

克洛斯特斯分为两个区域。Klosters Platz是主要的度假区，在火车站附近。火车站往左两公里处是较小的Klosters Dorf和马德里萨缆车。

克洛斯特斯和达沃斯同在兰德夸特和菲利苏尔之间的火车线路上。如果你持达沃斯-克洛斯特斯度假宾客卡（Guest Card）或滑雪通票，可乘免费巴士往返它们之间。

达沃斯（Davos）

人口11,700 / 海拔1560米

不同于小姐妹克洛斯特斯，达沃斯酷炫多过典雅。这里虽然没有阿尔卑斯的美景，但用诱人的滑雪条件弥补，比如下坡道最长2000米的野兽雪道，滑雪后的派对也是一大亮点。1865年，第一批外来访客来到达沃斯，当时人们认为高海拔的气候有助于治疗结核病。如今游客们来到这里是为了到这座阿尔卑斯山度假胜地体验冬季和夏季的有趣活动。

这里每年还会主办世界资本主义精英的顶级盛会，即世界经济论坛（World Economic Forum）。除了这项盛会，亚瑟·柯南道尔爵士（因《福尔摩斯》而闻名的小说家）也曾在这里滑雪，诺贝尔文学奖获得者托马斯·曼（Thomas Mann）在这里找到灵感写出了《魔山》（*The Magic Mountain*）。

达沃斯由两个毗邻地区组成：Davos Platz和老一点的Davos Dorf。它们都有各自的火车站。

景点

★凯尔希纳博物馆 博物馆

（Kirchner Museum；☎081 410 63 00；www.kirchnermuseum.ch；Promenade 82；成人/儿童 Sfr12/5；⏲周二至周日 11:00~18:00）这家庞大的博物馆内收藏的有关恩斯特·路德维希·凯尔希纳（Ernst Ludwig Kirchner；1880~1938年）的藏品乃是世界上规模最大的。这位德国印象派画家以该地区景色为基础，创作了许多绝美的风景画。后来纳粹把他定性为“堕落的艺术家”，收藏在各大艺术馆里的所有作品也被纳粹没收，他陷入绝望并于1938年自杀身亡。

冬季运动会博物馆 博物馆

（Wintersportmuseum；☎081 413 24 84；www.wintersportmuseum.ch；Promenade 43；成人/儿童 Sfr5/3；⏲12月至次年3月和7月至10月 周二和周四 16:30~18:30）这家专注于滑雪的博物馆会带你回到过去：那时滑雪用木板，雪鞋则是用网球拍改造的。

活动

冬季活动

在达沃斯滑雪 滑雪

（www.davos.ch；地区通票 2日/6日通票 Sfr139/332）达沃斯与克洛斯特斯（见316页）共享320公里的雪道，购买地区通票即可畅游。此外，这里也有一些极好的越野滑雪场地。两处联合运营滑雪项目，但如果你在达沃斯住宿，可以乘坐山谷南端Jakobshorn的缆椅。同样位于山谷南端的还有适合家庭的Rinerhorn。

山谷北端的Parsenn有各种滑雪场地，从达沃斯与克洛斯特斯前往都很方便。Schatzalp/Strela主打缓坡上的“减速”滑雪。所有项目都精彩无比！

达沃斯是越野滑雪的热门去处，有75公里保养良好的滑雪道，有经典滑道和滑冰道可选，还有一条灯光雪道，供你在星光下驰骋。这里还有平底雪橇雪道，比如从Schatzalp到Davos Platz长2.5公里的灯光雪道。可在Schatzalp基站租雪橇。

Schweizer Schneesportschule 滑雪

（☎081 416 24 54；www.ssd.ch；Promenade 157）这是瑞士最好的滑雪和单板滑雪学校之一。

Davos 达沃斯

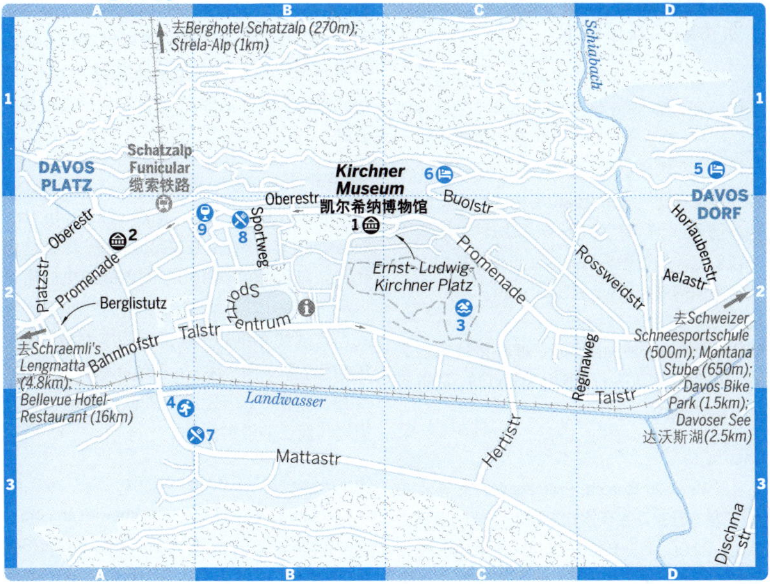

Davos 达沃斯

重要景点

1 凯尔希纳博物馆 B2

景点

2 冬季运动会博物馆 A2

活动、课程和团队游

3 Eau-là-là C2
4 Luftchraft – Flugschule Davos A3

住宿

5 Davos Youthpalace D1
6 Waldhotel Davos C1

就餐

7 Hänggi' s B3
8 Kaffee Klatsch B2

饮品和夜生活

9 Mountain' s Akt B2

夏季活动

达沃斯和克洛斯特斯加起来总共有700公里长带路标的徒步步道和1300公里长的山地自行车车道，包括一些颇具挑战性的下坡和单向车道。有关路线、地图和装备出租信息请登录www.bike-davos.ch。

夏季水上运动包括在**达沃斯湖**（Davoser See）进行帆船和帆板运动。

弗吕埃拉山口（Flüela Pass） 观景车道

位于达沃斯东南方向14公里处，这条公路穿越景色壮丽的弗吕埃拉山口（海拔2383米），连接达沃斯（海拔1560米）和位于地势较低的恩嘎丁谷（Engadin Valley）的苏施（Susch；海拔1438米）。山口处有一处美丽的高山湖泊、一家养老院兼小餐馆。山口一般每年6月开放，可以在此欣赏壮丽的阿尔卑斯山风光。

Davos Bike Park 山地自行车

（☎081 416 18 68；www.davos.ch/bikepark；Flüelastrasse；⏲7月至10月 从早到晚）可在跳台和弯道等设备上测试你的技巧。野外泥地自行车每小时租金为Sfr20。

Luftchraft – Flugschule Davos 滑翔

（☎079 623 19 70；www.luftchraft.ch；Mattastrasse 9）胆大的人若想从Jakobshorn

夏季省钱之道：达沃斯-克洛斯特斯度假宾客卡

夏天在达沃斯或克洛斯特斯住宿，你就可以得到一张度假宾客卡（Guest Card），这张卡可以让你免费搭乘巴士和缆车，限次享受全景列车（见305页），还能免费进入Schatzalp植物园和达沃斯人造溜冰场。有了这张卡，参加导览徒步或攀岩入门课程等活动时还可享受折扣。更多详情请登录www.davos.ch。

或Gotschnagrat一跃而下，可以在这家有名的学校预订双人飞行，费用为Sfr175。记得提早打电话预约。

Eau-là-là 游泳

（www.eau-la-la.ch；Promenade 90；泳池 成人/儿童 Sfr10/7，白天水疗 Sfr28；⊙周一至周六 10:00~22:00，周日 10:00~18:00）如果比起垂直跳跃，你更喜欢水平观赏，那就来这家休闲中心，这里有户外热泳池、儿童戏水区，还可以在享受水疗的同时欣赏山景。

节日和活动

瑞士摔跤 文化

（Schwingen；www.davos.ch；⊙8月）瑞士最疯狂的一面在瑞士摔跤比赛（Sertig Schwinget）中展露无遗。届时，瑞士摔跤的冠军将在木屑上一决高下。

达沃斯音乐节 音乐

（Davos Festival；www.davosfestival.ch；⊙8月）在为期两周的达沃斯音乐节上回响着古典音乐的美妙旋律。

国际雪联越野滑雪世界杯 运动

（FIS Cross-Country World Cup；www.davosnordic.ch；⊙12月）达沃斯在每年12月会举办国际雪联越野滑雪世界杯。

住宿

达沃斯的住宿场所在冬季人满为患，而夏天住宿费用则可降低30%。

Davos Youthpalace 青年旅舍 €

（☎081 410 19 20；www.youthhostel.ch；Horlaubenstrasse 27；铺/标单/双 Sfr39/110/114起；P 📶）这家时髦的背包客旅舍曾经是一所疗养院。预算紧张的滑雪者可以选择入住这里明亮现代的多人间，有松木床铺（带阳台的房间需要多花几法郎）、休息室和滑雪设备存放处。

★ **Berghotel Schatzalp** 山间酒店 €€

（☎081 415 51 51；www.schatzalp.ch；Schatzalp；标单/双 Sfr125/230起；📶）住在这座比达沃斯海拔还高300米的山间历史酒店是一种美妙的体验，可以乘坐酒店8:00至午夜间运营的缆车抵达。这里有一座别墅（建于1907年）和一座小屋，另有两间餐厅、一处露台和一家钢琴酒吧。酒店外就可以进行适合家庭与新手的滑雪活动。

Bellevue Hotel-Restaurant 酒店 €€

（☎081 404 11 50；bellevuewiesen.com；Hauptstrasse 9，Davos Wiesen；双/套 Sfr139/349起；P 📶）此地位于宁静的小村Wiesen，内部装修华丽，服务热情。房间是现代阿尔卑斯时尚风格，抢眼的墙纸、柔和的色调，还有木制地板。舒适的休息室、不错的餐厅，以及朝山的露台都吸引着你来此下榻。

Schraemli's Lengmatta 民宿 €€

（☎081 413 55 79；www.lengmatta-davos.ch；Lengmattastrasse 19，Davos Frauenkirch；每人Sfr80起；P 📶）这个原木小屋酒店非常静谧，从这里可以看到连绵的阿尔卑斯山景，价格也并不高。舒适的松木房间里有铺着格子布的柔软床铺。这里有儿童游戏场、朝山的露台，还有一个供应本州特色菜（Sfr17起）的不错的餐厅。半食宿每人收取Sfr35。

★ **Waldhotel Davos** 历史酒店 €€€

（☎081 415 15 15；www.waldhotel-davos.ch；Buolstrasse 3；标单/双 Sfr205/390起；P 📶 🏊）位于托马斯·曼1924年创作的同名小说里出现的“魔山”，这家建于1911年的疗养院摇身一变成了一家时尚酒店，甚至连标间也配有一个可以晒太阳的阳台。如果你看厌了山景，就去盐水池和桑拿池里放松一下。餐厅一流，有从获奖酒窖买来的葡萄酒。该酒店只在冬季营业。

就餐

Kaffee Klatsch 咖啡馆 €

（☎081 413 30 16；Promenade 72；简餐Sfr19起；⊙周一至周六 7:30~21:00，周日 8:00~21:00）柔和的音乐让这家艺术咖啡厅的氛围非常惬意。试试美味的自制瑞士什锦麦片早餐、带馅佛卡夏或有机沙拉，或者驻足品尝一块蛋糕加特色咖啡，比如香草豆荚或海蒂拿铁（由烘烤有机燕麦制成）。淡季时营业时间缩短。

Strela-Alp 瑞士菜 €

（☎081 413 56 83；www.schatzalp.ch；Schatzalp；主菜 Sfr17起；⊙7月至10月中旬 9:00~18:00，10月中旬至次年6月 9:00~17:00；）这家乡村小屋距Schatzalp缆索铁路最高的车站10分钟步程，这里有辽阔山景、阳光露台，还有瑞士菜（如土豆煎饼和奶酪火锅），是享用午餐的理想场所。

Hänggi's 意大利菜 €€

（☎081 416 20 20；www.haenggis.ch；Mattastrasse 11；比萨/主菜 Sfr16/23起；⊙11:30~14:00和18:00~21:00；）这家带横梁的舒适餐厅最出名的是现烤比萨，香脆可口。或者品尝一下脱胎于意大利菜的美食，比如意大利面加新鲜的鸡油菌、新鲜的鱼和果味浓郁的刨冰。

Montana Stube 瑞士菜 €€

（☎081 420 71 77；www.montanastube.ch；Bahnhofstrasse 2，Davos Dorf；主菜 Sfr24起；⊙周三至周六 17:00~23:00；）Montana Stube是在Davos Dorf就餐的好去处，木头装饰的餐厅带给人温暖的感觉。餐厅主打肉食和奶酪，百分之百的瑞士菜。强烈推荐这里的奶酪火锅。

饮品和夜生活

Jatzhütte 酒吧

（☎081 413 73 61；www.jatzhuette.ch；Jakobshorn；⊙14:30起）这个酒吧位于海拔2560米处的Jakobshorn山顶，是在达沃斯滑雪回来后最古怪的去处。那些有胆量半裸的人，可以尝试泡泡由冰峰环绕的39℃（102.2℉）的漩涡池。

Mountain's Akt 酒吧

（☎079 829 79 16；www.facebook.com/mountainsakt；Promenade 64；⊙周二至周四和周日 15:00至次日1:00，周五和周六 15:00至次日4:00；）周末，DJ用电子音乐震撼全场。这里的啤酒种类不胜数，从Kilkenny到Leffe，应有尽有。夏天这里是啤酒花园，冬天则是雪上酒吧。

实用信息

旅游局（☎081 415 21 21；www.davos.ch；Tourismus-und Sportzentrum，Talstrasse 41；⊙周一至周五 8:30~18:00，周六 13:00~17:00，周日 9:00~13:00）旅游局的总部在Davos Platz。这里有很多地图和手册。

到达和离开

有火车到库尔（Sfr15.50，1.5小时）或苏黎世（Sfr28，2.5小时），在兰德夸特（Landquart）换乘。如果去圣莫里茨（Sfr30，1.5个小时），从Davos Platz搭乘火车，在菲利苏尔换乘。每小时都有车到下恩嘎丁的施库奥尔（Sfr32，1.25小时），从Davos Dorf搭乘火车，在克洛斯特斯换乘。

恩嘎丁（THE ENGADINE）

Inn（罗曼什语叫En）河近3000公里长，从白雪皑皑的格劳宾登阿尔卑斯山发源，绕过马洛亚山口，恩嘎丁因此河得名。

这里与你对瑞士的想象别无二致，有堪称瑞士最时尚滑雪圣地的圣莫里茨，还有毗邻的上恩嘎丁（Oberengardin）山谷沿线与蓬特雷西纳（Pontresina）附近的一系列高人气滑雪道；继续向东可达下恩嘎丁（Unterengardin），这里洋溢着浓厚的乡村魅力，有茂密的森林与壮观的瑞士国家公园。整条山谷风光旖旎，如白雪皑皑的阿尔卑斯峭壁、山谷和银铃般潺潺作响的山间溪流。

如果这些还不能令你满足，去探索伯利嘎利亚山谷（Val Bregaglia）、波斯基亚沃山谷（Val Poschiavo）和米施泰尔山谷（Val Müstair）也是乐事一桩，这些山谷越过山口，像手指一样伸向意大利。

恩嘎丁地区的许多节日体现着这里的独特文化，如**Schlitteda**（⊙1月），这个节日期间，小伙子们会驾着马拉雪橇前往邻村，从他们喜欢或讨厌的姑娘身边疾驰而过；又如Chalandamarz（⏲3月1日），人们吟唱歌谣，甩响鞭子，摇动牛铃以赶走寒冷的冬季。

施库奥尔（Scuol）

人口4690／海拔1250米

施库奥尔是下恩嘎丁谷中靠近奥地利边境（距离边境25公里）的唯一一个规模还算大的城镇，起伏的群山和茂密的森林将其环绕。夏天适合来这里徒步，冬天适合来这里漫游。施库奥尔远离人群，而且一年四季都适合泡温泉。在老镇（下施库奥尔）漫步是一种享受，那里有很多好看的装饰了壁画的村舍、鹅卵石广场，还有喷泉。喷出的带有矿物质的水来自该地区20个温泉中的一个。

景点和活动

★瓜尔达（Guarda） 村庄

位于施库奥尔以西11公里的瓜尔达有蜿蜒的鹅卵石街道、好似霍比特人居住的小房子和无数的喷泉。这座村庄魅力十足，吸引着许多瑞士人前来漫步。这个拥有160名居民的村庄位于一处台地之上，从位于山谷的车站向上坡走30分钟即到。想要在此住宿的话，Hotel Piz Buin（☎081 860 30 40；https://pizbuin.ch；Chantun Sura 21；标单/双 Sfr100/150起；P 📶）是个不错的选择。从瓜尔达有条路向北8公里到达海拔3312米的布因峰（Piz Buin；防晒霜很有名）山脚，这是锡尔夫雷塔（Silvretta）山脉近瑞士—奥地利边界最主要的山峰。

塔拉斯普城堡 城堡

（Schloss Tarasp；☎081 864 93 68；www.schloss-tarasp.ch）这个带角楼的千年城堡坐落在悬崖上，居高临下地俯瞰着山谷，绝对符合童话故事里的城堡标准。2016年，城堡被瑞士艺术家诺特·维塔尔（Not Vital）买下，他计划将其打造成具有全国和世界知名度的文化景点。想要参观城堡的话只能参加导览游；登录网站可查询最新详情。

Motta Naluns 滑雪

（www.bergfex.com/scuol；成人/儿童 一日票 Sfr56/28）Motta Naluns有80公里的滑道，单板滑雪爱好者能在这里尽情享受。夏天，这些滑道吸引徒步爱好者和速降自行车爱好者。你可以在缆车车站租滑板车（Sfr18）、山地自行车（Sfr35）、速降自行车（Sfr48）和电动自行车（Sfr43），嗖嗖飞过草地和森林。

Engadin Bad Scuol 水疗

（www.engadinbadscuol.ch；Via dals Bogns 323；成人/儿童 Sfr26.50/16；⏲周一至周日 8:00~21:45）在桑拿池、按摩水泵池、瀑布池和漩涡池里泡热浴，尽情放松。到了夜晚，跳进蛇形户外浴池，在星光下泡个澡。若想享受全身护理，预订一个2小时15分钟的罗马—爱尔兰浴（Sfr66），包括不同沐浴和按摩，全程裸体。

Engadin Adventure 探险运动

（☎081 861 14 19；www.engadin-adventure.ch；Via da Ftan 495）私人定制户外探险运动，包括半日漂流游（Sfr95起）和从Motta Naluns出发的单向自行车游（Sfr69），绝对让你腿颤。

食宿

施库奥尔有几个不错的酒店，位于城镇主干道之下的老城区域的酒店特别有魅力。此外，也有经济型住宿选择。

Chasa Valär 民宿 €

（☎081 864 19 59；www.ferienhaus364.ch；Vi 364；房间 每人 Sfr55起；P 📶）这家俯瞰施库奥尔主干道的民宿是相当出色的经济型选择。便宜的房间需要共用卫生间，稍贵些的房间则有配套卫浴。建筑本身具有400年的历史，特点鲜明，门前有一条鹅卵石街道和一座淡水喷泉。停车场距此约300米。

★Hotel Engiadina 历史酒店 €€

（☎081 864 14 21；www.engiadina-scuol.ch；Rablüzza 152；双 Sfr184~264；P 📶）Engiadina酒店里灯光明亮的房间每个都独具特色：有些刷得雪白，有些带拱顶，有些是复杂的木头天花板。获过奖的餐厅（主菜Sfr27起）供应地方特色菜，如当地野味或是自制薄荷Pizokel搭配恩嘎丁山上的奶酪。酒店位于老城中心，位置优越。

实用信息

旅游局（081 861 88 00；www.scuol.ch；周一至周五 8:00~18:30，周六 9:00至正午和13:00~17:30，周日 9:00至正午）位于施库奥尔的主干道路旁。

到达和离开

这里是瑞士铁路的最东端。从圣莫里茨开出的火车（Sfr29，1.25小时）在萨姆丹（Samedan）换乘，终点在施库奥尔—塔拉斯普车站。从克洛斯特斯（Sfr24，45分钟）有直达火车开出。车站全年都有邮政巴士开往萨姆瑙恩（Sfr11，1.25小时）。

如果自驾的话，施库奥尔位于圣莫里茨东北方向60公里，达沃斯以东47公里处。继续向东25公里就到了奥地利边境。

萨姆瑙恩（Samnaun）

人口793 / 海拔1844米

萨姆瑙恩是一个免税的阿尔卑斯山度假小镇，在偏远的瑞士东北角，差不多就在奥地利边境线上。萨姆瑙恩虽是瑞士的一部分，但由于历史和法律都格格不入，所以在19世纪就被排除出了瑞士关税领土，前往这处偏僻山谷的唯一途径就是从奥地利前往。即使是在1905年瑞士修通了这里的公路，萨姆瑙恩仍然保持着免税地位，也因此引发了一些争议。时至今日，萨姆瑙恩是瑞士唯一的免税区，也称得上是欧洲海拔最高的购物中心，有50多家销售化妆品、香水、酒类、香烟和大牌商品的免税商店。

实用信息

旅游局（081 861 88 30；www.samnaun.ch；Dorfstrasse 4；周一至周五 8:30~18:00，周六 8:30至正午和13:00~17:30，周日 13:00~17:30）就在萨姆瑙恩-Dorf的入口处。

到达和离开

从施库奥尔-Tarasp车站（Sfr11，1.25小时）乘坐每小时1班的邮政巴士前往萨姆瑙恩-Dorf。

萨姆瑙恩位于Inn河河谷向西延伸的支谷高处。自驾的话，萨姆瑙恩距施库奥尔36公里（45分钟）。在免税区加油格外便宜。

切勿错过

一年的大部分时间里，萨姆瑙恩都只是一个沉睡的小镇。但是在11月最后一个周末，它取代了拉普兰的统治地位，举办**圣诞老人世界锦标赛**（ClauWau；www.clauwau.ch；11月）。大约100名圣诞老人扮演者集聚于此，争夺全世界最佳圣诞老人的称号，比赛形式包括极具圣诞特色的活动，如爬烟囱、姜饼装饰和雪雕。这项活动是圣诞节前的狂欢，到处都是欢声笑语。

米施泰尔（Müstair）

人口764 / 海拔1273米

米施泰尔位于瑞士的最东端，藏在这个国家一个偏远的角落里，离意大利边境约1公里。这里是欧洲最早的基督教圣地之一，也被列入联合国教科文组织世界遗产名录。8世纪时，查理大帝（Charlemagne）本来想在这里建造一座修道院和一座教堂，人们发现这里是奥芬山口（Ofen Pass或Fuorn Pass；2149米）下面的一个重要的战略地点，它是将欧洲北部和意大利、以及信仰基督教主要地区划分开来的分界线。

米施泰尔谷由流向意大利的Rom河形成。你需要从采尔内茨向东南方向进发，穿过瑞士国家公园，越过奥芬山口。2005年时，山口附近出现的一头棕熊被拍摄下来，这还是自1923年以来瑞士第一次有人发现野生熊类。

9世纪卡洛林王朝和12世纪罗马风格的生动壁画布满了本笃会教堂**Kloster St Johann**（St John's Convent；www.muestair.ch）的内部。教堂后殿中的壁画是卡洛林风格的代表作：上方是荣光中的基督，下方则描绘了几个罗马故事，讲述圣彼得（被钉死在十字架上）、圣保罗（被砍头）和圣斯蒂文（被处以石刑）的悲剧下场。进入教堂无须购买门票；可以参加导览游。

村庄与山谷的**旅游局**（081 861 88 40；www.val-muestair.ch；周一至周六 9:00~18:00，周日 13:30~18:00）位于博物馆内。

邮政巴士沿着山谷往返于采尔内茨和米施泰尔（Sfr22，1小时）。

采尔内茨到米施泰尔的车程38公里，经过瑞士国家公园和奥芬山口。如果前往意大利的话，去梅拉诺（Merano）的车程是65公里。

采尔内茨（Zernez）

人口1570 / 海拔1474米

采尔内茨是进入瑞士国家公园主要门户，有很多吸引人的石头小屋，还有一个醒目的巴洛克式的教堂，Schloss Wildenberg城堡还有一个坚固的中世纪的塔楼。

作为阿尔卑斯山地区最古老的国家公园主要门户，这个节奏缓慢的村子是探索周边山区、湖泊与河谷的理想中转站。信息全面的瑞士国家公园中心（见329页）就在村里，村东通往奥芬山口的公园主路周边有21条徒步路径。

食宿

Hotel Bär & Post 酒店 €

（☎081 851 55 00；www.baer-post.ch；铺/标单/双 Sfr25/90/150起；P 📶）从1905年开始，这家酒店就欢迎八方来客，房间由许多石头和松木装饰，还配备有柔软的羽绒被，以及简单的上下铺房。附带一个桑拿中心，还有一家供应美味牛排和意大利面的乡村餐厅。

★ **Hotel Parc Naziunal Il Fuorn** 酒店 €€

（☎081 856 12 26；www.ilfuorn.ch；标单/双 Sfr120/196，无浴室 Sfr95/150，半食宿 额外Sfr35；⏲11月、1月中下旬和复活节至4月下旬 暂停营业；P 📶）这家酒店就在国家公园的中心位置，有明亮、舒适的房间，配以松木家具。自营的餐厅非常出色，主打新鲜的鳟鱼和野味。这里在1509年就已经被称作“旅馆”，因此洋溢着浓厚的历史气息。

实用信息

旅游局（☎081 856 13 00；www.zernez.ch；Via d' Urtatsch 2；⏲8:30~18:00）位于瑞士国家公园中心。

到达和离开

火车定时从采尔内茨开往圣莫里茨（Sfr19.60，45~55分钟）和施库奥尔-Tarasp（Sfr14.20，30分钟）。

邮政巴士811路每1~2小时1班从采尔内茨的火车站发往位于国家公园中心区域的Il Fuorn（Sfr9.80，25分钟）。

席勒里纳（Celerina）

人口1534 / 海拔1714米

对许多人而言，席勒里纳（罗曼语称Schlarigna）就是Cresta Run平底雪橇和奥运会有舵雪撬滑道的代名词，这两种风驰电掣的雪上运动数十年来一直吸引着痴迷于速度的勇猛之人。顺着雪道飞驰不再是无畏的奥运选手的专利，不过若是你确实享受不了在重力的作用下75秒滑完全程所带来的刺激，这座阳光明媚的度假村在当地一心想要出类拔萃的旅馆业主经营下，总有些方面可以令你得偿所望。

适合家庭的滑雪区Corviglia/奈尔峰（Piz Nair）是圣莫里茨滑雪度假村集团的一部分，乘火车的话3分钟就可以抵达这座灿烂夺目、热情好客的度假村。

活动

Bob Run 雪上运动

（☎081 830 02 00；www.olympia-bobrun.ch）席勒里纳已经成为1722米长的奥林匹克有舵雪橇滑道的代名词。这条建于1904年的世界最古老的雪橇滑道在自然冰的基础上建成。在惊心动魄的游客滑道上滑行全程仅需75秒，时速135公里，需要花费颇为昂贵的Sfr250，但风驰电掣般的速度体验是无价的。不需担心，你坐在雪橇驾驶员与制动员之间还是很安全的。

Cresta Run 雪上运动

（www.cresta-run.com）令人心跳停止、大头朝前的1公里长雪橇滑道Cresta Run是英国游客在1885年创建的。前5次雪橇滑行学费共计Sfr600（之后每滑行一次Sfr51）。这种运动与有舵雪撬不同，需要单人以头冲前的俯卧姿势下冲，用雪橇专用靴尖的耙形设备来制动和控制方向。

实用信息

旅游局（☎081 830 00 11；www.celerina.ch；Plazza da la Staziun 8；⏲周一至周五 8:30~18:00，周六 9:00至正午和14:00~18:00，旺季周日16:00~18:00）位于火车站。

到达和离开

从圣莫里茨可乘坐火车到席勒里纳（Sfr3，3分钟）。

圣莫里茨（St Moritz）

人口 5067 / 海拔 1856米

圣莫里茨是瑞士原汁原味的冬季游玩胜地和阿尔卑斯山旅游的摇篮。从1864年起，它就不断吸引着贵族、名人和富豪的到来。海蓝色的湖泊、翡翠色的森林和连绵的山脉让这个小镇坐拥天下。

Via Serlas大街上尽是大牌设计师的精品店，雪道上常常可以看到明星的身影，但是这个滑雪胜地并非徒有其表。真正美妙的是山区的户外活动条件：科尔维利亚（Corviglia）的顶级弯道、迪亚沃勒扎（Diavolezza）惊险的黑道，或冰雪融化后绵延数里的徒步小径。圣莫里茨曾两次主办冬奥会，但这里最初居然是以富含矿物质的泉水出名，这大大出乎于人意料之外。3000多年前，这里发现了矿泉，随即成为夏季水疗胜地。

景点

塞冈提尼博物馆 博物馆

（Segantini Museum；www.segantini-museum.ch；Via Somplaz 30；成人/儿童 Sfr10/3；⏲周二至周日 10:00至正午和14:00~18:00，10月20日至12月10日和4月20日至5月20日 闭馆）这家博物馆在一个抢眼的石头建筑里，有一个圆屋顶，展出乔凡尼·塞冈提尼（Giovanni Segantini；1858~1899年）的画作。这位意大利画家在画布上完美地再现了阿尔卑斯山动态的光线和环境。

恩嘎丁博物馆 博物馆

（Engadiner Museum；☎081 833 43 33；www.engadiner-museum.ch；Via dal Bagn 39；成人/儿童 Sfr13/免费；⏲5月20日至10月20日 周三至周一 10:00~18:00，12月至次年4月 14:00~18:00）要想一窥恩嘎丁山谷的原型住宅和低调的内部设计，就来这家博物馆吧。它还展出了传统的炉子和一些考古发现。

活动

冬天活动

在滑雪胜地圣莫里茨，购买一张滑雪通票即可在圣莫里茨村、恩嘎丁谷与贝尔尼纳山谷周边的广阔区域乘坐登山缆椅缆车，以及使用雪坡。可以待在城镇附近，乘Corviglia缆车到达圣莫里茨—Dorf滑雪区域，也可以走得再远一点，去一系列令人赞叹的场所体验雪上乐趣。山谷中还有许多越野滑雪路线。

St Moritz Ski Resorts 滑雪

（www.engadin.stmoritz.ch；2/6天 旺季下坡滑雪通票 Sfr156/376，日/周 越野通票 Sfr8/25）圣莫里茨有350公里长的滑雪道、最新的滑雪缆车和令人心旷神怡的美景。所以，在这里的滑雪体验是独一无二的。一般滑雪通票在所有滑雪道都可以使用，包括席尔瓦普拉纳（Silvaplana）、锡尔斯-玛利亚（Sils-Maria）、席勒里纳、楚茨（Zuoz）、蓬特雷西纳和迪亚沃勒扎（Diavolezza）。

如果你喜欢越野滑雪，那么就在220公里保养良好的雪道上驰骋吧，滑过阳光明媚的平原，穿过白雪皑皑的树林。

如果你想去保养良好的雪道，还可以观赏到壮丽的山景，就去Corviglia（海拔2486米），可从圣莫里茨—Dorf乘索道缆车到达。圣莫里茨—Bad有缆车开往Signal（Corvatsch；减少排队时间），这样就可以去奈尔峰（Piz Nair）的雪道了。科尔瓦奇（Corvatsch；海拔3303米）在旁边的席尔瓦普拉纳上，有多种滑雪条件，包括角度很大的冰川下坡和比较平缓的黑道Hahnensee。迪亚沃勒扎（Diavolezza；海拔2973米）倚靠4000米以上的结冰高峰，是自由滑雪者和热衷刺激的速降滑雪的人必去之地。

Schweizer Skischule 滑雪

（☎081 830 01 01；www.skischool.ch；

St Moritz 圣莫里茨

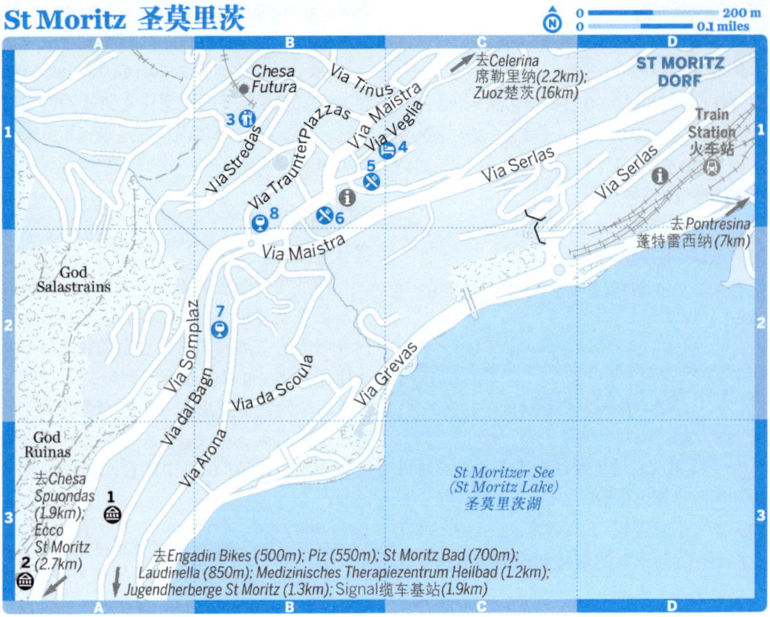

St Moritz 圣莫里茨

景点

1 恩嘎丁博物馆 A3
2 塞冈提尼博物馆 A3

活动、课程和团队游

3 Schweizer Skischule B1

住宿

4 Hotel Eden C1

就餐

5 Chesa Veglia B1
6 Hanselmann B1

饮品和夜生活

7 Bobby's Pub B2
8 Roo Bar B1

Via Stredas 14; ⌚周一至周六 8:00至正午和14:00~18:00，周日 8:00~9:00和16:00~18:00）这是瑞士第一所滑雪学校，建立于1929年。如今在这里，你可以参加滑雪或单板滑雪课程——登录网站可了解详情。

夏季活动

夏天，推荐本地区最好的徒步线路，比如连接了6个山中湖泊的科尔瓦奇水上线路。登上圣莫里茨的**奈尔峰**（海拔3057米），俯瞰宝石般色彩斑斓的众多湖泊，它们仿佛一条项链。要想体验伯斯冰川（Pers glacier）和贝尔尼纳（Bernina）的阿尔卑斯山令人眩晕的景色，就去迪亚沃勒扎挑战让你头晕眼花的**Piz Trovat**铁索攀岩（2.5小时）。山脚下缆车站提供设备出租，在旅游局可以免费领取上恩嘎丁徒步地图（英文版）。

以奈尔峰为起点的还有一条有趣的环保徒步路线，就是行程2.5小时的**清洁能源游**（Clean Energy Tour; www.clean-energy.ch），展示在自然环境中多种不同清洁能源的使用方式。你可以从康特瑞拉（Chantarella）往下，沿繁花盛开的Heidi Blumenweg到Schellenursliweg，之后会路过诺曼·福斯特勋爵（Lord Norman Foster）设计的有木瓦屋顶、南瓜外形的环保建筑——**未来之屋**（Chesa Futura; www.fosterandpartners.com/projects/chesa-futura; Via Tinus 25）。

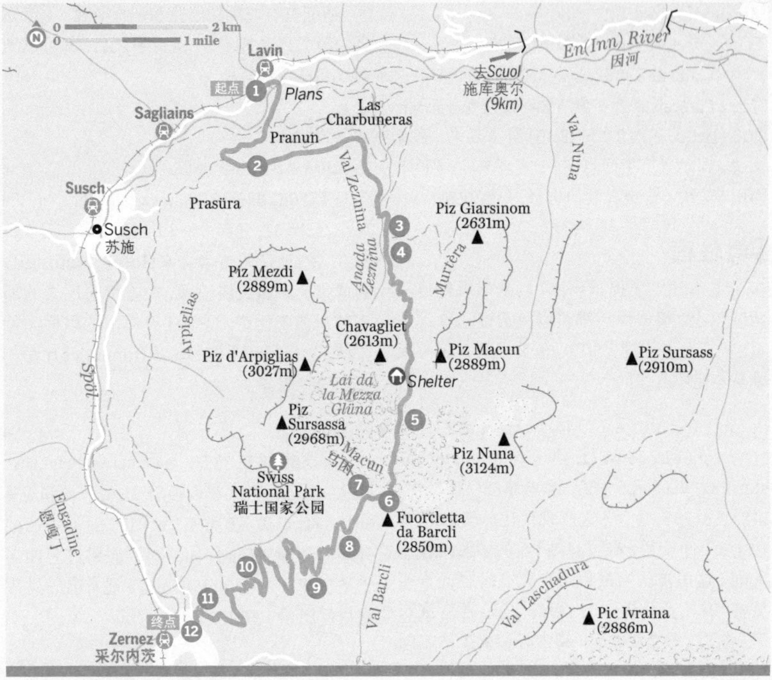

步行游览
马困湖区(Lakes of Macun)

起点: Lavin
终点: 采尔内茨
距离: 16公里; 7.5~8.5小时

这条一日游路线从恩嘎丁的主峡谷出发,到达马困盆地的湖区。采尔内茨和Lavin之间每小时都有火车(Sfr6.20, 15分钟)。

从❶ **Lavin**村出发,经过木桥穿过En(Inn)河。沿一条砾石路向前,左转走到一条曲折向东的步道上,穿过森林,到达❷ **Plan Surücha**(海拔1577米)。这条道向南穿过Aua da Zeznina。走着走着,海拔2889米的Piz Macun和海拔2850米的Fuorcletta da Barcli映入眼帘,❸ **Alp Zeznina Dadaint**(海拔1958米)离Lavin大约两小时路程。《海蒂》的场景就是在这如画的阿尔卑斯风光中拍摄的。

向❹ **Val Zeznina**前进,沿着陡峭的之字形山路经过杜鹃遍地的草甸。随着你走到山中小湖边背倚悬崖而建的乡村住所,坡度减缓。跨过细流,沿西边石岸走进国家公园。山谷的上半部分面对❺ **马困**的盆地,离Alp Zeznina Dadaint有1.5~2小时路程。这片凹地就像个天然的圆形剧场,被3000米高的崎岖山峰环绕,还有20多个阿尔卑斯湖泊和冰斗湖零零星星地分散其中。

跨过溪流,沿红白相间的路标向南,走上植被稀疏的冰川泥石。攀登山坡,到达❻ **Fuorcletta da Barcli**,来到海拔2850米处的一个深谷。沿寸草不生的山脊顶走上一段艰难的旅程,到达一个海拔2945米的小山峰,那里离马困有1.5个小时的路程。❼ **瞭望台**坐拥令人窒息的景致。

从山顶沿一个非常显眼的山坡向西南方向走,然后右转就能离开国家公园。沿这条路向下穿过一排排在❽ **Munt Baselgia**露天山坡上的雪崩网格,在❾ **Plan Sech**(海拔2268米)的地方回到步道上。走上一段蛇形下坡路,经过❿ **La Rosta**和⓫ **God Baselgia**到达针叶林。最后一段路通向镇上面的草地,然后往下走2.5~3小时到达⓬ **采尔内茨**。

Medizinisches Therapiezentrum Heilbad 水疗

(☎081 833 30 62; www.heilbad-stmoritz.ch; Plazza Paracelsus 2; 矿泉浴 Sfr35; ⏰周一至周五8:00~19:00，周六 8:00~12:30) 滑雪归来，筋疲力尽，到矿泉浴里休息一下，或者来个阿尔卑斯山草药热敷。也有其他选择，不胜枚举!

住宿

冬季住宿要提早预订。夏季如果你连住两晚以上，很多酒店都可以免费接送你到山里，费用最多可减少30%。圣莫里茨在旅游淡季基本是不开张的。

Jugendherberge St Moritz 青年旅舍 €

(☎081 836 61 11; www.youthhostel.ch/st.moritz; Via Surpunt 60; 铺/标单/双/四 Sfr47/148/188/268; P 📶) 这家现代化旅舍在森林边上，干净安静，有可容纳4人的多人间和双人间。这里被认为是最适合家庭游客的青年旅舍，有儿童玩具屋、出租自行车，还有洗衣房。3路汽车会在旅舍、镇中心和火车站之间往返(10分钟)。

Chesa Spuondas 酒店 €€

(☎081 833 65 88; www.chesaspuondas.ch; Via Somplaz 47; 标单/双/5人间 半食宿 Sfr155/280/330; P 📶) 这家家庭旅馆坐落于森林和山脚下的草坪上，就在镇中心西南方向3公里处。房间有高高的天花板和镶木地板。儿童设施齐全，有专门的儿童用餐时间、儿童活动和玩耍区，步行10分钟即可到达儿童滑雪学校。

Hotel Eden 酒店 €€

(☎081 830 81 00; www.eden.swiss; Via Veglia 12; 标单/双 Sfr171/341起; P 📶) Hotel Eden就在镇中心，有一个漂亮中庭和满是古董的休息室，冬天的时候壁炉内噼啪作响。松木镶嵌的老式房间非常舒适，最顶层的房间可观赏湖光山色。

Piz 酒店 €€

(☎081 832 11 11; www.piz-stmoritz.ch; Via dal Bagn 6; 标单/双/公寓 Sfr110/190/280起; 📶) 这家位于圣莫里茨—Bad的当代酒店含早餐，深红色为它的主色调，硬木地板和整齐的线条是它的特色。木质天花板的房间时尚且舒适，还配有有花洒的浴室和平板电视。不管你是去滑雪还是徒步，一天劳累之后，都可以到桑拿和蒸汽房轻松一下。

就餐

Laudinella Pizzeria Caruso 比萨 €

(☎081 836 06 29; www.laudinella.ch; Via Tegiatscha 17; 比萨 Sfr13.50起; ⏰正午至次日2:00; 👪) 比萨爱好者会来Hotel Laudinella的这家比萨店大快朵颐，大吃特吃现烤的那不勒斯薄脆比萨，这里还有简单的玛格丽特比萨、加松露和牛肉的美味Domenico比萨。提供送餐服务。

Hanselmann 咖啡馆 €

(☎081 833 38 64; www.hanselmann.ch; Via Maistra 8; 糕点和蛋糕 Sfr3~6，小吃和简餐Sfr12~24; ⏰周一至周日 7:30~19:00) 这家店的外墙面装饰着壁画，你绝对不能错过它闻名于圣莫里茨的面包店和茶室，最有名的是焦糖核桃恩嘎丁坚果挞。

Chesa Veglia 意大利菜 €€€

(☎081 837 28 00; www.badruttspalace.com; Via Veglia 2; 比萨/主菜 Sfr25/45起; ⏰正午至23:00) 这家农舍餐厅的屋顶是石板，刷得雪白，历史可追溯至1658年。餐厅里的灯光柔和，全部采用色彩温暖的松木装饰，地面是咯吱咯吱响的木地板，露台可观赏湖光山色。推荐比萨或当地特色菜，如奶油大麦汤(Bündner Gerstensuppe)和鹿肉丸鸡蛋面(Spätzli)。

★ **Ecco St Moritz** 意大利菜 €€€

(☎081 836 63 00; www.giardino-mountain.ch; Via Maistra 3, Giardino Mountain, Champfèr; 套餐 Sfr190~240; ⏰周三至周日 19:00至午夜) Ecco St Moritz是圣莫里茨最好的餐厅，冬天，当雪花飘落，主厨Rolf Fliegauf会为你带来饕餮盛宴。餐厅内是白色和金色相间的华丽装饰，厨师用上等食材精心烹制出味道浓郁、绝对一流的菜肴。

饮品和夜生活

Bobby's Pub 酒吧

(☎081 834 42 83; www.bobbys-pub.ch; Via

不要错过

瑞士国家公园（SWISS NATIONAL PARK）

瑞士国家公园（www.nationalpark.ch）免费是恩嘎丁的骄傲，可从施库奥尔、采尔内茨和斯卡夫（S-chanf）轻松到达。这个占地172平方公里的公园设立于1914年，是阿尔卑斯山地区第一个国家公园。

在一个世纪里，自然在这里自由发展，未经任何人工干涉，所以在旅游业兴旺前值得来此一窥阿尔卑斯山。走上长80公里、标志清楚的徒步步道，如果运气不错，正好又带着一副不错的双筒望远镜，你没准可以看到野山羊、岩羚羊、土拨鼠、金雕、鹿和胡秃鹫。如果要咨询活动和住宿信息，你应当首先向瑞士国家公园中心（Swiss National Park Centre; ☎081 851 41 41; www.nationalpark.ch; 展览 成人/儿童 Sfr7/3; ⏰6月至10月 8:30~18:00，11月至次年5月 9:00至正午和14:00~17:00）求助。这里出售的1:50,000的公园地图（Sfr14，或连同导游手册一同购买Sfr20）很不错，涵盖公园里21条步道。

你可以轻松自助游，不过每年6月末至10月中旬，中心都会组织若干次导览徒步游（Sfr25），如果参加，你的收获会更多。活动包括到Val Trupchun去观赏野生动物，到Offenpass和马困湖区（Lakes of Macun）进行高海拔徒步。大多数导览游都是德语讲解，但是很多向导都会说一点英文。通过致电采尔内茨的公园办事处预约。

进入公园和在公园停车场停车是免费的。在这里保护工作高于一切，所以记得严格沿步道行走，遵守规定。

dal Bagn 50a; ⏰周一至周五 9:00至次日1:00，周六 11:00至次日1:00，周日 正午至次日1:00）这个英式酒吧气氛友好，供应20种来自各国不同品牌的啤酒，是为数不多一年四季都开业的地方。

Roo Bar 酒吧

（☎081 837 50 50; www.facebook.com/Roo Bar St Moritz; Via Traunter Plazzas 7; ⏰14:00~22:00）这个酒吧在Hauser's Hotel里，露台上挤满了滑雪回来的人。派对上有嘻哈、高科技舞曲、热巧克力和朗姆酒。

实用信息

旅游局（☎081 837 33 33; www.stmoritz.ch; Via Maistra 12; ⏰周一至周五 9:00~18:30，周六 9:00~18:00）在圣莫里茨-Dorf，但如果你乘火车到这里，可以去火车站的**办事处**（圣莫里茨火车站; ⏰10:00~14:00和15:00~18:30）。

到达和离开

圣莫里茨-Bad在主城圣莫里茨-Dorf以南1.5公里处。

从苏黎世到圣莫里茨的火车有很多（Sfr77，3~3.5小时），每1小时至少就有一班，可在兰德夸特（Landquart）或库尔换乘。

12月中旬至次年10月下旬，瑞士最有名列车之一的冰川快车（见182页）运行从圣莫里茨至采尔马特之间的观景路线，行驶时间为8小时。

旺季时，不断有邮政巴士从圣莫里茨向西南开往马洛亚（Sfr6，30分钟），在席尔瓦普拉纳（Sfr2.80，20分钟）和锡尔斯-玛利亚（Sfr4.20，25分钟）停靠。

当地交通

当地公共汽车和邮政巴士在圣莫里茨-Bad与圣莫里茨-Dorf之间穿梭往来。

席尔瓦普拉纳（Silvaplana）

人口 915/海拔1815米

这个可爱的度假胜地位于圣莫里茨东南方向5公里处，有一个醉人的湖泊——席尔瓦普拉纳湖（Silvaplanasee），徐徐微风吹拂着蓝绿色的湖面，无论冬季还是夏季都是宜人所在。席尔瓦普拉纳（罗曼什语里是Silvaplauna）以风筝冲浪和风帆冲浪闻名，天气暖和时，湖面上及天空中点缀着五颜六色的船帆和风筝。冬季，距湖泊较远的雪坡上有

科尔瓦奇3303缆车（Corvatsch 3303 cable cars；☎081 838 73 73；www.corvatsch.ch；Via dal Corvatsch；往返 成人/儿童Sfr60/30），它可快速地将滑雪者从席尔瓦拉普纳－Surlej送到3303米的高处。当然，夏季时这里还有一些不错的徒步路线。

景点和活动

Murtèl至Val Roseg徒步 徒步

想在日间体验绝佳的徒步，可以乘科尔瓦奇缆车前往3303米的高处，居高临下地欣赏美景，再下坡回到Murtèl（2702米）的中间站。向东走45分钟到Fuorcla Surlej（2760米），从这座小屋可以远眺山脊。之后再向下坡方向走1.5小时，来到Roseg谷中的Hotel Roseg Gletscher（见332页）。

接下来，可以选择徒步（1.5小时）或**乘坐马车**（☎81 842 60 57；www.stalla-costa.ch；每人Sfr25起；50分钟）回到蓬特雷西纳的车站。

Kite Sailing School Silvaplana 水上运动

（☎081 828 97 67；www.kitesailing.ch；Silvaplana；入门/两天/5天 课程 Sfr190/350/800；⏲9:00~18:30）这里出租水上运动装备，提供入门课程。夏季有风筝冲浪和立式桨板的入门课程，冬季则提供风筝滑雪的入门课程。登录网站可查询详情。

住宿

Camping Silvaplana 露营地 €

（☎081 828 84 92；www.campingsilvaplana.ch；露营地 每 成人/儿童 Sfr11/8，帐篷 Sfr7~10；🅿📶）这处高人气露营地就在城南端的席尔瓦普拉纳湖畔，夏季常有风筝冲浪和风帆冲浪爱好者光顾。这里提供你所需要的一切，包括一家商店、有篷遮盖的野餐区域、台球桌和热水浴缸。

★**Aparthotel Chesa Bellaval** 公寓 €€

（☎838 74 00；www.chesa-bellaval.ch；Via suot Pignia 9；🅿📶）在城镇后面，这些宽敞的公寓特别适合长期逗留此地的人士，特别是在旺季以外的时间。这里选择很多，一室公寓配备客厅，还配有设施齐全的厨房、浴室和卧室。

实用信息

旅游局（☎081 838 60 00；www.engadin.stmoritz.ch；Via dal Farrèr 2；⏲8:30至正午和13:30~18:00）位于村子正中，旺季之外营业时间缩短。

到达和离开

席尔瓦普拉纳距圣莫里茨仅5公里，两地之间有邮政巴士（Sfr2.80，12分钟）往返。想要去俯瞰席尔瓦普拉纳的山区，可以在圣莫里茨乘坐前往Surlej-Corvatschbahn的邮政巴士（Sfr2.80，25分钟），再换乘可欣赏壮观景色的科尔瓦奇3303缆车经过Murtèl中间站（2702米），最后到达3303米的山顶。

锡尔斯-玛利亚（Sils-Maria）

人口760

锡尔斯-玛利亚（罗曼什语叫Segl）坐落在锡尔斯湖（Lake Sils）与席尔瓦普拉纳湖之间的宁静之地，圣莫里茨东南方向10公里处。这块宁静的飞地上遍布色彩柔和、装有板岩顶的小屋子，背倚冰川覆盖的陡峭高山。古往今来，到这里的游客中不乏各个时代的名人，如尼采、夏加尔（Chagall）、施特劳斯（Strauss）和大卫·鲍伊（David Bowie）等。

这座小村是前往菲克斯山谷（Val Fex）的门户，可以徒步或乘马车探索该山谷，缆车可送你到Furtschellas（海拔2312米），那里有很多徒步轨道和滑雪道。

景点

尼采故居 住宅

（Nietzsche Haus；☎081 826 53 69；www.nietzschehaus.ch；Via da Marias 67；成人/儿童 Sfr8/免费；⏲6月至10月和12月至次年4月 周二至周日 15:00~18:00）如今的锡尔斯-玛利亚也许只是个宁静的湖边小村，但是存在主义哲学的低声细语曾在这里的山峰中回荡。尼采曾于1881~1888年间在这里度过夏天，并在这里写下了有关现代人苦难的文章。这个小博物馆收藏了有关尼采的照片、纪念品和信件。

住宿

★**Hotel Fex** 酒店 €€

（☎081 832 60 00；www.hotelfex.ch；Via da

Fex 73；每人 半食宿 Sfr155起；📶）如果你想在位于锡尔斯-玛利亚以南、偏僻的菲克斯山谷过夜，不妨考虑这座雄伟的19世纪酒店。它坐落在山间，拥有舒适的松木小屋可供欣赏美景，餐厅提供高品质的地方特色菜肴。到达山谷的过程本身就是一种美妙体验，无论你是从锡尔斯-玛利亚步行2.5小时，还是搭乘马车而来。如果选择后者，到锡尔斯-玛利亚的Dorfplatz乘坐前往菲克斯山谷的马车。沿途风景迷人，到Hotel Fex单程和往返则分别需要Sfr22.50/40。具体出发时间和价格视团队人员数量而定。

Hotel Privata 酒店 €€

（☎081 832 62 00；hotelprivata.ch；Via da Marias 83；标单/双 含半食宿 Sfr170/280起；🅿📶）这个家庭经营（自1921年）、乡村风格的酒店是旅行者们梦寐以求的理想选择。这里有松木小屋、古董风格的家具，从草药园和花园还可以看到森林美景。自营餐厅主打意大利和恩嘎丁风味的美味佳肴。

Hotel Waldhaus 豪华酒店 €€€

（☎081 838 51 00；www.waldhaus-sils.ch；Via da Fex 3；标单/双 含半食宿 Sfr290/580起；🅿📶🏊）要享受五星级酒店的奢华，就到坐落于林间的这座宫殿般的Hotel Waldhaus来。店主保留了这座1908年建筑的华丽，还提供现代、舒适的各种设施（游泳池、土耳其浴、网球课）。这里非常适合全家出游的游客，因为它有可以相连的房间，提供照顾儿童的服务，还有专门为孩子设计的活动和菜单。

ℹ 实用信息

旅游局（☎081 838 50 50；www.engadin.stmoritz.ch；Via da Marias 93；⏲周一至周六 9:00至正午和13:00~18:00，周日 15:00~18:00）位于村子正中。

可以从圣莫里茨（Sfr4.20，20分钟）乘邮政巴士前往锡尔斯-玛利亚。

贝尔尼纳山口（BERNINA PASS）

荒芜的群山和冰川沉默地矗立在农田上方，给贝尔尼纳山口（海拔2323米，意大利语叫作Passo del Bernina）平添了几分庄严。一条公路和一条铁路从恩嘎丁山谷蜿蜒而来，越过山口通往地势较低的波斯基亚沃山谷（Val Poschiavo）。这里有典型的阿尔卑斯高山风光，有极好的徒步和滑雪路线。

经过山口的这段铁路被称为贝尔尼纳铁路（Bernina Line），在2008年被列入联合国教科文组织的世界遗产名录。它建于1910年，是世界最陡峭的窄轨铁道之一，也是欧洲海拔最高的铁路，一路穿越冰川、峡谷和众多尖形礁石。

👁 景点和活动

可俯瞰贝尔尼纳山谷的迪亚沃勒扎海拔2973米，下降坡度令人惊叹，是自由滑雪爱好者的心仪之地。圣莫里茨滑雪通票也涵盖这里的滑雪区域。

迪亚沃勒扎 缆车

（Diavolezza；☎081 838 73 73；www.diavolezza.ch；往返 成人/青年/儿童 Sfr36/24/12）这条缆车路线在贝尔尼纳铁路沿线设站（Bernina Diavolezza），在最低处有一个巨大的停车场，游客们乘坐缆车可以从2093米的高处快速抵达迪亚沃勒扎，途中可欣赏到贝尔尼纳山脉的几处高峰，包括贝尔尼纳峰（Piz Bernina；海拔4049米）和帕鲁峰（Piz Palü；海拔3095米）。天气晴好时，景象尤为壮观。可以在Berghaus Diavolezza（见332页）住宿，或者在向导带领下进行冰川徒步（见331页），前往地势较低的莫尔特拉齐（Morterasch）。这里在冬季时是绝佳的滑雪场地。

★迪亚沃勒扎至莫尔特拉齐冰川徒步 徒步

（Diavolezza to Morteratsch Glacier Hike；☎081 842 82 82；http://bergsteiger-pontresina.ch；导览徒步 Sfr60；⏲6月至10月）若要体验独特的冰川徒步，可以乘坐迪亚沃勒扎的缆车至海拔3000米的Berghaus Diavolleza，之后在伯斯冰川和莫尔特拉齐冰川徒步，下到莫尔特拉齐火车站，海拔落差达1100米。徒步路线全长12公里，需要5个小时才能走完。要自备饮料、徒步鞋、雨具、防晒霜、手套和手杖。

Ospezio Bernina至Alp Grum徒步 徒步

从Ospizio Bernina火车站（海拔2253米）步行通过贝尔尼纳山口到Alp Grüm（海拔2091米）轻而易举。走完全程需约2.5小时，一路上穿过繁花盛开的草原，还能看到碧绿的比安科湖（Lago Bianco）和帕鲁冰川（Palü Glacier）。

住宿

★Berghaus Diavolezza 山间酒店 €

（☎081 839 39 00；www.diavolezza.ch；铺/标单/双 每人 Sfr80/131/228起；P 📶）这家酒店位于迪亚沃勒扎缆车顶点、海拔3000米的高处，既有多人间，也有私人客房，还有一个不错的餐厅、阳光露台、室外按摩浴缸，以及阿尔卑斯山地区最佳的山脉与冰川美景。房价包括晚餐和早餐，以及往返缆车。

到达和离开

圣莫里茨有班次频繁的火车直达意大利北部的蒂拉诺（Sfr30，2.5小时），途经蓬特雷西纳（Sfr5.40，10分钟）。山口处的车站是Ospezio Bernina（Sfr7.60，45分钟）。

圣莫里茨也有邮政巴士前往Ospezio Bernina（Sfr7.60，40分钟）。

自驾的话，贝尔尼纳山口距圣莫里茨22公里，距意大利的蒂拉诺41公里。

蓬特雷西纳（Pontresina）

人口 2080 / 海拔 1805米

如果不去圣莫里茨，就来低调的蓬特雷西纳度假村，它位于贝尔尼纳山谷谷口，距圣莫里茨仅8公里之遥。这里是一处理想的住宿选择，如果你喜欢户外活动的话尤为如此。这里有一条热闹的主干道、俯瞰城镇的出色徒步和滑雪路线，此外前往Muottas Muragl Bahn缆车顶部的巍峨山峰Punt Muragl也十分方便。山谷对面的Val Roseg有徒步、越野滑雪和乘马车等活动，美妙的莫尔特拉齐冰川就在不远处。

景点和活动

Muottas Muragl Bahn 缆车

这条有趣的缆车铁路历史悠久，可追溯到1907年，是恩嘎丁山谷的第一条缆车铁路。如今仍把乘客送往海拔再高700米的Punt Muragl（海拔2454米），在那里可以纵览上恩嘎丁的美景，包括圣莫里茨、帕鲁峰和贝尔尼纳峰。这里有家一流的**酒店**（www.muottasmuragl.ch；每人Sfr141起；P 📶）兼餐馆，在夏季里，这里适宜徒步。冬季里虽然不能滑雪，但雪鞋徒步和平底雪橇滑道的人气都很高。

Muottas Muragl至蓬特雷西纳徒步 徒步

这条沿途景色壮丽的徒步路线被称作Climate Trail，最好在天气晴好时探索。路途中需要乘Muottas Muragl Bahn缆车到达海拔2454米的Punt Muragl，再徒步翻越能俯瞰蓬特雷西纳的群山到Alp Languard（海拔2330米），之后乘登山缆椅回到蓬特雷西纳。9公里的路线上有18块信息板，走完全程需要2.5~3小时。

食宿

★Hotel Roseg Gletscher 酒店 €

（☎081 842 64 45；www.roseg-gletscher.ch；每人 Sfr85起；📶）这个家庭经营的酒店兼餐馆位于Roseg谷，位置偏僻。有免费巴士开到酒店，但坐马车（见330页）或雪橇从蓬特雷西纳火车站前往更有乐趣。也可以选择徒步或骑自行车，或是在Murtèl至Val Roseg徒步（见330页）中顺路去一趟。客房装修时尚现代，允许拼房。

★Gondolezza 瑞士菜 €€

（☎081 839 36 26；www.hotelsteinbock.ch/en/kulinarik/en-gondolezza；Via Maistra 219；奶酪火锅/拉克莱特 Sfr29/32起；⏲冬季/夏季 从17:00/14:00起营业）你能坐在迪亚沃勒扎旧时的缆车车厢里享用芝士火锅或拉克莱特的机会可不多。直奔蓬特雷西纳的后方，寻找那个由黄色缆车改装的小屋，这里还有个阳光露台。

实用信息

旅游局（☎081 838 83 00；www.pontresina.ch；Via Maistra 133；⏲周一至周五 8:30~18:00，周六 8:30至正午和15:00~18:00，周日 16:00~18:00）从火车站出发向东走，穿过Rosegg河和贝尔尼纳河，旅游局就在市中心主干道的路旁。

到达和离开

蓬特雷西纳的火车站在山谷对面，从镇中心步行10~15分钟可达。乘火车前往圣莫里茨(Sfr2.80)只需10分钟。

圣莫里茨也有邮政巴士发往蓬特雷西纳的镇中心(Sfr2.80，10分钟)

波斯基亚沃山谷(Val Poschiavo)

波斯基亚沃山谷(居民说意大利语)从贝尔尼纳山口(海拔2323米)以南一直延伸到瑞士—意大利边境，意大利城镇蒂拉诺(海拔441米)近在咫尺。整条山谷有1900米的落差，全程都是惊险的陡坡。山谷两侧有耸立的群峰，有些地段非常狭窄，铁路就在道路中央经过。

山口周边很适宜徒步，漂亮的小村庄中点缀着美妙的房屋。另外，还有一些宏伟建筑，如Brusio Viaduct，这座360度的螺旋桥建于1908年，为得是使铁路的坡度限制在7%以内，防止发动机在下坡的途中开动过快。

波斯基亚沃(Poschiavo；人口3500；海拔1014米)是山谷中的主要定居点，老城有色调柔和的连栋房和受到专门保护的漂亮教堂Church of San Vittore。跨过波斯基亚沃河，就到了位于镇中心的Plazza da Cumün广场，在这里可以看到魅力十足的Hotel Albrici(www.hotelalbrici.ch；Plazza da Cumün137；标单/双 Sfr140/190起；P 📶)，这家于17世纪开始营业的旅馆提供免费自行车，还有一个带桑拿和蒸汽浴室的水疗。

山谷下方几公里远，海拔962米的高度有绝美的波斯基亚沃湖(Lago di Poschiavo)，它是由于山谷两侧的岩石滑坡堵塞水流而天然形成的。

到达和离开

圣莫里茨有班次频繁的火车直达意大利北部的蒂拉诺(Sfr30，2.5小时)，途经蓬特雷西纳(Sfr5.40，10分钟)。山口处的车站是Ospezio Bernina(Sfr7.60，45分钟)。

圣莫里茨也有邮政巴士去Ospezio Bernina(Sfr7.60，40分钟)。

自驾的话，贝尔尼纳山口距圣莫里茨22公里，距意大利的蒂拉诺41公里。

伯利嘎利亚山谷(Val Bregaglia)

这个美丽非凡的原始山谷从恩嘎丁山谷入口的马洛亚山口(Maloja Pass，海拔1815米)向东南方向的意大利延伸。山谷中有显眼的角状花岗岩峰群、栗树林和石头村落，最高处是意大利风格的教堂。

伯利嘎利亚山谷(居民说意大利语)也以艺术家之谷闻名。Stampa是艺术家阿尔伯托·贾科梅蒂(Alberto Giacometti；1901~1966年)的故乡，也是旅游局(www.bregaglia.ch；Strada Principale 101；⏲周一、周二和周四 9:00~11:30和14:00~17:30，周三和周五 9:00~11:30)的所在地。附近的城堡-博物馆Palazzo Castelmur(www.palazzo-castelmur.ch；Coltura；成人/儿童 Sfr8/4；⏲6月至8月 周二至周日 11:00~17:00)藏有许多摄影作品，此外也有关于山谷历史的其他展览。

意大利边境附近还有个美丽的落脚点索里奥(Soglio)，这座小村面向海拔3308米的巴蒂雷峰(Pizzo Badile)，村里有很多小道和石头房子。历史可追溯至1630年的Hotel Palazzo Salis (www.palazzo-salis.ch；Villaggio 131；每人 含半食宿 Sfr152起；P 📶)是不错的住宿选择，旅馆有漂亮花园和一家主打当地农产品的餐馆。索里奥是徒步游的起点，最有名的徒步路线是历史悠久的La Panoramica步道，直至山谷下面的Casaccia。

圣莫里茨的邮政巴士每小时1班前往意大利的基亚文纳(Chiavenna)，运营路线贯穿整条伯利嘎利亚山谷，在山谷中多处设站。

列支敦士登

人口 38,000

包 括➡

瓦杜兹......335
马尔邦......338

最佳就餐

- Torkel（见338页）
- Adler Vaduz（见338页）
- Bergrestaurant Sareis（见339页）
- Vanini Café Bar（见338页）

最佳住宿

- Parkhotel Sonnenhof（见337页）
- Familienhotel Gorfion（见339页）
- Gasthof Löwen（见337页）
- Hotel Kulm（见337页）
- Camping Mittagspitze（见337页）
- Schaan-Vaduz Youth Hostel（见337页）

为何去

与世界上众多其他国家相比，列支敦士登只能算是个小人物。整个国家夹在瑞士与奥地利之间，位于陡峭崎岖的莱茵河谷中。来此地游玩，除了能够体验游览全世界最小（之一）但最富有（之一）的国家之外，你还能感受到其他具有传奇色彩的特色，比如列支敦士登至今还是一个由一位意志刚强的君主统治的公国，并且是一片深深扎根于阿尔卑斯山脉间、被有塔楼的城堡点缀的土地。

从最边缘处计算，整个国家也只有25公里长、12公里宽。它没有自己的国际机场，需要从瑞士或奥地利搭乘当地公共汽车前往。东部多山，而西部则地势相对平缓，人口更多。

这里是户外爱好者的天堂，弹丸之地却拥有相当数量的徒步及滑雪路线。当你越过瓦杜兹踏入阿尔卑斯山荒野中，这个位于内陆的小国家也并非如你所想的那般迷你。

何时去

- 袖珍的列支敦士登一年四季皆可前往。也就是说，你能在不同的月份和季节中感受它不同的魅力。
- 春天，你可以欣赏到漫山遍野、五彩缤纷的野花；金秋，你可以在列支敦士登的顶级餐厅中享用新酿葡萄酒，放松心情。
- 5月，这里会举行以自行车游览开启慢旅行的Slow Up Liechtenstein活动。
- 7月，整个国家都在庆祝Guitar Days；而8月15日可以看到国庆烟花表演。
- 夏天前往此地时不妨在阿尔卑斯山进行一次徒步游，并沿着莱茵河骑行。
- 冬天马尔邦的山坡上随处可见下坡滑雪及越野滑雪者的身姿。

历史

奥地利王子列支敦士登大公约翰·亚当（Johann Adam Von Liechtenstein）分别于1699年、1712年从落魄的德国贵族手中购买了施伦贝格（Schellenberg）和瓦杜兹两个地方，并将它们以自己的名字命名。列支敦士登在很长一段时间里都作为神圣罗马帝国下属的一个公国，直至1866年才完全独立。列支敦士登于1923年与瑞士结为关税联盟。

即使这样，列支敦士登的君主们也没有离开他们在维也纳的宫殿去购置的这片土地上看看。直到1938年德奥合并，弗朗茨·约瑟夫二世（Prince Franz Josef Ⅱ）才成为第一位居住于该公国的君主。他和妻子吉娜（Gina）着手将一个贫穷的乡村国度转变为如今银行业发达的富裕之国。在弗朗茨·约瑟夫二世于1989年去世后，他的儿子汉斯·亚当二世（Prince Hans Adam Ⅱ）继位。

由于整个国家的通用货币为瑞士法郎，这里常被人们视为是其邻国瑞士领土的延伸。但列支敦士登有自己不同的外交政策，其早在1990年和1995年就分别加入了联合国及欧洲经济区（European Economic Area，EEA）。

列支敦士登一直被人们誉为避税天堂，而从2000年开始，客户无法匿名在该国存款。近期，列支敦士登更是采取严厉举措，期望一扫其秘密银行的“美誉”，转而为世人重塑一种合法金融中心的形象。

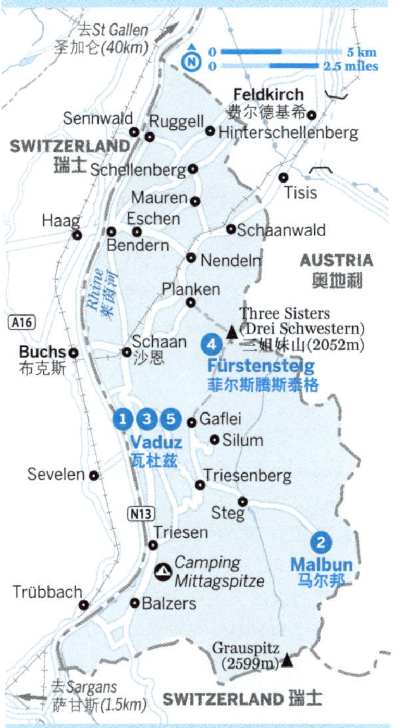

列支敦士登亮点

❶ **瓦杜兹城堡**（见336页）登上高高的塔楼，欣赏犹如明信片风景照一般的阿尔卑斯山风光。

❷ **马尔邦**（见338页）带上徒步靴或滑雪板朝陡坡前进。

❸ **瓦杜兹**（见335页）在列支敦士登热闹的小小首都漫游步行区。

❹ **菲尔斯腾斯泰格小径**（见337页）沿列支敦士登标志性的路线徒步，在令人头晕目眩的群峰间穿行。

❺ **三国游**（见339页）沿着水量充沛的莱茵河骑行前往瑞士及奥地利。

瓦杜兹（Vaduz）

人口5430 / 海拔455米

作为一个小型国家的小型首都，虽然瓦杜兹的面积小得宛如一张邮票，却拥有明信片似的背景。整个城市栖居在植被茂密的山脚下，环抱着莱茵河，还有一座城堡醒目地屹立其间，其地理位置可谓得天独厚，令人叹为观止。瓦杜兹大部分区域都很平坦，依山而建的城堡俯瞰着整座城市，巍峨的群峰耸立远方。

有趣的是瓦杜兹的市中心风格颇为现代，也很热闹，街上奢侈品免税店与混凝土造的方正楼房混杂在一起。但这里也有许多历史更悠久的建筑，因此在市中心逛逛还是很有趣的，特别是在城堡下方的步行区。只需走上几分钟你就会发现50年前村落的遗迹，以及宁静的葡萄园，此时你会觉得自己好像离阿尔卑斯山更近了。

Vaduz 瓦杜兹

Vaduz 瓦杜兹

重要景点

1 列支敦士登美术馆......B2
2 列支敦士登国家博物馆......B3
3 瓦杜兹城堡......B2

景点

4 米特尔多夫......A1
5 国会大厦......B3
6 邮政博物馆......B2
7 珍宝馆......B3

住宿

8 Gasthof Löwen......A1

就餐

9 Adler Vaduz......B2
10 Torkel......A1

饮品和夜生活

11 Vanini Café Bar......B2

景点

★瓦杜兹城堡(Schloss Vaduz) 城堡

瓦杜兹城堡坐落于山丘之上，俯瞰着整座城市，尽管城堡不对外开放，但是还是值得登上山丘欣赏美景。可由位于Egertastrasse尽头的小径登上山顶。若你想偷偷一睹城堡里面的样子，不妨在8月15日这天前往，因为当天为列支敦士登的国庆日，除了有壮观的烟火表演外，王子还会邀请所有国民到城堡里来喝一杯葡萄酒或啤酒。

★列支敦士登国家博物馆 博物馆

(Liechtensteinisches Landesmuseum; www.landesmuseum.li; Städtle 43; 成人/儿童 Sfr8/免费，包括美术馆门票 Sfr15/免费; ⏲周二和周四至周日 10:00~17:00，周三 至20:00)这座设计巧妙的博物馆将列支敦士登的历史、古迹及自然景观以有趣的方式呈现给游客，在这里你可以了解从中世纪女巫故事到假牙及动物标本的制作过程。

★列支敦士登美术馆 博物馆

(Kunstmuseum Liechtenstein; www.kunstmuseum.li; Städtle 32; 成人/儿童 Sfr12/免费，包括国家博物馆门票 Sfr15/免费; ⏲周二、周三、周五至周日 10:00~17:00，周四 10:00~20:00)这座由黑色混凝土及玄武岩打造而成的长方形建筑位于Städtle，举办各类临时展览，主要是围绕着馆藏的现代艺术品，其中包括恩斯特·路德维格·凯尔希纳(Ernst Ludwig Kirchner)、保罗·克利和约瑟夫·博伊斯(Joseph Beuys)的原作。

邮政博物馆 博物馆

(Postmuseum; www.landesmuseum.li; 1st fl, Städtle 37; ⏲10:00至正午和13:00~17:00) 免费 列支敦士登曾经因制造纪念邮票出售给狂热的集邮爱好者而大赚了一笔，但是随着电子邮件的普及，邮票行业早已不再兴盛。在这座小巧但妙趣横生的博物馆里，你可以了解1912年以来发行的国家邮票。

毗邻的珍宝馆(Treasure Chamber; 成人/儿童 Sfr8/免费; ⏲10:00~17:00)展品丰富，有珠宝、猎刀、俄国复活节彩蛋以及各国君主赠给列支敦士登的礼品。

米特尔多夫(Mitteldorf) 街区

若你想一睹瓦杜兹的旧时风貌，不妨漫步到位于城市北端的米特尔多夫街区。整个街道被传统住宅及玫瑰花园点缀得分外迷人。特别让人眼前一亮的是建于中世纪后期、有阶梯状屋顶的Rote Haus，坐落在葡萄园上。

国会大厦(Parliament Building) 知名建筑

自2008年起，这座令人惊叹的现代建筑成为全员25人的列支敦士登国会办公场所。国会大厦由"Long House""High House"以及"Joining House"组成。与位于市中心的彼得大帝广场(Peter-Kaiser-Platz)一样，这座建筑也是慕尼黑建筑师Hansjörg Göritz的设计作品。

活动

行星小径(Planetenweg) 步行

你可以在这条所谓的"行星小径"上找到木星、火星和冥王星。这条小径从位于Rheinpark体育场旁边的停车场起始。总长5公里的小路伴着莱茵河将银河系以一比十亿的比例呈现出来。

住宿

登录www. tourismus.li查询民宿及假日公寓的具体信息。

瓦杜兹

★Gasthof Löwen 历史酒店 €€

(☎238 11 44; www.hotel-loewen.li; Herrengasse 35; 标单/双 Sfr199/299起; P ᯤ)酒店历史悠久，尽管木质装饰咯吱作响，但仍优雅非凡。这家有600年历史的酒店共有8间宽敞的客房，都配有古色古香的家具及现代化的浴室。酒店有舒适的酒吧、精致的餐厅，后方还有一个可以俯瞰葡萄园的露台。

Parkhotel Sonnenhof 精品酒店 €€€

(☎239 02 02; www.sonnenhof.li; Mareestrasse 29; 标单/双 Sfr195/380; P ᯤ 🏊)在景观花园可以欣赏阿尔卑斯山和莱茵河谷令人惊叹的美景。这家精品酒店十分奢华，游泳池及水疗馆极具东方风情，房间装饰豪华，提供的服务也很周到。酒店的米其林星级餐厅Restaurant Maree为你奉上各类时令菜肴。

瓦杜兹周边

★Hotel Kulm 酒店 €

(☎237 79 79; www.hotelkulm.li; Schlossstrasse 3, Triesenberg; 标单/双/标三 Sfr80/130/160; P ᯤ)位于海拔888米的特里森贝格(Triesenberg)距瓦杜兹10分钟车程。这家酒店拥有山区和莱茵河谷的惊艳美景。房价含自助早餐，20间客房设施齐全。

Camping Mittagspitze 露营地、青年旅舍 €

(☎392 36 77; www.campingtriesen.li; Sägastrasse 29; 露营地 成人/儿童/车 Sfr9/4/5，每顶帐篷 Sfr6~8; P ᯤ 🏊)这个设施齐全、全年开放的营地十分适合一家人前往，这里有游乐场、游泳池、餐厅、带电视的休息室及公用电话亭。这里还有一处新的青年旅舍，特别适合背包客。

Schaan-Vaduz Youth Hostel 青年旅舍 €

(☎232 50 22; www.youthhostel.ch/schaan; Under Rüttigass 6; 铺/单/双 Sfr35/66/92; ⏰3月

值 得 一 游

菲尔斯腾斯泰格(FÜRSTENSTEIG)

全国最负盛名的徒步道路就是菲尔斯腾斯泰格小径(www.tourismus.li/en/activities/summer/hiking/hikes-in-Liechtenstein.html)，在这条路上徒步几乎成为每个列支敦士登人的成人礼。若是要挑战这条徒步线路，你必须身体健康且不容易眩晕，因为这条路线的一些路段十分狭窄，需靠拉着加固的绳子通过，且有时道路还十分陡峭。这条12公里的徒步小径包括三姐妹(Drei Schwestern)路段，全程需约5小时，起点和终点分别在Gaflei和Planken。

你可以在海拔1428米、俯瞰Planken的Gafadurahütte(☎787 14 28; www.gafadurahuette.li; 铺 成人/儿童 Sfr22/10; ⏰5月中旬至10月中旬)住宿。游客咨询处提供徒步小径的路况信息、天气预报和最新的Gaflei与Planken之间长途汽车时刻表。

至10月；P 🛜）在列支敦士登住宿不需要破费太多。这家青年旅舍专为骑行游客及家庭准备。处在沙恩（Schaan）与瓦杜兹中间，从两地都可轻松步行到达。

Hotel Garni Säga 酒店 €

（☎392 43 77；www.saega.li；Alte Landstrasse 17，Triesen；单/双/标三 Sfr89/148/180；P 🛜）这家由家庭经营的酒店被花园环抱，有不错的山间景色，十分适合徒步及骑自行车的游客。舒适、安静的房间配有阳台，可以远眺莱茵河河谷。

餐饮

咖啡馆、比萨餐厅及各类普通餐厅都在主要步行街Städtle上，觊觎着你的钱包。

Adler Vaduz 瑞士菜 €€

（☎232 21 31；www.adler.li；Herrengasse 2；主菜 Sfr18起；⏰周一至周五 8:30至午夜）嘎吱作响的木地板配上淡紫色的墙面使Adler充满一种雅致的瑞士古典风情，在这里可以享用到经典的瑞士菜肴，比如小牛肉薄皮配以奶油蘑菇汁（Zürcher Geschnetzeltes），再配上一杯瓦杜兹的黑皮诺。

★ Torkel 瑞士菜 €€€

（☎232 44 10；www.torkel.li；Hintergasse 9；主菜 Sfr49起；⏰周一至周五 11:30~13:30和18:30~21:00，周六 18:30~21:00）🍃在王子的葡萄园的正上方，就是被常春藤环绕的国王的餐厅。从花园露台可以欣赏到上面城堡的美妙景色，而餐厅内部古老木质条纹装饰在冬季显得十分舒适。餐厅不仅仅提供当地美食，还有国际风味和时令菜肴。

Vanini Café Bar 酒吧

（☎232 21 31；www.adler.li/en/vanini-cafe-bar；Herrengasse 2；⏰周一至周五 8:00~23:00；🛜）就在餐馆Adler Vaduz后面，是个可以一边享用啤酒、葡萄酒或咖啡，一边思考人生的好地方。

实用信息

列支敦士登的综合信息可登录www.liechtenstein.li及www.tourismus.li查看。

Liechtenstein Center（☎239 63 63；www.tourismus.li；Städtle 39，Vaduz；⏰11月至次年4月 9:00~17:00，5月至10月 9:00~18:00）这里提供城市指南、纪念护照邮票（Sfr3）及可以播放全国各类风光的多媒体放映机。

到达和离开

邮政巴士汽车站位于市中心。从瑞士的布克斯（Buchs；Sfr4，20分钟）和萨甘斯（Sargans；Sfr5.80，25分钟）等城镇，以及奥地利的费尔德基希（Feldkirch）都有班次频繁的长途汽车前往瓦杜兹。列支敦士登的长途汽车是淡绿色；从司机处购买车票。

瓦杜兹距瑞士边境仅1公里，而且没有烦琐的入境手续，因此自驾非常方便。从瓦杜兹到列支敦士登北部和南部的公路路况相当好。

瓦杜兹大部分区域位于平坦的莱茵河谷，也可以骑自行车探索。

马尔邦（Malbun）

人口75 / 海拔1600米

从瓦杜兹（海拔455米）出发有一大段上坡路，路的另一头就是马尔邦，这座位于海拔1600米的度假胜地，美得好像是世界的尽头。这里的确是路的尽头，想出城的话只能原路返回。其实马尔邦并非像你想象的那么遥远，在旅游旺季这里挤满了游客。但总体来说，这里十分适合放松心情，尤其是与家人一同前来。在这里滑雪并不贵，只要你选择合适长度的雪道，且徒步路线景色宜人。

活动

这里的滑雪活动主要针对初学者，当然也有一些适合中级水平滑雪者及越野滑雪爱好者的场地。过去英国王室成员就是在这里学习的滑雪。普通的滑雪通票（包括Sareis登山缆椅）成年人每天/周需Sfr48/215，儿童Sfr29/127。滑雪设备可从Malbun Sport租借。

Furstin-Gina Path 徒步

长12公里，可以欣赏到奥地利、瑞士及列支敦士登的美景。这条徒步路线的起点在Sareis登山缆椅的顶点（夏季 单程/往返 Sfr9.80/15.30），沿路可返回马尔邦。

两轮骑三国

正因为列支敦士登地处奥地利和瑞士的边境，你可以在一天内骑车轻松通过这三国的边境。风景最好及最令人难忘的要数59公里长的**三国游**（Drei Länder Tour）线路，从瓦杜兹出发至奥地利的中世纪小镇费尔德基希（Feldkirch）。然后线路继续至Illspitz，在折返回瓦杜兹前沿着莱茵河直下抵达瑞士的布克斯（Buchs），这里有13世纪的古老城堡——韦登贝格城堡（Schloss Werdenberg）。

地图及电动自行车可在瓦杜兹的游客咨询处找到。

食宿

Alpenhotel Vögeli 客栈 €

（☎263 11 81；www.alpenhotel.li；房间 每人Sfr90；P 📶 🏊）这家位于山间的热情客栈拥有明亮舒适的房间，且地理位置优越，在冬季和夏季通往雪道和徒步道路的交通都十分便利。还有能够欣赏山景的泳池、桑拿室和在松树笼罩下的餐厅。

★ **Familienhotel Gorfion** 酒店 €€

（☎265 90 00；http://en.gorfion.li；Stubistrasse 8；房间 每位 成人/儿童 Sfr135/50；P 📶 🏊）为带孩子出行而烦恼？这里绝对让你无后顾之忧。酒店拥有游乐场、儿童动物园及其他专为儿童设置的活动，这让家长们能尽情睡懒觉并享受按摩浴缸。孩子在就餐时间同样有人照看，酒店还可以租借婴儿车、背包、高脚椅，等等——只要你能叫得出名字。

Bergrestaurant Sareis 瑞士菜 €

（☎263 46 86；www.bergrestaurant-sareis.li；简餐 Sfr9.50~21.50；⏲6月至10月中旬 8:00~17:00，12月中旬至次年4月 9:00~16:00）若你想边就餐边欣赏醉人的山景，绝对不能错过这家山林中的木屋餐厅，它位于Sareis登山缆椅的终点。

实用信息

游客咨询处（☎263 65 77；www.malbun.li；⏲12月中旬至次年4月中旬 9:00至正午和13:00~16:00，6月至10月中旬 周一至周五 9:00至正午，周六和周日 9:00~13:30）游客咨询处在主干道上。

到达和离开

每天7:15~20:15，几乎每小时都有21路公共汽车从瓦杜兹开往马尔邦（Sfr3.50，30分钟），从马尔邦回瓦杜兹的车在8:20~19:20之间。马尔邦距瓦杜兹14公里（但全是上坡路）。城里停车位很充足。

了解瑞士

今日瑞士 342

在绿色交通与可再生能源方面走在世界前列的瑞士正在迈向新的可持续发展时代。

历史 344

另类、保守、永远中立和严守秘密——你将在这里了解独特的瑞士历史。

瑞士人的生活方式 350

4种不同语言、各种阿尔卑斯山的古老传统、非凡的艺术和设计氛围——这是一个文化生活令人艳羡的国度。

瑞士人的餐桌 356

瑞士美食远不止于巧克力、奶酪和瑞士-德国土豆饼，跟随美食指南将它们一一尝遍吧。

瑞士葡萄酒 361

在如画的风景下由葡萄种植者陪同，来一次葡萄园散步和品酒之旅。

今日瑞士

"避难所瑞士"并非空有其名。瑞士似乎总能避免陷入周边国家所经历的麻烦和痛苦，而且看起来它打算继续保持"事不关己高高挂起"的态度。作为一个经济强盛、社会稳定、具有开创性公共交通网络和强调可持续发展的国家，瑞士将沿着独立且独特的道路继续走下去。

最佳电影

《早恋》（*Puppylove*，2013年）讲述了一个关于成长的故事，主演文森特·佩雷斯（Vincent Perez）出生在洛桑。

《姐姐》（*Sister*，2012年）故事主角是生活在瑞士一个滑雪度假村的贫穷姐弟俩，导演乌苏拉·梅尔（Ursula Meier）凭借此部电影获了奖。

《家》（*Home*，2008年）一个家庭的故事。电影由乌苏拉·梅尔执导。

《希望之旅》（*Journey of Hope*，1991年）奥斯卡获奖电影，讲述了一个库尔德家庭来瑞士寻求更好生活的故事。

最佳书籍

《海蒂》（*Heidi*，约翰娜·施普里著；1881年）经典儿童故事，以阿尔卑斯山的一位孤女为主人公。

《魔山》（*The Magic Mountain*，托马斯·曼著；1924年）由一位德国文学巨匠所著，这部小说让你陷入达沃斯的积雪街道与疗养院而无法自拔。

《艾格尔山之梦：人与山的奇遇》（*Eiger Dreams: Ventures Among Men and Mountains*，Jon Krakauer著；1990年）对于登山历险的描述引人遐思。

《瑞士观察》（*Swiss Watching*，Diccon Bewes著；2012年）以有趣、敏锐的视角带你看"牛奶和金钱"的国度。

瑞士法郎反弹，旅游业崛起

2015年1月，瑞士国家银行（SNB）做出决定，解除对瑞士法郎的管制并取消2011年9月实施的欧元兑换瑞士法郎的汇率限制，此举引发巨大争议。由于不再受限于对欧元的汇率限制，瑞士法郎随即大涨，货币市场一片混乱。根据《经济学人》（*The Economist*）的观点，"商品与服务出口占国内生产总值的70%以上""升值的瑞士法郎不利于瑞士，因为该国经济严重依赖出口"。在2017年1月，*Focus Economics*的一篇文章指出，考虑到欧元区的利好消息与数据，瑞士法郎已经开始贬值，这预示着瑞士的出口导向型经济将有所好转。这种情况也反映在联邦经济事务司（SECO）的一份报告中，该报告显示，瑞士国内生产总值在2017年第一季度增长了0.3%。虽然瑞士法郎汇率波动的余震未消，瑞士经济必定仍会增长，失业率也在稳步下降——2017年5月的这一数字为3.3%，远远低于欧洲平均9.3%的失业率。

瑞士的旅游业最近也出现反弹之势。瑞士联邦统计局（BFS）发布的数据表明，从2016年11月至2017年4月的过夜停留人数为1.57亿，同比增长2%。

瑞士的整体经济前景看好，该国城市在2017年美世生活质量（Mercer Quality of Living）调查中重回前列（日内瓦居第8位，苏黎世居第2位）也印证着这一点。但所有这些也是要付出代价的：根据经济学人智库（EIU）的数据，苏黎世也获得了2017年世界生活成本最高城市的"殊荣"。

环保动议

瑞士正大力谋求能源的可持续性，《瑞士能源战略2050》设立了发展水电与节约型可再生能源，并减少人均消耗及对环境影响的目标。2017年5月，关于绿色能源的报道一再登上新闻头条，当时瑞士国内举行了有约束力的全民公投，58.2%的民众支持逐步淘汰目前供应全国用电约三分之一的核能，向可再生能源过渡。相关立法计划于2018年初生效，5所核电站中，伯尔尼州的米勒贝格（Mühleberg）将在2019年首先关闭。新颁布的法律意味着数十亿瑞士法郎将流向可再生能源补贴、禁止核电站建设及关闭现有核电站。

实际上，“可持续性”在瑞士并非只是漂亮口号，它已经深入人心，成为一种崭新的生活理念。举个例子来说，该国阿尔卑斯山腹地的少女峰地区使用的几乎所有能源都是可再生能源。即便是规模庞大的少女峰铁路也能在能源上自给自足，甚至有所盈余：列车上山时消耗电力，但下山时发动机可以发电以弥补电能的消耗。

公共交通首开先河

在公共交通方面，瑞士人堪为楷模，但该国对于环保的追求永无止境。2016年12月，注重环保的哥达基底隧道（长57公里，是世界最长的隧道）投入使用，将阿尔卑斯山地区的货运交通由公路转向铁路。该隧道巧妙的设计保证了空气清洁，废水处置合理，而且野生动物也不会受到影响。2017年5月，设计29列“Giruno”电力高速火车的计划得以推出，这些列车将于2019年在巴塞尔至米兰的铁路上运行，速度可以达到每小时250公里。

E-Grand Tour of Switzerland趁热打铁，于2017年开始与特斯拉的合作，开发了世界首条电动汽车自驾路线。这条全长1600公里的公路连接全国主要景点，沿途设立的充电站多达300处。瑞士联邦铁路正尝试推出包括使用电动自行车的“Green Class”通票。这些环保意识理念已经影响到旅游业，多数车站如今已经开始提供电动自行车，许多地区旅游协会也为游客们提供免费公共交通，如2017年启动的Ticino Ticket项目。

人口：818万

非瑞士籍（占总人口）：24.6%

面积：41,285 平方公里

国内生产总值：6953亿美元

通货膨胀率：0.5%

失业率：3.3%

每100个瑞士人中

64个人说德语　7个人说意大利语
20个人说法语　1个人说罗曼什语
8个人说其他语言

信仰体系
（占人口百分比）

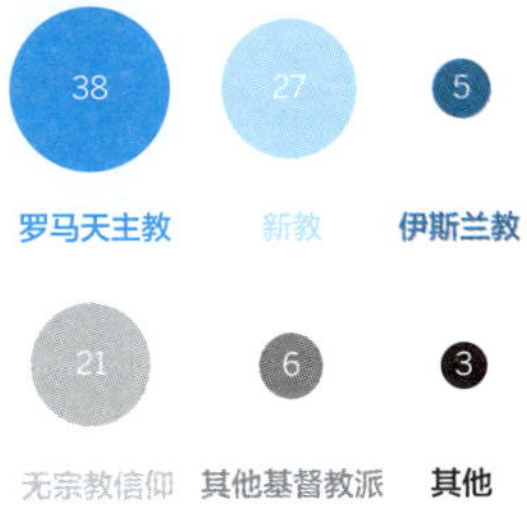

每平方公里人口数

历史

瑞士是独一无二的，没有一个国家能比它的历史更简单明了。我们无法用评判一个国家的普通准则来评判它，这个内陆小国拥有不可多得的内秀个性，它随着1874年联邦宪法的制订而诞生，并禁住了两次世界大战的考验（战争期间，瑞士坚决保持中立）。虽然有铺天盖地的全球性机构，并正寻求更大规模的国际合作，但如今的瑞士依然封闭、另类、特立独行。

宗族和城堡：瑞士人的起源

现代瑞士的历史也许应该从1291年算起，不过这并不是说瑞士诞生之前的数千年历史毫无意义——那段时期为瑞士留下了壮美的宫殿和城堡。

瑞士是中立时间第二长的国家（仅次于瑞典，后者从拿破仑战争脱身之后，从1814年开始保持中立）。

最早的居民是凯尔特部落，包括汝拉州和中部高地的赫尔维蒂人（Helvetii）及格劳宾登州附近的里希厄人（Rhaetians）。他们的家园被罗马人入侵：公元前58年，罗马人在尤利乌斯·恺撒的统领下在此立足，建立了Aventicum（现在的阿旺什），作为赫尔维蒂（Helveti；罗马瑞士）的首府。瑞士最大的罗马遗址留存在巴塞尔附近的奥古斯塔·劳里卡。公元400年，日耳曼的阿勒曼尼部落（Alemanni）来到这里，赶走了罗马人。

阿勒曼尼部落定居在瑞士东部，后来接收了另一支日耳曼部落——该国西部的勃艮第人。后者皈依了基督教，使用拉丁语，为瑞士的法语区和德语区的划分埋下了种子。6世纪，法兰克人征服了这两个部落，但是870年的时候，查理大帝再次将这两个地区分开。

1032年，在横跨欧洲的神圣罗马帝国的统治下，瑞士再度统一，最初并没有受到管束。当地贵族发挥着最大影响力：泽林根（Zähringen）家族建立了弗里堡、伯尔尼和穆尔滕；在伯尔尼高地的图恩修建了童话般的城

大事年表

公元前58年

尤利乌斯·恺撒将凯尔特部落赫尔维帝安插在阿尔卑斯山和汝拉州之间，用于监管莱茵河边界，将日耳曼部落阻隔在罗马领土之外。

1032年

瑞士西部的宗族和勃艮第王国被神圣罗马帝国吞并，不过依然保留了很大程度的自治权。

1291年

现代瑞士的“正式”开端是在吕特里草甸达成的联邦契约。但很多历史学家认为，该事件及与之相伴的威廉·退尔传奇实际上发生于1307年。

堡，有高耸的塔楼和红色的角楼；萨伏依（Savoy）宗族在日内瓦湖周边修建了一圈城堡，最著名的是莫尔日城堡和壮观的西庸城堡，就在蒙特勒附近的水畔。

1273年，哈布斯堡统治者鲁道夫一世（Rudolph Ⅰ）成为神圣罗马皇帝，他派遣了严苛的执政官，以便征收更高的税赋并加强行政控制，这很快就激发了瑞士人的怨气。

瑞士联邦：现代瑞士

1291年，鲁道夫一世去世，当地领袖立即争取独立。同年8月1日，乌里州、施维茨州和下瓦尔登半州的森林居民聚集在瑞士中部施维茨州的吕特里（Rütli）草甸，达成契约，郑重宣告不再承认任何外来的审判官和法律。历史学家认为这个版本与事实稍有不符，但是，不管情节如何，这份契约确实存在，就被保存在施维茨。这份在联邦契约博物馆展示的文件被视作瑞士联邦的建国法案，瑞士联邦的拉丁文名称为Confoederatio Helvetica，因此“CH”作为瑞士的缩写流传下来（比如，用于椭圆形的汽车贴纸和互联网的域名后缀）。

1315年，奥地利的利奥波德一世公爵（Duke Leopold Ⅰ）派遣了一支强大的军队去镇压正在发展的瑞士民族独立运动。但是，瑞士人反而让他的部队在莫尔加滕遭受了一次大溃败，导致其他社区也加入了瑞士联邦。接下来200年的瑞士历史是一系列的军事胜利、土地占领和新成员加入。以下是加入的州：卢塞恩（1332年）、苏黎世（1351年）、格拉鲁斯和楚格（1352年）、伯尔尼（1353年）、弗里堡和索洛图恩（1481年）、巴塞尔和沙夫豪森（1501年），以及阿彭策尔（1513年）。其间，1499年，瑞士联邦经过一次胜利后，从神圣罗马皇帝马克西米连一世（Maximilian Ⅰ）手中赢得了独立。

最佳城堡

西庸城堡（见85页），蒙特勒

莫尔日城堡（见76页），莫尔日

图恩城堡（见149页），图恩

中世纪城堡（见200页），贝林佐纳

Burg Hohenklingen（见288页），施泰因

哈尔维水上城堡（见258页），阿尔高州

不再有苦痛的失败：瑞士的中立

瑞士的中立基本上产生于横冲直撞的瑞士人遭受的一次苦痛失败：1515年，他们最远到达了米兰，在米兰东南16公里处的马里尼亚诺（Marignano）被法国和威尼斯联军击败。这场血腥的战争之后，瑞士人放弃了扩张的梦想，退出了国际舞台，第一次宣布中立。此后几个世纪，这个国家的战斗精神只在雇佣兵活动中有所体现——直到今天，保护梵蒂冈教皇的仍然是瑞士近卫队。

1315年

瑞士的非正规军在莫尔加滕战役中与哈布斯堡奥地利军队对阵，意外取胜。这是瑞士在应对帝国入侵取得的几次胜利中的第一次。

1499年

在莱茵河流域和瑞士境内多次击败帝国军队之后，瑞士联邦从哈布斯堡统领的神圣罗马帝国那里赢得了实际独立。

1515年

瑞士军队占领意大利的米兰和帕维亚之后，在马里尼亚诺被法国-威尼斯军队打败。吃了苦头的瑞士人撤退并宣布中立。

1519年

新教徒胡尔德里希·茨温利在苏黎世倡导“祈祷和工作”，推动教士婚姻和代替弥撒的新型普通礼拜仪式。1523年，这座城市接受了他的改革提议。

1522年，苏黎世的一名印刷工和几名牧师因为在本应禁食的圣灰星期三（Ash Wednesday）大吃香肠而被捕，在这一"香肠事件"期间，瑞士的新教徒率先公开违抗天主教教会。

宗教的30年战争（1618～1648年）在欧洲爆发，瑞士的中立和多元化共同为其提供了一定的保护。以牧师胡尔德里希·茨温利（Huldrych Zwingli）和约翰·加尔文（Jean Calvin）为首的宗教改革在苏黎世和日内瓦取得了一定的进展，而瑞士中部依然信奉天主教。这样的分歧甚至让瑞士人内部都无法就在30年战争中支持哪一方而达成一致，于是坚持中立。

1798年，法国入侵瑞士，建立了短命的赫尔维蒂共和国，但是他们也不比之前的奥地利人受欢迎。1803年，内部战争促使拿破仑（后来的法国执政者）恢复了此前的州联邦——阿尔高州、圣加仑州、格劳宾登州、提契诺州、图尔高州和沃州在这段时间加入了瑞士联邦。

我们今天所知的瑞士中立是在1815年的维也纳会议和平条约中正式确定的。拿破仑在滑铁卢被英国和普鲁士打败之后，维也纳会议正式肯定了瑞士独立，并首次确定其中立（同一条约还将瓦莱州、日内瓦州和纳沙泰尔州并入了瑞士）。

虽然一些市民亲近同情德国，但瑞士唯一与第一次世界大战有所牵扯的就是组织了红十字会。战后，瑞士加入了国际联盟（League of Nations），不过没有涉足军事活动。

同样，瑞士在第二次世界大战中依然保持中立，除了1944年4月沙夫豪森被意外地炮击了几次之外，这个国家基本上毫发无损，而那几次炮击还是因为盟军的飞行员将瑞士东北部的城镇误当成德国城镇，才两次把炮弹投向其郊区。确实，瑞士人在第二次世界大战中最重大的事件就是国民军将军亨利·吉桑（Henri Guisan）将所有高级军事人员邀至吕特里草甸（1291年忠诚宣誓的地点），以此向世界显示瑞士人捍卫国土的决心。

最佳瑞士历史博物馆

- 联邦契约博物馆（见237页），施维茨
- 瑞士国家博物馆（见262页），苏黎世
- 伯尔尼历史博物馆（见113页），伯尔尼
- 普朗然城堡（见77页），尼永
- 西庸城堡（见85页），蒙特勒

让各州发表意见：瑞士宪法

1847年，内战爆发。杜福尔将军（General Dufour）率领的新教徒军队迅速镇压了包括卢塞恩在内的天主教州分离主义联盟（Sonderbund, Special League）。战争仅仅持续了26天，导致德国首相奥托·冯·俾斯麦（Otto von Bismarck）随后认为那只是"射击野兔"而不予理会，但是对于热爱和平的瑞士人来说，这种分裂和无序足以让他们确立联邦宪法，以迅速巩固杜福尔军队取得的胜利。伯尔尼被指定为首都。

如今，1848年宪法的大部分内容依然适用，是中央控制的拥护者和希望保持各州权力的保守派势力之间的妥协。各州最终放弃了印钞、运营邮

1590～1600年

正当瑞士其他州的新教徒致力于结束巫术迫害的时候，沃州的大约300名妇女被指控行使巫术，遭到逮捕，受到折磨并被活活烧死。

1847年

新教徒和天主教徒之间的"射击野兔"内战仅持续了26天，造成86人丧生，500人受伤，为1848年的联邦宪法铺平了道路。

1863年

1859年，在意大利北部的索尔费里诺战役中目睹了杀戮和无人照顾的伤员，商人和和平主义者亨利·迪南在日内瓦合作创建了国际红十字会。

1918年

六分之一的人口生活在贫困线以下，20,000人死于流感疫病，工人开始罢工。罢工的长远影响包括规定每周48小时工作制。

政服务和征收关税的权力，将其移交给联邦政府，但是它们保留了对地方事务的立法和行政控制权。而且，新联邦议会的建立方式也允许各州发表意见。下一级的国民院（Nationalrat）有200位成员，名额按26个州的人口比例分配。上一级的联邦院（Ständerat）包括46名成员，每州两名。

反对政治腐败引发了要求更多民主的运动。1874年，宪法经过修订，按照宪法规定：很多联邦法律需要经国家公投通过——这可是个直至今天也让瑞士出名的现象。有50,000个签名的请愿就可以向法案发起挑战，100,000个签名就可以对任何新议题强制发起公投。

以保密性著称：瑞士的银行业

银行业的保密制度可以追溯至中世纪，于1934年被庄严地载入瑞士法律，编号（而不是实名）银行账户就是在那时被引入的。从那时开始，主要得益于承诺中立带来的令人羡慕的稳定性，瑞士的银行业在大多数情况下都很繁荣。1930年，国际清算银行（Bank for International

魔术方程式：瑞士的政府

瑞士的执行政府是联邦委员会，其组成不仅由赢得议会多数席位的政党决定（比如获胜党统治），还要采用一种“魔术方程式”——四大政党在1959年达成的一项友好的分权协议。

- 联邦委员会由7名经议会逐个选举出的部长组成。
- 议会中的四大政党在联邦委员会里有一定的席位，与其在普选中获得的份额一致。
- 7名联邦部长轮流担任总统，因此每年都会有一位新的国家首脑。
- 每名议员负责7个联邦行政部门中的一个（财政、外交等）。
- 很多联邦法律必须先经过公投，每年都要举行几次公投。

数十年以来，三个最大的政党（自由民主党、基督教民主党和社会民主党）都有两个席位，排在第四的政党（右翼的瑞士人民党，简称SVP）有一个席位。这种“大联盟”在2003年发生了改变，瑞士人民党在委员会内增加了一个席位（基督教民主党失去了一个），2008年再次赢得一个席位。同时，瑞士人民党分裂，保守民主党建立。

以反移民政策和高争议性竞选海报闻名的瑞士人民党在2015年10月的联邦选举中赢得29%的选票，创下瑞士政党获得议会席位的记录。

1940年

吉桑将军的军队警告第二次世界大战的入侵者离开。430,000名士兵被派遣到边境，不过其中大多数都在阿尔卑斯山的堡垒中打游击战，以防德国入侵。

1950年

1950年9月14日，瑞士与中国建交，成为最早与中国建立外交关系的西方国家之一。

1979年

1974年，也就是第一次投票赞成脱离伯尔尼州的5年之后，汝拉（多数人是说法语的天主教徒）脱离伯尔尼州（说德语的新教徒），成为一个独立州。

1990年

因特网在日内瓦的欧洲原子核研究组织（CERN）“诞生”，蒂姆·伯纳斯-李在这里开发了HTML，该技术被用于为万维网制作网页并链接文本至图像。

即便在全球财政透明化的新世界，中立的瑞士依然对现金藏匿拥有极强的吸引力。瑞士的每个州都自行设定税率，鼓励个人和企业"玩转"州市场；楚格凭借瑞士最低的收入税和企业税，及其税收减免政策吸引企业巨头。

Settlements，简称BIS；促进中央银行合作的组织）选择巴塞尔作为总部，也是基于这个充足的理由——瑞士的中立身份。

19世纪中期开设的一批商业银行催生了瑞士的银行业；20世纪90年代末期，一系列丑闻的爆出迫使瑞士开始对其以保密著称的银行业进行改革。1995年，迫于犹太组织的压力，瑞士银行宣称在1945年之前开立的、属于大屠杀遇难者和幸存者的休眠账户里发现了数百万美元。3年过去了，由于被指控把持这笔钱财却不去认真地尝试寻找其所有者，瑞士两家最大的银行瑞士联合银行（UBS）和瑞士信贷银行（Credit Suisse）同意向大屠杀幸存者及其家庭支付12.5亿美元作为补偿。

长期以来，富人们最喜欢将他们的财富存在瑞士的私营银行。然而，2009年以来，来自美国、英国、德国及其他高税收国家的巨大压力使瑞士对1934年的《银行法》做出修改——因为这项法案为那些被所在国指控逃税的存款人提供保护。

瑞士人的让步促使批评者得意地对瑞士银行的保密性敲响了丧钟。韦格林银行（Wegelin）是瑞士最古老的银行，由于在美国承认了协助逃税的罪名而陷入绝境，于2013年歇业。同年，瑞士和美国签署了联合声明，允许瑞士银行在逃税问题上自愿性地与美国当局合作。2014年，瑞士第二大银行——瑞士信贷银行，承认多年以来合谋协助逃税的不道德罪名。该银行同意支付26亿美元的处罚款。

瑞士银行的秘密账户也许很快就将成为历史：到2018年，新法律的生效将确保账户详细信息与别国税务部门共享，以实现国际信息透明。

永久中立：一个独特的国家

第二次世界大战末以来，瑞士享受了一段不间断的经济、社会和政治稳定时期——这要归功于其可预见的瑞士方式，得益于其中立立场。瑞士在已经拥有巨大影响力的商业、金融和工业基础上锐意进取，而欧洲的其他国家还在收拾和重建战争造成的残破河山。苏黎世发展成为国际银行业和保险业中心，而世界卫生组织及一大批其他国际组织也将总部设在日内瓦。但是，为了保持其中立立场，瑞士选择不加入联合国（尽管日内瓦从一开始就是仅次于纽约主要总部的第二大总部所在地）和新近的欧盟。

登录www.parliament.ch和www.admin.ch，深入了解瑞士不同寻常的政治体系，包括其"直接民主制""魔术方程式"和兼职政客。

2003年的议会选举大幅度地倒向保守的右派，有助于瑞士进一步坚定保持独特性。2006年，反欧盟、反移民的瑞士人民党（Swiss People's

2001年

国家航空公司瑞士航空倒闭；发生在楚格议会的持枪屠杀导致14名政治人物死亡；21人在一次峡谷探险中罹难；11人在圣哥达隧道的大火中丧生。

2008年

世界经济危机波及了瑞士两家最大的银行——瑞士联合银行和瑞士信贷银行。同年12月12日，瑞士最终加入申根区。

2009年

世界上最大的粒子加速器在欧洲原子核研究组织（CERN）依托大型强子对撞机进行了第一次实验并获得成功。

2011年

猛涨并被高估的瑞士法郎促使瑞士国家银行将其与欧元挂钩。

Party，简称SVP）呼吁收紧移民和政治避难政策；该政策在全国公投中以压倒性的多票数通过。之后，该党致力于禁止为穆斯林新建召唤祈祷用的宣礼塔，这个想法在国际上引发了不小的愤怒，不过在全国公投中有57.7%的选民对这项右翼禁令投了赞成票，随后在宪法中通过。活动期间，瑞士人民党发布了反移民海报，画面上的3只白羊将1只黑羊赶出了瑞士国旗上醒目的白色十字。

尽管瑞士人民党秉承强硬的保守底线，但具体的迹象则显示瑞士正在向更广阔的世界开放。2002年，这个国家成为联合国第190个成员（该议案公投上次未通过的时间是1986年），3年之后，投票加入了欧洲免护照旅游的申根区（在2008年底最终完成）。同年的另一项公民投票中，瑞士人勉强赞成同性伴侣民事结合的合法化（并非婚姻）——瑞士人民党的又一次失利。

然而，几乎没人认为瑞士会在近期考虑加入欧盟和欧洲单一货币区。按照传统，西部说法语的州更倾向于这一想法，而说德语的州（和提契诺州）通常会反对。

2002年，瑞士最终加入了联合国，工作人员错误地为瑞士订购了一面长方形的国旗，并让其飘扬在纽约总部外。瑞士官员提出了强烈抗议，坚决要求联合国马上升起正确的正方形国旗。

2014年

设置移民配额的全民公投在瑞士的民意测试中获得胜利。

2016年

洛桑探险家贝特朗·皮卡尔的“阳光动力2号”太阳能飞机完成了环球飞行，全程4万公里未使用燃油。

2016年

全球最长的隧道、长达57公里的哥达基底隧道于12月投入使用，阿尔卑斯山与意大利之间的交通时间大大缩短。

2017年

瑞士公投赞成逐步弃用核能并转向可再生能源。

瑞士人的生活方式

巧克力、奶酪、咕咕钟、精密手表、银行业的保密制度、瑞士木斯里、海蒂、威廉·退尔、约德尔调和阿尔卑斯山——这是套用在瑞士和瑞士人身上的一长串刻板印象。在这个循规蹈矩的国家，人们勤勉、极有组织性、高效、有序、守规矩（信号灯上的红色小人亮起时，你见过瑞士行人穿越马路吗？）、过分谨慎、毫不留情地注重效率——这符合所有岳母的梦想。或许也未必……

特例瑞士

考虑到其生活的安逸优越，瑞士人平均寿命之高也就不足为奇了：女性平均寿命是84.7岁，男性是80.5岁。

瑞士人认为自己与众不同，而且他们确实是。就拿他们国家巨大的文化差异来说，4种语言和思维方式的表达富有表现力；说德语、法语和意大利语的瑞士人各自都表现出与德国人、法国人和意大利人相似的特点，塑造出今日令人信服的多种不同且时常令人吃惊的心理特质。另外，格劳宾登州还有说罗曼什语的人。一刀切的方式当然无法匹配“Sonderfall Schweiz”（字面意思是“特例瑞士”）及其与众不同的居民。

苏黎世新千年的谷歌员工在工作间隙会从消防钢管一滑而下，日内瓦的珠宝商用月球尘土或冰岛埃亚菲亚德拉的火山灰制造高档手表，回收的卡车防水布被制成约30种时髦的运动包——瑞士人喜欢创新，但与之正好相反的是几个世纪的阿尔卑斯山传统，真正的自然野性蕴含其中，比如摔跤和投石。

瑞士人也有决心突显自己的创造力：在运动场上无止境地追求极限挑战，具有坚韧品格和独立精神的瑞士农民不屈不挠地耕种土地以实现可持续的生活方式，这两者都是贴切的证明。也许，“特例瑞士”的光环不再像几十年前那样光芒四射，但可以肯定的是，瑞士依然在发光。

优良的生活方式

瑞士人对金钱和货币持保守态度。自从瑞士法郎19世纪50年代开始流通以来，就很少出现变动；1879年铸造的10生丁硬币（少见）依然在流通并且还是法定货币。

生为瑞士人是幸运的，因为这里有全民医疗、优质的教育和强大的经济（更不用说湖光山色的后院）。权威机构经济学人智库（Economist Intelligence Unit）以11项指标（包括地理、工作保障和政治稳定性）为基础，宣布瑞士是2013年全世界最好的出生地。除此之外，瑞士的城市——比如苏黎世和日内瓦——也经常出现在“世界最佳城市”的名单上。在美世咨询公司（Mercer Consulting）2017年的生活质量报告中，这两座城市分别名列第二和第八。

然而，瑞士人不一定喜欢这种与其他西方人尤为不同的生活方式，他们只是更享受这种生活状态。他们可以凭借自己是个小国家而成为世界上最富有（按照人均GDP计算）的国家之一，实现一流的医疗服务、高效的公共交通和全方位的保障。花点儿时间和他们在一起，你会发现他们的运动细胞和对环境的关心是另一桩事实的体现：他们只想尽可能地享受生活。

瑞士人的生活方式不全是周末前往山间小屋或在滑雪坡上交际。乡村地区——尤其是内外阿彭策尔半州、瓦莱州和汝拉州——也并非在金钱驱动下才光彩迷人，传统文化依然有活力，并与生活息息相关。人们用古老的当地传统和习俗标记季节变换，比如用古老的宴席庆祝秋季的葡萄采摘，牧羊人春天要给牲畜戴花系铃，将它们列队放牧至山间的夏季牧场。

阿尔卑斯山历史博物馆

马特峰博物馆（见182页），采尔马特

瑞士阿尔卑斯山博物馆（见116页），伯尔尼

恩嘎丁博物馆（见325页），圣莫里茨

Rätisches Museum（www.raetisches museum.gr.ch），库尔

巴伦堡露天博物馆（见154页），布里恩茨附近

萨斯博物馆（见190页），萨斯费

阿尔卑斯山旅游

瑞士的地形是这个国家体育运动的支柱，让瑞士人民疯狂热衷于户外运动。这也是小小的瑞士能够成为世界地图上的旅游大国的原因。在19世纪攀登阿尔卑斯山的黄金时代，对英国登山者极具吸引力的正是瑞士阿尔卑斯山山峰。1854年，阿尔弗雷德·威尔（Alfred Wills）首次攀登格林德尔瓦尔德上方的韦特山（Wetterhorn；海拔3692米），随后一大批人攀登了瑞士的山峰，爱德华·温珀（Edward Whymper）1865年那次著名的马特峰探险就是其中之一。这股瑞士阿尔卑斯山的探险风潮催生了世界上第一家登山运动俱乐部Alpine Club——1857年在伦敦创建，后来还有1863年创办的Swiss Alpine Club。

同年，特迪峰（Tödi；海拔3614米）上建起了第一座高山小屋。一年之后，圣莫里茨及其醉人的“香槟气候”使其成为英国贵族的过冬场所，阿尔卑斯山的冬季旅游业初具雏形。随后出现了酒店、铁路和缆车，等到1928年圣莫里茨主办第二届冬季奥林匹克运动会的时候，瑞士成为每个人嘴里的冬季活动流行词。一年之后，瑞士第一家滑雪学校在圣莫里茨开张，这一点也不意外。

在近一个世纪后的今天，瑞士奥委会正支持锡永申办2026年冬季奥运会。

古怪的运动

瑞士的专业运动包括霍努森（Hornussen），一种起源于中世纪的运动，参加的两队各有16~18人。一队将一枚78克重的霍努森球击入场地，另一队用类似特大号面包铲的4公斤Schindel（重木瓦）击打地面，让球停下。为了增加这个游戏的奇特性，人们用有弹性的球杆抽打钢滑轨附近的球，击球动作介于投掷铅球和蝇钓抛竿之间。Schindel可以作为球棒使用，拦截速度为每秒85米的球，或者只是将其抛向空中将球拦下。

想了解古怪的运动，就去说法语的瓦莱州，在艾宏山谷观看斗牛——这在那里可是相当严肃的比赛。

瑞士摔跤是瑞士风格的相扑运动。两人都穿着麻布短裤，在铺着锯末的圆圈内对抗。每个人都试图使用一组复杂的规定式抓握（包括胯部抓握）、拉拽、假动作及其他策略，将对手摔倒。在山间集市或阿尔卑斯山的节庆上可以看到这种活动，其中最著名者当属非凡的Unspunnenfest（www.unspunnenfest.ch），这个节日每12年在因特拉肯举办一次——上一次的举办时间是2017年8月下旬至9月上旬。

E=mc²、WWW和LSD：科学的瑞士

瑞士的人均登记专利数量和诺贝尔获奖者数量（主要在科学学科）比其他任何国家都多。

太阳能动力

瑞士流行典型的环保意识，瑞士人喜欢摆弄太阳能——在实现可持续发展的过程中创下了里程碑式的纪录。2016年，“阳光动力2号”（Solar Impulse 2; www.solarimpulse.com）超轻型太阳能飞机创造了历史，成为首架不用燃油完成全程4万公里的全球飞行的飞机。对于具有开创精神的洛桑冒险家、探索者和科学家安德烈·博尔施贝格（André Borschberg）和贝特朗·皮卡尔（Bertrand Piccard）来说，这次飞行是美梦成真。这项在克服诸多后勤保障困难后取得的伟大成就，在飞行史与可再生能源方面都堪称创举。

瑞士人并未将他们的太阳能交通创新局限在空中。在水上，“星球太阳号”（PlanetSolar）是世界上最大的太阳能船，2010年从摩纳哥启航，历时超过一年半，完成了跨越60,000公里的世界之旅。这艘飘扬着瑞士国旗的双体船利用甲板上536平方米的光伏板提供能量，船员团队中为首的是瑞士探险队队长和项目创始人拉斐尔·多米扬（Raphaël Domjan）。自2015年起，该船由总部设在瑞士的Race for Water Foundation运行，作为治理海洋塑料污染的科研平台。登录www.planetsolar.org，了解这艘船的情况。

阿尔伯特·爱因斯坦就是在伯尔尼工作期间（1903~1905年）发展出他的相对论。爱因斯坦出生于德国，在阿劳求学，随后去了苏黎世，他在那里接受物理和数学教师的培训。1901年，他取得瑞士国籍，由于找不到合适的教学职位而成为一名工作紧张、收入低下的伯尔尼专利局员工。1905年，他获得博士学位，随后成为苏黎世的一名教授，此后一直待在瑞士，直到1914年搬到柏林。伯尔尼的爱因斯坦小屋（见115页）博物馆会向你讲述完整的故事。

科学之旅

- 欧洲原子核研究组织（见49页），日内瓦
- 瑞士科学中心（见277页），温特图尔
- 爱因斯坦小屋（见115页），伯尔尼
- Maison d' Ailleurs（www.ailleurs.ch），伊韦尔东

与此同时，1990年的圣诞节，因特网诞生于日内瓦的欧洲原子核研究组织（European Organisation for Nuclear Research），其更知名的名称是CERN。这个全球信息共享工具背后的天才是毕业于牛津大学的蒂姆·伯纳斯-李（Tim Berners-Lee），欧洲原子核研究组织的软件顾问，他为帮助组织的数百名科学家共享实验、数据和发现而着手创造了该程序。两年之后，这个程序发生了引人注目的变化，变成更庞大、更有影响力的存在，超出了所有人的想象。

同样引人注目、庞大和有影响力的是欧洲原子核研究组织的大型强子对撞机，日内瓦的科学家在此进行大爆炸实验，扮演上帝的角色。这个世界上最大的物理实验静静地在日内瓦的郊区实施，导览游非常出色。

其他美妙的瑞士科技之旅，包括由19世纪勇敢的科学家在上瓦莱州长达23公里长的阿莱奇冰川上做出的里程碑式的冰川研究，还有巴塞尔一位名叫艾伯特·霍夫曼（Albert Hofmann）的化学家，在1943年不经意踏上了世界上第一次迷幻之旅［摄入麦角酸酰二乙氨——或者说LSD（迷幻药）］。

永远创新：建筑

瑞士对现代建筑的核心贡献来自出生于汝拉州小镇拉绍德封的勒·柯布西耶（Le Corbusier; 1887~1965年）——一位以革新的经济型设计、形式主义和功能主义而闻名的建筑师。虽然勒·柯布西耶的大部分工作时间在法国，但他以最初和最后的创作为自己出生的国家增光添彩。

瑞士的建筑师不断在创新。以巴塞尔为基地的搭档雅克·赫尔佐格(Jacques Herzog)和皮埃尔·德默龙(Pierre de Meuron)最负盛名。他们的主要作品包括伦敦的泰特现代美术馆和2008年北京奥运会的主场馆。在瑞士,你可以在巴塞尔的艺术馆欣赏他们的作品。今后十年,你还有望在达沃斯著名的Schatzalp酒店上方欣赏105米高的铅笔旋转形状作品,尽管对它是否应该开工的争论似乎永无休止。

其他著名的本土建筑师还有出生在提契诺州的马里奥·博塔(Mario Botta),作为旧金山现代艺术博物馆(Museum of Modern Art)的设计者,他受到了国际瞩目。他在提契诺州的马基尔山谷(Valle Maggia)修建了圣乔瓦尼巴蒂斯塔教堂(Chiesa di San Giovanni Battista),在阿罗萨和格劳宾登州设计了大教堂风格的Tschuggen Bergoase温泉酒店,越靠近家乡,他的作品越令人心灵放松,而他在上瓦莱半州洛伊克的罗马式城堡则是未来主义风格的翻新作品,简直是古怪奇异。他在瑞士的最后一件作品是2017年揭开面纱的石花(Fiore di Pietra),坐落在提契诺州极美的杰内罗索山上,从那里可以欣赏到卢加诺湖与阿尔卑斯山的壮丽景色。

然后还有获奖的7132 Therme in Vals,由出生在巴塞尔的彼得·卒姆托(Peter Zumthor)设计;达沃斯的凯尔希纳博物馆,出自苏黎世的安妮特·纪贡(Annette Gigon)和迈克·居耶尔(Mike Guyer)之手;以及由前卫的当地建筑师海因茨·尤伦(Heinz Julen)在采尔马特打造的一批设计酒店。

在真正的瑞士时尚中,当代的瑞士建筑师不会将作品局限于瑞士的城市。他们越来越关注山间小屋及如何在保持自然、生态和环境的同时实现现代化。令人惊叹的案例有:恩嘎丁山谷里的Tschierva Hütte(海拔2753米);克莱恩-蒙塔纳山坡上的Chetzeron,一座由20世纪60年代的缆车站改建成的时髦热门休闲场所;还有其中最值得注意的,罗莎山(Monte Rosa)上充满想象力的Monte Rosa Hütte旅馆(海拔2883米)。

文学:不止海蒂

由于20世纪30年代秀兰·邓波儿(Shirley Temple)的电影,约翰娜·施皮里(Johanna Spyri)的《海蒂》(*Heidi*)成为瑞士最著名的小说。小说讲述一名和祖父一同住在瑞士阿尔卑斯山的孤儿被迫前往城市的故事,情感丰富得不加掩饰,对于总体上相当严肃和忧伤的瑞士文学来说,这完全是非典型的。

说说出生在德国并加入瑞士国籍的赫尔曼·黑塞(Hermann Hesse;1877~1962年)。作为诺贝尔奖得主,他将东方的神秘主义与荣格心理学相结合,发展出自己的理论,该理论认为西方文明是注定要没落的,除非人类对自己的人性做出自省——就像他在《流浪者之歌》(*Siddharta*;1922年)和《荒原狼》(*Steppenwolf*;1927年)中所表达的。后期的小说,比如非主流的《玻璃球游戏》(*The Glass Bead Game*;1943年),探索了个体自由和社会控制之间的紧张关系。

出生在苏黎世的麦克斯·弗里施(Max Frisch;1911~1991年)创作的《施蒂勒》(*Ich bin nicht Stiller*;1954年)是一个关于身份错误的卡夫卡式的阴郁故事。弗里德里希·迪伦马特(Friedrich Dürrenmatt;1921~1990年)的作品更容易理解,他创作了大量侦探小说。

欧洲原子核研究组织最近吸引眼球的突破出现在2012年,科学家那时透露他们已经发现了被称为希格斯粒子(即"上帝粒子")的亚原子。

建筑之旅

白屋(见107页),拉绍德封

临湖别墅(见82页),科尔索(Corseaux)

绍拉格现代美术馆(见250页),巴塞尔

勒·柯布西耶中心(www.museen-zuerich.ch),苏黎世

7132 Therme(见313页),沃尔斯

巴伦堡露天博物馆(见154页),布里恩茨附近

由戈特弗里德·凯勒（Gottfried Keller；1819~1900年）创作的《绿衣亨利》（*Green Henry*；1854年）是个大部头，围绕苏黎世学生的一本回忆录展开，被认为是德语文学的杰作之一。

从乡村到流行：音乐

约德尔调和阿尔卑斯长号是瑞士音乐的传统元素。约德尔调起源于阿尔卑斯山，是在山峰之间交流的一种方式，不过分成两派：Juchzin包括代表不同含义的短促叫声，比如"该吃饭了"或"我就来"，而Naturjodel则是多人合唱一首没有歌词的旋律。约德尔调走红的部分原因来自瑞士的民间歌手，比如以约德尔调获得巨大成功的纳迪娅·拉斯（Nadja Räss），他们使约德尔调迅速成为都市圈的潮流。

第一次世界大战期间，詹姆斯·乔伊斯多数时间待在苏黎世，在那里写下了《尤利西斯》。可以在詹姆斯·乔伊斯基金会（见265页）聆听每周一次的《尤利西斯》和《芬尼根守灵夜》（*Finnegan's Wake*）片段朗诵。

瑞士最有名的约德尔调歌手、农民和奶酪制作者鲁道夫·吕曼（Rudolf Rymann；1933~2008年）用约德尔调翻唱了传统歌曲《沙赫尔·赛普利》（*Dr Schacher Seppli*）。其他著名的音乐团队还有来自格吕耶尔/代堡地区的9人乐队Sonalp，他们将约德尔调、牛铃铛声、锯琴、古典小提琴和迪吉里杜管与充满活力的民谣相结合，极具感染性。

阿尔卑斯长号是山里用来放牛的乡村乐器，长2~4米，有弯曲的底座和杯形吹口；喇叭越短，演奏难度越大。如果可以的话，你可以看到一百多名阿尔卑斯长号演奏者组成的乐团在"舞台"（通常是露天，一定是在山湖之间）上同声吹奏。重要的日子包括9月在索洛图恩附近的厄辛根举办的阿尔卑斯长号音乐节（Alphorn In Concert festival；www.alphorninconcert.ch）和7月份在楠达的塔古埃湖湖畔举办的国际阿尔卑斯长号节（International Alphorn Festival；www.nendaz.ch），后者的举办地在瓦莱州锡永以南13公里处；徒步或乘坐缆车上去，可以欣赏一览无余的阿尔卑斯山。

如果你更喜欢爵士-民谣-流行音乐，出生在伯尔尼的歌手索菲·洪格尔（Sophie Hunger）声音清脆，歌曲的语言在英语、德语和瑞士德语之间变换，会让你倾心。她最近的专辑《1983》（2010年）、《光的危险》（*The*

真正的达达主义

反资本主义、桀骜不驯、虚无主义和刻意的荒谬性——达达主义产生于对第一次世界大战和机械化的现代生活的极度厌恶。该运动的倡导者运用拼贴法，提取本土艺术的影响力，采用抽象概念写作、拍摄电影和进行表演，重新定义经过加工的物品为艺术品，为几乎所有的当代艺术形式铺平了道路。

苏黎世是这场运动的发源地。1916年2月，雨果·鲍尔（Hugo Ball）、特里斯坦·查拉（Tristan Tzara）和埃米·詹宁斯（Emmy Jennings）的作品《伏尔泰酒馆》（*Cabaret Voltaire*）在Spiegelgasse 1（现在还在原址）的酒吧为一系列闹腾的卡巴莱歌舞和表演艺术活动拉开帷幕。据说，达达主义的名字是用一刀刺穿一本法德词典的方式随意选取的。

到了1923年，这项运动结束了，可是其精神依然存在于真正的达达主义艺术家的作品中，比如乔治·格罗斯（George Grosz）、汉斯·阿尔普（Hans Arp）和麦克斯·恩斯特（Max Ernst），以及那些受到这种观念影响的人，比如马塞尔·杜尚（Marcel Duchamp；他那略有破损的小便池艺术品简明地表达了这种观念）和摄影家曼·雷（Man Ray）。在苏黎世美术馆（见262页）和设计博物馆（见263页）可以看到达达主义艺术家的作品。

Danger of Light; 2012年）和《超级月亮》（*Supermoon*; 2015年）获得了巨大的成功。若想找比较（更加）强烈的节奏，瑞士最受欢迎的嘻哈艺术家斯特雷斯（Stress）以其时常富有争议的政治歌词而闻名。

绘画、雕塑和设计

除了达达主义之外，瑞士在“运动”方面建树不多。在瑞士“主题”方面，画家费迪南·霍德勒（Ferdinand Hodler; 1853~1918年）描绘了民间英雄，比如威廉·退尔，还有历史故事，比如瑞士第一次基层投票。与很多同类瑞士艺术家不同，出生在伯尔尼的霍德勒依然居住在瑞士。值得在瑞士博物馆里找找他那些色彩丰富的日内瓦湖和阿尔卑斯山画作。

这个国家最有名的艺术家、抽象画家和色彩专家保罗·克利（Paul Klee; 1879~1940年）将人生的大部分时间花费在德国和包豪斯学派上，不过其作品的最大规模展览在伯尔尼引人注目而迷人的保罗·克利中心（见113页）。同样，出生在格劳宾登州的雕刻家阿尔伯托·贾科梅蒂（Alberto Giacometti; 1901~1966年）在巴黎工作，不过在苏黎世美术馆（见262页）可以见到很多他标志性的细长雕像（常常是行走或站立的姿态）。古怪的让·丁格利（Jean Tinguely; 1925~1991年）是金属机械雕塑家，主要待在巴黎，他的作品在巴塞尔（那里有一家专门展示其作品的博物馆）和弗里堡附近备受推崇。

瑞士人擅长平面设计。约瑟夫·穆勒-布罗克曼（Josef Müller-Brockmann; 1914~1996年）和麦克斯·比尔（Max Bill; 1908~1994年）的“新图形”依然极受好评，同样受到好评的还有卡尔·格斯特纳（Karl Gerstner; 1930~2017年），他对IBM和Búro Destruct工作室的字体进行了品牌加工，使其成为很多音乐专辑的封面特色。

产品设计和装置艺术也是瑞士的强项。皮皮洛蒂·瑞斯特（Pipilotti Rist; 生于1962年）在瑞士东北部的圣加仑设计了欧洲最大的城市休闲区，另外产生的还有彩绘牛（Cow Parade）——全球有多组实物大小的玻璃纤维彩绘牛。1998年，首批800头牛在苏黎世现身，这些肤色各异的迷失动物还会继续在瑞士全国藏匿。

登上苏黎世时尚街区Kreis 5最美妙的摩天大楼，这堆集装箱位于Freitag的工厂店Pioneers in Swiss design，弗赖塔格兄弟用卡车防水油布创造出了可用于各种场合的时尚防水包。

瑞士人的餐桌

瑞士美食远远不止巧克力和奶酪。在这个基本是乡村的国家，美食讲究的是应时对景，如农场里的风干肉、森林中享用的奶酪火锅等。如果高山传统赋予了瑞士饮食以灵魂，那么地理环境则为其带来了意想不到的优势。法语区的烹饪有法国的影子，提契诺州的厨房则变成了意大利风格，还有一大片地方的饮食线索要去德国和奥地利寻觅。

不只是孔：奶酪

瑞士人日均食盐摄入量为8~12克（世界卫生组织推荐量为每天5克），有些医生认为这要归咎于当地人对于高盐分奶酪（如格吕耶尔奶酪）情有独钟。

先说重要的：不是所有的瑞士奶酪都有孔。埃曼塔尔（Emmental），这种产自伯尔尼东部埃默河谷的硬奶酪是带孔的，产自同一座河谷的梯尔习特（Tilsiter）也没什么不同。但是，与常见的看法相反，瑞士450种不同类型的奶酪（德语是“käse”，法语是“fromage”，意大利语是“formaggio”）大多是无孔的。尝尝著名的格吕耶尔（Gruyère）硬奶酪，产自弗里堡附近的格吕耶尔镇，或者臭不可闻的阿彭策尔（Appenzeller）奶酪，被用于瑞士东北部同名城镇的美味且同样臭的菜肴中，以及瑞士最古老的史普林兹（Sbrinz）硬奶酪，即阿尔卑斯山那边帕尔马干酪的鼻祖，24个月才能成熟并成就其独特的味道——直接吃，切成生鱼片一样的薄片，或者搓碎后撒在春季的芦笋意面上。

另外一种看不到孔的独特瑞士奶酪是果仁口味的Tête de Moine（字面意思是“僧侣头”），产自汝拉州，呈小小的圆形，被一种特殊的带把手切割装置切成花一般的卷曲形状，那种切割装置被称为girolle（带回家的好礼物——在超市找找）。

独一无二的莱提瓦（L' Etivaz）是悠久的高山传统的精华，只在沃州阿尔卑斯山（Alpes Vaudoises）高处草木茂盛的夏季牧场制作。奶牛在外面吃草，牧人在上百年历史的山间小屋（chalets d' alpage）里用架在柴火上的传统铜锅加热早上挤的牛奶。按照季节严格地来说，原产地命名控制（Appellation d' Origine Contrôllée，简称AOC）奶酪只能在5月至10月上旬制成，使用的牛奶来自在1000~2000米高山放牧的奶牛。

这些并非用传统方法在高海拔地区制成的唯一奶酪。夏季在瓦莱州、伯尼兹阿尔卑斯山、提契诺州及其他主要的乡村山区各处旅行时，找找指

热盒

奶酪品鉴师会在一种软壳奶酪的中央挖一个小孔，塞入切得精细的洋葱和大蒜，在上面倒上白葡萄酒，以铝箔包裹，烘焙45分钟，就能制成一份热盒（boîte chaude）——可以将面包及其他美味珍馐泡在里面代替奶酪火锅。

向偏僻农庄的指示牌，那些地方生产并出售高山奶酪（法语为“fromage d' alpage”，德语为“hobelkäse”，意大利语为“fromaggio d' Alpe”）。

在瑞士和意大利边界，津卡林（Zincarlìn）是一种杯状鲜奶奶酪，由完整的凝乳制成，口感非同一般。

奶酪火锅和拉克莱特

不尝尝奶酪火锅（fondue，来源于法语单词“fondre”，意为“熔化”），就难以离开瑞士。作为法国人对瑞士人餐桌的重大贡献，一锅黏软熔化的奶酪被放在餐桌上，下面燃着小火，食客用细长的尖头火锅叉子插着酥软的面包去蘸取熔化的奶酪。如果你不小心把面包滑进奶酪里取不出来，就得为下一轮饮品买单，若是在日内瓦，还会被扔进湖里。奶酪火锅传统上说是冬季菜肴，瑞士人大多在下雪时吃这道菜，或者在适合的高山地区。

在瑞士，典型的奶酪火锅内有等量的埃曼塔尔和格吕耶尔奶酪，把它们搅碎并用白葡萄酒和一杯樱桃酒熔化，然后加入少许土豆或玉米粉增稠。搭配一篮面包片（很快会被撕成小片），大多数人会要一盘冷肉和小黄瓜。Fondue moitié moitié（字面意思是“半半锅”）将弗里堡奶酪（Vacherin Fribourgeois）与格吕耶尔放在一起，fondue savoyarde是将相同分量的孔泰（Comté）、博福尔（Beaufort）和埃曼塔尔扔进火锅。常见的变化形式是加入食材，类似蘑菇或番茄。

瑞士另一种招牌高山奶酪菜肴是拉克莱特（Raclette），其本身就是一场盛宴。与奶酪火锅不同，拉克莱特——既是菜肴的名字，也是其中黏软的奶酪的名字——全年都可以吃。厚实的半月形奶酪被放在特别设计的“搁架烤炉”上，从顶端的平面开始熔化。奶酪熔化的时候，将其刮至盘子里，立即与煮熟的土豆、冷肉和腌洋葱或小黄瓜一起吃。

购买一整轮味道刺鼻的拉克莱特时，要注意瑞士拉克莱特（raclette Suisse）和瓦莱州拉克莱特（Raclette du Valais）的区别，前者是用灭菌牛奶和工业化方式制成，瑞士各处均可制作，后者则从16世纪开始由瓦莱州出产，采用鲜奶（lait cru）制作。2007年，瓦莱州拉克莱特——直径恰好在29~31厘米，重量介于4.8~5.2公斤——获得了自有的AOC，让其他州的奶酪生产者深恶痛绝，却毫无办法，他们激动地认为拉克莱特（来源于法语单词“racler”，意为“刮”）指的是菜肴，而不是奶酪，因此不应被限定于一个地区。

最佳奶酪火锅胜地

La Tour de Gourze（见79页），拉沃——湖泊和葡萄园景色

Café Tivoli（见83页），沙泰勒圣但尼——弗里堡奶酪火锅胜地

Café du Midi（www.cafedumidi.ch），马蒂尼——有啤酒和羊奶奶酪

Le Namasté（见170页），韦尔比耶——滑雪、美食、雪橇

Bains des Pâquis（见55页），日内瓦——冬季，只有香槟锅底的奶酪火锅

Le Chalet（见88页），代堡——游客很多，不过传统尚在

Burestübli（见310页），阿罗萨——随后乘雪橇滑下山谷

面疙瘩、土豆饼、肉类和野味

作为典型的瑞士午餐，没什么能胜过在户外吃一盘风干牛肉。这是来自格劳宾登州的美味，非常香甜，精致鲜嫩，经过熏制并切成薄片，被称为Bündnerfleisch。单独吃或夹在甜菜卷（Capuns）里吃，后者由鸡蛋面疙瘩（Spätzli）、风干牛肉、火腿和煮熟的香草搭配而成，内容丰富；它被切成小块，裹上菠菜，甚至还可以拌上更多鸡蛋面疙瘩（介于意大利面和饺子之间的一种日耳曼式混合食物）。风干牛肉（viande séchée）薄片还是艾宏山谷（Val d' Hérens）的主食，这个位于瓦莱州的偏僻悠然的山谷有肥美的牧草供海伦黑牛食用，当地美食家用各种富有创意的方式尽情享用像黄

收获晚餐

促成欢聚的原因中没什么能与收获相比，每个村庄和地区都有感恩聚会的独有庆祝方式。

在瓦莱州法语区的葡萄园内，随着栗子从树上落下，葡萄也面临收获，亲朋好友会聚在一起举办栗子节（La Brisolée），这是一场丰盛的宴会，几个世纪未曾改变。栗子节上有热烤栗子、五种当地奶酪——d' alpage（高山牧场）、de laiterie（农场）、tomme（鲜奶制成的半硬质奶酪）、sérac（乳清）和Tête de Moine（僧侣头）——火腿、风干牛肉、风干培根皮（lard sec）、黄油黑面包、葡萄和苹果。所有这些都会以当年的第一批葡萄酒（vin nouveau）和未发酵的葡萄汁（le moût）佐餐。

在弗里堡周边，拥有几个世纪历史的丰收节Le Bénichon也是一项马拉松一般的节日，大吃大喝，一片欢腾。传统的一餐饭要以cuchaule作为开端，那是一种藏红花口味的面包，搭配moutarde de Bénichon（一种浓郁调料，用煮过的未发酵葡萄汁、香料、糖和面粉制成）。

据说，涮奶酪火锅的时候喝水会让温热的奶酪在胃里凝结，导致令人不快的腹痛——不一定正确，但是为何要冒险（或者给你的身体添堵）呢？你可以选择当地的白葡萄酒，比如瓦莱州的芬丹（Fendant）。

油一般柔软的海伦牛肉。埃沃莱纳的Au Vieux Mazot（见174页）和锡永的Au Cheval Blanc（见173页）是两处瑞士简洁风格的餐厅，不过对于随心所欲地品尝这种多汁的当地牛肉来说是极好的地点。

向东旅行，香肠（Würste）逐渐成为当地午餐，通常搭配瑞士德语区的明星菜肴：土豆饼（将土豆切碎并在炉子上烤得香脆），也许上面还有煎蛋。（好像只是为了证明有所不同，瑞士法语区用橄榄油烹制这道菜，而瑞士德语区则会往煎锅里扔一块黄油或猪油。）土豆饼或许现在已经和薯片一样常见和便宜，但是要注意，超市里出售的真空密封包装的土豆饼实际上无法与正宗山间餐馆里烹制的纯正的家常菜相比。炉子经常要烧柴火，才能烤成理想的松脆土豆饼，土豆碎末里还要拌上时令的蘑菇和培根丁。这一顿完美的午餐仅需搭配简单的绿色蔬菜沙拉。这里就是瑞士阿尔卑斯山的天堂。

小牛肉备受推崇，通常被切成薄片并被浇上奶油汁，做成苏黎世的奶油小牛肉（geschnetzeltes Kalbsfleisch）。马肉也可以食用。注意两种不寻常的瑞士香肠sac（用猪肉、肝脏、猪油和调料制作，可存放12个月）和fidighèla（若是直的，便是被封装在牛肠中，若是弯的，便是猪肠，可存放2~3周），它们足够稀罕，可以被列入慢食运动（Slow Food；参见www.slowfoodfoundation.com）的世界濒危食品名录。

值得品尝的一种典型瑞士零食是熏香肠（cervelat或cervelas），这是沙拉里的一种牛肉和猪肉的短香肠，有当地人喜爱的烟熏味和天然肠衣，在明火上烤制过或者是生的。在任何一家超市都能买到，是一种方便的徒步零食。

对于真正喜好纯肉的人来说，在这个森林茂密的国度，没有比秋季更适合刺激味蕾的季节了，那时，全国各处的餐馆都会烹制新鲜的野味（Wildspezialitäten/chasse/cacciagione）。鹿肉和野猪肉理所当然地受到欢迎。

吃喝的时节

秋季有新鲜的野味、丰富的野蘑菇、坚果和收获的葡萄，是瑞士最完美的美食季节，随着白昼的缩短，这个季节只会越来越迷人。在夏季被养肥的家猪——按照传统，要在圣马丁（St Martin）庆典（11月11日）上被宰杀，标志着田里的农活结束了，冬季开始了——随时可被屠宰。几个世纪以来，在农场和村庄里，屠宰之后就是用盐腌肉和制作香肠的环节。完成工作之后，人们就会转而举办宴席，歌颂这天的辛劳工作。宴会的主菜当然是猪肉。

尤其是在说法语的汝拉州，圣马丁庆典（Fête de la St-Martin）前后的宴会传统依托于波朗特吕的特殊活力和热情。10月和11月，当地的酒吧和餐馆组织一个接一个的宴会，持续几个周末。传统的猪肉宴包括7道大份菜肴，打头阵的也许是猪肉冻菜肴（gelée de ménage）。接下来是黑布丁、苹果蜜饯和红色蔬菜（Boudin, purée de pommes et racines rouges），以及成堆的香肠，搭配土豆饼和肉饼（atriaux；将猪油、香肠和肝脏放在吱吱作响的油上烤）。然后是主菜，有烤猪肉、排骨和绿色蔬菜沙拉（côtines et doucette）。泡在酒里的果汁冰球可能随后出现，有助消化，然后是一份培根丁煮卷心菜（choucroute）。最后上来的是传统甜点，比如油酥点心配香草汁（striflate en sauce de vanille）。

全年可吃的猪肉菜肴包括伯尔尼及其周边的Rippli（将猪排骨肉、培根、土豆和豆子一起放进沸腾的锅里），还有沃州的沃州菜肠（papet vaudois；一道土豆、卷心菜和香肠炖菜）和涂满猪油的酥脆咸点（taillé aux greubons）。在恩嘎丁，香肠会和洋葱和土豆一起烘烤，制成pian di pigna。

根据传统，在说德语的伯尔尼，中世纪的市民不用猪肉，而是用洋葱庆祝圣马丁节（Martinmas, St Martin's Day）。如今的洋葱集市（Zibelemärit）在11月的第4个周日举办，是洋葱主题农产品的非凡盛典。

湖泊周边：鱼

鱼是湖畔城镇的特色。鲈鱼（法语为“perche”）和淡水鱼鱼排（féra）很常见，不过不要上当，以为所有日内瓦湖餐馆里那些用粉笔写在板子上的“filets de perche”都是来自这片湖泊的；在湖岸周边（包括日内瓦）烹制的绝大多数鱼，都是来自东欧的冷冻鱼。

一如既往的美味水果和甜食

4月和5月的时候，瓦莱州杏子、李子、梨和香甜的黑樱桃还绽放着美丽的白色花朵，但务实的瑞士人并不会毫无远见，简单地吃掉这些圆润的果实。他们19世纪的烹饪书上写得很清楚，瑞士人还会风干、腌制和蒸馏他们的各种水果，制作出浓烈的利口酒、冬季蜜饯和蜂蜜一般浓稠的糖

瑞士巧克力

在基督殉难后不久，在饮用未加工葡萄酒和食用橄榄的罗马帝国缓缓崩溃之际，中美洲的玛雅人正打碎可可豆，喝下其产品，甚至把这种豆子当作支付货币。

千年之后的1528年，西班牙征服者埃尔南·科尔特斯（Hernán Cortés）将第一批可可粉运回欧洲。他没料到，之后他的货物的需求不断增长。西班牙人和不久之后的其他欧洲人对用可可制成的香甜饮料产生了无法满足的渴求，后来便开始进口可可豆。

得益于弗朗索瓦-路易斯·卡耶尔（François-Louis Cailler；1796~1852年）、菲利普·祖哈德（Philippe Suchard；1797~1884年）、亨利·内斯尔（Henri Nestlé；1814~1890年）、让·托布勒（Jean Tobler；1830~1905年）、丹尼尔·皮特（Daniel Peter；1836~1919年）和鲁道夫·林特（Rodolphe Lindt；1855~1909年）的开拓精神，瑞士巧克力（www.chocolat.ch）在19世纪就有了声誉。1819年，卡耶尔在沃韦附近开设了第一家瑞士巧克力工厂。1875年，丹尼尔·皮特往巧克力中添加了牛奶，林特发明了混合搅拌工艺——一种充气旋转流程，能让巧克力具备入口即化的品质。

19世纪末，木斯里（Müsli）在瑞士被创造出来。这种非常健康的早餐最常见的形式就是伯奇瑞士营养早餐（Birchermüsli），有时还会搭配不那么适合瘦身的鲜奶油。

浆，可以烘焙或涂抹在面包上。

Berudge蒸馏酒（Berudge eau de vie）是用生长在弗里堡威邑山（Mont Vully）坡上的Berudge李子制成的，产自巴塞尔各处的樱桃被放入浓稠的Chriesimues糖浆和香甜的樱桃酒——这些配料造就了楚格极为美味的楚格樱桃蛋糕（Zuger Kirschtorte；用糕点、饼干、杏仁膏和黄油奶油制成，全部掺入了樱桃酒），它格外独特，令人兴奋（由于果农用不那么芳香的现代等同物代替了古代的樱桃品种，人们为纯正的瑞士樱桃酒做法感到担忧）。苹果汁或梨汁经过24小时的小火炖煮，可以制成弗里堡果子酒（vin cuit；一种浓稠的半流质浓缩液，用于加入果子馅饼及其他水果甜点）和沃州果子酒（raisinée）；Buttemoscht是不太常见的玫瑰果等同品。

格吕耶尔周边栽培的Botzi梨被认为极其珍贵，拥有自己的AOC。本能地咬一口，或者搭配当地的格吕耶尔奶油（crème de Gruyères）尝尝，这种奶油一直是最浓稠的，传统的吃法是加一匙甜如蜜的蛋白糖。Cuisses de dame（“女人的大腿”）是腿形的糕点，在法语区可以找到，和杏仁果馅饼（amandines）差不多。无所不在的苹果派（Apfelstrudel）一般搭配香草汁。除此之外，德语区会出现的用奶油栗子泥制作的Vermicelles长得就像意大利细面条。

瑞士葡萄酒

在全球化的今天，来瑞士品尝当地的葡萄酒是难得的乐趣——这个国家酿造的葡萄酒只有一小部分出口（1.5%左右），也就是说，你只能亲赴瑞士才能喝到馥郁的当地产红葡萄酒、白葡萄酒和玫瑰红葡萄酒。葡萄酒产区主要位于法语区，日内瓦湖边上方的山坡上是呈梯形分布的葡萄园，葡萄藤密布在坡上，而不同的葡萄园之间被古老的无浆围墙隔开。

日内瓦湖和沃州

日内瓦周边有些酒庄会举办葡萄酒品尝会，即日内瓦州的“开放酒窖”（Caves Ouvertes）。举办时间为每年5月底，为期一周，在这段时间里，游客可以进入平时不开放的酒窖和庄园（domaines viticole）。但是日内瓦湖以东（沃州的洛桑两边）的大部分葡萄酒庄园如今已盛况不再。位于洛桑和蒙特勒中间的拉沃葡萄酒产区生产的白葡萄酒品质卓越，这个地区同时也被列为世界遗产。Calamin和Dézaley是拉沃的两大葡萄酒庄园。

瑞士的葡萄酒吧和餐馆计算酒量的单位是分升（déci；即十分之一升），当然你也可以直接点上一瓶……

沃州生产的各品牌红葡萄酒通称为Salvagnin，一般采用黑皮诺葡萄（Pinot noir）和佳美葡萄（Gamay）共同酿造而成。当地还有源自20世纪70年代的佳玛蕾（Gamaret）和黑佳拉（Garanoir）葡萄酒，口感温厚圆润。沃州有一个名为Chablais的葡萄酒产区，面积不大，但出产的Yvorne白葡萄酒很有名。

洛桑周边的酒庄会在9月下旬和10月举办隆重的聚会，此时正是葡萄丰收和品尝新酒（vin nouveau）的时节。

最佳葡萄酒品尝地

- *Domaine du Daley*（见79页），吕特里
- *Lavaux Vinorama*（见80页），利瓦斯
- *葡萄和葡萄酒博物馆*（见86页），埃格勒
- *Le Cube Varone*（见173页），*Bisse de Clavaux*
- *城堡别墅*（见175页），谢尔
- *Vinothek Von Salis*（见315页），迈恩费尔德

瓦莱州

获取了来自阿尔卑斯山以南的充足阳光和光照，瓦莱州西部、罗讷河以北的地区种植的葡萄品质优良——这里是瑞士最好的葡萄酒产地。贯穿葡萄园的狭窄灌溉渠道（bisse）在瓦莱州十分独特。

口感偏涩的芬丹白葡萄酒（Fendant）是这个地区最出名的葡萄酒，占瓦莱州葡萄酒产量的三分之二。芬丹葡萄酒是奶酪火锅和拉克莱特干酪的完美搭档，冷藏后饮用口感更佳。另一种采用西尔瓦纳白葡萄酿造的约翰山葡萄酒（Johannisberg）也非常不错，喜欢偏甜口味的可以试试小奥铭葡萄酒（Petite Arvine）和艾米尼葡萄酒（Amigne）。

都乐葡萄酒（Dôle）是这里的主要混合型红葡萄酒，采用黑皮诺葡萄和佳美葡萄酿造而成，果味醇厚。萨尔格什出产的红葡萄酒大多品质优良，并且这个地方一直在推出各种口味的混合酒，如采用13种葡萄酿造的Maîtresse de Salquenen。

品尝葡萄酒和探访葡萄园的途径很多。葡萄园徒步小径就是一个

如果你喜欢烈酒……

当地产的水果白兰地通常都搭配（或掺入）咖啡一起喝。樱桃白兰地（Kirsch）采用压榨去核樱桃所得果汁酿造而成。阿彭策尔香草酒（Appenzeller Alpenbitter）融合了67种花瓣和根须的精华提取物。Damassine（法国较为常见）采用的是小个的李子，饮用有助于饭后消化。受人们喜爱的Williamine主要原材料是梨子，而Pflümli主要用的是德国产杜松子酒。

在被禁了长达一个世纪之后，苦艾酒（absinth；也被称为"绿色精灵"）重新回到人们的餐桌。这种酒就诞生在18世纪的纳沙泰尔州。

好窗口，如从马蒂尼（下瓦莱州）到洛伊克（上瓦莱州）的葡萄园之路（Chemin du Vignoble；www.cheminduvignoble.ch），这条路会经过世界上最高的干砌（无浆）围墙（锡永附近），围墙内就是翠绿的葡萄园；拥有多座葡萄酒博物馆的谢尔-萨尔格什葡萄园小径（Sierre-Salgesch Sentier Viticole；6公里），9月还会有葡萄集市（Marché des Cépages）；以及从菲斯普（Visp）到菲斯珀泰尔米嫩（Visperterminen）的欧洲最高葡萄园（海拔1150米）的一条小径，走完全程需2.5小时。

瓦莱州谢尔在9月初会举办威尼亚葡萄酒展会（www.vinea.ch），为期3天，届时瑞士各地的葡萄酒酿造商都会带着自己的佳酿参展。

纳沙泰尔湖和比尔湖

果味醇厚的玫瑰红葡萄酒Œil-de-Perdrix（字面意思为"鹧鸪眼"）产自纳沙泰尔湖岸边。中部高地的纳沙泰尔湖和比尔湖西侧之间的岸边，坐落着面朝湖泊的梯形葡萄园，一条名为葡萄园路线（Route du Vignoble）的道路从中穿过，全长30公里，你可以在路上品尝到这种葡萄酒。

比尔湖北岸的村庄利格兹（Ligerz）拥有像拉沃一样的壮观风景、迷人的葡萄园小径和品尝葡萄酒的机会。

最佳葡萄园住宿

- *Auberge de Dully (www.aubergedully.ch)，La Côte*
- *Hotel Lavaux (见81页)，屈伊*
- *Hôtel Masson (见85页)，蒙特勒*
- *Hotel Arkanum (见176页)，萨尔格什*
- *Eulenhof (www.fermeduhibou.ch)，穆尔滕周边*
- *Schlaf Fass (见315页)，迈恩费尔德*

提契诺州

提契诺州的气候跟意大利很接近，这为生产墨尔乐红葡萄酒创造了优良条件，墨尔乐红葡萄酒几乎占了提契诺州葡萄酒产量的90%。除此以外，还有墨尔乐白葡萄酒和用其他品种葡萄酿制的葡萄酒。主要的葡萄酒产地位于贝林佐纳和阿斯科纳之间、比亚斯卡周边，以及卢加诺和门德里西奥之间（9月会举办不错的葡萄酒节）。

瑞士-德国葡萄酒

瑞士—德国边境出产的葡萄酒名气不如瑞士—法国边境出产的葡萄酒，而且产量要小得多。尽管如此，这里的葡萄酒仍然值得品尝。其中大约75%是用黑皮诺葡萄（Blauburgunder）酿造而成，美酒之乡莱茵河谷地区的葡萄酒馆和品酒店有售。莱茵河谷位于库尔以北，是格劳宾登州的主要葡萄酒产区。

琼瑶浆（Gewürztraminer）口感偏涩。这里出产的白葡萄酒主要是穆勒-图尔高（Müller-Thurgau；一种口感类似雷司令葡萄酒和西尔瓦纳白葡萄酒的混合酒），产地在伯尔尼高地图恩湖边的施皮茨。最佳品尝时间是在Läset-Sunntig葡萄酒节上（9月底）。

生存指南

出行指南 364
签证 364
保险 365
货币 365
折扣卡 365
电源 366
使领馆 366
海关条例 366
旅游信息 366
营业时间 366
节假日 367
住宿 367
电话 368
上网 369
时间 369
儿童 369
厕所 370
旅行安全 370
健康指南 370
法律事宜 371
地图 371
残障旅行者 371
同性恋旅行者 371
志愿服务 372
工作 372

交通指南 373
到达和离开 373
进入瑞士 373
飞机 373
陆路 374
水路 374
当地交通 375
飞机 375
自行车 375
船 376
长途汽车 376
汽车和摩托车 377
山间交通 379
火车 379

语言 380
幕后 386
索引 387
地图图例 390
我们的作者 391

出行指南

签证

登录**瑞士移民局**（Swiss State Secretariat for Migration; www.sem.admin.ch）了解签证申请的最新要求。

瑞士属于申根国，中国旅行者前往瑞士需办理申根签证，它允许你在整个申根区无限制旅行90天，可以在你首次入境的国家或主要目的地国家的驻华使领馆申请。持有效的瑞士签证可前往其他申根国，持其他申根国家的有效签证也可以前往瑞士。

在瑞士，你要随身携带护照；瑞士居民也被要求随身携带身份证。这样，无论何时，你都可以在被要求时证明自己的身份。

签证办理

自2015年1月起，暨中瑞建交65周年之际，为进一步促进中瑞两国人民之间的交流与往来，中国公民赴瑞士的个人短期签证申请的受理周期缩短为（申请材料递交至签证中心起）48小时（周末与节假日除外）。申请者最早可提前90天递交签证申请。最新信息参见瑞士驻华大使馆网站www.eda.admin.ch/countries/china/zh/home。

中智签证瑞士受理中心（https://ch.tlscontact.com/cn/splash.php?l=zh_CN）负责中国居民的申根签证申请受理，你可以在该网站注册，并填写相关的信息资料和表格后，预约时间前往签证中心提交材料。

目前，签证中心已经遍布中国的16座城市：北京、上海、广州、香港、成都、沈阳、武汉、西安、昆明、重庆、济南、杭州、南京、深圳、福州和长沙。在中智签证瑞士受理中心网站上可查询各个城市签证中心的具体信息。

通常而言，申请短期（90天）以内的申根签证需要提供以下资料：

- 签证申请表格（需要用英语，或德语、法语等瑞士官方语言填写）
- 有效期至少3个月的护照及复印件
- 两张相同的白底彩色近照（6个月内拍摄，3.5厘米×4.5厘米）
- 医疗保险原件（医疗保险保额不低于3万欧元）
- 往返中国的飞机票订单复印件
- 住宿证明复印件
- 行程单复印件，英文或其他瑞士官方语言
- 银行卡/信用卡近3个月的流水记录或账单
- 户口本复印件
- 以及按照职业类别提交的相关其他材料

签证费和服务费

- 申请人应缴付签证费人民币450元。
- 6~12岁的儿童应付270元人民币。
- 6岁以下的儿童免签证费。
- 所有申请人（成人和儿童）都应该支付服务费，服务费为人民币170元。

使领馆

瑞士驻华大使馆（☎010-8532 8888; www.eda.admin.ch/beijing; 北京市三里屯东五街3号; ⊙办公 周一至周五 9:00~12:00; 签证问询电话 周一至周五 14:30~16:00）

瑞士驻上海总领事馆（☎021-6270 0519; 上海市仙霞路319号远东国际广场22楼）

瑞士驻广州总领事馆（☎020-3833 0450；广州市天河区珠江新城金穗62号侨鑫国际金融中心27层）

瑞士驻成都总领事馆（☎028-6890 0372；成都市人民南路仁恒置地广场1号楼2区28楼）

瑞士驻香港总领事馆（☎00852-3509 5000；湾仔港湾道18号中环广场62楼6206-07房）

保险

到瑞士或其他申根国的访问者必须办理旅游医疗保险。可以选择欧洲或中国保险公司的保险业务，保额不能少于3万欧元（或等值人民币），而且理赔范围必须包括医疗护理、住院治疗、因伤或医疗缘故遣送回国费用等，保险涵盖的时间必须大于行程中在申根国访问的时间。中国游客选择较多的是美亚保险（www.aig.com.cn）的"万国游踪"险种，也可在慧择网（www.hzins.com）查询符合申根签证要求的保险。

如果你去滑雪、单板滑雪或远足徒步，记得查看你的保单是否涵盖直升机救援和紧急运送。多数普通保单对很多户外活动都不承保；你需要为冬季运动额外投保，为像蹦极和跳伞这类极限运动多付保费。

www.lonelyplanet.com/bookings有全世界的旅游险。你可以随时在网上购买、延长保险或者报案索赔，即使你已经在路上了。

货币

自动柜员机

银行里的自动柜员机叫Bancomats，邮局里的自动柜员机叫Postomats，遍布各处，全天24小时可以使用。它们接受大部分的国际银行卡或信用卡，提供多语言指示。你的银行或信用卡公司一般会收1%~2.5%的手续费，取款机终端也可能会收取少量手续费。在瑞士境内，可用银联卡（卡号以62开头）从大部分自动柜员机上提取现金。但是即使带有银联标志的自动柜员机，也暂无中文操作界面。瑞士自动柜员机为先退卡、再吐钞的顺序。

现金

瑞士法郎被分成100分（在瑞士德语区叫作Rappen）。瑞士法郎有10、20、50、100、200和1000法郎面值的纸币，5、10、20和50分的硬币，以及1、2、5法郎的硬币。

全瑞士的营业场所，包括大部分酒店、一些餐厅和纪念品商店都接收欧元支付。根据当天汇率换算用瑞士法郎找零。

信用卡

酒店、商店和餐厅普遍接受信用卡。最常用的是Euro Card、万事达卡和维萨卡。在众多中国人常去的商场、专卖店，可用银联卡刷卡消费。

货币兑换

深夜以前，银行、机场和几乎每座火车站都能兑换货币。银行一般会加收5%的佣金；有些兑换点不收佣金。

小费

因为酒店、餐厅、酒吧，甚至有些出租车都会根据法律在账单里加收15%的服务费，所以不需要给小费。

餐厅 你可以像本地人一样，在享受完一餐美食后，付账时四舍五入。

酒店 酒店和铁路的行李搬运工一般搬一个包收1~2瑞士法郎。

折扣卡

老年卡

瑞士铁路对老人没有优惠，但是博物馆门票、滑雪道和一些缆车有优惠。一般62岁的人就可以享受老年优惠（需证明自己的年龄），不过有时年龄限制更大。在德语里老年人的缩略语为AHV，法语为AVS。

学生和青年卡

凭国际学生证（ISIC）可享受门票、飞机和国际火车票打折，在有些滑雪道也享受优惠。如果你不到31岁但不是学生，可申请国际青年旅行卡（IYTC）。你自己国家的学生会和以青年为主要对象的旅行社发行此卡。

瑞士博物馆通票

定期或长期去瑞士的游客可以买一张**瑞士博物馆通票**（Swiss Museum Pass；www.museumspass.ch；每成人/家庭Sfr166/288），该通票有效期1年，可以持票免费参观全国500家博物馆。

宾客卡

很多度假村和城市都有宾客卡（Gästekarte），有很多好处，比如博物馆门票、游泳池或出租车费减半，还能在城区里免费使用公共交通。你住宿的地方发行自己的宾客卡。

电源

瑞士的电流是230V，50Hz。插孔是凹进去、三孔、六角形的，国外很多插头都不兼容。但通常都接受欧洲两脚式插头。

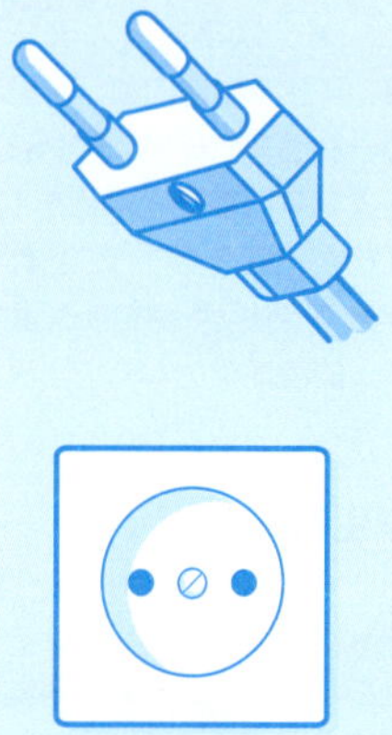

Type C
220V/50Hz

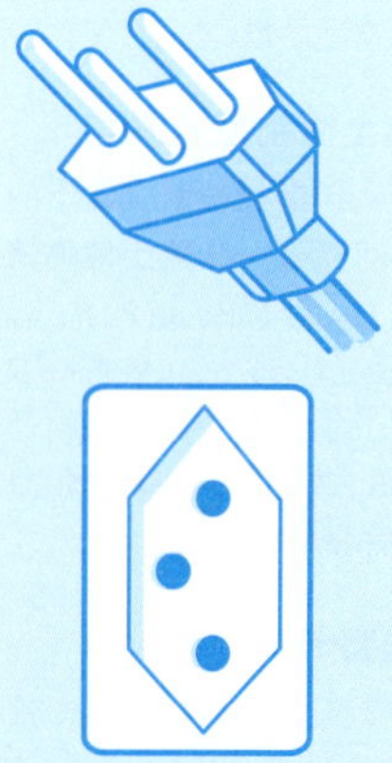

Type J
230V/50Hz

使领馆

登录www.eda.admin.ch可查找瑞士在他国的使馆和在瑞士的外国使馆。使馆区在伯尔尼，但是有一些领事在苏黎世和日内瓦办公。

中国驻瑞士大使馆（☎031 352 7333；www.china-embassy.ch/chn；Kalcheggweg 10, 3006 Bern）

海关条例

游客可以带200支香烟、50支雪茄或250克的烟丝入境。可携带1升酒精含量超过15%酒精饮料，2升酒精含量低于15%的饮料。游客必须年满17周岁方可带酒精和香烟入境。

不超过Sfr100的礼物，以及供一日量的食物也可携带入境。

退税

瑞士的商品价格一般含有8%的增值税。瑞士以外地区居住的顾客在某一商店一次性购买含增值税的商品金额超过Sfr300，且顾客必须于30日内将货物带离瑞士，即可申请退税服务。除此以外，支付宝已经接入了瑞士的退税服务。

第一步：购买商品时向店家询问是否可以退税，索取退税单。第二步：离境时向瑞士海关出示退税商品、发票、护照和退税单，请瑞士海关查验盖章。第三步：前往退税窗口，出示海关盖章后的退税单、护照和信用卡，就可以获得退税金额。

请注意：在欧盟成员国的领域内买东西的退税单据，可以在成员国的任何一个国家的海关将单据盖章，但由于瑞士不是欧盟成员国，此原则不适用于瑞士，所以请一定记得在进出瑞士前将你所持有的单据在海关盖章。

旅游信息

瑞士旅游公告板**Switzerland Tourism**（www.myswitzerland.com）的多语种网站（含中文）提供目的地、住宿、当地交通、景点名胜、体育运动、文化、活动及其他方面的详尽旅游信息，是你获取信息的第一选择。登录该网站还可以获取瑞士新闻、天气预报和网络影像，甚至可以下载宣传册与移动端应用。

瑞士的旅游局一贯提供有用信息。这些场所免费分发信息和地图，而且总有人会说英语；很多旅游局可以预订酒店房间、团队游和远足游。瑞士旅游局用德语说是Verkehrsbüro，在有些度假村也会叫作Kurverein；法语叫作office du tourisme；意大利语则称为ufficio turistico。

营业时间

瑞士每个州都自己决定商店和公司的营业时间。商家周日不营业，24小时营业服务站的便利店，以及机场和火车站的商店除外。风景名胜标出来的开放时间是旺季的时间；淡季营业时间一般都会缩短。

银行 周一至周五 8:30~16:30

餐厅 正午至14:30和18:00~21:30；多数餐厅每周有一至两天不营业

商店 周一至周五 10:00~18:00，周六 至16:00

博物馆 10:00~17:00，周一可能闭馆，周四开放时间可能延长

节假日

有些州会庆祝自己的节日和宗教日，比如1月2日、劳动节（5月1日）、基督圣体节（Corpus Christi）、圣母升天节（8月15日）和万圣节（11月1日）。

新年 1月1日

耶稣受难日 3月/4月

复活节周日和周一 3月/4月

耶稣升天节 复活节后40天

圣灵降临节 复活节后的第7周

国庆 8月1日

圣诞节 12月25日

圣斯蒂芬节 12月26日

住宿

瑞士的住宿涵盖各种价位。各地旅游信息办公室提供住宿场所列表和预订服务。

酒店 包括连锁酒店、阿尔卑斯山地区的豪华度假村和城市中充满五星级消费陷阱的酒店等。

民宿 规模很小，通常由家庭经营，从简朴的乡村民宿到设施一流的精品住宿，不一而足。

农庄 位于乡间或山区，适合家庭游客的农场（Bauernhöfe），往往有自种的农产品和可供嬉戏的动物。

露营地 瑞士的露营地普遍维护良好，通常位于美丽的湖畔或山间。

山间小屋 阿尔卑斯山区分布着许多非常简朴的小屋（Hütten），多数有简陋的多人间或Matratzenlager（床垫放在地上的简易工棚）。

在线预定住宿

想获取更多Lonely Planet作者关于住宿的评论，请访问http://lonelyplanet.com/hotels/。你会发现独立评论，以及最佳住宿地点的建议。更棒的是，你可以在线预订住宿。

民宿

瑞士一种最吸引人的住宿形式是住在私人住宅（从城堡到农场都有可能）的房间里，价格包含早餐，一般都是家庭自制农产品。如果你预订，有些主人还会为你烹饪晚餐，每人额外收费Sfr30~40，含酒。

旅游局都有它们所在区域的民宿名单，城市里很少但是在乡村很多，在**BnB**（www.bnb.ch）上可以找到上百个。在乡村，私人住处常常会有不贵的“空房”出租（德语为Zimmer frei，法语为chambres libres，意大利语为camere libere），有的含早餐，有的不含。

露营

露营地根据设备和地点不同有1星到5星的评分。它们一般都在河边或湖边这样风景秀丽的地方。每晚每人收费Sfr10左右，此外每顶帐篷收费Sfr8~15，每辆车额外收费Sfr5。

严格意义上野营（德语为wildes camping，法语为camping sauvage）是不被允许的，不过在空旷的山地空间是可以的。

可登录以下网址查询信息：

- www.camping.ch 有包含350处地点的详细列表，以及在瑞士露营和使用房车的实用信息、贴士和新闻。
- www.sccv.ch 在瑞士露营和房车联合会（SCCV）网站寻找最适合你的露营地。
- www.tcs.ch 实时的路况和交通信息、保险、露营地名单，以及在瑞士组织露营游所需的一切信息。

农庄

体验瑞士农庄生活的一个独特的方式是**Agrotourismus Schweiz**（☎031 359 50 30；www.agrotourismus.ch）——稻草堆中的终极探险。夏季当牛在草原上吃草时，瑞士农场主会安排游客在他家的干草棚或阁楼过夜（可以听到牛铃发出的叮当之声不绝于耳！），每个大人收费Sfr20~30，每个儿童则收费Sfr10~20。农民会提供

住宿价格区间

下列价格适用于带卫浴设施的双人间，青年旅舍和另行标注的场所除外。本书列出的是旺季价格，如无另行标注，一般都含早餐。

€ 经济 低于 Sfr170

€€ 中档 Sfr170~350

€€€ 高档 高于 Sfr350

纯棉垫子铺在干草上，以免被扎到，还会提供非常暖和的羊毛毯，不过客人需自己携带睡袋，强烈建议带上手电筒。通常过夜的价格包括农舍早餐，早上冲澡一般要多收Sfr2，晚餐一般要多收Sfr20~30。夏天必须预订。网上可以查到全瑞士170多个提供这种住宿服务的农场。

如果你想在农庄而不是奶牛棚投宿，请登录**Swiss Holiday Farms**（☎031 329 66 99; www.bauernhof-ferien.ch），这个组织在全国有约200座农场，包括过夜的民宿、自炊住宿和翻新谷仓或村舍小屋出租，可以住一个星期甚至更长。

青年旅舍

瑞士的青年旅舍（德语为Jugendherberge，法语为auberge de jeunesse，意大利语为alloggio per giovanni）既有老式传统的，又有具有设计感的新旅舍，典型的例子是萨斯费全新炫目的WellnessHostel 4000（见191页），有游泳池和水疗设施。

➡ 大多数青年旅舍是由隶属于国际青年旅舍（HI）的瑞士全国青旅组织**Swiss Youth Hostels**（www.youthhostel.ch）经营。非国际青年旅舍会员则必须获取每年的成员身份（18岁以下/以上 Sfr22/33，家庭Sfr44），不然在国际青旅所属旅舍过夜则需另交Sfr6。

➡ 青年旅舍的多人铺加早餐和床单收费为Sfr30~45（国际青旅不允许使用睡袋，因为害怕有虱子）。

➡ 如果青旅有**Swiss Hostels**（以前的“背包客”；www.swisshostels.com）标签，那么其规定会更灵活（比如有些允许使用睡袋），接待时间和营业时间更灵活，也不强制要求是会员。

➡ 通过网站预订青旅房间；很少有青旅接受电话预订。繁忙的时候可能只能申请最多住3天。

就餐价格区间

下列价格适用于一道主菜。

€ 经济 低于Sfr25

€€ 中档 Sfr25~50

€€€ 高档 高于Sfr50

酒店和家庭旅馆

➡ 最便宜的酒店房间也有洗手盆，但要使用走廊上的公共卫生间和淋浴，小镇上每间单人间房费约Sfr70，双人间约Sfr100，城里或山上度假村的单人间和双人间价格则分别为Sfr90和Sfr140左右。如果没有预订却想住包含私人淋浴房间的，则要加付至少Sfr20。房费一般都包括早餐。

➡ Frühstückspension（早餐家庭旅馆）或Hotel-Garni只提供早餐。有些家庭旅馆拥有自己的餐厅，经常有一天“休息日”，除非提前电话订座，不然不会开张。

➡ 有“Green Living”标签的酒店是拥有可持续经营证书的环保型酒店。

租房

想自己做饭的游客可以租一间度假屋或公寓，都需要预订；如果是旺季来住，则需要提前至少6~12个月预订。旺季一般都要求至少住1周（通常是周六至下周六）。

可以在**REKA**（www.reka.ch）、**Interhome**（www.interhome.ch）和**Switzerland Tourism**（www.myswitzerland.com）上查询信息。如果要查询滑雪度假村里可以自己做饭的度假屋和公寓（夏天和冬天）请登录Ski Suisse（en.ski-suisse.com）。

电话

搜索电话号码请登录tel.local.ch/en。

国家电信供应商**Swisscom**（www.swisscom.ch）运营公共电话亭网络。打电话要投币，也可以使用主流信用卡。

手机

大部分瑞士以外购买的手机可以在瑞士使用，中国电信运营商的手机也不例外，在出发前向移动、电信和联通咨询具体开通情况和费用信息。

许多地方都可以买到预付费的当地SIM卡。从网络运营商**Salt**（www.salt.ch）、**Sunrise**（www.sunrise.ch）和**Swisscom Mobile**（www.swisscom.ch/mobile）可以获得预付的当地SIM卡，售价仅为Sfr10。在全国报刊店均可购买（及充值）SIM卡。预付卡必须经过官方注册，所以带好护照。

当然，如果不介意延迟的话，利用Skype、微信等手机

警告：拨打所有号码

瑞士没有区号。尽管某个城市或镇子共用同一个3位的前缀号码（比如伯尔尼是☎031，日内瓦是☎022），但是即使打电话去隔壁邻居家，也要把号码拨全。

APP进行通话或许是更好的选择。

电话区号

➡ 瑞士的国家代码是☎41。从外国向瑞士打电话时，去掉起始的0，也就是说如果是向伯尔尼打电话，拨打☎41 31（前面是你所在国家的国际接入码）。从瑞士打电话回中国，0086+手机号，或0086+（0）区号+固定电话号码。

➡ 国际接入码是00。

➡ 电话号码有☎0800的是免费的；有☎0848的根据当地收费标准收费；开头是☎0900、☎156或☎157的有额外的收费。

➡ 手机号码以☎076、☎078或☎079开头。

上网

➡ 大型机场、几十座火车站，以及很多铁路沿线的一等车厢的商务座都有公共无线热点。

➡ 大多数酒店都有免费Wi-Fi，许多咖啡馆和公共场所也提供免费无线网。

➡ 公共热点，比如**Swisscom**（www.swisscom.ch）提供的，要收取每天Sfr5至每月Sfr35的费用，可以用信用卡支付，或在Swisscom的3400个热点购买预付卡。登录hotspot locator.swisscom.ch寻找热点位置。

➡ 较大的镇上和城市里有网吧。

时间

瑞士时间是格林尼治标准时间/世界协调时（GMT/UTC）加1个小时。3月最后一个周六的午夜，夏令时开始，时钟向前调1小时，这样瑞士就比格林尼治标准时间/世界协调时快2个小时；10月最后一个周六时钟往后调1个小时。

注意德语单词halb用来表示某个整点之前的半点，所以halb acht（8点的一半）指的是7点半，而不是8点半。

下表表示伯尔尼和世界主要城市的时差；没有把夏令时计算进去。

城市	当地时间
伯尔尼	12:00
北京	19:00
伦敦	11:00
纽约	6:00
旧金山	3:00
悉尼	21:00
东京	20:00
多伦多	6:00

儿童

瑞士秩序井然、干净，商业化气氛又不过分浓厚，实在是家庭旅行的梦想之地。

➡ 瑞士旅游公告栏里内容丰富的《家庭》（*Families*）手册为你提供各种点子，它的网站www.myswitzerland.com列出了带孩子出行时可选择的住宿、家庭服务等内容。

➡ 如果是全家来瑞士旅游，乘坐**瑞士联邦铁路**（Swiss Railways；www.sbb.ch）旅行绝对超值。6岁以下儿童免费乘坐；16岁以下儿童如果有Junior Card的年卡（Sfr30）也可以不限次免费乘火车；如果是祖父母带孩子出行并且有**Grandchild Travelcard**（Sfr30），也享受不限次免费乘火车的优惠。如果以上情况都不存在，就给孩子买一张**一日儿童票**（Sfr16），可以不限次乘坐火车。还有的卡可以搭乘山间度假村的缆车乘火车或船领略瑞士山间美景，这是令所有年龄段的孩子都着迷的事情。一到达目的地，你会看到**Switzerland Mobility**为非自驾的旅客精心设计了几十条游览路线——有清晰路标的远足、骑自行车、滑冰和划独木舟——都被标注为适合更小的孩子。

➡ 在山间度假村，旅游局可以告诉你哪里的步道能推婴儿车，还有几十项适合不同年龄段的孩子的活动，无论是刚学会走路的孩童还是青少年都可参与。

➡ 家庭出游住在民宿最合适不过：当小孩在楼上酣睡时，累了一天的父母可以在安静的楼下喝酒吃饭（别忘了用婴儿监视器！）。选择农场的含早餐民宿，或者睡在谷仓里，让爱探险的孩子玩个够。

➡ 如果你的孩子在6~12岁之间，你可以买一本戴安妮·迪克（Dianne Dick）的《逗乐瑞士儿童》（*Ticking Along with Swiss Kids*），这本书既向儿

日常

报纸 德语读者可以阅读苏黎世的*Neue Zürcher Zeitung*（www.nzz.ch）和*Tages Anzeiger*（www.tagesanzeiger.ch），日内瓦的*Le Temps*（www.letemps.ch）和*La Tribune de Genève*（www.tdg.ch）在Suisse Romande有售，总部在卢加诺的*Corriere del Ticino*（www.cdt.ch）是意大利语。

广播 WRS（World Radio Switzerland; FM 101.7; www.worldradio.ch）位于日内瓦，是英语播放的广播，播放音乐和全球新闻。

微博 瑞士国家旅游、瑞士驻华大使馆、瑞士资讯-swissinfo、瑞士文化基金会等微博账号上有瑞士每日新闻，点评时下的文化活动。

网站 Swissinfo（www.swissinfo.org）是全国新闻网。

吸烟 在任何室内公共场合吸烟都是非法的，包括餐厅、俱乐部、办公室和公共交通工具上。在单独的吸烟室和走廊阳台外面允许吸烟。

度量衡 瑞士使用公制。和其他欧洲大陆国家一样，瑞士用逗点表示小数位，用句点表示千位。

童介绍了瑞士这个国家，也告诉父母应该看什么、去哪儿吃和做什么。还可以去看看Lonely Planet的《带孩子旅行》。

实用信息

总体来看，瑞士非常适合家庭游客。

- 许多大型酒店有专门的家庭房或打通的客房，有些小酒店甚至也可以随时提供婴儿床或加床。
- 多数主要租车公司也出租符合最新安全标准的儿童、婴儿及加高座椅，需要支付Sfr45~65的额外费用。
- 换尿布的设施分布广泛，药店和超市都出售一次性尿布。
- 只要谨慎行事，在公众场合哺乳基本不会遭到当地人反感。
- 许多酒店和旅游局可以提供当地托儿机构及保姆服务信息。
- 有些餐馆（并非所有）提供婴儿椅和儿童餐。如果有疑问的话可以提前确认。

厕所

一般来说，公厕都很干净，手纸供应也充足。

小便通常免费，许多厕所隔间也无须花钱就能使用，但后者中也有收取Sfr0.50才可使用的。

大型火车站中的Mr Clean无可挑剔，但花费更高——小便收费Sfr2。

旅行安全

- 当街抢劫在瑞士不太常见。不过就像在其他城市一样，要注意自己的随身物品，人多的地方有很多小偷。
- 你不会经常看得到瑞士警察，但是当他们有所怀疑时，他们会随机在街上对非欧洲人或者看起来不太像欧洲人的人搜身。

健康指南

瑞士的医疗水平相当高，但费用不菲。大使馆、领事馆或酒店通常会推荐当地医生或诊所。瑞士医疗水平普遍都非常高。

持有欧洲健康保险卡（EHIC）的欧洲公民可以享受州级医疗场所的费用优惠。否则的话，非急诊就医需支付约Sfr150。当地药房（Apotheke）出售非处方药，员工普遍会讲英语，专业知识扎实。

高原反应

高原反应发生在海拔3000米以上，但是瑞士阿尔卑斯山的远足步道或滑雪道很少有到达这个高度的。头痛、呕吐、头晕、极度疲惫，呼吸和睡眠困难，这些都是高原反应的前兆。如果症状比较轻，就休息一下，吃简单的止痛药。如果轻微症状持续甚至恶化，就下山到海拔较低的地方，寻求医生的帮助。

低体温症

低体温症发生的时候，身体失去热量的速度快过产生热量的速度，身体核心温度下降。如果加上风、潮湿衣物、疲劳和饥饿，身体非常容易感到很冷，甚至陷入危险的寒冷程度，即使气温在零度以上。最好多穿几件保暖效果好的衣服，戴上帽子，徒步远足或滑雪时还要在最外面加一件厚厚的防水外衣。为防止意外发生，有必要准备一条"太空"毯。带上基本装备，包括含简单糖分的食物和饮料。

低体温症的症状有疲劳、皮肤僵硬（特别是脚趾和手指）、颤抖、口齿不清、行为失去理智或有暴力行为、昏睡、站立不稳、头晕、肌肉痉挛以及能量突然消耗殆尽。

要治疗轻微低体温症，就带病人避开风吹和雨淋，帮助他们脱掉湿衣服，换上干燥温暖的衣物。给他们喝热饮（不要喝酒），吃高热量、易于消化的食物。不要给病人摩擦生热，要让他们自己慢慢地恢复体温。防止出现严重低体温症（危急情况）的唯一方法是尽早发现和治疗轻微的低体温症。

蜱虫

全瑞士海拔1200米以下的地方都能找到这种小生物，一般出现在森林边或步道旁的灌木丛里。

如果你步行穿过可能有很多蜱虫的地方，一定要检查全身。如果发现身上有蜱虫，用镊子按住其头部周围，夹起头然后轻轻往上拽。不要去拽它身体靠后的部位，因为这会让蜱虫的内脏接触到皮肤，增加感染病毒和疾病的风险。建议不要在蜱虫上面抹化学药剂。

莱姆病

莱姆病可能是在欧洲由蜱虫传播的一种传染病。这种病通常一开始表现为被蜱虫咬过的地方出现一片红肿，然后发烧、头痛、极度疲劳、关节和肌肉疼痛，脖子轻微僵硬。如果不治疗，这些症状一般会持续数周才会消失，但在随后的几周或几个月里，神经系统、心脏、关节可能会出现问题。要去看医生。

蜱传脑炎

这种脑部发炎是病毒引起的。蜱传脑炎可能发生在瑞士大部分森林和乡村。如果你被咬了，即使已经把蜱虫移除了，也要当心是否有感染的症状，包括被咬处红肿，有时红肿中心是白色的。头痛、身体僵硬和其他流感症状，以及极度疲劳，会发生在被咬的一两周以后，有可能恶化。必须去看医生。可以去打疫苗。

法律事宜

瑞士警察的拘留权很大，他们可以在毫无指控的情况下拘留某人。如果警察找上你，你要出示护照，所以记得随身携带护照。

26个州之间的法律有些细微差异：有些地方允许街头弹奏音乐，有些则禁止。如果有疑问，一定要提出来。

地图

Hallwag,Kümmerly+Frey (www.swisstravelcenter.ch) 提供各种公路路线图、城市地图和徒步路线图，可以从网上购买。在出售旅行书籍的书店里可以买到**Swiss Alpine Club** (www.sac-cas.ch)、**Kompass** (www.kompass.de)、**Bundesamt for Topographie** (www.swisstopo.admin.ch) 等出版的地图——比例尺有时可达1:15,000。

48页的Swiss Travel System手册可以从瑞士旅游局和主要火车站免费获取，手册中有A3纸张大小的长途汽车与铁路路线图。旅游局也提供免费地图和手册。

残障旅行者

瑞士是世界上对残障旅行者最友好的国家之一。大多数火车站都有无障碍电梯，城市公交配有坡道，很多酒店都有残障人士通道（尽管廉价酒店一般没有无障碍电梯）。

Switzerland Tourism (www.myswitzerland.com) 里有为残疾游客准备的非常有用的旅行提示，也可以联系**Mobility International Switzerland**（简称MIS；☎062 212 67 40；www.mis-ch.ch）。

可以登录http://lptravel.to/AccessibleTravel免费下载我们编写的《无障碍旅行指南》。

同性恋旅行者

瑞士对同性恋者的态度非常开明。同性伴侣关系是被认可的（但同性伴侣不允许领养儿童或进行试管婴儿）。主要城市都有同性恋酒吧，彩虹游行通常在日内瓦(7月初)和苏黎世(7月中旬)举行。

以下网站可提供有用信息:

www.gay.ch(德语)

www.myswitzerland.com 在搜索框里输入"Gay & Lesbian",可以找到欢迎同性恋的住宿和活动信息。

www.pinkcross.ch(德语、法语)

志愿服务

瑞士极其重视志愿者服务,有些机构允许你以参与志愿服务的形式在当地逗留1周至18个月,充分感受当地生活。你可以与自己国家的志愿服务网络联系以了解情况。或者,如果你会说德语、法语或意大利语的话,也可以自行联系瑞士当地机构。

Bergwaldprojekt(www.bergwaldprojekt.ch)这家环保组织提供为期一周的免费工作营,你可以为拯救瑞士的壮美森林贡献力量。

SCI-International Voluntary Service(https://ivsgb.org/sci)提供志愿服务搜索,可能包括铺设徒步小径、促进生物多样性与文化项目。

Service Civil International(www.sci.ngo)以促进和平为宗旨的世界性组织,在瑞士有志愿者网络和工作营(短期、中期、长期等),主题涵盖可持续生活、提高人们对于寻求庇护者的了解等。

Swiss Volunteers(www.swissvolunteers.ch)任何有意参与瑞士体育赛事志愿服务者的首要信息来源。

TravelnStudy(http://travelnstudy.com)提供卢加诺(提契诺州)的项目,融旅行、志愿服务与学习于一体。

工作

欧盟25个成员国,以及挪威和冰岛公民可以无须工作许可而每年在瑞士工作90天。其他国家公民和想在瑞士长期工作的欧盟公民需要申请工作许可。详情可咨询**瑞士移民局**(State Secretariat for Migration; www.sem.admin.ch)。

语言技能对从事服务业至关重要,滑雪度假村和住宿场所通常也需要具备语言能力。Victoria Pybus所著的*Working in Ski Resorts: Europe & North America*提供申请冬季工作的详细信息。从事酒店业工作的相关事宜也可以咨询**Rolling Pin**(www.rollingpin.at)。**Season Workers**(www.seasonworkers.com)与**Natives**(http://jobs.natives.co.uk/switzerland)两个网站都是获取联系方式与工作建议的良好来源。

每年10月,沃州和瓦莱州的葡萄园需要人手。

交通指南

到达和离开

瑞士位于法国、德国、奥地利、列支敦士登和意大利包围之中的，交通堪称四通八达，尤以铁路最为便利。瑞士是申根国家，乘飞机、火车或由公路入境的手续办理非常简便。

登录www.lonelyplanet.com/bookings，你可以在线订飞机票、旅游门票和火车票。

进入瑞士

因为申根协定，如果你从欧盟国家坐飞机、火车或汽车进入瑞士，就无须出示护照，正式手续很简单。如果你从非欧盟国家来瑞士，需出示护照和签证。

护照

非欧盟国家的旅行者必须持有有效期距离境日期3个月以上的护照。

中国公民前往瑞士需要申请签证。

飞机

中国国际航空（www.airchina.com.cn）有北京直飞日内瓦和苏黎世的航班，飞行时长10~11小时。

国泰航空（www.cathaypacific.com）运营香港直飞苏黎世的航线。

Swiss（www.swiss.com）是瑞士国家航空公司，一般被称为瑞士航空（Swissair）。有北京直飞日内瓦、苏黎世，上海直飞苏黎世、香港直飞苏黎世的航班。

除了许多国家航空公司外，还有下面介绍的廉价航空公司和小一些的航空公司，把瑞士和欧洲其他地区连接起来。

Air Berlin（www.airberlin.com）从欧洲机场（巴塞尔）、日内瓦、苏黎世飞往全欧洲几十个目的地。

EasyJet（www.easyjet.com）廉价航空公司，有航班从欧洲和英国飞往日内瓦、苏黎世和欧洲机场（巴塞尔）。

Etihad Regional（www.etihadregional.com）有航班从日内瓦、卢加诺和苏黎世飞往西班牙、法国、意大利、德国、亚洲和阿联酋。

Eurowings（www.eurowings.com）德国廉价航空公司，有从苏黎世和日内瓦飞往欧洲与英国其他城市的航班。

Flybe（www.flybe.com）有航班从日内瓦和苏黎世飞往曼彻斯特、伯明翰及其他英国城市的航班。

Helvetic Airways（www.helvetic.com）这家瑞士廉价航空公司

气候变化和旅行

任何使用碳基燃料的交通工具都会产生二氧化碳，这是人为导致气候变化的主要原因。如今的旅行大部分依赖于飞机，空中旅行耗费的每公里人均燃料或许比汽车少，但其行驶的距离却远很多。飞机在高空排放的气体（包括二氧化碳）和颗粒同样对气候变化造成影响。许多网站提供“碳排放计算器”，以便人们估计个人旅行所产生的碳排量，并鼓励人们参与减缓全球变暖的旅行计划，以抵消个人旅行对环境造成的影响。Lonely Planet会抵消其所有员工和作者旅行所产生的碳排放影响。

飞机-铁路行李服务

到日内瓦或苏黎世机场的旅客，可以把行李直接托运到瑞士50多座火车站，而无须在机场等待行李。他们同样可以在航班起飞前的24小时之内，在任何一个火车站托运行李，然后到目的地机场取行李。每件行李Sfr22，每件行李最重为32公斤，自行车、冲浪板等大件行李不能托运。瑞士境内也有类似的行李托运；请登录www.sbb.ch查看。

以苏黎世为中心，有从苏黎世飞往香农（爱尔兰）、波尔多（法国），以及从伯尔尼飞往奥尔比亚（撒丁岛）和帕尔马（西班牙）的航班。

Hop（www.hop.com）法国航空旗下的廉价航空公司，航班往返于日内瓦和比亚里茨、日内瓦和卡尔维（科嘉西岛）之间。

Jet2.com（www.jet2.com）有航班从日内瓦飞往伦敦斯坦斯特德机场、伯明翰、东米德兰兹机场（East Midlands）、爱丁堡、利兹布拉德福德（Leeds Bradford）机场和曼彻斯特。

SkyWork Airlines（www.flyskywork.com）总部位于**伯尔尼**（BRN; ☎031 960 21 11; www.flughafenbern.ch）的航空公司，有航班飞往伦敦、阿姆斯特丹、柏林、慕尼黑和维也纳等欧洲城市。

陆路

长途汽车

Eurolines（www.eurolines.com）29家长途汽车运营商联合，从瑞士大部分城镇开往全欧洲，包括巴塞尔、贝林佐纳、伯尔尼、布勒、弗里堡、日内瓦、洛桑、卢塞恩、卢加诺、马尔蒂尼、锡永、圣加仑和苏黎世。26岁以下和60岁以上的乘客有折扣。7月和8月尤其需要预订。

汽车和摩托车

从瑞士到所有与之接壤的国家公路通畅、维护良好；阿尔卑斯山脉是一个天然屏障，意味着主干道一般都需要经隧道进入瑞士。如果国外的摩托车进入瑞士，则必须出示贴纸或牌照以证明是在哪个国家登记的。

- 欧盟驾照在全欧洲都有效。
- 至少要有第三方车辆保险，从你的保险公司那里得到一张绿卡证明的表格，还要索取欧洲事故声明表格（European Accident Statement）。随身携带一份欧洲故障协助保单是个很明智的选择。

如果在瑞士自驾的话，必须购买并粘贴特别贴纸（法语和德语称vignette，意大利语称contrassegno），主要边境口岸处有售，价格Sfr40。

- 为防止事故，必须随车携带三角警示牌。
- 还建议携带急救箱、备用灯泡箱和灭火器。

火车

瑞士环保铁道让旅行充满快乐。

- 从**Rail Europe**（www.raileurope.com）订票、获取列车信息。在英国就联系**Railteam**（www.railteam.eu），这个联盟由欧洲几家高速火车运营商组成，其中包括瑞士联邦铁路**Swiss Federal Railways**（www.sbb.ch），德语缩写为SBB，法语缩写为CFF，意大利语缩写为FFS。后者接受在线预订，但是不在瑞士境外售票。
- **The Man in Seat 61**（www.seat61.com）拥有详细的火车旅行的信息。
- 从英国出发，每小时都有**欧洲之星**（Eurostar; www.eurostar.com）列车从伦敦圣潘克拉斯火车站（St Pancras International）开往巴黎北站（Gare du Nord），历时2.25小时，然后，法国高速列车（TGV）从巴黎的里昂车站（Gare de Lyon）开往巴塞尔、伯尔尼、日内瓦、洛桑和苏黎世等更多地方。26岁以下和60岁以上的乘客都享有一些折扣。
- 苏黎世是瑞士最繁忙的国际交通枢纽，有火车到慕尼黑和维也纳，然后再去往东欧各地。
- 大多数从德国出发的火车都会经过苏黎世或巴塞尔。
- 从意大利关口出来的所有铁路都会先经过米兰，再分别到达苏黎世、卢塞恩、伯尔尼或洛桑。

水路

可以横穿几片湖，坐蒸汽船到达瑞士，但是这不是太常见的选择。从德国要穿过博登湖，从法国要穿过日内瓦湖。你还可以坐游轮沿着莱茵河一路往下到巴塞尔。

CGN（☎0848 811 848；www.cgn.ch）提供日内瓦湖的渡轮服务。

当地交通

飞机

瑞士的铁路系统小而紧凑，功能极佳，所以在瑞士境内不太需要坐飞机。

瑞士航空（Swiss；www.swiss.com）在欧洲机场（巴塞尔）、日内瓦和苏黎世机场主要枢纽都有服务点，往返票价浮动很大。

自行车

出租

SBB Rent a Bike（☎041 925 11 70；www.rentabike.ch；半/全天 Sfr27/35起）这家高效的自行车出租公司是由瑞士铁路运营的，你可以在瑞士100多座火车站租到自行车。可以在线或电话预订租车（预订要多收Sfr10的手续费），租车和还车的火车站可以不相同。除了大人和儿童的一般用车，大多数火车站还有电动自行车和双人自行车、给不能自己独立骑行的儿童准备的脚踏车，以及可以容纳两个儿童的自行车拖车。费用包括自行车头盔。

如果你停留时间较长，

观景之旅

瑞士火车、巴士和船不只是从A地到B地的交通工具。无双美景无疑让旅程本身就充满惊喜。无论采取何种方式旅行，你对公共交通工具的观感都与之前大不相同。瑞士的公共交通堪称艺术，即便是最朴素的长途汽车也可以带你深入偏僻山区，与野生动物来个面对面。

Swiss Travel System（www.swisstravelsystem.co.uk）是火车、船、缆车和邮政巴士相互连结的交通网络，几乎无须驾车就能轻松走遍瑞士——而且运行准时是出了名的，你甚至可以按此来校正表的时刻。

全景列车

下列前三种列车有加高窗户的全景车厢：

冰川快车（见182页）

黄金线列车（Golden Pass Route；www.goldenpass.ch）卢塞恩和蒙特勒之间，分三段，必须换乘火车两次。普通火车每小时1趟，没有全景车窗。

贝尔尼纳快车（见305页）

巧克力列车（Chocolate Train；www.mob.ch）从蒙特勒到布罗克（Broc）的巧克力工厂，乘坐美好时代的私人车厢往返。

Mont Blanc/St Bernard Expresses（www.tmrsa.ch）从马蒂尼到法国的霞慕尼，或越过圣伯纳德山口。

Voralpen Express（www.voralpen-express.ch）博登湖到卢塞恩湖，途经圣加仑、拉伯斯维尔和罗曼斯霍恩。

邮政巴士

Palm Express（www.palmexpress.ch）行驶时间为4小时，从圣莫里茨出发，带旅行者欣赏恩嘎丁冰川覆盖的群峰，越过马洛亚山口，穿过伯利嘎利亚山谷至意大利的基亚文纳，并继续前行至卢加诺湖和科莫湖（意大利境内）。

登录**Postbus**（www.postauto.ch）网站可以获取另外6条阿尔卑斯风景路线的信息。

火车/船：Gotthard Panorama Express

选择新近投入运营的**Gotthard Panorama Express**（www.sbb.ch；⏲4月中旬至5月 周六和周日，6月至10月 每天），你可以首先坐游轮渡过卢塞恩湖到弗吕伦，历时2.5小时，然后从弗吕伦乘火车蜿蜒穿过峡谷和高山到达贝林佐纳或卢加诺。

瑞士旅行通票

以下瑞士国家旅行通票可以让你的瑞士游省掉可观的费用。可以从瑞士的火车站购买通票。更多信息请登录www.swisstravelsystem.ch和traintickets.myswitzerland.com。

Swiss Travel Pass 这种通票可以让你在瑞士几乎所有火车、船和公共汽车上面不限次乘坐，可以在41个镇上的有轨电车和公共汽车上不限次乘坐，还可以免费去500多座博物馆参观。乘坐缆索铁路、缆车和私人火车时享受25%~50%的折扣。有连续3日（Sfr216）至15日（Sfr458）不同时间长短的通票可供选择，26岁以下可享15%折扣。

Swiss Travel Pass Flex 这种通票可以让你在一个月内指定的日子——3日（Sfr248）至15日（Sfr502）享受不限次乘坐，26岁以下可享15%折扣。

Swiss Half Fare Card 正如这个卡的名字所示，持有这张卡乘坐火车只需付半价（1个月Sfr120），乘坐当地公共汽车、有轨电车和缆车还会有折扣。

Junior Travelcard 这张卡有效期为一年（Sfr30），16岁及以下的儿童在有至少1名家长陪同的情况下，可以免费乘坐火车、船和一些缆车。和祖父母旅游的儿童可以购买有同等优惠的**Grandchild Travelcard**。如果儿童在没有亲属陪同下出行，可购买**一日儿童票**（Sfr16），享受一天的不限次乘坐。

地区通票 瑞士有些地方能够使用只在特定区域有效的旅行通票。可以从该地区的火车站购买这种通票。

那么注册**PubliBike**（www.publibike.ch/en）就比较划算，这项公共自行车分享计划在瑞士有近100座“取车还车”站点，按年度缴纳的会费低廉。你还可以在多数位于站点的旅游信息中心购买“DayBike”卡。可以通过网站预订以及了解销售信息和站点位置。

每年5月至10月，注重环保的**Schweiz Rollt**（Suisse Roule; www.schweizrollt.ch）提供伯尔尼、日内瓦、苏黎世、瓦莱州和纳沙泰尔州的自行车免费租借服务。

在列支敦士登，你可以免费租借**FreeVeloPoint**（http://velopoint.li）的橙色自行车，该公司在全国设有13个站点。

交通

可以把自行车带到慢速火车上，有的时候还可以带到InterCity（IC）或EuroCity（EC）火车上，如果行李车厢有地方，一天的自行车车票价格为Sfr20（有瑞士旅行通票则为Sfr13）。在3月21日至10月31日，如果要带自行车上ICN（国内高速列车），必须预订（预订费Sfr5）。

如果火车上禁止带自行车，时刻表上标有画叉图案。托运一辆不随身携带的标准自行车花费Sfr20。把自行车放进行李包里当作手提行李坐火车是免费的。

船

所有大湖都可以乘坐由**瑞士联邦铁路**（www.sbb.ch）运营的，或者持有瑞士旅行通票可以乘坐的联合私有公司的蒸汽船到达。这些地区包括日内瓦、康士坦茨、卢塞恩、卢加诺、纳沙泰尔、比尔、穆尔滕、图恩、布里恩茨和楚格的湖泊，但是不包括马焦雷湖。参加较小船舶公司的巡游不能使用火车通票。

长途汽车

金黄色的邮政巴士作为瑞士铁道网络的延伸部分，有长途路线，连接城镇和人迹罕至的山区。长途汽车的出发时间和火车到达时间紧密相连，出发地点都会选在火车站周边，非常方便。长途汽车只有一个等级的座位，车票和火车票价格差不多。

➡ 在邮政巴士上可以使用各类瑞士国家旅行通票，但是阿尔卑斯地区有些以旅游为主的线路要加价。

➡ 在长途汽车司机处购买车票，不过有些穿过阿尔卑斯山脉的观光线路（比如卢加诺—圣莫里茨线路）须预约。登录www.postauto.ch查看更多详情。

汽车和摩托车

城市中心的公共交通很好，但是停车异常困难。

汽车协会

Swiss Touring Club（www.tcs.ch）提供自驾信息和服务，包括瑞士国内24小时紧急救援服务，TCS及附属机构成员免费。**Swiss Automobile Club**（www.acs.ch）在欧洲范围内提供类似服务。

私家车租用

Mobility（☎0848 824 812；www.mobility.ch）在全瑞士有1500个点，超过2950辆车，租车时间从1小时到16天不等，但不允许异地还车。在线或电话订车，在预订时间接到车然后开走。如果你不想付全年的订车费（Sfr290），就在标准每小时费用（每小时Sfr2.80起，每公里加Sfr0.50）的基础上，支付单次使用费Sfr25，另外每小时再付Sfr1。

加油

标准的汽油是无铅汽油（bleifrei, sans plomb, senza piombo），在加油站的标志为绿色泵，柴油也广泛使用。无铅汽油每升大约Sfr1.41，柴油每升大约Sfr1.43。

租车

- 主要租车公司在机场和主要城镇都有办公室。
- 在线预订。如果你飞到日内瓦机场，注意在法国一侧租车更便宜。
- 租车者年龄一般要求不低于25岁，但是有些公司会降至20岁。一般都需要使用信用卡。
- 冬天租车一般会配备冬季轮胎。
- 可以在租租车（zuzuche.com）等中文租车平台完成瑞士境内的租车服务，并提前在国内办理国际驾照翻译认证件或英文认证件，并在瑞士自驾途中和驾照原件一同使用。

路况

- 瑞士道路建造完善，路标清楚，维护良好。
- 拨打☎163了解实时路况

道路里程（km）

	巴塞尔	贝林佐纳	伯尔尼	比尔	布里格	库尔	弗里堡	日内瓦	因特拉肯	洛桑	卢塞恩	卢加诺	纳沙泰尔	圣加仑	圣莫里茨	沙夫豪森	锡永
贝林佐纳	241																
伯尔尼	97	253															
比尔	93	247	41														
布里格	190	161	91	129													
库尔	228	115	242	237	174												
弗里堡	132	285	34	71	179	274											
日内瓦	267	420	171	209	214	409	138										
因特拉肯	153	195	57	92	73	209	92	230									
洛桑	203	359	107	146	151	346	72	62	167								
卢塞恩	103	140	115	107	149	140	147	280	71	218							
卢加诺	267	28	279	273	187	141	331	446	221	383	166						
纳沙泰尔	141	294	46	31	141	283	43	123	104	73	156	320					
圣加仑	191	217	204	197	288	102	236	371	225	307	138	243	244				
圣莫里茨	313	150	327	321	241	85	359	494	294	430	225	176	368	178			
沙夫豪森	161	246	173	167	259	182	205	340	228	276	108	272	214	80	266		
锡永	252	214	160	195	53	399	128	161	86	98	271	240	166	356	294	329	
苏黎世	113	195	125	119	208	118	157	292	177	229	57	221	166	81	203	51	281

（法语、德语、意大利语和英语录音信息）。

➡ 阿尔卑斯大部分山口全年都可通行，视天气情况而定。但是，在通过这三个山口的时候总是需要经过隧道：大圣伯纳山口、圣哥达山口和圣贝尔纳尔迪诺山口。

➡ 6月到10月开放的山口有：阿尔布拉山口（Albula）、富尔卡山口（Furka）、格里姆瑟尔山口（Grimsel）、克劳森山口（Klausen）、欧伯拉普山口（Oberalp）、苏斯滕山口（Susten）和温布赖尔山口（Umbrail）。其他山口还有Lukmanier（5月至11月开放）、努弗嫩山口（Nufenen；6月至9月开放）和施布吕根（Splügen；5月至10月开放）。

道路规则

➡ 车前大灯必须一整天都打开，否则会被罚款Sfr40。

➡ 开汽车和摩托车的法定最小年龄是18岁，而助动车则是14岁。

➡ 瑞士是右舵驾驶。

➡ 从右边驶来的车辆有优先权。在山路上，上山的车辆有优先权，除非是邮政巴士，它们总有道路优先权。

➡ 城内时速最高为50公里/小时，城外主要干道上是80公里/小时，单车道高速公路为100公里/小时，双车道高速公路为120公里/小时。

➡ 在车里的人必须一直系好安全带，车辆必须带有三角警示牌。

➡ 车前大灯在所有隧道里必须换近光灯。

➡ 摩托车驾驶者和乘客必须戴头盔。

➡ 血液酒精含量（BAC）限制在0.05%。

➡ 如果你遭遇交通事故，在一方有明显受伤的情况下，必须报警。

➡ 必须随时携带证件证明你是私有车辆的车主。

道路标志

在瑞士，你可能没见过的路标包括：

➡ 在蓝色圆形背景上有交叉的白色轮胎表示必须有雪地防滑链。

➡ 在蓝色正方形背景上有一个黄色喇叭，表示你必须遵守邮政巴士司机给出的指示。

道路收费

小汽车和摩托车驾驶员每年一次性付Sfr40可使用瑞士高速公路和有绿色标志的半高速公路。可以在边境、瑞士加油站和邮局，以及瑞士在国外的旅游局付钱（现金支付，包括欧元）。付费后你会得到一张贴纸（法语和德语里是vignette，意大利语是contrassegno），这张贴纸必须放在挡风玻璃处，有效期14个月，从12月1日到再下一年的1月31日。如果你因没有这张贴纸被抓到，那么你会被罚款Sfr200。

在瑞士—意大利边境，如果途经奥斯塔、意大利和瓦莱之间的大圣伯纳德山口（Great St Bernard Tunnel），你需要额外付费（汽车和

Major Swiss Rail Routes
瑞士主要铁路路线

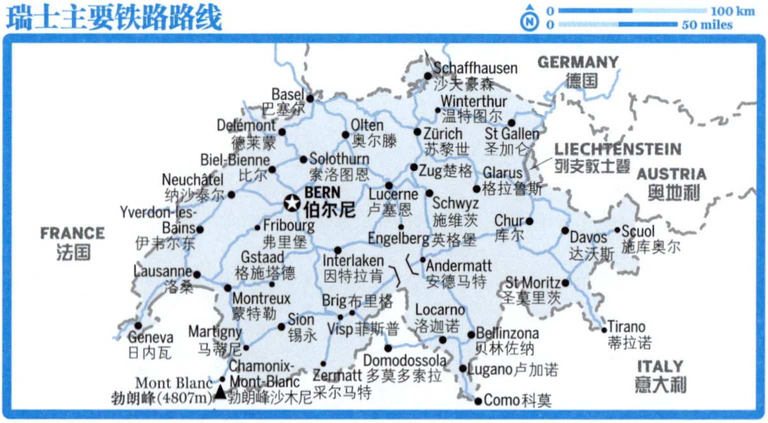

乘客 单程/往返 Sfr29.90/46.90)。

隧道

通过这些隧道和山口时,你可以选择将自己的车用火车托运,全年开放的有:

富尔卡隧道(Furka Tunnel;✆0848 642 442;www.mgbahn.ch;汽车和最多9位乘客 Sfr33)走这条15.4公里长的隧道从Oberwald到雷阿尔卑只需15分钟。

Lötschberg Tunnel(✆0900 553 333;www.bls.ch;汽车和最多9位乘客坎德施泰格-伊赛尔Sfr98,坎德施泰格-戈彭施泰因周一至周四 Sfr27,周五至周日Sfr29.50)从坎德施泰格到戈彭施泰因(15分钟,全年)或者意大利的伊赛尔(1小时,4月至10月中旬),必须预订。

维蕾娜隧道(Vereina Tunnel;✆081 288 37 37;www.rhb.ch;汽车和最多9位乘客 淡季/平季/旺季 Sfr34/39/44)冬天弗吕埃拉(Flüela Pass)山口不开放的时候,就走这个隧道,从克洛斯特斯外面的Selfranga到恩嘎丁的Sagliains。火车每半小时1班,行驶时间18分钟。

山间交通

瑞士有很多词语描述山间交通:缆索铁路(英语是funicular,德语是Standseilbahn,法语是funiculaire,意大利语是funicolare)、缆车(英语是cable car,德语是Luftseilbahn,法语是téléphérique,意大利语是funivia)、循环式缆车(英语是gondola,德语是Gondelbahn,法语是télécabine,意大利语是telecabina)和登山缆椅(英语是chair lift,德语是Sesselbahn,法语是télésiège,意大利语是seggiovia)。所有这些交通工具都会定期接受安全检查。

及时查看最后一班缆车什么时候下山,在冬季,滑雪村最后一班缆车可能早到16:00就停运了。

火车

瑞士铁路网络结合了国营和私有铁路。**瑞士联邦铁路**(Swiss Federal Railway;www.sbb.ch)德语缩写是SBB,法语缩写是CFF,意大利语缩写是FFS。

➡ 二等车厢很好,但是常常满座;一等车厢更宽敞,而且乘客较少。火车上有笔记本电脑充电插座,可以让你在火车上工作,有些座位有无线上网热点。

➡ 二等车厢每100公里的车费是Sfr40;一等车厢票价平均高75%。如果旅程更长一些,往返车票比两张单程车票更便宜。

➡ 列车时刻表每年12月更新,网上和火车站都可以查到。登录www.sbb.ch或致电**Rail Service**(✆0900 300 300;每分钟通话 Sfr1.19)。

➡ 大一点的火车站有24小时存储行李的柜子(每天Sfr3~6),通常在6:00到午夜都是开放的。

➡ 如果旅程比较长,特别是在旺季,建议预订座位(Sfr5)。

➡ 如Eurail和Interrail等欧洲的铁路通票在瑞士国家铁路可以使用。但是,在邮政巴士、城市交通、缆车或私人铁路线上(比如采尔马特线路和在伯尔尼高地中心上的少女峰Jungfraubahn线路)则不能使用,这让探索瑞士美景之旅变得更加有趣。

语言

瑞士（Switzerland/Schweiz/Suisse/Svizzera）有三种官方联邦语言：德语（大约64%瑞士国民的母语）、法语（20%）和意大利语（7%）。讲罗曼什语（Romansch）的人数不到全国的1%，主要生活在格劳宾登州。自1996年以来，为了确保这种语言得到保护和促进，它也已经享受半官方的联邦语言地位。

如果你能用英语的读音朗读本章的彩色字，那么让瑞士人听懂应该不成问题。重音节用斜体字标注。阳性（m）和阴性（f）以及口语（inf）和敬语（pol）也都会有标注。

法语

鼻元音（通过鼻腔发出的元音）的特征是o或u加上几乎不能听出的m、n或ng。另外注意air的发音类似"fair"，eu的发音类似"nurse"的"u"，ew是圆唇音的"ee"，r是喉音，以及zh的发音类似"pleasure"的"s"。法语单词里每个音节的重音都差不多。

简单用语

你好。	*Bonjour.*	bon·zhoor
再见。	*Au revoir.*	o·rer·vwa
不好意思。	*Excusez- moi.*	ek·skew·zay·mwa
对不起。	*Pardon.*	par·don
请。	*S'il vous plaît.*	seel voo play
谢谢。	*Merci.*	mair·see
是。/不是。	*Oui./Non.*	wee/non

想学更多?

想要深入了解语言的信息，学会实用的语句，来看一下Lonely Planet的《西欧常用语手册》（*Western Europe Phrasebook*）。你会在**shop.lonelyplanet.com**找到，或者可以在Apple App Store购买Lonely Planet的常用语手册应用程序。

你叫什么名字?

Comment vous appelez-vous? ko·mon voo·za·play voo

我的名字是……

Je m'appelle... zher ma·pel ...

你会讲英语吗?

Parlez-vous anglais? par·lay·voo ong·glay

我不懂。

Je ne comprends . pas. zher ner kom·pron pa

住宿

露营地	*camping*	kom·peeng
客栈	*pension*	pon·syon
酒店	*hôtel*	o·tel
青年旅舍	*auberge de jeunesse*	o·berzh der zher·nes

你有没有一间……房间?	*Avez-vous une chambre ...?*	a·vey·voo ewn shom·bre ...
单人间	*à un lit*	a un lee
双人间	*avec un grand lit*	a·vek un gron lee

每晚/每人多少钱?

Quel est le prix par nuit/personne?	kel ey le pree par nwee/pair·son

餐饮

你有什么推荐菜?

Qu'est-ce que vous conseillez?	kes·ker voo kon·say·yay

你有没有素食菜肴?

Vous faites les repas végétariens?	voo fet ley re·pa vey·zhey·ta·ryun

我要点……

Je prends ...	zhe pron ...

干杯!

Santé!	son·tay

我想要……，请。	*Je voudrais ..., s'il vous plaît.*	zhe voo·drey ... seel voo pley
账单	*l'addition*	la·dee·syon
菜单	*la carte*	la kart

啤酒	*bière*	bee·yair
咖啡	*café*	ka·fay
茶	*thé*	tay
水	*eau*	o
葡萄酒	*vin*	vun

紧急情况

救命!

Au secours!	o skoor

不要管我!

Fichez-moi la paix!	fee·shay·mwa la pay

叫医生来。

Appelez un médecin.	a·play un mayd·sun

叫警察来。

Appelez la police.	a·play la po·lees

我迷路了!

Je suis perdu/perdue. (m/f)	zhe swee pair·dew

我病了。

Je suis malade.	zher swee ma·lad

厕所在哪里?

Où sont les toilettes?	oo son ley twa·let

标语（法语）

Entrée	入口
Sortie	出口
Ouvert	营业中
Fermé	歇业
Interdit	禁止
Toilettes	厕所

购物和服务

我想要买……

Je voudrais acheter	zher voo·dray ash·tay ...

这个多少钱?

C'est combien?	say kom·byun

太贵了。

C'est trop cher.	say tro shair

市场	*marché*	mar·shay
邮局	*bureau de poste*	bew·ro der post
旅游局	*office de tourisme*	o·fees der too·rees·mer

交通和方向

……在哪里?

Où est ...?	oo ay ...

地址是哪里?

Quelle est l'adresse?	kel ay la·dres

你能（在地图上）指给我看吗?

Pouvez-vous m'indiquer (sur la carte)?	poo·vay·voo mun·dee·kay (sewr la kart)

一张……票，请。	*Un billet ..., s'il vous plaît.*	um bee·yey ... seel voo pley
单程	*simple*	sum·ple
往返	*aller et retour*	a·ley ey re·toor

船	*bateau*	ba·to
公共汽车	*bus*	bews
飞机	*avion*	a·vyon
火车	*train*	trun

数字（法语）

1	*un*	un
2	*deux*	der
3	*trois*	trwa
4	*quatre*	ka·trer
5	*cinq*	sungk
6	*six*	sees
7	*sept*	set
8	*huit*	weet
9	*neuf*	nerf
10	*dix*	dees

德语

德语的元音或短或长。注意如下的air发音类似“fair”，aw类似“saw”，eu类似“nurse”的“u”，ew类似圆唇音的ee，ow类似“now”，kh 类似中文里的“喝”字发音（在喉部的后方发音），r也是一个喉音，而zh的发音类似“pleasure”的“s”。

简单用语

你好。	*Grüezi.*	grew·e·tsi
再见。	*Auf Wiedersehen.*	owf vee·der·zey·en
不好意思。	*Entschuldigung.*	ent·shul·di·gung
对不起。	*Entschuldigung.*	ent·shul·di·gung
请。	*Bitte.*	bi·te
谢谢你。	*Danke.*	dang·ke
是。/不是。	*Ja./Nein.*	yaa/nain

你叫什么名字？
Wie ist Ihr Name? vee ist eer *naa*·me

我的名字是……
Mein Name ist ... *main* naa·me ist ...

你会讲英语吗？
Sprechen Sie Englisch? shpre·khen zee eng·lish

我不懂。
Ich verstehe nicht. ikh fer·shtey·e nikht

住宿

露营地	*Campingplatz*	kem·ping·plats
客栈	*Pension*	paang·zyawn
酒店	*Hotel*	ho·*tel*
青年旅舍	*Jugendherberge*	*yoo*·gent·her·ber·ge

你有没有一间……房间?	*Haben Sie ein ...?*	haa·ben zee ain ...
单人	*Einzelzimmer*	*ain*·tsel·tsi·mer
双人	*Doppelzimmer mit einem Doppelbett*	*do*·pel·tsi·mer mit *ai*·nem *do*·pel·bet

每晚/每人多少钱？
Wie viel kostet es pro Nacht/Person? vee feel *kos*·tet es praw nakht/per·*zawn*

餐饮

你有什么推荐菜？
Was empfehlen Sie? vas emp·*fey*·len zee

你有没有素食菜肴？
Haben Sie vegetarisches Essen? *haa*·ben zee ve·ge·*taa*·ri·shes *e*·sen

我要点……
Ich hätte gern ... ikh *he*·te gern ...

干杯！
Prost! prawst

我想要……，请。	*Bitte bringen Sie die ...*	*bi*·te *bring*·en zee dee ...

标语（德语）

Eingang	入口
Ausgang	出口
Offen	营业中
Geschlossen	歇业
Verboten	禁止
Toiletten	厕所

账单	*Rechnung*	*rekh*·nung
菜单	*Speisekarte*	*shpai*·ze·kar·te
啤酒	*Bier*	beer
咖啡	*Kaffee*	*ka*·fey
茶	*Tee*	tey
水	*Wasser*	*va*·ser
葡萄酒	*Wein*	vain

紧急情况

救命!	*Hilfe!*	*hil*·fe
走开!	*Gehen Sie weg!*	*gey*·en zee vek

快叫……来!	*Rufen Sie ...!*	*roo*·fen zee ...
一名医生	*einen Arzt*	*ai*·nen artst
警察	*die Polizei*	dee po·li·*tsai*

我迷路了。

Ich habe mich verirrt. ikh *haa*·be mikh fer·*irt*

我病了。

Ich bin krank. ikh bin krangk

厕所在哪里?

Wo ist die Toilette? vo ist dee to·a·*le*·te

购物和服务

我想要买……

Ich suche nach ... ikh *zoo*·khe nakh ...

这个多少钱?

Wie viel kostet das? vee feel *kos*·tet das

太贵了。

Das ist zu teuer. das ist tsoo *toy*·er

市场	*Markt*	markt
邮局	*Postamt*	*post*·amt
旅游局	*Fremdenverkehrsbüro*	*frem*·den·fer·kairs·bew·raw

交通和方向

……在哪里?

Wo ist ...? vaw ist ...

地址是哪里?

Wie ist die Adresse? vee ist dee a·*dre*·se

数字(德语)

1	*eins*	ains
2	*zwei*	tsvai
3	*zdrei*	drai
4	*vier*	feer
5	*fünf*	fewnf
6	*sechs*	zeks
7	*sieben*	*zee*·ben
8	*acht*	akht
9	*neun*	noyn
10	*zehn*	tseyn

你能(在地图上)指给我看吗?

Können Sie es mir (auf der Karte) zeigen? *keu*·nen zee es meer (owf dair *kar*·te) *tsai*·gen

一张……票,请。	*Einen ..., bitte.*	*ai*·nen ... *bi*·te
单程	*einfache Fahrkarte*	*ain*·fa·khe *faar*·kar·te
往返	*Rückfahrkarte*	*rewk*·faar·kar·te

船	*Boot*	bawt
公共汽车	*Bus*	bus
飞机	*Flugzeug*	*flook*·tsoyk
火车	*Zug*	tsook

意大利语

意大利语的元音通常比英语更短。辅音有的时候会更加重读——如果单词是双辅音拼写,则要重读音节。留意ow的发音类似"how",dz类似"lads"的"ds",而r是卷舌音,而且比英语的重音更强。

简单用语

你好。	*Buongiorno.*	bwon·*jor*·no
再见。	*Arrivederci.*	a·ree·ve·*der*·chee
不好意思。	*Mi scusi. (pol)*	mee *skoo*·zee
	Scusami.(inf)	*skoo*·za·mee

对不起。	*Mi dis piace -*	mee dees·pya·che
请。	*Per favore.*	per fa·vo·re
谢谢你。	*Grazie.*	gra·tsye
是。/不是。	*Sì./No.*	see/no

你叫什么名字?

Come si chiama? (pol) ko·me see kya·ma

Come ti chiami? (inf) ko·me tee kya·mee

我的名字是……

Mi chiamo ... mee kya·mo ...

你会讲英语吗?

Parla inglese? par·la een·gle·ze

我不懂。

Non capisco. non ka·pee·sko

住宿

露营地	*campeggio*	kam·pe·jo
客栈	*pensione*	pen·syo·ne
酒店	*albergo*	al·ber·go
青年旅舍	*ostello della gioventù*	os·te·lo de·la jo·ven·too

你有没有一间……房间?	*Avete una camera ...?*	a·ve·te oo·naa ka·me·ra ...
单人	*singola*	seen·go·la
双人	*doppia con letto matrimoniale*	do·pya kon le·to ma·tree·mo·nya·le

多少钱每……?	*Quanto costa per ...?*	kwan·tois kos·ta per ...
晚	*una notte*	oo·na no·te
人	*persona*	per·so·na

标语（意大利语）

Entrata	入口
Uscita	出口
Aperto	营业中
Chiuso	歇业
Proibito	禁止
Gabinetti	厕所

数字（意大利语）

1	*uno*	oo·no
2	*due*	doo·e
3	*tre*	tre
4	*quattro*	kwa·tro
5	*cinque*	cheen·kwe
6	*sei*	say
7	*sette*	se·te
8	*otto*	o·to
9	*nove*	no·ve
10	*dieci*	dye·chee

餐饮

你有什么推荐菜?

Cosa mi consiglia? ko·za mee kon·see·lya

你有没有素食菜肴?

Avete piatti vegetariani? a·ve·te pya·tee ve·je·ta·rya·nee

我要点……

Prendo ... pren·do ...

干杯!

Salute! sa·loo·te

我想要……，请。	*Vorrei ..., per favore.*	vo·ray ..., per fa·vo·re
账单	*il conto*	eel kon·to
菜单	*il menù*	eel me·noo

啤酒	*birra*	bee·ra
咖啡	*caffè*	ka·fe
茶	*tè*	te
水	*acqua*	a·kwa
葡萄酒	*vino*	vee·no

紧急情况

救命!	*Aiuto!*	ai·yoo·to
走开!	*Vai via!*	vai vee·a
快叫……来!	*Chiami ...!*	kya·mee ...
一名医生	*un medico*	oon me·dee·ko
警察	*la polizia*	la po·lee·tsee·a

我迷路了。

Mi sono perso/a.(m/f) mee so·no per·so/a

我生病了。

Mi sento male.	mee *sen*·to *ma*·le

厕所在哪里？

Dove sono i gabinetti?	*do*·ve *so*·no ee ga·bee·*ne*·tee

购物和服务

我想要买……

Sto cercando ...	sto cher·*kan*·do ...

这个多少钱？

Quant'è?	kwan·*te*

太贵了。

È troppo caro.	e *tro*·po *ka*·ro

市场	*mercato*	mer·*ka*·to
邮局	*ufficio postale*	oo·*fee*·cho pos·*tale*
旅游局	*ufficio del turismo*	oo·*fee*·cho del too·*reez*·mo

交通和方向

……在哪里？

Dov'è ... ?	*do*·ve ...

地址是哪里？

Qual'è l'indirizzo?	kwa·*le* leen·dee·*ree*·tso

你能（在地图上）指给我看吗？

Può mostrarmi (sulla pianta)?	pwo mos·*trar*·mee (soo·la *pyan*·ta)

一张……票，请。	*Un biglietto ..., per favore.*	oon bee·*lye*·to ... per fa·*vo*·re
单程	*di sola andata*	dee *so*·la an·*da*·ta
往返	*di andata e ritorno*	dee an·*da*·ta e ree·*tor*·no
船	*nave*	*na*·ve
公共汽车	*autobus*	*ow*·to·boos
飞机	*aereo*	a·*e*·re·o
火车	*treno*	*tre*·no

罗曼什语

罗曼什语方言源自拉丁语和部分雷托罗曼语系，只在部分山村地区使用。随着德语在罗曼什语地区取而代之成为通用语，罗曼什语的使用率正在逐渐下降。村里的主街道在该语言中通常被称为Via Maistra。

你好。	*Allegra.*
再见。	*Adieu./ Abunansvair.*
请。	*Anzi.*
谢谢。	*Grazia.*

床	*letg*
停业	*serrà*
越野滑雪	*passlung*
左	*sanester*
右	*dretg*
房间	*chombra*
旅游局	*societad da traffic*

面包	*paun*
奶酪	*chaschiel*
鱼肉	*pesch*
火腿	*schambun*
牛奶	*latg*
葡萄酒	*vin*

1	*in*
2	*dus*
3	*trais*
4	*quatter*
5	*tschinch*
6	*ses*
7	*set*
8	*och*
9	*nouv*
10	*diesch*

幕 后

说出你的想法

我们很重视旅行者的反馈——你的评价将鼓励我们前行，把书做得更好。我们同样热爱旅行的团队会认真阅读你的来信，无论是表扬还是批评都非常欢迎。虽然很难一一回复，但我们保证将你的反馈信息及时交到相关作者手中，使下一版更完美。我们也会在下一版特别鸣谢来信读者。

请把你的想法发送到**china@lonelyplanet.com.au**，谢谢！

请注意：我们可能会将你的意见编辑、复制并整合到Lonely Planet的系列产品中，例如旅行指南、网站和数字产品。如果不希望书中出现自己的意见或不希望提及你的名字，请提前告知。请访问lonelyplanet.com/privacy了解我们的隐私政策。

声明

气候图表数据引用自Peel MC, Finlayson BL & McMahon TA（2007）'Updated World Map of the Köppen-Geiger Climate Classification' *Hydrology and Earth System Sciences*, 11, 163344。

封面：伯尔尼高地的劳特布龙嫩山景； JLImages/Alamy ©

本书部分地图由中国地图出版社提供，其他为原书地图，审图号GS（2018）5713号。

关于本书

这是Lonely Planet《瑞士》的第9版。本书的作者为格雷戈·克拉克、凯利·克里斯蒂亚妮、克莱格·麦克拉伦和本尼迪克特·沃克。第8版的作者为凯利·克里斯蒂亚妮、Gregor Clark、Sally O' Brien和Nicola Williams。

本书为中文第二版，由以下人员制作完成：

项目负责 关媛媛

项目执行 丁立松

翻译统筹 肖斌斌

翻　　译 姜　珊　照　波　邹　云

内容策划 周伯源（本土化内容）　王木子　涂　识

视觉设计 李小棠　庹桢珍

协调调度 沈竹颖

责任编辑 于佳宁

地图编辑 马　珊

制　　图 田　越

流　　程 孙经纬

终　　审 杨　帆

排　　版 北京梧桐影电脑科技有限公司

感谢周喻、兰珊、薛平、张琳洁、苗卉、洪良、陈丽对本书的帮助。

索引

A

Aarau 阿劳 259
Aigle 埃格勒 86
Airolo 艾罗洛 200
Aletsch Glacier 阿莱奇冰川 10, 51, 143, 192~195, **194**, 10, 27
Andermatt 安德马特 245~246
Appenzell 阿彭策尔 294~298
Arbon 阿尔邦 290
Arosa 阿罗萨 309
Ascona 阿斯科纳 217~218
Augusta Raurica 奥古斯塔·劳里卡 252
Avenches 阿旺什 103

B

Bad Ragaz 巴德拉格斯 315~316
Baden 巴登 257~259
Bärenpark 熊公园 116
Bellelay 贝勒莱 98
Bellinzona 贝林佐纳 199~204, **201**
Bern 伯尔尼 12, 112~122, **114**, 12
Bernese Oberland 伯尔尼高地 38, 126~160, **127**
Bettmeralp 贝特默阿尔卑 193, 195
Biel-Bienne 比尔 99~101, **100**
Bosco Gurin 博斯科古林 219
Braunwald 布劳瓦尔德 300
Bregenz 布雷根茨 289
Brienz 布里恩茨 154~155
Brig 布里格 192
Brunnen 布龙嫩 235~237

C

Celerina 席勒里纳 324~325
Centovalli 琴托瓦利 220
Cevio 切维奥 219
Champéry 尚佩里 166~167
Charmey 沙尔梅 98~99
Chur 库尔 304~308, **306**
Corippo 科里波 51, 50
Carouge 卡鲁日 56
Creux du Van 马蹄谷 109
Cully 屈伊 80

D

Davos 达沃斯 318~321, **319**
Disentis/Mustér 迪森蒂斯/穆施特 314
Drei-Seen-Land 三湖地区 37, 89~110, **90**

E

Einsiedeln 艾因西德伦 238
Emmental 埃蒙塔尔 122~123
Engelberg 英格堡 239~242, **240**
Entlebuch 恩特勒布赫地区 229
Estavayer-le-Lac 湖畔埃斯塔瓦耶 108

F

Falera 法莱拉 311~313
Faulensee 福伦塞 153
Fiesch 费尔施 193
First 菲斯特 140~141
First Cliff Walk by Tissot 菲斯特天梭悬崖步道 140
Flims 弗林姆斯 311~313
Flüela Pass 弗吕埃拉山口 319
Fribourg 弗里堡 37, 89~110, **90**, **92**
Friedrichshafen 腓特烈港 289
Furka Pass 富尔卡山口 195
Fürstensteig 菲尔斯腾斯泰格 337

G

Gandria 刚德里亚 210
Geneva 日内瓦 37, 42~64, **43**, **46~47**
Gimmelwald 吉梅尔瓦尔德 148
Glarus 格拉鲁斯 299
Grindelwald 格林德尔瓦尔德 134~140, **137**
Gruyères 格吕耶尔 96~98
Gstaad 格施塔德 158~160
Guarda 瓜尔达 322

H

Hermance 赫尔芒斯 63

I

Insel Mainau 曼瑙岛 289
Inseli Park 伊塞利公园 223
Interlaken 因特拉肯 128~134, **130**

000 地图页码
000 图片页码

J

Jungfrau region 少女峰地区 13, 134~143, **135**, 13

Jungfraujoch 少女峰 141

Jura, the 汝拉州 15, 37, 89~110, **90**, 15

Jura Mountains 汝拉山脉 107~110

K

Kandersteg 坎德施泰格 156~158

Kapellbrücke 卡贝尔桥 223, 15

Kindlifresserbrunnen 食人魔喷泉 117, 2

Kleine Scheidegg 小谢德格 134

Klewenalp 克莱文阿尔卑 234

Klosters 克洛斯特斯 316~318

Kreuzlingen 科鲁兹林根 289~290

L

La Chaux-de-Fonds 拉绍德封 107~109

Laax 拉克斯 311~313

Lago di Lugano 卢加诺湖 12, 210, **210**, 12

Lago Maggiore 马焦雷湖 212~218

Lake Brienz 布里恩茨湖 149

Lake Constance 博登湖（康斯坦茨湖）288~300

Lake Geneva 日内瓦湖 10, 37, 43, 65~88, **66**, 10

Lake Lucerne 卢塞恩湖 230~234, **231**

Lake Thun 图恩湖 149

Lake Uri 乌里湖 234

Lausanne 洛桑 67~76, **68**, **70~71**

Lauterbrunnen 劳特布龙嫩 143~145

Lenzerheide 伦策海德 208~209

Les Diablerets 莱迪亚布勒雷 87~88

Leukerbad 洛伊克巴德 178~180

Liechtenstein 列支敦士登 39, 334~339, **335**

Ligerz 利格兹 101~102

Locarno 洛迦诺 212~217, 213

Lucerne 卢塞恩 15, 223~230, **224**, 15

Lugano 卢加诺 204~210, **206**, 39

Lutry 吕特里 79~80

M

Maienfeld 迈恩费尔德 315

Malbun 马尔邦 338

Männlichen 曼丽申 144

Martigny 马蒂尼 164~166, **166**

Matterhorn 马特峰 9, 181, 5, 8, 29

Meersburg 梅尔斯堡 289

Meiringen 迈林根 155~156

Mendrisio 门德里西奥 211~212

Meride 梅利德 212

Monte Generoso 杰内罗索山 211

Montreux 蒙特勒 11, 83~86, 11

Morcote 莫尔格特 211

Morges 莫尔日 76~77

Mürren 米伦 146~148

Murten 穆尔滕 102~103

Müstair 米施泰尔 323

N

Neuchâtel 纳沙泰尔 103~106, **104**

Nyon 尼永 77~79

P

Pontresina 蓬特雷西纳 332~333

Porrentruy 波朗特吕 109

R

Rheinfall 莱茵瀑布 12, 286, 13

Riederalp 利德阿尔卑 193~195

Rochers de Naye 罗什德内 84

Rorschach 罗尔沙赫 290~291

S

Saas Fee 萨斯费 189~192

Samnaun 萨姆瑙恩 323

Sardona 萨多纳 293

Schaffhausen 沙夫豪森 282~286, **284**

Schilthorn 雪朗峰 152

Schwyz 施维茨 237~238

Schynige Platte 施尼格普拉特 132

Scuol 施库奥尔 322~323

Sierre 谢尔 175~176

Sils-Maria 锡尔斯-玛利亚 330

Silvaplana 席尔瓦普拉纳 329~330

Sion 锡永 15, 171~175, **172**, 15

Solothurn 索洛图恩 123~125

Spiez 施皮茨 152~154

St Gallen 圣加仑 291~294, **292**, 20

St Moritz 圣莫里茨 325~329, **326**

Stechelberg 施特歇尔贝格 146

Stein am Rhein 施泰因 287~288

T

Thun 图恩 149~152, **150**

Ticino 提契诺州 38, 197~220, **198**

V

Vaduz 瓦杜兹 335~338, **336**

Val Bavona 巴沃纳山谷 219

Val Bregaglia 伯利嘎利亚山谷 333

Val d' Anniviers 安尼维尔山谷 177

Val de Travers 塔威山谷 109~110

Val di Campo 坎普山谷 219

Val Poschiavo 波斯基亚沃山谷 333

000 地图页码
000 图片页码

Val Verzasca 韦尔扎斯卡山谷 217
Valais 瓦莱州 15, 38, 161~196, **162~163**, **15**
Valbella 瓦尔贝拉 308~309
Valle Maggia 马基尔山谷 219~220
Vals 沃尔斯 313~314
Vaud 沃州 37, 65~88, **66**
Verbier 韦尔比耶 168~170
Vevey 沃韦 81~83

W

Walensee 瓦伦湖 53, 298~299, **53**
Weggis 韦吉斯 233~234
Werdenberg 韦尔登贝格 295, **51**

Y

Yvoire 伊瓦尔 63

Z

Zermatt 采尔马特 181~189, **184**, **5**
Zernez 采尔内茨 324
Zug 楚格 242~245
Zürich 苏黎世 14, 39, 260~276, **261**, **264**, **270**, **14**

地图图例

景点
海滩
鸟类保护区
佛教场所
城堡
基督教场所
孔庙
印度教场所
伊斯兰教场所
耆那教场所
犹太教场所
温泉
神道教场所
锡克教场所
道教场所
纪念碑
博物馆/美术馆/历史建筑
历史遗址
酒庄/葡萄园
动物园
其他景点

活动、课程和团队游
人体冲浪
潜水/浮潜
潜水
皮划艇
滑雪
冲浪
游泳/游泳池
徒步
帆板
其他活动

住宿
住宿场所
露营地

就餐
餐馆

饮品
酒吧
咖啡馆

娱乐
娱乐场所

购物
购物场所

实用信息
银行
使领馆
医院/医疗机构
网吧
警察局
邮局
电话
公厕
旅游信息
其他信息

地理
棚屋/栖身所
灯塔
瞭望台
山峰/火山
绿洲
公园
关隘
野餐区
瀑布

人口
首都、首府
一级行政中心
城市/大型城镇
镇/村

交通
机场
过境处
公共汽车
缆车/索道
自行车路线
轮渡
地铁
单轨铁路
停车场
加油站
出租车
铁路/火车站
有轨电车
其他交通方式

路线
收费公路
高速公路
一级公路
二级公路
三级公路
小路
未封闭道路
广场
台阶
隧道
步行天桥
步行游览路
步行游览支路
小路

境界
国界
一级政区界
未定国界
地区界
军事分界线
海洋公园
悬崖
墙

水文
河流、小溪
间歇河
沼泽/红树林
暗礁
运河
水域
干/盐/间歇湖
冰川
珊瑚礁

地区特征
海滩/沙漠
基督教墓地
其他墓地
公园/森林
运动场
一般景点(建筑物)
重要景点(建筑物)

注：并非所有图例都在此显示。

我们的故事

一辆破旧的老汽车，一点点钱，一份冒险的感觉——1972年，当托尼（Tony Wheeler）和莫琳（Maureen Wheeler）夫妇踏上那趟决定他们人生的旅程时，这就是全部的行头。他们穿越欧亚大陆，历时数月到达澳大利亚。旅途结束时，风尘仆仆的两人灵机一闪，在厨房的餐桌上制作完成了他们的第一本旅行指南——《便宜走亚洲》（*Across Asia on the Cheap*）。仅仅一周时间，销量就达到了1500本。Lonely Planet 从此诞生。

现在，Lonely Planet在都柏林、富兰克林、伦敦、墨尔本、奥克兰、北京和德里都设有公司，有超过600名员工和作者。在中国，Lonely Planet被称为"孤独星球"。我们恪守托尼的信条："一本好的旅行指南应该做好三件事：有用、有意义和有趣。"

我们的作者

格雷戈·克拉克（Gregor Clark）

从2000年开始，格雷戈便频繁为Lonely Planet供稿，他参与编写的指南主要涵盖欧洲和美洲目的地，包括《意大利》《法国》《巴西》《哥斯达黎加》《阿根廷》《葡萄牙》《瑞士》《墨西哥》《南美洲》《蒙特利尔和魁北克市》《法国自驾》《新西兰自驾》，意大利和加利福尼亚的骑行指南，以及*Food Trails*、*The USA Book*、*The Lonely Planet Guide to the Middle of Nowhere*等休闲图书。

凯利·克里斯蒂亚妮（Kerry Christiani）

伯尔尼高地，瑞士东北部，提契诺州，苏黎世 凯利是一位屡获奖项的旅行作家、摄影师和Lonely Planet作者，专注于欧洲中部和南部的目的地。她长住威尔士，参与撰写过十余部Lonely Planet指南。凯利热衷于探险，喜欢山脉、寒冷地区和真正的原野。可以登录https://its-a-small-world.com或关注推特账户@kerrychristiani了解她最新的作品。凯利也参与了本指南"计划你的行程""了解瑞士"与"生存指南"章节的撰写。

克莱格·麦克拉伦（Craig McLachlan）

瑞士中部，格劳宾登州，列支敦士登，瓦莱州 最近二十年，克莱格为编写Lonely Planet指南而游遍全球。他一年中有半年住在新西兰的皇后镇，经营一家户外运动旅行社和一家清酒厂，另外半年则待在国外，担任团队游向导，并为Lonely Planet供稿。克莱格曾数次去日本探险，他创作的相关书籍在Amazon上有售。克莱格自称"万能自由职业者"，曾在夏威夷大学取得工商管理硕士学位，做过日语口译、飞行员、摄影师、徒步向导、团队游领队、空手道教练，此外，他还是名崭露头角的小说家。

本尼迪克特·沃克（Benedict Walker）

弗里堡、三湖地区和汝拉，日内瓦，日内瓦湖和沃州，中部高地，瑞士西北部 本尼迪克特出生于澳大利亚新南威尔士州的纽卡斯尔，在该镇郊区长大，周末和假期只要有机会就待在海滩。尽管加拿大落基山脉、日本和瑞士的阿尔卑斯山都令他着迷，但他最爱的还是海边。他第一次参与撰写的Lonely Planet指南是2008~2009年的《日本》指南，此后又至少三次前往日本。此后，他又陆续地参与撰写了许多其他指南，目的地包括澳大利亚、加拿大、德国和美国，可以通过Instagram账号@wordsandjourneys关注他的旅行。

瑞士

中文第二版

书名原文：*Switzerland*（9th edition，Jun 2018）

本中文版由中国地图出版社出版

图书在版编目（CIP）数据

瑞士 / 澳大利亚 Lonely Planet 公司编；照波等译
. -- 2 版 . -- 北京：中国地图出版社，2018.11（2019.9 重印）
书名原文：Switzerland
ISBN 978-7-5204-0822-6

Ⅰ . ①瑞… Ⅱ . ①澳… ②照… Ⅲ . ①旅游指南 – 瑞士 Ⅳ . ① K952.29

中国版本图书馆 CIP 数据核字（2018）第 270381 号

出版发行	中国地图出版社
社　　址	北京市白纸坊西街 3 号
邮政编码	100054
网　　址	www.sinomaps.com
印　　刷	北京华联印刷有限公司
经　　销	新华书店
成品规格	197mm × 128mm
印　　张	12.75
字　　数	666 千字
版　　次	2018 年 11 月第 2 版
印　　次	2019 年 9 月北京第 4 次印刷
定　　价	89.00 元
书　　号	ISBN 978-7-5204-0822-6
审 图 号	GS（2018）5713 号
图　　字	01-2015-2553

如有印装质量问题，请与我社发行部（010-83543956）联系